Schwerpunkte Band 21
Horn · Einführung in die Rechtswissenschaft und Rechtsphilosophie

Schwerpunkte

Eine systematische Darstellung der wichtigsten Rechtsgebiete anhand von Fällen
Begründet von Professor Dr. Harry Westermann †

Einführung in die Rechtswissenschaft und Rechtsphilosophie

von

Dr. Norbert Horn

em. o. Professor an der Universität zu Köln

4., neu bearbeitete Auflage

C. F. Müller Verlag
Heidelberg

Bibliografische Information der Deutschen Nationalbibliothek
Die Deutsche Nationalbibliothek verzeichnet diese Publikation in der Deutschen Nationalbibliografie; detaillierte bibliografische Daten sind im Internet über <http://dnb.d-nb.de> abrufbar.

ISBN-13: 978-3-8114-8041-4
ISBN-10:   3-8114-8041-3

© 2007 C.F. Müller, Verlagsgruppe Hüthig Jehle Rehm GmbH,
Heidelberg, München, Landsberg, Berlin

Jede Verwertung außerhalb der engen Grenzen des Urheberrechtsgesetzes ist ohne Zustimmung des Verlages unzulässig und strafbar. Das gilt insbesondere für Vervielfältigungen, Übersetzungen, Mikroverfilmungen und die Einspeicherung und Bearbeitung in elektronischen Systemen.

www.cfmueller-verlag.de

Satz: Textservice Zink, Schwarzach
Druck und Bindung: Gulde-Druck, Tübingen

Printed in Germany

Vorwort

Das Interesse der Juristen an den Grundlagenfächern, insbesondere an der Methodenlehre und an der Rechtsphilosophie, nimmt zu. Gerade die Stoffmasse des geltenden Rechts verstärkt den Wunsch nach übergreifender Orientierung durch eine Rückbesinnung auf die Grundfragen des Rechts und seiner Anwendung. Auf neues Interesse stoßen auch die in diesem Buch seit der 1. Auflage unternommenen Seitenblicke auf die Religion als Kernbereich der Kultur. Für die Neuauflage wurde das Buch an zahlreichen Stellen überarbeitet und behutsam erweitert; die rechtspraktischen und rechtspolitischen Beispiele wurden aktualisiert.

Köln, im September 2006 *Norbert Horn*

Vorwort zur 3. Auflage

Für die 3. Auflage wurde der Text vollständig durchgesehen. Die Beispiele gegenwärtiger rechtspolitischer Probleme insbes. der Bioethik und Medizinethik (Klonverbot, PID, Sterbehilfe) wurden aktualisiert; andere Problembeispiele wurden hinzugefügt (zB Kopftuchstreit, Folterverbot, anonyme Mutterschaft, soziale Sicherungssysteme). An diesen und anderen Stellen war eine behutsame Erweiterung des Textes geboten. Dies gilt auch für die Darstellung aktueller ethischer Argumentationsweisen utilitaristischer Machart und modischer Varianten des Materialismus sowie für das Verhältnis Staat und Religion. Die zahlreichen Beispiele, die sich auf das geltende positive Recht beziehen, wurden auf den neuesten Stand gebracht. Die Leser sollen erwarten können, daß ihnen ein Studium der rechtstheoretischen und rechtsphilosophischen Grundfragen des Rechts eine Orientierung bietet, die ihnen auch bei der Beschäftigung mit aktuellen Problemen der Rechtsanwendung und Rechtspolitik behilflich ist.

Köln, im Mai 2004 *Norbert Horn*

Vorwort zur 2. Auflage

Die erste Auflage fand eine freundliche Aufnahme. Das Konzept des Buches, eine Einführung in die Rechtswissenschaft und ihre Arbeitsmethoden mit einer Einführung in die Rechtsphilosophie zu verbinden und zugleich Verbindungslinien zur Rechtsgeschichte und zur allgemeinen Philosophie aufzuzeigen, scheint den Bedürfnissen und Interessen der Leser entgegenzukommen. Für zahlreiche zustimmende Zuschriften möchte ich mich auch an dieser Stelle bedanken.

Für die zweite Auflage wurden die Bezugnahmen auf das geltende Recht und gegenwärtige rechtspolitische Probleme aktualisiert und vermehrt (zB zu Globalisierung und Neue Ökonomie, Gentechnik und Bioethik). Literatur wurde nachgetragen und eine Reihe redaktioneller Verbesserungen und einige Texterweiterungen wurden vorgenommen. In Kapitel 3 wurde ein eigener Abschnitt über Augustinus (§ 13) gebildet.

Köln, im Dezember 2000 *Norbert Horn*

Vorwort zur 1. Auflage

Dieses Buch verbindet in einer neuartigen Konzeption eine Einführung in die Rechtswissenschaft und juristische Methodenlehre (Kap. 1 und 2) mit einer Einführung in die Rechtsphilosophie (Kap. 3-5). Es wendet sich an alle Studierenden des Rechts vom ersten bis zum letzten Semester und an alle, die sich allgemein über das Recht und seine Aufgabe in Staat und Gesellschaft informieren wollen. Die Studienanfänger werden in die Grundbegriffe des Rechts und der Rechtswissenschaft eingeführt (Kap. 1) und können den philosophischen Zugang zu den Grundfragen des Rechts kennenlernen (Kap. 3 und 4). Die Studenten der mittleren Semester, die bereits über rechtsdogmatische Kenntnisse und erste Erfahrungen in der Fallbearbeitung verfügen, können sich die wissenschafts- und methodentheoretischen Grundlagen der juristischen Arbeit aneignen (Kap. 2) und das Zusammenspiel von rechtspraktischer und rechtsphilosophischer Betrachtungsweise verstehen lernen (Kap. 5). Für Examenskandidaten bietet das Buch unentbehrlichen Stoff zur Wiederholung und Vertiefung in Vorbereitung auf die mündliche Prüfung.

In der Darstellung habe ich langjährige Erfahrungen mit der Vorlesung „Einführung in die Rechtsphilosophie und Rechtstheorie" für mittlere und vorgerückte Semester sowie mit verschiedenen Einführungsvorlesungen für Studienanfänger verwertet. Bei seiner Abfassung habe ich mich um eine möglichst allgemein verständliche

Sprache bemüht. Vorkenntnisse über „Recht" und „Gerechtigkeit", die über das Alltagsverständnis dieser Begriffe hinausgehen, werden nicht vorausgesetzt. Ansprüche an den Leser werden insofern gestellt, als der dargestellte Gegenstand anspruchsvoll ist. Dies gilt auch und gerade hinsichtlich der knappen Hinweise auf allgemeine philosophische Fragen (im zweiten Teil). In manchen Abschnitten des ersten Teils sind Kenntnisse des geltenden Rechts, wie sie sich erst in den mittleren Semestern einstellen, von Vorteil.

Das in diesem Buch angebotene Grundwissen über juristische Arbeitsmethoden, rechtstheoretische Begriffe und die philosophischen Aspekte des Rechts ist in seinen Hauptpunkten juristischer Studien- und Examensstoff[*]. Denn es gehört zum wissenschaftlichen Anspruch des Jurastudiums. Zugleich gehört es auch zur Qualifikation für die juristische Berufspraxis. Die Bedeutung dieser Qualifikation nimmt heute aus zwei Gründen zu. Erstens steckt unsere Zeit – allgemein gesprochen – in einer Sinnkrise. Zweitens stehen die Juristen zunehmend neuen Aufgaben und einer anschwellenden Flut neuer Normen gegenüber. Beides erfordert eine geistige Orientierung durch Rückbesinnung auf die langfristig wirksamen Vorstellungen, geistigen Grundlagen und gesellschaftlichen Bedingungen unseres Rechts. Sie ist die Basis für die geistig selbständige und selbstverantwortliche Arbeit, die vom Juristen erwartet wird.

Ich widme dieses Buch meinen Kindern Eva, Susanne und Christian.

Köln, im Januar 1996 *Norbert Horn*

---

[*] Vgl dazu die Hinweise auf die einschlägigen Bestimmungen der juristischen Ausbildungsordnungen unten S. XVIII.

Inhaltsübersicht

	Rn	Seite
Vorwort		V
Vorwort zur 3. Auflage		V
Vorwort zur 2. Auflage		VI
Vorwort zur 1. Auflage		VI
Lern- und Literaturhinweise		XXI
Abkürzungsverzeichnis		XXV

Teil I
Rechtswissenschaft und Rechtstheorie

Kapitel 1
Grundbegriffe. Recht und Rechtswissenschaft

		Rn	Seite
§ 1	Recht	1	1
§ 2	Rechtswissenschaft	39	28
§ 3	Rechtsphilosophie und andere Grundlagenfächer	55	38
§ 4	Religion, Wissenschaft und Recht	65	46

Kapitel 2
Rechtstheorie und juristische Methodenlehre

		Rn	Seite
§ 5	Geltung und Wirkungsweisen des Rechts	101	71
§ 6	Theorien des Rechts und der Rechtswissenschaft	138	96
§ 7	Juristische Methodenlehre	163	111
§ 8	Die juristische Argumentation	194	130

Teil II
Rechtsphilosophie

Kapitel 3
Grundlegung der Rechtsphilosophie

		Rn	Seite
§ 9	Rechtsphilosophie und Philosophiegeschichte	221	138
§ 10	Platon (427–347 v. Chr.): Der ideale Staat	226	140
§ 11	Aristoteles (384–322 v. Chr.): Ethik, Staat und Gerechtigkeit	244	150
§ 12	Cicero (106–43 v. Chr.): Naturrecht und römisches Recht	266	160
§ 13	Augustinus (354–430): Staat und Sittengesetz	273	165
§ 14	Thomas von Aquin (1224–1274): Christliches Naturrecht	288	172

Kapitel 4
Rechtsphilosophie der Neuzeit und Gegenwart

§ 15 Thomas Hobbes (1588–1670):
   Der souveräne Staat als Rechtsquelle 311   183
§ 16 Immanuel Kant (1724–1804):
   Freiheit und Sittengesetz 324   190
§ 17 Karl Marx (1818–1883):
   Staat, Klassenkampf und Utopie 343   203
§ 18 Das 20. und 21. Jahrhundert:
   Ethik und Recht als Erfahrung und Verständigung 358   214

Kapitel 5
Recht und Gerechtigkeit heute

§ 19 Unverfügbare, vorpositive Gerechtigkeitsgebote 401   232
§ 20 Gesetzesgerechtigkeit und ungerechte Gesetze 423   248
§ 21 Die Suche nach der Gerechtigkeit
   in Gesetzgebung und Rechtsanwendung 434   257

Namensregister   287
Sachregister   292
Glossar griechischer Fachausdrücke   300

Inhaltsverzeichnis

	Rn	Seite
Vorwort		V
Vorwort zur 3. Auflage		V
Vorwort zur 2. Auflage		VI
Vorwort zur 1. Auflage		VI
Lern- und Literaturhinweise		XXI
Abkürzungsverzeichnis		XXV

Teil I
Rechtswissenschaft und Rechtstheorie

Kapitel 1
Grundbegriffe, Recht und Rechtswissenschaft

	Rn	Seite
§ 1 Recht	1	1
I. Erwartungen und eine Definition	1	1
1. Hohe Erwartungen an das Recht	1	1
2. Zustände der Rechtlosigkeit	2	2
3. Der demokratische Rechtsstaat	3	3
4. Allgemeine Definition des Rechts	4	4
II. Rechtsnormen und andere Normen	6	6
1. Sollenssätze und ihre Klassifizierung: Recht, Moral, Sitte	6	6
2. Sittliche Normen (Moral)	8	7
3. Das Verhältnis von Rechtsnormen und sittlichen Normen	14	11
4. Gesellschaftliche Normen (Sitte)	17	12
5. Nicht normative Verhaltensgesetze	18	13
III. Quellen und Erscheinungsformen des Rechts	19	14
1. Staat und Recht	19	14
2. Staatliche Rechtsetzung: Gesetz und Verordnung	23	17
3. Gerichtsentscheidungen	26	18
4. Gewohnheitsrecht und opinio iuris; Richterrecht	28	20
5. Subjektives Recht und Privatautonomie	31	22
IV. Funktionen des Rechts	33	23
1. Friedensordnung	33	24
2. Freiheitsordnung	34	24
3. Soziale Sicherung	36	25

	4. Kooperation	37	26
	5. Integration	38	27
§ 2	**Rechtswissenschaft**	39	28
	I. Gegenstand und Methoden	39	28
	1. Definition	39	28
	2. Rechtsgebiete und Fächer der Rechtswissenschaft	42	30
	3. Rechtswissenschaftliche Methoden	46	32
	II. Stellung im System der Wissenschaften	48	33
	1. Kultur- oder Geisteswissenschaft	48	33
	2. Wissenschaftlichkeit der Jurisprudenz	50	35
	III. Ergebnisse der Rechtswissenschaft	51	35
	1. Argumente, Dogmatik, System	51	35
	2. Juristische Ausbildung	54	37
§ 3	**Rechtsphilosophie und andere Grundlagenfächer**	55	38
	I. Rechtsphilosophie	55	38
	1. Philosophie	55	38
	2. Staats- und Rechtsphilosophie	57	40
	II. Rechtstheorie	60	41
	III. Rechtssoziologie	61	42
	IV. Rechtsgeschichte	63	44
§ 4	**Religion, Wissenschaft und Recht**	65	46
	I. Bedeutung der Fragestellung	65	46
	1. Gesellschaftliche Bedeutung	65	46
	2. Philosophische Bedeutung	68	50
	II. Begriff der Religion	69	50
	1. Funktionale Definition; Grundfragen der Existenz	69	50
	2. Die Art der Antwort	71	52
	3. Religiöse Ethik	72	53
	4. Erkenntnis und Vermittlung religiöser Inhalte	74	54
	5. Einwände gegen die Religion?	75	55
	III. Religion und Wissenschaft	78	57
	1. Wissenschaftliches und religiöses Weltbild	78	57
	2. Konstruktives und kritisches Verhältnis	79	60
	3. Drei Orientierungen	82	62
	IV. Religion und Recht	83	63
	1. Bedeutung der Religion für Kultur und Staat	83	63
	2. Historischer Einfluss der Religion auf das Recht	87	65
	3. Religion und modernes Recht	88	66

Kapitel 2
Rechtstheorie und juristische Methodenlehre

§ 5 Geltung und Wirkungsweisen des Rechts 101   71
    I. Theorien der Rechtsgeltung 101   71
        1. Der Geltungsanspruch des Rechts 102   71
        2. Die Anerkennung des Rechts 105   73
        3. Zusammenfassung 108   75
    II. Wechselwirkungen zwischen Recht und Gesellschaft 109   75
        1. Das Recht als Teil der Gesamtkultur 109   75
        2. Gesetzgebung und Rechtspolitik 110   76
        3. Wirkungen des Rechts. Steuerung durch Recht? 112   77
        4. Insbesondere: Strafrecht und Strafzwecke 116   80
    III. Recht und Wirtschaft 120   83
        1. Recht und ökonomisches Prinzip 120   83
        2. Das Verhältnis von Wirtschaft und Ethik 122   84
        3. Marktwirtschaft und Recht 127   87
        4. Ökonomische Analyse des Rechts 131   90
        5. Sozialistische Planwirtschaft 134   92
        6. Neue Entwicklungen: Globalisierung, Neue Ökonomie
           des Internet 136   94

§ 6 Theorien des Rechts und der Rechtswissenschaft 138   96
    I. Theorienbildung und Theorienvielfalt 138   96
    II. Römisches Recht: Begriffe und Regeln 140   97
    III. Vernunftrecht: Rechtssysteme und allgemeine
        Rechtsbegriffe 142   99
    IV. Die historische Rechtsschule:
        Der Auftrag der Rechtswissenschaft 144   100
        1. Friedrich Carl v. Savigny: Recht und Gesamtkultur . . . 144   100
        2. Die Kodifikationsfrage (Thibaut und Savigny) 145   101
        3. Die historische und systematische Aufgabe
           der Rechtswissenschaft 147   102
    V. Pandektistik und Begriffsjurisprudenz 149   103
        1. Bernhard Windscheid 149   103
        2. Die Kritik der Begriffsjurisprudenz durch
           Rudolf von Jhering 152   105
    VI. Interessenjurisprudenz (Jhering, Heck) 153   105
        1. Zweck und Interesse im Recht 153   105
        2. Philipp Heck (1858–1943) 154   106
    VII. Kodifikation und das Problem der Bindung an das Gesetz;
        Freirechtsschule 155   106

VIII. Formale Strukturen des Rechts: Reine Rechtslehre;
   Rechtslogik 157   107
   1. Allgemeine und „reine" Rechtslehre (Kelsen) 157   107
   2. Juristische Logik 159   109
IX. Teleologische Wertungsjurisprudenz 160   109

§ 7 **Juristische Methodenlehre** 163   111
   I. Methodenlehre als Rechtsanwendungslehre 163   111
   II. Juristische Entscheidung und Subsumption 165   113
      1. Die Entscheidung als Rechtsfolge 165   113
      2. Das Denkschema der Subsumption 166   113
      3. Die Annäherung von Sachverhalt und Norm 167   114
   III. Ermittlung der Rechtssätze (Normensuche) 169   115
      1. Normkomplexe als Obersätze (Prämissen) 169   115
      2. Fragenstruktur und Normensuche 171   117
      3. Nicht gesetzlich normierter Rechtssatz 174   118
   IV. Auslegung 176   118
      1. Begriff und Zweck 176   118
      2. Sprachlich-grammatische Auslegung 178   120
      3. Historische Auslegung 179   121
      4. Systematische Auslegung 180   123
      5. Teleologische Auslegung 182   124
   V. Analogie 184   125
   VI. Richterliche Rechtsfortbildung; Gesetz und Recht 188   127
   VII. Zusammenfassung 193   130

§ 8 **Die juristische Argumentation** 194   130
   I. Der argumentative Stil des juristischen Denkens 194   130
   II. Die Stabilisierung der juristischen Argumentation 197   132
   III. Konsens und Entscheidung 204   134
   IV. Die inhaltliche Begründung 205   135
   V. Urteilsstil und Gutachtenstil 209   137

Teil II
Rechtsphilosophie

Kapitel 3
Grundlegung der Rechtsphilosophie

§ 9 **Rechtsphilosophie und Philosophiegeschichte** 221   138
   I. Die geschichtliche Dimension 221   138

II. Personifizierung der Philosophiegeschichte	224	139
III. Rechtsphilosophie und allgemeine Philosophie	225	140

§ 10 Platon (427–347 v. Chr.): Der ideale Staat 226   140
    I. Leben und Werk 226   141
    II. Wichtige philosophische Lehren 230   143
        1. Erkenntnistheorie: die Ideenlehre 230   143
        2. Psychologie und Tugendlehre 231   143
        3. Das Wertproblem 233   144
        4. Die Wirklichkeit und die Idee des Guten 235   145
    III. Die platonische Staats- und Rechtslehre 237   146
        1. Das Modell des Ständestaates 237   146
        2. Politische Psychologie 239   148
    IV. Auswirkungen und Bedeutung 240   148
        1. Das Weltbild der Ideenlehre 240   148
        2. Sittlichkeit und Staat 242   149

§ 11 Aristoteles (384–322 v. Chr.): Ethik, Staat und Gerechtigkeit 244   150
    I. Leben und Werk 244   150
    II. Wichtige philosophische Lehren 246   151
        1. Logik 247   151
        2. Metaphysik 251   153
        3. Topik 257   156
    III. Ethik und Staatsphilosophie 258   156
        1. Ethik 258   156
        2. Staatslehre 261   157
        3. Gerechtigkeit und Recht 262   158
    IV. Allgemeine Bedeutung 265   159

§ 12 Cicero (106–43 v. Chr.): Naturrecht und römisches Recht 266   160
    I. Leben und Werke 266   160
    II. Ewiges Weltgesetz und Naturrecht 267   161
        1. Die stoische Lehre von der Weltvernunft (logos) .. 267   161
        2. Ewiges Gesetz und Naturrecht 268   162
    III. Römisches Recht, Rechtswissenschaft und Naturrecht .. 269   163
        1. Römisches Recht 269   163
        2. Rechtswissenschaft 270   163
        3. Naturrecht und römisches Recht 271   164
    IV. Bedeutung Ciceros 272   165

§ 13 Augustinus (354–430): Staat und Sittengesetz 273 165
   I. Leben und Werk 273 165
   II. Philosophische Lehren 275 166
      1. Wahrheit und Erkennen 275 166
      2. Die Welt als Schöpfung 276 167
      3. Die geistige Natur des Menschen 278 168
      4. Sittliches Handeln 279 169
   III. Rechts- und Staatsphilosophie 281 170
      1. Das ewige Sittengesetz (lex aeterna) 281 170
      2. Der Staat im Kampf zwischen Gut und Böse 282 170
   IV. Allgemeine Bedeutung 285 171
      1. Patristik: Glaube und Wissen 285 171
      2. Das christliche Menschenbild 287 171

§ 14 Thomas von Aquin (1224–1274): Christliches Naturrecht 288 172
   I. Leben und Werke 288 172
   II. Die scholastische Wissenschaft 290 173
      1. Glaube und Wissen 290 173
      2. Lehrgegenstände, Methoden und Literatur der Scholastik 291 174
      3. Exkurs: Die Entstehung der Rechtswissenschaft 293 175
   III. Philosophische Lehren des Thomas 294 176
   IV. Rechts- und Staatsphilosophie 297 177
      1. Naturrecht 297 177
      2. Naturrecht und positives Recht 298 177
      3. Die Tugend der Gerechtigkeit (iustitia) 299 178
      4. Die drei Formen der Gerechtigkeit 302 180
      5. Gemeinwohl, Staat und Recht 304 181
   V. Allgemeine Bedeutung 307 182

Kapitel 4
Rechtsphilosophie der Neuzeit und Gegenwart

§ 15 Thomas Hobbes (1588–1670): Der souveräne Staat als Rechtsquelle 311 183
   I. Leben und Werke (Leviathan; de cive) 311 183
   II. Allgemeine philosophische Lehren: Materialismus und Empirismus 313 184
   III. Gesellschaft, Staat und Recht 317 186
      1. Naturzustand 317 186
      2. Staatsvertrag 318 186

3. Staatssouveränität 319	187
4. Natürliche und bürgerliche Gesetze 320	187
IV. Bedeutung und Nachwirkungen 321	188

§ 16 Immanuel Kant (1724–1804): Freiheit und Sittengesetz ... 324   190

I. Leben und Werke 324	191
II. Philosophie der menschlichen Erkenntnis 326	191
1. Das Metaphysikproblem 326	191
2. Vernunft und Idee 328	193
3. Die Lehre von den Antinomien 329	194
III. Die Grundlagen der Sittlichkeit 330	195
1. Das sittliche Bewusstsein 330	195
2. Der kategorische Imperativ 331	196
3. Pflichtenethik; Autonomie der Sittlichkeit 332	196
IV. Rechts- und Staatsphilosophie 334	197
V. Bedeutung und Wirkungen 337	199
1. Erkenntniskritik und Metaphysikproblem 337	199
2. Sein und Sollen; Pflichtenethik 339	200
3. Freiheit und bürgerlicher Rechtsstaat 341	202

§ 17 Karl Marx (1818–1883): Staat, Klassenkampf und Utopie ... 343   203

I. Leben und Werke 343	203
II. Philosophische Position im historischen Zusammenhang . . 345	204
1. Friedrich Hegel (1770–1831): Die Dialektik der Idee . . 345	204
2. Ludwig von Feuerbach (1804–1872): Atheistischer Materialismus 347	206
III. Der historische und dialektische Materialismus von Marx und Engels 348	206
1. Grundpositionen des historischen Materialismus 348	206
2. Der Kapitalismus und seine Überwindung 350	207
3. Dialektischer Materialismus 352	209
IV. Folgerungen für die Rechtsauffassung 353	209
V. Nachwirkungen und Bedeutung 354	210
1. Politische Resonanz 354	210
2. Die Bewertung der philosophischen Grundpositionen des Marxismus 355	211

§ 18 Das 20. und 21. Jahrhundert: Ethik und Recht als Erfahrung und Verständigung 358   214

I. Überblick. Philosophie und Rechtsphilosophie 358	214
1. Getrennte Wege 358	214
2. Positivismus und Voluntarismus 359	214

3. Der Streit um die sozialen Zwecke des Rechts	362	215
4. Neukantianismus und richtiges Recht	363	216
5. Neue Wege	365	216
II. Hermeneutik als geisteswissenschaftliche Methode (Wilhelm Dilthey)	366	217
III. Materiale Wertethik (Scheler, Hartmann)	368	218
1. Materiale Wertethik als philosophische Fragestellung	368	218
2. Max Scheler (1874–1928): Phänomenologie und materiale Wertethik	370	219
3. Paul Nicolai Hartmann (1882–1950): Realismus und materiale Wertethik	371	220
4. Auswirkungen und Bedeutung	374	221
IV. Naturrechtsdenken und die Theorien unverfügbarer Rechtsgrundsätze	375	222
1. Totalitärer Rechtsmissbrauch und die Kritik des Rechtspositivismus	375	223
2. Naturrechtsrenaissance: Die obersten Grundsätze des Rechts (H. Coing)	377	224
3. Kritik und Nachwirkungen	380	225
4. Unverfügbare Rechtsgrundsätze in neueren Theorien	382	227
V. Argumentations- und Diskurstheorien	383	227
1. Theodor Viehweg (1907–1988): Topik und Jurisprudenz	383	227
2. Ethik und Rhetorik (Chaim Perelman)	385	229
3. Diskursive Ethik (Habermas, Apel)	386	229
4. Juristische Diskurstheorie (Robert Alexy)	387	230
5. Diskurs, Konsens und Richtigkeit	388	231

Kapitel 5
Recht und Gerechtigkeit heute

§ 19 Unverfügbare, vorpositive Gerechtigkeitsgebote	401	232
I. Die Konstanz der Gerechtigkeitsfrage	401	232
II. Die wissenschaftliche Zulässigkeit der Gerechtigkeitsfrage	402	233
1. Denkverbote in der Metaphysikkritik	402	233
2. Ethische Werte als Phänomen und Realität	404	234
3. Induktive Erkenntnis des Vorrangs ethischer Werte (epagoge)	408	236
4. Empirische Aspekte der Ethik; die Psychologie der Moralentwicklung	410	238
5. Der Wertrelativismus und seine Missverständnisse	413	239

III. Die wissenschaftliche Notwendigkeit der
Gerechtigkeitsfrage 415 241
  1. Als heuristisches Prinzip 415 241
  2. Als Diskursbedingung 416 241
IV. Unverfügbare Gerechtigkeitsgebote 417 242
  1. Die inhaltliche Argumentation 417 242
  2. Der unendliche Erkenntnisprozess: Naturrecht
     und Geschichtlichkeit 419 243
  3. Absolute Gerechtigkeitsgebote und Güterabwägung ... 420 244
V. Geltungsbedingungen vorpositiver Gerechtigkeitsgebote .. 421 247
  1. Erkenntnismöglichkeiten. Fortschritt und Rückschritt .. 421 247
  2. Die verpflichtende Kraft von Gerechtigkeitsgeboten ... 422 248

§ 20 Gesetzesgerechtigkeit und ungerechte Gesetze 423 248
  I. Gerechtigkeit im Gesetz 423 248
    1. Gerechtigkeitsgebote an den Gesetzgeber 423 248
    2. Gerechtigkeit und Zweckmäßigkeit. Natur der Sache .. 424 249
    3. Konflikte zwischen Gerechtigkeitsgeboten 427 251
  II. Die Geltung ungerechter Gesetze 428 252
    1. Gesetzesgehorsam und Rechtssicherheit 428 252
    2. Widerstandsrecht 429 253
  III. Schuldhafte Anwendung ungerechter Gesetze
       und Rechtsbeugung 431 254

§ 21 Die Suche nach der Gerechtigkeit in Gesetzgebung
     und Rechtsanwendung 434 257
  I. Aufgaben des Gesetzgebers an Beispielen 434 257
    1. Der Schutz ungeborener Menschen 435 258
    2. Genforschung und Genmanipulation 437 261
    3. Anonyme Elternschaft („Babyklappe") 443 265
    4. Sterbehilfe 444 268
    5. Gleichgeschlechtliche Paare und Familienrecht 446 270
    6. Steuergerechtigkeit 448 272
    7. Sozialstaat und die Zukunft der sozialen
       Sicherungssysteme 450 274
  II. Gerechtigkeit in der Rechtsanwendung 452 276
    1. Die richterliche Aufgabe; Gesetzesgehorsam
       und Gerechtigkeit 452 276
    2. Die Trennung von positivem Recht
       und Gerechtigkeitsfrage 453 277
    3. Die Öffnung des positiven Rechts
       für Gerechtigkeitsgebote 454 278

XIX

	4. Dic Öffnung der Rechtsmethodik für Gerechtigkeitsgebote	458	280
III.	Probleme der Rechtssicherheit; die Bindung an das Gesetz	459	280
IV.	Universalität und Internationalität des Rechts	460	281
	1. Das Vordringen der Rechtsidee	460	281
	2. Die Universalität des Rechts	462	282
	3. Die Internationalität des Rechts	465	284

Namensregister 287
Sachregister 292
Glossar griechischer Fachausdrücke 300

Lern- und Literaturhinweise

I. Methodenlehre, Rechtstheorie und Rechtsphilosophie als Studien- und Prüfungsstoff

Die „philosophischen, geschichtlichen und gesellschaftlichen Grundlagen" des Rechts gehören nach den meisten Juristenausbildungsgesetzen zu den Pflichtfächern für die erste juristische Staatsprüfung[1]. Die Vermittlung dieses Wissens soll zT schon in den dogmatischen Fächern erfolgen, indem entsprechende Hinweise, zB in der BGB-Vorlesung, Strafrechtsvorlesung oder der Vorlesung über Verfassungsrecht gegeben werden. Zugleich wird die Rechtsphilosophie und Rechtstheorie aber auch zusammengefasst und systematisch in einer eigenen Vorlesung und in Seminaren vermittelt. Teils daneben, teils damit verbunden wird die „Juristische Methodenlehre" systematisch gelehrt; die Detailprobleme ihrer Anwendung in der Praxis werden in den Übungen (zum Zivilrecht, Strafrecht und öffentlichen Recht) mit Klausuren und Hausarbeiten behandelt.

An manchen Universitäten kann das Fach Rechtsphilosophie Gegenstand eines Schwerpunktbereichs (etwa „Grundlagen des Rechts") sein. Von den Studenten, die einen solchen Schwerpunktbereich wählen, werden vertiefte Kenntnisse des in diesem Buch angebotenen Stoffes erwartet.

II. Lernhinweise

Mit dem vorliegenden Lehrbuch sollen sich die Studierenden in verschiedenen Abschnitten des Studiums beschäftigen: in den Anfangssemestern im Zusammenhang mit dem Besuch einer einführenden Lehrveranstaltung („Einführung in die Rechtswissenschaft"), in den mittleren oder vorgerückten Semestern im Zusammenhang mit einer Lehrveranstaltung über „Rechtsphilosophie und Rechtstheorie" und „Juristische Methodenlehre". Aus der Perspektive der Prüfungen geht es um die Vorbereitung auf den Grundlagenschein und später auf das erste juristische Staatsexamen. Dort werden in der mündlichen Prüfung Grundkenntnisse der juristischen Methodenlehre, Rechtsphilosophie und Rechtstheorie von jedem Studenten erwartet. Daneben geht es um die vertiefte Prüfung im besonderen Wahlfach Rechtstheorie und Rechtsphilosophie im Examen, sofern die Prüfungsordnung diese Möglichkeit vorsieht (oben I.).

---

1 Zitat im Text nach § 11 Abs. 3 JAG NRW. Die meisten Ausbildungsordnungen sprechen von den „philosophischen Grundlagen" des Rechts. Baden-Württemberg: § 3 Abs. 1 JAPrO; Bayern: § 18 Abs. 1 JAPO; Berlin: § 3 Abs. 2 JAG; Brandenburg: § 3 Nr 2 JAG; Bremen: §§ 4 Abs. 3, 9 JAPG; Hamburg: § 12 Abs. 2 HmbJAG; Hessen: §§ 6 Abs. 2, 7 Nr 1 JAG; Mecklenburg-Vorpommern: § 1 JAG M-V, § 11 Abs. 2 JAPO M-V; Niedersachsen: § 3 Abs. 2 S. 3 JAG; Nordrhein-Westfalen: § 11 Abs. 3 JAG NRW; Rheinland-Pfalz: § 1 Abs. 1 JAG, § 1 Abs. 2 Nr 2 JAPO; Saarland: § 8 Abs. 3 JAG; Sachsen: § 2 S. 3 JAG; Sachsen-Anhalt: § 1 Abs. 2 JAG LSA; Schleswig-Holstein: § 3 Abs. 2 JAVO; Thüringen: §§ 12 Abs. 1, 14 Abs. 2 Nr 1 ThürJAPO.

Studienanfänger können ohne juristische Vorkenntnisse den Stoff von Kapitel 1 (Grundbegriffe. Recht und Rechtswissenschaft) durcharbeiten und vor allem die Kapitel 3 und 4 über Rechtsphilosophie studieren. Im Kapitel 1 bereiten allenfalls einige eingestreute praktische Beispiele aus dem Rechtsleben Schwierigkeiten; sie können unter Wahrung der Gedankenführung übersprungen werden. Die Darstellung in Kap. 3 und 4 über Rechtsphilosophie ist überwiegend an einzelnen Philosophen und nicht an abstrakten Begriffen orientiert. Das hat den Vorzug der größeren Anschaulichkeit. In diesem Rahmen werden Verbindungen zur allgemeinen Philosophie hergestellt. Diese Hinweise auf die allgemeine Philosophie sind ein Angebot an die philosophisch interessierten Studenten. Wer sich nicht dazu zählt, kann die jeweiligen Teilabschnitte ausklammern. Er wird dann also bei *Plato* (§ 10) nur den Abschnitt über dessen Staatsphilosophie lesen, nicht aber über das Höhlengleichnis. Bei *Hobbes* (§ 15) wird er den Materialismus überblättern, bei *Kant* (§ 16) die Erkenntniskritik, bei *Marx* (§ 17) den Exkurs über *Hegel* und *Feuerbach*, um jeweils nur die rechts- und staatstheoretischen Gedanken zu studieren. Natürlich hoffe ich, dass jeder Leser auf die allgemeinphilosophischen Zusammenhänge neugierig wird und sie einbezieht.

Die mittleren und **vorgerückten Semester** können Kapitel 2 über Theorie und Methodenlehre des Rechts und Kapitel 5 erfolgreich in ihr Studium einbeziehen. Denn sie haben in den dogmatischen Fächern in Ausschnitten zahlreiche gesellschaftliche, insbesondere wirtschaftliche Bedingungen und Wirkungen des Rechts kennen gelernt und erkennen den Wert einer zusammenfassenden Darstellung solcher Zusammenhänge (§ 5). Sie haben auch die notwendigen rechtshistorischen Grundkenntnisse, um den historisch aufgebauten knappen Abriss der Theorien des Rechts und der Rechtswissenschaft in § 6 zu verstehen. Ferner haben sie im bürgerlichen Recht, im Strafrecht und im öffentlichen Recht damit begonnen, die Subsumption von Fällen unter Rechtsnormen und die juristische Argumentation einzuüben. Sie sind daher in der Lage, diese Praxis theoretisch zu reflektieren (§ 7 und § 8). Schließlich sind sie auf Grund ihrer Kenntnis juristischer Einzelprobleme in der Lage, die in Kap. 5 behandelten rechtsphilosophischen und rechtspolitischen Grundfragen anhand konkreter Regelungsprobleme selbstständig zu überdenken.

Examenskandidaten werden bei einer (repetierenden) Lektüre feststellen, dass ihre zunehmend genauere Kenntnis der dogmatischen Fächer und juristischen Arbeitsweisen sie zu einem vertieften Verständnis auch der rechtsmethodischen, rechtstheoretischen und rechtsphilosophischen Grundlehren befähigt und dass umgekehrt die Kenntnis dieser Grundlehren in einer fruchtbaren Wechselwirkung ihnen hilft, die Fülle der Rechtsdogmatik und Fallprobleme der einzelnen Rechtsfächer besser zu verarbeiten. Die erneute Lektüre ist daher gerade in der Vorbereitung auf das mündliche Examen zu empfehlen. Sie kann zu der Sicherheit im Verständnis der Problemzusammenhänge und im Urteil verhelfen, die gute Kandidaten von anderen unterscheidet.

III. Allgemeine Literaturhinweise

Literaturhinweise finden sich im Folgenden vor jedem größeren Abschnitt in einer vorangestellten Kopfnote. Ferner werden in den Fußnoten Literaturhinweise gegeben. Sie sind nur für den Leser bestimmt, der sich mit einer Frage vertieft befassen will. Im Folgenden geht es nur um einen Überblick über allgemeinere Darstellungen parallel zum Stoff des vorliegenden Buches.

1. Juristische Methodenlehre

Robert Alexy/Hans J. Koch/Lothar Kuhlen/Helmut Rüßmann, Elemente einer juristischen Begründungslehre, 2003; *Franz Bydlinski*, Juristische Methodenlehre und Rechtsbegriff, 2. Aufl. 1991; *ders.*, Grundzüge der juristischen Methodenlehre, 2005; *Karl Engisch*, Logische Studien zur Gesetzesanwendung, 3. Aufl. 1963; *ders.*, Einführung in das juristische Denken, 10. Aufl. 2005; *Josef Esser*, Vorverständnis und Methodenwahl in der Rechtsfindung, 1970; *Wolfgang Fikentscher*, Methoden des Rechts, Bd. 1 u. 2 1975, Bd. 3, 1976, Bd. 4 u. 5, 1977; *Gast*, Juristische Rhetorik, 4. Aufl. 2006; *Koch/Rüßmann*, Juristische Begründungslehre, 1982; *Ernst A. Kramer*, Juristische Methodenlehre, 2. Aufl. 2005; *Martin Kriele*, Theorie der Rechtsgewinnung, 2. Aufl. 1976; *Karl Larenz/Claus-Wilhelm Canaris*, Methodenlehre der Rechtswissenschaft, 4. Aufl. 2006; *Dirk Looschelder/Wolfgang Roth*, Juristische Methodik im Prozess der Rechtsanwendung, 1996; *Friedrich Müller*, Juristische Methodik, 7. Aufl. 1997; *Friedrich Müller/Ralph Christensen*, Juristische Methodik, Band I (Grundlagen, öffentliches Recht), 9. Aufl. 2004; Band II (Europarecht), 2003; *Hans-Martin Pawlowski*, Methodenlehre für Juristen, 3. Aufl. 1999; ders., Einführung in die Juristische Methodenlehre, 2. Aufl. 2000; *Peter Raisch*, Juristische Methoden vom antiken Rom bis zur Gegenwart, 1995; *Hans-Peter Schwintowski*, Juristische Methodenlehre, 2005; *Theodor Viehweg*, Topik und Jurisprudenz, 5. Aufl. 1974; *Joachim Vogel*, Juristische Methodik, 1998; *Walter Wilhelm*, Zur juristischen Methodenlehre im 19. Jahrhundert, 1958; 2. Aufl. 2003; *Reinhold Zippelius*, Juristische Methodenlehre, 9. Aufl. 2006.

2. Rechtstheorie

Die Literatur dazu ist von der Literatur zur juristischen Methodenlehre einerseits und zur Rechtsphilosophie andererseits nicht klar abgrenzbar. Am ehesten sind hier in scharfer Abgrenzung zur Rechtsphilosophie einerseits die Werke von *Kelsen* sowie rechtslogische Untersuchungen zu nennen, andererseits rechtssoziologische Werke. *Eric Hilgendorf*, Die Renaissance der Rechtstheorie zwischen 1965 und 1985, 2005; *Hans Kelsen*, Reine Rechtslehre, 2. Aufl. 1960; *Ulrich Klug*, Juristische Logik, 4. Aufl. 1982; *Jürgen Habermas/Niklas Luhmann*, Theorie der Gesellschaft oder Sozialtechnologie? – Was leistet die Systemforschung?, 1971. Rechtstheoretisch ergiebig sind von den oben genannten methodologischen Schriften vor allem die von *Engisch*. Vgl. ferner *P. Koller*, Theorie des Rechts. Eine Einführung, 2. Aufl. 1997; *Klaus*

F. Röhl, Allgemeine Rechtslehre, 2. Aufl. 2001; *Bernd Rüthers*, Rechtstheorie, 2. Aufl. 2004.

3. Rechtsphilosophie

Arno Baruzzi, Rechtsphilosophie der Gegenwart, 2006; *Ernst-Wolfgang Böckenförde*, Geschichte der Rechts- und Staatsphilosophie, 2002; *Joachim Braun*, Rechtsphilosophie im 20. Jahrhundert, 2001; *Norbert Brieskorn*, Rechtsphilosophie, 1990; *Helmut Coing*, Grundzüge der Rechtsphilosophie, 5. Aufl. 1993; *Ronald Dworkin*, Law's Empire, 1986; *Karl Engisch*, Einführung in das juristische Denken 10. Aufl. 2005; *ders.*, Auf der Suche nach der Gerechtigkeit. Hauptthemen der Rechtsphilosophie 1971; *Erich Fechner*, Rechtsphilosophie. Soziologie und Metaphysik des Rechts, 2. Aufl. 1962; *Rolf Gröschner/Claus Dierksmeier/Michael Henkel/Alexander Wiehart-Howaldt*, Rechts- und Staatsphilosophie, 2000; *Heinrich Henkel*, Einführung in die Rechtsphilosophie, 2. Aufl. 1977; *Thomas Hoeren/Christian Stallberg*, Grundzüge der Rechtsphilosophie, 2001; *Hasso Hofmann*, Einführung in die Rechts- und Staatsphilosophie, 2. Aufl. 2003; *Peter Holländer,* Abriß einer Rechtsphilosophie, 2003; *Detlef Horster*, Rechtsphilosophie zur Einführung, 2002; *Arthur Kaufmann*, Über Gerechtigkeit. 30 Kapitel praxisorientierter Rechtsphilosophie, 1993; *ders.*, Rechtsphilosophie, 2. Aufl. 1997; *Arthur Kaufmann/Winfried Hassemer/Ulfried Neumann* (Hrsg.), Einführung in die Rechtsphilosophie und Rechtstheorie der Gegenwart, 7. Aufl. 2004; *Matthias Kaufmann*, Rechtsphilosophie, 1996; *Martin Kriele*, Grundprobleme der Rechtsphilosophie, 2003; *Karl L. Kunz/Martino Mona*, Rechtsphilosophie, Rechtstheorie, Rechtssoziologie, 2006; *Luis Legaz y Lacambra*, Rechtsphilosophie, 1965; *Wolfgang Naucke/Regina Harzer*, Rechtsphilosophische Grundbegriffe, 5. Aufl. 2005; *Gustav Radbruch*, Rechtsphilosophie. Studienausgabe, hrsg. von *Ralf Dreier/Stanley Paulson*, 2. Aufl. 2003; *John Rawls*, Eine Theorie der Gerechtigkeit, 14. Aufl. 2005; *Kurt Seelmann*, Rechtsphilosophie, 3. Aufl. 2004; *Stefan Smid*, Einführung in die Philosophie des Rechts, 1991; *Reinhold Zippelius*, Rechtsphilosophie, 4. Aufl. 2003.

Abkürzungsverzeichnis

aaO	am angegebenen Ort
AcP	Archiv für die civilistische Praxis
AGB	Allgemeine Geschäftsbedingungen
AktG	Aktiengesetz
APD	Archives de philosophie du droit
ALR	Allgemeines Landrecht für die preußischen Staaten
ARSP	Archiv für Rechts- und Sozialphilosophie
Art.	Artikel
BGB	Bürgerliches Gesetzbuch
BGBl	Bundesgesetzblatt
BGH	Bundesgerichtshof
BGHSt	Entscheidungen des Bundesgerichtshofs in Strafsachen
BGHZ	Entscheidungen des Bundesgerichtshofs in Zivilsachen
BT-Drucks	Bundestagsdrucksache
BVerfG	Bundesverfassungsgericht
C	Codex
D	Digesten
D AJV-NL	Deutsch-amerikanische Juristenvereinigung News Letter
DZWir	Deutsche Zeitschrift für Wirtschaftsrecht
EGBGB	Einführungsgesetz zum Bürgerlichen Gesetzbuch
EGMR	Europäischer Gerichtshof für Menschenrechte
EG, EGV	Vertrag über die Europäische Gemeinschaft
EMRK	Europäische Menschenrechtskonvention
ESchG	Embryonenschutzgesetz
EZB	Europäische Zentralbank
FAZ	Frankfurter Allgemeine
FS	Festschrift
GATT	General Agreement on Tariffs and Trade
GG	Grundgesetz
GmbHG	GmbH-Gesetz
GrSen	Großer Senat des Bundesgerichtshofs
HGB	Handelsgesetzbuch
Hrsg.	Herausgeber
idF	in der Fassung
IMF	International Monetary Fund (= IWF)
Inst.	Institutiones
IVF	In-vitro-Fertilisation
iVm	in Verbindung mit

Abkürzungsverzeichnis

IWF	Internationaler Währungsfonds
JAG	Juristenausbildungsgesetz
JAO	Juristenausbildungsordnung
JAPO	Juristische Ausbildungs- und Prüfungsordnung
JuS	Juristische Schulung
Kap.	Kapitel
KG	Kommanditgesellschaft
Lk	Lukas-Evangelium
Mt	Matthäus-Evangelium
NJW	Neue Juristische Wochenschrift
OHG	Offene Handelsgesellschaft
PID	Präimplantationsdiagnostik
RG	Reichsgericht
RGZ	Entscheidungen des Reichsgerichts in Zivilsachen
RM	Rheinischer Merkur
ROW	Recht in Ost und West
Rth	Zeitschrift für Rechtstheorie
SJZ	Süddeutsche Juristenzeitung
SchiedsVZ	Zeitschrift für Schiedsgerichtsbarkeit
StGB	Strafgesetzbuch
TRG	Tijdschrift voor Rechtsgeschiedenis
UN	United Nationes
UWG	Gesetz gegen den unlauteren Wettbewerb
VN	Vereinte Nationen
WTO	World Trade Organization
ZiF	Zentrum für interdisziplinäre Forschung (Bielefeld)
ZIP	Zeitschrift für Wirtschaftsrecht
ZRP	Zeitschrift für Rechtspolitik

Teil I
Rechtswissenschaft und Rechtstheorie

Kapitel 1
Grundbegriffe. Recht und Rechtswissenschaft

§ 1 Recht

Literatur: *R. Alexy*, Begriff und Geltung des Rechts, 1992; *F. Bydlinski*, Juristische Methodenlehre und Rechtsbegriff, 2. Aufl. 1991; *H. Coing*, Grundzüge der Rechtsphilosophie, 5. Aufl. 1993, insbes. Kap. V, S. 213; *H. Jung/H. Müller-Dietz/U. Neumann* (Hrsg.), Recht und Moral 1992; *Arthur Kaufmann*, Grundprobleme der Rechtsphilosophie, 1994, 8. Kap. S. 121 ff; *J. Schapp*, Freiheit, Moral und Recht, 1994.

I. Erwartungen und eine Definition

1. Hohe Erwartungen an das Recht

Das Recht ist für das Zusammenleben der Menschen unentbehrlich. Die Worte „Einigkeit und **Recht** und Freiheit" bezeichnen einen politischen Grundkonsens in Deutschland und in vielen Teilen der Welt darüber, wie das Zusammenleben in einem Gemeinwesen geregelt sein soll. Auf das Recht richten sich große Erwartungen. Zugleich nimmt die Gesetzgebung des Staates auf allen Lebensgebieten ständig zu. Im politischen Leben werden immer neue Gesetze oder Verbesserungen bestehender Gesetze gefordert. Im gleichen Atemzug wird die Flut der gesetzlichen Regelungen, ihre Menge und Kompliziertheit, beklagt. Die modernen Gesellschaften scheinen geradezu einen unersättlichen **Hunger nach Rechtsnormen** zu entwickeln. Offenbar erfüllt das Recht bestimmte Bedürfnisse und Erwartungen ziemlich gut und weckt daher ständig neue Wünsche nach neuem Recht.

Wo es hohe Erwartungen gibt, gibt es auch Enttäuschungen. Dies gilt auch im Rechtsstaat. Wird jemand von einem Strafgericht verurteilt, dann ist er enttäuscht und nicht selten erbittert, wenn er sich für unschuldig hält oder die Strafe nach seiner Meinung zu hart ausgefallen ist. Vor den Zivilgerichten stehen sich im Rechtsstreit regelmäßig wenigstens zwei Parteien gegenüber. Die eine gewinnt, die andere verliert am Ende, wenn man sich nicht gütlich einigt. Nicht selten ist der Verlierer dann vom Gericht oder von der ganzen Rechtsordnung enttäuscht; anders nur, wenn er insgeheim wusste, dass er nicht im Recht war, und vor Gericht nur mal sein Glück probieren wollte.

Wo es Enttäuschungen mit dem Recht gibt, dh mit dem Inhalt der Gesetze oder mit ihrer Anwendung durch die Gerichte, ertönt der Ruf nach Gerechtigkeit: es wird dann gefordert, die Gesetze sollten gerechter werden, oder man beklagt, dass die Anwendung der Gesetze auf den einzelnen Bürger in einem bestimmten Fall gegen die Gerechtigkeit verstoße. Die **Gerechtigkeit** taucht als eine Grundfrage des menschlichen Zusammenlebens im Zusammenhang mit dem Recht ständig auf. Das Verhältnis zwischen Recht und Gerechtigkeit gehört zu den konstanten Problemen für jeden, der sich mit dem Recht befasst oder von rechtlichen Regelungen und Entscheidungen betroffen wird. Die Frage nach der Gerechtigkeit, ihrer Erkennbarkeit und Begründung und nach der möglichen Umsetzung der Gerechtigkeit in konkrete rechtliche Regelungen und Entscheidungen ist die eigentliche philosophische Frage der Rechtswissenschaft (unten Kap. 3–5).

2. Zustände der Rechtlosigkeit

2 **Recht und Gerechtigkeit** scheinen also zusammenzugehören und ebenso **Recht und staatliche Ordnung**. Recht soll Gerechtigkeit schaffen und schützen. Das ist die Erwartung der Menschen und das ausdrückliche oder unausgesprochene Versprechen des Gesetzgebers. Dieser enge Zusammenhang wird gerade dann in dramatischer Weise deutlich, wenn er in einer konkreten geschichtlichen Situation zerrissen wird oder wenn es an Recht und staatlicher Ordnung überhaupt fehlt. Dabei sind mindestens drei Situationen zu unterscheiden: (1) ungerechte staatliche Gesetze, (2) staatliches Unrecht ohne Gesetz und (3) Unrecht wegen völligen Fehlens staatlicher Ordnung.

(1) Jeder staatliche Gesetzgeber behauptet von sich, gerechte Gesetze schaffen zu wollen. Aber die einem Gesetz zugrunde liegenden Wertentscheidungen können insbesondere bei demokratisch nicht legitimierten Staaten soweit von allgemeinen Gerechtigkeitsgrundsätzen entfernt sein, dass man das Gesetz als ungerecht (und in diesem Sinne als unsinnig) bezeichnen muss. Im äußersten Fall haben solche Gesetze keine Rechtswirkung, auch wenn sie faktisch mithilfe der Staatsmacht durchgesetzt werden mögen[1].

Beispiele bieten zahlreiche Rechtsakte der Französischen Nationalversammlung und des Wohlfahrtsausschusses 1792/93 gegen die Feinde der Revolution, begleitet von Massenhinrichtungen, die Anordnung des US-Präsidenten Jackson auf Grund Gesetzes von 1830, dass alle Indianer ihr Land östlich des Mississippi zu verlassen hätten (Indian Removal Act), sowie die berüchtigten Nürnberger Rasse-Gesetze des NS-Staates 1935 gegen die Juden, ferner der Befehl an die DDR-Grenzsoldaten, Grenzverletzer der bis 1989 bestehenden innerdeutschen Grenze „notfalls" zu erschießen (unten Rn 432).

(2) Häufig geschieht staatliches Unrecht aber außerhalb der Gesetze, also nicht durch ein Gesetz verbrämt, sondern unter Missachtung jeder Rechtsordnung, indem Verbrecher als Amtsinhaber ihre staatliche Macht missbrauchen[2].

---

1 Grundsätzlich dazu *Radbruch*, Gesetzliches Unrecht und übergesetzliches Recht, SJZ 1946, 1–8. Zum Problem auch unten Rn 428 ff.
2 Vgl *Naucke*, Die strafjuristische Privilegierung staatsverstärkter Kriminalität, 1996. Dort zum Problem insbes. des DDR-Unrechts; s. dazu auch unten Rn 432.

Historische Beispiele bieten der Völkermord an den (christlichen) Armeniern durch die Türkei 1915 zu Beginn des Ersten Weltkriegs, die Massenvernichtungsmaßnahmen von Lenin und vor allem seinem Nachfolger Stalin, denen über 20 Millionen Menschen zum Opfer fielen[3], die von den Nazis im deutschen Machtbereich organisierten Massentötungen in den KZs (1942–45), die Vertreibung der ostdeutschen Bevölkerung aus Ostpreußen, Schlesien und dem Sudetenland (1945–47), die Schreckensherrschaft von Idi Amin in Uganda 1971–1979, die Massentötungen durch das Regime von Pol Pot in Kambodscha 1975–1979, und die Massaker an Kosovo-Albanern in den 90er-Jahren des 20. Jahrhunderts.

(3) Ebenso dramatisch ist die Situation in den weiten Gebieten der Welt, in denen einen ordnende staatliche Macht überhaupt nicht vorhanden ist oder im Krieg oder Bürgerkrieg versinkt und die Menschen von Mord, Völkermord, Vertreibung und Misshandlung bedroht sind.

Historische Beispiele bieten die Massaker an der (royalistisch gesonnenen) Bevölkerung vor allem der Vendée während der französischen Revolutionskriege 1793–1796, die organisierten Massaker der Japaner nach der Besetzung Chinas 1937/38, in den 90er-Jahren des 20. Jahrhunderts zahlreiche gegen die Bevölkerung gerichtete Vernichtungskriege in Afrika, zB im Südsudan und in Ruanda, aber auch beim Zerfall des jugoslawischen Staates sowie in bestimmten Gebieten Indonesiens und in manchen Staaten Mittelamerikas.

Der Ruf der davon betroffenen Menschen nach Staat, Recht und Gerechtigkeit ist elementar und zugleich bescheiden; diese Menschen verlangen danach, dass es überhaupt eine staatliche Ordnung geben solle und „ein wenig" Recht, um das Chaos und das schreiende Unrecht zu verhindern oder wenigstens einzudämmen. An diese elementaren Bedürfnisse nach Staatlichkeit, Recht und Gerechtigkeit sollten wir uns erinnern, wenn wir in Mittel- und Westeuropa oder anderen Teilen der westlichen Welt, an jahrzehntelangen Frieden und rechtsstaatliche Verhältnisse gewöhnt, diese Verhältnisse für selbstverständlich halten und vergessen, wie leicht sie von innen oder außen bedroht sein können.

3. Der demokratische Rechtsstaat

Der moderne Weg, einem Gemeinwesen eine gerechte Ordnung zu geben, ist der demokratische Rechtsstaat. Der **Rechtsstaat** ist, kurz gesagt, dadurch gekennzeichnet, dass alles staatliche Handeln gegenüber dem Bürger an Gesetz und Recht gebunden ist. Er ist regelmäßig „**Verfassungsstaat**", dh ein grundlegendes Gesetz, die Verfassung, regelt und legitimiert die Staatsgewalt und spricht sie mehreren Teilgewalten zu (Gewaltenteilung); sie gebietet zugleich dem Staat, die Rechte der Bürger zu achten, und nennt besonders wichtige, grundlegende Rechte in der Verfassung selbst (Verfassungsrechte, Grundrechte). Im **demokratischen Rechtsstaat** geht alle Staatsgewalt vom Volk aus und die Regierung wird durch demokratische Wahlen bestimmt. Der demokratische Rechtsstaat, wie er sich in der westlichen Welt entwickelt hat, wird heute

---

3 Die Gesamtzahl der Opfer kommunistischer Gewaltherrschaft werden auf 100 Millionen veranschlagt. Dazu und zu den verschiedenen Techniken der Ausrottung, etwa künstlich herbeigeführte Hungersnöte, die systematische „Vernichtung durch Arbeit", Attentate, tödliche Folterungen, Massenerschießungen und Justizmorde nach Schauprozessen, s. *S. Courtois* ua (Hrsg.), Das Schwarzbuch des Kommunismus, 5. Aufl. 1998.

– trotz mancher Kritik – weltweit als die beste Staatsform angesehen, die es zu verteidigen oder zu erstreben gilt. Denn dieser demokratische Rechtsstaat ist der Rahmen und die Grundlage für komplexe, moderne Gesellschaften, die ein großes Maß persönlicher Freiheit bei leidlichem bis großem Wohlstand ermöglichen.

Der bürgerliche Rechtsstaat ist nicht einem Land oder einem bestimmten historischen Ereignis zu verdanken, sondern das Ergebnis einer geistesgeschichtlichen und politischen Entwicklung in West- und Mitteleuropa, deren Anfänge ins 17. und 18. Jahrhundert reichen[4]. Die modernen Verfassungen der Länder West- und Mitteleuropas sowie Nordamerikas, auch das Grundgesetz für die Bundesrepublik Deutschland, sind Vorbild und Modell für Verfassungen in vielen anderen Teilen der Welt geworden. Dies gilt auch für die Staaten Osteuropas, die bis vor kurzem zum Machtbereich des Sowjetimperiums gehörten[5].

Die Grundfragen des modernen demokratischen Rechtsstaates mussten in der deutschen Nachkriegsgeschichte in zwei historischen Momenten in kürzester Frist erneut durchdacht und konkret beantwortet werden: 1949 bei der Schaffung des Grundgesetzes und der Entstehung der Bundesrepublik und 1990 bei der deutschen Wiedervereinigung. 1949 ging es um die grundlegende Erneuerung unseres Staats- und Rechtswesens[6], 1990 um die Übertragung dieser Ordnung auf das aus der DDR hervorgegangene neue Bundesgebiet[7].

Überall dort in der Welt, wo der Rechtsstaat nicht oder nur in Bruchstücken verwirklicht ist, richten sich die Hoffnungen der Menschen auf den Rechtsstaat. So war es auch in Deutschland 1990, als die Bürger im neuen Bundesgebiet mit der staatlichen Wiedervereinigung auch das Recht der Bundesrepublik als eines modernen westlichen Rechtsstaates übernahmen. Viele dieser Erwartungen gingen in Erfüllung. Andere waren so hoch gespannt, dass eine gewisse Enttäuschung nicht ausblieb. „Wir haben Gerechtigkeit gewollt und haben den Rechtsstaat bekommen", kritisierten Vertreter der Bürgerrechtsbewegung aus der früheren DDR. Sind Gerechtigkeit und Rechtsstaat ein Gegensatz? Oder deutet diese Kritik nur auf die unvermeidlichen Schwierigkeiten hin, Gerechtigkeit in einem Gemeinwesen durch Recht zu verwirklichen?

4. Allgemeine Definition des Rechts

4 Zuerst müssen Grundbegriffe geklärt und voneinander unterschieden werden. Beginnen wir mit einer möglichen **Definition des Rechts**. Diese kann lauten: Recht ist der Inbegriff der vom Staat garantierten[8] allgemeinen[9] Normen zur Regelung des menschlichen Zusammenlebens und zur Beilegung zwischenmenschlicher Konflikte durch Entscheidung. Zum Verständnis dieser Definition sind die folgenden Begriffe zu klären:

---

4 Vgl *M. Kriele*, Einführung in die Staatslehre aaO, insbes. S. 93 ff.
5 *G. Brunner* (Hrsg.), Verfassungs- und Verwaltungsrecht der Staaten Osteuropas, Loseblattsammlung, 1995 ff.
6 Allg. dazu *K. Stern*, Das Staatsrecht der Bundesrepublik Deutschland, Bd. I, 2. Aufl. 1984; *R. Maier/P. Altmeier/B. Wegmann*, Westdeutschlands Weg zur Bundesrepublik 1945–1949, 1976.
7 Vgl *N. Horn*, Das Zivil- und Wirtschaftsrecht im neuen Bundesgebiet, 2. Aufl. 1993, Kap. 1.
8 Zur Verbindung von Staat und Recht s. Rn 19 ff; zur Geltung und Durchsetzung des Rechts Rn 101–108; zu nichtstaatlichem Recht Rn 19, 45, 465 f.
9 Vgl dazu *Chr. Starck* (Hrsg.), Die Allgemeinheit des Gesetzes, 1987.

– Normen und ihre Klassifizierung (Rn 6 ff);
– die Entstehung und staatliche Garantie des Rechts und der Begriff des Staats (Rn 19 ff);
– die Funktionen (Aufgaben) des Rechts (Rn 33 ff).

Die hier gebrauchte Definition ist sehr abstrakt. Sie ist inhaltlich nicht sehr aussagekräftig, wenn wir an die zuvor genannten Erwartungen an das Recht denken. Denn die Definition besagt nichts über die Grundwerte, die das Recht im Rechtsstaat schützen soll: Freiheit, Gleichheit, Eigentum, Rechtssicherheit. Darüber ist bei den Funktionen des Rechts noch zu sprechen (Rn 33 ff). Die hier gebrauchte Definition ist dagegen weit. Sie passt auf alle Staaten und auf alles Recht im Rahmen staatlicher Gebilde. Also passt sie auch auf den Unrechtsstaat. In der Tat scheint es so, dass jeder Staat, will er überhaupt existieren, ohne ein Mindestmaß an Recht zur Organisation des Staates, zur Stabilisierung der Macht und zur Regelung des Zusammenlebens nicht auskommt.

Auch Unrechtsstaaten wie die Sowjetunion unter *Stalin* oder Deutschland unter *Hitler* verfügten über Recht und praktizierten es[10]. Dabei finden wir „normale" Rechtsnormen, die jeder Staat braucht (zB allgemeine Strafnormen etwa gegen Mord oder Diebstahl, rechtliche Regelung des Straßenverkehrs, Abgabenrecht usw), und daneben Gesetze, die offenbares Unrecht enthielten, zB die berüchtigten diskriminierenden Gesetze gegen die Juden von 1935 (Nürnberger Gesetze). Zum größeren Teil äußert sich das Unrecht freilich nicht in solchen eklatant ungerechten Gesetzen, sondern in der falschen Anwendung von „normalen" Rechtsnormen durch Behörden oder Gerichte (Rechtsbeugung) oder in der völligen Missachtung des Rechts bei bestimmten staatlichen Maßnahmen.

Dies führt zur Frage, ob **ungerechtes Recht**, insbesondere ungerechte staatliche Gesetze, überhaupt unter den Begriff des Rechts fällt. Nimmt man die Forderung ernst, dass jedes Recht, insbesondere jedes staatliche Gesetz, der Gerechtigkeit dienen muss, dann gelangt man zu einer engeren Definition des Rechts, indem man das Wort „gerecht" oder „Gerechtigkeit" einfügt. Unsere Definition lautet dann: Recht ist der Inbegriff der vom Staat garantierten allgemeinen Normen zur gerechten Regelung des menschlichen Zusammenlebens und zur gerechten Beilegung zwischenmenschlicher Konflikte durch Entscheidung.

Von dieser engeren Definition dürfen wir aber im Rechtsstaat nur mit großer Zurückhaltung Gebrauch machen. Würde man jedermann gestatten, die Befolgung eines Gesetzes zu verweigern mit der bloßen Behauptung, das Gesetz sei ungerecht, wäre die Rechtssicherheit dahin. Anders als im Unrechtsstaat, der einzelne evident ungerechte Gesetze hervorbringt, sind im Rechtsstaat Vorkehrungen getroffen, offen ungerechte Regelungen bei der Gesetzgebung möglichst zu vermeiden. Verbleibende Zweifel, ob ein Gesetz gerecht oder ungerecht ist, sind meist nicht leicht zu entscheiden und Gegenstand eines offenen Meinungsstreites. Dieser Meinungsstreit muss auf demokratischem und rechtsstaatlichem Weg durch Entscheidung des Parlaments (das ggf eine Gesetzesänderung erlässt) oder durch das Bundesverfassungsgericht entschieden werden. Nur im Extremfall kann man einem Gesetz, das offenbares unrecht ist, die Rechtsqualität absprechen.

---

10 Vgl *M. Stolleis*, Recht im Unrecht. Studien zur Rechtsgeschichte des Nationalsozialismus, 1994.

Auch den Gesetzen in einem Unrechtsstaat sprechen wir im Zweifel die Eigenschaft als Gesetz (Gesetzesqualität) nicht ab, selbst bei ungerechtem Inhalt. Der Bundesgerichtshof hat es daher abgelehnt, die Anwendung der ungerechten Ausreisegesetze der DDR durch einen DDR-Richter als Rechtsbeugung zu ahnden (zu diesem Problem auch unten Rn 432).

II. Rechtsnormen und andere Normen

1. Sollenssätze und ihre Klassifizierung: Recht, Moral, Sitte

6 Normen sind – jedenfalls im juristischen Sprachgebrauch – **Sollenssätze**. Sie enthalten Gebote und Verbote. Diese richten sich an Menschen als die „Normadressaten". Eindrucksvolles Beispiel für Sollenssätze sind die Zehn Gebote des Alten Testaments. Sie sind im Bewusstsein der Menschen der westlichen Welt bis heute präsent, auch wenn die unmittelbare Kenntnis ihrer Quelle für viele verblasst sein mag: Du sollst nicht morden, du sollst nicht die Ehe brechen, du sollst nicht stehlen. Im Recht finden sich entsprechende Normen. Mord und Diebstahl werden nach dem Strafgesetzbuch bestraft (§ 211 und § 242 StGB).

In früheren Rechten wurde auch der Ehebruch bestraft. Unser Recht kennt eine solche Strafe nicht mehr, weil nach heutiger Rechtsauffassung die eheliche Treue nicht vom Recht durchgesetzt werden kann und soll. Die eheliche Treue ist sittliches Gebot und gehört zugleich zur Rechtsordnung, aber nur insofern, als sie Teil der familienrechtlichen Pflicht zur ehelichen Lebensgemeinschaft (§ 1353 BGB) ist.

Wir unterscheiden heute als Ergebnis einer historischen Ausdifferenzierung und verbreitet anerkannten Klassifizierung zwischen: (1) Rechtsnormen (**Recht**) als den staatlich garantierten Verhaltensnormen, (2) sittlichen Normen (**Moral**), die sich an das Gewissen des Einzelnen richten, und (3) gesellschaftlichen Normen (**Sitte**), die (ohne staatlichen Zwang) beobachtet werden. Diese Unterscheidung, die noch im Einzelnen zu besprechen ist, bezeichnet Unterschiede im Geltungsgrund, aber nicht notwendigerweise im Inhalt der Normen. Inhaltlich überlagern sich diese Normbereiche zum Teil, zum Teil nicht. Ein und dieselbe Norm kann etwa dem Recht angehören, zugleich sittliche Norm und von der Gesellschaft anerkannt sein. Das nächstliegende Beispiel ist der Mord. Er ist sowohl vom Recht mit Strafe belegt als auch moralisch verwerflich und schließlich von den gesellschaftlichen Anschauungen missbilligt. In früheren Gesellschaften waren die Bereiche von Recht, Sittlichkeit und Sitte auch nicht scharf unterschieden, sondern fielen weitgehend in eins. Ihre Ausdifferenzierung ist ein historischer Prozess.

Fragt man, woher diese verschiedenen Normen kommen, so stößt man auf eine philosophische Grundfrage, die noch später (in Kapitel 3–5) eingehend zu erörtern ist. Es scheint aber so, dass sowohl das Recht als auch sittliche Normen als auch gesellschaftliche Normen sich mit einer gewissen Notwendigkeit in jeder menschlichen Gesellschaft einstellen. *Rudolph von Jhering* sagt dazu in der Vorrede zum 2. Band der 1. Auflage seines berühmten und international angesehenen Werkes „Der Zweck im Recht" (1883):

"Alle sittlichen Normen und Einrichtungen haben nach meiner Überzeugung ihren letzten Grund in den **praktischen Zwecken der Gesellschaft**, Letztere sind von einer so unwiderstehlich zwingenden Gewalt, dass die Menschheit nicht der geringsten sittlichen Beanlagung bedurft hätte, um alles, was sie erfordern, hervorzubringen. Die Macht des objektiv Sittlichen, dh der in Form der drei gesellschaftlichen Imperative: Recht, Moral, Sitte verwirklichten Ordnung der Gesellschaft beruht auf seiner praktischen Unentbehrlichkeit ..."[11]

Der Begriff der Norm wird auch noch in einem anderen Sinn gebraucht. Man denke an technische Normen. Diese legen bestimmte Eigenschaften von technischen Gegenständen fest, zB Maße wie etwa die Steigungshöhe von Schraubengewinden oder die DIN-Papierformate nach dem goldenen Schnitt. Auch in diesen rein technischen Normen liegen freilich indirekt Sollenssätze insofern, als diese technischen Festlegungen bei der Produktion der genannten Gegenstände von den Menschen, die sie herstellen, eingehalten werden sollen.

2. Sittliche Normen (Moral)

(1) **Begriff**. Sittliche Normen orientieren sich an der Idee des Guten, des moralisch Richtigen. Sie wenden sich an das **Gewissen** des einzelnen Menschen. Das setzt die Fähigkeit der Menschen voraus, überhaupt die Frage nach dem sittlich Guten zu stellen. Dies ist wiederum eine philosophische Grundfrage, die wir hier verschieben müssen, die aber die ganze europäische Philosophie beschäftigt hat. Die Frage nach dem Inhalt des sittlich Guten kann nicht ein für alle Mal erschöpfend beantwortet werden. Der Mensch erhält bei seinen Fragen jeweils Teilantworten, die sich primär an den Maßstäben orientieren, die er in der ihn umgebenden Kultur vorfindet, die aber auch darüber hinausgehen können. Die Frage nach dem sittlichen Guten stellt sich bei jedem Menschen ein und kann von ihm nicht eliminiert werden[12]. Denn es geht dabei um die grundlegende (zweckfreie) Handlungsorientierung des Menschen. „Richtige", der Natur des Menschen entsprechende sittliche Maßstäbe und Gebote leisten diese Orientierung und sind zugleich damit Regeln der seelischen Gesundheit.

Natürlich besteht die Gefahr, dass dem Einzelnen falsche sittliche Maßstäbe vermittelt werden; man denke nur an die Indoktrination junger Menschen in totalitären Staaten (Erziehung zum Klassenhass, Rassenhass etc). Ferner kann das Gewissen des Einzelnen zu stumpf oder umgekehrt zu sensibel sein, sei es auf Grund Charakteranlage oder Erziehung.

Das mit dem Begriff der **Sittlichkeit** Gemeinte wird auch mit anderen Begriffen belegt, dem der **Moral** oder der **Ethik**. Ethik (aus dem Griechischen) bezeichnet das Gebiet der Philosophie, das sich mit dem richtigen Handeln befasst. Moral (aus dem Lateinischen: *mos*) meint in etwa das Gleiche[13].

---

11 Zweiter Band, Vorrede zur ersten Auflage, zitiert nach der Ausgabe von 1923. *Jhering* fasst Recht, Moral und Sitte unter dem Oberbegriff der „sittlichen Ordnung" zusammen. Dies entspricht nicht dem heutigen Sprachgebrauch. Danach bezieht sich „sittliche Ordnung" nur auf den Bereich der Moral oder Sittlichkeit.
12 *L. Kohlberg*, Die Psychologie der Moralentwicklung, hrsg. *W. Althof*, 1995.
13 In der Philosophie werden die Begriffe Moral, Ethik, Sittlichkeit zT scharf unterschieden. Als Moral wird zT die inhaltlich bestimmte Ethik (Güterethik), z. T religiös angeleitete Ethik bezeichnet. Die Unterscheidungskriterien wechseln jedoch und sind für die hier bezweckte vorläufige Charakterisierung der Sittlichkeit ungeeignet.

9 (2) Immer wenn die Frage nach dem sittlich Guten, der Moral, gestellt wird, ist auch der Einwand zur Hand, dass man darüber deshalb nichts Allgemeines aussagen könne, weil das **Gewissen** ganz **individuell** sei und jeder etwas anderes darunter verstehe. Diese Anschauung ist vor allem heute weit verbreitet. Sie kann an die Erfahrungstatsache anknüpfen, dass jeder Mensch in der Tat etwas andere, individuell gefärbte Vorstellungen von dem sittlich Richtigen entwickelt oder behauptet und dass mancher gegenüber diesen Fragen recht stumpf und gleichgültig, ein anderer vielleicht sogar zu sensibel und skrupulös ist. Gleichwohl kann man wohl mit *Rudolph von Jhering* an der Auffassung festhalten, dass sich letztlich trotz dieser vielen individuellen Varianten immer wieder allgemeine Gewissensgebote aufstellen lassen, die auch tatsächlich vielen Menschen einleuchten. Es scheint also möglich zu sein, eine **allgemeine** (mitteilbare und annehmbare) **Ethik** zu entwickeln. Ob diese Möglichkeit tatsächlich besteht, ist wiederum eine der philosophischen Grundfragen, die uns noch beschäftigen wird. Man kann aber mit Jhering feststellen, dass die Menschen tatsächlich weithin die Möglichkeit allgemeiner sittlicher Regeln und Urteile voraussetzen, sich in diesem Sinn äußern und zumindest teilweise sich entsprechend verhalten; die Überzeugung von der Existenz solcher Normen ist in jeder Gesellschaft vorhanden.

Immer ist freilich zu beachten, dass Fragen des Gewissens Fragen der inneren Überzeugung sind. Innere Überzeugungen kann man nicht anderen Menschen aufzwingen. Die Gesellschaft muss in einem gewissen Rahmen Toleranz üben. Dieses Gebot der Toleranz ist Teil der **Gewissensfreiheit** und Religionsfreiheit (Art. 4 I GG) und Meinungsfreiheit (Art. 5 GG), die im Grundgesetz anerkannt sind. Die Berufung des Einzelnen auf sein individuelles Gewissen kann in der **staatlichen Gemeinschaft** jedoch zu Konflikten führen.

Nehmen wir das **Beispiel** Wehrdienst. Wer aus Gewissensgründen den Wehrdienst verweigert, wird durch die entsprechende Erklärung die Bürde des Wehrdienstes los. Das Recht erkennt insoweit die Gewissensfreiheit an (Art. 4 III 1 GG). Die militärische Verteidigungsbereitschaft wird andererseits in unserer Rechtsordnung als unentbehrlich zur Existenzsicherung des Staates betrachtet. Ferner sieht unser Recht aus historischen und politischen Gründen eine reine Berufsarmee von Freiwilligen nicht vor. Daher ist die Wehrdienstverweigerung für die staatliche Gemeinschaft nur so lange hinnehmbar, als eine ausreichende Zahl junger Männer den Wehrdienst zu leisten bereit ist. Ferner stellt sich das Problem der „Wehrgerechtigkeit" in dem Sinn, dass die Befreiung vom Wehrdienst nicht zu einer Privilegierung führen soll. Das letztere Problem wird in unserem Recht durch den Zivildienst gelöst, der seinerseits heute eine gewichtige Gemeinschaftsaufgabe wahrnimmt.

Ein weiteres **Beispiel** bieten gelegentliche Rechtsstreite um christliche Bekundungen in den christlichen Gemeinschaftsschulen des Staates. Muss hier der Nichtchrist diese Bekundungen tolerieren, oder kann er die Unterlassung solcher Bekundungen der Mehrheit unter Berufung auf das Toleranzgebot erzwingen? (dazu auch unten Rn 87).

Letztes **Beispiel:** Bei einer Operation Minderjähriger ist grundsätzlich die Einwilligung der Eltern gem. § 1626 BGB erforderlich (vgl BGHZ 29, 33). Bisweilen verweigern Eltern aber aus Gewissensgründen jede ärztliche Behandlung ihres erkrankten Kindes. Hier muss das Vormundschaftsgericht jedenfalls bei ernstlicher Erkrankung die Gewissensgründe der Eltern zurückstellen und (wegen Missbrauchs des Personensorgerechts nach § 1626 BGB gem. § 1666 BGB) die ärztliche Behandlung durchsetzen[14].

---

14 Vgl auch BT-Drucksache 8/2788, S. 39, 58 f.

(3) Aus den individuellen sittlichen Anschauungen, die letztlich durch das Gewissen des Einzelnen gesteuert und gestützt werden, fließen unzählige Impulse zur Ausbildung allgemeiner Ansichten über sittliche Normen ein und führen zur Bildung einer **öffentlichen Moral**, also vorherrschenden Anschauungen (öffentlicher Meinung) über das sittlich Richtige. Diese werden stark von kulturellen Traditionen und den Institutionen geprägt, die diese Tradition vermitteln (Schule, Universität, Kirchen, Parteien, Verbände, Vereine). Heute prägen vor allem auch – bei abnehmendem Einfluss traditioneller Institutionen – die Vorstellungen derjenigen, die in der Politik oder in den öffentlichen Medien (Presse, Fernsehen, Rundfunk) tätig sind, die (wechselnden) Regeln der politischen Moral und ihrer „korrekten" Formulierung (political correctness).

10

Die öffentliche Moral wirkt ihrerseits stark auf die Bildung der moralischen Vorstellungen (des Gewissens) des Einzelnen zurück. Denn junge Menschen orientieren sich bei der Ausbildung ihres eigenen moralischen Bewusstseins weitgehend daran und nur ein Teil der Menschen gelangt zu einem demgegenüber verselbstständigten moralischen Urteilsvermögen, das natürlich ebenfalls die Wertungen der öffentlichen Moral zumindest mit in Betracht ziehen muss[15].

Die öffentliche Moral unterliegt naturgemäß Wandlungen entsprechend den Wandlungen des „Zeitgeistes". Manchmal ist es zweifelhaft, ob tatsächlich ein Wandel eingetreten ist oder eine bestimmte, langfristige Überzeugung nur kurzfristig durch die veröffentlichte Meinung überdeckt und vernebelt wird, zumal wir die wechselhafte öffentliche Meinung von der Frage dauerhafter Anerkennung sittlicher Werte und Maßstäbe trennen müssen.

Ein Wandel der öffentlichen Moral (iS der öffentlichen Meinung einschließlich der Mehrheitsverhältnisse im Bundestag) ist möglicherweise in der Einstellung zur Tötung ungeborener Kinder durch Abtreibung zu beobachten. Dazu auch unten Rn 435.

Die öffentliche Moral wird stark von den tatsächlichen Lebensverhältnissen, insbesondere den wirtschaftlichen Verhältnissen (was *Karl Marx* die „Basis" nannte) beeinflusst, freilich nicht nur von diesen, sondern auch von einschneidenden politischen Ereignissen und Katastrophen. Die jüngere deutsche Geschichte bietet eindringliche Beispiele für die Erschütterung öffentlich anerkannter Maßstäbe der Moral, aber auch die Ausbildung neuer Maßstäbe.

11

Ab 1933 wurden die Maßstäbe der Toleranz und Achtung des einzelnen Menschen durch die Rassendiskriminierung der Nazis korrumpiert. Die ungeheuren militärischen Anstrengungen Deutschlands während des Zweiten Weltkriegs für sinnlose und verbrecherische Kriegsziele erschütterten nachhaltig bis dahin allgemein anerkannte ethische Gemeinschaftswerte wie Opferbereitschaft und Tapferkeit spätestens dann, als die Sinnlosigkeit dieser Anstrengungen im vollständigen militärischen Zusammenbruch und der Zerstörung Deutschlands zu Tage trat und der organisierte Massenmord in den KZs bekannt wurde.

Nach 1945, insbesondere durch die Gründung der Bundesrepublik (1949) als demokratischer Rechtsstaat, wurde obrigkeitsstaatliches Denken durch demokratisch-rechtsstaatliches Denken abgelöst und ein bis dahin nicht gekanntes Maß persönlicher Freiheitsrechte der Bürger verwirklicht. Der in Deutschland und in anderen Ländern Westeuropas nach dem Krieg entwi-

---

15 *L. Kohlberg*, Die Psychologie der Moralentwicklung (hrsg. *W. Althof*), 1995.

ckelte, bis dahin beispiellose materielle Wohlstand (deutsches „Wirtschaftswunder") bewirkte eine Umwälzung tradierter Lebensgewohnheiten (hoher Lebensstandard und Konsummentalität, hohe Mobilität, Bedrohung der natürlichen Umwelt; scharfer Rückgang der Geburtenrate). Vor dem Hintergrund dieser Entwicklungen treten im öffentlichen Bewusstsein bestimmte Werte hervor (zB „Selbstverwirklichung"; hohe Ansprüche an Leistungen des Staates und der Sozialsysteme); andere Werte (zB Dienst am Gemeinwesen, Selbstverantwortung) werden dabei zurückgedrängt[16].

12 Ein Grundproblem der öffentlichen Moral besteht darin, dass ein Staat und eine Gesellschaft ohne allgemein akzeptierte ethische (moralische) Normen nicht existieren kann, was die Staats- und Rechtsphilosophie aller Epochen beschäftigt hat (unten Kap. 3–5), andererseits solche Normen auch ständig als Hebel benutzt werden können, um Macht oder Einfluss zu entfalten und andere zu bevormunden.

Totalitäre Staaten suchen durch Beseitigung der Meinungsfreiheit und Indoktrinierung eine staatlich anerkannte Ideologie[17] zu etablieren. In freien Gesellschaften ist dies nicht möglich. Aber auch hier gab und gibt es sowohl im Spiel der politischen Kräfte als auch nach den Eigengesetzlichkeiten der (heute durch Medien stark beeinflussten) öffentlichen Meinung immer wieder Versuche, öffentliche Moralvorstellungen zu manipulieren. Dazu gehört das Phänomen der „political correctness", dh bestimmter inoffizieller, aber geltender Sprachregelungen, deren Verletzung öffentliche Empörung auslösen kann, und die Steuerung solcher Empörung als politische Waffe.

13 (4) Der Soziologe und Jurist *Max Weber* hat im Hinblick auf die moralische Einstellung des Einzelnen in der Öffentlichkeit die Unterscheidung von **Verantwortungsethik** und **Gesinnungsethik** gemacht[18]. Wer in Verantwortungsethik denkt und handelt, bedenkt die Folgen ethischer Gebote im politischen Leben und allgemein in der Gesellschaft mit und überlegt, wie diese Gebote möglichst unter Berücksichtigung anderer ethischer Anforderungen in die Realität umgesetzt werden können. Der Gesinnungsethiker stellt seine Gebote dagegen absolut auf; er denkt „fundamentalistisch" und missachtet Zielkonflikte. Die Gesinnungsethik birgt die Gefahr einer konfliktreichen Starrheit, aber auch die Chance, neuen Einsichten im zähen Meinungskampf zum Durchbruch zu verhelfen. Die Verantwortungsethik birgt die Gefahr des faulen Kompromisses und des Ausweichens vor Konflikten, hat andererseits aber auch den Vorzug, wenn sie richtig gebraucht wird, einen politisch und ethisch verantwortbaren Ausgleich und ein harmonischeres Zusammenleben zu ermöglichen.

Gesinnungsethik und Verantwortungsethik sind in den letzten Jahrzehnten zB in Fragen der Friedenspolitik aufeinander geprallt. Das Ziel der Friedenserhaltung war dabei unstreitig, der Weg dazu dagegen höchst kontrovers. Als gesinnungsethisch kann man die Position kennzeichnen, die für radikale, auch einseitige Abrüstung ohne Rücksicht auf außenpolitische Bedrohung plädierte („Frieden schaffen ohne Waffen"). Die offizielle Verteidigungspolitik des Westens in den Jahren 1945–1990 lehnte die einseitige Abrüstung ab, wahrte die Verteidigungsbereitschaft durch „Nachrüstung" und versuchte die schwierige Wahrung eines „Gleichgewichts des Schre-

---

[16] Zum Wertewandel im gesellschaftlichen Bewusstsein vgl *E. Noelle-Neumann/R. Köcher*, Die verletzte Nation. Über den Versuch der Deutschen, ihren Charakter zu ändern, 2. Aufl. 1988.
[17] Zum Begriff der Ideologie s. unten Rn 349.
[18] *M. Weber*, Politik als Beruf, 1919, in: Gesammelte Politische Schriften, 2. Aufl. hrsg. *J. Winckelmann*, 1958, S. 493 ff, 539 ff.

ckens" zwischen den (hochgerüsteten) Machtblöcken. Als Politik der Friedenssicherung verstand sie sich als verantwortungsethisch. Natürlich war eine solche Bewertung in der Öffentlichkeit kontrovers. Die genannte Politik war im Ergebnis erfolgreich, weil sie Frieden und Freiheit tatsächlich erhielt.

3. Das Verhältnis von Rechtsnormen und sittlichen Normen

Das Recht will selbst gewisse sittliche Gemeinschaftswerte, zB Freiheit, Rechtssicherheit, Schutz des Vertrauens auf Vertragstreue, Schutz des Lebens und der Gesundheit gegen Gewalt, verwirklichen. In vielen Fällen stimmen rechtliche Normen daher mit sittlichen Geboten voll überein. Das Verbot, einen anderen Menschen zu ermorden, wurde bereits als Beispiel (oben Rn 6) genannt. **14**

Auch in den Fällen, in denen sich sittliche Norm und Rechtsnorm inhaltlich decken, ist schon die sprachliche Form der Normen unterschiedlich. Die sittliche Norm ist gewöhnlich als direktes Gebot oder Verbot (du sollst nicht morden) formuliert. Die Rechtsnorm beschreibt die verbotene oder gebotene Handlung in einer abstrakten Umschreibung (Gesetzestatbestand) und knüpft daran die Rechtsfolge (Wer aus Mordlust … heimtückisch oder grausam … einen anderen Menschen tötet, wird mit lebenslanger Freiheitsstrafe bestraft; vgl § 211 StGB). Das Gesetz wählt also die kühle Form eines Konditionalsatzes, der Tatbestand und Rechtsfolge verknüpft; dabei wird der gesetzliche Tatbestand begrifflich möglichst genau umschrieben, um eine sichere Rechtsanwendung zu ermöglichen (s. auch unten Rn 166).

Ein weiterer Unterschied zwischen sittlichen Geboten und dem Recht ist die Technizität des Rechts. Das Recht muss zur praktischen Vermeidung oder Lösung von Konflikten ins Einzelne gehende technische Regeln aufstellen, bei denen nicht in jedem Element das dahinterstehende sittliche Gebot deutlich wird. Hier handelt es sich um Regeln der technischen Zweckmäßigkeit, die aber letztlich immer einem bestimmten Rechtswert dienen.

Beispiel 1: Im Vertragsrecht des BGB gilt als einer der obersten Grundsätze das Prinzip der Vertragstreue und des Ausgleichs eines Schadens, der durch Bruch der Vertragstreue verursacht wird. In den technischen Regeln zur Durchführung dieses Gebotes, zB in der komplizierten Regelung der Leistungsstörungen im BGB, lassen sich nicht in jedem Element diese übergeordneten Gesichtspunkte ablesen. Sie erschließen sich freilich bei tieferem Verständnis und sofern sie sich in einem Einzelpunkt des Normensystems nicht erkennen lassen, ist dies Anlass zur rechtswissenschaftlichen und rechtspolitischen Diskussion, um eine den genannten Leitgesichtspunkte entsprechende Lösung zu finden.

Beispiel 2: Die Regelungen des Straßenverkehrs sind einerseits durch verkehrstechnische Zweckmäßigkeit bestimmt, dienen aber zugleich dem übergeordneten sittlichen Zweck, Leben, Gesundheit und Eigentum der Verkehrsteilnehmer zu schützen (s. auch unten Rn 424).

Das Recht kann nur einen begrenzten **Ausschnitt sittlicher Normen** durch Rechtsnormen durchzusetzen suchen. Einen weiten Bereich sittlicher Normen lässt es um der **Freiheit** der einzelnen Menschen willen ungeregelt. Dies hängt mit der allgemeinen Begrenztheit rechtlicher Regelungen zusammen. Diese können im Allgemeinen nur äußeres Verhalten erfassen, nicht eine innere Gesinnung erzwingen. Ferner kann **15** und soll das Recht, jedenfalls in einem Rechtsstaat, nicht in intime persönliche Verhältnisse eingreifen. Das Recht kann nicht alles regeln.

Die Pflicht zur ehelichen Lebensgemeinschaft (§ 1353 I 2 BGB) beruht auf dem Eheversprechen, dh der Erklärung beider Brautleute, die Ehe miteinander eingehen zu wollen (§ 1310 Abs. 1 BGB). Die Verpflichtung zur ehelichen Lebensgemeinschaft ist zwar Rechtspflicht, wird aber vom Recht nicht durchgesetzt. Selbst im Ehescheidungsrecht geschieht dies nicht, weil das Verschuldensprinzip (Ehescheidungsgrund der schuldhaften Verletzung einer ehelichen Pflicht) aufgegeben worden ist, um endlose Streitigkeiten und Unwahrheiten bei der Ermittlung eines Verschuldens im Ehescheidungsprozess zu vermeiden. Bei der Regelung der Ehescheidungsfolgen lebt das Verschuldensprinzip allerdings in versteckter Form fort. Nach der so genannten Härteklausel (§ 1579 BGB) kann es nämlich bei der Zumessung von nachehelichem Unterhalt berücksichtigt werden, ob der Ehegatte, der Unterhalt verlangt, sich in grob schuldhafter Weise ehewidrig verhalten hat.

16 Das Recht darf sittliche Normen nicht verletzen. Es gab aber auch eine verbreitete Auffassung, dass das Recht ohnehin von Natur aus gegenüber sittlichen Werten und Forderungen sozusagen neutral sei und ohne Rücksicht auf solche Werte und Forderungen ausgelegt und angewendet werden müsse (Rechtspositivismus; Rn 360, 375 u. 458). Geschieht dies, so stellt sich das schwierige Problem des ungerechten Gesetzes oder des unrichtigen Rechts. Dieses Problem tritt natürlich vor allem bei Unrechtsstaaten auf, deren politische Machthaber sich ohnehin nicht an Gerechtigkeitsvorstellungen halten wollen. In einem Rechtsstaat stellt sich das Problem des ungerechten Gesetzes regelmäßig nicht mit dramatischer Schärfe, weil entweder der parlamentarische Gesetzgeber unter dem Eindruck der öffentlichen Meinung Abhilfe schafft oder das Gesetz an der geltenden Verfassung gemessen und für verfassungswidrig erklärt wird, wenn es den in der Verfassung niedergelegten sittlichen Grundwerten nicht entspricht. In den meisten Fällen kann aber in der Praxis ein möglicher Konflikt zwischen einer gesetzlichen Norm und einem Gerechtigkeitsgebot von den Gerichten dadurch gelöst werden, dass man der Norm eine Auslegung gibt, die den Konflikt vermeidet (zur Auslegung unten Rn 176 ff).

Allgemein in der Rechtsgemeinschaft **anerkannte sittliche Werte und Normen** sind in unsere Rechtsordnung ausdrücklich aufgenommen. Dies geschah vor allem durch unsere Verfassung, das **Grundgesetz**, und hier insbesondere durch die Grundrechte (Art. 1–19 GG) sowie das Demokratieprinzip, das Rechtsstaats- und das Sozialstaatsprinzip (Art. 20 und 28 GG). Im Privatrecht wird vor allem in den sog. **Generalklauseln** auf die in der Rechtsgemeinschaft anerkannten sittlichen Maßstäbe Bezug genommen durch die Begriffe Treu und Glauben (§§ 157, 242 BGB), gute Sitten bzw Sittenwidrigkeit (§ 138, § 826 BGB) und den Begriff der Billigkeit, zB des billigen Ermessens (zB §§ 315 und 317 BGB); s. auch unten Rn 454–457.

4. Gesellschaftliche Normen (Sitte)

17 Gesellschaftliche Normen sind Anschauungen über richtiges Verhalten, die in der Gesellschaft anerkannt sind und überwiegend befolgt werden. Sie sind teils eine Ausprägung der öffentlichen Moral und damit letztlich von sittlichen Vorstellungen geprägt, teils aber bestehen sie unabhängig davon.

Beispiele solcher gesellschaftlicher Normen (Sitten), die mit moralischen (sittlichen) Vorstellungen in Verbindung stehen, sind Regeln der Höflichkeit, der Fairness, der Gastfreundschaft. Gesellschaftliche Normen, die relativ unabhängig von sittlichen Maßstäben sind, sind Moden für Kleidung und Wohnungseinrichtung, der Stil, in dem Feste gefeiert werden, und vieles mehr.

Auch soziale Normen (Sitte) sind nicht ohne Sanktion. Die Verletzung solcher Regeln führt zur Missbilligung durch die Gesellschaft, zur Lächerlichkeit oder sonstigen Reaktionen, die einen gewissen sozialen Druck ausüben, sich diesen Regeln anzupassen.

Es kann auch vorkommen, dass begrenzte Regelverletzungen selbst wiederum als modisch attraktiv gelten und zu einer neuen Art von Verhaltensregeln führen. **Beispiel:** Ein neu ernannter Minister erscheint zu seiner Vereidigung in Turnschuhen. Damit verletzt er traditionelle gesellschaftliche (nicht rechtliche und nicht sittliche) Normen, die als äußeres Zeichen des Respekts vor dem Amt eine konventionelle Kleidung vorschreiben. Diese begrenzte Regelverletzung bringt ihm zugleich Entzücken und Beifall seiner Anhänger ein, die dieses Verhalten als modern und fortschrittlich bewerten. Auf jeden Fall bringt die Regelverletzung öffentliche Aufmerksamkeit, also ein für den Werdegang eines Politikers wertvolles Gut.

Das Recht knüpft in mancher Hinsicht auch an gesellschaftliche Normen an. Dies geschieht einmal im Hinblick auf solche Anschauungen und Verhaltensweisen, die im Rechtsverkehr eine bestimmte Bedeutung haben und daher zur Auslegung von Willenserklärungen herangezogen werden (Verkehrssitte gem. § 157 BGB; Handelsbrauch gem. § 346 HGB).

5. Nicht normative Verhaltensgesetze

Man kann auch solche Regelhaftigkeit menschlichen Verhaltens betrachten und zum Gegenstand der Forschung machen, bei denen es überhaupt nicht um ein Sollen geht, sondern nur um die schlichte Tatsachenfrage, wie die Menschen sich tatsächlich verhalten. Lassen sich im Verhalten Wiederholungen und Regelhaftigkeiten feststellen, so spricht man auch von Verhaltensgesetzen. Mit den Gesetzen der Juristen hat dies nichts zu tun, ebenso wenig wie Naturgesetze. Die Regelhaftigkeit menschlichen Verhaltens im Sinne solcher Verhaltensgesetze ist Gegenstand der Wirtschaftswissenschaften, der Psychologie, der Soziologie und der Pädagogik.

Beispiele für regelhaftes Verhalten: Menschen bezahlen für ein Wirtschaftsgut bei größerer Knappheit höhere Preise als bei geringerer Knappheit. Der Preis eines Wirtschaftsguts pendelt sich bei freiem Spiel der Marktkräfte (Angebot und Nachfrage) auf einen Gleichgewichtspreis ein. Die dazu gehörenden Gesetze werden von der Volkswirtschaft erforscht und formuliert.

Studenten lernen den in den einzelnen Studiengängen vorgegebenen Stoff zu einem guten Teil aus Wissbegierde und Freude, ja man kann sogar sagen, dass ohne innere Zustimmung überhaupt nichts gelernt werden kann. Andererseits kann die Mehrzahl der Studenten im unpersönlichen Betrieb der modernen Universität nur durch Zwischenprüfungen und Examina zu der erstrebten Leistungshöhe geführt werden. Der psychologische Examensdruck erscheint insofern als Motor für Lernfleiß unverzichtbar. Man mag dies als ein „Gesetz" der Pädagogik oder der Psychologie bezeichnen oder als schlichte Erfahrungstatsache.

Das Recht baut vielfach auf generalisierenden psychologischen Annahmen über das typische Verhalten der Menschen auf. Der Gesetzgeber erlässt seine Gesetze ferner in der Erwartung, dass sie im Allgemeinen befolgt werden.

Der nationale Gesetzgeber wird bei seiner Gesetzgebung von Rücksichten auf die Mentalität der Bevölkerung, die sich aus der kulturellen Tradition und den Lebensverhältnissen ergibt, beeinflusst und geleitet. Diese Rücksicht auf die Psyche der Völker ist schon bei den großen Philosophen wie *Platon* (Rn 226 ff) oder *Montesquieu* (Rn 109), die über Gesetzgebung geschrieben haben, nachzulesen. Die Frage, in welchem Ausmaß Gesetze überhaupt in einem Land befolgt oder zwangsweise durchgesetzt werden, ist nach der kulturellen Tradition der einzelnen Länder höchst verschieden (Rn 101).

Während die Gesetze stets auf die Regelhaftigkeit des menschlichen Verhaltens Bedacht nehmen müssen, muss der Gesetzgeber auch immer fragen, ob es überhaupt einer rechtlichen Regelung bedarf oder ob ein bestimmtes, für wünschenswert gehaltenes Ergebnis durch das freie Spiel der gesellschaftlichen Kräfte erreicht werden kann.

Beispiel: Die Verteilung von Gütern erfolgt am effizientesten durch den Markt (Rn 127 f). Das Marktspiel der Nachfrage regt zugleich bei zu großer Güterverknappung die Produktion an. Alle Preisregulierungen durch Anordnung des Staates sind diesem Marktmechanismus unterlegen. In Notzeiten kann man allerdings dem Markt die Güterverteilung nicht überlassen und eine staatliche Reglementierung greift ein, wie dies in Deutschland und anderen europäischen Ländern während des Zweiten Weltkrieges und in der Notzeit danach geschah (Lebensmittelmarken, Kleiderkarten bzw Punkte, Bezugsscheine für Benzin, Zuteilung einer Wohnung und Zwangseinweisung in Wohnungen). Eine solche Zwangsbewirtschaftung ist bürokratisch aufwändig und wirtschaftlich wenig effizient und regt zum Missbrauch und zur Umgehung an (Schwarzmarkt usw). Gleichwohl ist sie in Notzeiten nicht zu entbehren. Zum Ineinandergreifen von wirtschaftlichen Abläufen und Rechtsnormen und ihrer teilweisen Substituierbarkeit s. auch unten Rn 120 ff.

III. Quellen und Erscheinungsformen des Rechts

1. Staat und Recht

19 Das Recht soll das Zusammenleben der Menschen regeln und gilt dementsprechend stets innerhalb einer bestimmten menschlichen Gemeinschaft. Die Mitglieder dieser Gemeinschaft (*Kant*: „juridischen Gemeinschaft") leben im Bewusstsein der Geltung und Durchsetzbarkeit des Rechts. Historisch gesehen, lebten die Menschen zunächst in kleineren Personenverbänden der Familie und Sippe, dann eines Stammes, einer Stadt (*Polis*), dann eines Territoriums. Neben dem allgemeinen Recht, das für die ganze **Rechtsgemeinschaft** galt, und in dessen Rahmen bildete sich ein vielfältig gegliedertes Recht für einzelne Personengruppen, für Stände oder Berufe (Adelsrecht, Zunftrecht usw). Zur Rechtsordnung gehörten immer auch Sätze für die Stellung von solchen Personen, die nicht zur Rechtsgemeinschaft gehörten (Fremdenrecht).

Heute leben praktisch alle Menschen mit Ausnahme weniger entlegener Weltregionen in staatlichen organisierten Gesellschaften. Der **Staat** ist die allgemeinste Organisation der Gesellschaft. Seine Kennzeichen sind ein bestimmtes, durch Grenzen festgelegtes Staatsgebiet, ein Staatsvolk (die Staatsbürger) und eine einheitliche Staatsgewalt.

Meist tritt die innere Anerkennung durch die Staatsbürger und die äußere Anerkennung durch andere Staaten hinzu. Begriffsnotwendig ist dieses Merkmal aber nicht. Es steckt in gewisser Weise bereits im Begriff der Staatsgewalt. Denn diese kann nur bei einem Minimum an faktischer Anerkennung bestehen, auch wenn diese nur auf Furcht beruhen mag wie im Fall eines Unrechtsstaats. Der Staat erkennt im Grundsatz keine übergeordnete Macht an (**Souveränität**). Er kann einzelne Souveränitätsrechte an internationale Organisationen oder zwischenstaatliche Zusammenschlüsse (zB Europäische Union) übertragen.

Die **Staatsgewalt** wird durch Staatsorgane ausgeübt, so in vielen (konfliktfreien) Fällen durch einfaches Verwaltungshandeln einschließlich der sog. Leistungsverwaltung (zB städtische Verkehrsbetriebe, Wasser- und Energieversorgung, Zahlung von Sozialhilfe). Im Konfliktfalle, insbesondere gegenüber Personen, die das Recht brechen, wird staatlicher Zwang durch die zuständigen Behörden ausgeübt, so die Ordnungsbehörden, die Polizei, die Gefängnisverwaltungen, die Zoll- und Grenzschutzbeamten, zur Durchsetzung von Zivilurteilen die Vollstreckungsbehörden (Vollstreckungsgericht und Gerichtsvollzieher), bei auswärtiger Bedrohung durch Einsatz der Streitkräfte.

Der Staat ist also heute die maßgebliche Rechtsgemeinschaft. Er schafft neues Recht durch Gesetzgebung (Rn 23 ff) und garantiert iS der obigen Definition des Rechts (Rn 4) seine Durchsetzung (zu dieser Rn 26 u. Rn 101–108). Es gibt aber auch **nicht staatliches Recht**: (1) Stammes- oder Sippenrecht in Weltgegenden mit fehlender oder schwacher staatlicher Präsenz; (2) das Völkerrecht, das die Beziehungen zwischen den Staaten und sonstigen Völkerrechtssubjekten (zB UN) regelt, (3) das supranationale Gemeinschaftsrecht der EG; (4) Teile des Kirchenrechts und (5) teilweise das Recht des internationalen Wirtschaftsverkehrs, soweit es durch völkerrechtliche Konventionen geregelt wird oder durch international übliche Vertragsklauseln, Auslegungsgrundsätze und internationale Handelsbräuche und Handelsschiedsgerichtsbarkeit (lex mercatoria; Rn 466) gebildet wird. Zur Durchsetzung auch dieser Arten von Recht ist jedoch häufig die Mitwirkung von Staaten erforderlich.

Die primäre Aufgabe des Staates ist die innere und äußere **Existenzsicherung**. Zur äußeren Existenzsicherung gehört vor allem die Abwehr oder Abschreckung äußerer Bedrohung durch militärische Angriffe, und in der Tat haben sich die Staaten historisch gesehen hauptsächlich auf Grund dieser Funktion gebildet und legitimiert. Im Inneren bedeutet Existenzsicherung die Durchsetzung einer (internen) Friedensordnung, dh der Staat muss die willkürliche Gewaltanwendung seiner Bürger untereinander unterbinden. Zur Erfüllung dieser Aufgabe der internen **Friedenssicherung** gehört es, dass der Staat keine übergeordnete oder gleichgeordnete Macht neben sich anerkennt, die ihn an der Ausübung dieser Aufgabe hindern könnte. Der Staat beansprucht daher, allein Gewaltmittel einsetzen zu können (sog. Gewaltmonopol).

20

Historisch gesehen, ist dieses Gewaltmonopol vor allem durch die verschiedenen sog. Landfrieden gesichert worden; darin wurden die Fehden („Privatkriege") untersagt („Ewiger Landfriede" des Wormser Reichstages von 1495)[19]. Auch bei grundsätzlicher Anerkennung des staatlichen Gewaltmonopols wird die tatsächliche Sicherung des inneren Friedens zu allen Zeiten durch Gewaltkriminalität bedroht, heute zB vonseiten der bedrohlich wachsenden international organisierten Kriminalität; diese kann sich zum „Staat im Staat" auswachsen und dann die Friedensfunktion des Staates auch grundsätzlich in Frage stellen.

---

19 Dazu *H.J. Becker*, Das Gewaltmonopol des Staates und die Sicherheit des Bürgers. Der Ewige Landfriede – vor 500 Jahren, NJW 1995, 2077.

§ 1 *Recht*

Jeder Staat ist **rechtlich verfasst**, und zwar zumindest in dem Sinn, dass er mit einem Mindestbestand ungeschriebener oder geschriebener Normen und Regeln seine Organisation und Machtausübung strukturieren und stabilisieren muss. Auch der Unrechtsstaat ist in diesem Sinne rechtlich organisiert.

> Dies haben etwa die totalitären Unrechtsstaaten des 20. Jahrhunderts (insbesondere unter *Stalin* und *Hitler*) gezeigt. Schon der römische Philosoph *Cicero* hat bemerkt, dass auch eine Räuberbande nur mit einem Mindestmaß von Regeln, die in ihr gelten, Bestand haben könne. Im gleichen Sinne heißt es in der Bibel: Ein Reich, das in sich selbst uneins ist, zerfällt (Mt 12.25).

21 Die Bürger erwarten ferner, dass der Staat ihre Freiheit, ihr Eigentum und ihre sonstigen **Rechte schützt** und garantiert und dass er Rechtssicherheit im Verhältnis der Bürger zum Staat und der Bürger untereinander schafft (Rechtsstaat). Diese Forderung ist so alt, wie über Staat und Recht nachgedacht wird. Sie hat einen besonderen Ausdruck aber im **demokratischen Rechtsstaat** der Neuzeit gefunden, der heute als Modell einer guten Staatsverfassung gilt und in der Tat in vielen Ländern der sog. freien Welt verwirklicht ist. Der demokratische Rechtsstaat ist dadurch gekennzeichnet, dass die Staatsgewalt durch demokratische Wahlen legitimiert sein muss, dass sie auf einzelne Teilgewalten (Gesetzgebung, ausübende Gewalt und Rechtsprechung) verteilt ist (Prinzip der Gewaltenteilung), dass staatliche Machtausübung nur auf Grund eines Gesetzes stattfinden darf (Grundsatz der Gesetzmäßigkeit der Verwaltung) und dass der Staat den Bürgern bestimmte Grundrechte als Abwehrrechte gegenüber der Staatsgewalt zuerkennt (vgl Art. 1–19 GG).

Das Recht dient also nicht nur der Stabilisierung und Begründung staatlicher Macht, sondern im Rechtsstaat in großem Umfang der **Eingrenzung** und Reduzierung **staatlicher Macht**. In jedem Rechtsstaat besteht das Problem einer Balance zwischen übergroßer Staatsmacht, die durch Recht eingeschränkt werden muss, einerseits und andererseits einer Überbetonung der individuellen Rechte der Bürger mit der Folge einer Ohnmacht des Staates.

> Als aktuelles rechtspolitisches Problem sei die Debatte um den Einsatz von besonderen Ermittlungsmethoden genannt, die zur Bekämpfung der organisierten Kriminalität für notwendig gehalten werden, andererseits aber in die grundrechtlich geschützte Privatsphäre des Bürgers (Art. 2 und 13 GG) eingreifen („Lauschangriff"). Der Schutz vor solchen Ermittlungsmethoden ist natürlich vor allem für kriminelle Täter von Vorteil.

Die freiwillige Kooperation der Staaten hat dazu geführt, dass heute bestimmte staatliche Funktionen auf internationale Organisationen oder zwischenstaatliche Zusammenschlüsse übertragen (delegiert) werden. Dies gilt vor allem für die Europäische Union. Die Europäische Union selbst kann allerdings noch nicht als Staat (Bundesstaat) bezeichnet werden (BVerfGE 89, 155 ff).

22 **Rechtssicherheit** bedeutet das Bestehen allgemeiner Gesetze und ihre Durchsetzung durch den Staat sowie die Unterbindung gesetzeswidrigen Handelns. Zugleich erfordert die Rechtssicherheit, dass die Gesetze klar und eindeutig sind und auf diese Weise die Bürger sich auf die Gesetze in ihrem Handeln einstellen können. Hinzu kommt ein inhaltliches Kriterium: Das Recht muss wichtige Rechtsgüter der Bürger

(Leben, Freiheit, Eigentum, kurz die in Art. 1 ff GG genannten Grundrechte und Grundwerte) schützen. Der demokratische Rechtsstaat handelt selbst nur auf Grund demokratisch legitimierter und ordnungsgemäß zu Stande gekommener Gesetze. Er setzt Recht durch seine Gesetzgebungsorgane (Parlamente) und garantiert das Recht durch die Tätigkeit der Gerichte und der Vollzugsorgane (Polizei, Gerichtsvollzieher). Erst durch die Rechtssicherheit wird ein hinreichender interner Friedenszustand hergestellt.

Auch ein totalitärer Staat erstrebt internen Frieden in einem doppelten Sinne. Erstens soll der staatliche Machtapparat und in diesem Rahmen auch das Recht zur Stabilisierung der politischen Macht der Herrschenden dienen. Zum anderen muss natürlich auch der totalitäre Staat die allgemeine Kriminalität bekämpfen; er hebt diese Funktion sogar propagandistisch in besonderer Weise hervor („Bei uns herrscht Ordnung"). Zugleich begeht er andererseits Rechtsbrüche gegenüber den Bürgern und hält sich mehr durch die dadurch verbreitete Furcht am Leben als durch die Aufrechterhaltung der äußeren Ordnung.

2. Staatliche Rechtsetzung: Gesetz und Verordnung

Das Gesetz ist staatlich gesetztes Recht, das in einem durch die (geschriebene oder ungeschriebene) Verfassung des jeweiligen Staates vorgeschriebenen Gesetzgebungsverfahren mit dem Anspruch der Rechtsgeltung beschlossen und veröffentlicht (verkündet) worden ist. Das Gesetz ist heute die bedeutendste Entstehungsart von Recht (**Rechtsquelle**). Die modernen Staaten verzeichnen eine immer umfangreichere und immer mehr beschleunigte Gesetzgebung, die dem „Normenhunger" der modernen Gesellschaften entspricht.

23

Vom materiellen Gesetz spricht man dann, wenn das Gesetz den genannten Geltungsanspruch als Rechtsnorm (Sollenssatz) aufweist. Von einem nur formellen Gesetz spricht man, wenn ein Regelwerk zwar das Gesetzgebungsverfahren durchläuft, aber nicht solche Sollenssätze (Normen) enthält. Dies gilt vor allem für das Haushaltsgesetz. Es wird für jedes Haushaltsjahr aufgestellt und regelt die Staatseinnahmen und Staatsausgaben.

Rechtsverordnungen sind Recht, das dem Gesetz nachgeordnet ist, dh das Gesetz gilt mit Vorrang vor der Verordnung (VO). Verordnungen werden von einem bestimmten Organ der Exekutive erlassen (zB dem Bundesjustizminister) auf Grund einer gesetzlichen Bestimmung, die eine genau umrissene Ermächtigung dieser Organe zur Rechtsetzung durch VO enthält (Ermächtigungsnorm). Dadurch soll der Gesetzgeber von bestimmten Detailregelungen entlastet werden. Beispiel: die vom Bundesjustizminister erlassene VO über das Schuldnerverzeichnis v. 15.12.1994 (BGBl I S. 3822) auf Grund § 915h Abs. 1 ZPO (= Ermächtigungsnorm). Eine nachgeordnete Rechtsetzung kann auch durch die Satzungen öffentlicher Körperschaften erfolgen.

Die Gesetzgebung wird durch die **Verfassung** geregelt. Die Verfassung selbst ist die rechtliche Grundordnung des Staates. Sie kann nicht auf eine weitere Rechtsnorm zurückgeführt werden, sondern ist Ausdruck eines politischen Aktes, der in einem bestimmten historischen Augenblick den politischen Willen zur Verfassungsschaffung bekundet und der sich in der politischen Realität tatsächlich durchgesetzt hat.

24

In der Geschichte gibt es Beispiele, wie neue Verfassungen durch revolutionäre Akte entstanden sind. Soweit es rechtsstaatliche Verfassungen waren wie diejenige der USA (1787) oder der Ersten Französischen Republik (1789/91), sind sie durch breiten politischen Konsens legitimiert. England verfügt bis heute nur über eine ungeschriebene, historisch gewachsene Verfassung.

Das Grundgesetz für die Bundesrepublik Deutschland ist ohne Revolution, aber nach der vollständigen militärischen Niederlage des Deutschen Reichs und Übernahme der Staatsgewalt durch die Siegermächte, durch demokratische Verfahren zeitlich vor der staatlichen Entstehung der Bundesrepublik geschaffen worden. Es wurde durch den Parlamentarischen Rat vorberaten und durch die Gesetzgebungsorgane der damals bereits bestehenden Bundesländer verabschiedet. Der bisweilen erhobene Vorwurf, das Grundgesetz sei nicht hinreichend demokratisch legitimiert, ist unbegründet. Er wird auch durch den seit Bestehen der Bundesrepublik praktisch unbestrittenen politischen Konsens über das Grundgesetz faktisch widerlegt.

Der Beitritt der DDR zur Bundesrepublik am 3.10.1990 beruht zwar politisch letztlich auf der (friedlichen) Revolution im Herbst 1989, rechtlich aber auf einem Beschluss der im März 1990 erstmals demokratisch gewählten Volkskammer der DDR und auf entsprechenden Änderungen der Verfassung der DDR. Der Beitritt ist insoweit demokratisch und verfassungsrechtlich legitimiert[20].

Die Verfassung ist Recht, das im Rang über dem einfachen Gesetz steht. Das einfache Gesetz muss sich nach der Verfassung richten (Verfassungskonformität).

Die Verfassung selbst kann die Verfassungskonformität des einfachen Gesetzes unterschiedlich regeln. Nach dem Grundgesetz entfalten die Grundrechte unmittelbare Rechtswirkung (Art. 1 Abs. 3 GG) und in Art. 20 Abs. 3 sowie in Art. 93 und Art. 100 GG ist eine strenge Verfassungskonformität des einfachen Gesetzes vorgeschrieben. Wenn in einer Verfassung dagegen Grundrechte oder andere Normen nur als „Programmsatz" formuliert sind, wenden diese sich nur an den Gesetzgeber und die Exekutive; das einfache Gesetz kann dann von der Verfassung abweichen.

25 **EG-Gemeinschaftsrecht.** Die 25 Mitglieder der Europäischen Union (EU), deren Kern die Europäische Gemeinschaft (EG) ist, haben bestimmte Bereiche der Rechtssetzung an die EG übertragen mit dem Ziel, eine Angleichung des Rechts in der EG zu erreichen. Dies geschieht in zwei Formen. (1) Durch Verordnungen des Ministerrats wird unmittelbar geltendes Recht in der EG geschaffen (Beispiel: VO (EG) 2157/2001 über das Statut der Europäischen Gesellschaft v. 8.10.2002). (2) Durch Richtlinien werden die Mitgliedstaaten verpflichtet, durch ihre Parlamente staatliches Recht zu schaffen, das den Richtlinien entspricht (Beispiel: Wertpapierdienstleistungs-RL 93/22/EWG v. 10.5.1993, in deutsches Recht umgesetzt teils durch Änderung des KreditwesenG, teils durch Schaffung des neuen WertpapierhandelsG v. 26.7.1994)[21].

3. Gerichtsentscheidungen

26 Die Entscheidungen der Gerichte sind **Rechtsanwendung**, nicht Rechtssetzung. Sie dienen der rechtlichen Beurteilung eines einzelnen Falles und sorgen dafür, dass das Recht in diesem Fall angewendet und durchgesetzt wird, notfalls durch gerichtliche Vollstreckung (Strafvollzug nach einem Strafurteil; Vollstreckung durch das Vollstreckungsgericht oder den Gerichtsvollzieher bei einem Zivilurteil). Urteile bringen je-

---

20 Zur „gesetzestreuen Revolution" in der DDR vgl *Horn*, Das Zivil- und Wirtschaftsrecht im neuen Bundesgebiet, 2. Aufl. 1993, § 3 Rn 13 ff, S. 42 ff.
21 Zu beiden Beispielen *N. Horn*, Europäisches Finanzmarktrecht, 2003, S. 30 ff, 55 f, m.Nachw.

doch zugleich allgemeine Gesichtspunkte über die Anwendung des geltenden Rechts zum Ausdruck. Aus diesem Grunde werden die Urteile der oberen Gerichte, insbesondere der Bundesgerichte, teils in amtlichen Sammlungen, teils und in großem Umfang in Fachzeitschriften und anderen Entscheidungssammlungen veröffentlicht. Dabei werden zT vom Gericht selbst die allgemeinen rechtlichen Gesichtspunkte, die für den Fall maßgebend waren, die aber noch nicht unzweifelhaft feststehen, in **Leitsätzen** zusammengefasst.

Bei der praktischen Arbeit des rechtsanwendenden Juristen, des Richters, Staatsanwalts oder Rechtsanwalts wird diese veröffentlichte Rechtsprechung (Judikatur) in großem Umfang bei der rechtlichen Beurteilung eines konkreten Falles herangezogen. Diese Heranziehung wird durch die Verarbeitung und Nachweisung der Rechtsprechung in der Fachliteratur erleichtert bzw ermöglicht. Betrachtet man die praktische Arbeit der rechtlichen Begründung eines Urteils durch den Richter oder einer Klageschrift durch den Rechtsanwalt, so werden darin (andere) Urteile, insbesondere eines höheren Gerichts, ähnlich einer Rechtsquelle verwendet, obwohl sie formal keine Rechtsquelle sind. Dies gilt vor allem für solche Rechtsgrundsätze, die wiederholt von den oberen Gerichten anerkannt worden sind. In der praktischen Argumentation haben sie die Stellung eines Rechtssatzes erlangt. Sie dienen faktisch als Rechtsquelle.

Natürlich müssen sie einer Norm des geschriebenen Rechts (der Verfassung, eines einfachen Gesetzes oder einer Rechtsverordnung) weichen. Aber die Urteile und Leitsätze eines Gerichts treten argumentativ ohnehin regelmäßig nur als Auslegung oder Ausfüllung des geschriebenen Rechts auf (Rn 192). In keinem Urteil wird behauptet, gegen das geschriebene Gesetz Recht anzuwenden. Vielmehr wird der Anspruch erhoben, das Gesetz nur auszulegen oder zu ergänzen, und dazu werden Auslegungsgrundsätze oder sonst in der Rechtsprechung anerkannte Grundsätze angeführt. Das Gericht formuliert aber auch selbst neue Auslegungsgrundsätze, zB weil der zu entscheidende Fall neuartig ist und dazu noch keine Äußerungen der Literatur oder anderer Gerichte vorliegen. Durch solche allgemeinen Grundsätze entfalten manche Urteile über den entschiedenen Fall hinaus eine gesetzesähnliche, weit reichende Auswirkung (s. auch Rn 28 und unten Rn 188–192).

Im Bereich des **Common Law**, das sich in England entwickelt hat und heute zugleich in den USA, in Kanada und den meisten Staaten des früheren britischen Commonwealth gilt, hat die Gerichtsentscheidung von vornherein in der historischen Entwicklung den Anspruch einer Rechtsquelle. Das Common Law setzt sich aus einem Netz von Gerichtsentscheidungen zusammen, wobei für weite Gebiete auch des Privatrechts ein Gesetz nicht vorhanden ist. Hier ist die Gerichtsentscheidung als Rechtsquelle anerkannt (Fallrecht; case law). **27**

Allerdings ist die Bindung eines Gerichts an frühere Gerichtsentscheidungen im Common Law (*stare decisis*) begrenzt. Ein Gericht kann eine andere Gerichtsentscheidung auch als nicht maßgeblich anerkennen und einen neuen Grundsatz entwickeln (overruling), falls das andere Urteil nicht von einem höherrangigen Gericht stammt.

Die (theoretisch) größere Bedeutung der Gerichtsentscheidungen als Rechtsquelle ist ein auffälliges Unterscheidungsmerkmal des Common Law vom kontinentaleuropäischen Recht Mittel- und Westeuropas. Deutschland ist Teil dieses kontinentaleuropäischen Rechtskreises. Dieses kontinentaleuropäische Recht wird aus der englischen

Perspektive „**civil law**" genannt, weil es auf der wissenschaftlichen Tradition des römischen Rechts (*ius civile*) aufbaut. Die europäische Wissenschaft vom römischen Recht hatte bis zum Ende des 18. Jahrhunderts das allgemeine römische Recht (*ius commune*) in Begriffen, Sätzen und Systemen erfasst. Auf dieser Grundlage wurden große, umfassende Gesetzeswerke (Kodifikationen) geschaffen, unter denen der französische Code civil (1804) die größte internationale Wirkung hatte. Auch dieses kontinentaleuropäische Rechtssystem, bei dem die Rolle des Gesetzes im Vordergrund steht, hat weltweite Verbreitung gefunden, teils durch koloniale Einflüsse (Mittel- und Südamerika), teils durch freiwillige Übernahme (Rezeption), so in Japan und zeitweise in China, das sich auch heute wieder stark am kontinentaleuropäischen Recht zu orientieren beginnt.

Auch in den Ländern des Common Law spielt das vom Gesetzgeber (Parlament) geschaffene Gesetzesrecht heute eine zunehmende Rolle. Umgekehrt hat, wie oben gezeigt, bei uns die Argumentation mit Gerichtsentscheidungen an Bedeutung ständig zugenommen, sodass die praktischen Unterschiede zwischen dem kontinentaleuropäischen Rechtssystem, zu dem Deutschland gehört und das auf dem römischen Recht aufbaut, und dem Common Law geringer sind, als dies nach der unterschiedlichen Theorie der Rechtsquellen zu erwarten wäre[22].

4. Gewohnheitsrecht und opinio iuris; Richterrecht

28 Historisch ist das Recht zunächst als ungeschriebenes Recht, als so genanntes Gewohnheitsrecht entstanden. Es wurde mündlich überliefert und lebte im Bewusstsein des Volkes. Kennzeichen des Gewohnheitsrechts sind bis heute seine allgemeine Anerkennung als Rechtsnormen und seine überwiegende tatsächliche Befolgung.

Gewohnheitsrecht ist ursprünglich schriftlich nicht fixiert und deshalb oft nicht leicht festzustellen. Im Mittelalter gab es schriftliches Recht nur im kirchlichen Bereich (überkommenes römisches Recht und neuere kirchliche Rechtsakte) und in den politischen Machtzentren und den Städten, im Übrigen nur in Form von Urkunden über einzelne Rechtsverhältnisse (zB Privilegien). Die breite Bevölkerung lebte nach Gewohnheitsrecht. Dessen Verschriftlichung begann im Hochmittelalter zuerst durch private Aufzeichnungen, die aber schnell Ansehen und Verbreitung fanden (Rechtsbücher). Dies gilt für die Aufzeichnung des sächsischen Rechts im Sachsenspiegel durch *Eike von Repgow* (1221–1227), die Aufzeichnung französischen Gewohnheitsrechts von Beauvaisis durch *Philippe de Beaumanoir* (*Cotžmes de Beauvaisis* 1280–83) und die Aufzeichnung des englischen Rechts durch *Glanvill* (*Tractatus de legibus et consuetudinibus regni Angliae*, 1187–89). Es folgten dann amtliche Aufzeichnungen, so die spanische Gesetzessammlung *Siete Partidas* des Königs *Alfons des Weisen* (ca. 1265)[23].

29 Heute ist das Gewohnheitsrecht weitgehend durch Gesetzesrecht abgelöst und kann nur noch in Nischen der Rechtsordnung fortbestehen oder sich neu bilden. Andererseits reicht das Gesetzesrecht trotz seiner ständig anschwellenden Masse nicht aus, um in den hochdifferenzierten Rechtssystemen der modernen Gesellschaften ein hinreichend dichtes Regelungsnetz zu bieten. Daher ist eine umfangreiche Fachliteratur bemüht, ständig zu einzelnen Fragen der Rechtsanwendung, zu Lücken, Unklarheiten,

---

22 *Horn*, in: *Horn/Kötz/Leser*, German Private and Commercial Law. An Introduction, 1982, S. 8 ff, 13.
23 Zum Ganzen *Horn*, in: *H. Coing*, Handbuch der Quellen und Literatur der neueren europäischen Privatrechtsgeschichte, Bd. I 1973, S. 261 ff.

neuen Problemen allgemeine Rechtsmeinungen auszubilden. Diese Rechtsmeinungen können sich zu einer **herrschenden Meinung** (hM; **communis opinio iuris**) verfestigen. Dies trifft vor allem zu, wenn eine Reihe von Entscheidungen hoher Gerichte sie – zT unter Bezugnahme auf die Fachliteratur – bestätigen. Vor allem durch eine ständige Rechtsprechung, die einen bestimmten rechtlichen Grundsatz ständig anwendet und bestätigt, entstehen dann Rechtssätze, denen man heute üblicherweise den Charakter von Gewohnheitsrecht zuspricht (**Richterrecht**) und die das gesetzliche Recht konkretisieren und auftretende Zweifelsfragen beseitigen. In einzelnen Punkten kommt es zu einer Fortbildung des Rechts (unten Rn 188–192).

Coing hat darauf hingewiesen, dass diese Bezeichnung des Richterrechts als Gewohnheitsrecht ungenau ist, weil vor allem die Schaffung des modernen Richterrechts (dh der sich aus der ständigen Rechtsprechung ergebenden Rechtssätze) mit den Kriterien des historisch gewordenen Gewohnheitsrechts nicht richtig zu erfassen ist[24]. Freilich hat sich die ungenaue Bezeichnung Gewohnheitsrecht für diese Erscheinung eingebürgert.

Ein **Beispiel** für solches modernes „Gewohnheitsrecht" (dh von der hM gebilligtes Richterrecht) ist der durch ständige Rechtsprechung bestätigte Satz, dass das Schweigen auf ein kaufmännisches Bestätigungsschreiben, das vorhergehende geschäftliche Vereinbarungen zusammenfasst, als Zustimmung des Empfängers zum Inhalt dieses Schreibens gilt, sodass das Bestätigungsschreiben den Inhalt des Vertrages darstellt[25].

Im Strafrecht kann eine richterliche Rechtsfortbildung an sich nicht anerkannt werden. Denn hier gilt im Interesse eines Schutzes des Angeklagten und allgemein der Rechtssicherheit der Grundsatz, dass eine Verurteilung nur erfolgen kann, wenn die Strafbarkeit durch ein Gesetz bestimmt war, bevor die Tat begangen wurde (Art. 103 Abs. 2 GG u. § 1 StGB; **nulla poena sine lege**). Auch im Strafrecht hat natürlich die Rechtsprechung und die davon getragene *opinio iuris* für die Auslegung des Gesetzesrechts große Bedeutung. Es gilt hier aber eine besondere Zurückhaltung bei solcher *opinio iuris*, die sich vom Gesetzeswortlaut wegbewegt. Eine Bestrafung gar auf Grund einer gewohnheitsrechtlichen Norm ist im Strafrecht nicht zulässig.

Die „herrschende Meinung" zu einer bestimmten Rechtsnorm setzt sich insgesamt aus veröffentlichten Urteilen und Äußerungen der Fachliteratur (Kommentare, Aufsätze, Lehrbücher, Urteilsanmerkungen) zusammen. Dabei kommt natürlich den Entscheidungen der höchsten Bundesgerichte (Bundesgerichtshof, Bundesverwaltungsgericht, Bundesarbeitsgericht usw) besonderes Gewicht zu. Dies gilt vor allem dort, wo erst die herrschende Meinung (*opinio iuris*) eine Rechtsnorm hinreichend konkretisiert wie vor allem im Bereich der sog. Generalklauseln. Generalklauseln sind Normen, die mit weitgefassten, meist rechtsethisch orientierten Begriffen wie „Treu und Glauben" und „gute Sitten" oder als Gegenbegriff „Sittenwidrigkeit" arbeiten.

Die Gerichte tragen durch ihre Urteile ständig zur **Rechtsfortbildung** und zur Ausbildung von sog. **Richterrecht** bei, und zwar durch die Entscheidung solcher Fälle, die im Gesetz nicht oder unvollständig geregelt sind (Rn 29, 188–192). Es handelt sich

---

24 *Staudinger/Coing*, BGB, 12. Aufl., Bd. I 1978, Einl. Rn 229.
25 RGZ 95, 48; BGHZ 7, 187; 40, 42; 54, 236, 240; 70, 232 f; *Heymann/Horn*, HGB, Bd. 4 2. Aufl. 2005, § 346 Rn 49 ff.

gegenüber der reinen Gesetzesanwendung um eine Aufgabe der Richter mit Ausnahmecharakter. Das Selbstverständnis ihrer Arbeit ist davon nicht geprägt. Die Richter des Bundesgerichtshofs etwa fühlen sich nicht als Ersatzgesetzgeber. In ihren Urteilsbegründungen suchen sie ihre Entscheidungen aus dem geltenden Recht herzuleiten und nicht, selbstherrlich neues Recht zu setzen. Dieses Selbstverständnis ist auch methodisch unabdingbar (Rn 192).

Eine Sonderstellung nimmt das Bundesverfassungsgericht ein. Bei der Frage, ob der Gesetzgeber oder auch die Rechtsprechung die Verfassung einhält, kann es Entscheidungen treffen, die ihrerseits Gesetzeskraft haben und die Gerichte und in gewissem Umfang sogar den Gesetzgeber binden[26].

5. Subjektives Recht und Privatautonomie

31 Als **subjektives Recht** bezeichnet man das Recht einer einzelnen Person, das auf Grund der allgemeinen Rechtsordnung besteht. Das subjektive Recht ist die Konsequenz der Anwendung der allgemeinen Rechtsnormen (des objektiven Rechts) auf eine bestimmte Person[27].

Während also zB das allgemeine Recht den Schutz des Eigentums in der Verfassung (Art. 14 GG) wie im Zivilrecht (§§ 903 ff, 985 ff BGB) gebietet, spricht man von einem subjektiven Recht dann, wenn eine bestimmte Person X Eigentümer eines Gegenstandes, zB eines Hauses ist und nunmehr Schutz vor Eingriffen der Staatsgewalt oder Eingriffen Dritter begehrt und sich dabei auf die genannten Normen des objektiven Rechts beruft.

Das subjektive Recht setzt die Grundauffassung voraus, dass der einzelne Bürger selbst die Durchsetzung dessen, was die objektive Rechtsordnung ihm gewährt, verlangen kann. Es macht einen Unterschied, ob der Staat nur generell verspricht, das Eigentum seiner Bürger zu schützen, oder ob er dem Einzelnen auch die Möglichkeit zubilligt, diesen Rechtsschutz konkret für seine Person geltend zu machen.

Die Entwicklung des modernen bürgerlichen Rechtsstaats, insbesondere der einklagbaren Grundrechte, ist eng mit der Entwicklung der Vorstellung vom subjektiven Recht verknüpft. Die heutige Rechtsordnung erkennt sowohl im Bereich des öffentlichen Rechts wie des Privatrechts subjektive Rechte an.

32 **Privatautonomie** bedeutet die von der Rechtsordnung anerkannte Fähigkeit, selbst durch eigene rechtliche Akte (Rechtsgeschäfte) seine rechtlichen Verhältnisse und Beziehungen zu anderen Mitbürgern zu regeln. Die Privatautonomie ist der Zentralbegriff des Privatrechts. Auch er ist parallel zur Entwicklung des bürgerlichen Rechtsstaats entwickelt worden. Im deutschen Recht ist die Privatautonomie heute durch die allgemeine Handlungsfreiheit (Art. 2 GG) in ihrem Kern geschützt.

---

26 Vgl dazu Art. 93 GG über die Aufgaben des Bundesverfassungsgerichts und Art. 100 GG über das Verfahren zur Feststellung der Verfassungswidrigkeit von Gesetzen.
27 *Coing*, Zur Geschichte des Begriffs „Subjektives Recht", in: *Coing/Lawson/Grönfors*, Das subjektive Recht und der Rechtsschutz der Persönlichkeit, 1959 (Arbeiten zur Rechtsvergleichung 5), S. 7–23.

Die privatautonome Gestaltung der eigenen Rechtsverhältnisse kann durch einseitige Rechtsgeschäfte geschehen, zB durch die Kündigung eines bestehenden Arbeits- oder Mietverhältnisses. Häufig geschieht sie aber durch Abschluss eines (schuldrechtlichen oder dinglichen) Vertrages, durch den entweder private Rechte (zB Forderungen) begründet werden (Verpflichtungsgeschäft) oder bestehende (subjektive) Rechte (zB Eigentum, eine Forderung, ein Pfandrecht) übertragen oder verändert werden (Verfügungsgeschäft). Privatautonomie bedeutet auf diesem Gebiet **Vertragsfreiheit**, nämlich die Freiheit, zu entscheiden, ob man überhaupt einen Vertrag abschließen will, ferner die Freiheit einen Partner zu wählen und den Inhalt des Vertrages (im Rahmen der Gesetze und der guten Sitten) frei zu bestimmen. Schließlich ist das Recht, durch letztwillige Verfügungen (Testament, Erbvertrag) seine Erben selbst bestimmen zu können (**Testierfreiheit**), Teil der Privatautonomie.

Mit dem Gebrauch der Privatautonomie verbunden ist demnach die Schaffung und Veränderung (Übertragung) privater Rechtsverhältnisse. Im Zusammenhang mit der Schaffung privater Rechte im Gebrauch der Privatautonomie stellt sich die Frage, ob man insoweit von einer Rechtsetzung sprechen kann. Zweifellos werden durch private Rechtsakte bestimmte subjektive Rechte geschaffen (Rn 31), die dann durch das objektive Recht geschützt werden. Mit Rechtsnormen haben diese Rechtsgeschäfte eine strukturelle Ähnlichkeit: sie schaffen konkrete (subjektive) Rechte und Pflichten bestimmter Personen. Sie sind von Rechtsnormen aber dadurch unterschieden, dass sie nur einen Einzelfall regeln wollen, auch wenn sie häufig für eine längere Zeit gelten (zB Dauerschuldverhältnisse wie Gesellschaftsvertrag oder Mietvertrag); auch sind sie nicht unmittelbar von der Autorität des staatlichen Gesetzgebers getragen.

Eine noch größere Ähnlichkeit mit Rechtsnormen haben **Satzungen**, die durch private Personenverbände, zB Vereine oder Kapitalgesellschaften, erlassen werden und die dann für das interne Rechtsleben des betreffenden Personenverbands und seiner Mitglieder verbindlich sind. Das Gesetz erkennt im Rahmen der grundgesetzlich geschützten Vereinigungsfreiheit (Art. 9 GG) auch die Fähigkeit von Vereinen zur autonomen Regelung ihrer Angelegenheiten an (Satzungsautonomie).

Satzungen von Vereinen oder Kapitalgesellschaften sind keine Gesetze, aber ähnlich wie Gesetze sind sie objektiv auszulegen, dh ohne Rücksicht auf die Vorstellungen der Gründer (so zur Vereinssatzung BGHZ 47, 172, 180; 96, 245, 250; 106, 65, 71). Die Satzungen müssen freilich gesetzliche Vorschriften über den Mindestinhalt der Satzung beachten, die zum Schutz Dritter oder allgemein des Rechtsverkehrs erlassen sind (zB § 57 BGB).

IV. Funktionen des Rechts

Die staatlich garantierte Rechtsordnung hat vielfältige Aufgaben (Funktionen) zur Regelung des menschlichen Zusammenlebens in dem betreffenden Staat. Die wichtigsten Aufgaben lassen sich unter den folgenden Stichworten zusammenfassen: (a) Friedensordnung, (b) Freiheitsordnung, (c) soziale Sicherung, (d) Kooperation und (e) Integration. Diese Aufgaben, die iF beschrieben werden, kann das Recht allerdings nur dann hinreichend erfüllen, wenn es im Großen und Ganzen den Vorstellungen von Gerechtigkeit entspricht, die in der betreffenden Rechtsgemeinschaft vorherrschen sind.

33

1. Friedensordnung

Der Staat hat, wie bereits (Rn 20 f) dargelegt, die Aufgabe einer inneren und äußeren Friedensordnung durch die Ausschaltung von Gewalt, die den Frieden im Staat von außen (durch militärische Bedrohung, organisierte internationale Kriminalität) oder im Inneren durch kriminelle Handlungen Einzelner oder Übergriffe der Staatsgewalt bedroht. Der Staat muss zu diesem Zweck nicht nur die Gewaltausübung bei sich konzentrieren (Gewaltmonopol), sondern auch eine Rechtsordnung schaffen, welche sowohl die Ausübung der staatlichen Gewalt selbst eingrenzt als auch die Beziehungen der Bürger untereinander und zum Staat regelt. Zu einem friedlichen Zusammenleben wird die Rechtsordnung umso mehr beitragen, als sie sich an allgemein anerkannten sittlichen und anderen Werten orientiert.

Zur Funktion des Rechts als Friedensordnung gehört insbesondere, dass Konflikte zwischen dem Staat und dem einzelnen Bürger und zwischen den Bürgern untereinander nur in rechtsförmig geregelten **Verfahren** ausgetragen werden. Die Rechtsordnung muss die Fähigkeit besitzen, die ständig in der Gesellschaft auftretenden Konflikte durch rechtliche Verfahren (Gerichtsverfahren, Verwaltungsverfahren) zu absorbieren.

Zur Funktion der Friedensordnung des Rechts gehört nicht nur, dass Rechtsnormen vorhanden sind, die ihrerseits zweckmäßig, ausreichend genau differenziert und an ethischen Gemeinschaftswerten orientiert sind. Vielmehr kommt es darauf an, dass das Recht auch geachtet und notfalls durchgesetzt wird und dass Rechtsbrecher die Sanktionen des Rechts fürchten müssen. Dies führt zu der Frage der Rechtsgeltung, die noch gesondert zu behandeln ist (unten Rn 101 ff).

Sieht man sich in der Welt um, so kann man den guten oder schlechten Zustand eines Landes auch daran ablesen, ob die Gerichte effektiv, die Behörden unbestechlich, die Polizei präsent sind. In weiten Teilen der Welt steht das Recht mehr oder weniger auf dem Papier, und Inaktivität und Korruption verhindern seine Anwendung. Dementsprechend ist die Kriminalität hoch und ebenso die Neigung, auf privatem Weg Konflikte mit Gewalt auszutragen.

2. Freiheitsordnung

34 Zu den Grundgedanken des bürgerlichen Rechtsstaats gehört es, dass eine primäre Aufgabe des Rechts darin besteht, dem einzelnen Bürger einen Raum eigener freier Gestaltung durch Recht und innerhalb des Rechts zu ermöglichen. Freiheit und Eigentum sind die entscheidenden Grundwerte in der Entwicklung des bürgerlichen Rechtsstaats im 19. Jahrhundert. Im demokratischen Rechtsstaat wird der Schutz der persönlichen Freiheit ergänzt durch die Möglichkeit der aktiven Teilhabe am politischen Leben auf Grund der politischen Grundrechte, insbesondere des aktiven und passiven Wahlrechts (Art. 38 GG).

Einzelne Aspekte dieser Freiheit sind einmal der Schutz vor staatlichen Willkürakten, wie sie im absolutistischen Staat vorkamen und in den totalitären Staaten unseres Jahrhunderts an der Tagesordnung waren, von der Eigentumskonfiskation bis hin zur plötzlichen Verhaftung ohne Angabe von Gründen. Im Rechtsstaat ist der Bürger durch die Grundrechte in der Verfassung (Art. 1–19 GG), durch den Grundsatz der Bindung der staatlichen Handlungen an das Recht (Gesetzmäßigkeit der Verwaltung) sowie dadurch geschützt, dass die genannten Rechtsgrundsätze tatsächlich befolgt werden und nicht nur auf dem Papier stehen.

Den Wert der Freiheitsrechte empfindet man erst dann in aller Deutlichkeit, wenn die Rechte vom Staat beschnitten werden. Die Bürger der ehemaligen DDR mussten über 40 Jahre den weitgehenden Entzug zB der Meinungsfreiheit (Art. 5 GG) und der Freizügigkeit (Art. 11 GG) hinnehmen. Die berüchtigte Mauer in Berlin und die stark befestigte und scharf bewachte innerdeutsche Grenze (in der DDR-Propaganda: „Antifaschistischer Schutzwall") waren Symbol und drastischer Ausdruck für diesen Freiheitsentzug.

Im Privatrecht entfaltet sich die Freiheit des Einzelnen auf Grund des hier herrschenden Prinzips der Privatautonomie (s. oben Rn 32). Dadurch wird der geschäftsfähige Bürger in die Lage versetzt, seine eigenen Angelegenheiten und die Rechtsbeziehungen zu anderen selbstständig in Rechtsgeschäften und durch die Mitwirkung in Personenverbänden zu regeln und zu gestalten. Die allgemeine Handlungsfreiheit einschließlich der Vertragsfreiheit (Art. 2 GG), die Vereinigungsfreiheit (Art. 9 GG) und die Berufsfreiheit (Art. 12 GG) ermöglichen ihm eine freie berufliche und gewerbliche Betätigung und sind damit auch die Grundlage einer freien Wirtschaftsordnung.

Unter den genannten rechtlichen Freiheitsbedingungen stellt sich eine Marktwirtschaft ein im Unterschied zu einer Zentralverwaltungswirtschaft (Planwirtschaft). Dazu unten Rn 127–135.

Zu einer vollständigen Freiheitsordnung gehört auch die **Rechtssicherheit** (oben Rn 22). Das Recht muss eindeutig, den Bürgern bekannt, verständlich und vorausberechenbar sein. Nur dann kann der Einzelne, wenn er beruflich oder privat plant, von seiner Freiheit den vollen Gebrauch machen. 35

Die Rechtssicherheit wird beeinträchtigt durch unklare und unübersichtliche Gesetze, die häufige Abänderung von Gesetzen oder eine schwankende Rechtsprechung, die einer bestimmten Norm eine unklare oder schwankende Bedeutung gibt. Für die private und unternehmerische Planung ist zB die Voraussehbarkeit des rechtlichen Rahmens der Planung, zB der steuerlichen Belastung, wichtig.

3. Soziale Sicherung

In viel größerem Umfang als in früheren Generationen wird heute vom Staat und von der Rechtsordnung eine Garantie der sozialen Existenzsicherung erwartet. Dies entspricht dem in der Verfassung garantierten Sozialstaatsprinzip (Art. 20 u. 28 GG). In der Verfolgung dieses Ziels hat der moderne Sozialstaat ein hochkomplexes und umfangreiches rechtliches Regelwerk von Berechtigungen aufgebaut, die sich vor allem in den Sozialversicherungssystemen ausdrücken. 36

Das Volumen der staatlichen Haushalte ist heute zu einem guten Teil von Finanzierungsmitteln geprägt, die lediglich einer Umverteilung zur sozialen Sicherung vieler Menschen dienen (Transferausgaben). Die Grenzen der Leistungsfähigkeit des Sozialstaates und das Problem eines Missbrauchs sozialer Leistungen sind heute Gegenstand der rechtspolitischen Diskussion. Die große Leistung des modernen Sozialstaates zur Sicherung der Existenzgrundlage vieler Menschen wird freilich nicht ernstlich bestritten.

4. Kooperation

37 Schon wenn jemand mit einem anderen einen einfachen Liefervertrag (Kaufvertrag, Werkvertrag, Werklieferungsvertrag) abschließt, begründet er damit ein Programm der Kooperation mit dem Vertragspartner. Diese Kooperation tritt nicht weiter in Erscheinung, wenn es sich um einen flüchtigen Austausch von Verbrauchsgütern (den täglichen Einkauf) handelt; anders, wenn eine größere technische Anlage geliefert wird, beim Besteller aufgebaut werden muss und die Einweisung in den Gebrauch der Anlage durch eine besondere Einweisung oder Ausbildung der Angestellten des Bestellers notwendig wird.

Auch in einem Großbau arbeiten mehrere Firmen, meist rechtlich verbunden durch eine Gesellschaft bürgerlichen Rechts (Arbeitsgemeinschaft; „ARGE"), oft längere Zeit zusammen. Sie koordinieren unzählige Lieferungen und Werkleistungen auf Grund zahlreicher Verträge mit Dritten. Nach der Vollendung des Baus trennen sie sich wieder.

Noch deutlicher wird die Funktion des Rechts, die Kooperation von Menschen zu ermöglichen, wenn ein Verein (§§ 21 ff BGB), eine Personenhandelsgesellschaft (OHG, KG; §§ 105 ff, 161 ff HGB) oder eine Kapitalgesellschaft (AG, GmbH) gegründet wird. Hier wird eine oft viele Jahre dauernde Kooperation vieler Menschen begründet. Im Fall einer Kapitalgesellschaft besteht das rechtliche Gebilde als Träger eines Unternehmens oft für mehrere Generationen und überdauert seine Gründer-Gesellschafter und die vielen Menschen, die als Organe (Vorstand, Geschäftsführer) oder Arbeitnehmer in dem Unternehmen oder als Lieferanten für das Unternehmen tätig geworden sind.

Auch weite Bereiche des öffentlichen Rechts sind am besten im Sinne einer Ordnung menschlicher Kooperation zu verstehen. Dies gilt einmal für den Aufbau des Staates selbst sowie für die rechtliche Organisation der öffentlichen Gebietskörperschaften, der Städte, Gemeinden, Kreise und Regierungsbezirke. Auch die einzelnen Behörden sind nicht nur in ihrem internen Funktionieren, sondern auch in ihrer Beziehung zur Außenwelt auf eine rechtlich geregelte Kooperation ausgerichtet.

Selbstverständlich kann die Kooperation unter Menschen nicht allein durch Rechtsregeln erschöpfend bestimmt werden. Das Recht bildet nur einen Handlungsrahmen. Es zeichnet Ziele von Handlungen vor und setzt andererseits Begrenzungen des Handlungsspielraums, indem es bestimmte Handlungen durch das Strafrecht verbietet oder die Haftung auf Schadensersatz bestimmt. In diesem Handlungsrahmen müssen andere Faktoren zur Geltung kommen, wirtschaftliche Gesichtspunkte, persönliche Motivationen und andere Dinge, die menschliches Handeln bestimmen. Die Rechtsordnung muss mit Leben erfüllt werden.

5. Integration

Die Gesamtorganisation einer Gesellschaft in einem Staat und die vielen Organisationen des öffentlichen und privaten Rechts, die sich im Rahmen der Rechtsordnung bilden und betätigen, sind in der Rechtsphilosophie immer wieder mit lebendigen **Organismen** verglichen worden. In der Tat verbinden sich die vielen Kooperationen, die durch Recht hergestellt werden, insgesamt zu einem im großen und ganzen konfliktfreien Zusammenwirken der Menschen, zu einem Ineinandergreifen der verschiedenen Handlungen und Organisationen.

38

Das Recht kann wiederum diese Integrationsleistung nicht allein erbringen. Es muss aber die Voraussetzungen dafür schaffen. Verwirklicht werden kann die so ermögliche Integration nur durch das bewusste Zusammenwirken der Menschen und durch den Gemeinsinn der Bürger eines Staates, das Gefühl der Zusammengehörigkeit und der Identität.

Beispiele für die Integrationsleistung des Rechts bieten die Wiedervereinigung Deutschlands und die europäische Integration. Während der Spaltung Deutschlands auf Grund der weltpolitischen Blockbildung wurden vielfältige Lebensbeziehungen und Zusammenhänge zwischen den geteilten Hälften Deutschlands zerrissen. Die Wiedervereinigung 1990 stellte die rechtlichen Rahmenbedingungen für diese Lebensbeziehungen wieder her. Sie entsprach damit einem tatsächlich bestehenden (wenngleich in der politischen Öffentlichkeit zT geleugneten) Bedürfnis. Andererseits hatten sich durch die lange Trennung die Lebensbeziehungen zwischen den beiden Teilen Deutschlands abgeschwächt und es hatten sich unterschiedliche Lebensweisen und Anschauungen herausgebildet. An die politische und rechtliche Wiedervereinigung musste sich daher ein längerfristiger tatsächlicher Integrationsprozess, nämlich die Angleichung der Lebensverhältnisse anschließen. Die Herstellung der staatlichen Einheit und Rechtseinheit allein konnte dies noch nicht auf einen Schlag herbeiführen.

Auch die europäische Integration bedarf der rechtlichen Schritte. Diese müssen freilich im Gleichschritt mit einer zunehmenden Verflechtung der wirtschaftlichen Verhältnisse und Lebensverhältnisse und einem wachsenden Zusammengehörigkeitsgefühl der Europäer vollzogen werden. Rechtliche und sonstige Integration müssen aufeinander abgestimmt sein.

In der Systemtheorie wird das Recht als **Subsystem** der gesellschaftlichen Organisation (des gesellschaftlichen Gesamtsystems) bezeichnet. Dies ist insofern richtig, als die Gesellschaft natürlich nicht nur nach Regeln des Rechts, sondern nach vielen anderen Motivationen und sozialen Mechanismen lebt und zusammenarbeitet. Der Ausdruck Subsystem ist insofern freilich etwas irreführend, als er den Eindruck vermittelt, es gebe über dem Recht ein anderes übergreifendes System, dem das Recht untergeordnet wäre. Dies ist nicht der Fall. Es kommt vielmehr zu einem Zusammenwirken mit anderen sozialen Mechanismen.

§ 2 Rechtswissenschaft

I. Gegenstand und Methoden

1. Definition

39 Jede Wissenschaft wird durch ihren Erkenntnisgegenstand und ihre Arbeitsmethoden bestimmt. Gegenstand der Rechtswissenschaft ist das Recht. Aber braucht man zur Erkenntnis des Rechts überhaupt eine Wissenschaft?

Das Recht wendet sich an jedermann und kann nur befolgt werden, wenn es von jedermann verstanden wird. Das Ideal eines jeden Gesetzgebers ist das klare, einfache, verständlich gefasste Gesetz, dessen Regeln jeder versteht und deren Inhalt jeder oder zumindest jeder Gutwillige auch billigt und für sich akzeptiert. Das Recht ist in diesem Idealfall Teil der Regeln, die jeder Mensch wie selbstverständlich befolgt und die zusammen mit den Geboten der Sittlichkeit (Moral) und der gesellschaftlichen Normen (Sitte) einen einfachen und geschlossenen Verhaltenskodex bilden. Dies war in historisch frühen Gesellschaften auch tatsächlich der Fall. Bei einer fortschreitenden Entwicklung einer Gesellschaft fallen diese verschiedenen Normbereiche auseinander (Ausdifferenzierung). Zugleich nimmt die Menge des Rechts und seine Komplexität zu und die Beherrschung des Rechts erfordert Fachleute, die das Recht erforschen und erläutern.

Dies war schon bei der Entwicklung der römischen Jurisprudenz etwa ab dem 2. Jahrhundert vor Christus der Fall (unten Rn 140 f und Rn 269 f) und trifft auch auf die heutige Rechtswissenschaft zu, die sich historisch aus dem Studium der Schriften der römischen Juristen an den mittelalterlichen Universitäten etwa ab 1100 (dazu unten Rn 293) entwickelt hat.

Der wohl bedeutendste deutsche Jurist *Friedrich Carl von Savigny* (1779–1861) beschreibt diesen Prozess der gesellschaftlichen Entwicklung und Ausdifferenzierung wie folgt: „Bey steigender Cultur nämlich sondern sich alle Thätigkeiten des Volkes immer mehr und was sonst gemeinschaftlich betrieben wurde, fällt jetzt einzelnen Ständen anheim. Als ein solcher abgesonderter Stand erscheinen nunmehr auch die Juristen. Das Recht bildet sich nunmehr in der Sprache aus, es nimmt eine wissenschaftliche Richtung, und wie es vorher im Bewusstseyn des ganzen Volkes lebte, so fällt es jetzt dem Bewusstseyn der Juristen anheim, von welchen das Volk nunmehr in dieser Function repräsentirt wird."[28]

Damit treten in der Gesellschaft Juristen als Fachleute hervor und bilden eine eigene Berufsgruppe oder einen eigenen Berufsstand. Einen solchen Berufsstand der Juristen finden wir bereits im römischen Recht der Antike. Unser heutiger Juristenstand hat sich seit dem Mittelalter zusammen mit dem wissenschaftlichen Studium des römischen Rechts entwickelt. Fachwissen allein bedeutet noch nicht unbedingt Wissenschaftlichkeit. Historisch hat sich die Vermittlung des juristischen Fachwissens aber als **Wissenschaft** an den Universitäten ab dem Mittelalter etabliert[29].

---

28 Vom Beruf unserer Zeit für Gesetzgebung und Rechtswissenschaft, 1814, zit. nach der Ausgabe von *Stern, Thibaut* und *Savigny*, 1914 (Neudr. 1959), S. 78.
29 Zur historischen Entwicklung der Rechtswissenschaft unten Rn 138 ff (Theorien des Rechts und der Rechtswissenschaft) sowie Rn 270 (über *Cicero* und die Rechtswissenschaft) und Rn 293 (Exkurs zur Entstehung der Rechtswissenschaft im Mittelalter).

Als **Definition der Rechtswissenschaft** sei hier vorgeschlagen: Aufgabe der Rechtswissenschaft ist die Erforschung des Rechts mit dem Ziel der erläuternden Darstellung und Kritik durch Interpretation (Auslegung) und Argumentation. **Gegenstand** der Rechtswissenschaft ist also das Recht; die **Methoden** der Rechtswissenschaft sind die der Interpretation und Argumentation (iF Rn 46 f).

40

Forschungsgegenstand ist das in einem Staat (oder in einer sonstigen Rechtsgemeinschaft) geltende Recht, also das **positive Recht**. Dies ist primär das in den staatlichen Gesetzen einschließlich der (höherrangigen) Verfassung (GG) enthaltene Recht, aber auch das Recht, das aus anderen Rechtsquellen zu entnehmen ist, zB das Gewohnheitsrecht oder das Richterrecht (oben Rn 28 ff).

Früheres, inzwischen außer Kraft getretenes Recht wirkt in die Gegenwart fort, weil es zahlreiche Rechtsverhältnisse gibt, die zur Zeit seiner Geltung entstanden sind und fortbestehen. Insoweit bleibt das außerkraftgetretene Recht Teil der geltenden Rechtsordnung und Gegenstand der Rechtswissenschaft und der Rechtsanwendung.

So ist vor, bei oder nach der deutschen Wiedervereinigung (3.10.1990) das meiste Recht der früheren DDR außer Kraft getreten und durch Recht der Bundesrepublik Deutschland ersetzt worden. Für die zur Zeit des Bestehens der DDR und ihres Rechts begründeten Rechtsverhältnisse bleibt das DDR-Recht freilich weiter maßgebend, soweit seine fortdauernde Anwendung nicht den Grundauffassungen unserer Rechtsordnung (ordre public) widerspricht[30].

Über die Fortgeltung alten, aufgehobenen Rechts und die Abgrenzung der Geltung von altem und neuem Recht entscheiden besondere Konfliktnormen (intertemporales Kollisionsrecht). Für das Privatrecht finden sie sich im Einführungsgesetzbuch zum BGB (Art. 153 ff EGBGB bezüglich des vor Einführung des BGB geltenden Rechts, zB des preußischen ALR; bezüglich des DDR-Rechts, das mit der Wiedervereinigung abgelöst wurde, gelten Art. 230 ff EGBGB.)

Für eine verständige Erfassung des Sinns des geltenden Rechts ist es notwendig, auf allgemeine Gesichtspunkte und Erfahrungen zurückzugreifen, die sich in einem Jahrhunderte währenden Umgang mit dem Recht als Teil unserer Kultur ausgebildet haben. Gegenstand der Rechtswissenschaft ist daher vergangenes Recht auch insoweit, als es um die geschichtliche Entwicklung des Rechts geht. Die **Rechtsgeschichte** ist **Grundlagenfach** der Rechtswissenschaft. Ferner sind philosophische Fragen zum Recht, die ebenfalls eine lange Tradition haben, Teil der Rechtswissenschaft (**Rechtsphilosophie**). Schließlich sind auch die wirtschaftlichen und gesellschaftlichen Voraussetzungen und Auswirkungen des Rechts in der rechtswissenschaftlichen Arbeit zu berücksichtigen (**Rechtssoziologie**); zum Ganzen § 3 (Rn 55 ff).

41

Dadurch werden übergreifende Gesichtspunkte und sozusagen Instrumente gewonnen, um das geltende (positive) Recht, das unverändert der primäre Gegenstand der Rechtswissenschaft bleibt, besser zu verstehen. Ziel ist ein **kritisches Verständnis** des Rechts iS eines vertieften, umfassenderen Verständnisses.

---

30 Dazu *Horn*, Das Zivil- und Wirtschaftsrecht im neuen Bundesgebiet, 2. Aufl. 1993, insbes. § 1 und § 6, S. 1 ff, 121 ff; *ders.*, DZWir 1992, 45 ff.

Mit dem Begriff „kritisch" ist in den letzten Jahrzehnten viel Unfug getrieben worden. Dabei hat sich ein populäres Vorverständnis herausgebildet, Kritik sei primär die Ablehnung bestehender Zustände (in Recht, Staat, Wirtschaft, Kultur usw) von einem vermeintlich geistig überlegenen Standpunkt aus. Dieser Standpunkt wird meist nicht begründet, sondern nur ideologisch gefärbt (lange Zeit durch das „richtige Klassenbewusstsein", heute eher durch die Berufung auf den Fortschritt, die moderne Zeit usw). Unbefangen und präzise verwendet bedeutet Kritik und kritisch (aus dem Griechischen *krinein* = unterscheiden) die Kunst der Unterscheidung und vergleichenden Beurteilung. Wer zB das deutsche Recht mit dem französischen oder englischen Recht vergleicht, erkennt Lösungsalternativen und kann danach besser das eigene Recht beurteilen. Gleiches gilt für den, der zB die wirtschaftlichen Auswirkungen einer bestimmten rechtlichen Regelung betrachtet. Die Rechtsphilosophie kann kritische Maßstäbe für die Frage der Gerechtigkeit rechtlicher Regelungen liefern.

2. Rechtsgebiete und Fächer der Rechtswissenschaft

42 Nach ihren einzelnen Gegenständen (Rechtsgebieten) lassen sich die verschiedenen Fächer der Rechtswissenschaft einteilen. Wir begnügen uns hier damit, die wichtigsten Einteilungskriterien für die Fächereinteilung zu nennen, ohne den Anspruch einer vollständigen Aufzählung aller Fächer. Eine solche Vollständigkeit wäre auch bei einer lebendigen, sich dynamisch fortentwickelnden Wissenschaft nicht leicht möglich.

(1) Die Fächer der Rechtswissenschaft, die sich unmittelbar mit der Erforschung und Darstellung des geltenden positiven Rechts befassen, werden als **dogmatische Fächer** (Fächer des geltenden Rechts) bezeichnet im Unterschied zu den **Grundlagenfächern**. Zu den Grundlagenfächern gehören die Rechtsgeschichte, die Rechtsphilosophie und Rechtstheorie sowie die Rechtsvergleichung (s. auch iF Rn 55 ff). Ferner sind die allgemeine Staatslehre, die Kriminologie und die Rechtssoziologie hier zu nennen.

Die Rechtsvergleichung ist sowohl Fach des geltenden (ausländischen) Rechts als auch Grundlagenfach, weil man aus der Rechtsvergleichung allgemeine Einsichten zum eigenen Recht erwartet. – Die Aufzählung ist, wie gesagt, nicht abschließend. Die praktische Rolle der Fächer im universitären Lehrbetrieb ist unterschiedlich. Klassische Grundlagenfächer sind die Rechtsgeschichte (deutsche und römische Rechtsgeschichte, Verfassungsrechtsgeschichte und Privatrechtsgeschichte der Neuzeit), ferner die Rechtsphilosophie und Rechtstheorie. Die Kriminologie ist ein spezielles Grundlagenfach zum Strafrecht. Die Rechtssoziologie als Grundlagenfach wird nicht an allen Fakultäten angeboten.

43 (2) Die Gebiete des geltenden Rechts werden in **öffentliches Recht** und **Privatrecht** eingeteilt. Das öffentliche Recht regelt, knapp ausgedrückt, die Tätigkeit des Staates (und anderer mit staatlichen Befugnissen ausgestatteter Hoheitsträger) und die Beziehungen zwischen Staat und Bürger. Das Privatrecht regelt die Rechtsbeziehungen der Bürger untereinander (Bürgerliches Recht).

Die Hauptgebiete des **öffentlichen Rechts** sind das Verfassungsrecht und das (allgemeine und besondere) Verwaltungsrecht sowie das Völkerrecht. Das Völkerrecht regelt die Beziehungen der Staaten untereinander und die Tätigkeit internationaler Organisationen. Einen besonderen, auch als Lehrfach abgetrennten Teil des öffentlichen Rechts bildet das **Strafrecht** als der Inbegriff aller staatlichen Strafnormen (dh der Normen, deren Rechtsfolge eine Strafe gem. §§ 38 ff StGB oder eine Maßregel der Besserung und Sicherung gem. §§ 61 ff StGB ist). Einen besonders wichtigen Teil des besonderen Verwaltungsrechts bildet das **Steuerrecht**.

Die Hauptgebiete des **Privatrechts** sind einmal das allgemeine Privatrecht, das sich an alle Bürger wendet und hauptsächlich (aber nicht ausschließlich) im Bürgerlichen Gesetzbuch (BGB) enthalten ist, sowie das besondere Privatrecht, das nur für bestimmte Personen gilt. Eine besondere Normgruppe innerhalb des allgemeinen Privatrechts bilden Regelungen zum Schutz der Verbraucher (§ 13 BGB) bei Geschäften mit Unternehmern (§ 14 BGB). Sie waren ursprünglich als besonderes Privatrecht in besonderen Gesetzen enthalten (zB Verbraucherkreditgesetz, Haustürwiderrufgesetz, AGB-Gesetz) und sind auf Grund der Schuldrechtsreform seit 1.1.2002 in das BGB einbezogen (vgl §§ 305–310, 312–312 f, 355–359, 474–479, 489, 491–507 BGB). Besonderes Privatrecht ist das Handelsrecht als das Recht der Kaufleute und Personenhandelsgesellschaften (OHG, KG) und das Kapitalgesellschaftsrecht (AktG, GmbHG) sowie das Recht der Genossenschaften (GenG). Ferner gehört dazu das Wertpapierrecht (Wechselgesetz, Scheckgesetz) und das Wettbewerbsrecht (Gesetz gegen den unlauteren Wettbewerb, UWG; Gesetz gegen Wettbewerbsbeschränkungen oder Kartellgesetz; GWB). Zum Privatrecht wird auch das Arbeitsrecht gerechnet, das die Beziehungen zwischen Arbeitgeber und Arbeitnehmer und die dabei auftretenden Schutzprobleme sowie die Beziehungen der Arbeitgeberverbände und der Gewerkschaften (Tarifvertragsparteien) regelt.

(3) Alle bisherigen Gesetzesbeispiele betreffen solche Normen, die den (materiellen) Inhalt von Rechten und Pflichten regeln (**materielles Recht**). Demgegenüber gibt es Gesetze oder einzelne Normen, die das Verfahren regeln, durch das ein bestimmtes materielles Recht festgestellt und durchgesetzt wird (**Verfahrensrecht**; formelles Recht). Das Verfahrensrecht regelt die Tätigkeit der Gerichte, staatlichen Behörden oder Schiedsgerichte, die ein solches Verfahren durchführen, und die Pflichten und Rechte der Beteiligten in einem solchen Verfahren. 44

Aus dem materiellen Strafrecht (als einem besonderen Teil des öffentlichen Rechts), insbesondere den Normen des Strafgesetzbuches (StGB), folgt der materielle Strafanspruch des Staates, der durch die Staatsanwaltschaft geltend gemacht wird. Die Durchsetzung dieses Strafanspruchs geschieht im Strafprozess (Strafverfahren). Dieser ist in der Strafprozessordnung (StPO) geregelt. Privatrechtliche Ansprüche, zB nach BGB (= materiellem Recht), werden vor den staatlichen Zivilgerichten nach den Regeln der Zivilprozessordnung (ZPO) geltend gemacht. Gleiches gilt für handelsrechtliche Rechtsverhältnisse. Arbeitsrechtliche Rechtsverhältnisse werden von den Arbeitsgerichten geklärt; maßgebliches Verfahrensrecht ist das Arbeitsgerichtsgesetz (ArbGG). Öffentlichrechtliche Streitigkeiten werden vor den Verwaltungsgerichten nach der Verwaltungsgerichtsordnung (VwGO) geklärt oder vor dem Verfassungsgericht (Bundesverfassungsgericht oder Verfassungsgerichtshof eines Bundeslandes).

Ein besonderes Vollstreckungsrecht als Teil des formellen Rechts (Verfahrensrecht) regelt die Durchsetzung der gerichtlichen oder schiedsgerichtlichen Urteile und sonstigen Entscheidungen. Dieses Vollstreckungsrecht ist für die Zivilsachen zum Teil im 8. Buch der ZPO geregelt.

(4) Fächer der Rechtswissenschaft können schließlich nach dem Geltungsbereich des Rechts unterschieden werden. Da Deutschland nach seiner Verfassung (GG) bundesstaatlich organisiert ist (Art. 20 Abs. 1, Art. 28–37 GG), ist zwischen **Bundesrecht** und **Landesrecht** zu unterscheiden. Bundesrecht hat den Vorrang vor Landesrecht (Art. 31 GG: Bundesrecht bricht Landesrecht). Das Bundesrecht hat den weitaus größeren Anteil als Gegenstand der Rechtsprechung und des akademischen Forschungs- und Lehrbetriebs sowie der Fachliteratur. Außerdem ist **internationales Recht** zu unterscheiden. 45

Traditionell besteht das internationale Recht hauptsächlich aus dem **Völkerrecht**, das die Beziehungen der souveränen Staaten untereinander und die Tätigkeit der internationalen Organisationen regelt. Seine allgemeinen Regeln gelten in Deutschland als Bundesrecht (Art. 25 GG). Als neueres Rechtsgebiet hat sich das Recht der Europäischen Union (EU; früher: Europäische Gemeinschaft) herausgebildet; dieses **Gemeinschaftsrecht** dient der rechtlichen Integration der EU und geht über die Regelungsgegenstände des Völkerrechts weit hinaus. Es wird als supranationales Recht bezeichnet. Im Unterschied zum Völkerrecht gestaltet es die interne Rechtsordnung der Mitgliedsstaaten. Ein neueres Fach des internationalen Rechts ist das Recht des internationalen Handels, das sich aus internationalem Einheitsrecht (einheitlich erlassenen Gesetzen des gleichen Inhalts), zB dem UN-Kaufrecht, sowie aus allgemein anerkannten Richtlinien, Standardverträgen, Handelsbräuchen und Rechtsanschauungen zusammensetzt (**lex mercatoria**)[31].

3. Rechtswissenschaftliche Methoden

46 a) **Interpretation**. Die Methoden (Arbeitsweisen) einer jeden Wissenschaft müssen ihrem Erkenntnisgegenstand angemessen sein. Die Erscheinungsform des Rechts ist stets ein sprachlicher Text, zB der Text eines Paragraphen des Bürgerlichen Gesetzbuches oder Strafgesetzbuches. Die Rechtswissenschaft ist daher eine **Textwissenschaft** und benutzt die Methoden, die auch andere Textwissenschaften benutzen.

Andere Textwissenschaften sind hauptsächlich die Sprachwissenschaften, zB die Literaturwissenschaft als ein Zweig davon, ferner die Geschichte, sofern sie sich mit Texten als historischen Erkenntnisquellen befasst, und alle anderen Wissenschaften, die in ähnlicher Weise Texte untersuchen, wie zB Philosophie und Theologie, aber auch Teilbereiche der Soziologie.

Die Methoden des Verstehens von Texten werden unter dem Begriff der **Hermeneutik** zusammengefasst[32]. Die Rechtswissenschaft hat Teil an den grundsätzlichen Überlegungen und methodischen Folgerungen der allgemeinen Hermeneutik[33]. Kern dieser Methoden sind Regeln der Auslegung (**Interpretation**). Die Jurisprudenz hat seit langem solche Auslegungsregeln ausgebildet. Sie sind noch im Einzelnen zu besprechen (unten Rn 176 ff).

Die Tradition der juristischen Auslegungsregeln geht ins Römische Recht zurück. Eine berühmte Auslegungsregel des *Celsus*, die in den Digesten (D) überliefert und Teil dieser Wissenschaftstradition ist, lautet: Das Verständnis der Gesetze besteht nicht darin, dass man sich an ihren **Wortlaut** hält, sondern an ihren **Sinn** und ihre Bedeutung[34].

Ein besonderes Merkmal der juristischen Arbeit besteht darin, dass die Auslegung sich mit normativen Texten (Sollenssätzen) befasst und dass sie im Hinblick auf die Entscheidung einer rechtlichen Streitfrage erfolgt. Die juristische Denkweise ist – im Unterschied zu anderen Textwissenschaften – **entscheidungsorientiert**.

---

31 Dazu *Heymann/Horn*, HGB, 2. Aufl. Band I 1995, Einleitung III und unten Rn 466.
32 Vgl *H.-G. Gadamer*, Wahrheit und Methode. Grundzüge einer philosophischen Hermeneutik, Bd. 1 5. Aufl. Tübingen 1986. S. auch unten Rn 366 f zu *W. Dilthey*.
33 *Coing*, Die juristischen Auslegungsmethoden und die Lehren der allgemeinen Hermeneutik, Köln 1959; wiederabgedruckt in *Coing*, Gesammelte Aufsätze zu Rechtsgeschichte, Rechtsphilosophie und Zivilrecht, 1947–1975, hrsg. v. *D. Simon*, Frankfurt/M. 1982, S. 208.
34 Scire leges non hoc est verba earum tenere, sed vim ac potestatem; D 1.3.17. Zu den Digesten (D) als Teil des Corpus Iuris Civilis unten Rn 270 u. 293.

Die Auslegung der Gesetzestexte findet also im Hinblick auf die Anwendung dieser Texte auf bestimmte Fälle (durch Subsumption[35]) statt. Für die juristische Denkweise ist daher eine enge Beziehung zwischen Sprache und **Praxis** der Rechtsanwendung kennzeichnend[36].

b) **Argumentation.** Berücksichtigt man, dass die Rechtsfindung im konkreten Fall durch ein Gericht, ein Schiedsgericht oder eine entscheidende Behörde immer in einem Verfahren (nach Verfahrensrecht) erfolgt und dass verschiedene Parteien daran beteiligt sind, so im Strafverfahren Staatsanwalt und Verteidiger nebst dem Beschuldigten, im Zivilverfahren die zwei Parteien, die sich um ein bestimmtes Recht streiten, so zeigt sich, dass die Rechtsfindung tatsächlich in einem argumentativen („dialektischen") Prozess verläuft. Argumente und Gegenargumente im Hinblick auf die angestrebte Entscheidung werden gegeneinander gestellt. Diese Argumente nimmt auch der Richter auf und wägt sie gegeneinander ab, wenn er seine Entscheidung sucht und später die getroffene Entscheidung mündlich und schriftlich begründet (Urteilsgründe; vgl Rn 209 f). Zwar leitet er die Entscheidung von den einschlägigen Rechtsnormen ab (**Subsumption**; unten Rn 166 f). Aber diese Deduktion ist bei allen wirklich problematischen Stellen durch Abwägen von Gründen und Gegengründen (**Argumentation**) ergänzt. Der gleiche argumentative Stil lässt sich in der rechtswissenschaftlichen Literatur beobachten. Dieser Stil ist also nicht nur durch die äußeren Verhältnisse eines Prozesses mit mehreren Parteien bedingt, sondern entspricht der Struktur juristischen Denkens. Einzelheiten s. unten Rn 194 ff.

47

II. Stellung im System der Wissenschaften

1. Kultur- oder Geisteswissenschaft

Die Rechtswissenschaft wird zu den Kultur- oder Geisteswissenschaften gerechnet. Die Kultur bezeichnet als Inbegriff die vom Menschen selbst geschaffene Lebenswelt im Unterschied zur Natur. Man kann darunter auch die typischen Lebensformen von Gesellschaften verstehen.

48

Im Begriff der Kultur steckt, dass es sich um Hervorbringung des Menschen handelt. Diese hat er primär der Natur abgerungen. Das Wort kommt vom lateinischen Wort *colere* = anbauen. Noch heute spricht man von Anpflanzungen als Kulturen. Zu den Hervorbringungen iS des Kulturbegriffs gehören zB die Siedlungsformen, Anbauweisen und Wirtschaftsformen (dh Art der Produktion und Güterverteilung), alle technischen Werkzeuge und Maschinen, alle Bauwerke, Kleidung und Gebrauchsgegenstände sowie alle geistig-ästhetischen Hervorbringungen wie Kunstgegenstände und sprachliche Äußerungen, von der Sprache selbst bis zur Literatur, ferner Staat, Recht und gesellschaftliche Infrastrukturen, wie zB Verkehrstechnik usw. Kultur ist ferner der Inbegriff der geistigen Strukturen und Zusammenhänge dieser Hervorbringungen bis hin zum religiösen Kultus (*colere* heißt auch: verehren!).

---

35 Zur Subsumption unten Rn 166 f.
36 *Gadamer* aaO, S. 307 ff; *Schreckenberger*, Rhetorische Semiotik, 1978, S. 16.

Der Begriff Kulturwissenschaft ist vor allem von der neukantianischen Philosophie gebraucht worden und deckt sich weithin mit dem der „Geisteswissenschaften". Er wird hier verwendet, weil er etwas genauer als der letztere Begriff zum Ausdruck bringt, dass es nicht nur um geistige Erzeugnisse, sondern auch um die Strukturen des tatsächlichen sozialen Zusammenlebens der Menschen geht.

Bei den Kulturwissenschaften lassen sich wiederum Geisteswissenschaften ieS und Sozialwissenschaften unterscheiden. Die Ersteren beschäftigen sich hauptsächlich mit den intellektuellen und künstlerischen Hervorbringungen (Literatur, Kunstwerke), während die zweite Gruppe eher den zuletzt genannten Aspekt des tatsächlichen Zusammenlebens der Menschen und der Strukturen des Zusammenlebens im Auge hat.

Da diese Strukturen von dem geistigen Wesen des Menschen geprägt sind, lässt sich die Trennung nicht scharf durchführen; auch in den sog. Sozialwissenschaften werden teils rein geisteswissenschaftliche Methoden verwendet.

Zu den **Geisteswissenschaften** ieS kann man die Sprachwissenschaften, die Geschichtswissenschaft, die Mathematik, aber auch die Rechtswissenschaft rechnen. Die Rechtswissenschaft gehört in diesen Zusammenhang deshalb, weil sie, wie gezeigt, sich primär mit dem Verstehen und der Anwendung von Texten (Rechtsnormen) befasst. Die Rechtswissenschaft teilt in der Tat mit den anderen Geisteswissenschaften die gemeinsame methodologische Basis der Hermeneutik;[37] sie unterscheidet sich von anderen geisteswissenschaftlichen Disziplinen (zB Sprachwissenschaft, Geschichtswissenschaft) durch ihre Orientierung an praktischen Entscheidungen.

Zu den **Sozialwissenschaften** gehören vor allem die Wirtschaftswissenschaften, die Soziologie und die Politikwissenschaft. Auch in diesen Disziplinen werden, wie gesagt, geisteswissenschaftliche Methoden mitverwendet. Daneben spielen aber auch empirische Methoden, dh die Erfassung und Verarbeitung äußerer Tatsachen (zB statistische Daten) eine große Rolle. Die Rechtswissenschaft kann diesen Sozialwissenschaften nicht voll zugerechnet werden, auch wenn sie mit ihnen gewisse Berührungspunkte aufweist. Die Rechtswissenschaft und die Rechtspolitik müssen die Ergebnisse der Sozialwissenschaften bei der Erforschung des Rechts und der Planung neuen Rechts berücksichtigen. Dies ändert nichts daran, dass die Rechtswissenschaft im Kern geisteswissenschaftliche Methoden anwendet. Diese weisen allerdings die Besonderheiten auf, dass sich die juristische Arbeit auf Handlungen und Entscheidungen bezieht (pragmatischer Bezug; s. auch unten Rn 163 f).

49 Den Kulturwissenschaften und Geisteswissenschaften steht das große Gebiet der **Naturwissenschaften** gegenüber. Ihr Gegenstand ist die uns umgebende raumzeitliche Wirklichkeit, die Natur im weitesten Sinne. Zu dieser Gruppe gehören vor allem die Physik, die Chemie und die Biologie, die Geologie und die Astronomie. Gleiches gilt für die Medizin, die freilich den Menschen (Patienten) auch als Person wahrnehmen

---

37 *H.G. Gadamer*, Wahrheit und Methode, aaO, S. 330 ff; *H. Coing* aaO; vgl Rn 46 und unten Rn 366 f, 406 ff.

(und die Wechselwirkungen zwischen körperlichen und seelischen Vorgängen beachten) muss.

Der Unterschied zwischen Geistes- und Naturwissenschaften wurde vor allem im 19. Jahrhundert überbetont. In Wirklichkeit bestehen Berührungspunkte und verblüffende Querverbindungen. Zu den Berührungspunkten sei als Beispiel die Medizin genannt. Sie muss die enge Beziehung zwischen Seele und Körper beachten; dies geschieht im besonderen Fach der Psychiatrie. Aber auch über diesen abgrenzbaren Bereich hinaus müssen psychologische Faktoren bei der Erforschung und Behandlung von Krankheiten beachtet werden. Die Psychologie selbst schwankt zwischen Naturwissenschaft und Geisteswissenschaft.

Die Naturwissenschaften, insbesondere die moderne Atomphysik, benutzen in großem Maße und zT fast ausschließlich mathematische Theoriemodelle und Erklärungsmuster. Mithilfe der Mathematik werden auch Experimentalergebnisse vorausberechnet, die dann in der Natur bestätigt werden. Gleichwohl ist die Mathematik selbst keine Naturwissenschaft, sondern reine Geisteswissenschaft. Hier zeigt sich eine bemerkenswerte Beziehung zwischen Natur und menschlichem Geist (s. auch Rn 78 f, 241, 374).

2. Wissenschaftlichkeit der Jurisprudenz

Man hat im 19. Jahrhundert und zum Teil bis heute die Auffassung vertreten, dass nur die Naturwissenschaften im eigentlichen Sinn Wissenschaften seien, weil sie sich einerseits rein auf die Erfahrung stützen, insbesondere die kontrollierte Beobachtung der Natur im wissenschaftlichen Experiment, andererseits auf die streng logische Bewertung dieser Ergebnisse in mathematischen und logisch gefassten Aussagen. Dieses Bild der Exaktheit der Naturwissenschaften ist inzwischen in manchem kritisiert und modifiziert worden, was aber hier nicht zu verhandeln ist. 50

Von diesem Standpunkt aus sind sowohl die Jurisprudenz als auch die Geisteswissenschaften im Allgemeinen nicht Wissenschaft. Dabei wird allerdings die heute weithin anerkannte Tatsache verkannt, dass die Kultur- und Geisteswissenschaften ihre eigenen wissenschaftlichen Methoden entwickelt haben, die ebenfalls als rational – wenn auch in einem etwas anderen Sinn – anzuerkennen sind. Dazu wurde bereits das Nötigste (oben Rn 46) gesagt; die Frage wird in Kap. 4 (Rn 366 f) und Kap. 5 (Rn 402 f u. 415 f) wieder aufgenommen.

III. Ergebnisse der Rechtswissenschaft

1. Argumente, Dogmatik, System

Die Ergebnisse der Rechtswissenschaft finden ihren Ausdruck in einer **Fachliteratur**. Diese besteht einmal aus Kommentaren zu den Gesetzen, in denen der Gesetzestext unter Verarbeitung der übrigen Fachliteratur und der einschlägigen Gerichtsentscheidungen erläutert wird; zum anderen wird ein Rechtsgebiet in systematischen Lehrbüchern oder Handbüchern dargestellt, wobei Erstere sich mehr an die Studenten, Letztere an die Praktiker wenden. Einzelfragen werden ständig in Fachzeitschriften in Aufsätzen und in „Anmerkungen" (Besprechungen) zu Gerichtsurteilen behandelt. 51

Außerdem werden vertiefte Abhandlungen von größerem Umfang zu einem besonderen Thema in Buchform (Monographien) veröffentlicht. Der Ertrag von Aufsätzen und Monographien wird wiederum in den Kommentaren und systematischen Darstellungen verarbeitet und damit für die weitere wissenschaftliche Diskussion und vor allem für die praktische Verwendung durch den rechtsanwendenden Richter und Rechtsanwalt erschlossen.

Die Gedankenführung in der Fachliteratur folgt im großen und ganzen den bereits (oben Rn 46) generell beschriebenen Methoden der Interpretation und Argumentation. Dabei ist festzuhalten, dass sich die theoretische Argumentation in der Fachliteratur und die praktische Argumentation im Urteil strukturell kaum unterscheiden. Beide sind noch näher im Rahmen der Methode der Rechtsanwendung (unten § 7 und § 8) darzustellen.

An dieser Stelle ist nur generell auf die Erzeugnisse und Ergebnisse der Rechtswissenschaft inhaltlicher Art einzugehen. Sie bestehen in einer vertieften Interpretation des geltenden Rechts und einer Erörterung möglicher **Argumente** im Hinblick auf bereits entschiedene oder hypothetische, künftig mögliche Rechtsfälle. Auf diese Weise erhält der rechtsanwendende Jurist ein breites Arsenal juristischer Argumentationen zu bestimmten Rechtsfragen und Rechtsfällen.

52 Auch in der Fachliteratur macht sich das bereits erwähnte Bedürfnis nach Stabilisierung der Argumentation geltend. Natürlich ist die Bindung an die gesetzliche Rechtsnorm im Grundsatz unstreitige Grundlage der Arbeit. Ferner werden die anerkannten Interpretationsgesichtspunkte angewendet. Gefestigte Rechtsmeinungen, die sich herausgebildet haben, werden in möglichst scharf umrissenen Begriffen und einzelnen Rechtssätzen zusammengefasst. Diese Zusammenfassungen werden als **Dogmatik** bezeichnet (s. auch Rn 143, 163, 172, 178, 180).

53 Jede Darstellung eines bestimmten Rechtsgebiets, wie zB des Sachenrechts des BGB, bedarf einer gewissen **Systematik** zum Zwecke der **Stoffordnung** und Übersicht. Der juristische Praktiker braucht eine solche Systematik, um rasch einzelne Aussagen zu einem bestimmten Problem aufzufinden. Der Student setzt seine Hoffnungen auf die Systematik, weil er damit die Uferlosigkeit des Stoffes beherrschen kann. Der Praktiker, der den Stoff schon im großen und ganzen kennt und nur das Detailproblem bearbeiten will, ist mit einer möglichst simplen und praktischen Gliederung zufrieden. Er greift zum Kommentar, der das Gesetz einfach in der Reihenfolge der Paragraphen erläutert, und blättert dazu im alphabetischen Inhaltsverzeichnis. Der Student sucht – ebenso wie der Wissenschaftler – die anspruchsvollere Systematik und findet sie im großen Lehrbuch.

Die Leistung des **Systems** in der Rechtswissenschaft sollte aber nicht überschätzt werden. Primär dient das System einer Erschließung und größeren Verständlichkeit des Stoffes.

Dies gilt bereits für ein primitives System, wie zB ein alphabetisches Schlagwortregister. Auch die Suchsysteme von Computern sind in diesem Sinne durchweg sehr primitiv, indem sie sich an Buchstaben oder Suchworten orientieren.

Die rechtswissenschaftliche Systematik, die sich etwa auch in der Gliederung eines Lehrbuchs spiegelt, dient natürlich zugleich auch einer Erschließung des Sinns der einzelnen Normen und der Sinnzusammenhänge eines ganzen Rechtsgebiets.

Im Zivilrecht ist es etwa wichtig, zwischen absoluten Rechten, die gegenüber jedermann gelten (**Beispiel:** Eigentum; vgl § 985 und § 1004 BGB), und relativen Rechten, die nur im Verhältnis zu einer bestimmten Person gelten (Beispiel: Schuldverhältnis), zu unterscheiden. Nehmen wir das Eigentum als das umfassende dingliche Recht an einer Sache, so können wir ihm die beschränktdinglichen Rechte (Hypothek, Grundschuld, Pfandrecht, Nießbrauch etc) gegenüberstellen. Diese systematischen Unterscheidungen sind auch bei der Rechtsanwendung im Einzelfall von Bedeutung (zur systematischen Auslegung unten Rn 180). Hinzu treten andere wichtige Einteilungen, im Sachenrecht die Einteilung nach Rechten an beweglichen Sachen und unbeweglichen Sachen (Grundstücken), im Schuldrecht die Einteilung in vertragliche und gesetzliche Schuldverhältnisse.

Weder dem Gesetzgeber noch der Rechtswissenschaft ist es freilich gelungen, die einzelnen Rechtsnormen so in ein logisch geordnetes und logisch miteinander verknüpftes geschlossenes System zu bringen, dass sich die Entscheidung des einzelnen Rechtsfalles einfach durch logische Ableitung (Deduktion) aus dem System vornehmen ließe (s. auch unten Rn 163 ff und Rn 194 ff). Die deduktive Leistung der rechtswissenschaftlichen Systeme ist also gering[38].

2. Juristische Ausbildung

Die Rechtswissenschaft, wie sie an den Universitäten gepflegt wird, bringt nicht nur Fachliteratur hervor, sondern auch Fachleute, nämlich ausgebildete Juristen. Die akademische Ausbildung ist eine Grundvoraussetzung für das Funktionieren des Rechtssystems.

54

Dies zeigte sich drastisch beim Transfer des westlichen Rechtssystems in das neue Bundesgebiet im Zusammenhang mit der Wiedervereinigung Deutschlands. Dieser Transfer konnte nur gelingen, weil in größerem Umfang Juristen aus dem westlichen Teil Deutschlands, die im Recht der Bundesrepublik Deutschland ausgebildet waren und hier berufliche Erfahrungen gesammelt hatten, vorübergehend im neuen Bundesgebiet tätig wurden.

Reale Basis des Rechtssystems sind also die amtierenden Richter und Staatsanwälte, die Rechtsanwälte und Notare, die Verwaltungsjuristen und Wirtschaftsjuristen. Ihr Ausbildungsstand, ihre Fähigkeit und Bereitschaft zur Berücksichtigung neuer Entwicklungen in der Fachliteratur und Rechtsprechung, ihr Berufsethos, andererseits aber auch ihre mögliche Ideologieanfälligkeit, sind entscheidend für die Stabilität und Tauglichkeit des Rechtssystems. Der universitären und anschließenden praktischen Ausbildung des juristischen Nachwuchses kommen daher besondere Bedeutung zu.

---

38 Dazu *Horn*, NJW 1967, 600 ff.

§ 3 Rechtsphilosophie und andere Grundlagenfächer

Literatur: S. die Nachweise oben bei Lern- und Literaturhinweise vor § 1; ferner zur allgemeinen Philosophie: *W. Stegmüller*, Hauptströmungen der Gegenwartsphilosophie, 1. Bd. 7. Aufl. 1989, 2. und 3. Bd., 8. Aufl. 1987, 4. Bd. 1. Aufl. 1989.

I. Rechtsphilosophie

1. Philosophie

55 Philosophie ist das Grundlagenfach zu allen Wissenschaften. Philosophie bezeichnet ein unbedingtes Streben des Menschen nach Erkenntnissen seiner selbst, der ihn umgebenden Welt, der Maßstäbe richtigen Handelns und der Wirklichkeit schlechthin. Philosophie setzt immer mit grundsätzlichen (radikalen) Fragen ein und versucht, die Antworten darauf in einem rational nachprüfbaren, methodisch-systematischen Verfahren zu gewinnen oder zumindest die Grundfragen weiterzuentwickeln.

Bei ihrer unablässigen und umfassenden Suche nach Erkenntnis stößt die Philosophie auf ihr Hauptproblem, dass es der menschlichen Erkenntnis an einem festen Ausgangspunkt fehlt. Der menschlichen Erkenntnis steht keine wissenschaftlich ein für alle Mal festgestellte geistige Grundlage zur Verfügung, von der aus sich alle Erkenntnisverfahren entwickeln und Erkenntnisse gewinnen ließen. Daher die Skepsis in der Philosophie, aber auch die Skepsis am Wert der Philosophie.

Wenn man einmal Erkenntnis als die Erklärung einer Sache aus ihren Gründen versteht, so bedeutet „radikales" Fragen die Suche nach den Gründen einer Sache oder eines Problems, die Suche nach seinen „Wurzeln"[39]. Bei dieser Suche stößt der Philosoph auf das Problem, dass der Prozess des Fragens nicht zu Ende kommt. Dies hat schon *Platon*, der Begründer der europäischen Philosophie, klar herausgearbeitet (unten § 13). Bei der Suche nach Gründen hat man nur drei Möglichkeiten, die aber alle nicht befriedigen: (a) Man sucht für den Erkenntnisgegenstand X nach den Gründen und findet Y; dann sucht man nach den Gründen für Y und findet Z, und sucht nach den Gründen für Z usw in einem unbegrenzten Zurückgehen auf immer fernere, frühere Ursachen, kommt aber nie zu einem Ende (infiniter Regress); (b) man greift auf Begründungen zurück, die auch begründungsbedürftig sind, und gelangt zu einem logischen Zirkel, indem man X aus Y, Y aus Z und Z aus X erklärt; (c) als dritte Möglichkeit bleibt es, die Erklärung aus Gründen willkürlich an einem bestimmten Punkt abzubrechen. Alle drei Versuche einer Letztbegründung scheitern am Ende oder münden in den Versuch, sich argumentativ wie *Münchhausen* am eigenen Schopf aus dem Sumpf zu ziehen. Der zeitgenössische Philosoph *Albert* hat diese Erkenntnisschwierigkeit daher das „Münchhausen-Trilemma" genannt[40].

Einen festen Erkenntnisgrund verspricht dagegen die Religion. Der philosophische Hauptertrag der christlichen Religion ist das Vertrauen in die Wirklichkeit und ihre (teilweise) Erkennbarkeit. Historisch gesehen, hat sich die europäische Philosophie (schon vor Christus) bis in die Neuzeit immer im Dunstkreis der Religion bewegt und von ihr profitiert, ohne sich von ihr völlig abhängig

---

39 Vom lateinischen Wort radix = Wurzel. Zum Erkennen aus Gründen bei Aristoteles unten Rn 250.
40 *H. Albert*, Traktat über kritische Vernunft, 5. Aufl. 1991, S. 13 ff. Dies schließt nicht aus, dass auch in den genannten Verfahren einschließlich des sog. Zirkelschlusses (b) Teilerkenntnisse und Annäherungen an die Wirklichkeit möglich sind.

zu machen. Das Problem der Philosophie ist es dabei, dass der Erkenntnismodus der Religion (zumindest teilweise) ein anderer ist als der der Philosophie (unten Rn 70 f u. 74).

Sollte man nicht unter diesen Bedingungen philosophisches Fragen lieber sein lassen? Der Grund dafür, dass die Philosophie trotz dieses Hauptproblems immer weiter lebt und arbeitet, liegt darin, dass das unablässige („radikale") Fragen eine menschliche Ureigenschaft ist und sich nicht ausschalten lässt. Die Philosophie muss alle Erkenntnis- und Lebensfragen aufgreifen, die von den Einzelwissenschaften nicht beantwortet werden können. Dabei gelangt die Philosophie zu weiterführenden Teilantworten und neuen Fragen.

Philosophie unterscheidet sich durch die umfassende Weite des Erkenntnisgegenstandes („Wirklichkeit") von den **Einzelwissenschaften**, die jeweils durch einen begrenzten Erkenntnisgegenstand und entsprechende Methoden festgelegt sind. Demgemäß tauchen immer wieder sehr grundsätzliche Fragen auf, und es ergibt sich der Zwang zur Entwicklung neuer oder zur Überprüfung bestehender philosophischer Methoden. Historisch sind die Einzelwissenschaften aus der Philosophie hervorgegangen. Die Philosophie beschäftigt sich auch heute noch mit Grundfragen der Einzelwissenschaften; eine allgemeine Wissenschaftstheorie gehört zu den Arbeitsaufgaben der Philosophie[41].

56

Die europäische Philosophie ist durch die griechische Philosophie begründet worden und steht mit ihr in einem ununterbrochenen Traditionszusammenhang. Dies ist noch (unten Kap. 3) darzustellen. Der griechische Philosoph *Platon* unterschied als Hauptgebiete der Philosophie die **Logik** (Lehre von den Denkgesetzen), die **Ethik** (Lehre vom richtigen Verhalten) und die **Ästhetik** (Lehre von der Wahrnehmung). Sein Schüler *Aristoteles* hat die Fächer der Philosophie weiter differenziert. Er unterscheidet die **Metaphysik** als Lehre von den hinter der Naturerkenntnis liegenden allgemeinen Gesetzen der Wirklichkeit, die Naturphilosphie, aus der historisch später die Naturwissenschaften hervorgegangen sind, die Rhetorik als Lehre von der Argumentation und die Staatsphilosophie. In der neuzeitlichen Philosophie (bis *Kant*) hatte sich die Fächereinteilung in Metaphysik oder Ontologie (Lehre vom Sein), Logik, Ethik, Ästhetik und Erkenntnistheorie (nebst Psychologie) eingebürgert. Die Ausgliederung der Einzelwissenschaften aus der Philosophie vollzog sich bei den Naturwissenschaften etwa im 17. und 18. Jahrhundert, bei geistes- und kulturwissenschaftlichen Fächern wie Kunstwissenschaft, Pädagogik, Psychologie, Soziologie und anderen im 18. und 19. Jahrhundert. Die Nähe der Geisteswissenschaften zur Philosophie kommt heute noch in der Organisation der „philosophischen" Fakultäten vieler Universitäten zum Ausdruck.

---

41 *W. Stegmüller*, Probleme und Resultate der Wissenschaftstheorie und analytischer Philosophie, 2. Aufl. 1983; *Th.S. Kuhn*, Die Struktur der wissenschaftlichen Revolutionen, 1973.

2. Staats- und Rechtsphilosophie

57 Staats- und Rechtsphilosophie waren klassische Fächer der allgemeinen Philosophie von ihren Anfängen in der griechischen Philosophie an. Erst im 19. Jahrhundert verloren sie diese Rolle, die sie zuletzt noch im philosophischen Lehrsystem von *Hegel* (unten Rn 346) hatten. Seitdem wird die Rechtsphilosophie überwiegend von Fachjuristen betrieben, die sich natürlich auch an den Fragestellungen und Arbeitsweisen der allgemeinen Philosophie orientieren.

Die Hauptfragestellung der Rechtsphilosophie ist die Frage nach der Gerechtigkeit. Es handelt sich um einen Ausschnitt der Fragen nach der Ethik oder Moral. Die Frage nach der Gerechtigkeit ist also die Frage nach einem ethisch (moralisch) richtigen Handeln in Bezug auf Rechtsfragen. Die Kernfrage der Rechtsphilosophie geht dahin, ob es vorgegebene, objektive Maßstäbe der Gerechtigkeit gibt, die der Gesetzgeber beachten muss, wenn er neue Gesetze schafft, und ebenso der Jurist, wenn er bestehende Gesetze anwendet. Diese Frage war und ist heftig umstritten. Verneint man sie, dann muss man zumindest anerkennen, dass die **Gerechtigkeitsfrage** damit nicht erledigt ist. Denn sie ist offenbar unausrottbar und taucht immer wieder auf. Sie muss von jeder Gesellschaft, von jeder Rechtsgemeinschaft und von jedem Menschen beantwortet werden. Die Lösung liegt dann darin, dass man zumindest in einer bestimmten Gesellschaft oder Rechtsgemeinschaft gemeinsame Anschauungen oder Vereinbarungen über **Maßstäbe der Gerechtigkeit** annehmen muss. Das führt dann wieder zu der weiteren Frage, ob diese Maßstäbe „nur" auf kulturellen Entwicklungen beruhen, dh auf Vereinbarungen (Konventionen) innerhalb der Gesellschaft, oder ob sie sich nicht doch (zugleich!) an objektiv vorgegebenen Werten oder Maßstäben ausrichten. Dies ist eine ständige Frage der Rechtsphilosophie, die im historischen Abriss der Rechtsphilosophie (Kap. 3 und 4) und nach dem heutigen Diskussionsstand (Kap. 5) darzustellen ist.

Ein weiterer Zentralbegriff der Rechtsphilosophie ist die Frage des **Staates**, seiner Existenz und Aufgaben, insbesondere als Quelle und Garant des Rechts. Auch der Staat ist ein klassisches Thema der allgemeinen Philosophie; in ihren Einzelheiten bildet die Staatsphilosophie freilich heute zusammen mit der Rechtsphilosophie gegenüber der allgemeinen Philosophie ein eigenes Fach.

58 Die praktische Rechtswissenschaft und Rechtsanwendung setzt ferner häufig bestimmte philosophische Positionen außerhalb der Rechtsphilosphie im engeren Sinne voraus, ohne über diese Positionen freilich näher nachzudenken. Vor allem geht es um Grundzüge eines philosophischen Bildes vom Menschen (**Anthropologie**). Dies gilt vor allem hinsichtlich der Grundannahme, dass der Mensch ein gewisses Maß an Fähigkeit besitzt, die Umwelt zu erkennen, und über ein gewisses Maß an **Willensfreiheit** verfügt, ferner dass er Verantwortung trägt und schuldig werden kann.

An die Willensfreiheit knüpft in vielen Fällen die rechtliche Verantwortlichkeit an, und zwar sowohl im Zivilrecht als auch im Strafrecht: nur der Geschäftsfähige wird durch ein von ihm geschlossenes Rechtsgeschäft verpflichtet (§ 105 BGB); nur der Schuldfähige kann strafrechtlich schuldhaft handeln (§§ 19–21 StGB). Die Frage der Willensfreiheit und Verantwortlichkeit ist eine zentrale Frage der allgemeinen Ethik und insofern wieder mit der Frage der Gerechtigkeit eng verknüpft. Leugner der menschlichen Willensfreiheit hat es zu allen Zeiten gegeben, wie ein Blick in die Philosophiegeschichte zeigt (zB Hobbes Rn 316, Freud Rn 369); die europäische Philosophie hat aber die Willensfreiheit ganz überwiegend bejaht (zB Platon Rn 231 f, Aristoteles Rn 259; Augustinus Rn 280; Thomas Rn 301; Kant Rn 330 ff; s. auch Rn 73, 379). Von manchen Naturwissenschaftlern werden auch heute immer wieder Zweifel an der menschlichen Willensfreiheit angemeldet, die freilich nicht stichhaltig sind (vgl Rn 78).

Philosophische Fragen sind grundsätzlich thematisch nicht eingrenzbar, und dies gilt auch im Hinblick auf den Staat und das Recht. Eine abschließende inhaltliche Festlegung der Rechts- und Staatsphilosophie ist daher nicht möglich (s. auch unten Kap. 5). 59

Im Strafrecht ist etwa die Strafe nicht nur Gegenstand der Strafrechtsdogmatik und der richterlichen Strafzumessungspraxis. Die Frage nach Sinn und Zweck der **Strafe** kann und muss auch grundsätzlich gestellt werden und ist dann eine rechtsphilosphische Frage. Geht es hier um Sühne, Besserung oder einfach Schutz der Gesellschaft oder etwa um alle drei Zwecke? (s. auch Rn 118 u. 119) – Das **Eigentum** ist ein Regelungsgegenstand des Sachenrechts des BGB und anderer Rechtsgebiete, zB des schuldrechtlichen Deliktsrechts (vgl § 823 I BGB) und des Verfassungsrechts (Art. 14 GG). Die Frage nach Sinn und Zweck des Eigentums ist aber auch eine grundsätzliche Frage und damit auch Gegenstand der Rechtsphilosophie. Denn mit dem Eigentum, insbesondere dem Recht, privates Eigentum zu erwerben, und seinem Schutz, hängt der Grad der Freiheit in einer Gesellschaft zusammen, zugleich aber auch die Möglichkeit, die eigene Existenz zu sichern. Eigentumsrecht ist aus beiden Gründen Menschenrecht[42]. Zugleich ist zum Schutz der Freiheit anderer und zum Schutz von Gemeinschaftsgütern eine rechtliche Begrenzung im Gebrauch des privaten Eigentums erforderlich.

II. Rechtstheorie

Literatur: *E. Hilgendorf*, Die Renaissance der Rechtstheorie zwischen 1965 und 1985, 2005; *K.F. Röhl*, Allgemeine Rechtslehre, 1995. S. auch Literaturhinweise vor § 1.

Die Rechtstheorie hat eine allgemeine theoretische Beschreibung des Rechts zum Gegenstand. Man fragt sich sofort, worin denn der Unterschied zur Rechtsphilosophie liegen soll, die eben das Gleiche tut. In der Tat ist ein solcher Unterschied grundsätzlicher Art kaum aufzufinden[43]. Die Rechtstheorie ist aus einem Bedürfnis entstanden, das Recht in allgemeiner Weise theoretisch zu erklären, ohne die Gerechtigkeitsfragen als die Grundfragen der Rechtsphilosophie zu behandeln, nachdem im 19. Jahrhundert die Auffassung die Oberhand gewann, man könne auf diesem Gebiet keine wissenschaftlichen Aussagen machen. Rechtstheorie ist also mehr oder weniger eine ihrer philosophischen Grundfragen beraubte Rechtsphilosophie, die sich darauf beschränkt, auf einer mittleren Ebene der Abstraktion allgemeine Aussagen über das Recht, seine Entstehungsbedingungen und Wirkungsweisen in Staat und Gesellschaft, die Methoden seiner Anwendung und die Struktur der juristischen Argumentation zu 60

---

42 Vgl dazu den Sammelband von *M. Helmons* (Hrsg.), Le droit de propriété en Europe occidentale et orientale. Mutation et limites d'un droit fondemental, Louvain-La-Neuve 1995.
43 So auch *A. Kaufmann* in *Kaufmann/Hassemer* (Hrsg), Einführung in die Rechtsphilosophie und Rechtstheorie der Gegenwart, 4. Aufl. S. 9–12.

machen. Insofern sind bereits alle die in diesem Abschnitt gemachten allgemeinen Aussagen über Recht und Rechtswissenschaft ebenso Teil der Rechtstheorie wie auch die im folgenden 2. Kapitel gemachten Aussagen über Theorie und Methode des Rechts.

Das Anliegen der Rechtstheorie kommt besonders deutlich zum Ausdruck in der unter dem Eindruck des so genannten Rechtspositivismus (unten Rn 359 f u. 375 f) entwickelten „allgemeinen Rechtslehre" ebenso wie in der sog. „Reinen Rechtslehre" von *Kelsen* (unten Rn 157 f). Alle zum Thema „Theorien des Rechts und der Rechtswissenschaft" in § 6 (unten Rn 138–162) gemachten allgemeinen Aussagen betreffen Beiträge zur Rechtstheorie.

III. Rechtssoziologie

Literatur: *F.A. Chiotellis/W. Fikentscher*, Rechtstatsachenforschung. Methodische Probleme und Beispiele aus dem Schuld- und Wirtschaftsrecht, 1985; *E. Ehrlich*, Grundlegung der Soziologie des Rechts, 1913, Neudruck 1929; *J.J. Hagen*, Soziologie und Jurisprudenz, Zur Dialektik von Gesellschaft und Recht, 1973; *W. Naucke/P. Trappe* (Hrsg.), Rechtssoziologie und Rechtspraxis, 1970; *A. Nussbaum*, Die Rechtstatsachenforschung – ihre Bedeutung für Wissenschaft und Unterricht, 1914, neu hrsg. *M. Rehbinder*, 1968; *T. Raiser*, Rechtssoziologie, 1987; *M. Rehbinder*, Rechtssoziologie, 4. Aufl. 2000; *M. Weber*, Rechtssoziologie, hrsg. v. *M. Maus* u. *F. Fürstenberg*, 2. Aufl. 1967; *R. Zippelius*, Gesellschaft und Recht. Grundbegriffe der Rechts- und Staatssoziologie, 1980.

61 Die Rechtssoziologie ist Teil der Soziologie, deren Erkenntnisgegenstand die menschliche Gesellschaft ist. Der weite Begriff der **Gesellschaft** in diesem Sinn ist der Inbegriff aller zwischenmenschlichen Beziehungen und der durch sie verbundenen Vielheit von Menschen. Die Soziologie erforscht die Entstehung von Gesellschaften und der zwischenmenschlichen Beziehungen, auf denen sie gründen, sowie die Strukturen, Gesetzlichkeiten und Prozesse von Gesellschaften. Auch hier handelt es sich im Grunde um eine (auch) philosophische Frage, und die Soziologie hat von der Philosophie ihren Ausgang genommen. Die Soziologie arbeitet in großem Umfang erfahrungswissenschaftlich (**empirisch**), dh sie sucht die Bedingungen und Funktionsweisen des menschlichen Zusammenlebens in Gesellschaften in Daten zu erfassen (zB in Umfragen oder Statistiken) und die Erfahrungstatsachen theoretisch, zB in Modellen der gesellschaftlichen Strukturen und Funktionsweisen, zu verarbeiten.

In dieser theoretischen Verarbeitung kommen freilich auch geisteswissenschaftliche Methoden zur Anwendung; zB werden die Ergebnisse der Geschichtswissenschaft für die Soziologie fruchtbar gemacht[44]. Grundfragen der Soziologie führen wieder in die Philosophie zurück, werden aber als Sozialphilosophie von der Soziologie ieS heute unterschieden.

Die Rechtssoziologie untersucht die Entstehungsbedingungen und Wirkungsweisen des Rechts innerhalb der menschlichen Gesellschaft bzw innerhalb einer bestimmten, konkreten Gesellschaft. Sie wendet dabei vor allem empirische Methoden an, erfasst also aus der Beobachtung gewonnene Erfahrungstatsachen über das Recht. Durch

---

44 Repräsentativ dafür vor allem das Werk des Philosophen und Soziologen *N. Elias*. Hauptwerk: Über den Prozess der Zivilisation, 18. Aufl., Bd. 1 1993, Bd. 2 1994.

diese auf empirische Methoden konzentrierten Arbeitsweise unterscheidet sie sich von der Rechtstheorie.

Es ist eine alte Einsicht der Jurisprudenz (Rechtswissenschaft und Rechtsanwendung) und der Rechtsphilosophie, dass der Gesetzgeber geeignete Gesetze nur schaffen und der Richter die Gesetze nur richtig anwenden kann, wenn die Regelungssachverhalte genau bekannt sind. Bei der **Gesetzgebung** geschieht dies heute zumindest teilweise durch rechtssoziologische Voruntersuchungen.

Beispiel: Bei der Gesetzgebung zum Verbraucherschutz (jetzt §§ 312–312f, §§ 489, 491–507 betr. Verbraucherkredite) musste zuvor das tatsächliche Verhalten der Verbraucher und ihre typischen Gefährdungen (zB durch zu hohe Kreditverschuldung) ermittelt werden.

Allerdings steht manche Gesetzgebung so unter Zeitdruck, dass die zu regelnden Sachverhalte nicht hinreichend untersucht werden können. Ein eindrucksvolles Beispiel bietet die unter höchstem Zeitdruck entstandene, äußerst umfangreiche Gesetzgebung im Hinblick auf die deutsche Wiedervereinigung. Hier waren dem Gesetzgeber bei weitem nicht alle Einzelheiten der Lebensverhältnisse, des wirtschaftlichen Zustandes der Unternehmen und der rechtlichen Regelungen sowie des tatsächlichen Zustands des Rechts in der DDR bekannt. Trotzdem musste gehandelt werden, auf der Grundlage oft schmaler oder hastig zusammengestellter Tatsachenermittlungen. Dies erklärt auch, dass diese Gesetzgebung – in einem Lernprozess – häufig nachgebessert, geändert und ergänzt werden musste[45].

Beim einzelnen Rechtsfall erfasst der Richter die Tatsachen im Rahmen der Beweiserhebung. Von *Eugen Ehrlich* wurde die Forderung erhoben, systematisch die für das Recht bedeutsamen Tatsachen (**Rechtstatsachen**) zu erforschen, um dem Gesetzgeber und Richter dadurch die Erfüllung ihrer Aufgaben besser zu ermöglichen[46]. Als allgemeines Verfahren ist dieses Vorhaben freilich kaum durchzuführen. Denn der Anwendungsbereich des Rechts ist potenziell fast unbeschränkt, und immer neue Gegenstände und Probleme treten ins Blickfeld des Gesetzgebers, des Richters, des beratenden Juristen. Allerdings gehört es heute ganz selbstverständlich zur Arbeitsweise eines jeden Rechtsfachs, besonders wichtige und konstante Sachverhalte erfahrungswissenschaftlich (empirisch) möglichst genau zu erfassen.

Das Strafrecht bedient sich dabei des Spezialfaches der Kriminologie. Im Arbeitsschutzrecht werden arbeitsmedizinische Erkenntnisse über mögliche Gesundheitsschädigungen, Ermüdung, die Notwendigkeit von Erholungspausen usw zu Grunde gelegt. Das Kartellrecht (Gesetz gegen Wettbewerbsbeschränkungen) kann nur auf Grund genauer Untersuchung der Einzelfälle von Wettbewerbsbeschränkung (durch die Kartellämter, insbes. das Bundeskartellamt), zugleich aber auch auf Grund einer allgemeinen Beobachtung der Wettbewerbsverhältnisse (durch die Wettbewerbskommission) richtig angewendet und fortgebildet werden. Die wissenschaftlichen Kriterien zur Erfassung und Bewertung dieser Tatsachen liefert die Wirtschaftswissenschaft (Wettbewerbstheorie).

Die Rechtssoziologie will jedoch zu allgemeinen empirischen Aussagen über die Bedingungen und Wirkungsweisen des Rechts gelangen. Sie kann dabei wertvolle

---
45 Dazu *Horn*, Das Zivil- und Wirtschaftsrecht im neuen Bundesgebiet, 2. Aufl. 1993, insbes. § 5.
46 Grundlegung der Soziologie des Rechts, 1913. Zum heutigen Stand: *A. Chiotellis/F. Fikentscher*, Rechtstatsachenforschung.

Aufschlüsse sowohl für die rechtsdogmatische wie für die rechtstheoretische und rechtsphilosophische Arbeit liefern. Sie kann aber die rechtsphilosophischen Fragestellungen nicht beantworten oder ersetzen. Denn sie arbeitet grundsätzlich nicht normativ, sondern stellt entsprechend ihrem empirischen Ansatz nur Tatsachen fest.

Tatsachenuntersuchungen rechtssoziologischer Art sind etwa statistische Erhebungen über die Häufigkeit der Inanspruchnahme der Gerichte und des gesamten Justizsystems sowie zB über die soziale Funktion des Zivilprozesses[47]. Weitere Beispiele sind Erhebungen über Höhe und Art der Verschuldung der privaten Haushalte im Hinblick auf die Regelungsprobleme des Verbraucherkreditrechts, über die Häufigkeit von Straftaten, über die Entwicklung der öffentlichen Meinung und die Einstellung der Bürger zum Recht oder zu bestimmten Fragen des Rechts (zB Verharmlosung des Ladendiebstahls; Einstellung zur Steuerehrlichkeit). Aus Meinungsforschungen (die freilich schwankende Ergebnisse haben) ergeben sich Verbindungen zu dem, was wir oben (Rn 10) als öffentliche Moral bezeichnet haben.

Wichtige soziologische Aspekte des Rechts werden beim Thema der Geltung und Wirkungsweisen des Rechts (unten Rn 101 ff) mitbehandelt.

IV. Rechtsgeschichte

Literatur: *H. Coing*, Epochen der Rechtsgeschichte in Deutschland, 4. Aufl. 1981; *H. Hattenhauer*, Die geistesgeschichtlichen Grundlagen des deutschen Rechts, 4. Aufl. 1996; *G. Köbler*, Rechtsgeschichte. Ein systematischer Grundriss, 5. Aufl. 1996; *H. Schlosser*, Grundzüge der Neueren Privatrechtsgeschichte, 8. Aufl. 1996; *U. Wesel*, Geschichte des Rechts, 1997; *F. Wieacker*, Privatrechtsgeschichte der Neuzeit, 2. Aufl. 1967.

63 Unser Recht ist das Ergebnis einer langen historischen Entwicklung, und ähnliches gilt für die mit dem Rechtsleben zusammenhängenden staatlichen Einrichtungen, also die Parlamente als Gesetzgeber, die Regierungen und staatlichen Behörden, und die Gerichte als Organe der Rechtspflege einschließlich der Vollstreckungsorgane, die mit der Durchsetzung gerichtlicher Urteile befasst sind. Die Kenntnis dieser historischen Entwicklung ist ein Schlüssel zum Verständnis des heutigen Rechts. Rechtshistorische Vorlesungen sind daher fester Bestandteil des Rechtsstudiums.

Die Rechtsgeschichte hat das Recht früherer Epochen zum Gegenstand und die historischen Verbindungslinien, die (teilweise) zum heutigen Recht bestehen. Sie arbeitet dabei mit den allgemeinen geisteswissenschaftlichen Methoden. Im Vordergrund steht das Verständnis schriftlicher Äußerungen aus früherer Zeit, die über das Recht Auskunft geben. Wo es an solchen historischen Dokumenten fehlt, sind die Erkenntnismöglichkeiten äußerst eingeschränkt.

Früheste Erkenntnisquellen für unseren Bereich sind die schriftlichen Aufzeichnungen der germanischen Stammesrechte (Volksrechte) zwischen 475 und 800, zB des Volksrechts für die salischen Franken (*Lex Salica*, ca. 507–512), ferner die einzelnen Rechtsbestimmungen der Könige aus dieser Zeit (Capitularien) und Urkunden über einzelne Rechtsakte, meist aus der Kanzlei des Königs. Bedeutendste Rechtsquelle des Hochmittelalters wurden die privaten Aufzeichnungen des geltenden ungeschriebenen Gewohnheitsrechts („Rechtsbücher"), so die Aufzeichnung des

---

47 Dazu *T. Raiser*, § 14.

sächsischen Rechts im Sachsenspiegel (oben Rn 28), sowie die Quellen des antiken römischen Rechts (*Corpus Iuris Civilis*; s. auch Rn 140), die man im Mittelalter wieder entdeckte und an den Universitäten studierte (s. auch unten Rn 293).

Die Erkenntnisziele der Rechtsgeschichte sind wie bei allen Geisteswissenschaften nicht ein für alle Mal festgelegt. Zu ihnen gehört jedenfalls, den Inhalt und Regelungszweck des alten Rechts zu verstehen und die allgemeinen Gerechtigkeitsvorstellungen, die dahinter stehen. Ferner geht es um das Verständnis der politischen, wirtschaftlichen und sozialen Verhältnisse, unter denen das Recht sich bildete und auf die es wiederum einwirkte.

Eindrucksvolle **Beispiele** liefert die Geschichte der Industrialisierung Mittel- und Westeuropas im 19. Jahrhundert und die damit einhergehende Ausbildung des modernen Kapitalgesellschafts- und Wettbewerbsrechts einerseits, des Sozialversicherungsrechts und Arbeitsrechts andererseits[48].

Die Rechtsgeschichte kann sich nicht auf die nationale Rechtsentwicklung beschränken, sondern muss die kulturellen Zusammenhänge der europäischen Geschichte berücksichtigen. Zu den wichtigsten gemeineuropäischen Entwicklungen gehört die Verbreitung des an den Universitäten gelehrten römischen Rechts in allen Ländern Mittel- und Westeuropas seit dem Mittelalter (Rezeption)[49]. Das Studium des römischen Privatrechts ist daher eine Grundlage zum Verständnis der Gemeinsamkeiten der europäischen Privatrechte. Der starke Einfluss des römischen Rechts in Deutschland hat im 19. Jahrhundert zur Ausbildung zweier Wissenschaftsrichtungen geführt, von denen sich eine mehr mit den römischrechtlichen Wurzeln unseres Rechts befasste (Romanisten), die andere mit den übrigen historischen Grundlagen des deutschen Rechts (Germanisten).

Daraus ist die Einteilung der Rechtsgeschichte in deutsche und römische Rechtsgeschichte entstanden, die den Studenten nicht so leicht einleuchtet und die in den besonderen Fächern „Neuere Privatrechtsgeschichte" und „Verfassungsgeschichte der Neuzeit" ohne größere Bedeutung ist.

Zwischen Rechtsgeschichte und Rechtsphilosophie bestehen zahlreiche Berührungspunkte und Verbindungslinien, auch wenn die Sichtweisen und Arbeitsmethoden im Einzelnen unterschiedlich sind. Beide Fächer wollen ein vertieftes Verständnis des Rechts erreichen. Der Rechtshistoriker schaut aber zuerst auf konkrete Rechtsregeln und Rechtsinstitute früherer Zeiten; der Rechtsphilosoph sucht die allgemeinen Gerechtigkeitsprinzipien zu erkennen. Der Rechtshistoriker zeigt den Wandel im Recht, der Rechtsphilosoph sucht das Bleibende. Beide Sichtweisen ergänzen sich aber in vieler Hinsicht. Denn die Rechtsgeschichte zeigt im unendlichen Wandel auch die immer wiederkehrenden Rechtsgedanken und typischen Regelungen. Eine gewisse Konstanz der Regelungsbedürfnisse und der Regelungslösungen wird sichtbar und damit auch eine gewisse Konstanz übergreifender Gerechtigkeitsgrundsätze. Der Rechtsphi-

---

48 Vgl zB *N. Horn/J. Kocka* (Hrsg.), Recht und Entstehung der Großunternehmen im 19. und frühen 20. Jahrhundert, 1979. Allg. zur Wechselwirkung von Recht und Gesellschaft unten Rn 109 ff, 120 ff.
49 Vgl *N. Horn*, Die legistische Literatur der Kommentatorenzeit und die Ausbreitung des gelehrten Rechts, in: *H. Coing*, Handbuch der Quellen und Literatur der neueren europäischen Privatrechtsgeschichte, Bd. I 1973, S. 261–364.

losoph muss umgekehrt anerkennen, dass allgemeine Grundsätze sich nur in konkreten Einzelregelungen auswirken und in der Entscheidung konkreter Fälle bewähren; er muss das Individuelle und auch das Wandelbare im Recht erkennen, wenn er ein realistisches Bild erhalten will.

Die Frage nach dem Bleibenden im Wandel ist vor allem in der Diskussion um das „Naturrecht" und um „unverfügbare Rechtsgrundsätze" anzutreffen; (Rn 262, 268, 297 f, 320, 377 ff). – In der folgenden Darstellung sind zahlreiche Bezugnahmen auf die Rechtsgeschichte enthalten, insbesondere in § 6 sowie in § 12 und § 13.

§ 4 Religion, Wissenschaft und Recht

Literatur: *P. Gordan* (Hrsg.), Evangelium und Inkulturation (1492–1992), 1993; *F. Hilterhaus/ M. Zöller* (Hrsg.), Kirche als Heilsgemeinschaft – Staat als Rechtsgemeinschaft: Welche Bindungen akzeptiert das moderne Bewusstsein? (Veröff. d. H.M. Schleyer-Stiftung Bd. 38), 1993; *F.X. Kaufmann*, Religion und Modernität, 1989; *L. Lombardi Vallauri/G. Dilcher* (Hrsg.), Cristianesimo, Secolarizzazione e diritto moderno, 1981; *D. Pollack*, Kirche in der Organisationsgesellschaft, 1994.

I. Bedeutung der Fragestellung

1. Gesellschaftliche Bedeutung

65 Unsere Verfassung, das Grundgesetz, beginnt in der Präambel mit den Worten:

„Im Bewusstsein seiner Verantwortung vor Gott und den Menschen hat das Deutsche Volk ... sich ... dieses Grundgesetz gegeben". Auch in Verfassungen anderer europäischer Staaten findet sich eine ausdrückliche Bezugnahme auf Gott, so in der Bundesverfassung der Schweiz. Anders die Verfassung Frankreichs, wo die politische Tradition des „Laizismus", dh der strikten Trennung von Kirche und Staat, dies verhindert hat, obwohl eine Bezugnahme auf Gott die geforderte Trennung von Kirche und Staat nicht beeinträchtigen würde.

Im Europäischen Verfassungskonvent 2001–2003 war die Forderung, in der Verfassungspräambel Gott zu nennen, heiß umstritten. Vor allem wegen französischen Widerstands kam es dann zu einem lauen Formelkompromiss, dass die EU aus den „kulturellen, religiösen und humanistischen Überlieferungen Europas" schöpfe.[50] Auch bei der Schaffung der Verfassungen der neuen Bundesländer im Zusammenhang mit der deutschen Wiedervereinigung 1990 hat die Frage, ob die Landesverfassungen eine Bezugnahme auf Gott enthalten sollen, kurzfristig eine öffentliche Debatte ausgelöst. Viele Menschen in Deutschland und in der ganzen westlichen Welt haben heute eine distanzierte oder unklare, nicht weiter reflektierte Haltung zur Religion, und dies galt insbesondere im neuen Bundesgebiet nach fast 60 Jahren staatlicher atheistischer Propaganda. Die Befürworter einer Bezugnahme auf Gott in den Verfassungen haben ihr Anlie-

---

50 Zur Rolle des Christentums und der Kirchen in Europa *P.-Chr. Müller-Graff/H. Schneider (Hrsg)*, Kirchen und Religionsgemeinschaften in der Europäischen Union, 2003.

gen zusammengefasst damit begründet, dass auch im demokratischen Rechtsstaat, in dem die politische Ordnung auf dem vernünftigen Konsens der Bürger beruht, die Berufung auf eine Instanz sinnvoll und vernünftig sei, die außerhalb der menschlichen Verfügbarkeit liege; dies sei ein Hinweis darauf, dass den Menschen Pflichten und Werte vorgegeben seien. Das sei auch für diejenigen Bürger sinnvoll oder zumindest annehmbar, die eine religiöse Bindung für sich selbst ablehnen oder sich darüber im Unklaren sind.

Die Frage nach vorgegebenen Pflichten und Werten kann man unter einem **rechtssoziologischen** Gesichtspunkt stellen, indem man fragt, welche grundlegenden Vorstellungen in einer Gesellschaft über das Zusammenleben, die ethischen Grundsätze des Zusammenlebens und deren Schutz durch das Recht und über die staatliche Organisation bestehen und aus welchen grundlegenden Auffassungen und Denktraditionen diese Vorstellungen fließen.[51] Jeder Staat und jede Gesellschaft braucht einen solchen grundlegenden **Wertkonsens**. Mit der Normierung in der Verfassung oder in sonstigen Gesetzen ist es nicht getan. Der Gesetzeswortlaut mit den Begriffen wie Menschenwürde, Meinungsfreiheit, Eigentum, Religionsfreiheit usw bliebe tot, wenn er nicht eine Resonanz im Denken und Fühlen der Mitglieder der Rechtsgemeinschaft fände. Diesen notwendigen Wertkonsens hat historisch die Religion gestiftet. Der moderne Staat hat sich aus verständlichen Gründen aus religiösen Bindungen gelöst und sich „säkularisiert". Dabei enthält er sich nicht nur im Interesse der religiösen Toleranz jeder Stellungnahme zu religiösen Glaubensinhalten, sondern entfernt sich allmählich auch vom Gedanken der Vermittlung religiös geprägter Wertvorstellungen (die noch der Idee der „christlichen Gemeinschaftsschule" zu Grunde liegt[52]). Damit lässt er aber die Frage, wie der erforderliche Wertkonsens zu Stande kommen soll und kann, offen. „Der freiheitliche säkularisierte Staat lebt von Voraussetzungen, die er selbst nicht garantieren kann."[53] Man muss also allgemein nach den Quellen dieses Wertkonsenses fragen. Dann stößt man zunächst auf sozialtheoretische Begriffe wie „Mentalität" einer Gesellschaft, ihre „Basistheorie" oder ihre „Ideologie", wobei der letztere Ausdruck meist im abwertenden Sinn gebraucht wird.

Wertkonsens bildet sich nur in kulturellen Traditionen aus, nicht durch das Verkünden kurzatmiger modischer Weltansichten. In der ganzen uns bekannten Geschichte der Menscheit wurde der Wertkonsens der Völker, Staaten und Gesellschaften maßgeblich durch religiöse Vorstellungen geprägt und abgestützt. In West- und Mitteleuropa ist spätestens seit dem 18. Jahrhundert in Verbindung mit der Aufklärung eine langsame Emanzipation der Vorstellungen über die richtige Einrichtung der menschlichen Gesellschaft und ihre Organisation in Staaten sowie über das gute Zusammenleben der Menschen von der Religion festzustellen.

Diese Emanzipation von der Religion war lange auf die Bewusstseinslage (Mentalität) der Völker („Gesellschaften") nur von begrenztem Einfluss. Denn der größte Teil der Bevölkerung blieb bis in die ersten Jahrzehnte des 20. Jahrhunderts religiös (christlich) gebunden und die „Emanzipation" vom Christentum beschränkte sich auf eine kleine, freilich einflussreiche Oberschicht von „Freigeistern" in der Wissenschaft und in den Spitzen der Gesellschaft. Diese Situation hat sich

---

51 Zum Problem zB *Wiethölter*, Pluralismus und soziale Identität, in: *Lombardi/Dilcher*, S. 1333 ff.
52 Dazu BVerfG E 41, 29; 41, 65; 41, 88.
53 *Ernst-Wolfgang Böckenförde*, Recht, Staat, Freiheit, 1991, S. 112.

bis zum Beginn des 21. Jahrhunderts deutlich verändert. Die Abschwächung religiöser Bindungen ist in den westlichen Gesellschaften und nicht nur hier (Japan) zu einem Massenphänomen geworden. Gerade der Aspekt der Aufklärung des 18. Jahrhunderts, der auf eine Distanz von der Religion oder zumindest von den Religionsgemeinschaften (Kirchen) hinausläuft, ist populär geworden. Freilich wurde die von vielen Aufklärungsdenkern des 18. und 19. Jahrhunderts genährte Illusion, dass Christentum und christliche Kirche rasch verschwinden würden, keineswegs Wirklichkeit.

Im 20. Jahrhundert traten in weiten Teilen Europas religionsfeindliche, atheistische politische Utopien als Basistheorie zeitweilig an die Stelle der Religion, so vor allem die dramatisch zur Herrschaft gelangten und anschließend zusammengebrochenen Ideologien des Sozialismus sowjetischer Prägung und des Nationalsozialismus. Ob mit ihrem Scheitern das Ende der Utopien angebrochen ist, wie manche hoffen[54], ist ungewiss.

66 Die gegenwärtige Rolle der Religion in den westlichen Gesellschaften ist unübersichtlich, aber keineswegs unbedeutend. Die christliche Religion, die die gesamte westliche Kultur geprägt hat, ist noch immer vorherrschend. Ihr Einfluß auf das öffentliche Leben und die Zahl ihrer Anhänger haben sich im Laufe des letzten Jahrhunderts allerdings vermindert. Zugleich läßt sich andererseits aber auch ein stärkeres Engagement der verbleibenden Christen verzeichnen; wer heute Christ ist, hat sich das überlegt[55]. Immerhin stehen heute viele Menschen in Europa dem Christentum eher fern und kennen es nur noch vage; manche wenden sich außereuropäischen Religionseinflüssen oder Religionssurrogaten (zB der Esoterik) zu. Dem entspricht eine Verunsicherung vieler Menschen und im öffentlichen Bewußtsein eine zunehmende Unfähigkeit in Deutschland und Europa, die eigene kulturelle und politische Identität zu definieren und zu behaupten. In dieser Situation hat der Islam in Europa Einfluß gewonnen, als Ergebnis starker Migrationsprozesse, wobei die Problematik der Integration der neuen Bevölkerungsteile, die eine ganz andere kulturelle Tradition mitbringen, lange Zeit keine Beachtung fand. Vielmehr schwärmten viele von einer **multikulturellen Gesellschaft**, ohne die Gefahren eines Zerfalls des gesellschaftlichen Zusammenhalts zu bedenken, obwohl es dafür in vielen Teilen der Welt seit langem Anschauungsbeispiele gibt. Eine multikulturelle Gesellschaft im eigentlichen Sinn existiert derzeit in Deutschland und im übrigen Mittel- und Westeuropa noch nicht allgemein, sondern nur in regional begrenzten Brennpunkten. Wohl aber hat sich der sog. **Wertpluralismus**, dh das Nebeneinanderbestehen verschiedener Weltanschauungen und Wertvorstellungen, verstärkt. Auch unter solchen Bedingungen besteht bei allen Völkern, Staaten und Gesellschaften das dringende Bedürfnis nach verbindenden, allgemein anerkannten und einheitsstiftenden Grundvorstellungen fort, auf denen das Recht und das ganze Gemeinschaftsleben gründet. Je größer die Pluralität, umso größer ist der Bedarf an **Toleranz** der verschiedenen Auffassungen, umso größer aber auch der Bedarf an **Grundkonsens** über gemeinsam anerkannte **Werte**, deren Verletzung nicht mehr toleriert werden kann.

---

54 So *J. Fest*, Der zerstörte Traum. Das Ende des utopischen Zeitalters, 1993.
55 In Deutschland gehören in den westlichen Bundesländern rund 75% der Bevölkerung einer christlichen Kirche an, in den östlichen 28%. Der Anteil der Bevölkerung, der sich selbst als religiös einstuft, liegt im ganzen Bundesgebiet seit 1995 (–2005) stabil bei ca. 50%. Der Anteil derer, für die Religion eine große Bedeutung hat, hat sich seit 1995 von 35% auf 42% erhöht; *R. Köcher*, Die neue Anziehungskraft der Religion, FAZ v. 12.4.2006, S. 5.

In Ländern, die – anders als Mittel- und Westeuropa – tatsächlich multikulturell sind, zeigt sich dies deutlich. Als **Beispiel** sei Indonesien genannt, ein Land aus 14 000 Inseln mit 300 Sprachen und mehreren Religionen (Hinduismus, Islam, christliche Minderheit). Die indonesische Verfassung beschwört fünf gemeinsame Grundwerte (Pancasila), darunter den gemeinsamen Glauben an Gott und das Gebot der Toleranz. Die Probleme in der politischen Wirklichkeit sind damit freilich nicht gelöst. Das Konfliktpotenzial echter Multikulturalität lässt sich auch im Gebiet des ehemaligen Jugoslawien studieren.

In Deutschland und seinen Nachbarländern mit einer noch christlich geprägten Gesamtkultur tritt die Spannung von Toleranz und Mindestkonsens im viel kleinerem Maßstab auf, zB bei der Frage der Zulässigkeit christlicher Bekundungen in der Schule (dazu unten Rn 87).

Die Frage, welche Rolle die **christliche Religion** künftig bei der Ausbildung und Bewahrung einheitsstiftender, gemeinsamer Wertvorstellungen in unserer Gesellschaft und Rechtsordnung hat, ist umstritten. Verbreitet ist die Vorstellung, dass das so genannte „**wissenschaftliche Weltbild**" einen modernen **Religionsersatz** liefere. Damit verbindet sich die Illusion, die modernen Wissenschaften hätten ein Weltbild entwickelt, das die Religion ersetze und ihre Fragen miterledige. Eine solche wissenschaftlich begründete Gesamttheorie der Wirklichkeit, die zugleich als gesellschaftliche Basistheorie dienen könnte, existiert aber nicht. Denn die Entwicklung einer solchen Gesamttheorie geht über die Zielsetzung einer jeden Einzelwissenschaft hinaus. Auch fehlt dem wissenschaftlichen Denken die geistige Kraft zu einer solchen Gesamttheorie. Denn wissenschaftliche Aussagen oder Lehren sind methodisch und inhaltlich streng begrenzt. Sie wenden sich ferner nur an den Verstand und erreichen nur eine begrenzte Anzahl intellektuell interessierter Menschen, insbesondere die Fachleute der betreffenden Wissenschaft. Die einer Kultur zugrunde liegende, einheitsstiftende Grundvorstellung muss aber die Menschen in der Gesamtheit ihrer seelischen Kräfte ansprechen und sich an alle Menschen wenden. Dies hat bisher die Religion geleistet, genauer: die religiös angeleitete und geprägte kulturelle Tradition. Die Religion erscheint als Grundlage der Kultur, welche die Menschen in einer Gesellschaft und in einem Staat verbindet, und als unentbehrlich für die Stabilität von Gesellschaften und Staaten. 67

In der Tat gibt es bisher keine Gesellschaft ohne Religion. Freilich gibt es in jeder Gesellschaft seit jeher Menschen, die persönlich ohne Religion leben oder auszukommen glauben. Seit jeher ist aber auch in jeder Gesellschaft das Bedürfnis nach Religion feststellbar. Die Bedeutung dieses Bedürfnisses zeigt sich heute auch darin, dass parallel zum Rückgang des Einflusses der christlichen Religion religiöse Importe aus anderen Kulturen Interesse finden. Daneben breiten sich pseudoreligiöse Organisationen (Jugendsekten, kriminelle Organisationen) aus, die sich das Vakuum zu Nutze machen.

Erfolgreiche Konkurrenten der Religion als Grundvorstellung sind in der Moderne bestimmte Ideologien wie Sowjetsozialismus und Nationalsozialismus geworden. Der Erstere schmückte sich mit dem zusätzlichen Anspruch, auch die Wissenschaft (dh die wissenschaftliche Erkenntnis vom Gang der Geschichte iS des Marxismus; dazu unten Rn 348 ff) auf seiner Seite zu haben.

Es erscheint derzeit eher wahrscheinlich, dass die Religion, dh im westlichen Kulturkreis die christliche Religion, trotz des deutlichen Rückgangs ihrer Anhängerschaft und öffentlichen Resonanz weiterhin eine Rolle als bedeutende Quelle für den Bestand an gesellschaftlichen Grundanschauungen behalten wird.

2. Philosophische Bedeutung

68 Der Hinweis auf vorgegebene Pflichten und Werte, der in der oben (Rn 65) erwähnten Bezugnahme in den Verfassungen auf Gott liegt, bezeichnet zugleich eine Grundfrage auch der Rechtsphilosophie. Sie hat die Rechtsphilosophie in den fast zweieinhalbtausend Jahren ihrer europäischen Geschichte von Anfang an (also auch schon vor der Entstehung des Christentums) stets beschäftigt. Schon diese Parallelität der Fragestellung macht es sinnvoll, die Religion daraufhin zu untersuchen, was sie zu der genannten Frage beitragen kann und ob dieser Beitrag sich mit dem der Philosophie verbinden lässt oder nicht.

Die Beziehung zwischen Religion und Philosophie reicht aber noch weiter. Die Philosophie war seit ihren Anfängen bis weit in die Neuzeit hinein von religiösen Vorstellungen begleitet und hatte – in gewisser Distanz zur Religion – seit ihren Anfängen mit einem (philosophischen) Gottesbegriff gearbeitet (unten Rn 235, 254, 267, 290, 297). Der Grund dafür scheint in der Eigenart des menschlichen Denkens und Erkennens zu liegen. Jedes philosophische Erkenntnisstreben stößt unweigerlich auf das Problem, dass ihm ein fester Grund und Ausgangspunkt fehlt. Hier bietet die Religion (bzw zumindest ein philosophischer Gottesbegriff) einen Halt. Denn mit der Annahme der Existenz Gottes ist ein Vertrauen in die Wirklichkeit (als Schöpfung) und in ihre (teilweise) Erkennbarkeit verbunden. Dies ist der große Dienst, den die Religion (oder allgemeiner: die Gottesvorstellung) der Philosophie geleistet hat und wohl auch heute noch leisten kann (oben Rn 55).

Andererseits stellt eine solche Anlehnung der Philosophie an die Religion in gewisser Weise die Selbstständigkeit der Philosophie in Frage. Diese Selbstständigkeit war ein Dauerthema der europäischen Philosophiegeschichte. Die Philosophie der Neuzeit hat das Problem durch eine strikte Trennung der Philosophie von der Religion zu lösen versucht. Diese Trennung finden wir bei christlichen Philosophen *(Kant)* und bei nichtchristlichen *(Hobbes; Marx)*[56]. Bei dieser Trennung tun sich allerdings erhebliche Erklärungsdefizite auf, nicht zuletzt in den Grundfragen nach der sittlichen Natur des Menschen und den Begründungen für ethische Normen. *Kant* behilft sich hier dadurch, dass er Gott als Denkvoraussetzung (Vernunftbegriff) versteht, dessen Existenz man nicht beweisen könne, aber gedanklich voraussetzen („postulieren") müsse. Bis heute liegt in vielen philosophischen Fragen auch ein Schielen über den Zaun zur Religion hin.

II. Begriff der Religion

1. Funktionale Definition; Grundfragen der Existenz

69 Bei einer Betrachtung des Begriffs der Religion geht man zweckmäßigerweise vom Christentum als der für den westlichen Kulturkreis maßgeblichen Religion aus, freilich ohne einen Seitenblick auf andere Religionen zu versäumen. Die Orientierung am Christentum hilft die schwierige Frage zu vermeiden, ob sich ein einheitlicher Begriff

---

56 Vgl unten §§ 15–17. Bei *Marx* ist die Ablehnung der Religion unverhüllt. Bei *Hobbes* müssen wir mit Skepsis und innerer Distanz zur Religion rechnen, auch wenn seine Sprache die christlichen Konventionen seiner Zeit einhält.

der Religion in den verschiedenen Kulturkreisen sinnvoll verwenden lässt. Der Sache nach hat der Begriff der Religion mindestens zwei Hauptaspekte: Er verweist auf einen bestimmten Glaubensinhalt, dh eine Vorstellungswelt des Glaubens und daraus abgeleitete sittliche Gebote. Der zweite Hauptaspekt besteht darin, dass Religion stets in einer Glaubensgemeinschaft (christlich: Kirche) gepflegt oder tradiert wird, wobei diese Gemeinschaft eine Einheitlichkeit und Stabilität der Glaubensinhalte gewährleistet und ihre Wirkung in die Gesellschaft hinein vermittelt.

Aufschlussreich wäre eine Geschichte des Begriffs „*religio*", die hier aber nicht geleistet werden kann. Folgende Hinweise mögen genügen. In der lateinischen Sprache, auch der Sprache des römischen Rechts, findet sich *religio* als schon vorchristlicher Begriff, frei übersetzbar als „Achthaben auf den Willen der Gottheit"; ob eine Beziehung zur Wortbedeutung von „binden" besteht, ist bestenfalls ungewiss. Der Sache nach wurde in der christlichen Tradition bis zur Neuzeit der Begriff Glaube (*fides*) und Kirche (*ecclesia*) verwendet; der Begriff der Religion war von geringerer Bedeutung. Er gewann diese erst im Zusammenhang mit der neuzeitlichen Glaubensspaltung in verschiedene christliche Konfessionen und erscheint hier teils als Bezeichnung für Konfession, letztlich und vor allem in der Zeit der Aufklärung als Oberbegriff für mehrere Konfessionen.

Eine inhaltliche **Definition der Religion** im modernen Begriffssinn ist entsprechend der Schwierigkeit des Gegenstandes nicht einfach; sie wird zweckmäßigerweise von den Aufgaben (Funktionen) der Religion her vorgenommen. Aufgabe der Religion ist es (nach deren eigenem Anspruch), dem Menschen **Antworten auf Existenzfragen** zu geben, für die er anderswo eine Antwort nicht oder nicht in zufrieden stellender Weise erhalten kann. Diese Fragen entzünden sich an Erfahrungen des Menschen mit dem, was nicht in seiner Macht steht, worüber er nicht verfügen kann.

Existenzfragen stellen sich einerseits in Augenblicken besonderen Glücks oder in der Bewunderung der Natur. Das griechische Wort Kosmos bedeutet „Schmuck" oder „kunstvolle Ordnung", und *Kant* spricht von der tiefen Bewunderung des gestirnten Himmels als einem elementaren Erlebnis. Existenzfragen stellen sich andererseits auch bei Krisen und Erschütterungen und bei der Erfahrung schweren Verlustes. Denn das menschliche Denken orientiert sich an Werten und Glücksgütern (menschliche Beziehungen, Eigentum, Gesundheit), und das Erlebnis von Werten verbindet sich immer mit dem Streben nach Beständigkeit (*Nietzsche*: „Alle Lust will Ewigkeit"). Der Mensch erfährt aber den Verlust solcher Güter und damit Leid. Alle Religionen befassen sich daher auch mit der Deutung und der Überwindung des Leides.

Stichwortartig lassen sich die **Existenzfragen** bündig wie folgt zusammenfassen: Der Mensch weiß nicht, **woher** er kommt, **wohin** er geht, **wo** er sich befindet und **wozu** er lebt. Die Frage des Woher zielt auf die Herkunft des Menschen, der zwar seine Herkunft von den Eltern und einigen näheren Vorfahren kennen mag, aber dessen Abstammung sich im Dunkel der Geschichte und Vorgeschichte, der Abstammungstheorien des Menschen und der Entstehung der Natur und des Kosmos verliert. Die Frage des Wo zielt auf die Orientierung in der ihn umgebenden raumzeitlichen Welt (*Kosmos*), in deren Geheimnisse er zwar eindringen, die er aber nicht vollständig erklären kann. Die Frage des Wohin zielt auf die Ungewissheit der Zukunft und die Gewissheit des Todes. Die Frage des Wozu ist die Sinnfrage im engeren Sinn, die sich sowohl in Momenten höchsten Glücks als auch in Krisen und tiefem Leid und schließlich bei Erfahrungen der Vergeblichkeit eigenen Bemühens und der Einsicht in die Endlichkeit des eigenen Lebens einstellt.

Der Streit um die „Sinnfrage" angesichts des unausweichlichen Todes beglcitct die ganze Geschichte der Philosophie. Im 20. Jahrhundert hat die Ansicht einigen Zulauf gefunden, die Annahme eines Weiterlebens nach dem Tod sei nicht nur unwissenschaftlich, sondern auch unphilosophisch[57], und die Sinnfrage sei damit erledigt. Die Antworten der Philosophie des 20. Jahrhunderts sind zwiespältig. Während wir positive Antworten auf die Sinnfrage noch zB bei *M. Scheler* und *N. Hartmann* finden (unten Rn 370–373) und bei zahlreichen Philosophen bis auf den heutigen Tag, finden wir eine negative Antwort zB in der von J.P. Sartre vertretenen Variante der Existenzialphilosophie; *Sartre* bezeichnet das menschliche Leben als widersinnig (absurd) und unnütz[58]. Wer alles menschliche Tun für absurd hält, muss sich fragen lassen, ob eben diese Aussage nicht dann gleichfalls absurd ist. Jedenfalls muss er angeben, welche Maßstäbe er für die Sinnhaftigkeit seiner eigenen Aussage zu Grunde legt. Nennt er diese Maßstäbe, muss er sich der Frage stellen, ob nach diesen Maßstäben Sinnhaftigkeit nicht auch für andere Aussagen gelten kann. Andere beurteilen die Sinnfrage im Hinblick auf die Todesgewissheit als überflüssig, weil nicht beantwortbar[59]. Die Sinnfrage ist aber weder in der Philosophie noch allgemein im menschlichen Denken eliminierbar; sie ist unausweichlich[60].

Die Religion verspricht Antworten oder zumindest Teilantworten auf die Sinnfrage und auf die oben genannten vier Existenzfragen. In der Tat finden sich in allen Religionen Welterklärungen (Kosmologien), die Aussagen über die Entstehung der Welt und des Menschen versuchen. Die Sinnfrage wird zumindest insoweit gestellt, als in den meisten Religionen die Beschäftigung mit der Bedeutung des Leidens auftaucht.

2. Die Art der Antwort

71 Die Religion teilt mit der Philosophie die existenziellen Grundfragen des Menschen. In der Tat sind die Geschichte der Philosophie und die Geschichte der religiösen Vorstellungen eng miteinander verknüpft. Die Art der Antwort der Religion ist jedoch eine andere als die der Philosophie. Sowohl der Philosoph wie der religiöse Mensch erkennen die Begrenztheit menschlicher Erkenntnis und Einsichtsfähigkeit. Zumindest nach moderner Auffassung will der Philosoph sich nur auf die eigene Vernunft und die anderer Menschen verlassen. Der religiös orientierte Mensch dagegen anerkennt eine dem Menschen übergeordnete Macht, die die Möglichkeiten des Menschen übersteigt und an der er sich orientieren muss. Vorherrschend ist die Vorstellung des persönlichen Gottes, der als Schöpfergott die Welt und den Menschen geschaffen hat und zugleich jenseitiges Ziel seines Lebens (seine Zukunft) ist. Auf diese übergeordnete Macht lässt sich der Mensch ein; er akzeptiert sie. Auch im christlichen Glauben steckt nicht nur „etwas für wahr halten", sondern auch „jemanden bejahen". Der Glaube enthält neben der **Erkenntnis** immer ein **Willensmoment**.

Die Vorstellung vom Schöpfergott kennzeichnet die jüdische Religion, das Christentum und den (vom Judentum und Christentum angeregten) Islam, ferner viele Naturreligioncn[61], auch

---

57 *Theunissen*, Negative Theologie der Zeit, 1991, S. 212.
58 L'tre et le néant, 1943; dt. Ausg. Das Sein und das Nichts, 1962, S. 688, 770.
59 *Marquardt*, Abschied vom Prinzipiellen, 1982, S. 14–20.
60 *Zimmermann*, Die Ungeborgenheit des Menschen und die Philosophie, 1998.
61 Die Ethnologie stellt ausnahmslos in allen Urgesellschaften die Vorstellung vom Schöpfergott fest; vgl K.E. *Müller*, Prähistorisches Geschichtsbewusstsein. Versuch einer ethnologischen Strukturbestimmung, ZiF-Mitteilungen 3/95, S. 3 ff m. Nachw.

den Hinduismus (trotz dessen bunter mythologischer Götterwelt). In den fernöstlichen Kulturen, insbesondere im Konfuzianismus, ist diese Vorstellung weniger deutlich, im Buddhismus (scheinbar) durch eine Vorstellung des Zur-Ruhe-Kommens („Nichts") ersetzt.

Unter dem Einfluss christlicher Glaubensvorstellungen lassen sich die oben (a) genannten Existenzfragen des Menschen auch anders formulieren, ohne dass dies in irgendeiner Weise die Berechtigung der bisher genannten Grundfragen antastet: (1) Was kann ich wissen? (2) Was darf ich hoffen? (3) Was soll ich tun? Dies sind Fragen an die Philosophie und an die Religion. An die Religion stellt sie nur der, der sich bereits auf die Religion eingelassen hat.

(1) Die Antwort der christlichen Religion auf die Frage, was kann ich wissen, ist der Glaube. (2) Die Antwort auf die Frage, was darf ich hoffen, ist die jenseitige Verheißung. (3) Die Frage, was soll ich tun, wird durch das christliche Liebesgebot beantwortet. Aus diesen hier sehr abstrakt formulierten Antworten entfalten sich zahllose Teilantworten, welche die weltanschauliche, moralische und kulturelle Vorstellungswelt und Lebensweise Europas geprägt haben und die in vielfacher Verwandlung auch in der Moderne weiterwirken.

3. Religiöse Ethik

Das Christentum (ebenso wie andere Religionen) begnügt sich nicht damit, eine bestimmte Erkenntnis, nämlich eine Welt- und Lebenserklärung und eine Antwort auf die Sinnfrage, zu verkünden. Vielmehr wendet es sich an das Gewissen des Einzelnen und ruft zum Handeln iS der christlichen Gebote auf, wie sie vor allem im Gebot der Gottes- und Nächstenliebe und in den Zehn Geboten enthalten sind. Damit ist die **Ethik**, die Lehre vom richtigen Handeln, angesprochen. Die Ethik ist Gegenstand auch der Philosophie (praktische Philosophie) und Grundlage der Rechtsphilosophie. Die Ethik des christlichen Glaubens hat die europäische Philosophie und allgemein die in der europäischen Kultur herrschenden ethischen Maßstäbe entscheidend geprägt.

Die christliche Ethik ist im Gebot der Gottesliebe und der Nächstenliebe zusammengefasst (Mt 22, 37–40; Lk 10.25). Das Gebot der Nächstenliebe ist in der Bergpredigt auf das Gebot der Feindesliebe erweitert (Mt 5.44; Lk 6.27). Die Nächstenliebe wird durch die sog. **goldene Regel** konkretisiert: „Alles nun, was ihr wollt, dass euch die Leute tun, das sollt ihr ihnen tun" (Mt 7.12; Lk 6.13).

Der christlichen Ethik liegt ein bestimmtes **Menschenbild** zu Grunde, das die Vorstellungen und Lehren vom Menschen (**Anthropologie**) in Europa historisch bestimmt hat. Danach ist dem Menschen die sittliche (ethische) Entscheidung zwischen **Gut und Böse** aufgegeben. Der Mensch hat die Fähigkeit (Freiheit) und die Aufgabe, sich im Kampf zwischen Gut und Böse für das Gute zu entscheiden. Zugleich betont das Christentum die moralische Schwäche des Menschen in diesem Kampf (Sündhaftigkeit) und empfiehlt *Christus* als den Weg, diese Schwäche zu überwinden.

Das christliche Menschenbild wurde in der neuzeitlichen Philosophie immer stärker angegriffen (und verteidigt), und diese Diskussion dauert fort (s. auch Rn 75). Man kann pauschal zwei Vorwürfe feststellen, die einander direkt widersprechen und gleichwohl meist unverdrossen nebeneinander verwendet werden. (1) Der eine Vorwurf lautet, das Christentum habe vom Menschen ein zu idealistisches Bild, indem es ihn zum Guten auffordere und dabei hohe Ideale (Nächstenliebe usw) aufstelle. Bei realistischer Betrachtung müsse man den Menschen viel niedriger einschätzen. Denn seine Handlungen seien von seinem primitiven Vorteil (*Hobbes*), von seinem Klasseninteresse (*Marx*) oder von seinen Trieben (*Schopenhauer, Freud*) bestimmt[62]. Diese Einwände finden sich in vielfältiger Abwandlung auch in modernen Meinungsströmungen. (2) Der andere Vorwurf lautet, das Christentum zeichne vom Menschen ein viel zu niedriges und pessimistisches Bild, indem es ihn auf die Gefahr sittlicher Schuld (Sünde) hinweise und ihn vor der Bedrohung durch das Böse warne. Neben wütenden Angriffen von Nietzsche gegen die christliche „Sklavenmoral" (Rn 77) gibt es bis heute eine breite, ua von der Verhaltensbiologie und Verhaltenspsychologie (Behaviorismus) mitgetragene Strömung, welche die Kategorie des „so genannten" Bösen schlichtweg leugnet[63].

Es liegt auf der Hand, dass es sich beidesmal nicht nur um religiöse Fragen handelt, sondern zugleich um **philosophische Fragen**, deren Behandlung auch in die verzweigte heutige psychologische und naturwissenschaftliche Diskussion einmündet[64]. Bei ruhiger Betrachtung wird klar, dass das christliche Menschenbild beide Vorwürfe letztlich vermeidet, indem es sowohl die Möglichkeit (Freiheit) des Menschen zum Guten wie seine Neigung zum Bösen betont. Dieses Bild erscheint als realistisch.

4. Erkenntnis und Vermittlung religiöser Inhalte

74 Religiöse Inhalte werden dem Einzelnen ebenso wie anderes Wissen von Person zu Person vermittelt, also durch Erziehung und Tradition; wo beide diese Aufgabe nicht mehr übernehmen, findet eine Vermittlung regelmäßig nicht statt[65]. Eine geistige Aneignung dieser tradierten Inhalte vollzieht sich auf drei typischen Erkenntniswegen, die freilich ineinander greifen können: (1) die persönliche innere Erfahrung; (2) die philosophische Betrachtung und (3) die „Offenbarung", dh ein bestimmtes historisches Ereignis der Erkenntnisvermittlung (die dann wiederum tradiert wird). Offenbarungsreligionen sind die jüdische Religion, das Christentum und der Islam; diese beiden Weltreligionen haben vom Judentum wichtige Anstöße übernommen. Träger der Offenbarung waren in der jüdischen Religion die Propheten. Im Christentum ist Träger der Offenbarung *Jesus*, der sich als Gottes Sohn bezeugt (und ausdrücklich an die jüdische Tradition anknüpft). Inhalt der Offenbarung ist eine Glaubens- und Sittenlehre, die in ihrem Kern in einem Buch zusammengefasst ist (Bibel).

Die Offenbarung setzt nach ihrem eigenen Anspruch voraus, dass Gott ohne die Offenbarung nur undeutlich und unvollkommen erkannt werden kann, dass er verborgen ist (Deus absconditus). Vom Standpunkt der Offenbarungsreligion kann die natürliche, auch die philosophische Gotteserkenntnis also nur sehr begrenzte Antworten geben. Sie verhält sich (in diesem Punkt) zur Religion wie die Frage zur Antwort. Im Einzelnen wird die Offenbarung wiederum von Person zu Person vermittelt, also durch Erziehung und Tradition.

---

62 Zu *Hobbes* unten § 15 (Rn 316); zu *Marx* unten § 17 (Rn 348, 355); zu *Schopenhauer* und *Freud* § 18 (Rn 369).
63 Vgl einerseits aus verhaltensbiologischer Sicht *K. Lorenz*, Das so genannte Böse, 1963; andererseits aber *L. Kohlberg*, Die Psychologie der Moralentwicklung (hrsg. v. *W. Althof*), 1995.
64 Zum Phänomen des Bösen aus moderner philosophischer Sicht vor allem die Arbeiten von *P. Ricoeur*, insbes. Philosophie de la volonté, Bd. 1 u. 2 1963.
65 Zur sozialen Tradierung des Christentums als Bezugsproblem *F.X. Kaufmann*, in: *Gordan* aaO, S. 101, 103 ff. S. auch *R. Köcher*, Religiös in einer säkularisierten Welt, in: *E. Noelle-Neumann/R. Köcher*, Die verletzte Nation, 2. Aufl. 1988, S. 164 ff, 172 ff.

5. Einwände gegen die Religion?

(1) Einwände gegen die Religion lassen sich nicht daraus herleiten, dass man für die oben (Rn 70) genannten existenziellen Grundfragen des Menschen bessere Antworten außerhalb der Religion finden könnte; mE sind solche Antworten nicht ersichtlich. (2) Eher könnte man daran denken, die Berechtigung solcher Fragen überhaupt zu leugnen. Aber die Erlebnisse und das Nachdenken der Menschen, aus denen die Existenzfragen erwachsen, lassen sich schwerlich unterdrücken, wegdiskutieren oder verbieten. (3) Ernster zu nehmen ist ein dritter Einwand, den man als (philosophische oder unphilosophische) **Skepsis** bezeichnen kann. Danach erkennt man die Fragen an, bezweifelt aber ihre Beantwortbarkeit. Es ist eine philosophische und eine allgemein menschliche Erfahrung, dass man auf viele grundsätzliche Fragen mit dem menschlichen Erkenntnisvermögen nur höchst unvollkommene oder überhaupt keine Antworten findet. Man gibt dann zwar zu, dass die genannten Existenzfragen bestehen, und leugnet auch vielleicht nicht den Zusammenhang der Religion mit ihnen. Aber man meint dann, darin liege zugleich der ausschließliche Entstehungsgrund der Religion: der Mensch habe sozusagen in seiner Not die Antworten der Religion selbst erfunden[66]. Die Beschreibung der Entstehung religiöser Inhalte als notgedrungene Antworten auf Existenzfragen wird natürlich auch von der Theorie der natürlichen Gotteserkenntnis geteilt. Der Unterschied liegt nur darin, dass in dieser Sichtweise der Mensch die religiösen Inhalte nicht „erfindet", sondern findet, dh dass ihnen eine Realität entspricht.

Die neuzeitliche und moderne Skepsis gegenüber der (christlichen) Religion hat gegen das Christentum vor allem zwei (weitere) Argumentationslinien verwendet. (4) Einmal finden wir den Einwand, das religiöse Weltbild sei mit dem Weltbild der modernen Naturwissenschaften unvereinbar und durch das Letztere abgelöst. Die Wissenschaft wird hier zum scheinbaren Religionsersatz. Dieser Einwand ist heute so verbreitet, dass er noch gesondert zu besprechen ist. (iF Rn 78 ff). (5) Die andere Argumentationslinie greift auf die Religionsgeschichte und ihre dunklen Seiten zurück (zB Hexenwahn, Inquisition) und versucht sozusagen den Nachweis der geringen sittlichen Leistungen der Religion. Diese Sichtweise ist einseitig und verkennt die Möglichkeiten der Religion, viele (gewiss nicht alle!) Menschen zu besonderen sittlichen Leistungen zu motivieren.

Nur so sind auch die großen und schlechthin grundlegenden Leistungen der Religion auf allen Gebieten unserer Kultur in der gesamten europäischen Geschichte bis heute zu erklären. Die Leistungen zB der Klöster, deren Gründung meist mit der Urbarmachung von Wildnis einsetzte („Kultur" im Ursinn) und zu großen Leistungen der Architektur und bildenden Kunst führte sowie zum Dienst in der Erziehung und Bildung und in der Fürsorge für Kranke, Alte und sozial Schwache, setzte einen ungewöhnlichen Einsatz an körperlichen und seelischen Energien vieler Menschen voraus, der nur durch die religiöse Motivation begreiflich wird.

(6) Schließlich ist aber noch ein praktisch bedeutsamer Einwand gegen die Religion zu erwähnen, nämlich ihre frontale und **totale Ablehnung** ohne Rückgriff auf wissen-

---

66 In diesem Sinn etwa *Feuerbach*; dazu unten Rn 347.

schaftliche Argumente. Da die Religion die tiefen Schichten des Seelenlebens anspricht, kann auch die Ablehnung in solche tiefen Schichten reichen. Repräsentativ dafür ist *Friedrich Nietzsche* (1844–1900). Ihm geht es nicht um die zu seiner Zeit bereits modernen naturwissenschaftlichen Einwände gegen die Religion, über die er sich sogar lustig macht. Vielmehr führt er einen frontalen und höchst emotionalen Angriff gegen das Christentum. Dieses habe den Gottesbegriff als Inbegriff gegen das Leben erfunden. Das Leben aber sei Wille zur Macht, sei Triumph der Starken über die Schwachen. Das Christentum habe mit seinen moralischen Werten wie Nächstenliebe, Mitleid, Demut, Selbstlosigkeit, Opfergeist eine „Sklavenmoral" geschaffen zu Gunsten der Schwachen, die im Leben zu kurz gekommen sind, mit dem einzigen Zweck, die Starken und Lebenstüchtigen zu bändigen. Dem stellt *Nietzsche* die radikale Ablehnung aller bisherigen Moral entgegen; er verkündet eine **Umwertung aller Werte**. Seine Argumentation ist eine psychologische und (methodenkritisch gesehen) eine intuitive und rein rhetorische. Seine – im Ganzen unklare und widersprüchliche – philosophische Position ist die Verneinung aller bisherigen Positionen der Philosophie und Religion (**Nihilismus**).

So widersprüchlich das Werk *Nietzsches* im Einzelnen ist und so sehr es auch schon früh durch Vorstufen seiner späteren Geisteskrankheit geprägt sein mag[67], so sehr war *Nietzsche* doch zugleich der feinfühlige Seismograph seiner Zeit. Sein sprachgewaltiges Werk war ein großer Publikumserfolg, weil es dem intellektuellen Klima der Zeit entsprach. Dieses Klima war dadurch gekennzeichnet, dass sich der Einfluss des Christentums auf die relativ kleine, aber einflussreiche Gruppe der Gebildeten unter dem Eindruck der Fortschritte von Wissenschaft, Technik und Wirtschaft deutlich abschwächte. *Nietzsche* erkannte oder spürte, dass diese Abnahme des öffentlichen Einflusses des Christentums, die dann im 20. Jahrhundert Breitenwirkung gewann, nicht so viel mit naturwissenschaftlichen Fragen zu tun hat, dass es hier vielmehr um die **moralische Bestimmung** des Menschen geht und dass die Schwächung des Christentums eine Desorientierung in der Moral nach sich ziehen musste, die durch keine philosophische Anstrengung wettzumachen wäre. In diesem Sinn verkündet *Nietzsche* pathetisch „die Heraufkunft des Nihilismus" und sagt:

„Es wird sich ein Mal an meinen Namen die Erinnerung an etwas ungeheueres anknüpfen, – an eine Krisis, wie es keine auf Erden gab, an die tiefste Gewissens-Collision, an eine Entscheidung heraufbeschworen gegen Alles, was bis dahin geglaubt, gefordert, geheiligt worden war. Umwertung aller Werte … Ich erst habe die Wahrheit entdeckt."[68]

Es war nicht fern liegend, dass sich auch der **Nationalsozialismus** auf *Nietzsche* berief, auf das Lebensprinzip des Willens zur Macht. Obwohl sich bei *Nietzsche* auch wütende Angriffe gegen den Nationalcharakter der Deutschen finden, wurde er mit seiner Heroisierung des „Übermenschen", der an keine Moral gebunden sei, als wesensverwandt erkannt. Tatsächlich lassen sich mit *Nietzsche*-Zitaten auch Euthanasie,

---

67 Dazu etwa *S. Haddenbruck*, Über Werk, Wahn und Wirkung Friedrich Nietzsches, 1989, m.w. Nachw. Der Verfasser ist Psychiater und um eine wohl wollende Würdigung *Nietzsches* bemüht.
68 *Ecce homo*, 1888, Abschnitt „Warum ich ein Schicksal bin"; *F. Nietzsche*, Der Fall Wagner ua, Krit. Studienausgabe hrsg. *Colli/Montinari*, 2. Aufl. 1988, S. 365 f.

Rassenwahn und Konzentrationslager begründen⁶⁹. Das vieldeutige Werk lässt sich freilich nicht geschlossen für eine bestimmte politische Ideologie vereinnahmen und wurde unterschiedlich interpretiert⁷⁰. Vieldeutigkeit und Widersprüchlichkeit sind Teil des nihilistischen Konzepts von *Nietzsche* und letztlich aus seiner zerrissenen Persönlichkeit zu erklären⁷¹. Scharfe und aggressive Kritik bei völliger Abwesenheit eigener, verantworteter Beurteilungsmaßstäbe sind ein Kennzeichen seines Denkens. Eine solche Haltung ist natürlich zu allen Zeiten und auch heute vielfach anzutreffen⁷².

(7) Kein Einwand gegen die (christliche) Religion, aber in unserer Betrachtung beachtenswert ist die Tatsache, dass sich die Stellung der Religion im öffentlichen Bewusstsein vermindert hat. Viele Menschen haben keine genaueren Kenntnisse mehr von der (christlichen) Religion und stehen ihr gleichgültig gegenüber. Sie interessieren sich weder für die Religion noch für die Einwände gegen sie. Liegt darin nicht ein Beweis, dass die Religion letztlich überflüssig ist, zumindest für den Einzelnen, der sie nicht kennt noch kennen will, vielleicht aber auch für ein Gemeinwesen? Das Gegenteil ist der Fall. Es ist noch nicht erwiesen, dass ein Gemeinwesen längere Zeit ohne einen gemeinsamen Grundbestand an religiös fundierten ethischen Vorstellungen und Werten auskommen kann (Rn 67). Man muss auch bezweifeln, dass für den Einzelnen Religionsferne oder religiöse Gleichgültigkeit zur endgültigen Erledigung des Problems führt. Viel spricht dafür, dass religiöse Bedürfnisse zur menschlichen Natur gehören und deren mangelnde Befriedigung häufig dazu führt, dass Ersatz gesucht wird (Esoterik, fremde Religionen oder pseudoreligiöse Organisationen; Rn 67).

III. Religion und Wissenschaft

1. Wissenschaftliches und religiöses Weltbild

Das von den modernen Naturwissenschaften entworfene und ständig fortentwickelte Bild der raumzeitlichen materiellen Welt wird nach einer verbreiteten Meinung als die allein maßgebliche und allein mögliche Welterklärung betrachtet. Das traditionelle christliche Weltbild sei dadurch widerlegt und könne keinen Bestand haben, sondern

78

---

69 „Die Schwachen und Missrathnen sollen zu Grunde gehn: erster Satz unsrer Menschenliebe. Und man soll ihnen noch dazu helfen. Was ist schädlicher als irgend ein Laster? Das Mitleiden der That mit allen Missrathnen und Schwachen – das Christentum."; *F. Nietzsche*, Der Antichrist. Fluch auf das Christentum, Krit. Studienausgabe aaO, S. 170.
70 Zur Inanspruchnahme für die Existenzialphilosophie vgl *K. Jaspers*, Nietzsche. Einführung in das Verständnis seines Philosophierens, 1936, 3. Aufl. 1950.
71 *K. Jaspers* schreibt im Vorwort seines zit. Buches, er habe ursprünglich ein Kapitel geplant, in dem durch Sammlung von Zitaten das Irren *Nietzsches* belegt wurde, und fügt hinzu: „Das ergab ein vernichtendes Bild. Aus Achtung vor *Nietzsche* habe ich es weggelassen".
72 Vgl (zum 100. Todestag von N.) *Sloterdijk*, „Über die Verbesserung der guten Nachricht: Nietzsches „Fünftes Evangelium", Frankfurter Allgemeine v. 28.8.2000, S. 52 f. S. unternimmt darin den unvermeidlich verworrenen Versuch, *Nietzsches* Nihilismus auf sprachtheoretischer Basis als schlüssige Position zu rekonstruieren. Damit verbunden ist die Fortsetzung von Nietzsches Attacken auf das christliche Evangelium bei S. und die radikale Ablehnung des christlichen Humanismus der europäischen Kultur.

allenfalls Gegenstand privater Gefühle sein. Eine Begründung für diese These ist nicht vorhanden[73] und wird auch verbreitet nicht einmal für notwendig gehalten. Denn es handelt sich um eine Frage des geistigen Klimas und nicht um eine wissenschaftliche These.

Freilich gibt es auch heute immer wieder Versuche einer vermeintlichen wissenschaftlichen Widerlegung der Religion oder einzelner religiöser Kernaussagen durch Naturwissenschaftler verschiedener Fachrichtungen. Sie gehen meist von der Position des Materialismus aus, dh der These, die Welt oder Wirklichkeit bestehe nur aus Materie (vgl Rn 314). Diese These ist freilich weder beweisbar noch entspricht sie der Erfahrung. Von dieser Sichtweise aus werden dann aus zutreffenden naturwissenschaftlichen Erkenntnissen unzulässige Schlüsse im Hinblick auf die geistige Welt (die angeblich ganz auf materielle Vorgänge zurückgeführt und aus ihnen erklärt werden könne) gezogen und scheinbare Widerlegungen der (christlichen) Religion konstruiert. Dazu drei repräsentative Beispiele.

(1) Bis in die Mitte des 20. Jahrhunderts war in der Wissenschaft (Astrophysik) die Vorstellung vorherrschend, das Weltall (Universum, Kosmos) sei „ewig", dh ohne zeitlichen Anfang und zeitliches Ende. Dies wurde verbreitet als Stütze einer materialistischen Weltauffassung und vor allem als Widerlegung des religiösen Glaubens an eine Schöpfung der Welt durch Gott angesehen, obwohl die Theorie vom „ewigen" Kosmos darüber letztlich nichts aussagen konnte. Dann setzte sich Mitte des 20. Jahrhunderts die Erkenntnis durch, daß die räumlich-zeitliche Welt einen berechenbaren Anfang hat, aus einem Punkt entstanden ist und sich seitdem ausdehnt („Urknall")[74]. Dies stimmt mit dem christlichen Glauben an die göttliche Schöpfung überein. Es kann offen bleiben, ob man die Urknalltheorie als einen „Beweis" für diesen Glauben ansehen kann; der Glaube ist auf solche Beweise nicht angewiesen und nicht davon abhängig[75]. Aber immerhin liegt darin ein starker Hinweis auf die Vereinbarkeit des Schöpfungsglaubens mit dem naturwissenschaftlichen Bild des Kosmos. – Manche haben nun unverdrossen versucht, den Schöpfungsglauben auf der Basis der neuen Urknalltheorie zu widerlegen. Denn danach ist ja die Zeit selbst erst mit der Materie entstanden und folglich könne man nicht fragen, was vorher war (etwa ein Schöpfungsakt). Den hier angesprochenen Zusammenhang von Raum und Zeit erkannte schon Augustinus vor 1600 Jahren. Aber Augustinus fragt gleichwohl nach dem Schöpfer (Rn 276 f). Das ist überzeugend, denn der menschliche Geist lässt sich die Frage nach dem Woher und Warum nicht verbieten. Aus religiöser Sicht ist der rätselhafte Urknall die eindrucksvolle innerweltliche (naturwissenschaftliche) Sicht auf den Schöpfungsakt. Die notwendige Ergänzung dazu ist die religiöse Sicht.

(2) Ein weiteres Beispiel bietet die moderne Hirnforschung, die sich seit Jahrzehnten bemüht, das rätselhafte Verhältnis von Geistestätigkeit und Gehirntätigkeit besser zu verstehen. Prominente Hirnforscher vermuten, die Erklärung der Geistestätigkeit lasse sich auf die von ihnen erforschten hochkomplexen physiologischen Abläufe im Gehirn reduzieren, dh vollständig daraus erklären[76]. Sie unterliegen damit einem professionellen Missverständnis: weil ihre eigenen Arbeitsmethoden streng naturwissenschaftlich (und insofern auf die materielle Welt ausgerichtet) sind, meinen sie, alles sei auf diese Weise zu erklären. Die Ergebnisse der Hirnforschung (zB das Fehlen eines materiellen Koordinationszentrums im Hirn) deuten eher auf das Gegen-

---

73 Zur Vereinbarkeit von wissenschaftlichem und religiösem Weltbild zB *Beckers/Hägele/Hahn/Ortner* (Hrsg.), Pluralismus und Ethos der Wissenschaft, 1999, und die Nachweise iF.
74 S. *Singh*, Big Bang. Der Ursprung des Kosmos und die Erfindung der modernen Naturwissenschaft, 2005 (Original: Big Bang. The Most Important Scientific Discovery of all Time, New York 2004).
75 Darauf hat auch einer der ersten Theoretiker der Urknalltheorie, der belgische Naturwissenschaftler und Theologe *Lemaître* hingewiesen; *Singh*, S. 372.
76 *W. Singer*, Keiner kann anders, als er ist. Verschaltungen legen uns fest. Wir sollten aufhören, von Freiheit zu reden, FAZ 8.1.2004, S. 33.

teil und sprechen für eine gewisse Autonomie der auf die Hirntätigkeit gestützten Geistestätigkeit. Diese Autonomie der Geistestätigkeit entspricht der Selbsterfahrung. Diese Erfahrung ist mit philosophischen und medizinischen Erkenntnissen voll vereinbar[77].

(3) Ein weiteres, noch immer diskutiertes Beispiel für Versuche, die Naturwissenschaften gegen die Religion auszuspielen, bietet die **Evolutionsbiologie** (dazu iF Rn 78a und 80).

Die Erfahrungstatsache, dass sich naturwissenschaftliches Weltbild und religiöses Weltbild in der Person vieler Menschen durchaus vertragen und dass darunter auch führende Naturwissenschaftler zu finden sind[78], spricht eher gegen einen Alleingeltungsanspruch der Naturwissenschaften in dieser Frage. Die Auffassung von *Galileo Galilei* (1564–1642) scheint plausibler, dass Religion und Naturwissenschaften nur verschiedene Aspekte der einen Wirklichkeit betreffen und dass zwischen beiden Bereichen zwar Streitfragen auftreten können, aber kein grundsätzlicher Widerspruch[79]. Im gleichen Sinn äußert sich der Naturwissenschaftler und Philosoph *A.N. Whitehead*[80]. Religion und Wissenschaft repräsentieren also nur verschiedene Sichtweisen der einen Wirklichkeit, die sich aber nicht widersprechen, sondern ergänzen. Der Unterschied der Sichtweisen ergibt sich aus den unterschiedlichen Fragestellungen und dadurch definierten Erkenntnisgegenständen der einzelnen Wissenschaften einerseits, der Religion andererseits. Die einzelnen Wissenschaften befassen sich mit einzelnen, möglichst scharf abgegrenzten Gegenständen. Die Religion befasst sich mit den bereits (oben Rn 70) genannten weit reichenden und hochkomplexen Existenzfragen, die ganz anderer Art sind.

78a

Die Begrenzung des Gegenstandes und die Zurückhaltung bei den Aussagen über ihn sind geradezu ein methodisches Grundprinzip der Naturwissenschaften. Dies führt dazu, dass sie es sogar vermeiden, über ihre eigenen Grundbegriffe verbindliche Aussagen zu machen. Die Biologie vermeidet es, ihren Grundbegriff „Leben" zu definieren, ähnlich wie die Psychologie ihren Grundbegriff „Seele" nicht festlegen mag. Bei den Naturwissenschaften hängt dies mit dem Arbeitsprinzip der strikten Beschränkung auf naturwissenschaftliche Forschungsmethoden zusammen und der Tatsache, dass sich mit diesen Methoden nicht alle Effekte zB des biologischen „Lebens" erklären lassen.

Gleichwohl gibt es im Zusammenhang mit der naturwissenschaftlichen Forschung heute wie früher Versuche, Einzelerkenntnisse zu umfassenden Welterklärungen auszuweiten. Dies gilt heute vor allem für eine allgemeine Theorie der Entwicklung des Weltalls, der Erde, des biologischen und menschlichen Lebens (Evolution). Weit über *Darwin* (zu diesem Rn 80) hinaus sucht man hier Einzelerkenntnisse der verschiedenen Naturwissenschaften (Astrophysik, Atomphysik bzw Quantentheorie, Molekularbiologie, biologische Evolutionslehre, Kulturanth-

---

77 Dazu aus medizinischer, philosophischer und religiöser Sicht *John C. Eccles*, Wie das Selbst sein Gehirn steuert, 1996. Der Autor ist Nobelpreisträger für Medizin 1963 aufgrund seiner neurologischen Arbeiten.
78 *A.N. Whitehead*, Religion in the Making, 1926; *C.F. von Weizsäcker*, Die Einheit der Natur, 1971; *M. Jammer*, Einstein und die Religion, 1995.
79 *A.C. Crombie*, Von Augustinus bis Galilei: Die Emanzipation der Naturwissenschaft, München 1977, insbes. S. 432–435.
80 *Whitehead* (1861–1947) schreibt 1926 in seinem Buch ‚Religion in the Making': „Die Dogmen der Religion sind Ansätze, die in der religiösen Erfahrung der Menschheit enthüllten Wahrheiten präzise zu formulieren. Auf genau dieselbe Weise sind die Dogmen der Physik Versuche, die in der Sinneswahrnehmung der Menschheit freigelegten Wahrheiten präzise zu formulieren". Deutsche Übersetzung von *H.G. Holl*, Wie entsteht Religion?, 1990.

ropologie usw) in einem umfassenden und unscharfen Evolutionsbegriff aufgehen zu lassen. Obwohl jede Entwicklungslehre auch religiöse Fragen nach dem Ursprung der Entwicklung zulassen muss, wird umgekehrt hier häufig mit einem Alleinerklärungsanspruch operiert. Dies ist für die Jurisprudenz und alle Geisteswissenschaften auch deshalb von Interesse, weil man hier meist im Sinne des traditionellen Materialismus denkt und das geistige Leben als eigene Sphäre der Wirklichkeit überhaupt – ganz abgesehen von der Religion – leugnet oder vernachlässigt. Dagegen bestehen alle Einwände, die sich aus der Eigenständigkeit der Geisteswissenschaften ergeben[81].

2. Konstruktives und kritisches Verhältnis

79 Ursprünglich hat das Christentum in seinem kulturellen Umfeld der christianisierten Spätantike die volle Übereinstimmung von Religion und philosophischem Bild der Natur angenommen. Grundlage war die Vorstellung der beseelten Natur, die aus der Philosophie des *Aristoteles* und der Stoa stammte[82]. Dies schien gut vereinbar mit der christlichen Lehre, dass die Natur eine Schöpfung Gottes ist. Das Gewicht der Religion, insbesondere der Bibeltexte, für die Erklärung der Natur wurde dabei überschätzt.

In der mittelalterlichen scholastischen Wissenschaft war es nicht nur in der Theologie, sondern auch in anderen Wissenschaften (zB in der Medizin) üblich, sich für Naturerklärungen auf die Autorität des *Aristoteles*, eines anderen Philosophen oder auch die Fachautorität angesehener medizinischer Schriftsteller der Antike (*Hippokrates*, 460–375 v. Chr.; *Galenus*, 129–199) zu berufen. Die Überprüfung der dort gefundenen und gelehrten Sätze durch naturwissenschaftliche Experimente fand nicht statt.

Gleichwohl kann man in gewisser Weise im christlichen Aristotelismus[83] einen Wegbereiter auch der modernen Naturwissenschaft sehen, wie sie sich ab der Renaissance auf Grund der fortgeschrittenen kulturellen Rahmenbedingungen (Stadtkultur mit Universitäten und Förderung von Kunst und Wissenschaft durch die Kirche und die Fürstenhöfe) entwickelte. Denn diese Philosophie (und Theologie) machte eine – nicht selbstverständliche und heute eher bezweifelte – Voraussetzung: dass die Natur als Schöpfung auf geistigen Strukturen, nämlich einem sinnvollen Schöpfungsplan beruhe, den die menschliche Vernunft zumindest teilweise durchschauen könne. Dies ist eine Vorstellung, die wir schon in der Philosophie von *Platon, Aristoteles* und der Stoa finden (unten §§ 10–12). Die Vorstellung einer sinnvollen Struktur der Natur ist in der Tat die grundlegende Arbeitshypothese der neuzeitlichen Naturwissenschaften, die *Albert Einstein* in die Worte zusammengefasst hat: „Das einzig Unverstehbare an der Welt ist, dass man sie verstehen kann."[84]

80 In ihrer neuzeitlichen und modernen Entwicklung entfaltete die Naturwissenschaft freilich bald eine **kritische Funktion gegenüber der Religion** in allen Fragen, in de-

---

81 Zu dieser Frage allg. unten Rn 366–382. Zur Entwicklungstheorie vgl *Spaemann/Löw/Koslowski* (Hrsg.), Evolutionismus und Christentum, 1986.
82 Vgl dazu unten Rn 255 f, 267, 278, 295 ff.
83 Dazu unten Rn 256 f, 292, 294 ff, 307.
84 Dem entspricht das große Interesse führender Naturwissenschaftler wie *Whitehead* und *Heisenberg* an der platonischen Philosophie; vgl auch Rn 241.

nen Theologen behaupteten, aus Bibeltexten Naturaussagen herleiten zu können, die mit Befunden der Naturwissenschaft nicht in Einklang standen.

Der berühmteste Konflikt dieser Art ist die Verurteilung von *Galileo Galilei* (1584–1642) in den Jahren 1616 und 1633. In der ersten Verurteilung wurde das heliozentrische Weltbild (demzufolge die Erde um die Sonne kreist) verurteilt, obwohl dieses Weltbild zuvor in seiner von Kopernikus entwickelten Form von der Kirche offiziell gebilligt worden war (jedenfalls als wissenschaftliches Denk- und Berechnungsmodell). Diese Verurteilung wurde 1657 wieder aufgehoben.

Einen weiteren Konflikt, freilich nicht speziell mit der katholischen Kirche, aber mit traditionellen christlichen Vorstellungen, brachte die Abstammungslehre von *Charles Darwin* (1809–1882) „Über den Ursprung der Arten durch natürliche Zuchtwahl[85]. Sie schien den Aussagen der Bibel über die Erschaffung des Menschen und damit der christlichen Religion zu widersprechen. Der Konflikt wurde dadurch verschärft, daß in der Mitte des 19. Jahrhunderts, als *Darwins* Werk erschien, in der Tat eine theologische Auffassung vorherrschend war, die in einer engen Bibelauslegung aus den verschiedenen Schöpfungsberichten des Alten Testaments unmittelbare naturwissenschaftliche Aussagen über die Entstehung der Welt und des Menschen herleiten wollte und dabei zu unhaltbaren Ergebnissen kam (zB bei einer Berechnung des Alters der Welt). Zugleich wurde die *Darwin*sche Lehre bewußt propagandistisch als vermeintliche Widerlegung der Religion eingesetzt. Dieser Konflikt dauert im Erziehungswesen der USA bis in die Gegenwart an. Dabei geht es um die für uns etwas befremdliche Frage, ob die Evolutionstheorie zulässiger Lehrgegenstand an den staatlichen Schulen sein darf. Seit langem steht einem antireligiös verstandenen Darwinismus eine Deutung der Evolutionsbiologie gegenüber, die auf die Sinnhaftigkeit des biologischen Lebens und einen darin erkennbaren Schöpfungsplan (intelligent design) hinweist. In der Tat ist die philosophische Kernfrage die, ob der von Darwin entdeckte Selektionsmechanismus als blindes Zufallsprinzip die Entstehung der Arten allein erklären kann oder ob er nicht lediglich die Rahmenbedingungen beschreibt, unter denen sich die Sinnhaftigkeit der biologischen Welt entfaltet hat, die selbst aber weiterer Erklärung bedarf. Die Evolutionslehre erscheint in der letzteren Form mit religiösen Vorstellungen voll vereinbar; anders, wenn sie einen Absolutheitsanspruch als Erklärung beansprucht, für den sie keine Beweise hat.

Insgesamt ist die kritische Funktion der Naturwissenschaften gegenüber der Religion häufig auch überschätzt worden (vgl Rn 78). Umgekehrt scheint es so, dass heute die Religion eine **kritische Funktion gegenüber den Einzelwissenschaften** entwickelt. Dies gilt einmal hinsichtlich der Zerrissenheit, Unübersichtlichkeit und Bruchstückhaftigkeit des naturwissenschaftlichen Weltbildes. Die Religion kann diese – vielleicht unvermeidlichen – Unvollkommenheiten naturwissenschaftlicher Erkenntnis kritisch bewusst machen, ohne dabei den umgekehrten Fehler einer generellen Skepsis gegenüber den Naturwissenschaften zu fördern. Kritik ist auch geboten gegenüber solchen (heute eher selteneren) Angriffen gegen die Religion, die sich angeblich auf naturwissenschaftliche Befunde stützen und aus diesen ersatzreligiöse Aussagen herleiten, wobei sich methodische Fehler und Kompetenzüberschreitungen feststellen lassen[86]. Zunehmend wichtiger wird die kritische Funktion der (christlichen) Religion heute in Fragen der Ethik, die sich bei der naturwissenschaftlichen Forschung und bei

81

---

85 On the Origin of Species by Means of Natural Selection, or Preservation of Favoured Races in Their Struggle for Life, 1859; The Descent of Man, and Selection in Relation to Sex, 1871. Vgl auch unten Rn 369.
86 Vgl oben Rn 78. Als weiteres Beispiel sei der Biologe *J.S. Huxley* (1887–1975) genannt, der die Darwinsche Evolutionslehre zu einer die Religion widerlegenden Weltanschauung ausbauen wollte (Hauptwerk: Der Mensch in der modernen Welt, 1947); dazu auch Rn 78 aE.

der technischen Umsetzung naturwissenschaftlicher Erkenntnis stellen. Dazu gehören die Gefahren einer Zerstörung der natürlichen Umwelt (der Schöpfung) durch eine hemmungslose, technisch immer wirkungsvollere Ausbeutung natürlicher Ressourcen und die Gefahren für ein menschenwürdiges Dasein zB durch bestimmte Formen der Biotechnik (Genmanipulation usw) oder der Apparatemedizin; s. auch unten § 21, Rn 437 ff.

3. Drei Orientierungen

82 Der Mensch kann eine umfassende Orientierung, dh zufriedenstellende und verläßliche Antworten auf seine Grundfragen, wie er die Welt verstehen und sich in ihr zurechtfinden und vor allem wie er sein eigenes Leben steuern soll, nicht allein von den Einzelwissenschaften erwarten, auch nicht von ihrer Zusammenfassung (die es in einem wissenschaftlichen Sinn nicht gibt). Er ist vielmehr in seiner unablässigen Suche nach Erkenntnis und Handlungsanleitung auf drei verschiedene Orientierungen angewiesen: (1) auf seine Alltagsvernunft, die von der persönlichen Begabung (genetischen Veranlagung), der eigenen Lebenserfahrung und der Erziehung (die die kulturelle Tradition und die Erfahrungen vieler Generationen transportiert) geprägt ist; hinzu kommt seine die Alltagsvernunft begleitende emotionale Ausstattung („Charakter"), die in gleicher Weise durch Erbanlagen, Erfahrung und Erziehung geprägt ist. Auf dieser Basis treffen die Menschen sowohl ihre Alltagsentscheidungen als auch ihre wichtigen persönlichen Entscheidungen (zB Wahl des Studienfachs, des Berufs, des Ehepartners, der gewünschten Kinderzahl, der Freunde, des Lebensstils, der langfristigen Ziele des persönliches Ehrgeizes). Wissenschaftliche Erkenntnisse sind dabei meist ohne Bedeutung oder sie spielen nur punktuell eine Rolle (z:B. bei Gesundheitspflege und Ernährung oder bei der Bedienung technischer Geräte). (2) Wissenschaftliche Erkenntnisse sind gleichwohl eine weitere wichtige Orientierungshilfe, aber meist eher in einem überindividuellen Sinn. Denn die moderne Gesellschaft ist auf die wissenschaftliche Erforschung und Beherrschung der Wirklichkeit angewiesen; ihr Überleben hängt heute weitgehend davon ab, daß sie über wissenschaftlich fundierte Techniken verfügt. Entsprechend groß ist ihr Bedarf an wissenschaftlicher Forschung und technischer Entwicklung und an wissenschaftlich und technisch ausgebildeten Menschen. (3) In wiederum einem anderen Sinn dient der religiöse Glaube als Orientierungshilfe für den Einzelnen, und zwar in den (oben Rn 70 f) erörterten Grundfragen seiner Existenz und des richtigen Verhaltens (Ethik), für die er weder von der Alltagsvernunft noch von der Wissenschaft ausreichende Antworten erwarten kann. Die religiöse Orientierung ist in diesem Sinn unersetzlich und die notwendige Ergänzung zu den beiden anderen Orientierungen. Sie begleitet die Entscheidungen der Alltagsvernunft und sollte auch die Wissenschaft begleiten (vgl auch zB Rn 437 ff). Die (christliche) Religion ist voll kompatibel mit diesen beiden anderen Orientierungen; dies ist jedenfalls eine alte und moderne christliche Erfahrung.

IV. Religion und Recht

1. Bedeutung der Religion für Kultur und Staat

Die Religionen haben historisch größten Einfluss auf das Denken der Menschen ausgeübt und die Weltkulturen geprägt. Sie waren und sind daher auch ein Machtfaktor, den jeder Inhaber politischer Macht berücksichtigen musste und die derjenige, der politische Gewalt erstrebte oder ausübte, in seinen Dienst zu stellen suchte. Historisch bestand daher häufig eine enge Verbindung von Religion und politischer Macht.

83

Dies lässt sich deutlich auch am Siegeszug des Islam studieren, der kriegerisch verbreitet wurde und die Errichtung großer arabischer Machtbereiche in Nordafrika, Spanien und später in Südosteuropa ermöglichte. Koran und Schwert (Halbmond) waren von Anfang an eng verbunden. „Der Islam herrscht, er wird nicht beherrscht", dies ist noch heute ein Grundsatz des politischen Islam.

Im Christentum war dies ursprünglich anders. *Jesus* als Vertreter der Gewaltlosigkeit erlitt selbst Gewalt, lehnte aber die Anwendung von Gewalt ab. Das Christentum hat sich im römischen Reich als staatsferne Glaubensgemeinschaft unter zeitweise heftigen Verfolgungen verbreitet. Dies änderte sich, als der Kaiser *Konstantin* 313 die Christenverfolgungen verbot (Toleranzedikt von Mailand); wenig später wurde im römischen Reich das Christentum zur Staatsreligion erklärt. Die enge Verbindung von Religion (geistlicher Macht) und staatlicher Macht blieb eine ständige Versuchung in der Geschichte des Christentums. Die Unterscheidung von geistlicher und weltlicher Gewalt war aber stets ein wesentliches Merkmal des Christentums in Europa.

Die christliche Kirche wurde in der Spätantike und während des ganzen Mittelalters zu einer bedeutsamen gesellschaftlichen Institution. Sie hatte Teil an der politischen Macht, indem Bischöfe Reichsfürsten und sogar Kurfürsten (also an der Wahl des deutschen Königs beteiligt) wurden. Im Mittelalter und weit bis in die Neuzeit hinein übernahm die Kirche Aufgaben, die wir heute dem Staat zuweisen. Sie war maßgeblich im Erziehungswesen (Kloster- und Domschulen) und im Sozialwesen (Krankenpflege, Armenfürsorge). Die christliche Eheschließung fand ausschließlich vor dem Priester statt, und die Kirche führte entsprechende Personenstandsregister. Allerdings wurde theologisch und auch praktisch politisch eine Trennungslinie zwischen geistlicher Gewalt der Kirche und weltlicher politischer Gewalt gezogen und durch die sog. Zwei-Schwerter-Lehre veranschaulicht (dh es gibt das geistliche Schwert des Papstes und das weltliche Schwert des Kaisers bzw Königs). Man nahm ein Gleichgewicht zwischen der weltlichen (staatlichen) und der geistlichen (kirchlichen) Macht an. Die weltliche Macht war vor allem (jedenfalls innerhalb des alten Reiches) durch den deutschen König als römischen Kaiser repräsentiert, die geistliche Macht insbesondere durch den Papst als Oberhaupt der Kirche.

84

Die Kirche hatte in der Spätantike und im Mittelalter lange ein Monopol der Schriftkultur. Erst mit dem Aufblühen der Städte und des Kaufmannsstandes verbreitete sich die Schriftlichkeit allgemein im Handel, im öffentlichen Leben und zugleich im Recht. Dies fällt mit der Entstehung der Universitäten (etwa um 1100) in Europa zusammen[87].

---

87 Dazu auch unten Rn 293.

Die Verbindungen zwischen der Kirche und den politischen Mächten verstärkten sich in der Neuzeit mit der Herausbildung der modernen Territorialstaaten, die unter die zentrale Leitung der Fürsten und Könige gestellt waren, und mit den Reformationsbewegungen in Europa. Ungewolltes Ergebnis der Reformationen war die Aufspaltung des Christentums in verschiedene Bekenntnisse (religio, confessio). Diese Konfessionen wurden zum Politikum. Die Reformationen wiesen den Landesfürsten die Stellung des Kirchenoberhauptes (summus episcopus) zu. Verbreitet setzte sich in Europa die politische Doktrin durch, dass die Untertanen die Konfession des Monarchen haben müssten (cuius regio, eius religio). Die Unterdrückung der so definierten „Minderheit" (die zahlenmäßig durchaus die Mehrheit sein konnte) war häufig die Folge. Europa wurde von Religionskriegen erschüttert, wobei die unterschiedlichen christlichen Konfessionen zum Machthebel oder auch zum Spielball einer Politik wurden, die sich von dem christlichen Grundgedanken der Nächstenliebe und Toleranz weit entfernt hatte. Erst allmählich setzte sich unter dem Einfluss der Aufklärung im 18. Jahrhundert der (genuin christliche) Gedanke der Toleranz gegenüber der jeweils anderen Konfession durch.

85 Im 18. Jahrhundert begann in Europa zugleich ein Prozess der allmählichen **Trennung von Staat und Kirche** (Säkularisation). Er wurde durch die Aufklärung gefördert und fand in der französischen Revolution (1789–1794) einen gewaltsamen Ausdruck. Der moderne bürgerliche Rechtsstaat westlicher Prägung geht vom Grundsatz der Trennung von Staat und Kirche und der Toleranz gegenüber den einzelnen Konfessionen aus. Der Trennungsgrundsatz ist aber in den einzelnen Ländern als Ergebnis ihrer nationalen politischen und kulturellen Entwicklung ganz unterschiedlich ausgeprägt[88]. In Frankreich finden wir im europäischen Vergleich eine Extremposition. Hier bekämpfte im 19. Jahrhundert ein politisch sehr aktiver **Laizismus** jeglichen öffentlichen Einfluss der Kirche. Sein Ergebnis, das Trennungsgesetz von 1905 (loi de séparation), bedeutet eine strikte Verbannung jeglichen kirchlichen Einflusses im staatlichen Bereich und eine Ignorierung der Religion durch den Staat. Der Staat ist nach der Verfassung „laïque". – Die USA sind von ihren Anfängen an nach ihrer Verfassung gegenüber der dort bestehenden Vielfalt christlicher Konfessionen (zu denen erst später außereuropäische Religionen hinzutraten) neutral; der Supreme Court geht von einer Trennung von Kirche und Staat aus. Andererseits haben die USA die gemeinsamen christlichen Wurzeln ihrer Grundwerte der Menschenrechte und des demokratischen Rechtsstaates in ihrer Verfassung und in ihrem politischen Grundkonsens nie verleugnet. Auch in Deutschland wurden schrittweise die engen Verbindungen von Staat und Kirche im 19. und 20. Jahrhundert aufgegeben[89]. Im Unterschied zu Frankreich kam es jedoch weder in der Reichsverfassung von Weimar 1919 noch im

---

88 Zum Folgenden *N. Horn*, Kirche und Staat, JZ 1960, 100.
89 Wichtige Stationen: der Reichsdeputationshauptschluß 1803 führte ua zur Aufhebung der geistlichen Fürstentümer und zur Einziehung von Kircheneigentum in großem Umfang; der Kulturkampf in Preußen, Baden, Hessen 1870–1887 hatte ebenfalls ua die Einziehung von Kircheneigentum sowie die Zurückdrängung der Kirche im Erziehungswesen und im Personenstandswesen (Zivilehe) zur Folge; die Weimarer Reichverfassung von 1919 bestätigte den Rechtszustand, dass es keine „Staatskirche" gibt, wies aber den großen christlichen Religionsgemeinschaften (Kirchen) weiterhin den Status von Körperschaften öffentlichen Rechts zu.

Grundgesetz für die Bundesrepublik zu einer radikalen und kämpferischen Trennung des säkularen bürgerlichen Rechtsstaates von der Religion; deren Bedeutung für das Gemeinwesen wird vielmehr positiv beurteilt (Rn 88).

Durch die migrationsbedingte Ausbreitung außereuropäischer Religionen in Europa, insbesondere eines kämpferisch eingestellten **Islam**, ist auch in Deutschland eine neue und ungewohnte Problematik der **kulturellen Integration** entstanden. Nach dem Grundgesetz können neue Religionen Gleichberechtigung in der Religionsausübung mit den bestehenden christlichen Konfessionen verlangen. Problematisch ist es, dass namentlich der Islam jedenfalls in der einflussreichen Minderheit fundamentalistischer Vertreter es mehrheitlich ablehnt, den aus der christlichen Tradition der westlichen Gesellschaften hervorgegangenen **politischen Grundkonsens** mit seinen christlich geprägten Grundwerten der Rechtsgemeinschaft (persönliche Freiheit und Demokratie westlicher Prägung, Loyalität gegenüber einem solchen Staat, Toleranz, Gleichberechtigung der Frau) zu akzeptieren[90]. Dabei tritt in Deutschland und Europa eine zunehmende Unfähigkeit und Hilflosigkeit zu Tage, **christliche Werte** als elementare **Bestandteile der eigenen kulturellen Identität** wahrzunehmen und dies auch in verfassungsrechtlich relevanten Unterscheidungen umzusetzen (s. Rn 88 u. 89).

86

2. Historischer Einfluss der Religion auf das Recht

Im christlich geprägten europäischen Kulturkreis ist das Recht selbstverständlich in großem Umfang von christlichen Vorstellungen geprägt oder beeinflusst worden. Hervorzuheben ist hier beispielhaft die Rechtsentwicklung in der Kirche selbst. Die Kirche als große und gegliederte Institution musste Kirchenrecht (**kanonisches Recht**) als Mittel der Selbstorganisation und im Hinblick auf die vorerwähnten staatsähnlichen Funktionen der Kirche entwickeln. Sie orientierte sich dabei am spätantiken römischen Recht, an den Lehren der Kirchenväter[91] und den Konzilsbeschlüssen. Es galt der Satz: die Kirche lebt nach römischem Recht (*ecclesia vivit lege romana*).

87

Im Hochmittelalter kam es zur umfassenden Sammlung und schriftlichen Aufzeichnung des kanonischen Rechts, dem **Corpus Iuris Canonici**, beginnend mit dem *Decretum Gratiani* ca. 1150. Damit stellte die Kirche dem *Corpus Iuris Civilis*, der im 6. Jahrhundert vom Kaiser *Justinian* ver-

---

90 Es fehlt nicht an kompetenten Warnungen vor der weltweiten militanten Ablehnung westlicher Werte durch den Islam, vgl *A. Taheri*, Tausendundeine Parole. Warum der Islam den Westen hasst, FAZ 14.2.2002, S. 8: „Der Samen dieses Hasses wird in mehr als 40 000 Koranschulen gesät …". Zum Problem, daß aus islamischen Lehren der Auftrag zur Durchsetzung des Islams mit Gewalt ableitbar ist, *H.P. Raddatz*, Lizenz zum Töten, RM 2005 Nr47, S. 20. Vgl auch *F. Schirrmacher*, Unser Problem ist, daß den Islamisten die pure Existenz einer westlichen Kultur als Beleidigung gilt, FAZ v. 13.2.2006, S. 37. Zur Gefahr eines religiös inspirierten Kampfes der Kulturen zwischen den westlichen Ländern und dem Islam das vielzitierte Buch von *S.P. Huntington*, Kampf der Kulturen, deutsche Ausg. 7. Aufl. 1997. Die Analyse von H. führt nicht weit, weil sie auf die übliche Selbstkritik des Westens hinausläuft. Zutr. Kritik bei *Pera* in M.*Pera/J*.Ratzinger, Ohne Wurzeln. Der Relativismus und die Krise der europäischen Kultur, 2005, S. 12 ff. Als ferne Zukunftshoffnung erscheint die Möglichkeit einer Liberalisierung des Islam; dazu *Katajun Amirpur/Ludwig Amman* (Hrsg.), Der Islam am Wendepunkt. Liberale und konservative Reformer einer Weltreligion, 2006.
91 Dazu unten Rn 285 f.

anlassten Sammlung des römischen Rechts, die Gegenstand des Universitätsstudiums geworden war (unten Rn 293), eine ebenbürtige Rechtssammlung zur Seite. Jahrhundertelang blieben das römische und das kanonische Recht gleichberechtigte Studiengegenstände. Promotionen werden heute noch an traditionsreichen deutschen Universitäten durch Zuerkennung des akademischen Grades eines Doktors „beider Rechte" (*Doctor iuris utriusque*) durchgeführt.

Viele Grundsätze und Rechtsfiguren unseres modernen Rechts haben ihre Wurzel im kanonischen Recht. Dies gilt vor allem für das Zivilprozessrecht, aber auch für einzelne Institutionen des Zivilrechts wie etwa das Recht der Stellvertretung.

3. Religion und modernes Recht

a) Religion und Staat

88 In Deutschland gilt die Freiheit des Glaubens, des Gewissens und des religiösen und weltanschaulichen Bekenntnisses (Art. 4 GG) sowie die Vereinigungsfreiheit für Religionsgemeinschaften. Der Staat folgt dem Gebot der religiösen und weltanschaulichen **Toleranz**. Nach dem Grundgesetz besteht aber eine Verfassungslage, in der – im Unterschied zu Frankreich, aber in Übereinstimmung mit vielen anderen westlichen Ländern – die Bedeutung der Religion für das Gemeinwesen grundsätzlich positiv beurteilt wird[92]. Der Staat ergreift dabei nicht Partei für eine bestimmte Religion oder Religionsgemeinschaft. Er nimmt aber auf die historisch gewachsene und bis heute bestehende christliche Prägung der Gesellschaft Rücksicht[93].

An der Frage, ob in christlichen Gemeinschaftsschulen des Staates christliche Bekundungen (Schulgebet, Kreuz im Klassenzimmer) zulässig sind, haben sich bisweilen Rechtsstreitigkeiten entzündet. Das Bundesverfassungsgericht hat entschieden, dass das gemeinsame Schulgebet auch in staatlichen Schulen zulässig ist; nichtgläubige Schüler haben dies hinzunehmen (BVerfGE 52, 223). Dies ist eine Auswirkung des **Toleranzgebotes**. Andererseits hat das Bundesverfassungsgericht aber zT von der Mehrheit weit mehr Toleranz als von der Minderheit verlangt. Die Frage, ob in einer staatlichen christlichen Gemeinschaftsschule im Schulzimmer ein christliches Kreuz angebracht sein darf, auch wenn ein Schulkind und seine Eltern nicht christlich sind und seine Entfernung verlangen, wurde vom 2. Senat des Bundesverfassungsgerichts gegen dieses christliche Symbol entschieden (Beschluss v. 10.8.1995, BVerfGE 93, 1ff = NJW 1995, 2477; Mehrheitsentscheidung 5 : 3). Sieht man im Kreuz ein Sinnbild für die Zielsetzung der christlichen Gemeinschaftsschule, nämlich „für die Vermittlung der Werte der christlich geprägten abendländischen Kultur", und sieht man den Aussagegehalt dieses Sinnbildes in der Selbsthingabe und Nächstenliebe, dann liegt der Schluss näher, dass eine dem Christentum fern stehende Minderheit dieses Symbol verfassungsrechtlich tolerieren muss (so die überstimmten Richter des BVerfG)[94].

In Deutschland bestehen historisch gewachsene Bereiche des Ineinandergreifens der Tätigkeit des Staates und der christlichen Kirchen, soweit sie öffentlich-rechtlich inkorporierte Religionsgemeinschaften darstellen[95]. Dazu gehört die Erteilung des Reli-

---

92 *R. Herzog* in *Maunz/Dürig/Herzog*, Grundgesetz. Kommentar, Art. 4 Rn 11–13, 23.
93 Zur Zulässigkeit christlicher Bezüge in der öffentlichen Schule BVerfGE 41, 29, 49; 52, 223, 241; BVerfG JZ 2003, 1164, 1166.
94 Zur umfangreichen und ganz überwiegend ablehnenden Diskussion um den Kruzifix-Beschluss vgl *Link*, NJW 1995, 3348; *Isensee*, ZRP 1996, 10; *J. Ipsen*, FS Kriele (1997), S. 301 ff mwNachw Fn 2.
95 Zu diesem Status vgl zB BVerfG NJW 2003, 1308 ff.

gionsunterrichts an den staatlichen Schulen, ferner die Einziehung der Kirchensteuer durch den Staat (als Folgelast der umfangreichen Übernahme von kirchlichem Vermögen in der Säkularisation 1803 ff und im Kulturkampf 1870 ff). Zur Regelung dieses Zusammenwirkens besteht ein Staatskirchenrecht (Art. 140 GG iVm Art. 136–139, 141 Weimarer Reichsverfassung von 1919). Die sozialen Dienste der christlichen Kirchen nehmen auch heute noch in großem Umfang öffentliche Aufgaben der Sozialfürsorge wahr.

b) Religiöse (christliche) Wertungen und geltendes Recht

Im säkularen (wenngleich christlich geprägten) bürgerlichen Rechtsstaat der Bundesrepublik kann niemand eigene Rechtsansprüche oder rechtliche Gebote und Verbote aus außerjuristischen religiösen Quellen herleiten, zB Aussagen der Bibel[96]. Es kann und darf auch keinen Unterschied in einem Rechtsstreit vor einem deutschen Gericht machen, ob eine Partei christliche Überzeugungen bekundet oder nicht. Eine rechtliche Diskriminierung von „Ungläubigen", wie sie noch heute in anderen Kulturen üblich ist, darf und kann es im deutschen Recht nicht geben. Rechtsphilosophisch lässt sich dies ohne weiteres aus dem Toleranzgebot ableiten.

89

Allerdings liegt unserer Rechtsordnung ein Wertsystem zugrunde, das überwiegend christlich inspiriert ist. Die Grundwerte des modernen liberalen, demokratischen und sozialen bürgerlichen Rechtsstaates gehen unmittelbar auf Wertvorstellungen zurück, die vor allem in der Aufklärung des 18. Jahrhunderts entwickelt wurden[97]. Dies geschah einerseits in Ablehnung kirchlicher (und weltlicher) Autorität[98]; andererseits sind diese Vorstellungen in großem Umfang am Christentum als dem beherrschenden geistigen Medium der europäischen Kultur orientiert[99]. Grundbegriffe unserer Verfassung und Rechtsordnung wie Menschenwürde oder die Idee des Sozialen sind ohne christliche Grundauffassungen (einschließlich ihrer modernen Fortentwicklungen) nicht zu denken. Gleiches gilt für andere Grundzüge des christlichen Menschenbildes wie Freiheit und Gewissen. Auch weitere rechtsethische Vorstellungen, die im Recht eine Rolle spielen, insbesondere in den Grundrechten der Verfassung (GG) oder in den sog. Generalklauseln des Zivilrechts (Treu und Glauben, gute Sitten; vgl §§ 138, 157, 242 BGB) sind von christlichen Vorstellungen stark beeinflusst (s. auch Rn 454 ff). Diese christlichen Wertvorstellungen sind demnach auch von Bedeutung bei der praktischen Rechtsanwendung. Hier müssen sie freilich ohne ihre religiöse Verankerung verwendet werden; denn sie sind Teil des politischen Konsenses der Rechtsgemeinschaft, an der auch viele Menschen ohne christliche Glaubensüberzeugung beteiligt sind.

---

96 Es besteht nur ein Anspruch auf Tolerierung seiner eigenen religiösen Überzeugung durch den Staat gem. Art. 4 GG. Auch hier liegt eine Grenze in seiner Pflicht zur Achtung der Rechte anderer und der Grundwerte unserer Rechtsordnung.
97 Sie wurden durch demokratische und soziale Werte und Forderungen des 19. und 20. Jahrhunderts ergänzt, was hier nicht zu verfolgen ist.
98 *H. Blumenberg*, Die Legitimität der Neuzeit, 1966; *U. Im Hof*, Das Europa der Aufklärung, 1993.
99 *K. Löwith*, Weltgeschichte und Heilsgeschehen, 2.Aufl. 1993; *F.X. Kaufmann*, in *Gordan* (Hrsg.), aaO.

Die christliche Herkunft vieler Grundwerte unseres Rechts wird in Deutschland und Europa heute in dramatischer Weise dadurch bewusst, daß wachsende nichtchristliche Minderheiten, insbesondere fundamentalistische Kreise eines kämpferisch auftretenden Islams, die christlich geprägten Grundwerte unserer Rechtsordnung nicht anerkennen und jede kulturelle Integration ablehnen (Rn 86). Brechen bei der Anwendung des deutschen Rechts derartige kulturelle (letztlich religiös geprägte) Unterschiede bei der Rechtsanwendung auf, dann suchen das Bundesverfassungsgericht und die anderen Gerichte die Lösung im Grundsatz in einer strikten Neutralität gegenüber allen Religionen[100]. Diese Lösung erscheint auf den ersten Blick attraktiv. Sie trägt aber nicht weit. Denn die Gerichte geraten damit immer dann in große Schwierigkeiten, wenn christlich geprägte Grundwerte unserer Verfassungsordnung (zB Gleichberechtigung der Frau)[101] oder sonstigen Rechtsordnung (zB Tierschutz gegenüber der Schächtung von Tieren) abgelehnt werden[102]. Hier fehlt es zT an der Bereitschaft, christlich geprägte Grundwerte unserer Rechtsordnung, die für sich betrachtet keine religiöse Position darstellen, aber durch unsere europäische kulturelle Identität geprägt sind, rechtlich durchzusetzen[103]. – Im Fall eines sog. „Ehrenmordes" (Bruder tötet seine Schwester wegen ihres westlichen Lebenswandels, der traditionellen muslimischen Vorstellungen von Moral und Familienehre widerspricht) hat das LG Berlin 2006 dem jugendlichen Mörder immerhin keine Strafmilderung wegen seiner andersartigen kulturellen Vorstellungen zugebilligt, sondern die Maßstäbe der deutschen Rechtsgemeinschaft bei der Beurteilung der Schuld des Täters angewendet[104].

c) Religion und Rechtsphilosophie

90 **Die Rechtsphilosophie** als Grundlagenfach der Rechtswissenschaft ist ständig um hineichend begründbare und konsensfähige Wertungen in Grundfragen des Rechts bemüht. Dabei kann sie durch christliche Wertvorstellungen inspiriert werden, und dies ist in der Geschichte der europäischen Rechtsphilosophie auch geschehen (Rn 68). Die (christliche) Religion kann auch und gerade heute, wo nichtchristliche Vorstellungen verbreitet sind, helfen, bestimmte **Grundfragen** in der vorstehend (Rn 69–74) gezeigten Weise **offen zu halten**. Dieser Zusammenhang ist noch bei der

---

100 Bezeichnend ist dazu das Postulat der Bundesverfassungsrichterin *Hohmann-Dennhardt*, der Staat könne Menschenwürde nur durch gleiche Distanz zu allen Religionen gewährleisten (FAZ v. 13.2.2006). Dieser Lösungsweg ist leider eine Illusion.
101 Illustrativ der sog. „Kopftuchstreit" (Muslimin will im deutschen Schuldienst Kopftuch tragen). Nimmt man das Kopftuch als religiösen Brauch oder Symbol, kommt die Religionsfreiheit der Lehrerin ins Spiel, aber auch die negative Religionsfreiheit der Schüler (beide durch Art. 4 GG geschützt). Besonders problematisch ist es, falls man das Kopftuch als bewusstes Symbol einer niederrangigen Stellung der Frau interpretieren muss, was eine Wertung entgegen Art. 3 Abs. 2 GG bedeutet. Zum Ganzen BVerfG Urt. v. 24.9.2003, JZ 2003, 1164–1178; zutr. Kritik am wortreichen und inhaltsarmen Urteil bei *K.-H. Kästner*, JZ 2003, 1178 ff. Pointiert zum Problem *di Fabio*, Die Kultur der Freiheit, 2005, S. 49.
102 Zur Zulässigkeit der Schächtung BVerfGE 104, 337 ff; BVerwGE 112, 227 ff.
103 Zutr. zum Kopftuchstreit Th. *Schmid*, Das Kopftuchdilemma: Die christliche Tradition wird nicht mehr gefühlt, Frankfurter Allg. SonntagsZ. 14.3.2004, S. 4; zur Zulässigkeit christlicher Symbole in der öffentlichen Schule oben Rn 88.
104 Urt. v. 13.4.2006.

Rechtsphilosophie (Kap. 3–5) weiter zu verfolgen. Philosophische Vorstellungen und Lehren beeinflussen langfristig die Grundauffassungen (Basistheorie) einer Gesellschaft.

Schließlich darf nicht übersehen werden, dass die christliche Religion – ganz unabhängig von philosophischen Überlegungen – auch heute einen direkten (nicht philosophisch vermittelten) Einfluss auf die Grundauffassungen („Basistheorie", Mentalität) der Menschen und ihr Verhalten hat. Zwar ist dieser Einfluss heute weniger deutlich und konkurriert mit anderen weltanschaulichen Strömungen. Dies bedeutet nicht unbedingt eine Schwächung, sondern eine Herausforderung, zumal in der pluralistischen Gesellschaft der Bedarf an konsensfähigen Wertauffassungen wächst und die Religion aufgefordert ist, diese zu formulieren. Denn keine philosophische Schule, und sei sie noch so wirksam, und keine politische Ideologie, und sei sie noch so effektiv propagiert, kann die für eine staatliche Gemeinschaft wichtigen ethischen Grundauffassungen in ähnlich stabiler und wirksamer Weise ausbilden und ausstrahlen wie die Religion. Indem der moderne Staat Religionsfreiheit garantiert, bewahrt er die Möglichkeit, dass die christliche Religion ihren Beitrag zur Ausbildung der Grundauffassungen unserer Kultur leistet, auf die der Staat angewiesen ist, die er aber nicht selbst schaffen kann.

d) Religion und Rechtspolitik; der Freiheitsbegriff

Die **rechtspolitische Diskussion um** die Fortbildung unseres Rechts oder seine Reform ist immer auch eine Diskussion um Grundwerte, die in einer Gesellschaft gelten. In der Rechtspolitik geht es immer darum, einen politischen Konsens über Wertvorstellungen im Hinblick auf ein Regelungsproblem des Rechts zu finden. In die Diskussion um diesen Konsens können selbstverständlich auch die von der (christlichen) Religion inspirierten Wertvorstellungen einfließen. Wer sie vertritt, kann Toleranz seiner Auffassung verlangen. Er kann aber im säkularen bürgerlichen Rechtsstaat nicht erwarten, daß andere, die seine Weltanschauung nicht teilen, religiöse Begründungen akzeptieren. Wer mit einer christlich inspirierten Rechtspolitik konkrete gesetzgeberische Schritte erreichen will, wird meist politischen Konsens darüber nur gewinnen, wenn in der Diskussion weltanschauliche Überzeugungen und Hintergründe (zumindest teilweise) ausgeklammert werden. 91

Gleichwohl sind die weltanschaulichen Letztbegründungen der Werte, die dem Recht zugrunde liegen und die es schützen soll, insbesondere das Wesen der **bürgerlichen Freiheitsrechte** als Zentralbegriff des bürgerlichen Rechtsstaates, letztlich unverzichtbar. Nur so lassen sich bei den Menschen innere Überzeugungen dieser Werte verankern, die für den Fortbestand des Rechtsstaates unentbehrlich sind. Gegenwärtig lassen sich hier in der westlichen Welt drei Hauptströmungen unterscheiden. (1) Einmal besteht im gesellschaftlichen und politischen Raum die Auffassung fort, dass die aufklärerischen Wertvorstellungen des bürgerlichen Rechtsstaates Ausprägungen des christlichen Menschenbildes sind. (2) Daneben gibt es die inhaltlich verwandte Tradition der aufklärerischen Wertvorstellungen, die diese aber als Ablösung von christlichen Traditionen verstehen will. Dabei zeigt sich ein zunehmend fühlbarer werdendes 92

Defizit an weltanschaulichen und philosophischen Letztbegründungen und statt dessen Unsicherheit und eine Meinungsvielfalt („Wertpluralismus"); der notwendige gesellschaftliche Wertkonsens schwindet dahin[105]. Das Nebeneinander der genannten Meinungsströmungen (1) und (2) entspricht den beiden widersprüchlichen Aspekten der Aufklärung bzw ihrer historischen Deutung (vgl Rn 89). In den praktischen Ergebnissen für die Rechtspolitik ergeben sich noch immer viele Berührungspunkte und Konsensmöglichkeiten zwischen den Lagern. Gemeinsam ist ihnen ursprünglich der Gedanke einer Verbindung von **Freiheit und Pflichten**[106].

93 -100 (3) In einem scharfen Kontrast dazu (der aber nicht immer wahrgenommen wird), gibt es einen neueren, auf dem Boden der westlichen Überflussgesellschaft sehr erfolgreichen **libertären Freiheitsbegriff**, der unter dem Leitbegriff der Triebbefreiung eine von entfesselter Libido beherrschte Gesellschaft schaffen will und dabei möglichst alle tradierten ethischen Bindungen über Bord wirft, ohne etwas an ihre Stelle setzen zu können[107]. Dieser Freiheitsbegriff und das ihm entsprechende absurde Menschenbild des von allen ethischen Bindungen „befreiten", nur dem Lustprinzip lebenden Individuums bietet keine sinnvolle Lebensperspektive und verkennt den inneren Zusammenhang von Freiheit und Pflichten, der dem bürgerlichen Rechtsstaat als Existenzbedingung zugrunde liegt[108]. Der libertäre Freiheitsbegriff ist in manchen rechtspolitischen Fragen heute einflußreich. Beispiele bieten die immer mehr erweiterte Zulässigkeit der Abtreibung (die zur Zeit nicht aktiv diskutiert wird, als Problem aber fortbesteht; dazu Rn 435 ff), Forderungen nach Zulassung aktiver Sterbehilfe (Rn 444), die Durchsetzung familienrechtlicher Privilegien für gleichgeschlechtliche Paare (Rn 446 f) oder die Bemühungen um Anonymisierung der Elternschaft (Rn 443–443c).

---

105 Zum Problem *M. Pera/J. Ratzinger*, Ohne Wurzeln. Der Relativismus und die Krise der europäischen Kultur, 2005; *U. di Fabio*, Die Kultur der Freiheit, 2005; *J. Ratzinger*, Werte in Zeiten des Umbruchs, 2005.
106 *J. Schapp*, Freiheit, Moral und Recht, 1994; *U. di Fabio*, Die Kultur der Freiheit, 2005; *N. Horn*, Utilitarismus im aufgeklärten Naturrecht von Thomasius und Wolff. Historische und moderne Aspekte, FS *Luig*, 2006.
107 *H. Marcuse*, Eros and Civilization, Boston 1955; deutsche Ausgabe: Triebstruktur und Gesellschaft, 17. Aufl. 1995. Zutr. Kritik bei *U. di Fabio* aaO, S. 30 ff.
108 *Di Fabio*: „Der Westen gerät in Gefahr, weil eine falsche Idee der Freiheit die Alltagsvernunft zerstört" (Untertitel). Vgl auch Rn 92.

Kapitel 2
Rechtstheorie und juristische Methodenlehre

§ 5 Geltung und Wirkungsweisen des Rechts

I. Theorien der Rechtsgeltung

Literatur: *R. Alexy*, Begriff und Geltung des Rechts, 1992; *H. Coing*, Grundzüge der Rechtsphilosophie, 5. Aufl. 1993, Kap. V; *H. Kelsen*, Reine Rechtslehre, 2. Aufl. 1960; *G. Küpper*, Begriff und Grund der Rechtsgeltung in der aktuellen Diskussion, RTh 22 (1991), 71–86; *K. Larzen*, Das Problem der Rechtsgeltung, 1929, Nachdruck 1967; *R. Lippold*, Geltung, Wirksamkeit und Verbindlichkeit von Rechtsnormen, Rth 19 (1988), 463 ff.

Es gibt weite Bereiche in der Welt, in denen das staatlich gesetzte Recht nur auf dem Papier steht und sich kein Mensch um seine Geltung oder Anwendung kümmert. Die tatsächlichen Lebensverhältnisse in einem Land und die Chancen seiner wirtschaftlichen und kulturellen Entwicklungen hängen in großem Umfang nicht nur von der Güte seiner Gesetze ab, sondern von deren Befolgung. Das Ausmaß der Rechtstreue und der Befolgung von Gesetzen mag im Laufe der Zeit großen Schwankungen unterworfen sein. Vor allem aber ist es von Land zu Land, von Kultur zu Kultur sehr unterschiedlich. 101

Die Geltungstheorien des Rechts befassen sich mit den Gründen, aus denen Gesetze von den Menschen befolgt werden. Wiederum sieht man sich einer Fülle von Theorien gegenüber, die zu dieser Frage entwickelt worden sind. Aber wiederum geht es hier nicht um eine Ausschließlichkeit, sondern um ein Mosaik verschiedener Gesichtspunkte, aus denen sich letztlich ein Bild der tatsächlichen Geltung des Rechts zusammensetzt[1]. Es handelt sich im Wesentlichen um vier Gesichtspunkte:

(1) Das Gesetz selbst fordert Befolgung (Imperativtheorie);
(2) Es besteht eine Zwangsandrohung zur Befolgung des Gesetzes, die erforderlichenfalls tatsächlich durchgesetzt wird;
(3) Die Gesetze werden im Allgemeinen von der überwiegenden Mehrheit der Bürger anerkannt;
(4) Der Einzelne hält die Gesetzestreue auch für ein Gewissensgebot.

Die ersten beiden Aspekte kann man unter dem Begriff des gesetzlichen Geltungsanspruchs zusammenfassen (1.), die beiden Letzteren unter dem Begriff der Anerkennung (2.).

1. Der Geltungsanspruch des Rechts

(1) Die Frage, wie die Geltung des Rechts zu erklären sei, wurde von den englischen Staats- und Rechtstheoretikern *Hobbes* (Rn 311 ff) und *Austin* (Rn 157) dahin beantwortet, dass die Rechtsnormen auf dem Befehl des souveränen Inhabers der Staatsge- 102

---
1 Überblick bei *Küpper*, Rth 22 (1991), 71–86.

walt beruhen. Diese **Imperativtheorie** wurde später als historisch überholt kritisiert, weil sie den Vorstellungen des absolutistischen Staates des 17. und 18. Jahrhunderts mit seinem Machtanspruch (des Fürsten) verhaftet sei. Aber auch der demokratische Rechtsstaat muss Gesetzesgehorsam beanspruchen, weil er ohne Rechtsgeltung und damit Rechtssicherheit nicht bestehen kann.

Die Imperativtheorie enthält bei näherer Betrachtung zwei Elemente der Rechtsgeltung, die wir unterscheiden müssen: (1) den geistigen Geltungsanspruch jeder Rechtsnorm, die ja stets als Sollenssatz (Rn 6 ff) auftritt, und (2) die dahinter stehende Androhung des Staates, die Gesetze notfalls mit Zwang durchzusetzen (Rn 104). Betrachten wir zunächst den ersteren Aspekt, den Geltungsanspruch ieS. Die Imperativtheorie spricht hier vom Gesetzesbefehl des Staates als des Gesetzgebers. Der Rechtstheoretiker *Hans Kelsen* (unten Rn 158) will diese Rechtsgeltung in ihrer logischen Struktur analysieren und gibt auf die Frage, wie denn die Geltung einer bestimmten Rechtsnorm zu erklären sei, die Antwort: „Der Geltungsgrund einer Norm kann nur die Geltung einer anderen Norm sein."[2]

Kelsen gelangt auf diese Weise zu einer Stufenleiter von Normen, die wir in der Tat in der Rechtsordnung finden: die Rechtsverordnung soll gelten, weil in einem Gesetz eine Ermächtigungsnorm zum Erlass dieser Verordnung enthalten ist. Das Gesetz, in dem die Ermächtigungsnorm enthalten ist, soll gelten, weil die Verfassung gebietet, die verfassungsmäßig zu Stande gekommenen Gesetze zu achten. Was aber macht den Grund der Geltung der Verfassung aus? Vielleicht der Satz des Völkerrechts, dass die Verfassungen souveräner Staaten zu achten sind. Dieser letztere, völkerrechtliche Satz beruht gedanklich auf einem Gebot der Geltung des Völkerrechts, was *Kelsen* als „hypothetische Grundnorm" bezeichnet. Er ist nicht weiter ableitbar.

103 *Kelsen* gelangt damit zu einer normlogischen Analyse, deren Erklärungswert freilich begrenzt ist. Im Hinblick auf eine einzelne Rechtsnorm, nach deren Geltung gefragt wird, gibt er eine rein juristische Antwort. Er sagt nämlich sinngemäß, man müsse nur nachweisen, dass die betreffende Norm in der angegebenen Weise Teil der allgemeinen Rechtsordnung ist und damit an dem Geltungsanspruch teilnimmt, der eine Eigenschaft jeder Rechtsordnung ist, was er wiederum mit der „hypothetischen Grundnorm" gedanklich erklärt.

Auch fernab von jeder rechtsphilosophischen Erklärung spielt natürlich in der Praxis die Frage, ob eine bestimmte Rechtsnorm (noch) gilt, oft eine große Rolle, vor allem dort, wo die Rechtslage kompliziert ist, zahlreiche Normen in rascher Reihenfolge erlassen, abgeändert und wieder aufgehoben wurden. Man denke etwa an die Umwälzungen des Rechtssystems in der Zeit nach dem 2. Weltkrieg oder im Zusammenhang mit der Wiedervereinigung, wo häufig zu entscheiden war und ist, ob ein bestimmtes Gesetz oder eine bestimmte Verordnung gültig erlassen war oder fortgalt.

Die Erklärung der Rechtsgeltung durch *Kelsen* ist im Übrigen rein formal. Auf den Inhalt der Norm kommt es für seine Geltung nicht an. Aber kann man den Geltungsanspruch eines Gesetzes anerkennen, das offenbar und in eklatanter Weise ungerecht ist? Muss man nicht auch inhaltlich Mindestanforderungen an eine Rechtsnorm stellen, um sie als geltendes Recht anzuerkennen? Diese Frage ist nach 1945 in Deutschland

---

2 Reine Rechtslehre, 2. Aufl. 1960, S. 196. Dieser Ausgangspunkt von *Kelsen* ist natürlich wenig überzeugend, wenn man nach der tatsächlichen Geltung und Durchsetzung des Rechts fragt; s. Rn 104.

intensiv diskutiert und überwiegend dahin beantwortet worden, dass eine Rechtsnorm nur als geltendes Recht anerkannt werden kann, wenn es nicht seinem Inhalt nach offenbares und unerträgliches Unrecht ist[3].

(2) Zum Geltungsanspruch im eben beschriebenen Sinn kann man auch die Zwangsandrohung rechnen, die in diesem Geltungsanspruch eingeschlossen ist: der Staat erklärt sinngemäß oder ausdrücklich, dass er die Rechtsordnung notfalls zwangsweise durchsetzen will. Dies leitet aber zu einem weiteren Aspekt der Rechtsgeltung über. Wie eingangs bemerkt, kann der Geltungsanspruch des Rechts rein auf dem Papier stehen, ohne dass sich ein Mensch um seine Geltung kümmert. Auch die reine „Zwangsandrohung" ist in einer solchen Situation ungenügend und bisweilen eher lächerlich. Alle historische Erfahrung hat immer wieder bestätigt, dass das Recht nur respektiert und tatsächlich befolgt wird, wenn seine **Durchsetzung durch staatlichen Zwang** möglich ist und zumindest in einem Teil der Fälle von Gesetzesungehorsam auch tatsächlich ausgeübt wird. Wenn niemals die staatlichen Vollzugsorgane eingreifen, niemals die Polizei tätig wird oder der Gerichtsvollzieher kommt, wenn das Vollstreckungsgericht passiv bleibt, die Straftäter nicht verurteilt werden oder ihre Strafe nicht verbüßen müssen, verfällt die Geltung des Rechts. Das Recht ist Freiheitsordnung, indem es die Freiheit der Bürger schützt. Aber auch dieser Schutz funktioniert nur, wenn das Recht gegenüber den Rechtsbrechern als **Zwangsordnung** durchgesetzt wird.

104

Unter diesem Aspekt ist die Erklärung der Rechtsgeltung, wie *Kelsen* sie gibt (oben Rn 102), völlig untauglich. Der Satz, dass Geltungsgrund einer Norm nur eine andere Norm sein könne, ist dann sinnlos. Geltungsgrund der Norm kann vielmehr nur die Bereitschaft und Fähigkeit der staatlichen Organe sein, die Rechtsnorm tatsächlich durchzusetzen, und die Bereitschaft vieler Bürger, die Rechtsnormen zu befolgen (iF Rn 105). *Kelsen* wollte freilich den politischen Aspekt des tatsächlichen staatlichen Zwangs keineswegs leugnen, aber aus seiner „reinen" Rechtslehre ausklammern (unten Rn 158).

2. Die Anerkennung des Rechts

(3) Wenn andererseits jeder Vertrag, der im Wirtschaftsleben geschlossen wird, vor Gericht eingeklagt, jedes Urteil zwangsweise durch den Gerichtsvollzieher oder das Vollstreckungsgericht durchgesetzt werden müsste, würde die Rechtspflege alsbald zusammenbrechen. Sie funktioniert nur, weil die überwältigende Zahl der Bürger sich rechtstreu verhält. Man kann den Geltungsgrund des Rechts also auch in seiner generellen Anerkennung durch die Rechtsbürger sehen (**Theorie der generellen Anerkennung**). Dies gilt sowohl im Zivilrecht beim rechtstreuen Verhalten in der Erfüllung von Verträgen, als auch im Strafrecht, indem die überwiegende Mehrzahl der Bürger keine Straftaten begeht.

105

Die Theorie der generellen Anerkennung fragt nicht nach den Motiven des Einzelnen. Es kann durchaus sein, dass sich jemand ohne sittliche Motivation rechtstreu verhält, weil ein Rechtsbruch

---

3 *G. Radbruch*, Gesetzliches Unrecht und übergesetzliches Recht, SJZ 1946, 105 f. Dazu auch oben Rn 5 und unten Rn 428–432.

ihm zu gefährlich oder zu lästig erscheint. Andere mögen das Gesetz aus innerer Überzeugung einhalten.

Der staatliche Zwang (Rn 104) ist jedoch auch bei Anwendung dieser Theorie nicht bedeutungslos. Er veranlasst viele Bürger zur Rechtstreue. Umgekehrt würde bei fehlendem Zwang die Zahl der Rechtsbrüche rasch zunehmen, weil auch rechtstreue Bürger in ihrer Haltung entmutigt und zum Rechtsbruch provoziert würden.

106 **(4) Individuelle Anerkennung** des Rechts bedeutet demgegenüber, dass der einzelne Bürger das Recht auch innerlich für sich anerkennt und bereit ist, es tatsächlich zu befolgen. Diese innere Haltung der **Rechtstreue** kann auf einer Gewissensüberzeugung beruhen oder einfach auf einer praktischen Lebenseinstellung; beides ist meist schwer zu unterscheiden. Je nach dem Inhalt der Normen wird die Rechtstreue einen unterschiedlichen Inhalt haben. Bei manchen Normen wird der Inhalt voll gebilligt, bei anderen nicht. Rechtstreue muss sich auch gerade in den Fällen bewähren, bei denen der Einzelne mit einem Gesetz nicht voll einverstanden ist, aber anerkennt, dass er gleichwohl das staatliche Gesetz zu respektieren hat.

Man muss hier nach Regelungsmaterien und Rechtsgebieten unterscheiden. Strafnormen gegen Gewaltverbrechen werden vom überwiegenden Teil der Bevölkerung inhaltlich bejaht; die Strafsanktionen werden nicht selten eher für zu milde gehalten. Bei den Normen zum Schutz der Umwelt ist ebenfalls breite innere Zustimmung zu erwarten, etwas weniger nachdrücklich auch bei den Normen zum Schutz des Privateigentums. Anders steht es mit der inneren Überzeugung der Gesetzestreue im Hinblick auf Steuergesetze. Zwar ist die Einsicht in die Notwendigkeit von Steuern verbreitet. Die eigene **Steuerehrlichkeit** beruht aber nur bei einer begrenzten Anzahl auf innerer Überzeugung. Von vielen wird Steuerehrlichkeit nur geübt, um die unangenehmen Folgen einer Steuerstraftat zu vermeiden. Wieder andere suchen Steuern zu hinterziehen.

Der Fall, dass ein Gesetz so offensichtliches Unrecht enthält, dass seine Befolgung den Einzelnen in Gewissenskonflikte stürzt, ist im Rechtsstaat sehr selten. Der Einzelne muss dann abwägen, ob er seine Meinung über die des demokratischen Gesetzgebers stellen will, und bereit sein, die Folgen zu tragen (unten Rn 429).

107 Die Theorie der individuellen Anerkennung ist eine wichtige Ergänzung der Theorie der generellen Anerkennung. Es ist schwer vorstellbar, dass es zu einer generellen Anerkennung des Rechts oder bestimmter Rechtsnormen in der Gesellschaft kommen würde, wenn kein Mensch aus innerer Überzeugung rechtstreu wäre. Im Unrechtsstaat kann man – zumindest für einige Zeit – die innere Rechtstreue durch blanke Furcht ersetzen, indem man Bespitzelungs- und Einschüchterungsorgane einsetzt (NKWD, Gestapo, Stasi). Im Rechtsstaat ist dies nicht möglich. Er muss mit der Zeit zerfallen, wenn bei niemandem die sittliche Überzeugung vorhanden ist, dass das Recht respektiert, eingehalten und durchgesetzt werden muss. Zumindest ein Teil der Bürger muss die innere Einstellung der Rechtstreue haben und damit die allgemeine Anerkennung des Rechts abstützen und festigen.

Eine solche innere Einstellung der Rechtstreue ist vor allem bei den Personen erforderlich, die das Recht anzuwenden haben, wie Richter, Staatsanwälte, Verwaltungsbeamte, Rechtsanwälte und Notare und Inhaber politischer Ämter. Fehlt es daran, zB durch eine Ausbreitung der Korruption, so kommt es zur Nichtachtung des Rechts und der Aushöhlung des Rechtssystems.

3. Zusammenfassung

Um die Frage der Rechtsgeltung voll zu verstehen, muss man im Grunde die vier erörterten Aspekte kombinieren. Eine Rechtsordnung kann nur gelten, wenn die Gesetze (und das sonstige Recht) selbst den Anspruch auf Geltung erheben. Dieser Geltungsanspruch hat wiederum verschiedene Aspekte (oben Rn 102 f). Der Geltungsanspruch wird aber nur ernst genommen, wenn er durch die (staatliche) Macht, die das Recht setzt, auch tatsächlich durchgesetzt wird (Rn 104). Die generelle Anerkennung des Rechts, die sich gemäß dem Geltungsanspruch und seiner Durchsetzung einstellt, schafft erst die Grundlage für das Funktionieren des Rechtssystems (Rn 105). Die generelle Anerkennung bedarf der Abstützung durch die individuelle Anerkennung der Rechtsgeltung durch einzelne Mitglieder der Rechtsgemeinschaft (Rn 106 f).

108

II. Wechselwirkungen zwischen Recht und Gesellschaft

Literatur: *Ch. Montesquieu*, De l'esprit des lois, 1748, hrsg. *G. Truc*, 2 Bde. 1957; *P. Haeberle*, Europäische Rechtskultur, 1994; *W. Maihofer*, Gesetzgebungswissenschaften, in: *G. Winkler/B. Schilcher* (Hrsg.), Gesetzgebung, 1981, S. 25; *P. Noll*, Gesetzgebungslehre, 1973; *M. Rehbinder*, Rechtssoziologie, 5. Aufl. 2003, insbes. §§ 5–7.

1. Das Recht als Teil der Gesamtkultur

Das Recht ist Teil der Gesamtkultur. Diese einfache Überlegung eröffnet das Verständnis dafür, dass zwischen Recht und Gesellschaft ständige Wechselwirkungen bestehen.

109

Bezeichnet man mit Kultur als Inbegriff die gesamte vom Menschen selbst geschaffene Lebenswelt im Unterschied zur Natur (Rn 48), so ist unter den rein geistigen kulturellen Hervorbringungen neben der Sprache, den gesellschaftlichen Institutionen (zB Familie), Verhaltensregeln und Denkweisen (Mentalität) sowie der Religion auch das Recht zu nennen.

Auf die Abhängigkeit der Gesetze (in Entstehung und Inhalt) von allen in einer Gesellschaft wirkenden sozialen Kräften, also von den politischen, geographischen, klimatischen, moralischen, religiösen, wirtschaftlichen, demographischen Verhältnissen hat schon Montesquieu hingewiesen.

Charles de Secondat Montesquieu (1689–1755), französischer Historiker und Staats- und Rechtstheoretiker, will in seinem Hauptwerk „Vom Geist der Gesetze" (*De l'esprit des lois*) nicht nur, wie er im Vorwort sagt, die „unendliche Vielfalt der Gesetze und Sitten" beschreiben, sondern auch die allgemeinen Gesetzmäßigkeiten, nach denen sie sich unter dem Einfluss der genannten Faktoren bilden. Die berühmteste Einzelleistung in diesem klassischen Werk ist die Analyse der Gewaltenteilung in der politischen Verfassung eines Staates in die Gesetzgebung, Exekutive (Regierung/Verwaltung) und Rechtsprechung, die Montesquieu (nicht ganz zu Recht) in der englischen Verfassung verwirklicht glaubt.

Auch *Carl Friedrich von Savigny*, Begründer der historischen Rechtsschule (Rn 144 ff), betont den Zusammenhang des Rechts mit der Gesamtkultur, insbesondere den in der Bevölkerung herrschenden Anschauungen („Volksgeist", modern: soziale Mentalität). Dieser Zusammenhang wird auch in der modernen rechtshistorischen und rechtsvergleichenden Forschung betont[4]. Es ist heute eine allgemeine Einsicht der Rechtspolitik (Rn 110) und der Rechtssoziologie (Rn 61 f), dass ein Gesetz, um die gewünschte Wirkung zu haben, mit den Lebensverhältnissen und gesellschaftlichen Anschauungen (Mentalität) der Bevölkerung im Einklang stehen muss. Natürlich werden diese Einsichten in der politischen Wirklichkeit nicht immer beachtet.

Wenn im Zusammenhang mit angestrebten Modernisierungsprozessen zB in den ehemals sozialistischen Ländern sowie in den Entwicklungsländern der sog. Dritten Welt in großem Umfang Gesetze nach dem Vorbild entwickelter westlicher Industrieländer eingeführt werden, so liegt darin zwar ein unentbehrlicher Beitrag zur Modernisierung. Andererseits aber ist mit großen Hindernissen bei der effektiven Durchsetzung dieses Rechts zu rechnen, wenn und soweit es nicht mit der Gesamtkultur des betreffenden Volkes, seinen Lebensverhältnissen, Traditionen und Anschauungen zusammenpasst (dazu auch unten Rn 460 ff)

2. Gesetzgebung und Rechtspolitik

110 In allen modernen Industriestaaten werden ständig neue Gesetze vorgeschlagen, ausgearbeitet, beraten, verabschiedet und durchgeführt. Moderne Gesellschaften weisen einen großen **Regelungsbedarf** auf. Zugleich wird über die Gesetzesflut und ihre Unübersichtlichkeit und die dadurch auch zT bewirkte Unbeständigkeit des Rechtssystems geklagt. Man kann in der Tat an der Weisheit mancher Gesetze zweifeln und muss bei jedem neuen Gesetzesvorschlag als erstes fragen, ob die geforderte Regelung wirklich notwendig ist. Dies ändert aber kaum etwas daran, dass notwendige und wichtige Gesetze ebenso wie überflüssige oder schädliche Gesetze ständig gefordert werden. Wir müssen den Normenhunger der modernen Gesellschaft als Tatsache zur Kenntnis nehmen (oben Rn 1).

Formuliert wird dieser Regelungsbedarf durch die politischen Kräfte, insbesondere die Parteien und großen Interessenverbände. Auch jede demokratisch gewählte Regierung legt als Teil ihres Regierungsprogramms Gesetzgebungspläne vor, und ihr Erfolg wird an der Realisierung dieser Pläne und der Tauglichkeit der Gesetze gemessen. Die jeweilige Opposition stellt ebenfalls entsprechende Forderungen und Programme auf. Die Mehrzahl der Gesetze wird durch die Regierung vorbereitet, weil sie in den Fachministerien genügend Kräfte zur Vorbereitung eines Entwurfs hat (Referentenentwurf). Die Ministerien ziehen externe Fachleute hinzu und beschaffen die Stellungnahme der Interessenverbände der betroffenen Bevölkerungskreise. Oft wird bereits in diesem Stadium entschieden, ob ein Gesetzgebungsplan durchgeführt werden kann oder wegen zu großen politischen Widerstandes zurückgezogen werden muss.

Gesetzgeber ist das demokratisch gewählte Parlament. In der Bundesrepublik Deutschland als einem Bundesstaat ist die Gesetzgebung zwischen Bund und Ländern geteilt (Art. 70 ff GG). Die Gesetzgebung des Bundes hat gegenüber der Landesgesetzgebung heute das weitaus größere Gewicht. Bundesgesetzgeber ist der Bundestag (Art. 77 I 1 GG). Der Bundesrat als Vertretung der Bundesländer ist an der Bundesge-

---

4 Dazu insbes. die Arbeiten von *H. Coing* (Rn 379 ff) und *P. Haeberle*, Europäische Rechtskultur, 1994.

setzgebung beteiligt und bestimmte Gesetze bedürfen seiner Zustimmung (vgl Art. 77 und 78 GG). Einzelheiten des Gesetzgebungsverfahrens sind Gegenstand des Staats- und Verfassungsrechts und hier nicht darzustellen. Ist ein Gesetz vom Bundestag oder dem sonst zuständigen Gesetzgeber beschlossen, so muss es verkündet und veröffentlicht werden, um in Kraft treten zu können. Bundesgesetze werden vom Bundespräsidenten verkündet und im Bundesgesetzblatt veröffentlicht (Art. 82 GG). Darin zeigt sich ein allgemeines Merkmal des Gesetzes. Es gehört traditionell zum Begriff des **Gesetzes**, dass es **öffentlich** ist und von allen Betroffenen wahrgenommen werden kann, um seine bindende Wirkung zu entfalten. Geheimgesetze sind in einem Rechtsstaat unzulässig. Mit der Veröffentlichung wird erst die allgemeine Voraussetzung dafür geschaffen, dass das Gesetz in der Gesellschaft wirkt, indem sich die Bürger darauf einrichten und das Gesetz generelle Anerkennung finden kann (oben Rn 105).

Jedes Gesetz verfolgt bestimmte **rechtspolitische Ziele**. Es will bestimmte Wirkungen in der Gesellschaft erzeugen und das Zusammenleben der Bürger gestalten. Der Zweck des Gesetzes ist daher auch für sein Verständnis entscheidend. Auf diesen fast banalen Sachverhalt hat Ende des 19. Jahrhunderts *Rudolph von Jhering* mit großer Resonanz hingewiesen (unten Rn 153). Jedem Gesetzgebungsvorschlag ist eine Begründung beigefügt, welche die rechtspolitischen Absichten und Ziele angibt.

111

Das verfassungsrechtliche Recht, durch eine Gesetzesvorlage ein Gesetzgebungsverfahren einzuleiten (Gesetzesinitiativrecht), haben bei der Bundesgesetzgebung die Bundesregierung, die Abgeordneten des Bundestages (wobei meist der Vorschlag durch eine oder mehrere Bundestagsfraktionen unterstützt werden muss, um Erfolgschancen zu haben), und der Bundesrat (vgl Art. 76 I GG).

Die erstrebten rechtspolitischen Ziele und die Tauglichkeit der vorgeschlagenen Regelung zu ihrer Erreichung werden in den Beratungen des Gesetzesentwurfs durch die zuständigen Bundestagsausschüsse überprüft. Häufig werden hier unabhängige Sachverständige sowie Vertreter von Verbänden und Interessengruppen angehört. Bei wichtigen Gesetzesvorhaben werden die Beratungen durch eine öffentliche Debatte in der Presse und in anderen Medien begleitet. Auch die Auswirkungen eines Gesetzes in wirtschaftlicher Hinsicht, insbesondere eine Belastung der öffentlichen Haushalte durch neue Ausgaben, werden – soweit abschätzbar – diskutiert.

Ist das Gesetz in Kraft getreten, so ist ein Rückblick auf die im Gesetzgebungsvorhaben vorgebrachten rechtspolitischen Überlegungen eine Hilfe bei der Auslegung des Gesetzes (sog. historische Auslegung; dazu Rn 179). Allerdings gilt dies nur, soweit diese Überlegungen wirklich das Gesetz tragen und der Wortlaut nicht entgegensteht. Nach bestimmten Auffassungen, insbesondere der Pandektistik (Rn 149 f) und der Reinen Rechtslehre (Rn 157 f), hat der Richter bei der Anwendung des Gesetzes die rechtspolitischen Überlegungen außer Betracht zu lassen. Dies entspricht nicht der heute herrschenden Auffassung von der Rechtsanwendung (§§ 7 u. 8, Rn 163 ff, 194 ff).

3. Wirkungen des Rechts. Steuerung durch Recht?

Am Gesetzgebungsverfahren kann man die Einwirkung der (demokratisch verfassten) Gesellschaft auf ihr Rechtssystem studieren. Ist das Gesetz in Kraft getreten, so wirkt es auf die Gesellschaft zurück. Über die Art dieser Wirkung wurde bereits bei der all-

112

gemeinen Kennzeichnung des Rechts (oben Rn 33 ff) gesprochen. Das Recht hat danach die Aufgabe der Friedens- und Freiheitsordnung sowie der Gewährung sozialer Sicherheit und es ist Grundlage der Kooperation und Integration.

Diese Wirkungen entfaltet das Recht überwiegend dadurch, dass die Bürger die Gesetze freiwillig befolgen und ihr Handeln danach einrichten. Nur eine kleinere Anzahl muss durch Zwang dazu angehalten werden (zum Problem der Rechtsgeltung oben Rn 101 ff).

Jede Gesetzgebung in einem demokratischen Rechtsstaat will entweder **bewahrend** oder **gestaltend** in das Leben der Gesellschaft eingreifen. Besondere Faszination hat der Gedanke einer Gestaltung der Gesellschaft, insbesondere ihrer Veränderung zu einem gedachten besseren Zustand. Zu diesem Gedanken der **Umgestaltung** tritt nicht selten der Gedanke einer **Steuerung** in dem Sinne, dass eine mit überlegen Informationen und Einsichten ausgestattete Staatsführung die Gesellschaft ständig steuert.

Ein praktisch wichtiger Aspekt der Umgestaltung der Gesellschaft ist die Umverteilung von Einkommen durch Steuern und Sozialrenten.

Der faszinierende Gedanke der umfassenden Umgestaltung der Gesellschaft ist aus mehreren Gründen gefährlich. Erstens kann diese Umgestaltung nicht ohne Widerstände und Eingriffe in bestehende Rechte bewerkstelligt werden. Dabei sind zweitens regelmäßig Freiheitsverluste zu befürchten. Drittens ist es meist höchst unklar, worin genau das erstrebte bessere Ziel bestehen soll. Das Ziel einer völligen Umgestaltung der Gesellschaft durch Recht ist unrealistisch und auch nicht erstrebenswert.

Globale Ziele der gesellschaftlichen Umgestaltung werden durch Utopien formuliert. Die attraktivste gesellschaftliche Utopie des 20. Jahrhunderts war der Sozialismus. Seit seinem offensichtlichen Scheitern besteht hier eine gewisse Ratlosigkeit. Die Faszination bestand merkwürdigerweise trotz der Tatsache, dass man die Realitätsferne solcher Utopien durchaus bemerkte. Sie steckt schon in dem Wort Utopie; damit wird etwas bezeichnet, was nirgends existiert. Über die erheblichen Freiheits- und Wohlfahrtsverluste der sozialistischen Utopie ist noch (iF Rn 124, 134 ff, 357) zu sprechen. Der zeitweilig sehr populäre Wunsch nach einer generellen Umgestaltung unserer Gesellschaft wurde und wird letztlich aber weniger von positiven Zielvorstellungen (Utopien) motiviert, als vielmehr mit einer behaupteten Unerträglichkeit der bestehenden gesellschaftlichen Zustände.

113 Auch der Gedanke einer **generellen Steuerung** der Gesellschaft durch das Recht oder mithilfe des Rechts ist weder aussichtsreich noch attraktiv. Unsere modernen Gesellschaften sind zu komplex und übersteigen die Steuerungskapazität durch allgemeine Normen oder zentrale Regierungsstellen bei weitem. Dies hat sich in der sozialistischen Planwirtschaft gezeigt.

Allerdings ist sowohl der Gedanke einer Umgestaltung wie der einer Steuerung nicht vollständig aus dem Zielkatalog des demokratischen Gesetzgebers zu streichen. Es kommt vielmehr darauf an, die primären Ziele der Sicherheit, der Freiheit und des Rechtsfriedens zu wahren; daraus folgt das Gebot einer Selbstbescheidung des Gesetzgebers auf begrenzte Umgestaltung und begrenzte staatliche Steuerung unter Wahrung der genannten grundlegenden Rechtswerte.

Die bloße Bewahrung bestehender Zustände durch das Recht ist andererseits ebenfalls ein unrealistisches Ziel. Die dynamische Fortentwicklung der modernen Gesellschaften ist eine Erfahrungstatsache. Selbst wenn man hier primär die bewahrende Aufgabe des Rechts in den Vordergrund stellt und als Gegenstand dieser Bewahrung die Freiheit und bestehenden Rechte der Bürger bejaht, muss der Gesetzgeber **in begrenztem Umfang gestaltend** in die gesellschaftlichen Abläufe eingreifen. Nur auf diese Weise lassen sich bestehende Freiheitsräume und bestehende Rechte letztlich wahren.

Beispiel 1: Für den Fortbestand einer freien Wirtschaftsordnung ist ein funktionierender Wettbewerb auf den Märkten unentbehrlich. Die Freiheit des Wettbewerbs ist in einer dynamisch sich fortentwickelnden Wirtschaft ständig durch den Aufbau neuer wirtschaftlicher Machtstrukturen bedroht. Hier muss das Kartellrecht (Wettbewerbsrecht) repressiv eingreifen, um die Freiheit des Wettbewerbs zu sichern.

Beispiel 2: Eine umfangreiche moderne Verbraucherschutzgesetzgebung greift in vielfältiger Weise in die Freiheit der Wirtschaftsunternehmen und die geschäftlichen Abläufe in der Wirtschaft ein. Über den Sinn und Nutzen mancher dieser Eingriffe kann man streiten. Nicht streiten sollte man darüber, dass der Schutz des Verbrauchers oder der Schutz des Kapitalanlegers grundsätzlich sinnvoll ist und dazu dient, Eigentum (Vermögen) und Vertragsfreiheit der betroffenen Bevölkerung zu schützen. Im Einzelnen muss dann entschieden werden, ob eine übermäßige Bevormundung oder ein sinnvoller Schutz vorliegt. Ein Teil dieser Aufgabe fällt auch der Rechtsprechung zu.

Beispiel 3: Der moderne Sozialstaat sorgt durch umfangreiche Sozialversicherungssysteme für sozialen Schutz der alten Menschen, der Kranken und der Arbeitslosen und nimmt dabei in großem Umfang die Umverteilung von Einkommen vor (zB von jungen Erwerbstätigen zu Rentenempfängern nach der Idee des „Generationenvertrags"). Diese Umverteilung ist im Grundsatz von einem demokratischen Konsens getragen. Im Ausmaß dieser sozialen Sicherungssysteme und ihrer Ausgestaltung im Einzelnen besteht allerdings immer wieder ein Bedarf nach Korrektur, weil die Systeme an die Grenzen ihrer Leistungsfähigkeit stoßen (s. Rn 450 f).

Der demokratische Gesetzgeber verzichtet auch nicht auf den Gedanken der Steuerung der Gesellschaft durch Gesetze. Zwar ist der Gedanke einer Gesamtsteuerung unrealistisch und undemokratisch. Anders verhält es sich mit begrenzten Einflussnahmen, insbesondere im Bereich der Wirtschaft. Sie dürfen die grundsätzliche Freiheit der Wirtschaft nicht antasten. Beispiele sind die Wirtschaftsförderung durch steuerliche Anreize oder staatliche Subventionen. 114

Zur Zeit des Bestehens der DDR gab es für die wirtschaftlich schwachen sog. Zonenrandgebiete steuerliche Erleichterungen für Unternehmen, um damit Unternehmer zur Ansiedlung in diesen Gebieten zu veranlassen. In gleicher Weise gab es eine umfangreiche Berlinförderung wegen der schwierigen Lage Westberlins, das gleichsam wie eine Insel von dem Gebiet der DDR umschlossen war. Nach der Wiedervereinigung Deutschlands wurde eine umfangreiche Wirtschaftsförderung im neuen Bundesgebiet begonnen, um den schwierigen Übergang von der zusammengebrochenen sozialistischen Wirtschaft auf die freie Wirtschaft zu ermöglichen.

Kennzeichen dieser Wirtschaftsförderung ist die Freiwilligkeit der Unternehmer, geförderte Projekte zu beginnen. Es werden Anreize durch Steuererleichterung geboten und Subventionen, meist in Form verbilligter Kredite oder von Staatsbürgschaften.

Als **Globalsteuerung** bezeichnet man eine indirekte Einflussnahme auf die Wirtschaft zur Erreichung bestimmter wirtschaftlicher Ziele, zB der Preisstabilität (Inflationsvermeidung). Dabei werden bestimmte gesamtwirtschaftliche (makroökonomi- 115 sche) Größen beeinflusst; die freie Entscheidung der einzelnen Wirtschaftssubjekte (Unternehmen, Verbraucher) wird dabei nicht eingeschränkt[5]. Dies wäre auch verfassungsrechtlich bedenklich oder unzulässig[6].

Ein **Beispiel** für eine solche indirekte Beeinflussung bieten die währungspolitischen Instrumente der Zentralbank, also früher der Deutschen Bundesbank und nunmehr der Europäischen Zentralbank (EZB). Durch Anhebung oder Senkung der Zinsen für die Versorgung der Wirtschaft mit Zentralbankkrediten werden diese Kredite verteuert („verknappt") oder umgekehrt verbilligt und damit erleichtert. Damit wird ein dämpfender oder umgekehrt ein anregender Einfluss auf die Investitionstätigkeit der Unternehmen ausgeübt. Möglichkeiten und Grenzen der Globalsteuerung sind umstritten. Einen Versuch, eine allgemeine gesetzliche Grundlage für eine Globalsteuerung unter Einbeziehung der gesellschaftlichen Gruppen (Tarifpartner) zu schaffen, stellte das StabilitätsG von 1967 dar;[7] ihm war kein durchschlagender Erfolg beschieden. Eine sehr begrenzte Globalsteuerung auf monetärem Gebiet, zB durch die erwähnte Zinspolitik, betreibt die EZB im Rahmen ihres gesetzlichen Auftrags, „die Preisstabilität zu Gewähr leisten" (Art. 105 Abs. 1 EG idF v. 1997), unter Einsatz ihrer Instrumente der Offenmarkt- und Kreditgeschäfte und der Festlegung von Mindestreserven (Art. 18 u. 19 EZB-Satzung).

4. Insbesondere: Strafrecht und Strafzwecke

116 Die hier besprochene Wechselwirkung zwischen der Gesellschaft und ihrem Rechtssystem soll iF am Beispiel des Strafrechts weiter veranschaulicht werden, und zwar in drei Schritten. (1) Im Strafrecht sind allgemeine Eigenschaften des Rechts besonders deutlich zu beobachten. (2) In der Strafrechtspolitik lässt sich die Einwirkung der Gesellschaft auf das Rechtssystem veranschaulichen und (3) umgekehrt lässt sich die Einwirkung des Rechts auf die Gesellschaft anhand der Vorstellungen über die Strafzwecke studieren.

(1) Die Strafbarkeit bestimmter Handlungen als Verbrechen oder Vergehen ist die elementare Grundlage für den Schutz der Gesellschaft vor diesen Handlungen und entspricht damit einem Sicherheitsbedürfnis der Gesellschaft. Unabhängig von diesem Sicherheitsbedürfnis besteht aber auch ein Bedürfnis nach Sühne für begangenes Unrecht, und dieses Verlangen ist Teil des allgemeinen Rechtsbewusstseins. Das Strafrecht normiert in seinen Bestimmungen, den Straftatbeständen, jeweils den **staatlichen Strafanspruch** gegen den Rechtsbrecher. In diesem Strafanspruch kommen charakteristische Eigenschaften der Rechtsordnung zum Ausdruck. Diese ist zugleich Zwangsordnung und Freiheitsordnung. Das Strafrecht ist Zwangsordnung, indem es dem Rechtsbrecher die Strafe (oder Maßregel) gegen seinen Willen aufzwingt; zugleich sollen durch die fortbestehende Strafdrohung andere von Straftaten abgeschreckt werden. Auch das Strafrecht ist aber zugleich Teil der Freiheitsordnung, die das Recht verwirklichen will. Denn die Freiheit der Einzelnen erfordert zugleich den

---

5 Vgl zB *K. Schiller*, Preisstabilität durch globale Steuerung der Marktwirtschaft, 1966.
6 Vgl *M. Schmidt-Preuß*, Verfassungsrechtliche Zentralfragen staatlicher Lohn- und Preisdirigismen, 1977, 41 f, 86 ff.
7 Gesetz zur Förderung der Stabilität und des Wachstums in der Wirtschaft v. 8.6.1967, BGBl. I, S. 582; dazu *R. Zuck*, NJW 1967, 1301 ff.

Schutz ihrer Rechtsgüter vor Straftaten. Das Leben in einer Gesellschaft, die von einer allgemeinen Bedrohung durch Straftaten und entsprechender Furcht belastet wäre, wäre ein unfreies Leben.

Die einzelnen Strafnormen schützen einzelne Rechtsgüter. So schützen die Strafnormen über Mord (§ 211 StGB), über Totschlag (§ 212 StGB) und über fahrlässige Tötung (§ 222 StGB) das menschliche Leben; die Strafnormen über Körperverletzungen (§§ 223–230 StGB) schützen die körperliche Unversehrtheit, die Strafnormen über Beleidigung, üble Nachrede und Verleumdung (§§ 185–187a StGB) die persönliche Ehre. Anhand der Schutzgüter des Strafrechts lässt sich ein Gesamtbild der Rechtsgüter entwerfen, die in einer Gesellschaft so hoch bewertet werden, dass ihr Schutz durch das Instrument der Strafrechtsnorm geboten erscheint.

Zahlreiche Schutzgüter sind fast allen entwickelten Strafrechtssystemen gemeinsam, so der Schutz des Lebens vor Mord, Totschlag oder fahrlässiger Tötung usw. Andere Schutzgüter sind zumindest in der einzelnen Ausgestaltung des Schutzes stark von unterschiedlichen kulturellen Vorstellungen abhängig. Diese Unterschiede wirken sich auch in der Art der Bestrafung und vor allem des Strafvollzugs aus.

(2) **Rechtspolitik** bedeutet das Bemühen um eine Veränderung und Verbesserung des Rechtssystems. An der **Strafrechtspolitik** lässt sich ablesen, in welchem Maß in einer Gesellschaft die Vorstellungen über bestimmte Schutzgüter des Strafrechts oder über den Umfang ihres Schutzes sich verändern. Man findet einmal Forderungen, Straftatbestände abzuschaffen, weil man um der Freiheit willen bestimmte Straftatbestände für lästig oder gar schädlich hält („Entkriminalisierung"). Anderseits finden sich Forderungen, neue Strafnormen zu erlassen, weil man bestimmte Rechtsgüter schützen will, die noch nicht oder noch nicht ausreichend geschützt sind. Die deutsche Strafrechtsreform bietet dafür reiches Anschauungsmaterial.

117

Die seit Ende der 60er-Jahre in Gang gekommene Strafrechtsreform hat sich zum Teil die Reduzierung des strafrechtlichen Schutzes iS einer „**Entkriminalisierung**" zum Ziel gesetzt, so. zB die Reform des Sexualstrafrechts von 1973.

Im Bereich des Rechts der öffentlichen Sicherheit ist eine unstete Entwicklung zu verzeichnen. Das 14. StrafrechtsänderungsG v. 22.4.1976 stellte in den §§ 88a und 130a die verfassungsfeindliche Befürwortung bzw die Anleitung zu Straftaten unter Strafe. Durch das Änderungsgesetz vom 18.8.1976 wurde in § 129a StGB die Bildung terroristischer Vereinigungen poenalisiert. 1981 wurden durch das 19. StrafrechtsänderungsG die §§ 88a und 130a StGB wieder aufgehoben. Das TerrorismusG vom 19.12.1986 brachte die Verschärfung des § 129a StGB und die Wiedereinführung von § 130a.

Im Zuge der sog. Entkriminalisierung wurde das strafrechtliche **Pornographieverbot** (§ 184 StGB) im 4. StrafrechtsreformG von 1974 so gestaltet, dass als Schutzgut nur die ungestörte sexuelle Entwicklung von Kindern und Jugendlichen unter 18 Jahren angesehen wird. Dies gilt auch in Bezug auf die sog. harte Pornographie, deren Verbreitung generell, also nicht nur gegenüber Jugendlichen, strafbar ist. Es ging also nicht mehr um den Schutz einer Sexualordnung, sondern um Jugendschutz. In den 80er und zu Beginn der 90er-Jahre des 20. Jahrhunderts begann sich jedoch die Überlegung wieder durchzusetzen, dass die Pornographie auch andere sozialschädliche Wirkungen hat. Es wird (wiederum) vorgeschlagen, als Schutzgut nicht die Entwicklung des Jugendlichen, sondern das Persönlichkeitsrecht und die Würde der Frau anzusehen und auch andere traditionelle Werte, die früher als selbstverständlich vom Schutzgut des Pornographieverbotes mit umfasst waren, wieder ernst zu nehmen. Das Gesetz zum Schutz der Beschäftigten vor sexueller Belästigung am Arbeitsplatz von 1994 ist ein Schritt in diese Richtung[8].

Allerdings genießt nach Meinung des Bundesverfassungsgerichts (anders in den USA) auch die pornographische Darstellung den Schutz der Kunstfreiheit (Art. 5 III 1 GG), sodass ihre Einschränkung nur dann gerechtfertigt werden kann, wenn man dies mit dem Schutz anderer, ebenfalls durch die Verfassung geschützter Güter (Persönlichkeitsrecht usw) begründet.

Ein umgekehrtes **Beispiel** der Ausdehnung des Strafrechts durch Strafandrohung gegen Handlungen, die bisher nicht mit Strafe bedroht waren („Kriminalisierung"), bietet das Umweltstrafrecht.

118 (3) Die generelle Auswirkung des Strafrechts in der Gesellschaft wird im Zusammenhang mit der Frage diskutiert, welchem Zweck die staatliche Strafe, die durch das Strafrecht angedroht wird, überhaupt dient. Herkömmlicherweise werden dabei verschiedene **Strafzwecke** unterschieden. Bei den Strafzwecken werden hauptsächlich zwei Gesichtspunkte genannt. Einmal wird der Zweck darin gesehen, dass andere von der Begehung gleichartiger Taten abgeschreckt werden sollen (Generalprävention). Der bedeutendste Vertreter dieser Auffassung war der Strafrechtswissenschaftler *Feuerbach*. Zum anderen kann man den Zweck darin sehen, dass der einzelne Täter von weiteren Straftaten abgeschreckt oder durch die Strafe gebessert wird (Spezialprävention); bedeutendster Vertreter dieser Auffassung war der Strafrechtswissenschaftler *von Liszt*. Beide Theorien lassen sich mit dem allgemeinen Gedanken verbinden, dass das Strafrecht hauptsächlich einen Schutz der Gesellschaft bezweckt. Oft reicht aber weder der Abschreckungs-, noch der Besserungs-, noch der allgemeine Schutzgedanke aus.

Man denke nur an die vielen Fälle der Staatskriminalität in der Nazizeit und in der DDR. Die Täter sind häufig, zumal wenn sie in hohen Regierungspositionen standen, erst zu einem Zeitpunkt der Strafverfolgung ausgesetzt worden, in der sie alt und einflusslos waren. In dieser Situation musste man weder andere von solchen Straftaten abschrecken, noch die Täter an der Begehung weiterer Straftaten hindern. Die Täter waren aber meist auch völlig uneinsichtig und insofern auch nicht besserungsfähig. Andererseits sind sowohl hinsichtlich der Nazi-Gewaltverbrecher als auch hinsichtlich der DDR-Verbrechen Forderungen nach Bestrafung iS einer Sühne damit nicht erledigt.

119 Die Zwecktheorien beschäftigen sich mit verschiedenen Aspekten der Auswirkung der Strafe, teils auf den Täter, teils auf andere potenzielle Täter. Diesen zweckorientierten, „relativen" Straftheorien stehen „absolute" Straftheorien gegenüber, die den Sinn der Strafe zweckfrei formulieren. Im Vordergrund steht hier der **Sühnegedanke**. Dieser Gedanke ist mit dem allgemeinen Rechtsbewusstsein der Bevölkerung eng verbunden. Das Bedürfnis, dass zumindest schwere Straftaten nicht ungesühnt bleiben dürfen, ist in fast jeder Gesellschaft tief verwurzelt. Dieses Bedürfnis mag sich im Einzelfall mit primitiven Rachebedürfnissen verbinden, darf aber grundsätzlich nicht damit gleichgesetzt werden. Vielmehr ist anzuerkennen, dass darin ein Gerechtigkeitsgedanke liegt. Die absolute Strafauffassung war in der neuzeitlichen Philosophie weit verbreitet und ist etwa bei den Philosophen *Kant* und *Hegel* zu finden[9]. Auch die

---

8 IdF Art 10 des Zweiten GleichberechtigungsG v. 24.6.1994, BGBl I, 1412.
9 Zu *Kant* unten Rn 324 ff, zu *Hegel* unten Rn 345 f.

absoluten Straftheorien enthalten den Gesichtspunkt einer Auswirkung der Strafe auf die Gesellschaft. Man muss diese Auswirkungen nur sehr viel allgemeiner sehen. Es geht generell darum, wie weit der Respekt vor dem Recht in einer Gesellschaft gewahrt bleibt und das Rechtsgefühl in der Gesellschaft befriedigt wird.

Die heute im Strafrecht vorherrschende Vorstellung vom Strafzweck sucht die verschiedenen Aspekte zu verbinden (Vereinigungstheorie). Dies wirkt sich vor allem in der Lehre von der Strafzumessung aus. Es wird die Auffassung vertreten, dass das Maß der Tatschuld eine Obergrenze und eine Untergrenze der angemessenen Strafe ergebe (Spielraum). Innerhalb dieses Spielraums müsse der Richter die angemessene Strafe nach generalpräventiven und spezialpräventiven Zwecken festsetzen (BGHSt 20, 264, 266). Große praktische Bedeutung für die Erreichung der Strafzwecke hat schließlich der Strafvollzug. Es macht einen Unterschied, ob eine Freiheitsstrafe tatsächlich abgebüßt werden muss oder entweder auf Bewährung ausgesetzt oder dadurch abgekürzt wird, dass eine vorzeitige Entlassung erfolgt.

III. Recht und Wirtschaft

Literatur: *W. Eucken*, Die Grundlagen der Nationalökonomie, 8. Aufl. 1965; *N. Horn*, Zur ökonomischen Rationalität des Privatrechts, AcP 176 (1976), 307–333; *ders.*, Das Zivil- und Wirtschaftsrecht im neuen Bundesgebiet, 2. Aufl. 1993, insbes. § 1.III; § 3.VIII; *Karpen*, Soziale Marktwirtschaft und Grundgesetz, 1990; *E.J. Mestmäcker*, Recht und ökonomisches Gesetz. Über die Grenzen von Staat, Gesellschaft und Privatautonomie, 1978. S. auch die Nachweise iF bei Rn 131.

1. Recht und ökonomisches Prinzip

Das Verhältnis der wechselseitigen Einwirkung, das zwischen der Gesellschaft und ihrem Rechtssystem besteht, lässt sich sehr deutlich auch an einem der wichtigsten Tätigkeitsfelder einer Gesellschaft, der Wirtschaft, studieren. Zu diesem Verhältnis bestehen zwei gegenläufige Forderungen. Eine Forderung lautet, dass das Recht die Eigengesetzlichkeit der Wirtschaft respektieren muss. Die andere Forderung geht dahin, dass sich das Recht nicht (nur) von ökonomischen Gesichtspunkten leiten lassen darf. Für beide Forderungen gibt es gute Gründe. Die Kunst der Gesetzgebung und Rechtsanwendung auf dem Gebiet der Wirtschaft besteht im Ergebnis darin, möglichst beiden Forderungen Rechnung zu tragen.

120

Betrachten wir zunächst die **Eigengesetzlichkeit der Wirtschaft**. Wirtschaft ist das Gebiet menschlicher Tätigkeit, das der **planvollen Befriedigung menschlicher Bedürfnisse mit knappen Gütern** dient. Es gehört zu den großen Fortschritten in der Entwicklung der Wissenschaften, dass die wirtschaftliche Tätigkeit des Menschen zum Gegenstand einer eigenen Wissenschaft (Volkswirtschaftslehre; sehr viel später Betriebswirtschaftslehre) wurde, welche die „Gesetzmäßigkeiten" dieser Tätigkeit erforschte. Die Grundlagen der Volkswirtschaftslehre (Nationalökonomie) wurden vor allem durch englische Wissenschaftler in der zweiten Hälfte des 18. Jahrhunderts gelegt; ihr bedeutendster Vertreter ist *Adam Smith* (1723–1790)[10]. Hier wurden erstmals

---

10 Hauptwerk: Inquiry into the Causes and the Nature of the Wealth of Nations, 1776.

die „Gesetze" der Marktwirtschaft (iF Rn 127 ff) herausgearbeitet. Unter Gesetzen sind dabei nicht rechtliche Gesetze zu verstehen, sondern die tatsächlichen Regelhaftigkeiten (oben Rn 18), die sich einstellen, wenn Menschen planvoll und rational wirtschaften.

Menschliche **Bedürfnisse** sind ein der Wirtschaft vorgegebener anthropologischer Tatbestand. Bedürfnisse sind im Prinzip grenzenlos. Ihre Art hängt von den tatsächlichen Lebensverhältnissen, dem Kulturzustand und dem Bewusstseinszustand der Menschen ab. Der Letztere kann natürlich beeinflusst werden, zB durch Werbung. Man kann Elementarbedürfnisse (Nahrung, Kleidung) und andere unterscheiden. Bedürfnisse konkretisieren sich in einem Bedarf an Wirtschaftsgütern. Dieser Bedarf drückt sich in einer Nachfrage nach diesen Gütern aus.

Güter sind geeignet, Nutzen zu stiften, indem sie menschliche Bedürfnisse befriedigen. Die Güter lassen sich einteilen in Waren (gegenständliche Güter) und Dienstleistungen. Bei den Waren lassen sich Investitionsgüter (zB Maschinen) und Verbrauchsgüter (zB Nahrungsmittel, Kleidung) unterscheiden. Wirtschaftsgüter sind knappe Güter. Von ihnen sind die freien Güter zu unterscheiden, die jedermann zugänglich sind (Luft, Wettereinflüsse) und daher nicht Gegenstand wirtschaftlicher Tätigkeit sein können. Jedes Wirtschaftssystem befasst sich mit der Erzeugung und Verteilung der vorgenannten Wirtschaftsgüter.

121 Die Rationalität des wirtschaftenden Menschen drückt sich im **ökonomischen Prinzip** aus. Dieses Prinzip gibt eine Handlungsanleitung in Form einer Zweck-Mittel-Relation. Wirtschaftlicher Zweck ist die Erzielung eines Güterertrags. Dazu werden Mittel (Produktionsfaktoren) aufgewendet. Das Verhältnis zwischen den aufgewendeten Gütern und dem Ertrag an Gütern soll möglichst günstig gestaltet werden. Ökonomisch handeln heißt daher, mit gegebenem Aufwand einen möglichst großen Güterertrag zu erzielen oder umgekehrt einen (als Ziel) vorgegebenen Güterertrag mit möglichst geringem Aufwand zu erzielen.

Drückt man den Aufwand in Geld aus, das man investieren will, so bedeutet das ökonomische Prinzip, dass man entweder bei einer fest vorgegebenen verfügbaren Investitionssumme (Aufwand) einen möglichst hohen Ertrag erzielen will oder umgekehrt einen als Ziel vorgegebenen Ertrag mit möglichst geringer Investition (geringen Kosten) erreichen will. Im ersteren Fall geht es um Gewinnmaximierung, im zweiten um Kostenminimierung. In beiden Fällen geht es darum, die Relation zwischen Mittel und Zweck möglichst günstig zu gestalten.

2. Das Verhältnis von Wirtschaft und Ethik

122 Die aus diesem Prinzip im Einzelnen abgeleiteten wirtschaftlichen Gesetze bestehen unabhängig von ethischen Grundsätzen oder rechtlichen Normen. Die wirtschaftliche Betrachtung ist in diesem Sinne wertfrei. In der Realität müssen aber wirtschaftliche Gesetzmäßigkeiten sowohl mit ethischen Grundsätzen als auch mit rechtlichen Anforderungen in Einklang gebracht werden. Dies ist übrigens eine Grundvoraussetzung schon bei *Adam Smith*. Dieser geht davon aus, dass die Gesetze des Wirtschaftens natürlich unter der Voraussetzung zu entwickeln sind, dass die wirtschaftlich rational handelnden Menschen das Recht achten.

Gleichwohl haben sich im **Verhältnis von Wirtschaft und Ethik** typische Missverständnisse herausgebildet; sie betreffen auch die Rolle des Rechts in diesem Verhältnis. Die gemeinsame Wurzel dieses Missverständnisses besteht in der Annahme, wirtschaftliche Zweckmäßigkeiten (Gesetzmäßigkeiten) und ethische Normen seien grundsätzlich unvereinbar. Dahinter steht das Vorurteil, dass wirtschaftliches Handeln per se den Ruch des Unmoralischen habe.

Zu diesem Vorurteil trägt die unzweifelhafte Erfahrungstatsache bei, dass im Wirtschaftsleben immer wieder das rücksichtslose und skrupellose Verfolgen eigener wirtschaftlicher Ziele beobachtet werden kann. Die unzähligen Beispiele korrekten und fairen Verhaltens werden dabei oft übersehen. Das Vorurteil hat ferner einen gewissen Platz in der deutschen Bildungstradition, wo „Kultur" und „Geschäft" als Gegensatz empfunden werden. Das Vorurteil wurde ferner von der „Kapitalismuskritik" genährt, die der gescheiterte Marxismus über 100 Jahre lang bis in die Gegenwart am freien Wirtschaftssystem geübt hat.

Wird aber nicht auch vom Christentum das Verfolgen wirtschaftlicher Ziele missbilligt? Das Christuswort „Ihr könnt nicht Gott dienen und dem Mammon" verurteilt aber nicht das wirtschaftliche Tun an sich, sondern nur eine Haltung, in der die materiellen Werte über alle moralischen Werte gesetzt und sozusagen vergötzt werden. Das Ideal der Armut, das die christlichen Orden seit der Antike pflegen, ist keine allgemeine Regel, sondern eine freiwillige und besondere sittliche Leistung.

Es ist zweckmäßig, sich zum Verhältnis von Wirtschaft und Ethik die folgenden vier Grundsätze zu vergegenwärtigen: **123**

(1) Im Konfliktfall hat die ethische Norm den Vorrang vor der wirtschaftlichen Erwägung. Dieser Konfliktfall ist aber nicht die Regel, sondern die Ausnahme.

Materielle Hilfe an Menschen in der Not ist für den Geber meist „unökonomisch", aber ein Gebot der Menschlichkeit. Das Gesetz kann eine Pflicht zu solchem Verhalten nur in sehr begrenzten Fällen auferlegen, so zB in den Unterhaltspflichten des Familienrechts und im (heute sehr ausgedehnten) öffentlichen Sozialhilferecht.

Häufig besteht ein Konflikt zwischen Ethik und Ökonomie nicht wirklich. **Beispiel:** Jemand verzichtet bei einem Geschäft darauf, den Partner zu übervorteilen, obwohl ihm dies leicht möglich wäre. Dieser materielle „Verlust" wird häufig dadurch wettgemacht, dass langfristig eine solide, faire und ertragreiche Geschäftsverbindung entsteht.

(2) In der rechtlichen Ordnung des Gemeinwesens müssen ethische Prinzipien grundsätzlich in der Weise durchgesetzt werden, dass man zugleich auf ökonomische Gesetzmäßigkeiten Rücksicht nimmt. Geschieht dies nicht, so besteht die Gefahr, dass die Rechtsordnung auch unfrei und ungerecht wird. Es ist also ein Ausgleich zwischen ethischen Prinzipien und Ökonomie anzustreben. **124**

Diesem Grundsatz sucht die Wirtschaftsgesetzgebung in einer freien und rechtsstaatlich verfassten Gesellschaft zu folgen. **Beispiel 1: Wirtschaftsförderungsgesetze** (zB zur Schaffung von Arbeitsplätzen im neuen Bundesgebiet) knüpfen regelmäßig an die Gesetze des Marktes und die typischen (freien) Entscheidungen der Unternehmen an und suchen diese durch bestimmte Anreize (Steuervorteile, Subventionen) freiwillig zu einem solchen ökonomischen Handeln zu veranlassen, das zugleich den sozialethischen Zielen des Gesetzgebers dient. Ähnliches gilt für die sog. Globalsteuerung (oben Rn 115). Wirtschaftsförderung durch das Instrument von Steuervorteilen und verbilligten Krediten ist in einer Marktwirtschaft sehr effizient und der Planwirtschaft weit überlegen. Das Instrument ist aber auch grob und schießt bisweilen über das Ziel hinaus. Beispiel: Derartige Anreize kurbelten nach der deutschen Wiedervereinigung 1990 den dringend notwendigen Neubau von Wohn- und Geschäftshäusern an und entfachten einen Bau-Boom. Im Ergebnis kam es aber auch zu Leerständen zu viel errichteten Wohn- und Geschäftsraums mit großen Verlusten der Investoren.

Beispiel 2: Der Markt ist der beste und effizienteste Verteilungsmechanismus für Produktionsfaktoren (Investitionen), Güter und Einkommen. Die Rechtsordnung soll diesen Mechanismus unterstützen und möglichst nicht stören. In Notzeiten (Krieg und erste Nachkriegszeit in Deutschland) reicht der Markt aber nicht aus, um die Grundversorgung der Bevölkerung mit Nahrung, Wohnung und Kleidung sicherzustellen. Dann (und nur solange notwendig) kann und muss der Staat durch die Rechtsordnung durch **Zwangsbewirtschaftung** eingreifen. Diese suchte eine möglichst gleichmäßige Verteilung der knappen Konsumgüter durch Lebensmittelkarten und Bezugsscheine sicherzustellen. – Zuweilen greift der Staat auch durch ein System von Höchstpreisen in die Wirtschaft ein und sucht dadurch insbesondere die ärmere Bevölkerung zB vor zu hohen Lebensmittelpreisen zu schützen. Dieses Instrument ist gefährlich. In vielen Entwicklungsländern führten zwangsweise niedrige Getreide- und Brotpreise zu immer größerer Hungersnot, weil die Bauern keinen Anreiz für die Steigerung der Produktion sahen. Die Freigabe der Preise führte dann vorübergehend zu Härten, längerfristig aber zur Beseitigung des Hungers.

Beispiel 3: Der **Marxismus** hat versucht, bestimmte sozialethische Postulate (Schutz der sozial Schwachen vor Ausbeutung, möglichst gleiche Verteilung der Güter an jeden nach seinen Bedürfnissen) gegen wirtschaftliche und psychologische Gesetzmäßigkeiten zwangsweise durchsetzen zu wollen, nämlich gegen das Bedürfnis des Menschen nach Privateigentum auch im Wirtschaftsleben und nach der Verfolgung eigener wirtschaftlicher Interessen. Das Ergebnis war ein unmoralisches Zwangssystem, das auch wirtschaflich gescheitert ist, also Ethik und Ökonomie gleichermaßen verfehlte (unten Rn 134 ff).

125 (3) Wirtschaftliche Ziele können allein ein Handeln nicht rechtfertigen, das gegen ethische Gebote verstößt.

Dies ist, wie oben ausgeführt, bereits eine selbstverständliche Voraussetzung der klassischen Nationalökonomie, die unser heutiges freies Wirtschaftssystem gedanklich begründet hat.

Beispiel 1: Werbung hat den ökonomischen Zweck, Aufmerksamkeit für das beworbene Produkt zu erregen und dadurch dessen Absatz zu fördern. Es gilt (meist) die einfache Gleichung: je mehr Aufmerksamkeit, umso mehr Absatz. Dies verleitet manche dazu, abstoßende, Anstoß erregende Bilder und Texte für die Werbung zu verwenden. Hier zieht das Recht (insbes. das UWG) Grenzen. Sexuell anzügliche Produktbezeichnungen und Bilderdarstellungen sind nach § 1 UWG wettbewerbswidrig und unzulässig (BGH NJW 1995, 1216). Gleiches nahm der BGH für eine Werbung an, die ohne sinnvollen Bezug zum Produkt und nur zur Erregung von Aufmerksamkeit grob anstößige Motive herausstellt: ein schwer arbeitendes Kleinkind in der Dritten Welt beim Hausbau, eine ölverschmutzte Ente, einen menschlichen Körperteil mit dem Stempelaufdruck „H.I.V. positive" (BGH ZIP 1995, 1286, 1291 und 1293; BGHZ 149, 247 = NJW 2002, 1200). Das BVerfG hat dagegen diese „Schockwerbung" für zulässig gehalten; sie sei durch die Pressefreiheit (Art. 5 GG) gedeckt (BVerfGE 102, 347 = NJW 2001, 591; BVerfG NJW 2003, 1303). Der Gesetzgeber des neuen Gesetzes über unlauteren Wettbewerb (UWG v. 3.7.2004, BGBl I, 1414) sucht dieses unbefriedigende Ergebnis zu korrigieren, indem er eine Werbung „in menschenverachtender Weise" für unlauter erklärt (§ 4 Nr 1 UWG). Diese Wertung des Gesetzgebers dürfte in Hinblick auf Art. 5 GG verfassungsrechtlich zulässig sein.

Beispiel 2: Auch ein Rauschgifthändler, eine erpresserische Mafia-Organisation usw suchen Reichtum und insofern ökonomische Ziele zu erreichen. Sie handeln aber verbrecherisch und damit außerhalb jeder sinnvollen ökonomischen Betrachtung. Mit Ökonomie hat dies nichts zu tun. Es sei hier überhaupt nur deshalb erwähnt, weil man mit solchen sachwidrigen Beispielen immer wieder versucht hat, das ökonomische Prinzip als unmoralisch darzustellen.

(4) Ökonomisches Handeln als solches ist wie alle sinnvolle menschliche Tätigkeit ethisch positiv zu bewerten und darf als solches nicht abgelehnt werden. 126

Ökonomisches Handeln hat es zu allen Zeiten den Menschen ermöglicht, sich von materieller Not zu befreien und ein menschenwürdiges Leben zu führen. Zu den großen Gegenwartsaufgaben gehört die Verbesserung unseres Wirtschaftssystems iS eines schonenderen Umgangs mit den natürlichen Ressourcen und einer Verringerung der Umweltbelastung, ferner die Modernisierung der Wirtschaftsformen in den so genannten Entwicklungsländern. Letzteres muss in Berücksichtigung ihrer kulturellen Traditionen, sozialen Probleme und ökologischen Anforderungen geschehen.

Ökonomische und ethische Anforderungen sind insgesamt also kein Widerspruch, sondern stellen verschiedene Anforderungen, die in der rechtlichen Gestaltung des Wirtschaftslebens in Einklang gebracht werden müssen und können.

3. Marktwirtschaft und Recht

Marktwirtschaft ist die natürliche Wirtschaftsform einer entwickelten Verkehrswirtschaft. Als Verkehrswirtschaft kann man jede Wirtschaftsform bezeichnen, in der Wirtschaftsgüter (Waren und Dienstleistungen) nicht nur für den eigenen Haushalt, sondern auch für externe Nachfrager hergestellt und angeboten werden und damit umlaufen. In solchen Fällen stellt sich auf natürliche Weise, dh quasi automatisch, eine Marktwirtschaft ein, falls nicht Angebot und Nachfrage der Wirtschaftsgüter durch den Staat oder eine andere Macht zwangsweise anders geregelt wird. Markt ist der Ort, wo Angebot und Nachfrage nach Gütern sich treffen und ein entsprechender Austausch zwischen Anbietern und Nachfragern stattfindet. 127

Markt in diesem Sinne kann ein konkreter räumlicher Ort sein, also der Platz, an dem der lokale Wochenmarkt stattfindet oder das Börsengebäude, in dem in den Börsenzeiten ein konzentrierter Markt für bestimmte gleichartige Güter (Wertpapiere, Rohstoffe) abgehalten wird (Präsenzhandel). Markt kann aber auch ein ideeller Ort sein, wenn vom Markt für ein ganzes Land oder einen großen Raum gesprochen wird (deutscher Markt, US-Markt usw). Der Marktzusammenhang über einen größeren Raum hinweg besteht natürlich nur, wenn entsprechende Informations- und Transportmöglichkeiten bestehen, sodass Angebot und Nachfrage sowie der tatsächliche Güteraustausch wirklich über den ganzen Raum hinweg stattfinden können. Der vorerwähnte Präsenzhandel der Börsen hat heute nur noch eine verschwindende Bedeutung, weil die Geschäfte ganz überwiegend durch elektronische Information und Kommunikation angebahnt, abgeschlossen und durchgeführt werden.

In einer Marktwirtschaft wird die **Gesamtkoordination des Wirtschaftssystems** von den Marktkräften, dh dem Zusammenspiel von Angebot und Nachfrage, übernommen. Der Markt entscheidet, welche Wirtschaftsgüter hergestellt werden, welche Herstellungsverfahren dabei zur Anwendung kommen und für wen diese Wirtschaftsgüter letztlich bestimmt sind. 128

Auf dem Markt treten die verschiedenen Anbieter von Wirtschaftsgütern untereinander in Wettbewerb; gleiches gilt für die Nachfrager. Es pendelt sich im Kräftespiel von Nachfrage und Angebot ein Gleichgewichtspreis (Marktpreis) ein. Die Nachfrage am Markt entscheidet letztlich, welche Güter hergestellt werden. Da sich im Wettbewerb der Anbieter untereinander nur die kostengünstigen Anbieter durchsetzen, entscheidet der Markt weiterhin, welche Herstellungsverfahren zur Anwendung kommen; es sind nur die kostengünstigsten und damit wettbewerbsfähigen Betriebe und Herstellungsmethoden. Es bilden sich auch Märkte für die Produktionsfaktoren Arbeit, Kapital und Boden (Faktormärkte). Der Arbeitsmarkt entscheidet über die Einkommen der Arbeitnehmer, der Kapitalmarkt über die Renditen der Kapitalinvestoren und der Immobilienmarkt über die Renten derer, die Boden (zB bebaute Grundstücke) vermieten oder verpachten. An den Faktormärkten wird also über die Einkommen entschieden. Davon wiederum hängt die Kaufkraft der einzelnen Einkommensbezieher ab und letztlich die Frage, wer die am Markt angebotenen Güter erwerben kann, kurz, für wen sie hergestellt werden.

Die Gesamtkoordination der Wirtschaft für die Marktkräfte vollzieht sich in millionenfachen Austauschvorgängen zwischen Anbietern und Nachfragern, ohne dass eine zentrale Instanz darüber eine klare Übersicht hat oder diese Austauschvorgänge steuern könnte. Der Markt bietet also das Bild eines scheinbaren Chaos. Dieses Chaos wird aber dadurch geordnet, dass die Anbieter und Nachfrager sich ihrem ökonomischen Nutzen entsprechend rational verhalten und im Wettbewerb sich um Leistung bemühen. Die zahllosen Anbieter und Nachfrager und ihre wirtschaftlichen Leistungen werden durch die Kräfte von Angebot und Nachfrage gesteuert. *Adam Smith* hat dies die **unsichtbare Hand** des Marktes genannt. Die Koordinationskraft des Marktes hat sich allen planwirtschaftlichen Steuerungsversuchen gegenüber als überlegen erwiesen und ist die effizienteste Wirtschaftsform (s. auch unten Rn 131, 134 ff). Nach der berühmten, wenngleich nicht unumstrittenen Theorie der ökonomischen Wahlakte von *Pareto* fördert eine funktionierende Marktwirtschaft auch die allgemeine Wohlfahrt. Denn indem der Einzelne als Marktteilnehmer frei ist, zwischen verschiedenen Angeboten zu wählen und im Tauschvorgang (Kauf) seinen eigenen Nutzen zu verfolgen und zu maximieren, führt diese Nutzensmaximierung möglichst vieler Einzelner auch zu einer Maximierung des Nutzens aller (des Kollektivs) (*Pareto-Optimum*)[11].

129 Das Spiel des Marktes kann nur unter bestimmten **rechtlichen Rahmenbedingungen** stattfinden. Elementare Voraussetzungen ist einmal die Handlungsfreiheit der Bürger und zum anderen der Schutz des privaten Eigentums. **Freiheit** und **Eigentum** sind in der Tat die Grundwerte des bürgerlichen Rechtsstaates und der modernen Verkehrs- und Marktwirtschaft[12]. Diese Grundwerte sind heute durch die Verfassung geschützt, insbesondere durch die Grundrechte der allgemeinen Handlungsfreiheit (Art. 2 GG), die auch die Vertragsfreiheit und Gewerbefreiheit einschließt, durch die speziellen Freiheitsrechte der Vereinigungsfreiheit (Art. 9 GG) und der Berufsfreiheit (Art. 12 GG) und durch den Schutz des privaten Eigentums (Art. 14 GG), der insbesondere auch den Schutz des wirtschaftlich eingesetzten Vermögens umfasst.

Obwohl das Bundesverfassungsgericht die wirtschaftspolitische Neutralität des Grundgesetzes betont hat[13], ergibt sich bereits auf Grund der genannten Grundrechte eine grundsätzliche Entscheidung für die Marktwirtschaft[14]. Denn diese stellt sich, wie gesagt, unter diesen Voraussetzungen sozusagen automatisch ein.

---

11 Manuale di Economia Politica, 1906.
12 *W. Eucken*, Die Grundlagen der Nationalökonomie, 8. Aufl. 1965; *E.J. Mestmäcker*, Die sichtbare Hand des Rechts, 1978, S. 27 ff.
13 BVerfGE 4, 7, 17 (Investitionshilfeurteil); BVerfGE 50, 290, 336 ff (Mitbestimmungsurteil).
14 *Karpen*, Soziale Marktwirtschaft und Grundgesetz, 1990; *Horn*, Das Zivil- und Wirtschaftsrecht aaO, § 3 VIII.

Der **Staat** greift in die **Marktergebnisse** ein. Insbesondere die Einkommen, die ja überwiegend Marktergebnisse sind, werden einer Besteuerung unterworfen, die zu einer höheren Belastung bei den größeren Einkommen führt. Andererseits leistet der Staat in großem Umfang durch die Sozialversicherungssysteme finanzielle Unterstützung für die wirtschaftlich Schwachen. Auf diese Weise finden in großem Umfang **Umverteilungsprozesse** statt. Ferner ist der Staat selbst Wirtschaftssubjekt. Als solcher tritt er auch am Markt als Anbieter und Nachfrager auf. Der **Staatshaushalt** selbst ist aber nicht nach marktwirtschaftlichen Gesichtspunkten, sondern nach den Gesichtspunkten der Staatsaufgaben strukturiert. Politik ist in großem Umfang Haushaltspolitik. Ein beträchtlicher Teil des Bruttosozialprodukts wird durch den Staatshaushalt in einer marktfernen Weise verteilt und eingesetzt. Nimmt man vielfältige Formen der **Wirtschaftsförderung** des Staates hinzu, so entsteht das Bild einer gemischten Wirtschaft mit starken marktwirtschaftlichen Elementen. Entscheidend bleibt aber, dass der Markt noch immer die Gesamtkoordination der Wirtschaft vornimmt und ihre Leistungsfähigkeit gewährleistet.

130

Daran schließt sich die weiterreichende Frage an, ob der Staat die Wirtschaft so steuern kann, dass ein hohes, möglichst ständig steigendes Bruttosozialprodukt unter Beseitigung der Arbeitslosigkeit und bei Geldwertstabilität, kurz: steigender Wohlstand und umfassende wirtschaftliche Sicherheit, erreicht werden können. Diese Frage ist in der Politik aller modernen Industriestaaten heftig umstritten. Eine gewisse „Globalsteuerung", die allerdings in den Instrumenten und den Zielen eng begrenzt ist, finden wir in der modernen Währungspolitik der Zentralbanken (oben Rn 115). Der britische Ökonom *John Maynard Keynes* (1883–1946) entwickelte in den 30er Jahren des 20. Jahrhunderts angesichts der damaligen Weltwirtschaftskrise[15] eine aufsehenerregende These: Besteht ein makroökonomisches Ungleichgewicht infolge einer Nachfragelücke, dann reichen die Selbstheilungskräfte der Marktwirtschaft nicht aus. Vielmehr müsse der Staat einen Nachfrageimpuls durch eine entsprechende Geld- und Fiskalpolitik schaffen[16]. In der Tat haben damals staatliche Investitionsprogramme (zB „New Deal" in den USA) bei der Überwindung der Krise mitgewirkt. Ob die Selbstheilungskräfte der Wirtschaft zum gleichen Ergebnis geführt hätten (so *v. Hayek*), ist offen. Seitdem besteht in der Innenpolitik vieler Industrieländer ein Streit, ob man unerwünschte oder krisenhafte Entwicklungen wie insbesondere Massenarbeitslosigkeit dadurch wirksam bekämpfen kann, dass der Staat mit einer gezielten Investitions- und Subventionspolitik die Wirtschaft oder einzelne Wirtschaftszweige fördert oder gar mit einer direkten Subventionierung von Einkommen künstlich Nachfrage schafft. Dabei müssen alle geforderten Maßnahmen letztlich aus Steuern oder immer größerer Staatsverschuldung („*deficit spending*") finanziert werden. Es hat sich gezeigt, dass das Rezept von *Keynes*, das in der Extremsituation der Weltwirtschaftskrise (vermutlich) erfolgreich war, in weniger dramatischen Wirtschaftssituationen meist nur ge-

130a

---

15 Weltweite Depression, dh ein Zustand der Wirtschaft mit mit fallenden Preisen, Rückgang der Produktion, Arbeitslosigkeit, alles aufgrund eines starken Rückgangs der Nachfrage mit einer einer allgemeinen Mentalität des Sparens an den Staatsausgaben, den Devisen (= Reduzierung der Importe), den Gehältern, den Privatausgaben.
16 General Theory of Employment, Interest, and Money, 1936.

ringe oder jedenfalls keine nachhaltigen Erfolge zeitigt. Keynsianische Gedanken finden aber politisch immer wieder Anklang, weil sich mit ihnen alle möglichen finanziellen Forderungen an den Staat (oder auch Lohnforderungen an die Arbeitgeber) scheinbar begründen lassen. Begrenzte Anreize durch Investitionsprogramme (zB bei Infrastrukturmaßnahmen) mögen begrenzt positive Wirkung entfalten. Im übrigen muß sich der Staat auf eine (rechtsstaatliche! vgl Rn 129) Rahmenordnung der Wirtschaft und auf die Wahrung bestimmter sozialer Mindeststandards beschränken. Die Vorstellung einer umfassenden politischen „Machbarkeit" wirtschaftlicher Entwicklungen ist dagegen eine Illusion, die aber im politischen Meinungskampf unausrottbar scheint.

4. Ökonomische Analyse des Rechts

131 Seit den Sechzigerjahren des 20. Jahrhunderts hat sich zunächst in den USA und dann in der ganzen westlichen Welt eine wissenschaftliche Richtung verbreitet, welche eine ökonomische Analyse des Rechts im Rahmen einer Marktwirtschaft unternimmt. Diese „economic analysis of law" (Chicagoer Schule) geht von der Marktwirtschaft und ihren spezifischen Leistungen aus und fragt danach, wie man das Recht gestalten muss, um das Funktionieren des Marktes zu sichern. Weiter fragt sie danach, welche ökonomischen Funktionen einzelne Rechtsinstitute haben, dh wie sie sich wirtschaftlich auswirken und ob man diese Auswirkungen verbessern oder umgestalten kann[17].

Ausgangspunkt ist eine genauere Betrachtung der Leistungen des Marktes. Durch das Marktspiel werden Produktionsfaktoren (Arbeit, Kapital, Boden), kurz wirtschaftliche Ressourcen genannt, jeweils ihrer optimalen, dh ertragreichsten Verwendung zugeführt (**optimale Allokation von Ressourcen**). Diese Verwendung kommt durch Angebot und Nachfrage zu Stande, indem jeder Marktteilnehmer seinen eigenen Nutzen zu verbessern trachtet und im Tauschvorgang jeder Tauschpartner eine solche Optimierung seiner eigenen Zwecke erreicht (Pareto-Optimum).

Beispiel: In einer teuren Innenstadtlage ist ein Grundstück noch mit einem alten Wohnhaus bebaut. Es wurde in einer Zeit errichtet, als dieser Teil der Stadt noch ein ruhiges Wohnviertel war. Jetzt ist es ein lebhaftes Geschäftsviertel. Die Geschäftsmieten sind hier sehr hoch, die Bodenpreise dementsprechend. Der Inhaber des Hauses, der selbst keine Geschäfte betreiben will, wird seinen eigenen Nutzen dadurch optimieren, dass er dieses Grundstück zu einem hohen Preis verkauft und mit dem Geld sehr bequem anderswo ein Hausgrundstück in ruhiger Lage erwirbt. Der Erwerber des Innenstadtgrundstücks wird ein Bürohaus oder ein Haus für Ladengeschäfte eröffnen und hohe Mieten erzielen. Das Grundstück ist zu dem Ort seiner nützlicheren Verwendung gewandert. Jeder der Teilnehmer am Tauschvorgang (Grundstücksverkauf) hat zugleich seinen Nutzen optimiert.

132 Oberstes Gebot an das Recht von einem ökonomischen Standpunkt aus ist es, die Tauschvorgänge des Marktes möglichst zu erleichtern und damit die Allokationsauf-

---

17 *R. Posner*, Economic Analysis of Law, Boston 1973; *H. Coase*, The Problem of Social Cost, J. of Law and Economics 3 (1960), 1–44; *N. Horn*, Zur ökonomischen Rationalität des Privatrechts. Die privatrechtstheoretische Verwertbarkeit der Economic Analysis of Law, AcP 176 (1976), 307–333; *H.B. Schäfer/C. Ott*, Lehrbuch der ökonomischen Analyse des Zivilrechts, 2. Aufl. 1995.

gabe des Marktes zu fördern, was wiederum zu Wohlfahrtsgewinnen führt. Das Recht soll Barrieren für Tauschvorgänge abbauen. Ökonomisch ausgedrückt: die **Transaktionskosten** für Tauschvorgänge sollen minimiert werden. Dieses Gebot darf freilich nicht absolut gesetzt und einseitig verwirklicht werden. Dies wäre weder ökonomisch noch rechtlich sinnvoll.

Dieser Forderung stehen scheinbar solche rechtlichen Vorschriften entgegen, die zB umständliche rechtliche Formalitäten, Notarkosten, Grundstückseintragungen usw erfordern. Anderseits sind viele dieser Vorschriften aus gutem Grund eingeführt. Das Grundbuch selbst dient der Transparenz der Eigentumsverhältnisse und damit durchaus der Förderung des Grundstücksmarktes. Die notarielle Beurkundung dient der Offenlegung und Klarheit im Grundstücksverkehr und damit ebenfalls Marktfunktionen. Schließlich hat das Recht aber natürlich auch außerökonomische Gesichtspunkte zu beachten. Der letztere Gesichtspunkt wird in der economic analysis oft nicht beachtet.

Die ökonomische Analyse lässt sich auf verschiedene Rechtsgebiete mit Erfolg anwenden. Dies sei hier nur in Stichworten an drei Rechtsgebieten kurz exemplifiziert. **133**

(1) Im Nachbarrecht und im heutigen **Umweltrecht** geht es darum, die Umweltbelastung durch bestimmte Störquellen, insbesondere Industriebetriebe mit hohen Emissionen (Rauch, Abwässer, Lärm usw) zu begrenzen. Wer solche Belastungen der Umwelt erzeugt, weil er mögliche Schutzvorrichtungen nicht einbaut, um Kosten zu sparen, wälzt einen Teil der Kosten auf die Umwelt ab (Externalisierung der Kosten). Sowohl das Nachbarrecht wie das Umweltrecht sorgen dafür, dass der Verursacher der jeweiligen Störung alles tut, um diese Störung gering zu halten (Schutzvorrichtungen wie Rauchfilter usw) und dass er nach dem Verursacherprinzip haftet. Auf diese Weise wird auch ein ökonomischer Effekt erzielt. Wenn nämlich bestimmte Produktionen nur mit Umweltbelastung möglich sind, so sorgt das Umweltrecht dafür, dass diese Kosten auch tatsächlich vom Produzenten getragen und nicht durch schädliche Emissionen auf die Umwelt abgewälzt werden (Verhinderung der Externalisierung von Kosten).

(2) Im **Schadensrecht** wird die Frage der ökonomischen Auswirkung von Schäden und Schadensverteilungssystemen diskutiert. Jeder Schaden ist natürlich volkswirtschaftlich unerwünscht. Die Haftung für Schäden (Deliktshaftung, Gefährdungshaftung) veranlasst mögliche Schädiger zu mehr Vorsicht; sie dient also in gewissem Maß der Schadensprävention. Man kann nun die Haftung im Einzelnen nach verschiedenen ökonomischen Gesichtspunkten ausgestalten. Haften soll etwa der, welcher den Schaden mit dem geringsten ökonomischen Aufwand hätte verhindern können (cheapest cost avoider). Eine Alternative ist es, den haften zu lassen, der ökonomisch am stärksten ist und daher den Schaden leicht bezahlen kann (deepest pocket). Unser heutiges Deliktsrecht ist im Übrigen durch Versicherungssysteme ergänzt und die Versicherungen haben Schadensteilungs- und Schadensabwicklungsabkommen zur ökonomischen Vereinfachung abgeschlossen.

(3) Im **Verbraucherschutz** geht es darum, das Marktspiel zwischen dem Verbraucher als Nachfrager und den gewerblichen Anbietern dadurch zu verbessern, dass der Konsument besser über die Angebote aufgeklärt wird. Auf diese Weise soll seine natürliche

Unterlegenheit im Hinblick auf Informationen über die angebotenen Güter (*disparity of information*) beseitigt werden. Einer der Leitgesichtspunkte des modernen Konsumentenschutzrechts ist in der Tat die Beseitigung dieser Informationsimparität.

5. Sozialistische Planwirtschaft

134 Die Unterlegenheit der sozialistischen Planwirtschaft ist inzwischen historisch eindeutig erwiesen. Es ist lehrreich, kurz auf die Gründe dieses Scheiterns einzugehen, zumal sich daraus Einsichten für das Verhältnis von Recht und Wirtschaft ergeben. Die sozialistische Planwirtschaft beruht auf dem Grundgedanken, dass das Privateigentum an Produktionsmitteln zu beseitigen und das blinde Spiel der Marktkräfte durch eine staatliche gelenkte Planwirtschaft zu ersetzen sei. Die ideologischen Hintergründe dieser Grundannahmen sind noch getrennt im Rahmen des Marxismus (unten Rn 343 ff) zu besprechen. Hier geht es zunächst um eine rein ökonomisch-funktionale Betrachtung des Scheiterns. Kurz gesagt gibt es drei Hauptgründe: (1) die Schwerfälligkeit der Planung; (2) die Ausschaltung der persönlichen Motivation und (3) die Marktferne des Eigentums und der anderen Produktionsfaktoren. Immer ging es dabei um die Ausschaltung von Freiheit und Eigentum und damit um Rechtswerte, die auch für die Effizienz der Wirtschaft grundlegend sind.

(1) Der allgemeine Grund für die Unterlegenheit der staatlichen Planwirtschaft gegenüber der Marktwirtschaft kann in der geringeren Informationsverarbeitungskapazität und Entscheidungskapazität der Planungsbürokratie gesehen werden. In der Marktwirtschaft erfolgen die Entscheidungen über die Herstellung und den Vertrieb von Wirtschaftsgütern dezentral in den einzelnen Unternehmen. Neben Großunternehmen ist es die große Zahl der mittleren und kleinen Unternehmen, die diese dezentralen Entscheidungen treffen. Dieses scheinbare „Chaos" der zahlreichen, unabhängig voneinander getroffenen Unternehmensentscheidungen wird ständig durch die Marktkräfte koordiniert. Die Unternehmen reagieren dabei relativ rasch auf Nachfrageänderungen der Verbraucher oder sonstigen (gewerblichen) Nachfrager („Marktsignale"). Eine Planungsbürokratie, und sei sie noch so effektiv organisiert, kann bei weitem nicht so genau und so schnell entscheiden. In der Praxis war es in der Tat vor allem die **Schwerfälligkeit** und Unbeweglichkeit **des Planungssystems**, das die Wirtschaftstätigkeit lähmte.

In einer Marktwirtschaft reagiert ein Unternehmen auf „Marktsignale", dh bei großer Beliebtheit seiner Ware sucht es diese Ware vermehrt zu beschaffen oder zu produzieren; bei Unverkäuflichkeit verfährt es umgekehrt. Die volkseigenen Betriebe (VEBs) und Kombinate (Zusammenfassung von VEBs) produzierten und verkauften nach starren Planvorgaben. Da die meisten Waren knapp waren, wurden sie dann doch irgendwie verkauft. Um die Produktion einer beliebten Ware zu steigern, musste die Planungsbürokratie zur Plansteigerung veranlasst werden. Die Steigerung konnte dann an der mangelnden Zulieferung der Rohstoffe und Vorprodukte scheitern. Das Unternehmen in der Marktwirtschaft kämpft (im Wettbewerb) um Kunden. Der VEB oder das Kombinat musste um die Lieferanten kämpfen.

135 (2) Der zweite Grund ist die **Ausschaltung der** persönlichen **Leistungsmotivation**. Privateigentum an Produktionsmitteln bedeutet, dass der private Unternehmer oder

die hinter ihm stehenden Kapitalgeber an der bestmöglichen und ökonomischen Verwendung ihrer Produktionsmittel interessiert sind. Sie sind entsprechend leistungsbereit und müssen auch denen, die für sie unternehmerisch tätig werden, entsprechende Leistungsanreize gewähren. Ein System der Leistungsanreize umfasst weite Bereiche der Wirtschaft und spornt die in ihnen Tätigen zu hohen Leistungen an. Solche Leistungsanreize fehlten in der sozialistischen Wirtschaft weitgehend.

Das Management erfolgreicher Unternehmen ist auch dann, wenn es keine Eigentumsrechte am Unternehmen (zB Aktien) besitzt, in einer freien Wirtschaft leistungsbereit, weil hohe und zum Teil erfolgsabhängige Bezahlung sowie die Möglichkeit des Erfolgserlebnisses im Unternehmen Leistungsanreize bieten. In der Planwirtschaft gab es zwar auch ein schwaches Leistungsanreizsystem durch Prämien und Belobigungen. Das Management eines erfolgreichen Unternehmens musste aber zugleich hinnehmen, dass grundsätzlich alle Gewinne vom Staat abgeschöpft und in einem großen Umverteilungsprozess dazu benutzt wurden, völlig unrentable Unternehmen durchzuschleppen. Auch das erfolgreiche Unternehmen konnte nicht seine Gewinne investieren. Es musste sich vielmehr in einem schwerfälligen Antragsverfahren um neue Mittel bemühen („Zwangskreditierung"), die durch den Bankenapparat zu den Planungsbürokratien der Ministerien geleitet wurden. Das ganze System war eher auf eine Entmutigung besonderer Leistungen als auf eine Ermutigung dazu angelegt.

(3) Zum Scheitern hat schließlich die Ausschaltung des Marktspiels bei den Produktionsfaktoren beigetragen. Dies lässt sich anhand des Eigentums an Unternehmen und Unternehmensgrundstücken besonders leicht zeigen. Die Überführung der Unternehmen und Unternehmensgrundstücke in Volkseigentum (als höchste Form des sozialistischen Eigentums) nahm diese wichtigen Ressourcen völlig aus dem Marktspiel heraus. Grundstücke konnten nicht iS der vorerwähnten optimalen Allokation von Ressourcen in der wirtschaftlich besten Weise verwendet werden. Sie blieben vielmehr bei einem Unternehmens auch dann, wenn sie dort nicht oder nicht sinnvoll eingesetzt wurden. Nur in einem schwierigen administrativen Verfahren konnte ein Unternehmensgrundstück an ein anderes Unternehmen (im Wege der sog. Übertragung der Rechtsträgerschaft) weitergegeben werden. Unternehmensgrundstücke und Gebäude waren demnach keine Gegenstände des marktmäßigen Wirtschaftsverkehrs. Demnach konnten sich auch keine entsprechenden Marktpreise für Grundstücke herausbilden, die ihrem wirtschaftlichen Wert entsprochen hätten. Dies wiederum führte dazu, dass in großem Umfang auch Verschwendung mit Grundstücken getrieben wurde. Ganze Landstriche wurden durch Tagebau verwüstet, ohne dass man eine Rekultivierung versuchte. Auch in der Bauplanung wurden Grundstücke verschwendet.

Die Planwirtschaft war begleitet von einer Verkümmerung auch der Rechtstechnik. Grundbücher wurden nachlässig oder nicht geführt. Das Vertragsrecht verkümmerte. Die Verträge der Unternehmen dienten nur als Instrument der Ausführung der Pläne.

Dies sind nur einige, besonders wichtige Ursachen für das Scheitern der Planwirtschaft. Sie hängen mit dem Fehlen der elementaren rechtlichen Voraussetzungen, dem Schutz der Freiheit (Vertrags-, Gewerbe-, Berufsfreiheit) und der mangelnden freien Verfügbarkeit über Privateigentum für wirtschaftliche Zwecke zusammen.

Jahrzehntelang wurde das Scheitern der Planwirtschaft ua dadurch hinausgezögert, dass die sozialistischen Wirtschaften sich dringend benötigte Güter, die sie sonst nicht beschaffen konnten, auf den Weltmärkten aus westlichen Exportländern gegen Zahlung in einer „harten" westlichen Währung (auf der Grundlage strenger Devisenbewirtschaftung) rasch beschaffen konnten. Auf diese Weise hat der elastische, rasch reagierende Markt der westlichen Gesellschaften die Koordinierungsmängel der sozialistischen Planwirtschaften bei besonders empfindlichen Engpässen jahrzehntelang ausgeglichen.

6. Neue Entwicklungen: Globalisierung, Neue Ökonomie des Internet

136 **Globalisierung** ist die zu Beginn des 21. Jahrhunderts am meisten verwendete Charakterisierung der Wirtschaft. Gemeint ist damit ein ständig wachsender Weltwirtschaftsverkehr, der immer mehr Einfluss auf regionale, nationale und lokale Märkte und Wirtschaftsformen gewinnt. Die lokalen und regionalen Märkte werden durch internationale Güterströme und Informationsbeziehungen vernetzt und weltweitem Wettbewerb ausgesetzt. Hauptakteure sind multinationale Unternehmen; aber auch kleinere Unternehmen können dank der modernen Informationstechniken weltweit auftreten.

Die historischen Wurzeln reichen weit zurück. Fernhandel gab es schon in prähistorischer Zeit. Die europäischen Handelsstaaten der Neuzeit trieben intensiv Fernhandel, verstärkt seit der Ausbildung überseeischer Kolonialreiche und wiederum verstärkt durch die im 19. Jahrhundert entwickelte Industriewirtschaft[18]. Eine erste wirtschaftswissenschaftliche Begründung der Vorteile des internationalen Handels wegen der dadurch ermöglichten Ausnutzung einer internationalen Arbeitsteilung gab David Ricardo in seiner Theorie der komparativen Kosten[19]. Nach dem Zweiten Weltkrieg (1939-45) wurde der Welthandel unter den fortgeschrittenen westlichen Industriestaaten und Japan (unter Ausschluss des sog. Ostblocks der Sowjetunion, ihrer Satellitenstaaten und Einflusszonen) schrittweise (im Rahmen von GATT und WTO; dazu iF) liberalisiert, und diese Liberalisierung erfasst nun auch die Staaten des ehemaligen Ostblocks und viele Länder der sog. Dritten Welt. Die Internationalisierung und Globalisierung der Wirtschaftsbeziehungen ist also seit langer Zeit in Gang; sie hat sich aber in den letzten Jahren beschleunigt und intensiviert, vor allem durch das Aufkommen der neuen Informationstechniken (insbes. Internet).

Sichtbarster **institutioneller Ausdruck** der Globalisierung der Wirtschaft nach dem Zweiten Weltkrieg sind **GATT/WTO** und **IWF**. Ein generelles Abkommen über den schrittweisen Abbau der Zoll- und sonstigen Handelsschranken (GATT) von 1945 brachte zunächst nur zögernde Fortschritte in der Liberalisierung des internationalen Wirtschaftsverkehrs. Diese Liberalisierung hat sich unter der Welthandelsorganisation (WTO) als Nachfolgeorganisation ausgeweitet und intensiviert. Der 1944 gegründete Internationale Währungsfonds (IWF, IMF) fördert die internationale Zusammenarbeit des Mitgliedstaaten auf dem Gebiet der Währungspolitik; diese müssen insbes. für einen Liberalisierung des Zahlungsverkehrs sorgen, während sie den Kapitalverkehr beschränken dürfen. Der IWF hat in den immer häufiger auftretenden Verschuldungskri-

---

18 Zu den rechtlichen Aspekten vgl G. Erler, Grundprobleme des internationalen Wirtschaftsrechts, 1956; N. Horn, Geschichte des Handelsrechts, in: Heymann, Handelsgesetzbuch (Hrsg. Horn), Bd. 1, 2. Aufl. 1995, Einleitung VI, S. 62 ff.
19 On the Principles of Political Economy and Taxation, 1817. Zur Fortentwicklung und Korrektur dieser Theorie vgl K. Rose (Hrsg.), Theorie der internationalen Wirtschaftsbeziehungen, 2. Aufl. 1966, S. 14 u. passim.

sen, in denen einzelne Länder oder ganze Regionen international zahlungsunfähig zu werden drohten, eine führende Rolle bei den Umschuldungsverhandlungen und der Versorgung des Schuldnerlandes mit neuen Krediten übernommen.

Die neuen Kredite werden nur bei Einhaltung strikter wirtschaftspolitischer Auflagen gewährt. Der IWF ist dadurch bisweilen in die Rolle einer Art währungspolitischer Weltregierung geraten und musste heftige Kritik und politischen Druck der betreffenden Länder hinnehmen. Viele Schuldnerländer fordern auch, die Währungsreserven des IWF für langfristige Kredite zur Verfügung zu stellen, was seinen Aufgaben nicht entspricht.

Die Globalisierung wirkt sich auf die **Rechtsentwicklung** in mehrfacher Weise aus. Der nationale Gesetzgeber muss Normen für neue, internationale Tatbestände in vielen Rechtsgebieten (zB Kartellrecht, Urheberrecht, Wirtschaftsstrafrecht) schaffen; die Staaten müssen ferner die internationale Zusammenarbeit intensivieren, um diese Normen durchzusetzen.

Beispiele: Der Wettbewerb in Deutschland oder in der EU kann durch Unternehmensfusionen beeinträchtigt werden, die sich z.B in den USA vollziehen; umgekehrt kann der Wettbewerb im US-Markt durch eine Fusion zB schweizer Unternehmen beeinträchtigt sein. Entsprechend stellen die Kartellrechtsnormen nicht auf den Ort des Zusammenschlusses, sondern darauf ab, ob sich der Zusammenschluss in dem durch die Norm geschützten Markt auswirkt, und dementsprechend gehen Kartellbehörden auch gegen Unternehmen außerhalb ihres Territoriums vor.

Zugleich fördert der immer intensivere internationale Wirtschaftsverkehr die Ausbildung einheitlichen internationalen Rechts, weil ein einheitlicher Weltmarkt einheitliches Recht braucht. Dies geschieht zT durch internationale Konventionen (zB UN-Kaufrecht), zT durch die Ausbildung einheitlicher Vertragspraxis und entsprechender Auslegungsgrundsätze (*lex mercatoria*); dazu auch unten Rn 460 f, 466.

Die **Neue Ökonomie** mit Wirtschaftsbeziehungen, die sich auf die modernen elektronischen Informations- und Kommunikationsmittel, insbes. das Internet, stützen, bedeutet nicht nur eine Beschleunigung herkömmlicher Wirtschaftsabläufe durch raschere Kommunikation, sondern weiter reichende und tiefgreifende Änderungen. Es entstehen neue und zT längerfristige Leistungsbeziehungen („Netzwerke"), wie wir sie heute schon zB vom bargeldlosen Zahlungsverkehr kennen.

Es wird behauptet, dass solche Netzwerke die herkömmlichen Märkte verdrängen werden. Auch das Privateigentum verliere seine Bedeutung; es werde durch die Möglichkeiten des raschen Zugangs („access") zu allen möglichen Leistungen ersetzt. Damit verbunden werde sich die kulturelle Lebenswelt der Menschen tiefgreifend verändern[20]. Das Letztere ist eine Binsenweisheit. Denn bei jeder Veränderung der Wirtschaftsformen verändert sich auch die kulturelle Lebenswelt der Menschen. Das wusste schon Marx und nannte es „Überbau" (unten Rn 348 ff), wobei er fälschlich einen einseitige Abhängigkeit des Überbaus von der Wirtschaft als „Basis" annahm. Die Vermutung, dass Markt und Eigentum in Zukunft verschwinden werden, ist nicht überzeugend. Die Marktabläufe verändern und beschleunigen sich; zum Sacheigentum treten verstärkt andere Formen des immateriellen Eigentums (Patente, Urheberrechte, Lizenzen) hinzu. Beides (Markt und Eigentum) werden aber nicht verschwinden; herkömmliches Sacheigentum (zB am eigenen Haus) werden ihre wirtschaftliche und kulturelle Bedeutung behalten.

---

20 *J. Rifkin*, Access. Das Verschwinden des Eigentums, 2000.

Neue Rechtsfragen entstehen sowohl im **elektronischen Handel** als auch durch eine **Virtualisierung von Unternehmensfunktionen.**

Beim Handel per Internet geht es zT um Fragen der Lokalisierung und Zuordnung zu einer Rechtsordnung (wo ist der Schuldnerort, der Erfüllungsort? Welches nationale Recht ist anwendbar? Welche Form gilt?), zum anderen um Fragen des Verbraucher- und Anlegerschutzes im Fernabsatz, aber auch des Gläubigerschutzes (Bezahlung und Beitreibung von Forderungen).

Die Virtualisierung von Unternehmensfunktionen bedeutet, dass die Unternehmen bestimmte Funktionen durch Kommunikationsbeziehungen ersetzen. Bestimmte Teilproduktionen werden in größerem Umfang als bisher auf Zulieferer übertragen, aber auch weitere Unternehmensfunktionen wie Schreibarbeiten, Abrechnungen, Forderungsbeitreibung, wichtige Bereiche der Buchhaltung, werden auf andere Unternehmen „ausgelagert" (outsourcing). Herkömmlicherweise brachte die Zusammenfassung dieser Funktionen in einem großen Unternehmen den Vorteil kurzer Informationswege und niedrigerer Transaktionskosten. Die modernen Kommunikationsmittel und EDV senken die Informations- und Transaktionskosten auch im Verhältnis zu Dritten und erlauben das (an sich seit langem übliche) „outsourcing" in viel größerem Umfang, sodass es heute weitgehend „virtualisierte" Unternehmen gibt. Auch hier können Probleme der Lokalisierung auftreten (Unternehmenssitz? Vgl den Fall OLG Frankfurt/M., NZG 1999, 1097) und damit verbunden Fragen des anwendbaren Unternehmens- und Gesellschaftsrechts einschließlich Organisation, Kapitalausstattung und Haftung; bei übergreifenden Netzwerken (Internet-Handelsplattformen für gemeinsamen Einkauf und Verkauf) können Fragen des Kartellrechts auftreten. Ferner geht es natürlich auch um Fragen des Arbeitsrechts, insbes. im Hinblick auf Arbeitsplätze am häuslichen Computer des Arbeitnehmers oder freien Mitarbeiters.

§ 6 Theorien des Rechts und der Rechtswissenschaft

I. Theorienbildung und Theorienvielfalt

138 Was das Recht ist und wie die Rechtswissenschaft arbeitet, wurde bereits im Rahmen der Grundbegriffe in Kapitel 1 vorläufig skizziert (oben § 1 und § 2). Der Blick auf die Grundlagenfächer der Rechtswissenschaft (§ 3) und auf das Verhältnis Religion-Wissenschaft-Recht (§ 4) hat zugleich einen Eindruck von den Grundfragen, mit denen sich das Recht befasst oder von denen es beeinflusst wird, vermittelt. Der Überblick über die Geltung und Wirkungsweisen des Rechts (§ 5) hat den Gegenstand „Recht" weiter veranschaulicht, sodass wir uns der Frage nach einer allgemeinen theoretischen Betrachtung des Rechts zuwenden können. Im Folgenden werden einzelne Theorien des Rechts in ihrer historischen Abfolge dargestellt. Diese Theorien sind insofern philosophischer Natur, als sie allgemeine und grundsätzliche Aussagen über das Recht bezwecken. Zumindest die neueren Theorien sind aber nicht Rechtsphilosophie im engeren Sinne, weil sie die Frage der Gerechtigkeit und ihrer Verwirklichung durch das Recht im großen und ganzen ausklammern[21]. Es handelt sich also um Beiträge zur Rechtstheorie im oben (Rn 60) umrissenen Sinn.

---

21 Die Gerechtigkeitsfrage als Kernfrage der Rechtsphilosophie ist Gegenstand des 3., 4. und 5. Kapitels.

Theorie bedeutet dem Wort nach die „Betrachtung" oder „Anschauung" von etwas;[22] der Sache nach bedeutet es eine allgemeine und allgemein gültige Aussage über einen Erkenntnisgegenstand. Eine Rechtstheorie besteht demnach aus allgemeinen Aussagen über das Recht. Die ursprüngliche Bedeutung von „Anschauung" spielt dabei mit; wir beurteilen die Tauglichkeit einer Theorie auch nach ihrer Anschaulichkeit. Mit der Anschaulichkeit gibt es beim Recht freilich Schwierigkeiten. Am ehesten finden wir sie bei den Lebenssachverhalten, die das Recht regeln soll (zB Kaufvertrag, Baugenehmigung, Diebstahl). Das Recht selbst ist geistiger Natur; es besteht aus Normen (oben Rn 6 ff). Manche dieser Normen sind anschaulich, zB das Verbot des Mordes oder des Diebstahls; andere Normen sind es nicht. Allgemeine (theoretische) Aussagen über das Recht sind unvermeidlich abstrakt und in diesem Sinn unanschaulich. Ihre Tauglichkeit erweist sich darin, ob sie die Arbeit in einem bestimmten Wissensgebiet ermöglichen oder erleichtern. Beim Umgang mit dem Recht ist schon wegen der Masse der Normen und der Kompliziertheit ihrer Zusammenhänge eine **Theorienbildung** unerlässlich. Nur so lässt sich die gleichmäßige Anwendbarkeit des Rechts und damit die Rechtssicherheit Gewähr leisten.

Recht wird entsprechend seiner geistigen Natur sprachlich ausgedrückt und hängt eng mit der **Sprache** zusammen. Die Theorienbildung im Recht beginnt damit, dass man die Sprache begrifflich präzisiert und den Stoff mithilfe der **Begriffe** systematisch ordnet. Dies geschah schon im römischen Recht (iF Rn 140 f). Man kann dann allgemeinere Regeln und Begriffe abstrahieren, dh sie aus der Vielfalt des Rechtsstoffs durch Verallgemeinerung hervorheben. Dies ist eine wissenschaftliche Leistung des sog. Vernunftrechts im 17. und 18. Jahrhundert (iF Rn 142 f). Man kann ferner neben der Theorie des Rechts eine **Theorie auch der Rechtswissenschaft** entwickeln. Dies geschah in der sog. historischen Rechtsschule (iF Rn 144 ff). Seitdem wird in die Theorie des Rechts auch die Rechtswissenschaft stets mit einbezogen. Alle neueren Theorien enthalten nicht nur generelle Erklärungen, was das Recht ist, sondern auch Anweisungen dazu, was die Rechtswissenschaft bei der Erfassung des Rechts tun soll. Beides hängt in der Tat eng zusammen. In diesem Sinn betrachten wir Begriffsjurisprudenz, Interessenjurisprudenz, Reine Rechtslehre und Wertungsjurisprudenz (iF Rn 149–162). Die neueren Theorien haben auch die Art und Weise der Rechtsanwendung in die theoretische Betrachtung einbezogen (Rn 153 ff).

139

Die Vielfalt der verschiedenen Theorien mag auf den ersten Blick einen verwirrenden Eindruck vermitteln. Bei näherem Zusehen stellt sich aber heraus, dass jede Theorie bestimmte Aspekte des Rechts beleuchtet, die auch für unser heutiges, modernes Verständnis des Rechts durchaus wichtig sind. Es geht daher nicht darum, sich für die eine oder andere Theorie zu entscheiden. Vielmehr muss man versuchen, ein Mosaik der wichtigen und bleibenden Teilaspekte der verschiedenen historischen Theorien zu einem modernen Bild des Rechts zusammenzusetzen.

II. Römisches Recht: Begriffe und Regeln

Wir sind es gewohnt, im Recht mit Begriffen wie Eigentum, Besitz, Anspruch, Pfandrecht, Verwaltungsakt, Verjährung zu arbeiten. Sie sind durch Definition festgelegt oder festlegbar[23] und bezeichnen einen bestimmten juristischen Sachverhalt. Die (möglichst) konstante Bedeutung eines Rechtsbegriffs erlaubt das leichte Verständnis

140

---

22 Aus dem altgriechischen Wort *theoria*.
23 Zur Definition auch allg. unten Rn 247.

§ 6 *Theorien des Rechts und der Rechtswissenschaft*

von Normen, die diesen Rechtsbegriff verwenden. Neben diesen **Sachbegriffen** verwenden wir **Ordnungsbegriffe**, um die Masse des Rechtsstoffs in Rechtsgebiete einzuteilen wie Öffentliches Recht/Privatrecht. Beide Arten von Begriffen erlauben es, gewisse Zusammenhänge im Recht zu erkennen, die teils formal-logischer, zum größten Teil sachlich-inhaltlicher Art sind.

Die Begrifflichkeit unseres Rechts und der meisten mittel- und westeuropäischen Rechte ist durch das römische Recht geprägt. Denn das römische Recht ist seit der Wiederentstehung der **Rechtswissenschaft** in den Universitäten des Mittelalters (etwa ab 1100 in Bologna) in ganz Europa Gegenstand der Rechtswissenschaft geworden (**Rezeption**) und ist es bis heute geblieben; freilich hat das römische Recht heute nur noch die Rolle eines besonderen Grundlagenfachs (oben Rn 63). Gegenstand der Studien war eine vom oströmischen Kaiser *Justinian* 529–534 veranstaltete Sammlung des römischen Rechts, die später **Corpus Iuris Civilis** genannt wurde. Das *Corpus Iuris* enthält die folgenden Teile: (1) *Institutiones* mit einer elementaren, systematischen Kurzdarstellung des Rechts; (2) *Digestae* (Digesten) als eine nach Sachgebieten geordneten Sammlung von Textstücken aus den Schriften der Juristen der klassischen Blütezeit des römischen Rechts, die etwa von 100 v.Ch. bis 250 nach Chr. reicht und die wichtigste Rechtsquelle darstellt; (3) *Codex*, dh eine systematische Sammlung von kaiserlichen Gesetzen und Erlassen sowie (4) *Novellae* als Sammlung neuerer Kaisergesetze.

141 In den römischen Quellen finden sich präzise verwendete **Fachbegriffe** wie Eigentum, Besitz, Pfandrecht, Verjährung, Kaufvertrag, Sachmängelhaftung usw. Wer Jura studiert, ist immer wieder überrascht, wenn er erfährt, dass viele durchaus modern klingende technische Begriffe unseres Rechts eine rund zweitausendjährige Geschichte haben. Die Römer haben die Begriffe freilich oft nicht definiert oder nur Teildefinitionen gegeben, weil sie die Festlegung auf eine Definition für gefährlich hielten *(omnis definitio periculosa)*. Wir finden ferner in den Quellen auch Ordnungsbegriffe wie etwa die Einteilung in Personen, Sachen und Klagrechte (= Ansprüche) *(personae, res, actiones)* sowie Verpflichtungen *(obligationes)*, die wir andeutungsweise im Allgemeinen Teil des BGB sowie in der Einteilung in den ersten drei Büchern des BGB wieder finden. Ferner enthalten die Institutionen grundlegende **Ordnungsbegriffe** wie die Unterscheidung zwischen öffentlichem Recht *(ius publicum)* und privatem Recht *(ius privatum)* oder zwischen dem Recht der Bürger *(ius civile)* und dem Recht der Fremden *(ius gentium)*.

Die begriffliche Schulung der Juristen ging auf den Einfluss zurück, den die griechische Philosophie spätestens im ersten vorchristlichen Jahrhundert auf die römische Jurisprudenz gewann[24]. Auch die mittelalterliche Rechtswissenschaft stand unter diesen philosophischen Einflüssen und verwendete begrifflich-logische Methoden, um die alten römischen Rechtsquellen für ihre Zeit neu zu erschließen[25]. Mit der Bildung allgemeiner **Regeln** (dh der Formulierung von allgemein gültigen Rechtsgedanken

---

24 Vgl unten zu *Cicero* Rn 266 ff.
25 Zur scholastischen Wissenschaft unten Rn 290 f; 293.

oder Rechtsanwendungsgrundsätzen) waren die Römer eher vorsichtig. Die Digesten enthalten freilich eine Reihe solcher „*regulae iuris*" im letzten Buch (D. 50); dort und an anderen Stellen finden sich auch allgemeine Auslegungsgrundsätze[26].

III. Vernunftrecht: Rechtssysteme und allgemeine Rechtsbegriffe

Wichtige Grundbegriffe der modernen Rechtswissenschaft sind Arbeitsergebnisse der Rechtswissenschaft im 17. und 18. Jahrhundert. Dazu gehören die Unterscheidung des objektiven Rechts vom subjektiven Recht (dh der Berechtigung des Einzelnen; oben Rn 31), die Einteilung der subjektiven Rechte sowie Grundbegriffe des Zivilrechts wie Rechtsgeschäft, Willenserklärung, gegenseitiger Vertrag, Leistungspflicht oder Unmöglichkeit der Leistung. Die genannten Begriffe fanden sich in dieser Gestalt nicht in den römischen Quellen, die Gegenstand der Lehre an den Universitäten und der Literatur waren. Sie wurden vielmehr von der Wissenschaft nach der Vorstellung herausgebildet, dass sich im geltenden Recht (den römischen Quellen) allgemeine Strukturen finden ließen und man daraus allgemeine, immer geltende Sätze des Rechts erkennen könnte. Dies nannte man Naturrecht oder Vernunftrecht. Damit verbanden sich ursprünglich Vorstellungen der Theologie und Philosophie. Man suchte auf diese Weise begrifflich geordnete Systeme dieses immer geltenden Rechts zu entwerfen[27]. Da man im 17. und 18. Jahrhundert eine Anleitung durch die Theologie abzulehnen begann und sich auf die natürliche Vernunft bei der Ausarbeitung dieser Systeme berief, wird diese wissenschaftliche Richtung auch Vernunftrecht genannt. 142

Bemerkenswert an dieser wissenschaftlichen Richtung ist aus moderner Sicht zweierlei. Erstens einmal ging es darum, die ethischen Grundlagen und Grundprinzipien des Rechts in systematischen Darstellungen des „**Naturrechts**" aufzuzeigen. Auf dieser Basis hat dann die Aufklärung des 18. Jahrhunderts die Idee und den Inhalt der naturrechtlich gegebenen **Menschenrechte** allmählich zu politischen Forderungen weiterentwickelt, die in die Verfassungen des bürgerlichen Rechtsstaates (USA 1787; Frankreich 1791) Eingang gefunden haben. Zweitens führte die Entwicklung der Systeme des Vernunftrechts oder Naturrechts zu einer Verdoppelung der juristischen Betrachtungsebene. Neben den Schriften und Lehrbüchern des Vernunftrechts bestand nämlich weiterhin die traditionelle Fachliteratur zum römischen Recht als dem (subsidiär) geltenden Recht fort. Das Vernunftrecht bildete sozusagen die zweite Ebene. Diese zweite Ebene hatte die bereits genannte Funktion, rechtsethische Grundprinzipien zu formulieren. Zugleich aber gelang es auch, technische Arbeitsbegriffe des Rechts, wie zB den Begriff des Rechtsgeschäfts, und systembildende Begriffe herauszuarbeiten. Damit ergab sich ein Gerüst für die moderne **Rechtsdogmatik**. Diese ord- 143

---

26 Zur Auslegung unten Rn 176 ff; s. auch Rn 46.
27 Vgl *K. Luig*, Vernunftrecht, in: *A. Erler/E. Kaufmann* (Hrsg.), Handwörterbuch der deutschen Rechtsgeschichte, Bd. 4 1993, Sp. 781–790; *K. Luig*, Römisches Recht, Naturrecht, nationales Recht, 1988. Zur philosophischen Geschichte des Naturrechtsbegriffs vgl unten Kap. 3, insbes. Rn 261, 268, 271, 297 f, sowie Kap. 4, insbes. Rn 320 u. 377 f.

net den Rechtsstoff ebenfalls in einer gewissen Freiheit vom Gesetz und seinem Textaufbau. Diese systembildende Begrifflichkeit ist dann in der nachfolgenden Rechtswissenschaft (zunächst der Pandektistik; dazu iF Rn 149 ff; vgl auch Rn 144 ff) weitergeführt worden.

Rechtshistorisch ist anzumerken, dass die systematischen Lehrbücher der Vertreter des Naturrechts große praktische Bedeutung einmal auf dem Gebiet des Völkerrechts (das die Beziehungen der souveränen Staaten zueinander regelt), zum anderen aber auch als Einführung in das praktizierte „gemeine" (römische) Zivilrecht ihrer Zeit erlangten. Der holländische Rechtsgelehrte *Hugo Grotius* (1583–1645) ist mit seinem Hauptwerk „*De iure belli ac pacis*" (Über das Recht des Krieges und des Friedens) der Begründer des neuzeitlichen europäischen Völkerrechts; zugleich hat er eine erfolgreiche Einführung (Inleidinge) in das geltende gemeine Recht verfasst. Die gleichen Schwerpunkte weist das Werk des deutschen Rechtslehrers *Samuel Pufendorf* (1632–1694) auf. Die bedeutendsten deutschen Vertreter des jüngeren Naturrechts sind *Christian Thomasius* (1655–1728), der zugleich Lehrer des römischen Rechts, des nationalen Rechts und des Naturrechts war, und *Christian Wolff* (1679–1754), der als erster Juraprofessor Deutsch (statt Latein) als Vorlesungssprache benutzte und sich gegen Folter und Hexenwahn einsetzte. Zu den Naturrechtslehrern s. auch unten Rn 321 ff.

IV. Die historische Rechtsschule: Der Auftrag der Rechtswissenschaft

1. Friedrich Carl v. Savigny: Recht und Gesamtkultur

144 Unter dem Begriff der historischen Rechtsschule fasst man eine Auffassung vom Recht und von den Aufgaben der Rechtswissenschaft zusammen, die in der ersten Hälfte des 19. Jahrhunderts prägend war und darüber hinaus fortwirkte. Ihr bedeutendster Vertreter war *Friedrich Carl v. Savigny* (1779–1861).

Schon 1803 Professor in Marburg, dann in Landshut, wurde er 1810 in Berlin Mitbegründer der neuen Universität und wenig später deren Rektor. 1842–48 war er preußischer Gesetzgebungsminister.

Die historische Rechtsschule lässt sich mit folgenden Stichworten kennzeichnen: Das Recht ist Teil der Gesamtkultur eines Staates und einer Gesellschaft. Wie diese Gesamtkultur steht es in einer geschichtlichen Kontinuität. Es kann nur aus der geschichtlichen Entwicklung verstanden werden. Zugleich ist es einer allmählichen Fortentwicklung unterworfen, wie dies für die Gesamtkultur gilt. Die Fortentwicklung erfolgt entsprechend den in einer Kultur geltenden und sich weiterentwickelnden Anschauungen und Lebensverhältnissen. Den darin auftretenden Bedürfnissen muss das Recht entsprechen. Die Fachjuristen (Rechtswissenschaft und Gerichte) haben bei dieser behutsamen Fortentwicklung die maßgebliche Rolle.

2. Die Kodifikationsfrage (Thibaut und Savigny)

Im Jahre 1814 forderte der angesehene Rechtslehrer *A.I. Thibaut* (1772–1840) die Schaffung „eines allgemeinen Bürgerlichen Gesetzbuches für Deutschland"[28]. Deutschland war um diese Zeit nach dem Zerfall des alten Reiches (1806) in zahlreiche Territorien geteilt. Zugleich herrschte eine große Rechtszersplitterung. Sie wurde nur unvollkommen dadurch wettgemacht, dass hilfsweise (subsidiär) das an den Universitäten gelehrte römische Recht als „Gemeines Recht" galt. Einzelne Länder hatten freilich ihr Zivilrecht in neueren Gesetzen vereinheitlicht (Bayern, Preußen, Baden, Österreich). Als *Thibaut* seine Forderung erhob, war in Deutschland nach den napoleonischen Kriegen der Wunsch nach politischer Einheit groß. *Thibaut* wollte die kulturelle und wirtschaftliche Einheit durch die Schaffung eines umfassenden Gesetzes (**Kodifikation**) auf dem Gebiet des bürgerlichen Rechts fördern. Dieser Wunsch ging aber erst mit dem In-Kraft-Treten des Bürgerlichen Gesetzbuches am 1.1.1900 in Erfüllung, nachdem die Gründung des Deutschen Reiches 1871 erfolgt und dem Reich 1873 eine Gesetzgebungszuständigkeit auf dem Gebiet des bürgerlichen Rechts zuerkannt worden war[29].

145

1814 konnte der Wunsch nach der Kodifikation des bürgerlichen Rechts aus mehreren Gründen nicht realisiert werden. Die Fürsten der einzelnen deutschen Staaten waren nach der Auflösung des Deutschen Reiches (1806) auf ihre Unabhängigkeit und Souveränität bedacht. Zwischen Preußen und Österreich bestand eine politische Rivalität. Preußen hatte erst 1794 für seine eigenen Territorien ein „Allgemeines Landrecht für die Preußischen Staaten" (ALR) geschaffen. *Thibaut* hatte bei seinem Vorschlag auf das Vorbild des damals modernsten Zivilgesetzbuchs, des französischen Code civil von 1804, hingewiesen. Dieses Gesetzbuch war aber den vorherrschenden konservativen Anschauungen suspekt wegen seiner aufklärerischen Ideen und seiner Betonung der Gleichheit und Rechte der Bürger.

146

Dem Vorschlag *Thibaut*s widersprach sofort *Friedrich Carl von Savigny* in seiner berühmten Streitschrift „Vom Beruf unserer Zeit für Gesetzgebung und Rechtswissenschaft"[30]. *Savigny* lehnte den Kodifikationsvorschlag ab und hob die Aufgabe der Rechtswissenschaft für die Fortbildung des Rechts hervor. Es kann nach dem Gesagten nicht überraschen, dass *Savigny*s Position sich politisch durchsetzte. Eine bleibende Bedeutung seiner Schrift liegt nicht in diesem äußeren Erfolg, zumal wir heute wohl überwiegend den Vorschlag von *Thibaut* gutheißen würden. Die Schrift ist aber wegen ihrer grundsätzlichen Ausführungen zur Aufgabe der Rechtswissenschaft von Gewicht.

---

28 Über die Nothwendigkeit eines allgemeinen bürgerlichen Gesetzbuches für Deutschland, 1814; zugänglich in der Ausgabe von *Jacques Stern*, Thibaut und Savigny, Berlin 1914, Neudruck Darmstadt 1959.
29 Es handelte sich um eine „konkurrierende" Gesetzgebungszuständigkeit. Das bedeutet, dass die einzelnen Bundesstaaten weiterhin auf dem Gebiet des Zivilrechts Gesetze erlassen konnten, soweit das Reich nicht seine Zuständigkeit in Anspruch nahm.
30 Auch sie ist in der Ausgabe von *Stern* enthalten (s. Fn 25).

3. Die historische und systematische Aufgabe der Rechtswissenschaft

147 Das Programm der historischen Rechtsschule besteht nur zum kleineren Teil darin, allgemeine Kodifikationen als lebensfremde Abstraktionen abzulehnen. Diese Position ist uns heute auf Grund unserer Gewöhnung an den Umgang mit dem Gesetzestext sehr fremd. Dem englischen Juristen des common law, das sich primär auf Gerichtsentscheidungen stützt (oben Rn 27), ist dieser Gedanke leichter zugänglich. *V. Savigny* lehnt, allgemeiner gesprochen, eine Auffassung ab, die aus allgemeinen Regeln der Vernunft abstrakte Normen für alle schaffen will, ohne auf die kulturellen Eigenarten eines Volkes und einer Kultur („Volksgeist") Rücksicht zu nehmen. Um dieses Verständnis der gewachsenen Rechtskultur zu gewinnen, muss die Rechtswissenschaft die **Rechtsgeschichte** erforschen. Das im 18. Jahrhundert in der Wissenschaft vorherrschende sog. Vernunftrecht, das auch die vorgenannten Kodifikationen stark beeinflusst hat (oben Rn 142 f, 146 f), wird damit abgelehnt[31]. Der Rechtswissenschaft kommt vielmehr bei der allmählichen **Fortentwicklung des Rechts** in Anpassung an die Lebensverhältnisse und kulturellen Verhältnisse die entscheidende Rolle zu. Besser als durch abstrakte und generelle Gesetzesregelungen sei damit der Zusammenhang mit der allgemeinen Kultur und ihren Traditionen zu wahren.

Die starke Betonung der Tradition führte bei den Juristen der historischen Rechtsschule zu einer starken und aus heutiger Sicht praxisfernen Betonung der rechtshistorischen Forschung, auch ihrer zeitlich entlegenen Quellen, wie zB des klassischen römischen Rechts der Antike. Nicht einleuchten will uns auch die Ablehnung der Kodifikation. *Savigny* war hier auch nicht konsequent, da er später selbst zeitweilig Gesetzgebungsminister in Preußen war.

Von großer Bedeutung dagegen sind seine Hinweise insofern, als in der Tat die **Feinabstimmung** des Rechts im Hinblick auf die Lebensverhältnisse und Anschauungen eines Volkes nicht vom Gesetzgeber geleistet werden kann. Dies ist eine Erfahrung, die wir mit der Flut der modernen Gesetzgebung ständig machen müssen. In hochkomplexen und ausdifferenzierten Rechtsgebieten ist es die Rechtsprechung und die Rechtswissenschaft, welche die genannte Feinabstimmung besorgen. Auf diese Weise erfolgt bis heute eine ständige allmähliche Fortentwicklung des Rechts[32].

148 Zum Arbeitsprogramm der historischen Rechtsschule gehört es, dass der Rechtswissenschaftler die Eigenart der Lebenssachverhalte, die vom Gesetz geregelt sind, und die aus dem Lebenssachverhalt und ihrer rechtlichen Betrachtung gewonnenen Strukturen (Rechtsinstitutionen) zu würdigen hat. Die Rechtswissenschaft muss aber auch nach *v. Savigny* nicht nur **historisch** arbeiten, sondern auch **systematisch**, indem sie den Stoff nach leitenden Begriffen ordnet. Er arbeitete daher an einem „System des heutigen römischen Rechts" (ab 1839; unvollendet). Der zentrale Begriff des Zivilrechts ist die **Freiheit** der einzelnen Person, die zugleich durch ihr Gewissen ethisch gebunden ist[33], zur eigenverantwortlichen rechtlichen Gestaltung seiner Lebensverhältnisse (**Privatautonomie**; Rn 32). Die systematischen Grundbegriffe, die in diesem System auftauchen, sind uns auch heute aus dem BGB vertraut: Rechtsgeschäft,

---

31 Zum Vernunftrecht s. auch unten Rn 323.
32 Zur Rechtsfortbildung iF Rn 188 ff.
33 Im Sinne der Ethik von *Kant*; zu diesem unten Rn 324 ff.

Willenserklärung, gegenseitiger Vertrag, Leistungspflicht, Unmöglichkeit der Leistung u.s.w. Diese abstrakten Begriffe sind nicht durch *v. Savigny* neu entwickelt, sondern stammen aus dem (von ihm im Übrigen kritisierten) Vernunftrecht des 17. und 18. Jahrhunderts.

V. Pandektistik und Begriffsjurisprudenz

1. Bernhard Windscheid

Wenn ein Jurist vor 1900 in Deutschland einen zivilrechtlichen Fall zu lösen hatte, kamen unterschiedliche Rechtsquellen in Betracht. Der preußische Jurist musste das preußische ALR (oben Rn 146) anwenden. Lebte er in Köln, so war für ihn der hier bis 1900 weitergeltende Code civil maßgeblich. Der Leipziger Jurist wandte das sächsische BGB (von 1865) an, seinerzeit das modernste deutsche Zivilgesetzbuch. War der Fall in Frankfurt am Main zu entscheiden, das erst 1867 ebenfalls preußisch geworden war, galt das römische Recht als „Gemeines Recht". Aber auch wer den Code civil oder ein anderes der genannten Gesetzbücher anwandte, orientierte sich hilfsweise am römischen Recht in seiner modernen, wissenschaftlich aufbereiteten Form, weil es die allgemeinen Gesichtspunkte enthielt, die bei einem bestimmten Rechtsinstitut zu beachten waren. Er griff dann zu einem Lehrbuch der „Pandekten" (des römischen Rechts), im Zweifel zum Werk des Juristen *Bernhard Windscheid* (1817–1892)[34]. Denn für die Praxis des Gemeinen Rechts war das wissenschaftliche Lehrbuch die Arbeitsgrundlage, und das Lehrbuch von *Windscheid* war das erfolgreichste Pandektenlehrbuch seiner Zeit.

149

Pandekten ist die griechische Bezeichnung für Digesten, also einen Teil des überlieferten *Corpus Iuris Civilis* (oben Rn 140); er enthält eine systematisch nach Sachthemen geordnete Sammlung der Schriften der römischen Juristen der klassischen Antike. Als Pandektistik bezeichnet man die Wissenschaft vom römischen Recht in der Gestalt, die sie im 19. Jahrhundert unter dem Einfluss der historischen Rechtsschule und ihres bedeutendsten Vertreters *Friedrich Carl von Savigny* erhalten hatte.

Die Massen der römischen Quellen ließen sich nur deshalb noch auf moderne Fälle anwenden, weil sie seit Jahrhunderten immer wieder wissenschaftlich bearbeitet worden waren. Dabei hatte man allgemeine Begriffe und Rechtssätze aus ihnen gewonnen, die nun in den Pandektenlehrbüchern zur Verfügung standen. Begriff und System sind die Hauptelemente dieser wissenschaftlichen Erfassung. Sie sind auch heute wichtige Instrumente zum Verständnis und zur Anwendung des Rechts.

Allerdings war die Pandektistik von einem zunehmenden **Formalismus** geprägt. Die Autoren der Lehrbücher legten bei ihrer Darstellung der Rechtsgebiete und ihrer einzelnen Rechtssätze den größten Wert darauf, die verwendeten Begriffe und Sätze in ihrer logischen Struktur und Beziehung zueinander zu sehen. Dabei geriet die Bezie-

150

---

[34] Lehrbuch des Pandektenrechts, 3 Bände 1862–1870, 7. Aufl. 1891. Zu Windscheid s. *Falk*, Ein Gelehrter wie Windscheid. Erkundungen auf den Feldern der sog. Begriffsjurisprudenz, 1989; *J. Ober*, Bernhard Windscheid und die Reinigung des römischen Rechts, Diss. Köln 1989; *J. Rückert*, JuS 1992, 903 ff.

hung der Rechtssätze zu den konkreten Lebensverhältnissen, die durch sie geregelt werden sollen, aus dem Blick. Angelegt war das Interesse an der begrifflich-systematischen Erfassung des Rechtsstoffs schon im Vernunftrecht (Naturrecht) des 17. und 18. Jahrhunderts (Rn 142 ff) und im Werk *v. Savigny's* (Rn 144, 147 ff). Mit großer Konsequenz wurde die begrifflich-systematische Arbeit fortgeführt von *Georg Friedrich Puchta* (1798–1846) und seinen Nachfolgern[35]. Dies entsprach dem Ideal des Wissenschaftspositivismus, einer im 19. Jahrhundert zur Herrschaft gelangten Denkrichtung, welche nur das „positiv Gegebene" (was immer dies sei) gelten ließ[36]. Dabei wurden ethische Grundsätze, auf denen das Recht aufbaut, in der Betrachtung als „unwissenschaftlich" zurückgedrängt.

Denn maßgeblich für den Juristen war nur das „positive" Recht. Dies war einmal das staatliche Gesetz (Gesetzespositivismus). In zahlreichen deutschen Territorien fehlte jedoch ein modernes Gesetzbuch auf dem Gebiet des Zivilrechts und auf anderen Gebieten. Hier galt das wissenschaftlich bearbeitete römische Recht. Recht iS des Rechtspositivismus waren dort die begrifflich-logisch präzisen Sätze der Rechtswissenschaft (wissenschaftlicher Positivismus). Die römische Rechtswissenschaft hatte auch dort, wo Zivilgesetze bestanden (zB preußisches ALR, sächsisches BGB) im Lehrbetrieb und damit auch im Denken der praktisch arbeitenden Juristen große Bedeutung. *Windscheid* diente beiden Erscheinungsformen des positiven Rechts: Als Verfasser des angesehensten Pandektenlehrbuchs war er Repräsentant des wissenschaftlichen Positivismus, und zugleich arbeitete er an der ersehnten allgemeinen Gesetzgebung (Kodifikation) zum Zivilrecht mit; er gehörte der ersten Kommission zur Erarbeitung des BGB an (1874–83).

151 Die Betonung der Maßgeblichkeit des „positiven" Rechts drückt sich ua darin aus, dass *Windscheid* – wie andere – das Gerechtigkeitsgefühl des rechtsanwendenden Richters nicht für maßgeblich erklärt; maßgeblich ist der erkennbare Wille des Gesetzgebers und die begrifflich präzise Rechtsanwendung. Der Gesetzgeber, so sagt er in einer berühmten Rede 1884, könne sehr wohl seine Gesetze „auf ethischen, politischen, volkswirtschaftlichen Erwägungen" aufbauen, „welche nicht Sache des Juristen als solche sind".

Man kann diese Grundsätze aus heutiger Sicht kaum tadeln. Der Jurist „als solcher" kann dem Gesetzgeber nur raten und im Übrigen nicht mehr Einfluss auf die Gesetzgebung verlangen als andere Bürger auch. Und wo bliebe die Rechtssicherheit, wenn jeder Richter statt des positiven Rechts sein subjektives Rechtsgefühl für maßgeblich hielte? Freilich ist aus dem Gesetzespositivismus auch eine (nicht bei *Windscheid* anzutreffende!) mechanische, starre, formalistisch-begriffliche Haltung bei der Gesetzesanwendung erwachsen, die Gesichtspunkte der Gerechtigkeit und der sozialen Funktion des Rechts nicht mehr in Betracht zog.

---

35 W. Wilhelm, Zur juristischen Methodenlehre im 19. Jahrhundert, 1958 (Nachdruck 2003);Zu Puchta eingehend und differenzierend *Hans-Peter Haferkamp*, Georg Friedrich Puchta und die „Begriffsjurisprudenz", 2004.
36 Zum Rechtspositivismus auch unten Rn 359 ff u. 375 f.

2. Die Kritik der Begriffsjurisprudenz durch Rudolf von Jhering

Rudolf von Jhering (1818–1892), angesehener Rechtslehrer in Basel, Rostock, Kiel, Gießen, Wien und Göttingen und zu internationalem Ruhm gelangt, war zunächst glühender Anhänger der begrifflich abstrakten Arbeitsweise der Pandektistik und ihrer juristischen Gedankenkonstruktionen, die er als „höhere Jurisprudenz" feierte. Bei ihm wuchs dann immer mehr das Gefühl einer Lebensfremdheit dieser juristischen Vorgehensweise. Er begann sich dann höhnisch gegen die Sinnlosigkeit der Begriffs- und Konstruktionsjurisprudenz auszusprechen[37]. Der „juristische Begriffshimmel" wird lächerlich gemacht.

152

Diese Kritik ist lesenswert und findet noch heute leichten Beifall. Zu erklären ist sie aus gewissen methodischen Überspitzungen der Pandektistik, an denen *Jhering* selbst ursprünglich teilhatte. Aus heutiger Sicht schießt seine Kritik aber über das Ziel hinaus, weil die unentbehrliche Begriffsbildung und systematische Arbeit der Jurisprudenz pauschal in Frage gestellt werden.

Wichtiger noch als diese notwendige, aber wohl überspitzte Kritik an den rechtswissenschaftlichen Methoden seiner Zeit ist die damit verbundene positive Wendung zur Lebenswirklichkeit, die das Recht regeln soll und in der es wirkt. Es geht also, kurz gesagt, um die Wiederentdeckung der sozialen Dimension des Rechts.

Dies war freilich auch ein Anliegen der historischen Rechtsschule gewesen, deren Hinweis auf die soziale und geschichtliche Wirklichkeit sich aber bald in einer Fülle antiquarischer Studien verlaufen hatte. Wirklichkeitsnähe ist ein konstantes Anliegen der Rechtswissenschaft und Rechtsanwendung. Beide müssen ihre Methoden immer überprüfen, wenn die Gefahr besteht, dass sie sich zu weit von den zu regelnden Sachverhalten entfernen.

VI. Interessenjurisprudenz (Jhering, Heck)

1. Zweck und Interesse im Recht

Die Entdeckung der sozialen Dimension des Rechts führte bei *Jhering* zu der Forderung, das Recht aus den Zwecken, die es verfolgt, zu verstehen und aus den Interessen, die es schützt. In seiner berühmten Schrift „Kampf ums Recht" (1872) wird das Recht als Mittel der Macht- und Interessendurchsetzung gekennzeichnet. Das subjektive Recht des einzelnen Bürgers (zum Begriff oben Rn 31) sei eine „zur Befriedigung schutzwürdiger Interessen eingeräumte Willensmacht"[38]. Ähnliche Gedanken waren in der englischen Rechtstheorie, die stets das Recht aus Zwecken und Interessen erklärt hatte (Utilitarismus)[39], geläufig[40].

153

---

37 Zunächst in den satirischen „Vertrauliche Briefe eines Unbekannten an die Herausgeber der Preußischen Gerichtszeitung", 1861–1866; 1884 mit anderen Schriften in dem Buch „Scherz und Ernst in der Jurisprudenz" neu veröffentlicht.
38 Der Geist des römischen Rechts auf den Stufen seiner Entwicklung, Bd. IV, 4. Aufl. 1888, §§ 59, 60. S. auch *O. Behrends* (Hrsg.), Privatrecht heute und Jherings evolutionäres Rechtsdenken, 1993.
39 Zum Utilitarismus unten Rn 320, 322 u. 368.
40 Zu nennen ist hier insbesondere das Werk von *J. Bentham* (1748–1832); Hauptschrift: The Principles of Morals and Legislation, 1789.

Die Grundbegriffe Zweck und Interesse werden freilich nicht klar definiert. Dass jedes Recht einem bestimmten Zweck dient und bestimmte Interessen schützt, ist uns heute selbstverständlich, und schon die römischen Juristen wussten dies. „Bahnbrechend" war der Gedanke damals nur vor dem Hintergrund der überspitzten Begriffsjurisprudenz. Die Frage, ob die Interessen des Individuums oder der Gemeinschaft jeweils höher zu bewerten sind, wurde nicht deutlich entschieden. Der Grund dafür war, dass zur Zeit *Jherings* unter dem Einfluss des wissenschaftlichen Positivismus die Bindung des Rechts an vorgegebene ethische Werte oder Normen zwar unterstellt wurde, aber als unwissenschaftliche Frage galt[41].

2. Philipp Heck (1858–1943)

154 Namensgeber der Interessenjurisprudenz ist der Rechtshistoriker und Zivilrechtler *Philipp Heck*. Er bezeichnet damit eine bestimmte Methode der Rechtsanwendung, welche die Gedanken von *Jhering* aufgreift und fortführt. Der Richter hat bei der Anwendung des Gesetzes nicht in einem begrifflich logischen Verfahren vorzugehen, wie dies die Begriffsjurisprudenz annahm. Vielmehr hat er die vom Gesetz geschützten Interessen zu erkennen und diesen gesetzgeberischen Zweck in „denkendem Gehorsam" bei der Anwendung auf den Fall nachzuvollziehen. Denn wenn das Gesetz bestimmte Zwecke verfolgt (Interessenschutz), so muss der Richter in der praktischen Rechtsanwendung diese Zwecke verwirklichen[42].

Dieser einfache Grundgedanke ist bis heute Bestandteil der Auffassung über die Rechtsanwendung geblieben. Allerdings ist eine stärkere Beachtung der Wertungen des Gesetzes als ethische Grundlage der Rechtsgeltung hinzugetreten.

VII. Kodifikation und das Problem der Bindung an das Gesetz; Freirechtsschule

155 Als am 1. Januar 1900 das Bürgerliche Gesetzbuch für das deutsche Reich in Kraft trat, war für ein Kerngebiet des Rechts, das Zivilrecht, endlich die lange erstrebte Kodifikation erreicht, dh eine umfassende, möglichst lückenlose gesetzliche Regelung des gesamten Rechtsgebietes. Künftig konnte sich die Rechtswissenschaft, so erwartete man, auf die Auslegung des Gesetzes beschränken, und der Richter brauchte nur in einem begrifflich-logischen Verfahren das Gesetz auf die Lebenssachverhalte anzuwenden und zwar mit den Auslegungsregeln, die seit langem in der Jurisprudenz bekannt waren (dazu unten Rn 176 ff). In der Tat war das BGB ein großer Fortschritt. Es brachte die Rechtseinheit und war nach dem Stand seiner Zeit ein modernes Zivilgesetzbuch, auch wenn es bestimmte soziale Probleme und Lebenssachverhalte nicht berücksichtigte.

---

41 Dazu auch unten Rn 360, 375, 402 ff, 415 f, 454 ff.
42 *Ph. Heck*, Das Problem der Rechtsgewinnung, 1912; *ders.*, Gesetzesauslegung und Interessenjurisprudenz, AcP 112 (1914) 1 ff, 17; *ders.*, Begriffsbildung und Interessenjurisprudenz, 1932. Alle drei Schriften sind neu herausgegeben von *R. Dubischar*, 1968.

Wenig später entstand das Arbeitsrecht als eigenes Rechtsgebiet, um sich der vom BGB nicht gelösten sozialen Frage, nämlich der Stellung der abhängigen Arbeitnehmer, anzunehmen. Das BGB hat inzwischen zahlreiche Änderungen erfahren und neue Rechtsgebiete in seinem Bereich, zB das des Verbraucherschutzes, sind entwickelt worden.

156

Zur Zeit der Einführung des BGB und zum Teil in Reaktion darauf wurde allerdings schon die Frage nach den möglichen Lücken der gesetzlichen Regelung gestellt. Entsprechende Hinweise finden sich sowohl bei *Jhering* als auch bei *Heck*. Vor allem aber wurde nunmehr unter dem Eindruck der strikten Bindung des Richters an das kodifizierte Recht die Gegenfrage gestellt, ob denn der Richter tatsächlich an das Gesetz gebunden werden könne oder ob nicht vielmehr bei seiner Rechtsanwendung emotionale, irrationale oder intuitive Momente im Spiel seien, die der Gesetzgeber nicht kontrollieren kann und die eine strikte Bindung an das Gesetz praktisch ausschließen.

Dieser Gedanke ist sowohl von der kurzlebigen sog. **Freirechtsschule** in Deutschland vertreten worden, dessen bekannteste Vertreter *Kantorowicz* und später *Isay* waren, als auch in der amerikanischen Rechtstheorie, insbesondere von der Schule des sog. legal realism.

Isay wies auf die Erfahrungstatsache hin, dass die Richter meist ihre Entscheidung intuitiv und sozusagen gefühlsmäßig bilden und erst nachträglich aus dem Gesetz begründen. Dies ist freilich nur eine verkürzte Wiedergabe der richterlichen Wirklichkeit. Denn schon bei dieser intuitiven Findung des Urteils sind die Richter durch ihre berufliche Erfahrung im Umgang mit dem Recht geprägt. Außerdem ist es auch eine Erfahrungstatsache, dass jeder Richter bereit ist, ein intuitiv und vorläufig gefundenes Ergebnis zu korrigieren, wenn er beim Entwurf der Begründung (vor Verkündung des Urteils!) feststellt, dass er das von ihm zunächst intuitiv angestrebte Ergebnis nicht begründen kann.

Es ist ein bleibendes Verdienst der Freirechtsschule und ähnlicher Ansätze, auf die große Bedeutung der Richterpersönlichkeit hingewiesen zu haben und darauf, dass eine stabile und gleichmäßige Rechtsanwendung letztlich davon abhängt, ob die Richter innerlich das Rechtssystem und seine grundlegenden Wertungen bejahen oder ob sie bestimmten Ideologien folgen (s. auch unten Rn 459).

VIII. Formale Strukturen des Rechts: Reine Rechtslehre; Rechtslogik

1. Allgemeine und „reine" Rechtslehre (Kelsen)

Wer allgemein gültige theoretische Aussagen über das Recht machen will, muss nach allgemeinen Merkmalen des Rechts suchen und gerät dabei unweigerlich auf eine hohe Ebene der abstrakten Begrifflichkeit. Die Aussagen sind dann zwar allgemein gültig, aber unanschaulich und von geringer inhaltlicher Aussagekraft.

157

Dies gilt in gewisser Weise auch für unsere eingangs (Rn 4) verwendete Definition des Rechts als Normen, die staatlich durchgesetzt werden, wobei Normen als Sollenssätze gekennzeichnet sind (Rn 6 ff).

Wir haben gesehen, dass in der Geschichte des Nachdenkens über das Recht und die Rechtswissenschaft verschiedene allgemeine Eigenschaften des Rechts zur Grundlage der Theorienbildung verwendet wurden: der Leitbegriff des Naturrechts oder Vernunftsrechts (Rn 142 f), die Geschichtlichkeit des Rechts (Rn 144–148), seine Begrifflichkeit (Rn 149–152) oder seine Eigenschaft, bestimmte Interessen zu schützen (Rn 153 f). Der Begriff der „allgemeinen Rechtslehre" oder der „reinen" Rechtslehre verbindet sich aber nicht mit diesen Theorieansätzen. Man bezeichnet damit vielmehr eine Richtung der Rechtstheorie, die eher an **formale Strukturen** des Rechts anknüpft.

Als Begründer der allgemeinen Rechtslehre kann man den englischen Juristen *Austin* (1790–1859) ansehen, der sich vor allem mit der Frage der **Geltung des Rechts** befasst (oben Rn 102). *Austin* führt die Geltung letztlich auf den Befehl des souveränen Inhabers der Staatsgewalt zurück[43]. Auch für die deutschen Vertreter der „allgemeinen Rechtslehre", die Ende des 19. und Anfang des 20. Jahrhunderts an die Stelle der Rechtsphilosophie zu treten begann (unten Rn 358 ff), ist die Frage der Rechtsgeltung zentral.

158 Ein später Vertreter und Vollender dieser Denkrichtung ist der Kölner Rechtswissenschaftler *Hans Kelsen* (1881–1973) als Vertreter der **reinen Rechtslehre**[44]. Auch er fragt nach dem Grund und der Art und Weise der Geltung einer Rechtsnorm. Er findet die Erklärung jeweils in einer übergeordneten Norm und gelangt in einem logischen Stufenbau zu einer obersten Grundnorm; dies ist bei den Geltungstheorien des Rechts (oben Rn 101 ff) dargestellt.

„Rein" nennt *Kelsen* seine Rechtslehre deshalb, weil er allgemein gültige Aussagen nur über die formalen Strukturen des Rechts für möglich hält. Daher „reinigt" er seine Betrachtung von allen inhaltlichen Elementen und damit auch von den ethischen und rechtspolitischen Gesichtspunkten, die zur Entstehung einer Rechtsnorm geführt haben und ihren Inhalt beeinflussen. Denn diese Inhalte wechseln, so meint er, von Land zu Land, von Gesetz zu Gesetz, von Epoche zu Epoche. Die Inhalte werden willkürlich vom Gesetzgeber bestimmt, und ihnen fehlt jede Allgemeingültigkeit. Daher seien sie kein geeigneter Gegenstand für eine wissenschaftliche Betrachtung und untauglich für die Rechtswissenschaft. *Kelsens* Theorie fand eine beachtliche internationale Resonanz, weil sie in ihrer Abstraktheit und Allgemeinheit überall annehmbar erschien.

Das Absehen von den Inhalten der Norm und ihren ethischen Aspekten darf nicht so verstanden werden, als ob Kelsen den Inhalten gegenüber eine zynische oder indifferente Haltung einnehmen wollte. Es geht ihm nur darum, dass eine allgemeine und in diesem Sinne „wissenschaftliche" Betrachtung des Rechts von diesen Inhalten absehen müsse.

---

43 Lectures on Jurisprudence, Bd. 1, 4. Aufl. London 1873, S. 88.
44 Reine Rechtslehre, 1934; 2. neubearb. Aufl. 1960. *Kelsen* lehrte in Wien und dann 1930–33 in Köln, wo er dem Druck der Nazis weichen musste. Er lehrte zuletzt in Berkeley (USA).

Eine theoretische Betrachtung des Rechts, das nur seine formalen Strukturen betrachtet, bleibt freilich blutleer, unanschaulich und in manchem lebensfremd; sie kann nur eine begrenzte Teilaufgabe bei der Erklärung des Rechts übernehmen.

2. Juristische Logik

Wenig später, nachdem *Kelsen* seine reine Rechtslehre entwickelt hatte, fand auch die Bedeutung der allgemeinen Logik (als philosophische Disziplin) für die Erforschung der juristischen Denkstrukturen wissenschaftliche Aufmerksamkeit. Exemplarisch ist dafür das Werk des Kölner Rechtslehrers *Ulrich Klug* (1904–1993), Verfasser eines Standardwerks über juristische Logik[45]. Die logischen Gesetzmäßigkeiten im juristischen Denken bei der Rechtsanwendung, insbesondere die Struktur der sog. Subsumption (unten Rn 165 ff), bedürfen der wissenschaftlichen Überprüfung. Praktische Bedeutung haben diese Untersuchungen im Hinblick auf die Rechtsinformatik und auf den Einsatz der EDV in der Rechtsanwendung. Man darf diese Bedeutung aber auch nicht überschätzen. Es ist nicht im entferntesten möglich, die Kernbereiche der Rechtsanwendung vor den Gerichten logisch so zu formalisieren, dass sie unter Ausschaltung des Richters durch EDV erfolgen könnte.

159

Eine besondere methodische Schwierigkeit bei logischen Untersuchungen zum Recht ergibt sich daraus, dass es sich um Normen, also Sollenssätze handelt (oben Rn 6). Die logische Formalisierung der Anwendung von Normen wird zwar von einem neueren Zweig der Rechtslogik für möglich gehalten; man spricht insofern von Deontologik (Sollenslogik). Hier ist Skepsis angebracht.

Die Rechtsinformatik befasst sich mit der Frage, wie der ungeheure juristische Stoff (Gesetze und andere Rechtsnormen, Gerichtsentscheidungen und Fachliteratur) so erfasst und geordnet werden kann, dass man einen raschen Zugriff auf das Material erhält, das für eine bestimmte konkrete Frage wichtig ist. EDV dient hier nur zur Erfassung und Speicherung dieses Stoffs und zum Einsatz bestimmter Suchsysteme, um zielgenau die relevanten Informationen abzurufen. Der Einsatz von Computern und entsprechenden Speicher- und Suchprogrammen hat heute große Bedeutung für die praktische und wissenschaftliche Arbeit der Juristen. Der Jurist erhält damit rasch Informationen über relevante Rechtsnormen und Auslegungsgrundsätze aus Rechtsprechung und Literatur, nicht aber die Entscheidung seines konkreten Falles.

IX. Teleologische Wertungsjurisprudenz

Die heute in der Rechtswissenschaft und in der Rechtspraxis verwendeten Methoden der Rechtsanwendung sind stark von der Interessenjurisprudenz geprägt. Allerdings ist man über die ursprünglichen Ansätze von *Jhering* und *Heck* deutlich hinausgelangt. Bei der Auslegung und Anwendung von Rechtsnormen hat die Ermittlung des vom Gesetzgeber verfolgten Regelungszwecks besonderes Gewicht (teleologisches

160

---

45 Einführung in die juristische Logik, 4. Aufl. 1982. Vgl auch *U. Neumann*, Juristische Logik, in: *A. Kaufmann/W. Hassemer*, Einführung in die Rechtsphilosophie und Rechtstheorie der Gegenwart, 6. Aufl. 1994, S. 294 ff.

Rechtsdenken)⁴⁶. Dieser Regelungszweck ist unter Berücksichtigung der Interessenlage der Beteiligten zu erfassen; insoweit sind die Hinweise von *Jhering* und *Heck* wertvoll. Aber man fragt weitergehend, wie der Gesetzgeber diese Interessen bewertet hat, indem er zB ein bestimmtes Interesse stärker bewertet als ein anderes, entgegenstehendes Interesse. Dies ist noch im Rahmen der juristischen Auslegung, insbesondere bei der sog. teleologischen Auslegung, näher zu besprechen (Rn 182); dort sind auch Beispiele der Regelung von Interessenkonflikten genannt (zB Mitbestimmungsgesetz).

161 Dagegen ist natürlich wie seit jeher die **Begrifflichkeit** des Rechts als Mittel seiner logischen Strukturierung und Ordnung als unentbehrlich anerkannt⁴⁷. Die überspitzte Polemik gegen die Begriffsjurisprudenz (Rn 152) war zeitbedingt und kann nicht gelten. Gleiches gilt für die **Systembildung**⁴⁸, die zur Ordnung des Stoffes und auch zur Erschließung der Probleme unentbehrlich ist. Freilich kann die Rechtssystematik, wie sie etwa von der Wissenschaft herausgearbeitet wird, nicht im Sinne eines Ableitungssystems für rechtliche Entscheidungen verwendet werden. Dazu ist dieses System nach seiner Struktur und seinen Absichten nicht geeignet. Es dient der Stoffordnung und Stofferschließung und damit auch dem Problemverständnis sowie der Herausarbeitung der leitenden Grundsätze eines Rechtsgebiets. Aus diesen leitenden Grundsätzen kann aber nicht ohne weiteres die Regelung des Einzelfalls systematisch abgeleitet (deduziert) werden. Vielmehr besteht das System darin, dass die allgemeinen Grundsätze immer weiter ausdifferenziert und dabei modifiziert werden.

Beispiel: Das Vertragsrecht des Zivilrechts ist von den großen Grundsätzen der Privatautonomie und der Bindung an das vertragliche Versprechen (*pacta sunt servanda*) geprägt. Aus beidem folgt, dass jedermann an seine rechtsgeschäftliche Willenserklärung gebunden ist und daher, wenn er das Angebot zu einem Kaufvertrag annimmt, verpflichtet ist, seinen Teil dieses Kaufvertrags zu erfüllen. Die Regeln über die Geschäftsfähigkeit (§§ 104 ff BGB) und über die Anfechtbarkeit von Willenserklärungen wegen Irrtums, Täuschung und Drohung (§§ 119, 123 BGB) sind Ausnahmen (oder besser: Ausdifferenzierungen) von diesen Grundsätzen. Der Geschäftsunfähige kann nämlich von seiner Privatautonomie selbst nicht sinnvoll Gebrauch machen. Daher ist seine Willenserklärung (zu seinem eigenen Schutz!) unwirksam (§ 105 BGB). Formal ist dies eine Ausnahme von der Bindung an eine Willenserklärung; genau betrachtet, ist es die richtige Konsequenz schon aus dem Gedanken der Privatautonomie, also nur eine Ausdifferenzierung dieses Gedankens. Freilich lässt sich § 105 BGB nicht einfach logisch aus der Privatautonomie „deduzieren". Gleiches gilt für § 119 und § 123 BGB. Hat hier ein Geschäftsfähiger eine Willenserklärung abgegeben, so ist diese zunächst wirksam, bis die Anfechtung erklärt wird. Ein absoluter Schutz wie beim Geschäftsunfähigen ist hier nicht notwendig⁴⁹.

---

46 Vom griechischen Wort *telos* = Ziel, Zweck. Allg dazu: I. *Mittenzwei*, Teleologisches Rechtsverständnis. Wissenschaftstheoretische und geistesgeschichtliche Grundlagen einer zweckorientierten Rechtswissenschaft, 1988.
47 So schon zutr. Oertmann, Interesse und Begriff in der Rechtswissenschaft, 1931. Vgl auch aus der neueren Lit. *F. Bydlinski*, Juristische Methodenlehre und Rechtsbegriff, 2. Aufl. 1991; *R. Wank*, Die juristische Begriffsbildung, 1985.
48 *C.W. Canaris*, Systemdenken und Systembegriff in der Jurisprudenz, 2. Aufl. 1983, S. 9 f; *W. Wilburg*, Entwicklung eines beweglichen Systems im bürgerlichen Recht, 1950.
49 Zur Funktion und Bildung der juristischen Systeme s. auch *Horn*, NJW 1967, 601 ff, 605 ff.

Juristische Entscheidungen werden nicht durch formal-logische Ableitung aus einem System gewonnen, sondern durch Anwendung einzelner Rechtsnormen, die für einen Fall relevant sind. Das System hilft freilich bei der Auffindung der für einen Fall relevanten Rechtsnormen, aus denen dann durch „Ableitung" (genauer: Subsumption) die Rechtsfolge für den Fall gewonnen wird (iF Rn 165 ff). Dabei sind aber wertende Erkenntnisvorgänge im Rahmen einer argumentativen Abwägung notwendig (iF Rn 194 ff). 162

Die Überschätzung des Rechtssystems bei der praktischen Rechtsanwendung wurde vor allem von der Argumentationstheorie (*Theodor Viehweg*; unten Rn 383 f) kritisiert. Weitere Aspekte der Wertungsjurisprudenz sind in § 7, § 8 und § 21 behandelt.

§ 7 Juristische Methodenlehre

Literatur: s. oben S. XXIII.

I. Methodenlehre als Rechtsanwendungslehre

Die juristische Methodenlehre beschreibt in allgemeinen wissenschaftlichen Aussagen die Arbeitsweise des Juristen und prüft ihre Verbesserung. Die Methodenlehre ist das Kernstück einer Theorie der Rechtswissenschaft. Denn jede Wissenschaft wird durch ihren Gegenstand und ihre Methoden konstituiert (Rn 39 f). Allgemeine Aussagen über die Methoden, die in einer Wissenschaft angewendet werden, geben daher Aufschluss über die betreffende Wissenschaft. 163

Jede wissenschaftliche Arbeitsmethode muss sich nach ihrem Gegenstand richten. Gegenstand der Rechtswissenschaft ist das Recht. Die Methoden der Rechtswissenschaft müssen sich also nach der Beschaffenheit des Rechts richten. Da das Recht aus Texten besteht, müssen die Juristen Methoden der Auslegung von Texten anwenden (iF Rn 176 ff). Dabei ist die Eigenschaft dieser Texte als Normen (Rn 4) zu berücksichtigen. Vor allem aber eine Eigenschaft des Rechts prägt die juristische Arbeitsmethode: sein **Geltungsanspruch** (Rn 102 ff). Recht will angewendet werden, und der Staat garantiert seine Durchsetzung. Recht lebt dadurch, dass es Verhalten regelt und Konflikte entscheidet. Es geht bei der juristischen Arbeit immer um **Fragen der Rechtsanwendung**. Alle anderen methodischen Fragen, zB Auslegungslehren, sind immer in diesem Zusammenhang zu sehen.

Das leuchtet ohne weiteres ein, wenn man die Arbeit der praktisch tätigen Juristen – also der überwältigenden Mehrzahl aller Juristen – betrachtet. Um Rechtsanwendung geht es, wenn der Richter eine Entscheidung trifft, etwa ein Urteil beschließt und begründet, wenn der Staatsanwalt eine strafrichterliche Entscheidung anstrebt, wenn der Verwaltungsjurist ein Verwaltungshandeln (zB den Erlass eines Verwaltungsaktes, die Feststellung eines Planes) juristisch vorbereitet oder der Rechtsanwalt und Notar einen Vertrag entwirft und dabei künftige rechtliche Konflikte der Parteien vorausbedenkt und zu vermeiden sucht.

§ 7 Juristische Methodenlehre

Aber auch die Rechtswissenschaft, die sich in Lehrbüchern, Kommentaren, Monographien, Aufsätzen und Urteilsanmerkungen äußert, denkt und arbeitet im Sinne der Rechtsanwendung. Anders nur die Grundlagenforschung des Rechts (Rechtsphilosophie und -theorie, Rechtsgeschichte, Rechtssoziologie; vgl oben § 3; Rn 55 ff). Freilich sucht sich die rechtswissenschaftliche Untersuchung meist vom einzelnen Fall zu lösen, bzw über ihn hinauszukommen und allgemeinere, für eine Vielzahl von Fällen zutreffende Aussagen zu gewinnen. Dabei bewegt sie sich naturgemäß teilweise auch auf einer höheren Abstraktionsebene als die Praxis, zumal wenn sie ihre Arbeitsergebnisse in rechtsdogmatischen Aussagen (Rn 52) zusammenfasst. Aber zwischen der wissenschaftlichen und der praktischen Arbeit mit dem Recht bestehen keine strukturellen Unterschiede, sondern nur graduelle. Beidesmal geht es letztlich um Rechtsanwendung.

164 Juristische Methodenlehre ist daher im Kern **Rechtsanwendungslehre**. Mit einer Rechtsanwendungslehre erhalten wir sowohl eine Theorie der juristischen Praxis als auch eine Theorie der Rechtswissenschaft. Diese Theorie muss zunächst in allgemeiner Form die Anwendung von Rechtsnormen auf einen konkreten Fall im Wege der **Subsumpt**ion beschreiben (Rn 165 ff). Dann sind einzelne Schritte der Rechtsanwendung eingehender zu betrachten. Vom Fall ausgehend, muss der Jurist zunächst die in Betracht kommenden Normen ermitteln (Rn 169 ff). Er muss sodann die Bedeutung und den Geltungsumfang dieser Normen im Wege der Auslegung feststellen (Rn 176 ff). Fehlt es an einer passenden Norm, prüft er die Möglichkeit einer Analogie (Rn 184 ff). Rechtsanwendung kann zu einer allmählichen Fortbildung des Rechts führen, indem neue Lösungen in Urteilen oder in der Fachliteratur gefunden werden und allmählich zu neuen, allgemein anerkannten Rechtsgrundsätzen führen (Rn 188 ff).

Die juristische Methodenlehre beschränkt sich auf eine allgemeine wissenschaftliche Beschreibung der Arbeitsweise des Juristen. Es geht **nicht** um die **praktische Anleitung** zur Bearbeitung von Fällen eines bestimmten Rechtsgebiets. Wer dies von einer Methodenlehre erwartet, wird enttäuscht. Es gibt daneben eine spezielle Literatur zur praktischen Arbeitsanleitung. In ihr wird beschrieben, wie der Student einen Klausurfall löst, der Referendar eine Relation oder einen Urteilsentwurf schreibt, der Rechtsanwalt einen Vertrag entwirft, der Doktorand eine Dissertation aufbaut. Solche Arbeitsanleitungen können nützliche Einsichten in die juristische Arbeitsweise vermitteln; generelle Aussagen dazu sind aber nicht in der Absicht dieser Literatur.

Die juristische Arbeitsmethode der Rechtsanwendung lernt man zu beherrschen, indem man sie an praktischen Fällen unter Anleitung einübt. Der akademische Rechtsunterricht in den Fächern des geltenden Rechts, insbesondere die Übungen, dienen dieser Einübung. Die vorerwähnten praktischen Arbeitsanleitungen können eine ergänzende Hilfe bieten. Die (strukturell ähnlichen) juristischen Methoden der Forschung und Abfassung wissenschaftlicher Veröffentlichungen müssen ebenfalls praktisch eingeübt werden, was im akademischen Rechtsunterricht propädeutisch in Seminaren geschieht. Dabei ist die Technik der allgemeineren Fragestellung und ihrer Beantwortung zu erlernen, jeweils unter möglichst umfassender Darstellung des Meinungsstandes (innerhalb der „Prämissensuche" und bei der Auslegung; dazu Rn 169 ff und Rn 176 ff).

Die hier darzustellende juristische Methodenlehre erstrebt und vermittelt dagegen ein allgemeineres und vertieftes Verständnis der juristischen Arbeitsweise. Sie hilft, die vielfältigen praktischen Einzelregeln, die es zu beachten gilt, unter übergeordneten Gesichtspunkten zusammenzufassen und zu verstehen und methodische Fehler zu vermeiden.

II. Juristische Entscheidung und Subsumption

1. Die Entscheidung als Rechtsfolge

Der Jurist muss soziale Konflikte rechtlich begründet entscheiden. Daher muss die **Entscheidung**, die er in einem bestimmten Fall trifft, **als Rechtsfolge** einer bestimmten Rechtsnorm (oder mehrerer Rechtsnormen), die in diesem Fall eintritt, gefunden und begründet werden. Der Richter, der einen konkreten Sachverhalt im Prozess zu entscheiden hat, muss demnach die auf den Fall passend erscheinenden Normen suchen (Rn 169 ff) und ihren Sinn durch Auslegung (Rn 176 ff) ermitteln um festzustellen, ob die in den Normen vorgesehene Rechtsfolge auf den Sachverhalt Anwendung findet. Diese Anwendung lässt sich im Rahmen einer logischen Denkoperation darstellen: der Subsumption.

Die Subsumption ist als Denkschema und Darstellungsrahmen juristischer Gedankenführung unentbehrlich und gehört zum methodischen Elementarwissen. Es wird iF zu zeigen sein, dass dies freilich zur Erklärung der juristischen Methode nicht ausreicht.

2. Das Denkschema der Subsumption

Subsumption beschreibt einen einfachen logischen, in der Regel **dreigliedrigen** Schluss, bestehend aus einer **Rechtsnorm als dem Obersatz**, einem **Lebenssachverhalt (Fall) als dem Untersatz** und einem **Schluss als Rechtsfolge**. Der Schlusssatz als Rechtsfolge ergibt sich, wenn es gelingt, den Fall (Untersatz) unter den gesetzlichen Tatbestand der Norm (Obersatz) zu „subsumieren", dh festzustellen, dass der konkrete Sachverhalt dem abstrakten Tatbestand entspricht; dann tritt die Rechtsfolge der *Deduktion* Norm im Fall ein (zB erfolgt im Strafprozess eine Verurteilung). Wird festgestellt, dass der Sachverhalt der Norm nicht entspricht, wird die Rechtsfolge verneint (im Strafprozess: Freispruch). Dies sei an einem **Beispiel** verdeutlicht.

(1) Obersatz (Prämisse)

Die Wegnahme einer fremden beweglichen Sache in Zueignungsabsicht ist nach § 242 StGB strafbar (= Norm, bestehend aus generellem gesetzlichem Tatbestand und Rechtsfolge).

Die Norm liefert nur dann einen vollständigen Obersatz, wenn sie einen vollständigen (abstrakt formulierten) Tatbestand enthält und diesen mit einer Rechtsfolge verknüpft nach dem Schema: Wenn der Tatbestand des Diebstahls erfüllt ist, soll der Täter bestraft werden. Diese Wenn-Dann-Verknüpfung kann man auch als „Konditionalprogramm" bezeichnen (*N. Luhmann*). Manche Normen enthalten kein vollständiges Programm dieser Art, sondern müssen mit anderen Normen zu einem vollständigen Obersatz zusammengefügt werden.

(2) Untersatz (Sachverhalt)

A hat im Kaufhaus X eine Flasche Wein an sich genommen und in seinen Mantel versteckt und ist damit an der Kasse vorbeigegangen, um diese Flasche Wein später zu Hause auszutrinken.

Subsumption unter den Obersatz:

Die Flasche Wein ist eine bewegliche Sache. Sie ist fremd, weil sie dem Kaufhaus X gehört. A hat sie weggenommen, indem er sie im Mantel versteckte und aus dem Kaufhaus trug. Er handelte vorsätzlich (wissentlich und willentlich) und in Zueignungsabsicht (indem er den Wein konsumieren, also wie ein Eigentümer darüber verfügen wollte). **Die Subsumption des Sachverhaltes unter die Norm muss für alle Merkmale des gesetzlichen Tatbestandes durchgeführt werden** (bewegliche Sache, fremd, Wegnahme, Vorsatz, Zueignungsabsicht).

(3) Schluss (Subsumptionsschluss)

A ist wegen Diebstahls nach § 242 StGB strafbar.

Hatte A die Flasche vorher gekauft und war er danach noch einmal in die Lebensmittelabteilung zurückgekehrt, um etwas anderes zu kaufen, und wird er dann mit der Flasche im Mantel erwischt, so wird die Prüfung ergeben, dass § 242 StGB nicht anwendbar ist, weil die Flasche für A nicht fremd war (was er am besten durch den Kassenbon beweisen kann). Die Subsumption verläuft dann so, dass der Sachverhalt (2) nicht unter die Norm (1) zu subsumieren ist und daher der Schluss (3) negativ ausfällt: A ist nicht wegen Diebstahls strafbar.

3. Die Annäherung von Sachverhalt und Norm

167 Die eigentliche Subsumption besteht in einem Vergleich von Untersatz und Obersatz, dh der Merkmale des konkreten Lebenssachverhaltes (des Falles) mit den Merkmalen des Tatbestandes der Norm um herauszufinden, ob die Norm auf den Fall passt oder nicht. Dieser Vergleich kann meist nicht in einer schematischen Weise erledigt werden.

Letzteres ist nur möglich bei bestimmten, weitgehend formalisierten Rechtsanwendungen, wie zB bei der Subsumption eines bestimmten Steuertatbestandes unter eine Steuernorm oder eines Rententatbestandes unter eine Rentennorm, nachdem zuvor alle Sachverhaltsmerkmale schematisch auf Formulare übertragen und bereits in formalisierter Weise der Norm angenähert worden sind. Der Computer rechnet dann (im „Subsumptionsschluss") die Steuer oder die Höhe der Rente schematisch aus. Auch hier geht aber dem Ausfüllen des Formulars oft eine Fülle von Erwägungen voraus, ob die gesetzlichen Merkmale im konkreten Fall erfüllt sind oder nicht.

Die spezifische Subsumptionsaufgabe besteht darin festzustellen, ob ein bestimmter Lebenssachverhalt (= Untersatz) durch die generelle und abstrakte Umschreibung des gesetzlichen Tatbestandes (als Teil der Norm = Obersatz) erfasst wird. Diese gedankliche Annäherung von Sachverhalt (Untersatz) und Norm (Obersatz) wirft häufig Fragen der Auslegung der Norm auf[50]. Zugleich muss der Lebenssachverhalt so erfasst werden[51], dass er die Merkmale erkennen lässt, die für oder gegen die Erfassung durch den gesetzlichen Tatbestand (und damit für oder gegen die Anwendung der Norm) sprechen. **Beispiel:**

Rechtsnorm (Obersatz): Es ist dem Besitzer einer Sache erlaubt, sich sofort wieder in den Besitz der Sache selbst zu setzen, wenn ihm der Besitz entzogen worden ist (Besitzkehr bei verbotener Eigenmacht); § 859 BGB.

Lebenssachverhalt (und Rechtsfrage): X stellt seinen PKW auf dem Parkplatz des E auf dessen Privatgrundstück ab. Nach vier Stunden lässt der E den fremden Wagen abschleppen. X erstattet Diebstahlsanzeige und findet den Wagen erst einige Tage später wieder. Er will vom Eigentümer Schadensersatz für den Entzug der Nutzung seines eigenen Wagens (§§ 823, 826 BGB).

---

50 *Zippelius*, Methodenlehre[7], S. 99 ff.
51 Diese Erfassung (oder „Aufbereitung") des Sachverhaltes geschieht in der Praxis im anwaltlichen Schriftsatz, im richterlichen Urteil im Rahmen des Urteilstatbestandes.

Subsumptionsfragen (Annäherung des Sachverhalts an die Norm): E hat in das Eigentum des X am PKW eingegriffen. Die Hauptfrage der Subsumption ist hier, ob § 859 Abs. 3 BGB anwendbar ist, dh ob sich E als (Eigentümer und) Besitzer des Parkplatzes der verbotenen Eigenmacht des X dadurch erwehren konnte, dass er den Wagen abschleppen ließ. Dabei ist wiederum die Hauptschwierigkeit zu entscheiden, ob die Abwehrmaßnahme des Besitzers E noch „sofort" im Sinne dieser Norm erfolgt ist. Dies ist wohl zu bejahen (LG Frankfurt/M. NJW 1984, 183).

Bei der Annäherung der Merkmale des Lebenssachverhalts an die Merkmale des gesetzlichen Tatbestandes (nach der Denkkategorie der Ähnlichkeit) sind regelmäßig Wertungen im Spiel. Der gesetzliche Tatbestand ist auszulegen (Rn 176 ff) und dabei ist insbesondere die vom Gesetzgeber getroffene Wertung zu beachten. Auf dieser Grundlage ist zu entscheiden, ob der konkrete Sachverhalt unter die Norm passt, dh ob die Norm auf ihn anwendbar ist. Die gedankliche Operation der Subsumption besteht in einer Annäherung des abstrakten Tatbestandes der Norm und des konkreten Sachverhaltes des Falles, den es zu entscheiden gilt. Der Blick des anwendenden Juristen wandert zwischen dem gesetzlichen Tatbestand und dem Fall hin und her (*Engisch*) und entscheidet dann, ob der gesetzliche Tatbestand durch den Sachverhalt erfüllt ist. 168

Ist über einen konkreten Fall rechtlich zu entscheiden, so ist es ferner in den meisten Fällen nicht mit einer Norm getan, sondern es ist eine Vielzahl von Normen anzuwenden und diese Normen müssen wiederum in ihrem Verhältnis zueinander und in ihrem Gewicht auf den Fall in ein logisches und argumentatives Verhältnis gesetzt werden (Rn 170).

Die Subsumption beschreibt nur die logische Struktur der Rechtsanwendung und ihrer Begründung und gibt dafür eine formale Ordnung, die auch beim Aufbau eines rechtlichen Gutachtens oder einer Urteilsbegründung zu beachten ist. Innerhalb dieser formalen Ordnung findet im Rahmen der Wertung eine Argumentation, ein Abwägen von Gesichtspunkten, statt (unten Rn 194 ff).

III. Ermittlung der Rechtssätze (Normensuche)

1. Normkomplexe als Obersätze (Prämissen)

Bei seiner praktischen Arbeit geht der Jurist von einem konkreten Lebenssachverhalt aus, den er entweder für die Zukunft rechtlich regeln will (zB durch Abschluss eines zweckmäßigen Vertrages) oder bei dem in der Vergangenheit ein Konflikt aufgetreten ist, der rechtlich begründet zu entscheiden ist. Vom Fall ausgehend, macht sich der Jurist daher auf die Suche nach den passenden Normen (= Obersätze = Prämissen iS der Subsumption). Bei dieser Suche geht der Jurist nicht blind vor. Durch das Studium des Sachverhalts hat sich bei ihm auf Grund seiner allgemeinen juristischen Kenntnisse ein bestimmtes **Vorverständnis** des Falles eingestellt, das ihm bei der Suche der Normen und der methodischen Bearbeitung des Falles hilft[52]. Diese **Normensuche** 169

---

52 Dazu grundlegend *J. Esser*, Vorverständnis und Methodenwahl in der Rechtsfindung, 2. Aufl. 1972, S. 30 ff.

(Prämissensuche) ist der erste Arbeitsschritt des Studenten bei der Bearbeitung eines Falles in einer Klausur oder Hausarbeit („Welche Normen könnten auf diesen Fall passen?"). In der juristischen Berufspraxis ist es nicht anders. Die Normensuche macht heute angesichts des ungeheuer ausgedehnten und hochdifferenzierten Rechtssystems mit unzähligen, oft kaum überblickbaren Spezialnormen nicht selten die Hauptarbeit des Juristen aus.

Der Jurist muss sich dabei oft in ein Spezialgebiet einarbeiten (Außensteuerrecht; internationales Transportrecht; Rechtsfragen der Wiedervereinigung Deutschlands usw), oder bereits Spezialkenntnisse darin erworben haben. Er muss zB eine Spezialnorm des Außensteuerrechts oder des grenzüberschreitenden Transportrechts im multimodalen Verkehr[53] oder eine Norm im Vermögenszuordnungsrecht für das neue Bundesgebiet usw suchen, um nur ein paar Beispiele zu nennen. Die Suche der passenden Normen wird noch dadurch erschwert, dass auf vielen Gebieten ein rascher Wechsel der Gesetzgebung stattfindet und immer neue Ergänzungen und Abänderungen (mit ihren zeitlichen Abgrenzungen gegenüber dem jeweils früheren Rechtszustand) zu beachten sind. Das ganze Gebiet des Steuerrechts und ebenso das völlig neue Rechtsgebiet des „Wiedervereinigungsrechts" sind geradezu berüchtigt für ihren raschen Wechsel der Vorschriften.

170 Meist sind auf einen Fall **mehrere Normen** anzuwenden und bilden dann zusammen den Obersatz der Subsumption. Vor bzw bei der Subsumption ist das komplizierte Zusammenspiel dieser Normen zu klären. Soweit sich dieses Zusammenspiel nicht aus dem Wortlaut der Normen ergibt, sind unterstützend allgemeine Auslegungsregeln und dogmatisch-systematische Gesichtspunkte heranzuziehen (s. auch Rn 171 ff).

Ein **Standardbeispiel** bietet das Mängelrecht des BGB-Kaufrechts. Die Anspruchsgrundlagen und ihre Rechtsfolgen ergeben sich hier aus §§ 433, 434, 435, 437–441, zB der Anspruch auf Lieferung einer mangelfreien Sache im Wege der Nacherfüllung aus §§ 433, 434, 437 Abs. 1, 439 Abs. 1 BGB.

Davon zu unterscheiden ist der Fall der Normenkonkurrenz (**Gesetzeskonkurrenz**): mehrere Normen (oder Normkomplexe) treffen nebeneinander auf den gleichen Sachverhalt zu. Dann muss entschieden werden, ob sie nebeneinander anwendbar sind oder nicht und wenn ja, in welcher Weise sich diese gleichzeitige Anwendung auswirken soll. Häufig sind die Fragen der Konkurrenz im Gesetz selbst geregelt; aber nicht immer. Als allgemeine Regel gilt, dass ein spezielleres Gesetz dem allgemeineren vorgeht (unten Rn 180).

Im Zivilrecht kann oft ein bestimmter Anspruch, zB auf Schadensersatz, aus verschiedenen Normen (Anspruchsgrundlagen) hergeleitet werden, zB aus Vertragsverletzung (§§ 280, 276 BGB) und aus Delikt (§ 823 BGB). Der Ersatz des gleichen Schadens kann aber nicht mehrfach verlangt werden.

---

53 Multimodaler Verkehr bedeutet Transport mit verschiedenen Transportmitteln, zB Schiene-Straße-Schiff.

2. Fragenstruktur und Normensuche

Nehmen wir einen Fall aus dem klassischen Gebiet des Schuldrechts und Sachenrechts des BGB, das wegen seiner zentralen Bedeutung und Komplexität allerdings auch schwierige Fragen der Prämissensuche enthält.

Beispielsfall: V verkauft sein Auto an den K für 5000 € am 1. April. Am 5. April verkauft er das gleiche Auto an den N für 6000 €. Er übereignet es sogleich an den N. Als K am 8. April das Auto abholen will, ist es nicht mehr verfügbar. Wie ist die Rechtslage?

171

Der erste Schritt zur Normensuche ist die Ausarbeitung einer **konkreten Fragestellung**. Diese ist im Fall noch nicht mitgeteilt und in der Praxis hat auch ein Rechsanwalt häufig Mandanten, die ihm zwar einen Fall erzählen, aber noch nicht genau wissen, was sie wollen, bzw was sie wollen sollen. Dann ist nach dem üblichen Fallbearbeitungsschema für zivilrechtliche Fälle zu fragen: Wer will was von wem? Bei einem strafrechtlichen Fall lautet die entsprechende Frage: Wie haben sich die Beteiligten strafbar gemacht? Bei einem öffentlich-rechtlichen Fall könnte, wenn etwa ein Verwaltungsakt vorliegt (was ggf zunächst festzustellen wäre), gefragt werden, ob dieser Verwaltungsakt angefochten werden kann.

Im **Beispielsfall** ist die Frage zu formulieren: Welche Rechte hat der erste Käufer K gegen den Verkäufer V?

Der nächste Schritt der Orientierung ist ein **rechtsdogmatisches Grundverständnis** des Falles. Dogmatische Sätze sind begriffliche Festlegungen zum Verständnis und ggf zur Ergänzung der Rechtsnormen und ihren (logischen und sonstigen) Beziehungen untereinander. In zentralen Rechtsgebieten wie dem Zivilrecht, dem materiellen Strafrecht oder dem allgemeinen Verwaltungsrecht steht eine Vielzahl solcher dogmatischer Sätze und Begriffe zur Verfügung. Aber auch in speziellen Rechtsgebieten bieten sie einen Anhaltspunkt.

172

Im vorliegenden **Fall** geht es um einen schuldrechtlichen Anspruch (= Forderung) des K gegen V aus einem mit V geschlossenen Kaufvertrag. Von dieser Erkenntnis ausgehend, prüft der Bearbeiter zunächst, ob der gültige Vertragsschluss hier problematisch ist. Dies ist zu verneinen. Die Prüfung muss im Gutachten kurz ausfallen.

Eine dritte Orientierungshilfe bei der Prämissensuche bietet die **rechtliche Systematik**, wie sie sich aus dem Gesetz ergibt und durch die rechtswissenschaftliche Lehre ausgearbeitet wurde.

173

Im **Fall** des Autoverkaufs geht es darum, die Rechtsgebiete Schuldrecht und Sachenrecht zu unterscheiden und das Abstraktionsprinzip des deutschen Zivilrechts zu kennen, dh die Trennung von Kaufvertrag (§ 433 BGB) und Übereignung (§ 929 BGB). Dies führt zu der Erkenntnis, dass (auch) der zweite Kaufvertrag (V-N) wirksam ist und ebenso die Übereignung des Autos an den N, dass dadurch aber der erste Kaufvertrag in seinem rechtlichen Bestand nicht berührt wird. Weder V noch K können das Auto von N herausverlangen, weil N Eigentümer des Kfz geworden ist (kein Anspruch aus § 985 BGB) und weil N es auf Grund seines Kaufvertrags mit V cum causa erworben hat (kein Anspruch aus § 812 BGB). Es bleibt ein vertraglicher Schadensersatzanspruch des K gegen V wegen einer vom Schuldner (V) verschuldeten Vertragsverletzung. K kann Schadensersatz nach §§ 433, 280, 281, 276 BGB verlangen.

3. Nicht gesetzlich normierter Rechtssatz

174 Die Normensuche kann dazu führen, dass für einen gegebenen Fall ein passender gesetzlicher Rechtssatz nicht in Betracht kommt. Handelt es sich um eine strafrechtliche Frage, so ist damit die Prämissensuche beendet. Denn ohne gesetzliche Strafandrohung, die bereits vor der Tat bestand, kann ein Strafanspruch des Staates nicht bestehen (§ 1 StGB: keine Strafe ohne Gesetz; *nulla poena sine lege*). Anders im Zivilrecht. Hier muss meist ein (zB vermögensrechtlicher) Konflikt zwischen zwei Parteien entschieden werden, und Rechtsprechung und Lehre haben oft über den Gesetzestext hinausgehend allgemein anerkannte Rechtssätze entwickelt, die als Anspruchsgrundlage dienen können (s. auch iF Rn 188 ff).

Beliebiges **Beispiel** eines solchen anerkannten Rechtssatzes: Ein Anlagevermittler, der einem Kunden Londoner Warenterminoptionen aufschwatzt, ohne ihn rückhaltlos über die hohe Wahrscheinlichkeit eines Totalverlustes zu informieren, haftet dem Anleger aus culpa in contrahendo (jetzt gem. § 311 Abs. 2 BGB) auf Schadensersatz (BGHZ 105, 108; BGH ZIP 1991, 1207).

175 Auch im Zivilrecht muss natürlich im Grundsatz ein Schweigen des Gesetzes respektiert und ein Anspruch verneint werden, wenn weder eine gesetzliche Rechtsnorm noch ein sonstiger anerkannter Rechtssatz als Anspruchsgrundlage dienen kann. In der zivilrechtlichen Rechtsprechung und Literatur zur Beurteilung von Schadensfällen ist zT die Tendenz zu beobachten, durch Auslegung (iF Rn 176 ff) oder Analogie (iF Rn 184 ff) neue Haftungsgründe zu entwickeln.

Zu nennen ist hier insbesondere der bedeutsame Tatbestand der Haftung für Verschulden im Vertragsanbahnungsverhältnis (*culpa in contrahendo*). Die Schadenshaftung aus Verschulden in diesem Fall war bis 1.1.2002 im BGB nicht vorgesehen, aber seit langem von Literatur und Rechtsprechung anerkannt. Der Tatbestand ist in der Schuldrechtsreform in § 311 Abs. 2 BGB normiert worden.

Ein anderes **Beispiel** ist die Entwicklung der Haftung für Eingriffe in den eingerichteten und ausgeübten Gewerbebetrieb nach § 823 Abs. 1 BGB. Das Recht am Gewerbebetrieb ist in dieser Haftungsnorm nicht besonders als geschütztes Recht genannt. Die Rechtsprechung hat aber dieses Recht als „sonstiges Recht" im Sinne dieser Normen anerkannt[54].

IV. Auslegung

Literatur: Vgl die vor Rn 163 angegebenen Literatur und: *Staudinger/Coing*, BGB Bd. I 12. Aufl. 1978, Einleitung vor § 1 Rn 137–154; *P. Raisch*, Vom Nutzen der überkommenen Auslegungskanones für die praktische Rechtsanwendung (Jur. Studiengesellschaft Karlsruhe Bd. 121) 1988.

1. Begriff und Zweck

176 Wenn eine Rechtsnorm auf einen konkreten Fall anwendbar erscheint, muss im Rahmen des Subsumptionsschlusses (oben Rn 165) geprüft werden, ob die einzelnen

---

54 Vgl allg. *Heymann/Horn*, HGB, Bd. 1 2. Aufl. 1995, Einleit. V Rn 26.

Begriff und Zweck **§ 7 IV 1**

Merkmale des Sachverhaltes des Falles den Merkmalen des Tatbestandes der Rechtsnorm entsprechen. Hier ergeben sich oft Zweifelsfragen. Dann muss der Sinngehalt der Norm durch Auslegung ermittelt werden. Dafür stehen allgemeine Auslegungsgrundsätze zur Verfügung (iF Rn 178–183). Außerdem sind für die Auslegung zahlreicher Rechtsnormen veröffentlichte Gerichtsurteile oder Erläuterungen in den Gesetzeskommentaren oder der sonstigen Fachliteratur verfügbar. In gewisser Weise gehört die Auslegung einer solchen Rechtsnorm, die (möglicherweise!) auf den Sachverhalt passt, ebenfalls zur Prämissensuche (oben Rn 169 ff).

Beispiel 1: Wenn der Dieb zur Ausführung der Tat in ein Auto einbricht, so ist durch Auslegung zu ermitteln, ob der Tatbestand des schweren Diebstahls vorliegt. In Betracht kommt der Tatbestand des § 243 Abs. 1 Nr 1 StGB (Einbruch in einen umschlossenen Raum) oder Nr 2 (Diebstahl einer Sache, die durch ein verschlossenes Behältnis gesichert ist). Auszulegen ist im ersteren Fall der Begriff „Raum" iS § 243 Abs. 1 Nr 1. Dabei ist der Wortlaut, die Absicht des Gesetzgebers, die Stellung im Zusammenhang der Norm und der Regelungszweck zu berücksichtigen. Raum iS Nr 1 ist nur ein Raum, der dazu bestimmt ist, von Menschen betreten zu werden (GrSenBGHSt 1, 158). Gleichgültig ist es, ob der Raum fortbewegt werden kann, weil er zu einem Kraftfahrzeug, Eisenbahnwagon, Wohnwagen, Schiff usw oder einem Pkw gehört (BGHSt 2, 214). Wenn der Dieb daher nur den Kofferraum eines Pkw aufbricht, ist Nr 1 nicht gegeben; es ist aber Nr 2 anwendbar (BGHSt 4, 16).

Beispiel 2: Wird eine politische Demonstration mit einer Sitzblockade vor dem Eingangstor einer Kaserne oder eines Atomkraftwerks oder vor der Eingangstür eines Behördensitzes verbunden, so hat der Bundesgerichtshof dies als Ausübung von (psychischer) „Gewalt" iS § 240 StGB (Nötigung) beurteilt (BGHSt 35, 270). Denn auch dieses passive Verhalten, das aber andere wirkungsvoll behindert, falle unter diesen Begriff. An diesem weiten, „vergeistigten" Gewaltbegriff wurde Kritik geübt[55]. Das Bundesverfassungsgericht hat 1995 diese Kritik bestätigt und damit eine langjährige gefestigte Rechtsprechung umgestoßen (BVerfGE 91, 1= NJW 1995, 1141). Denn Gewalt könne nur der Einsatz körperlicher Kräfte zur Überwindung eines geleisteten oder zu erwartenden Widerstandes sein (physische Gewalt). Der Bundesgerichtshof hatte danach Stehblockaden auf der Autobahn zu beurteilen und Gewalt iS § 240 StGB bejaht, weil dadurch zwar die ersten ankommenden Autos nur durch psychische Gewalt zum Halten gezwungen worden seien, die stehenden Autos dann aber eine Barriere bildeten, was eine physische Gewalt iS § 240 StGB für nachkommende Autos darstelle (BGH NJW 1995, 2643).

Auslegung (Interpretation) ist **Sinnermittlung von Texten**. Die Sinnermittlung von Texten ist eine allgemeine Aufgabe und Arbeitsmethode der Geisteswissenschaften (Hermeneutik)[56]. Eine Besonderheit der juristischen Auslegung ist ihr Gegenstand: die Rechtsnormen als Sollenssätze (oben Rn 6). Dies verlangt zT die Anwendung besonderer Auslegungsgesichtspunkte. **177**

Die juristischen Auslegungslehren haben eine große Tradition. Sie sind mit der über zweitausendjährigen Überlieferung des römischen Rechts und seiner wissenschaftlichen Bearbeitung bis heute verbunden. Die Auslegungslehren folgen bestimmten

---

55 Vgl zB A. *Kaufmann*, NJW 1988, 2581, 2582 f; F. *Müller*, Juristische Methodik, 5. Aufl. 1995, S. 193 ff.
56 H. *Coing*, Die juristischen Arbeitsmethoden und die allgemeinen Regeln der Hermeneutik, 1959, S. 13 ff; s. auch oben Rn 46 und unten Rn 366 f.

Leitgesichtspunkten, die man in vier Gruppen zusammenfassen kann (i.F. 2–5). Die verschiedenen Auslegungsmethoden müssen je nach dem **Auslegungsbedarf**, der sich bei der Frage der Anwendung einer bestimmten Norm auf bestimmte Sachverhalte ergibt, in einzelnen Arbeitsschritten nacheinander auf den gleichen Normtext angewendet werden. Die Auslegungsergebnisse sind dann zusammenzufassen; bei unterschiedlichen Teilergebnissen muss im Hinblick auf ein einheitliches Ergebnis abgewogen und begründet werden, welches Ergebnis den Vorzug verdient.

Die klassischen Auslegungsregeln sind wegen ihrer relativen Ungenauigkeit und Ergänzungsbedürftigkeit kritisiert worden. Sie gehören gleichwohl zum elementaren Bestand der juristischen Methode[57].

2. Sprachlich-grammatische Auslegung

178 Die sprachlich-grammatische Auslegung[58] geht vom Wortlaut aus, dh vom Satzbau und dem normalen Wortsinn (Sprachgebrauch), und ermittelt die Sinnstruktur nach diesem Wortsinn und den grammatischen Regeln. Es handelt sich dabei um eine allgemeine Auslegungsmethode, die nicht auf Rechtsnormen beschränkt ist. Sie wird in allen Geisteswissenschaften bei der Ermittlung des Sinns der Texte, die Gegenstand der jeweiligen Wissenschaft sind, verwendet.

Die sprachlich-grammatische Auslegung ermittelt den Wortsinn aus dem allgemeinen Sprachgebrauch. Soweit es um die Bedeutung eines einzelnen Wortes geht, spricht man bisweilen auch von" lexikalischer Auslegung", weil die Wortbedeutungen in Lexika erfasst sein können.

Beispiel: Die oben (Rn 176) erwähnte Kritik am vergeistigten Gewaltbegriff bei der Nötigung (§ 240 StGB) berief sich auf den allgemeinen Sprachgebrauch des Wortes „Gewalt", der nur die Entfaltung physischer Kraft umfasse (zweifelhaft)[59].

Häufig haben einzelne Wörter einen gewissen Bedeutungsspielraum oder sie haben mehrere ganz unterschiedliche Bedeutungen. Hier hilft die Auslegung nach dem Textzusammenhang (Kontext). Dies ist ohnehin bei jeder Textauslegung unentbehrlich. Eine Auslegung kann nur gelingen, wenn jeweils der gesamte Satz und der Kontext, in dem dieser Satz im Text steht, miterfasst wird.

Da man das Ganze aus den einzelnen Wortbedeutungen erfasst, die einzelnen Wortbedeutungen aber vom Ganzen her sieht und präzisiert, kann man von einem logischen Zirkel sprechen, und diesen „hermeneutischen Zirkel" hat schon *Schleiermacher* beschrieben[60].

---

57 *P. Raisch*, Vom Nutzen der überkommenen Auslegungskanones für die praktische Rechtsanwendung, 1988; *A. Kaufmann*, Grundprobleme der Rechtsphilosophie, 1994, S. 74.
58 Auch „logische" Auslegung genannt; zT wird der Begriff „Logische Auslegung" aber auch mit der systematischen Auslegung (unten Rn 180 f) verbunden.
59 So *F. Müller*, Jur. Methodik aaO (Rn 163), S. 193 ff.
60 *F. Schleiermacher*, Hermeneutik und Kritik, neu hrsg. *M. Frank*, 1977, Hermeneutik, Einl. §§ 20, 23; *Zippelius*, Methodenlehre[7], S. 53.

Die sprachlich-grammatische Auslegung berücksichtigt außer dem Wortsinn des einzelnen Wortes den logischen Zusammenhang, in dem es gebraucht wird, und die logische Struktur des Satzes; man kann daher auch von „logischer" Auslegung sprechen. Allerdings wird auch die systematische Auslegung (Rn 180 ff) mit gewissem Recht als logische Auslegung bezeichnet. Bei der Auslegung des Textes der Rechtsnomen stößt der Jurist häufig auf **Fachausdrücke,** die primär oder sogar ausschließlich eine juristische Bedeutung haben (Hypothek, Gesamthand, Akzessorietät, Rechtshängigkeit) oder neben der allgemeinsprachlichen Bedeutung im juristischen Sprachgebrauch mit einer besonderen Bedeutung gebraucht werden (zB „Beschaffenheit" iS §§ 434 Abs. 1, 443 Abs. 1, 444 BGB). Der Gesetzgeber arbeitet auch mit **Legaldefinitionen,** also gesetzlichen Festlegungen einer bestimmten Wortbedeutung.

Beispiele: „Anspruch" in § 194 BGB; zivilrechtliche „Fahrlässigkeit" in § 276 Abs. 2 BGB; Definitionen der Täterschaft, Anstiftung und Beihilfe in §§ 25–27 StGB.

Im übrigen ist die Herausarbeitung der genauen Wortbedeutung juristischer Fachausdrücke Aufgabe der **Rechtsdogmatik;** diese wird entwickelt, indem die juristische Fachliteratur unter Berücksichtigung der Gesetzesmaterialien (Rn 179) und der Rechtsprechung die genaue Bedeutung der juristischen Fachbegriffe herausarbeitet.

Der **Wortsinn,** der sich aus der juristischen Fachbedeutung oder mangels einer solchen aus dem allgemeinen Sprachgebrauch ergibt, bildet zugleich eine Grenze der Auslegung. Will man diese Grenze überschreiten, um ein bestimmtes, als sachgerecht erkanntes Ergebnis zu erlangen, gebietet es die methodische Ehrlichkeit, zunächst offen zu legen, dass dies mit den Mitteln der Auslegung nicht erreicht werden kann, sondern nur durch Analogie zur Ausfüllung einer „Gesetzeslücke" (unten Rn 184 ff).

3. Historische Auslegung

Die historische Auslegung betrachtet die historische Absicht des Gesetzgebers, ein bestimmtes Problem zu regeln, und die bei der Schaffung des Gesetzes geführte rechtspolitische Debatte. Wenn in einem Rechtsstreit Zweifelsfragen hinsichtlich der Auslegung einer bestimmten Rechtsnorm auftreten, suchen die Gerichte häufig den Willen und die Absichten des historischen Gesetzgebers, der die Norm geschaffen hat, zu ermitteln, und studieren zu diesem Zweck die Materialien (Entwürfe, Stellungnahmen, Beratungen) des betreffenden Gesetzgebungsverfahrens.

179

Beispiel: Die Parteien eines Vertrages können (in einer Schiedsklausel) vereinbaren, dass Streitigkeiten aus dem Vertrag nicht von einem staatlichen Gericht entschieden werden sollen, sondern durch ein privates Schiedsgericht (§§ 1025–1066 ZPO). Wenn das Schiedsgericht angerufen wird, prüft es auch seine eigene Zuständigkeit (Kompetenz), über den Fall zu entscheiden, dh zB die Frage, ob die Schiedsklausel gültig vereinbart ist und ob sie den vorgetragenen Streitfall erfasst (§ 1040 ZPO). Diese Entscheidung ist aber nicht endgültig; eine Partei kann das staatliche Gericht anrufen und vortragen, das Schiedsgericht habe zu unrecht seine Zuständigkeit bejaht. Die Schiedsklausel kann die Anrufung des staatlichen Gerichts in dieser Frage nicht ausschließen; es kann also nicht bestimmt werden, dass die Entscheidung des Schiedsgerichts über seine eigene Zuständigkeit endgültig ist (keine „Kompetenz-Kompetenz" des Schiedsgerichts).Der BGH hat

2005 entschieden, dass eine Schiedsklausel, die eine endgültige Kompetenz-Kompetenz des Schiedsgerichts bestimmt, insoweit unwirksam ist. Dabei berief sich das Gericht auf die Absicht des Gesetzgebers[61].

179a Allerdings können die Absichten des historischen Gesetzgebers in der Auslegung nur insoweit Berücksichtigung finden, als sie im Gesetzestext selbst irgendeinen Ausdruck gefunden haben. Mit dem Akt der Gesetzgebung löst sich der Gesetzestext von den Personen, die an der Gesetzgebung beteiligt waren, und wird **verobjektiviert**. Ausgangspunkt der Auslegung ist der Text selbst, nicht die Vorstellung der am Gesetzgebungsverfahren beteiligten Personen. Die historische Auslegung anhand der Gesetzesmaterialien ist nur einer von mehreren Auslegungsaspekten. Der Text kann auch Bedeutungen und Konsequenzen enthalten, die den am Gesetzgebungsverfahren beteiligten Personen gar nicht bewusst waren, aber später in der Auslegung und Anwendung der Normen durch die Gerichte und durch die rechtswissenschaftliche Diskussion allmählich hervortreten. Man sagt deshalb auch: das Gesetz ist klüger als der Gesetzgeber. Je länger ein Gesetz besteht und angewendet wird und sich eine Rechtsprechungspraxis der Gerichte zu diesem Gesetz entwickelt, desto mehr schwächt sich die Bedeutung der historischen Auslegung ab.

Beispiel: Das BGB gewährt grundsätzlich einen Anspruch auf Schadensersatz aus unerlaubter Handlung nur, wenn der Schädiger ein (absolutes) Recht des Geschädigten verletzt, zB seine Gesundheit oder sein Eigentum (§§ 823 ff BGB); eine bloße Schädigung seines Vermögens reicht nicht aus. Eine Ausnahme bildet § 826 BGB für den Fall der vorsätzlichen sittenwidrigen Schädigung; hier reicht die bloße Vermögensschädigung für einen Schadensersatzanspruch aus. Dabei waren nach Vorstellung des historischen Gesetzgebers strenge Anforderungen an die Erfüllung des Tatbestandes des § 826 BGB zu stellen, und man ging davon aus, dass die Vorschrift nur eine relativ enge Bedeutung für Ausnahmefälle haben werde. Später zeigte sich, dass im Rechtsverkehr ein starkes Bedürfnis besteht, wenigstens in bestimmten wichtigen Fallgruppen einen Schadensersatz auch wegen bloßer Vermögensschädigung zu gewähren, und im Laufe der Zeit entstand eine umfangreiche Rechtsprechung zur Anwendung des § 826 BGB. Der Anwendungsbereich der Norm ist also heute viel weiter, als es der historische Gesetzgeber vorausgesehen hatte. Als man 1909 das Gesetz gegen unlauteren Wettbewerb (UWG) schuf, bestand noch die Vorstellung, dass § 826 BGB nur einen engen Anwendungsbereich habe und für die Bekämpfung unlauteren Wettbewerbs nicht ausreiche. § 1 UWG aF sah daher eine allgemeine Schadensersatzpflicht bei Wettbewerbshandlungen vor, die gegen die guten Sitten verstoßen (Generalklausel). Später führte die geschilderte Ausdehnung der Anwendung des § 826 BGB dazu, dass in zahlreichen Fällen § 826 BGB und § 1 UWG zugleich auf einen Fall Anwendung fanden.

179b Häufig korrigiert auch der Gesetzgeber selbst seine früheren Zielvorstellungen durch Gesetzesänderungen oder durch die Schaffung eines neuen Gesetzes, das an die Stelle des alten tritt.

Beispiel: Das UWG von 1909 bezweckte ursprünglich nur den Schutz der Konkurrenten untereinander im Wettbewerb. Später hat man auch den Gedanken des Schutzes der Verbraucher (zB

---

61 „Der Gesetzgeber hat aber – in bewusster Abkehr von der Rechtsprechung des Bundesgerichtshofs – mit dem Schiedsverfahrens-Neuregelungsgesetz vom 22. Dezember 1997 (BGBl. I S. 3224) die Entscheidung über die Zuständigkeit des Schiedsgerichts letztlich dem staatlichen Gericht vorbehalten (vgl Begründung der Bundesregierung zu dem Entwurf eines Schiedsverfahrens-Neuregelungsgesetzes – BT-Drucks 13/5274 S. 26 und 44). Nach dem neuen Recht steht dem Schiedsgericht die Kompetenz-Kompetenz nicht mehr zu"; Urt. v. 13.1.2005, BGHZ 162, 9, 13 = SchiedsVZ 2005, S. 95, 96.

vor unlauterer und irreführender Werbung) als Schutzzweck in das Gesetz aufgenommen, den ursprünglichen Schutzzweck also erweitert. Das neue UWG von 2004[62] nennt als Gesetzeszweck den Schutz der Mitbewerber, der Verbraucher und des Interesses der Allgemeinheit an unverfälschtem Wettbewerb (§ 1 UWG nF). Die alte Generalklausel des § 1 UWG aF wurde abgeschafft und durch ein Verbot unlauterer Wettbewerbshandlungen ersetzt, das durch Beispiele konkretisiert wird (§§ 3–7 UWG). Anders als bei § 826 BGB kommt es auf die Kenntnis der Umstände, die die Unlauterkeit begründen, nicht an[63].

4. Systematische Auslegung

Die systematische Auslegung gebietet es, einen Rechtssatz im gesetzlichen Zusammenhang zu verstehen und nicht isoliert zu betrachten. So untersteht zB ein Rechtssatz, der im Sachenrecht steht, allgemeinen sachenrechtlichen Grundsätzen, eine Norm des Schuldrechts den Grundsätzen dieses Rechtsgebietes. Die Systematik wird zT durch das Gesetz selbst geleistet. Zu einem größeren Teil ist sie Ergebnis der rechtswissenschaftlichen **Dogmatik** (Rn 52). **180**

ZB gilt im Zivilrecht ein objektiver Fahrlässigkeitsbegriff, im Strafrecht ein subjektiver. Im Zivilrecht wird das Handeln des Schuldners an Sorgfaltsmaßstäben iS § 276 Abs. 2 BGB gemessen, die generell und objektiv festgestellt werden (BGHZ 80, 186, 193). Im Strafrecht wird zusätzlich geprüft, ob der Täter auch persönlich in der Lage war, die erforderliche Sorgfalt aufzubringen. Je nachdem, ob der Fahrlässigkeitsbegriff im Zivilrecht oder im Strafrecht anzuwenden ist, ist er also unterschiedlich auszulegen.

Man kann dies systematische Auslegung nennen. Der Grund dafür liegt darin, dass es im Zivilrecht um Schadensausgleich nach dem Grundgedanken der ausgleichenden Gerechtigkeit geht, im Strafrecht um gerechte Bestrafung nach dem Grundgedanken der austeilenden Gerechtigkeit[64]. Beide Rechtsgebiete haben unterschiedliche Funktionen oder Gerechtigkeitsziele. Man kann daher hier auch einen Anwendungsfall der funktionalen oder teleologischen (zielorientierten) Auslegung sehen (Rn 182).

Eine wichtige Bedeutung bei der systematischen Auslegung hat die Unterscheidung von Regel und Ausnahme. Ein Spezialgesetz (**lex specialis**) geht einer allgemeinen Norm vor.

So gehen die speziellen Regelungen des HGB den allgemeinen Regelungen des BGB vor. Das HGB ist seinerseits nur zu verstehen, wenn man es als ein Spezialgesetz zum BGB begreift. Denn es ist ganz lückenhaft (vgl nur zum Handelskauf die §§ 373–382 HGB) und die Lücken des HGB werden durch die allgemeinen Normen des BGB ausgefüllt.

Andererseits müssen Ausnahmebestimmungen eng ausgelegt werden. Sie haben also zwar Vorrang vor allgemeinen Normen. Dieser Vorrang ist aber auf ein ganz bestimmtes, in der Ausnahmenorm bezeichnetes Spezialgebiet begrenzt. Manchmal ist es allerdings fraglich, ob eine Norm überhaupt Ausnahmecharakter hat. **181**

---

62 BGBl I, 1414; dazu *Köhler*, NJW 2004, 2121.
63 *Köhler* NJW 2004, 2122; str.
64 Zu diesem Beispiel auch *Zippelius*, Methodenlehre[8] S. 11, 63. Zu den genannten verschiedenen Gerechtigkeitsformen vgl auch unten Rn 302 f.

Beispiel: Die Genehmigungspflicht für Wertsicherungsklauseln nach § 2 PaPrkG (Preisangaben- und Preisklauselgesetz, BGBl I, 1998, S. 1753; früher: § 3 Währungsgesetz) ist eine Ausnahme von der allgemeinen Vertragsfreiheit, die auch das Recht einschließt, alle möglichen Klauseln im Vertrag zu vereinbaren. Andererseits soll die Genehmigungspflicht für Wertsicherungsklauseln aber auch die Währungsstabilität schützen. Daher ist es zweifelhaft, ob hier nur eine enge Auslegung (iS einer Ausnahmenorm) geboten ist. Die Deutsche Bundesbank geht bei der Auslegung dieser Norm jedenfalls über diesen engen Rahmen hinaus.

5. Teleologische Auslegung

182 Die teleologische Auslegung (nach dem griechischen Wort *telos* = Ziel, Zweck) gebietet die Ermittlung des Regelungszwecks der Rechtsnorm. Dieser Regelungszweck ist nicht identisch mit den Interessen der Beteiligten. Der Regelungszweck kann aber besser verstanden werden, wenn man den **Interessenkonflikt** betrachtet, den das Gesetz regeln will. Es kommt dann darauf an, wie der Gesetzgeber und die herrschende Rechtsmeinung diesen Interessenkonflikt **bewertet** und welchen Interessen es (in einem bestimmten, ggf begrenzten Umfang) den Vorrang eingeräumt hat.

Beispiel: Das Mitbestimmungsgesetz von 1976 regelt die Mitbestimmung der Arbeitnehmer im Unternehmen ab einer bestimmten Größe (ab 2000 Mitarbeiter) und in einer bestimmten Rechtsform, vor allem der Rechtsform der Kapitalgesellschaft (AG und GmbH). Organisatorisch erfolgt die Mitbestimmung durch ein besonderes Mitglied der Geschäftsleitung (Vorstandsmitglied bzw Geschäftsführer) und eine paritätische Besetzung des Aufsichtsrates mit Vertretern der Kapitalseite und Vertretern der Arbeitnehmer. In diesem paritätisch besetzten Aufsichtsrat hat aber die Kapitalgeberseite auf eine indirekte Weise das Übergewicht. Sie kann bei der Wahl des Vorsitzenden ihren Kandidaten durchsetzen. Dieser Vorsitzende hat dann, wenn sich bei Entscheidungen im Aufsichtsrat ein Patt herausstellt (zB die 8 Kapitalvertreter stimmen für, die 8 Arbeitnehmervertreter gegen einen Vorschlag) eine Zweitstimme, die er aber nur nach einem bestimmten Verfahren und einer zweiten Abstimmung einsetzen kann. Die Arbeitnehmervertretung ist ihrerseits nicht homogen. Die leitenden Angestellten haben besondere Vertreter und bei den Arbeitnehmern kann zwischen Angestellten und Arbeitern unterschieden werden.

Diese komplexe und komplizierte Regelung ist nur zu verstehen, wenn man die widerstreitenden Regelungsinteressen betrachtet. Einerseits sollte den Arbeitnehmern, die in der tatsächlichen Unternehmensorganisation das Unternehmen tragen und durch ihr Arbeitsplatzrisiko auch indirekt ein unternehmerisches Risiko mitübernehmen, ein angemessener Einfluss auf die Unternehmensleitung eingeräumt werden. Andererseits muss die Entscheidungsfähigkeit des Unternehmens gewahrt werden; daher muss es Verfahren geben, um Pattsituationen aufzulösen, was hier durch die Zweitstimme geschieht. Das leichte Übergewicht der Kapitalseite erklärt sich aus dem Eigentumsrecht, das auch Gesellschafter von Kapitalgesellschaften haben und das durch Art. 14 GG geschützt ist. Dieser Schutz ist auch wirtschaftlich wichtig wegen der Notwendigkeit, dass das Unternehmen bei Bedarf wiederum neues Eigenkapital am Kapitalmarkt aufnehmen können muss. Dies ist nur sichergestellt, wenn grundlegende Unternehmensentscheidungen die langfristige Rentabilität des Unternehmens im Auge haben. Andererseits ist die ganze Regelung auf einen Kompromiss angelegt und soll dazu führen, dass sich alle Beteiligten möglichst um einvernehmliche Lösungen bemühen. Dies ist auch in der Praxis der Mitbestimmung weithin der Fall.

Das ganze Regelungsgeflecht ist also nur aus diesen verschiedenen Interessen zu verstehen, zugleich aber auch aus der Bewertung, die der Gesetzgeber diesen Interessen gegeben hat. Zum Ganzen s. die Entscheidung des Bundesverfassungsgerichts in BVerfGE 50, 290 ff. Das deutsche Mitbestimmungsrecht hat im Ausland nur wenig Nachahmung gefunden und wird von ausländischen Investoren mit großem Misstrauen betrachtet. Es wird daher zunehmend als Investitionshemmnis kritisiert[65].

Der Regelungszweck des Gesetzes (**ratio legis**) muss teils anhand der Motive des historischen Gesetzgebers (Gesetzgebungsmaterialien; rechtspolitische Literaturdebatte zur Zeit der Gesetzgebung usw), teils aus systematischen Überlegungen oder auch aus der gegenwärtigen Rechtsliteratur (in der sich auch ein Wandel der Zweckvorstellungen spiegeln kann), ermittelt werden. Der Regelungszweck muss einen Anhaltspunkt im Gesetzestext finden, und zwar entweder in der anzuwendenden Norm oder in einer anderen Norm, die mit der anzuwendenden Norm in einem Sinnzusammenhang steht. Der Gesetzeszweck muss auch angeben, auf welche Weise und in welchem Umfang (Geltungsbereich) der Regelungszweck verwirklicht werden soll. Nur ausnahmsweise kann sich eine teleologische Auslegung auch **gegen den Wortlaut der Norm** durchsetzen. 183

Die folgende Äußerung des Bundesgerichtshofs muss demnach als **Ausnahme** verstanden werden. BGHZ 18, 44, 49: „Es muss auch gegenüber einem sprachlich eindeutigen Wortlaut eine Auslegung nach dem Sinn und Zweck des Gesetzes Platz greifen, wenn der zur Entscheidung stehende Interessenkonflikt bei Erlass des Gesetzes noch nicht ins Auge gefasst werden konnte, weil er erst durch eine nach diesem Zeitpunkt eingetretene Änderung in Erscheinung getreten ist."
Die Entscheidung betrifft den Schutz nach § 15 LitUrhG (1965 abgelöst durch § 16 UrhG). Danach ist eine Vervielfältigung ohne Einwilligung des Berechtigten zulässig, wenn sie für den persönlichen Gebrauch und ohne Absicht, aus dem Werk eine Einnahme zu erzielen, vorgenommen wird. Der BGH führt (im Jahre 1955) aus, dass der Gesetzgeber damals (1901) die enorme Entwicklung der Vervielfältigungstechnik noch nicht absehen konnte. Heute muss auch Schutz dagegen gewährt werden, dass innerhalb eines großen Unternehmens oder einer Universität aus einem einzigen Buchexemplar hunderte von Kopien intern ohne Entgelt an den Autor hergestellt und verwendet werden. Diese Frage ist heute durch die sog. Bibliotheksabgabe geregelt.

V. Analogie

Literatur: *C.-W. Canaris*, Die Feststellung von Lücken im Gesetz, 1964; s. im Übrigen die Nachweise oben vor Rn 163.

Der Richter muss grundsätzlich nach dem Gesetz entscheiden. Häufig entscheidet er nach einem von der hM anerkannten Rechtssatz, der zwar nicht ausdrücklich im Gesetz steht, sich aber durch Auslegung aus dem Gesetz ableiten lässt. Verlangt eine Partei im Prozess vom Richter eine bestimmte Rechtsfolge, zB die Zuerkennung von Schadensersatz, ohne dass für den betreffenden Sachverhalt eine Norm diese Rechtsfolge gebietet, muss der Richter die Klage abweisen. Es gibt aber auch Fälle, in denen ein Gericht oder die Fachliteratur eine bestimmte Rechtsfolge für dringend wünschenswert und geboten hält, obwohl das Gesetz sie für diese Fälle nicht vorsieht. In diesem Fall spricht man von einer **Lücke** im Gesetz (Gesetzeslücke, Regelungslücke). 184

---

65 *Horn*, Europäisches Finanzmarktrecht, 2003, S. 135 m.Nachw.

Das Bild von der „Lücke" ist an sich ungenau. Denn die Annahme einer solchen Lücke ist bereits das Ergebnis einer Wertung[66]. Man kommt nämlich zur Annahme einer Lücke nur dadurch, dass man für bestimmte Fälle eine vom Gesetz für diese Fälle nicht vorgesehene Rechtsfolge für wünschenswert hält.

185 Hier kommt eine **analoge Anwendung** einer Rechtsnorm in Betracht. dh eine entsprechende Anwendung der Norm auf Fälle, die im gesetzlichen Tatbestand nicht erfasst sind und daher nicht unter ihn subsumiert werden können. Eine solche Analogie ist nur unter zwei Voraussetzungen zulässig: (1) der Fall muss eine **Ähnlichkeit** mit dem gesetzlich geregelten Tatbestand aufweisen und (2) der Gesetzeszweck (*ratio legis*) muss auch auf den Fall zutreffen.

Man drückt dies auch so aus, dass eine **planwidrige Regelungslücke** des Gesetzes vorliegen muss[67]. Dazu muss man den Regelungsplan und Gesamtzusammenhang des Gesetzes betrachten[68]. Dazu muss man sowohl die zurückliegenden Vorstellungen des historischen Gesetzgebers (der ggf den betreffenden Fall bewusst ungeregelt lassen wollte) als auch die heutigen Verhältnisse („Normsituation") betrachten[69].

186 Sind diese beiden Voraussetzungen (Ähnlichkeit im Sachverhalt, Zutreffen der ratio legis) erfüllt, so lässt sich eine bestimmte Norm analog anwenden (**Gesetzesanalogie**). Man kann auch aus mehreren Normen in verallgemeinernder Form eine Rechtsfolge für einen ähnlichen Fall ableiten (**Rechtsanalogie**).

Ein **Beispiel** für eine Gesetzesanalogie ist die Anwendung des § 89b HGB über den Ausgleichsanspruch des Handelsvertreters auf den Vertragshändler. Der Handelsvertreter kann vom Unternehmer nach Beendigung des Vertragsverhältnisses einen angemessenen Ausgleich für seine Leistungen verlangen, wenn der Unternehmer aus der Geschäftsbeziehung mit neuen Kunden, die der Handelsvertreter geworben hat, auch nach Beendigung des Vertragsverhältnisses erhebliche Vorteile hat, der Handelsvertreter durch die Beendigung einen Provisionsanspruch verliert und die Zahlung eines Ausgleichs nach den Umständen der Billigkeit entspricht. Der Vertragshändler bezieht die Ware anders als der Handelsvertreter vom Unternehmer als ein Käufer und verkauft sie weiter. Seine Stellung gegenüber dem Unternehmer und seine Eingliederung in das Vertriebsnetz ist aber ähnlich wie die des Handelsvertreters (ähnlicher Sachverhalt), und er ist in ähnlicher Weise schutzbedürftig (die *ratio legis* trifft zu). Daher wird § 89b HGB auch auf ihn angewendet (BGHZ 93, 29; stRspr).

Ein **Beispiel** für Rechtsanalogie ist die Anerkennung eines Anspruchs auf Schadensersatz in Geld für Verletzungen des Persönlichkeitsrechts (s. Rn 189).

Die Analogie führt zu einer Ausdehnung des Anwendungsbereichs von Gesetzen und belastet den, auf den dann die nachteilige Rechtsfolge (zB Schadenshaftung) angewendet wird, während sie natürlich den anderen Teil (zB durch Zusprechung eines Schadensersatzanspruches) begünstigt. Hier besteht das Problem der Rechtssicherheit. Im Strafrecht wird wegen der ernsten Folgen einer Bestrafung für den Verurteilten dieses Gut der Rechtssicherheit so hoch bewertet, dass hier ein Verbot der Analogie zulasten des Täters gilt (**Analogieverbot** gem. § 1 StGB; Art. 103 Abs. 2 GG).

---

66 *Esser*, Grundsatz und Norm aaO, S. 252 f.
67 *Canaris*, S. 16 ff; *Larenz*, Methodenlehre, S. 373 ff.
68 *Pawlowski*, Methodenlehre, Rn 467 ff; *Larenz*, Methodenlehre, S. 375.
69 *Esser*, Grundsatz und Norm, S. 254; *ders.*, Vorverständnis und Methodenwahl, S. 179.

Bei der Begründung einer Analogie entsteht regelmäßig ein erheblicher argumentativer Aufwand, weil es hier wiederum um die Kategorie der Ähnlichkeit geht und um Wertungen. Schwierigkeiten bereitet vor allem die Frage, ob die *ratio legis* in einem ähnlichen Fall zutrifft oder nicht. Im Rechtsstreit wird die Gegenpartei stets vortragen, dass gerade aus dem Schweigen des Gesetzes (aus der „Lücke") im Gegenschluss folge, dass die Rechtsfolge hier nicht angewendet werden könne (*argumentum e contrario*).

187

Das *argumentum per analogiam* und das *argumentum e contrario* stehen also einander gegenüber und sind in einem argumentativen Prozess, der Gerichte und Literatur beschäftigt, gegeneinander abzuwägen (s. auch Rn 194 ff). Beruft sich ein Gericht oder ein Autor auf eines dieser Argumente, so bezeichnet er damit nur die logische Struktur seiner Argumentation, gibt aber noch keine erschöpfende Begründung für das von ihm geforderte rechtliche Ergebnis[70].

Die Übergänge zwischen normaler Auslegung, ausdehnender (weiter) Auslegung und Analogie sind fließend und oft nicht scharf zu bestimmen. Denn schon bei der normalen Auslegung im Rahmen der Subsumtion spielt die Denkkategorie der Ähnlichkeit-Unähnlichkeit eine Rolle (Rn 168, 176 ff)[71]. In der Praxis lässt sich zwischen Auslegung und Analogie freilich meist eine brauchbare Unterscheidung treffen.

VI. Richterliche Rechtsfortbildung; Gesetz und Recht

Literatur: *J. Esser*, Grundsatz und Norm in der richterlichen Fortbildung des Privatrechts, 4. Aufl. 1990; *R. Wank*, Grenzen richterlicher Rechtsfortbildung, 1978.

Entsteht ein neuer Regelungsbedarf, so muss der Gesetzgeber eingreifen. Andererseits kann der Gesetzgeber in vielen Bereichen nicht oder nicht mit der notwendigen Schnelligkeit und Präzision Abhilfe schaffen. Insbesondere im hoch differenzierten Bereich des Privatrechts, zu dem auch das Handels- und Gesellschaftsrecht gehört, wäre der Gesetzgeber mit den vielen hier auftretenden Detailfragen des Vertrags- und Haftungsrechts überfordert. Ähnliches gilt auf vielen Gebieten des öffentlichen Rechts für grundsätzliche Fragen, zB des Rechtsschutzbedürfnisses, der Klagebefugnis, der Drittbetroffenheit usw. Hier müssen Lehre und Rechtsprechung die Detailfragen entscheiden. Meist halten sie sich dabei innerhalb der Auslegung des vorgegebenen Gesetzestextes. In manchen Fällen gehen sie aber auch deutlich darüber hinaus und entwickeln das Recht fort. Der Gesetzgeber hat 2001 erstmals die Rechtsfortbildung als Aufgabe der Revisionsgerichte ausdrücklich anerkannt[72].

188

Für eine solche Fortentwicklung des Rechts sind die Urteile der Obergerichte, insbesondere des Bundesverfassungsgerichts und der anderen Bundesgerichte, maßgeb-

189

---

70 Zur logischen Struktur und Beziehung dieser beiden Argumentationsformen vgl auch *Klug*, Juristische Logik, § 11.
71 Zutr. *A. Kaufmann*, Grundprobleme der Rechtsphilosophie, 4. Aufl. 1994, S. 112.
72 Das Zivilprozessreformgesetz v. 27.1.2001 (BGBl I 1887, 3138) ordnet in der Neufassung des § 543 Abs. 2 ZPO an: Die Revision ist zuzulassen, wenn 1. die Rechtssache grundsätzliche Bedeutung hat oder 2. die Fortbildung des Rechts oder die Sicherung einer einheitlichen Rechtsprechung eine Entscheidung des Revisionsgerichts erfordert.

lich. Die Rechtsfortbildung vollzieht sich formal zT im Gewande einer bloßen Gesetzesauslegung und nur zT in Form einer offen als solche bezeichneten Analogie (Gesetzesanalogie oder Rechtsanalogie).

Als **Beispiel** der Rechtsfortbildung im Zivilrecht sei die Anerkennung des **allgemeinen Persönlichkeitsrechts** als sonstiges Recht iS § 823 I BGB und die Anerkennung eines Schmerzengeldanspruchs bei Persönlichkeitsrechtsverletzung in analoger Anwendung von § 847 BGB aF (= seit 1.8.2002: § 253 Abs. 2 BGB) genannt. Diese Rechtsprechung begann mit Fällen, in denen durch die Veröffentlichung von Texten oder Fotos eine Privatperson in unfairer Weise in einem ungünstigen Licht erschien oder in ihrer Privatsphäre bloßgestellt wurde. Die Gerichte haben zunächst presserechtliche und deliktsrechtliche Ansprüche (§§ 823, 824 II iVm §§ 186, 187 StGB) sowie Ansprüche nach LitUrhG geprüft (BGHZ 13, 334). Der BGH führte aus, dass in dem entschiedenen Fall, in dem ein Anwaltsschreiben gegen einen Zeitungsartikel verkürzt und entstellt veröffentlicht worden war, keine spezielles Urheberrecht verletzt sei, wohl aber das Persönlichkeitsrecht. Dieses Recht folge aus dem Gebot der Achtung der Menschenwürde (Art. 1 GG) und dem allgemeinen Freiheitsrecht (Art. 2 GG) und sei gemäß der Ausstrahlung des Verfassungsrechts auf das Zivilrecht (Drittwirkung) auch zivilrechtlich geschützt. Kurz darauf bestätigte der Bundesgerichtshof, dass das Persönlichkeitsrecht ein sonstiges Recht iS § 823 I BGB sei (BGHZ 24, 72). Wenig später erkannte der BGH an, dass bei Verletzung des Rechts am eigenen Bild und des Persönlichkeitsrechts auch der dabei entstandene immaterielle Schaden entgegen der Regel des § 253 BGB aF (seit 1.8.2002: § 253 Abs. 1 BGB) in Geld zu entschädigen sei. Diese Entschädigung habe eine Genugtuungsfunktion und sei durch analoge Anwendung des § 847 BGB aF (seit 1.8.2002: § 253 Abs. 2 BGB) zu begründen. In dem Fall war das Foto eines Sportreiters, das bei einer privaten Gelegenheit aufgenommen war, ohne dessen Zustimmung für Reklamezwecke für ein Stärkungsmittel verwendet worden (Herrenreiterfall; BGHZ 26, 349; bestätigt durch BGHZ 35, 363 „Ginseng").

190 Von richterlicher Rechtsfortbildung spricht man dann, wenn ein Rechtssatz, der nicht direkt dem Gesetz zu entnehmen ist, durch die Gerichte neu formuliert wird, wobei zur Begründung meist entweder die ausdehnende Auslegung einer vorhandenen Gesetzesnorm oder eine Gesetzes- oder Rechtsanalogie (Rn 185 ff) herangezogen wird, und wenn unter Berücksichtigung der Literatur die allgemeine Meinung besteht, dass es sich um geltendes Recht handelt. Zu einer Rechtsfortbildung sind insbes. die obersten Gerichtshöfe des Bundes berufen[73]. Dieses **Richterrecht** steht im Rang unter dem Gesetz und kann jederzeit durch den Gesetzgeber abgeändert werden. Es wird oft als Gewohnheitsrecht bezeichnet (Rn 28 ff). *Coing* hat aber darauf hingewiesen, dass sich dieses Richterrecht von dem historischen Begriff des Gewohnheitsrechts doch stark unterscheidet[74]. Im Zivilrecht haben die richterliche Rechtsfortbildung und die Entstehung neuen Richterrechts eine besonders große Bedeutung.

Beispiele richterlicher Rechtsfortbildung: die Anerkennung des Satzes, dass ein Schweigen auf ein kaufmännisches Bestätigungsschreiben als Zustimmung gilt; die Anerkennung und der rechtliche Schutz des Persönlichkeitsrechtes, wie beschrieben; die Anerkennung des Rechts am eingerichteten und ausgeübten Gewerbebetrieb als sonstiges Recht iS § 823 I BGB.

In wenigen, bedeutsamen Fällen hat die richterliche Rechtsfortbildung sogar zu einer Durchbrechung des bestehenden Gesetzesrechts geführt.

---

73 BVerfGE 34, 269, 287 ff = NJW 1973, 1221; BGHZ 3, 308, 315; BGH NJW 2003, 1588, 1592.
74 *Staudinger/Coing*, Kommentar zum Bürgerlichen Gesetzbuch, 12. Aufl. Bd. I 1980, Einleitung, Rn 228.

Beispiel: In der großen Inflation 1923 wurde das geldrechtliche Nominalprinzip („Mark gleich Mark") durchbrochen; dieses Prinzip besagt, dass man die in einem festen Geldbetrag ausgedrückte Schuld durch einen Geldbetrag in gleicher Höhe tilgen kann, und zwar ohne Rücksicht auf einen inzwischen etwa eingetretenen Verfall des Geldwertes (insbesondere der Kaufkraft). Dieses Prinzip wurde durch die sog. Aufwertungsrechtsprechung des Reichsgerichts durchbrochen (RGZ 107, 78). Begründet wurde dies durch die Entwicklung der Lehre vom sog. Wegfall der Geschäftsgrundlage (dh der Änderung vertragswesentlicher Umstände, durch die ein unverändertes Festhalten einer Partei oder auch beider Parteien am Vertrag unzumutbar wird und daher eine Anpassung – notfalls eine Aufhebung – der Vertragspflicht geboten ist). Diese Grundsätze sind seit 1.1.2002 in § 313 BGB normiert.

Die Rechtsfortbildung kann auch dazu führen, dass bestimmte Normen eingeschränkt oder nicht mehr angewendet werden. Zweifelhaft ist, ob eine staatlich gesetzte Rechtsnorm durch bloße Nichtanwendung auch außer Kraft treten kann (obsolet wird). **191**

Ein augenfälliges **Beispiel** ist Art. 15 GG über die Möglichkeit der Überführung von Grund und Boden, Naturschätzen und Produktionsmitteln in Gemeineigentum („Sozialisierung"). Diese Vorschrift ist nur schwer mit den übrigen Normen des Grundgesetzes und der daraus ableitbaren (wenngleich nicht normierten) Wirtschaftsverfassung zu vereinbaren. Art. 15 GG hat kaum eine praktische Bedeutung erlangt. Freilich ist es wohl nicht zulässig, ihn für vollständig obsolet zu halten in dem Sinne, dass man ihm jegliche Normqualität abspricht.

Die große Bedeutung des Richterrechts hat dazu geführt, dass in der Tat heute Bedenken im Hinblick auf die Rechtssicherheit angemeldet werden müssen. Richterrecht ist einerseits ein wohl unentbehrliches Instrument der flexiblen Fortentwicklung des Rechts und seiner Anpassung an neue Regelungsbedürfnisse. Aber die Justiz muss von ihm mit Zurückhaltung Gebrauch machen. Dieser Grundsatz wird dadurch unterstrichen, dass die Richter sich auch dann an das Recht gebunden fühlen, wenn sie über das Gesetz ergänzend oder (ausnahmsweise) korrigierend hinausgehen. Sie folgen dann der Vorstellung, weiterhin „das Recht" anzuwenden, dh anerkannte ungeschriebene Normen im Recht bereits vorzufinden. **192**

Das Bundesverfassungsgericht hat dazu in einer Entscheidung, in der es um die Zulässigkeit der Zahlung eines Schmerzensgeldes für seelischen Schmerz ging, 1973 ausgeführt: „Das Recht ist nicht mit der Gesamtheit der geschriebenen Gesetze identisch. Gegenüber den positiven Satzungen der Staatsgewalt kann unter Umständen **ein Mehr an Recht** bestehen, das seine Quelle in der verfassungsmäßigen Rechtsordnung als einem Sinnganzen besitzt und dem geschriebenen Gesetz gegenüber als Korrektiv zu wirken vermag; es zu finden und in Entscheidungen zu verwirklichen, ist Aufgabe der Rechtsprechung … Die Aufgabe der Rechtsprechung kann es insbesondere erfordern, **Wertvorstellungen**, die der verfassungsmäßigen Rechtsordnung immanent, aber in den Texten der geschriebenen Gesetze nicht oder nur unvollkommen zum Ausdruck gelangt sind, in einem Akt des bewertenden Erkennens, dem auch willenhafte Elemente nicht fehlen, ans Licht zu bringen und in den Entscheidungen zu realisieren."[75] Der letztere Satz ist eine zutreffende Beschreibung der rechtsfortbildenden Rechtsprechung, als Programmsatz freilich im Hinblick auf die Bindung des Richters an das Gesetz (s. auch unten Rn 459) nicht unbedenklich.

---

75 BVerfGE 34, 269 (Soraya-Beschluss).

VII. Zusammenfassung

193 Zusammengefasst lässt sich folgendes über die juristische Arbeitsweise sagen. Sie ist praxisorientiert und befasst sich im Kern mit der Anwendung von rechtlichen Normen auf bestimmte Fälle. Dies gilt sowohl für die wissenschaftliche Veröffentlichung (Aufsatz, Lehrbuch, Kommentar usw) als auch für einen rechtlich begründeten Verwaltungsakt einer Behörde und schließlich vor allem für das richterliche Urteil. Die zu dieser Entscheidung gegebene Begründung enthält stets die logische Struktur der Subsumption (Rn 165 ff). Das Subsumptionsschema reicht aber nicht aus, um die vielfältigen und verzweigten Strukturen der Gedankengänge, die zur Entscheidung geführt haben, zu umschreiben. Denn häufig liegt die Hauptarbeit in der Zusammenstellung der für den Fall relevanten Rechtsnormen (Rn 169 ff) und in Erörterungen zur Auslegung dieser Normen (Rn 176 ff). Ist eine Norm nicht anwendbar, so ist zu prüfen, ob eine entsprechende Anwendung auf den im Gesetz nicht geregelten Fall, der zur Entscheidung ansteht, in Betracht kommt (Rn 184 ff). Insbesondere bei der Auslegung und analogen Anwendung von Rechtsnormen ist auf bereits vorhandene Rechtsprechung (veröffentlichte Urteile) und Literatur zurückzugreifen, wo zu den Normen zahlreiche Auslegungsgrundsätze im Hinblick auf konkrete Fälle zu finden sind. Diese Auslegungsgrundsätze können sich zu anerkannten Rechtssätzen der richterlichen Rechtsfortbildung verfestigt haben (Rn 188 ff). Dieses Bild der juristischen Arbeitsweise ist durch eine nähere Betrachtung der juristischen Argumentation zu ergänzen (§ 8).

§ 8 Die juristische Argumentation

Literatur: *R. Alexy*, Theorie der juristischen Argumentation, 2. Aufl. 1991; *W. Gast*, Juristische Rhetorik; Auslegung, Begründung, Subsumption, 3. Aufl 1997, *W. Hassemer*, Argumentation und Recht, ARSP Beiheft nF 14, 1980; *N. Horn*, Rationalität und Autorität in der juristischen Argumentation, Rth 6 (1975), 145 ff; *Th. Viehweg*, Topik und Jurisprudenz, 5. Aufl. 1974.

I. Der argumentative Stil des juristischen Denkens

194 Die juristische Methodenlehre (§ 7) hat uns ein Bild der gedanklichen Struktur der juristischen Entscheidungsbildung gezeigt; dabei bildete die Ableitung (Deduktion) des Ergebnisses aus dem rechtlichen System durch Anwendung der Normen auf den Fall in einer logischen Operation (**Subsumption**) den Ausgangspunkt und Rahmen der Analyse. Im Einzelnen hat sich aber gezeigt, dass die Subsumption ein ganz unvollständiges Bild der Entscheidungsfindung liefert. Diese kann nicht hinreichend damit beschrieben werden, dass man eine logische Deduktion aus einem vorgegebenen, logisch strukturierten System von Rechtssätzen iS des Subsumptionsschemas (Rn 166) annimmt. Andere Gedankenoperationen machen den Hauptteil des juristischen Denkens aus.

Wie in § 7 gezeigt, wird das Subsumptionsschema durch andere Verfahrensweisen überformt, ohne vollständig verdrängt zu werden. Diese anderen Verfahrensweisen sind vor allem: einmal die Selektion der passenden Prämissen (Normen) in ihrem oft sehr komplizierten Zusammenspiel, das nicht vollständig logisch formalisiert werden kann; zweitens die Auslegung der Norm; auch hier geht es nicht um formalisierbare Gedankenoperationen, sondern um Annäherungen an einen Sachverhalt nach der Kategorie der Ähnlichkeit und um Wertungen im Hinblick auf den Zweck der Norm (Rn 176 ff). Bei Analogie oder Umkehrschluss geben wiederum Wertungen den Ausschlag; die logische Struktur des Arguments bildet nur den Rahmen für diese Gedankenoperation (Rn 184 ff).

Die tieferen Gründe dafür, dass das juristische Denken sich nicht in rein formallogische Operationen auflösen lässt, liegen darin, dass die hier behandelten Fragen zu komplex und ständig von **Wertungsfragen** bestimmt sind, die sich einer logischen Formalisierung entziehen. Bei unbefangener Betrachtung erscheint der Stil des juristischen Denkens vielmehr als ein Abwägen von Gründen und Gegengründen im Hinblick auf ein bestimmtes Problem, letztlich die rechtliche Entscheidung eines Falles. Das juristische Denken ist nicht so sehr systemorientiert; es ist vielmehr **problemorientiert**[76]. Vorherrschend ist also statt einer formalen, logischen Ableitung (Deduktion) aus einem System die Methode der **Argumentation**. In der Tat gehen die neueren Deutungen des juristischen Denkens überwiegend dahin, dass es sich um einen argumentativen, das Für und Wider abwägenden Stil der Entscheidung und Entscheidungsbegründung handelt. Argumentationstheorien haben daher in der Rechtstheorie und auch außerhalb eine große Resonanz[77].

195

Argumentieren heißt, Gründe und Gegengründe unter den Bedingungen eines Dialogs (Diskurses) mehrerer Beteiligter zu entwickeln und abzuwägen, um zu einer Entscheidung zu gelangen[78]. Der argumentative Stil des juristischen Denkens wird besonders deutlich, wenn wir einen Rechtsstreit vor einem Gericht beobachten. Hier treten mehrere Parteien auf, im Zivilprozess Kläger und Beklagte mit ihren Rechtsanwälten, im Strafprozess Staatsanwalt und Beschuldigter nebst Verteidiger. Es werden gegensätzliche Rechtsstandpunkte vorgetragen. Der Kläger im Zivilprozess will einen zivilrechtlichen Anspruch durchsetzen, der Staatsanwalt im Strafverfahren den staatlichen Strafanspruch. Dafür werden entsprechende Begründungen vorgetragen. Die Gegenseite versucht, jeden einzelnen gedanklichen Schritt dieser Begründung durch Gegenargumente zu entkräften. Vorsorglich werden daher in den vorbereitenden Schriftsätzen häufig bereits mögliche Gegenargumente mit aufgenommen und entkräftet. Beide Seiten sind gezwungen, jeweils auf die Argumente der Gegenseite einzugehen.

196

Die Argumentationen entzünden sich dabei nicht so sehr an der logisch formalen Seite des Falles, wenngleich auch dies vorkommen mag. Der Schwerpunkt liegt bei den Wertungsfragen, die man mithilfe der Argumentation im eigenen Sinn zu entscheiden sucht. Der Richter als unparteiische Instanz wird durch diesen Austausch der Argumente meist in die Lage versetzt, eine begründete Entscheidung zu fällen.

---

76 Dazu vor allem *Th. Viehweg*, Topik und Jurisprudenz, 4. Aufl. 1974.
77 Dazu auch unten Rn 383 ff.
78 Dies ist auch die ursprüngliche Bedeutung von Dialektik, wie sie in der griechischen Philosophie entwickelt wurde. Der Begriff enthielt später in der Philosophie des 19. Jahrhunderts durch *Fichte*, *Hegel* und *Marx* eine andere, weiter reichende und letztlich unklare Bedeutung; dazu unten Rn 343 ff.

II. Die Stabilisierung der juristischen Argumentation

197 Argumentation ist grundsätzlich ein geistig offener Prozess. Alle erdenklichen und im Hinblick auf das Problem irgendwie relevanten Gesichtspunkte können angeführt werden. In der fachjuristischen Argumentation werden im Hinblick auf einen zu entscheidenden Fall oder ein Rechtsproblem nicht nur gesetzliche Normen als Argument eingesetzt, sondern auch die zu diesen Normen bereits ergangenen Gerichtsentscheidungen, ferner die juristische Fachliteratur zum Problem (Kommentare, Aufsätze usw); schließlich werden neue, von den Parteien vorgebrachte Überlegungen, insbesondere im Hinblick auf den Sachverhalt, in den argumentativen Prozess eingeführt. Nimmt man hinzu, dass in einem konkreten Rechtsstreit die Parteien gegensätzliche Interessen verfolgen und dass bei einer wissenschaftlichen Kontroverse die teilnehmenden Autoren oft oder meist ebenfalls auf einem bestimmten Standpunkt beharren und diesen zu verteidigen suchen, so muss man befürchten, dass die Argumentation in ein uferloses Reden oder Zanken einmündet. Es erscheint dann zweifelhaft, ob im juristischen Denken überhaupt eine wissenschaftlich rationale, nachvollziehbare und nachprüfbare Methode eingehalten wird.

Andererseits steht die Jurisprudenz (dh die Rechtswissenschaft und Rechtsanwendungspraxis) vor der Aufgabe, konkrete rechtliche Entscheidungen in begrenzter Zeit zu treffen und diese Entscheidungen in einer nachprüfbaren Weise rechtlich zu begründen. Aus diesem **Entscheidungsdruck** entsteht ein starker Einfluss auf die Jurisprudenz in dem Sinne, dass der argumentative Stil ihres Denkens **stabilisiert** und auf das Ziel der Entscheidung ausgerichtet wird. In der Tat wird in der juristischen Argumentation eine Reihe von **Bindungen** teils inhaltlich-geistiger, teils äußerlich-verfahrenstechnischer Art wirksam.

198 Ein solches Bedürfnis stellt sich im Grunde bei jeder Argumentation ein, die zu einem Ziel gelangen will. Der griechische Philosoph *Aristoteles* hat als einer der ersten die Eigengesetzlichkeiten und Bedingungen richtigen Argumentierens in seiner Schrift „*Topika*" untersucht und darauf hingewiesen, dass man in einer Argumentation nur solche Argumente verwenden darf, die eine Chance auf Annahme durch den oder die anderen Teilnehmer des Dialogs haben. Dies seien Sätze, die deshalb Anerkennung fänden, weil sie „entweder allen oder den meisten oder den Weisen wahr erscheinen" (unten Rn 257). Dieser Hinweis lässt sich ohne weiteres auf die juristische Argumentation übertragen. Der Jurist verwendet teils Tatsachenargumente, die sich auf den zu beurteilenden Sachverhalt beziehen (zB den Hergang eines Autounfalls oder eines sonstigen Schadensverlaufs), teils rechtliche Argumente (Normen).

Tatsachenargumente, die allen wahr erscheinen, sind zB allgemeine Erfahrungstatsachen; in Betracht kommen auch Tatsachen, die den Fachleuten (den „Weisen" iS des Zitats) wahr erscheinen und von diesen zB als gerichtlichen Sachverständigen in einem Prozess vorgetragen werden.

199 Auf das juristische Argument ieS, also die Berufung auf Rechtsnormen, lässt sich der Hinweis des *Aristoteles* zwar nicht direkt, wohl aber sinngemäß anwenden. Denn Normen sind als Sollenssätze nicht wahr oder falsch. Eine in der Argumentation behauptete rechtliche Folgerung kann aber richtig oder unrichtig sein in dem Sinne, dass sie sich wirklich auf anerkannte Rechtsnormen zurückführen lässt oder nicht. Eine Norm kann ferner richtig oder unrichtig sein in dem Sinn, dass sie einen Gerechtigkeitsgedanken zum Ausdruck bringt oder verfehlt.

Die aristotelische Formel, dass nur solche Sätze als Argumente zugelassen sind, die „entweder allen oder den meisten oder den Weisen wahr erscheinen", lässt sich auf die juristische Argumentation wie folgt übertragen: Was allen richtig erscheint, ist das Gesetz in seiner allgemeinen Geltung. Unabhängig davon, ob es dem Einzelnen einleuchtet, gilt es in der rechtlichen Argumentation. „Was den meisten richtig erscheint", mag ein Rechtssatz sein, der nicht im Gesetz steht, aber von der herrschenden Meinung, der juristischen Literatur und den Gerichten anerkannt wird. „Was den Weisen richtig erscheint", kann als entsprechende Umschreibung der Autorität höchstrichterlicher Urteile oder auch anerkannter Rechtslehrer dienen. In der Tat wird jedes juristische Argument möglichst auf (1) die Gesetzesnorm, (2) die herrschende Meinung und Rechtsprechung und (3) die Autorität der höchsten Gerichte oder der Rechtswissenschaft gestützt.

Dies weist darauf hin, dass die juristische Argumentation nur solche normativen Argumente zulässt, die mit der **Autorität** augestattet sind, geltendes Recht zu sein, entweder weil es sich direkt um eine Rechtsnorm handelt, oder um einen Satz, der als Auslegung einer bestimmten Rechtsnorm allgemein (durch herrschende Meinung oder Rechtsprechung oder beides) anerkannt ist, oder der sonst als Folgerung aus Rechtsnormen durch Lehre und Rechtsprechung anerkannt ist, insbesondere sich in einem begrifflich möglichst präzisen Satz der **Rechtsdogmatik** verfestigt hat[79].

Wer eine bestimmte rechtliche Entscheidung eines konkreten Falles anstrebt und sich dabei unmittelbar auf den Wortlaut einer Rechtsnorm berufen kann, hat die Autorität des Gesetzes für sich. Ein Gegenargument, das diese Geltung nicht beachtet bzw leugnet, wird nicht anerkannt und zB vor Gericht nicht ernst genommen. Die andere Partei, die mit der behaupteten Rechtsfolge nicht einverstanden ist, kann allenfalls versuchen, entweder eine ihr günstige Auslegung der betreffenden Rechtsnorm vorzutragen oder sich auf andere Normen zu berufen, die eine Ausnahme von der erstgenannten Rechtsnorm darstellen.

Beispiel: Verlangt A als Eigentümer sein Auto vom Besitzer B gem. § 985 BGB heraus, so wäre es für B sinnlos, die Geltung der Norm (§ 985 BGB) zu bestreiten oder darauf hinzuweisen, dass er, B, dringend das Auto benötige. Dem B bleibt ggf die Möglichkeit, die Tatsache, dass A Eigentümer ist, zu bestreiten, zB weil X in Wirklichkeit Eigentümer sei, oder weil er, B, das Eigentum am Auto gutgläubig (gem. § 932 BGB) erworben habe. Denkbar ist ferner, dass er den Eigentumsherausgabeanspruch des A gem. § 985 BGB im Prinzip zwar anerkennt, aber geltend macht, er habe ein Recht zum Besitz iS § 986 BGB, zB auf Grund Leihe (§ 598 BGB) oder auf Grund Miete (§ 535 BGB).

Aus der Orientierung des juristischen Denkens an konkreten Entscheidungen folgt ferner, dass die Argumentation jeweils den konkreten Fall und die hier auftretende Rechtsfrage als Ausgangspunkt nimmt. Es können also nur solche – tatsächlichen und rechtlichen – Argumente in Betracht kommen, die für die Lösung des betreffenden Falls wirklich einschlägig (relevant) sind. Die Prüfung der **Relevanz** der Argumente im Hinblick auf das Problem durchzieht die ganze Argumentation; laufend werden

---

79 Allg. dazu *Horn*, Rationalität und Autorität in der juristischen Argumentation, Rth 6 (1975), 145 ff.

gedanklich irrelevante Argumente fallen gelassen. In Zweifelsfällen, die oft einen Kernpunkt des konkreten Rechtsstreits ausmachen, wird versucht, die Relevanz oder Irrelevanz einer bestimmten Tatsache oder Norm für den betreffenden Fall darzutun.

Beispiel: Im oben (Rn 167) erörterten Fall, dass ein Grundstückseigentümer einen unbefugt auf seinem Grundstück geparkten Wagen abschleppen lässt (Besitzkehr bei verbotener Eigenmacht gem. § 859 BGB), war die Frage relevant, wie viel Zeit zwischen dem verbotenen Abstellen des Wagens und dem Abschleppenlassen durch den Eigentümer verstrichen war, weil die Besitzkehr „sofort" erfolgen muss. Dafür kam es zwar auch auf die tatsächlich verstrichene Zeit (im Fall: 4 Stunden) an, aber ein Streit um eine halbe Stunde mehr oder weniger wäre im Licht der gesetzlichen Wertung irrelevant gewesen.

202 Äußerlich geordnet wird die Fachdiskussion schließlich durch die bereits oben (Rn 166) besprochene Struktur der Subsumption, die Struktur der einzelnen Auslegungsgrundsätze und der Argumente bei Analogie und *argumentum e contrario*. Diese Regeln der Argumentation, die ihre **Rationalität** sichern und damit ihre Nachprüfbarkeit, gelten auch außerhalb eines gerichtlichen Verfahrens, etwa bei der Abfassung eines wissenschaftlichen Aufsatzes zu einer bestimmten Rechtsfrage.

203 Wird die Argumentation in einem gerichtlichen oder sonstigen Verfahren vorgebracht, so treten weitere Stabilisierungen der Argumentation hinzu, die sich aus dem **Verfahrensrecht** selbst und aus dem konkreten Verfahrensablauf ergeben. Ein gerechtes Verfahren erfordert unbedingt, dass jede Prozesspartei, insbesondere der Beschuldigte im Strafverfahren, gehört wird (Grundsatz des **rechtlichen Gehörs** gem. Art. 103 GG). Jede Partei muss zB ihre Argumente mündlich (in der Verhandlung) vorbringen und diesen Vortrag in Schriftsätzen, die dem Gericht und dem Gegner zuvor zugehen müssen, vorbereiten. Sie muss dabei bestimmte Fristen einhalten; sind diese verstrichen, so wird sie regelmäßig nicht mehr gehört (verspätetes Vorbringen).

III. Konsens und Entscheidung

204 Jede Argumentation zielt auf die Herstellung von Konsens zwischen denen, die an der Argumentation beteiligt sind. Dieses Vertrauen in die Vernunft der Beteiligten und die Vernünftigkeit der Argumente kann aber in der harten Wirklichkeit der rechtlichen und sozialen Konflikte nicht immer zum Ziel führen. Nur in einem Teil der Fälle können gerichtliche Rechtsstreitigkeiten durch eine gütliche Einigung, insbesondere einen gerichtlichen Vergleich, beendet werden.

Die in einem Prozessvergleich vorgesehene verbindliche Regelung des Rechtsstreits bringt zwar einer Partei meist nur einen Teilerfolg. Der Vorzug liegt aber darin, dass der Rechtsstreit beendet wird, die Rechtsfolgen berechenbar werden und insbesondere das Prozesskostenrisiko, das durch die Fortführung des Rechtsstreits in weiteren Gerichtsinstanzen erheblich wachsen kann, begrenzt wird.

In vielen anderen Fällen ist eine solche Einigung ganz aussichtslos. Hier greift die richterliche Entscheidungskompetenz ein. Die richterliche Entscheidung ersetzt sozusagen den fehlenden Konsens der Streitparteien. Die wichtigste Eingrenzung bzw Beendigung der Argumentation erfolgt also dadurch, dass die Entscheidung von dem unparteiischen, neutralen Richter gefällt wird. Er wählt bei seiner Entscheidungsfindung und anschließenden Entscheidungsbegründung (Urteilsgründen) aus der Argumentation der Parteien aus. Er beendet den (tendenziell) endlosen Argumentationsaustausch unter den Parteien durch seine unparteiische Entscheidung. Diese Entscheidung ist wiederum mit der Autorität ausgestattet, die das Verfahrensrecht einem richterlichen Urteil beilegt.

Diese Autorität kommt rechtlich in der Wirkung des Urteils zum Ausdruck, das Verfahren zu beenden (formelle Rechtskraft), das streitige Rechtsverhältnis zwischen den Parteien verbindlich festzustellen (materielle Rechtskraft) und als Grundlage („Titel") einer Vollstreckung zu dienen.

IV. Die inhaltliche Begründung

Ein Ergebnis ist ganz allgemein gesprochen dann hinreichend begründet, wenn es die Gründe erkennen lässt, aus denen es sich ergibt, dh die zugrundegelegten Ausgangssätze (Grund-Sätze) und die von dort zum Ergebnis führenden Gedankenschritte, und wenn diese zusammengenommen jeden verständigen Menschen zum gleichen Ergebnis führen, also Zustimmung finden können. 205

Bei einer deduktiv-axiomatischen Begründung, wie wir sie zB in einer mathematischen Begründung finden, genügt die Angabe der Axiome und der fehlerfreien mathematischen Ableitungen des Ergebnisses aus diesen Axiomen. Wir haben (oben Rn 166) gesehen, dass die juristische Entscheidungsfindung zwar auch eine formale logische Struktur aufweist (Subsumptionsschluss), aber nur unter Zuhilfenahme hochkomplexer und wertender Gedankenoperationen (die in Argumenten zusammengefasst werden) bewältigt werden kann.

Die juristische Begründung muss die Rechtssätze (Gesetzesnormen oder sonstige Rechtssätze) aufzeigen, aus denen das Ergebnis hergeleitet wird, die relevanten Tatsachen des beurteilten Sachverhalts und alle wichtigen Gedankenschritte, die zum Ergebnis hingeführt haben. Dabei sind die wesentlichen Argumente anzugeben, welche die notwendigen Wertungen verdeutlichen. Diese Anforderungen gelten sowohl für Urteile und andere Entscheidungen der Rechtspraxis (zB einen Verwaltungsakt, etwa die Versagung einer Baugenehmigung) als auch für rechtswissenschaftliche Abhandlungen. Die Argumentation muss dabei alle relevanten Argumente berücksichtigen, dh entweder zur Begründung verwenden oder durch Gegenargumente widerlegen[80]. Allerdings ist auch das Gebot einer Straffung der Argumentation zu beachten[81]. 206

Die rational nachvollziehbare bzw nachprüfbare Begründung der Entscheidungen der Gerichte und anderer staatlicher Stellen ist ein Gebot der Rechtsstaatlichkeit und Rechtssicherheit. Nur so können zB die Prozessparteien mithilfe ihrer Anwälte die Frage entscheiden, ob ein Rechtsmittel gegen die Entscheidung eingelegt werden soll (zB durch Berufung); nur so kann zB das Berufungsgericht nachprüfen, ob die Begründung des Gerichts, dessen Urteil angefochten wird, rechtsfehlerfrei ist oder nicht.

---

80 *Alexy*, Theorie der juristischen Argumentation, 1978, S. 293, spricht insoweit vom Erfordernis der „Argumentationssättigung".
81 *Ch. Perelman/L. Olbrechts-Tyteca*, Traité de l'argumentation, 3. Aufl. 1970, § 100, S. 628 ff.

§ 8 *Die juristische Argumentation*

Ein anderes Problem ist es, dass juristische Urteilsbegründungen dem rechtsuchenden Bürger, sofern er juristischer Laie ist, meist nicht voll verständlich sind. Der Richter muss diese Verständlichkeit zumindest anstreben. Hinzu kommt, dass die jeweils unterlegene Partei sich meist mit dem Urteil innerlich nicht zufrieden gibt und es in diesem Sinne nicht verstehen will.

207 Die juristische Begründung muss die Gedankenschritte formal nachzeichnen. Dabei dürfen sich keine logischen Widersprüche ergeben; andernfalls verstößt das Urteil gegen das Willkürverbot und damit gegen den Gleichheitssatz (Art. 3 GG)[82]. Ein Verstoß gegen die Denkgesetze in den Urteilsgründen ist zugleich Revisionsgrund iS § 550 ZPO und § 337 StPO. Die formale logische Korrektheit der Urteilsgründe ist aber noch nicht ausreichend für eine hinreichende Begründung einer Entscheidung. Vielmehr müssen die der Entscheidung zugrundegelegten Wertungen argumentativ verdeutlicht werden, und diese Wertungen müssen mit denen der geltenden Rechtsordnung übereinstimmen.

Diese Wertungen finden sich einmal in den Normen des Gesetzes, die auf den Fall angewendet werden. Sie finden sich ferner in allgemeinen Rechtsgrundsätzen, die von der Rechtsprechung bei der Auslegung und Anwendung der Normen herausgebildet und von der Fachliteratur anerkannt wurden. Im Idealfall kann der Richter Sätze heranziehen, die schon als herrschende Meinung (hM) bezeichnet werden können. In bestimmten Fällen haben Rechtswissenschaft und Gerichte eine bestimmte begriffliche Struktur solcher Rechtssätze (Dogmatik) entwickelt.

208 Die verwendeten Gesetzesnormen und sonstigen Rechtssätze und die in ihnen enthaltenen Wertungen haben eine doppelte Eigenschaft. Sie treten einmal mit dem Anspruch auf, eine jedem vernünftigen Menschen einleuchtende Wertung zu enthalten (Rationalität). Im Idealfall müsste der von einem ungünstigen Urteil Betroffene also diesem Argument zustimmen. Dies ist in der Realität freilich meist nicht der Fall.

Der wirklich reuige Straftäter, der verurteilt wurde, ist eher selten, ebenso der Kläger, der mit seiner Klage abgewiesen wurde und die Berechtigung der Klageabweisung innerlich einsieht.

Die in der rechtlichen Begründung verwendeten Rechtssätze haben aber noch die andere Eigenschaft, als **Konsens** der Rechtsgemeinschaft zu gelten. Betrachten wir einen gesetzlichen Rechtssatz, der vom demokratischen Gesetzgeber im vorgeschriebenen Gesetzgebungsverfahren geschaffen wurde, wird dies ohne weiteres einsichtig. Aber auch der Rechtssatz, der sich nur aus der Rechtsprechung oder der Fachliteratur ergibt, tritt als ein solcher Konsens auf („herrschende Meinung"). Dieser Konsens ist im Falles des Gesetzes aber letztlich auch mit der Eigenschaft der **Autorität**, dh einer vom Staat durchsetzbaren Geltung (oben Rn 101 ff), ausgestattet[83].

---

82 BVerfGE 70, 93, 97 f.
83 Die Aspekte der Rationalität und Autorität stehen offensichtlich in einem Spannungsverhältnis. Zum Problem *Horn*, Rth 1975, 145 ff.

V. Urteilsstil und Gutachtenstil

Ein vollständiges Bild der voll entfalteten gegensätzlichen Argumentation in einem konkreten Zivilrechtsstreit ergibt sich aus dem beiderseitigen Vorbringen der Parteien, das sich in den eingereichten Schriftsätzen spiegelt und in der mündlichen Verhandlung (oft dort nur verkürzt) wiederholt oder erläutert wird. Das richterliche Urteil fasst diesen „Prozessstoff" zusammen und zeigt den nach Meinung des Gerichts **relevanten Gedankengang**, der die Entscheidung trägt. Das Urteil lässt in der Sachverhaltsdarstellung (Urteilstatbestand) in kurz gefasster Form alle relevanten unstreitigen und streitigen Sachverhaltsbehauptungen der Parteien erkennen (Tatsachenvortrag) sowie die Beweisanträge der Parteien im Hinblick auf streitige Tatsachen. In den rechtlichen Argumenten (Urteilsgründen) beschränkt sich das Urteil vorwiegend auf die die Entscheidung tragende rechtliche Gedankenführung nach dem Schema der Subsumption. Aber die Reihenfolge ist umgekehrt: Das Ergebnis (Subsumptionsschluss) wird vorangestellt; dann wird es begründet, dh gezeigt, aus welchen relevanten Tatsachen und Rechtsnormen es sich herleitet. Dabei werden aber bei allen zweifelhaften Fragen Argumente und Gegenargumente erwähnt und die Gründe mitgeteilt, die in tatsächlicher und rechtlicher Hinsicht den Ausschlag gaben. Ferner wird mitgeteilt, ob ein kontroverser Sachverhalt durch Beweis aufgeklärt werden konnte oder, falls dies nicht möglich war, welche Partei aus Rechtsgründen den Nachteil tragen muss, dass ein bestimmter Sachverhaltspunkt unbewiesen blieb (Beweislast).

209

Die gedankliche Ordnung der rechtlichen Begründung ist bei einem Rechtsgutachten (oder einem Aufsatz) typischerweise eine andere als bei einem Urteil. Das Rechtsgutachten sucht die Gedankenführung iS des oben (Rn 166 ff) beschriebenen Subsumptionsschemas darzustellen. Daher werden zuerst die auf den Fall möglicherweise anwendbaren Rechtsnormen erörtert und durch ihre Auslegung wird geklärt, ob sie tatsächlich anwendbar sind. Am Ende steht das Ergebnis. In einem Rechtsgutachten wird außerdem meist von vornherein ein bestimmter, festgestellter oder als feststehend angenommener Sachverhalt zu Grunde gelegt. Der Streit beschränkt sich auf die Rechtsfragen zur Beurteilung des festgelegten Sachverhalts. Dies gilt vor allem für die im Studium in Klausur und Hausarbeit anzufertigenden Gutachten. Auch hier vollzieht sich wie im Urteil die Gedankenführung im Rahmen des Subsumptionsschemas, muss aber an allen streitigen oder zweifelhaften Fragen diese Subsumption durch eine intensivere Argumentation ausweiten. Ein formaler Unterschied zwischen Gutachten und Urteil besteht darin, dass das Urteil rechtliche Folgerungen der Subsumption (Schlusssatz) an den Anfang stellt und dieses Ergebnis dann begründet. Im Gutachten dagegen wird eine Rechtsfolge nur in Frageform hypothetisch an den Anfang gestellt und die Subsumption dann im Hinblick auf diese Frage durchgeführt. Das Ergebnis, ob die Subsumption und damit die behauptete Rechtsfolge zutreffen oder abzulehnen sind, wird am Schluss mitgeteilt. Einzelheiten dazu sind in der Anleitungsliteratur zur Anfertigung von Klausuren und Hausarbeiten enthalten und im Übrigen praktisch einzuüben.

210-220

Teil II
Rechtsphilosophie

Kapitel 3
Grundlegung der Rechtsphilosophie

§ 9 Rechtsphilosophie und Philosophiegeschichte

I. Die geschichtliche Dimension

221 Die heutigen Vorstellungen über Recht, Staat und Gesellschaft in Europa und der übrigen westlich geprägten Welt sind das Ergebnis einer rund zweieinhalbtausendjährigen geistesgeschichtlichen Entwicklung. Grundkenntnisse dieser historischen Entwicklung sind für das heutige Verständnis von Recht und Staat unentbehrlich. Dabei geht es freilich nicht nur um eine simple kausale Erklärung (iS geschlossener Traditionslinien), wie die heutigen Vorstellungen historisch entstanden sind.

> Geschlossene Traditionslinien von der Antike bis zur Neuzeit können nur begrenzt festgestellt werden und sind hauptsächlich durch die Kirche vermittelt. Ein wichtiges **Beispiel** dafür ist der Gedanke vom ewigen Weltgesetz (*lex aeterna*) in der griechischen Philosophie, der über *Cicero* und *Augustinus* in die mittelalterliche Philosophie und damit auch in die Neuzeit weitergewirkt hat (iF Rn 268, 281 u. 297). Die antiken Vorstellungen über Staat und Recht wurden durch politische Umwälzungen, insbesondere den Zusammenbruch des weströmischen Reiches in der Völkerwanderungszeit, und durch die Veränderung der Lebensverhältnisse und Denkweisen verschüttet, aber später wieder entdeckt. Wichtige Erkenntnisse der antiken Kultur waren dem frühen Mittelalter nicht verfügbar. So wurden erst im 13. Jahrhundert wichtige Schriften des *Aristoteles* in Europa wieder bekannt; das Aufblühen der Wissenschaft an den mittelalterlichen Universitäten ist ohne diese wiedergewonnene Kenntnis kaum vorstellbar (iF Rn 290 ff). Die Renaissance als Beginn des neuzeitlichen Denkens hat die griechische und römische Antike mit neuen, historisch-kritischen Methoden erschlossen. Die ganze mittelalterliche und neuzeitliche Geistesgeschichte Europas kann also unter dem Aspekt verstanden werden, dass sich Europa in immer neuen Ansätzen die versunkene und zT vergessene antike Kultur erneut aneignen wollte, um sich dann aber auch über sie hinaus fortzuentwickeln.

Es geht auch heute um den **Dialog mit unserer Vergangenheit**, freilich anhand heutiger Fragestellungen. Fruchtbar geführt werden kann dieser Dialog nur, wenn man annimmt, dass es eine **konstante Frage nach der Wahrheit und nach der Gerechtigkeit** gibt, die nicht eliminiert werden kann, und die nicht voll von zeitgebundenen, veränderlichen Faktoren abhängt. Dahinter steht die Annahme einer Konstanz in der menschlichen Natur. Andernfalls wären Aussagen von Menschen früherer Zeiten über Staat, Recht und Gerechtigkeit für uns letztlich uninteressant.

222 Die Geschichte des Denkens über Recht, Staat und Gesellschaft wird im Folgenden als Teil der **Philosophiegeschichte** betrachtet. Daneben gibt es die **Rechtsgeschichte** (Rn 63 ff) und darin die erforschte eigenständige Tradition des Rechtsdenkens, die in

die germanischen Rechte zurückreicht und daneben auch mit dem römischen Recht der Antike und seinem späteren wissenschaftlichen Fortleben in Europa verbunden ist. Die philosophiegeschichtliche und die rechtsgeschichtliche Tradition laufen nebeneinander her; sie haben ständig Berührungspunkte, aber auch ihre Eigengesetzlichkeiten. Beide bilden zusammen die geistes- und ideengeschichtliche Tradition des Rechts. Von diesen Traditionslinien betrachten wir hier nur die philosophische, jeweils mit knappen Hinweisen auf die genannten Berührungspunkte.

Wichtige Berührungspunkte zwischen Philosophie und Entwicklung der Rechtswissenschaft zeigen sich bei der Entstehung der Rechtswissenschaft in der Antike (iF Rn 270) und bei ihrer Wiederentstehung im Mittelalter (iF Rn 293). Weitere Hinweise auf historische Epochen der Rechtswissenschaft (neuzeitliches Vernunftrecht, historische Rechtsschule, Pandektistik und neuere rechtswissenschaftliche Stile) finden sich oben im Überblick über die Theorien des Rechts (Rn 138 ff). Außerdem sind in die Darstellung verschiedentlich rechtshistorische Hinweise eingefügt (zB unten Rn 323, 375).

Jede geistes- oder **ideengeschichtliche** Betrachtung läuft Gefahr, die **realen Lebensbedingungen** früherer Epochen, ihre wirtschaftlichen Verhältnisse[1], die politischen Kräfte, die besonderen Hoffnungen und Ängste der Menschen jener Zeit außer Acht zu lassen. An diese mögliche Quelle von Missverständnissen kann hier nur generell erinnert werden. 223

Beispiel 1: Das pessimistische Menschenbild und die Betonung der Staatsgewalt bei *Thomas Hobbes* lässt sich nur verstehen, wenn man die bitteren Erfahrungen seiner Zeit mit dem englischen Bürgerkrieg und den Kriegen auf dem europäischen Kontinent berücksichtigt, die unter Berufung auf die verschiedenen christlichen Konfessionen geführt worden sind (unten Rn 321 f).

Beispiel 2: Der neuzeitliche bürgerliche Rechtsstaat hat sich nicht nur als Ergebnis bestimmter Ideen entwickelt (vgl zu Kant Rn 334 ff, 341 f), sondern durch das Zusammenwirken politischer und anderer gesellschaftlicher Kräfte, die in der Neuzeit wirksam wurden. Andererseits wäre dieser bürgerliche Rechtsstaat aber ohne eine ideengeschichtliche Anleitung nicht entstanden und nicht zu erklären[2].

Beispiel 3: Die Ablehnung des Vorschlags einer Kodifikation des deutschen Zivilrechts durch *v. Savigny* kann nur bei Berücksichtigung der politischen Situation seiner Zeit (Zerfall des deutschen Reiches) voll gewürdigt werden; die theoretische Bedeutung seiner Position geht aber darüber hinaus (oben Rn 144–148).

II. Personifizierung der Philosophiegeschichte

Der geschichtliche Überblick wird im Folgenden an bedeutenden Philosophen und Sozialtheoretikern orientiert, die in einer ganz knappen Auswahl vorgestellt werden (§§ 10–17); anders nur im Abschnitt über die Gegenwart (§ 18), wo dies nicht möglich schien. Diese **Orientierung an Personen** mit großen Namen der europäischen Geistesgeschichte hat erstens den Vorzug der Anschaulichkeit. Zweitens kann sie ei- 224

---

1 Auf deren Bedeutung hat insbesondere *Karl Marx* hingewiesen; dazu unten Rn 348 ff. Zum Verhältnis von Wirtschaft und Recht oben Rn 120 ff.
2 *Kriele*, Einführung in die Staatslehre, 5. Aufl. 1994, S. 93 ff.

nen Bestand an Grundwissen vermitteln (und zu dessen Ausbau durch weitere Lektüre anregen), das dauerhaften Wert hat und nicht von wechselnden Zeitmoden abhängt. Auf dieser Grundlage soll dann versucht werden, allgemeinere Schlussfolgerungen im Hinblick auf heutige Fragestellungen zu ziehen (§§ 19–21).

Eine gewisse Gefahr besteht darin, dass man bei einer solchen Personifizierung der geschichtlichen Betrachtung leicht den zeitgeschichtlichen und biographischen Zusammenhang außer acht lässt, in dem der betreffende Autor steht, zB die Lehrer, von denen er lernte, der Zeitgeist, von dem er beeinflusst war, die politischen Verhältnisse seiner Zeit und der Druck, der vielleicht auch auf den Betreffenden ausgeübt wurde. Ferner können die Gedanken eines Autors durch bedeutende Schüler oder spätere Nachfolger noch größere Wirkung erfahren haben.

So ist *Platon* nicht zu verstehen ohne seinen Lehrer *Sokrates*, dieser wiederum nicht ohne den Geist der aufklärerischen attischen Sophistik, durch den er beeinflusst ist und den er zu überwinden sucht (Rn 226 ff). *Aristoteles* ist nicht zu verstehen ohne seinen großen Lehrer *Platon* (Rn 244). Zum Verständnis der Aussagen des *Cicero* über das Recht ist es notwendig, wenigstens einen knappen Seitenblick auf das römische Recht zu werfen (Rn 269 ff). *Thomas von Aquin* ist nur zu verstehen durch den scholastischen Wissenschaftsbetrieb seiner Zeit und die große Anregung, die dieser durch die Rezeption bisher unbekannter Schriften des *Aristoteles* erhalten hatte (Rn 288 ff). *Thomas Hobbes* ist philosophisch ein Vertreter des Empirismus, der die alleinige Maßgeblichkeit der Sinneserfahrung für das Denken betont (Rn 315 f). Ihm folgten andere, für den Empirismus ebenso wie für das Nachdenken über den Staat genau so wichtige Autoren wie *John Locke*. Dies sind nur einige Beispiele für diese historischen Zusammenhänge.

III. Rechtsphilosophie und allgemeine Philosophie

225 In der folgenden Darstellung wird jeweils der Bezug zu den allgemeinen philosophischen Lehren der betreffenden Autoren hergestellt. Darin liegt natürlich ein Risiko, und mancher Fachmann auf dem Gebiet der Philosophie wird Einwendungen im Hinblick auf unvermeidliche Verkürzungen erheben können. Andererseits bietet diese Darstellungsweise aber auch einen großen Vorteil. Die rechts- und staatstheoretischen Gedanken der Autoren werden nur im Kontext ihrer übrigen philosophischen Lehren voll verständlich. Außerdem kann der Jurist, der weder im Studium noch in seinem praktischen Beruf für ausgedehnte philosophische Studien Muße und Anreiz findet, auf diese Weise einen gewissen Grundbestand an Kenntnissen der allgemeinen Philosophie entweder erwerben oder auffrischen oder die Anregung erhalten, sich auch auf diesem Gebiet weiter zu informieren.

§ 10 Platon (427–347 v. Chr.): Der ideale Staat

Literatur: *P. Friedländer*, Platon, 3 Bde 1928–30, 3. Aufl. 1964–75; *G. Kröger*, Das Verhältnis von Staat und Individuum in der Antike, 1994. **Quellentexte:** *Platon*, Sämtliche Werke, in der Übersetzung v. *F. Schleiermacher* (u. *H. Müller*), hrsg. von *W.F. Otto, E. Grassi, G. Plamböck*, 6 Bde., 1957 ff, Bd. 3: Phaidon, Politeia, 1958; Band 5: Politikos, Philebos, Timaios, Kritias, 1959; Band 6: Nomoi, 1959.

I. Leben und Werk

Platon stammt aus altem athenischem Adel. Der Stadtstaat (*polis*) Athen hatte zuvor unter der Herrschaft des *Perikles* (462–429) seine größte politische und kulturelle Blütezeit erlebt. In die Jugend *Platons* fällt schon der politische Niedergang Athens durch die Verstrickung in den verheerenden peloponnesischen Krieg (431–404), der mit der vollständigen militärischen Niederlage Athens und mit seiner Unterwerfung unter die Vorherrschaft Spartas endete. Die demokratische Verfassung wurde durch einen von den Spartanern eingesetzten Ausschuss von 30 Männern ersetzt. In diese Zeit der Herrschaft der Dreißig fällt die Verurteilung des Sokrates (470–399) wegen „Gottlosigkeit" (*asebia*) und sein Tod durch den Giftbecher.

Das intellektuelle Klima in Athen in *Platons* Jugendzeit ist einerseits von den großen literarischen Werken der attischen Klassik geprägt (Tragödien des *Aischylos*, *Sophokles*, *Euripides*; Komödien des *Aristophanes*; Geschichtswerke des *Herodot* und des *Thukydides*), andererseits von der Sophistik. Die philosophische Schule der Sophisten betonte und lehrte die Kunst der Überredung durch rhetorische Techniken und Effekte. Die Betonung der Rhetorik durch die Sophisten entsprach der Bedeutung der Rede im politischen Leben der attischen Demokratie mit ihren Volksversammlungen. Als bedeutender Redner hatte *Perikles* sein Ansehen und seine politische Stellung erlangt. Zugleich wurden zur Zeit *Platons* überlieferte religiöse und ethische Werte und Maßstäbe von den Sophisten in Frage gestellt und abgelehnt[3]. Zum Verlust der traditionellen Maßstäbe in der attischen Gesellschaft hatten sowohl der enorme zivilisatorische Aufschwung Athens in der Mitte des 5. Jahrhunderts als auch der anschließende militärische Zusammenbruch beigetragen. Mit ihrem aufklärerischen Programm der Ablehnung tradierter Werte und ihrem rhetorisch-dialektischen Stil übte die Sophistik eine große Faszination auf *Platons* Generation aus. Sophistik ist bis heute die Bezeichnung für geschicktes, aber maßstabloses Reden und Argumentieren geblieben.

Sokrates, der Lehrer *Platons*, ist von der Sophistik, ihrer dialektisch-rhetorischen Technik und ihrem aufklärerischen Programm, geprägt und zugleich ihr schärfster Widersacher. *Sokrates* hat keine schriftlichen Zeugnisse hinterlassen. Sein Schüler *Platon* lässt ihn aber in der Mehrzahl seiner Schriften als Diskussionsteilnehmer auftreten und zeichnet so ein äußerst lebendiges Bild von seiner Person. In den von *Platon* aufgezeichneten Dialogen versucht er, seine Gesprächspartner durch Fragen auf den richtigen Weg der Erkenntnis zu bringen. Seine eigene Überzeugung ist geprägt durch sittliche Festigkeit und Ernsthaftigkeit. Sie kommt in den Äußerungen zum Ausdruck: „Man muss Gott mehr gehorchen als den Menschen" und „Es ist schlimmer, Unrecht zu tun als Unrecht zu erleiden".

Die Technik, durch Fragen den Gesprächspartner zur richtigen Erkenntnis zu führen, ist bis heute ein bewährtes Mittel pädagogischer Erkenntnisvermittlung (sokratische Methode). Sie kann aber

---
[3] *Protagoras* aus Abdera: Der Mensch ist das Maß aller Dinge. Platon führt in seinem Hauptwerk „Politeia" den Sophisten *Thrasymachos* vor; dazu iF Rn 237.

§ 10 Platon (427–347 v. Chr.): Der ideale Staat

nur wirksam sein, wenn der Gesprächspartner ein Mindestniveau an Kenntnissen und Verständnis und eine Bereitschaft zum konstruktiven Dialog mitbringt. In *Platons* Dialogen werden solche Qualitäten des Gesprächspartners des *Sokrates*, sozusagen ein bestimmter Grundkonsens, vom Autor in der Darstellung zu Grunde gelegt.

Platon flieht unter dem Eindruck der Verurteilung seines Lehrers 399 nach Megara. 395–394 nimmt er am Korinthischen Krieg teil. Ab 390 folgen Reisen nach Ägypten, Kyrene und Tarent. In Tarent lernte er die von *Pythagoras* (um 530) begründete philosophische Schule kennen. Diese ging von einer Präexistenz der menschlichen Seele aus (dh der Vorstellung, dass die Seele des Menschen schon vor seiner Zeugung und Geburt geistig existiert; vgl auch Rn 236). Sie richtete großes Augenmerk auf die Mathematik. Daran knüpfte sie Spekulationen über das Wesen der Welt. Hinzu traten Interessen an der Mythologie und an der Erziehung (Pädagogik).

228 Durch seinen Freund *Archythas* wurde *Platon* in Syrakus am Hof des dortigen Herrschers *Dionysos I.* eingeführt und versuchte, durch politische Beratung des Herrschers sittliche Maßstäbe in dessen Politik einzuführen. Er machte sich mit der Zeit dadurch unbeliebt und musste die Stadt verlassen. Nach späterer Überlieferung wurde er sogar durch eine Intrige auf den Sklavenmarkt von Aegina verschleppt und zum Kauf angeboten. Durch Zufall entdeckte ihn dort ein Freund und kaufte ihn frei. Nach der glücklichen Rückkehr nach Athen lehnte der Freund die Erstattung des Kaufpreises ab und *Platon* erwarb stattdessen ein Grundstück, einen Garten beim Heiligtum des Heros *Akademos*. Dort traf sich sein Schülerkreis in der von ihm 387 nach dem Ort benannten „*Akademie*". Die Akademie war nicht nur Stätte der philosophischen Diskussion und Forschung, sondern Lebensgemeinschaft und Kultgemeinschaft zu Ehren der Gottheit und der Musen.

Die Lehrgegenstände der Akademie waren die Philosophie, die Astronomie und die Mathematik. Über dem Eingang des Hauses soll die Inschrift gestanden haben, dass keiner hineingehen solle, der nicht Mathematik studiert habe. Ferner wurden Studien auch zur Zoologie und Botanik betrieben. Das Interesse *Platons* und seiner Schule richtete sich auf eine Gesamterziehung des Menschen mit dem Ehrgeiz, auch politische Impulse zu geben, wie dies bei der ersten Reise nach Syrakus versucht worden war. Es folgte im Alter eine zweite Reise nach Sizilien zum Nachfolger des Dionysos, *Dionysos II.* (367). Sie blieb vergeblich, ebenso wie eine dritte Reise 361.

229 Alle Schriften *Platons* sind erhalten. Sie sind in Dialogform – mit *Sokrates* als dem Fragenden und eigentlichen Führer des Dialogs – abgefasst mit Ausnahme der Verteidigungsrede des *Sokrates* (*Apologie*) vor dem Gericht. Damit besteht eine besonders enge Verbindung des Werkes von *Platon* mit dem Lebenswerk des *Sokrates*. Das Hauptwerk *Platons*, die 10 Bücher über den Staat (*Politeia*), wurde 374 fertig gestellt. Das Hauptthema ist die Gerechtigkeit im Staatswesen. Zugleich werden andere Hauptthemen der Moralphilosophie sowie der Rechts- und Staatsphilosophie abgehandelt. Die Grundidee ist es, im Gemeinwesen die Gebote des Richtigen, Wahren und Guten zu verwirklichen. In seinem Spätwerk über die Gesetze (*nomoi*) wird der gleiche Themenkreis von *Platon* wieder behandelt, aber mit einer größeren Skepsis und damit ohne die weit reichenden Forderungen, die er in der Politeia aufgestellt hatte.

II. Wichtige philosophische Lehren

1. Erkenntnistheorie: die Ideenlehre

Das allgemeine menschliche und philosophische Problem, wie der Mensch die ihn umgebende Wirklichkeit (die „Welt") verstehen kann, wird von *Platon* mit der Ideenlehre gelöst. Er geht davon aus, dass die Menschen in den Gegenständen, die sie wahrnehmen, eine „Idee" (*idea*) des betreffenden Gegenstandes erkennen. Der Begriff der Idee ist mehrdeutig: Er bedeutet das Bild des Gegenstandes, das wahrgenommen wird (seine Gestalt), aber auch das dahinterstehende Urbild des Gegenstandes, der nur ein Abbild davon ist, und schließlich das eigentliche Wesen dieses Gegenstandes.

Der vielgestaltige Begriff der Idee kann am leichtesten verständlich gemacht werden, wenn man Gegenstände der belebten Natur betrachtet. Eine bestimmte Pflanze, ein Baum, kann als Ausformung einer bestimmten Pflanzengattung betrachtet werden. Der einzelne Eichbaum ist ein Abbild der Idee des Eichbaums (modern: der im genetischen Programm dieser Pflanze festgelegten Gestalt und Strukturen). Beim Betrachten vergleicht der Betrachter den konkreten Baum, den er sieht, gedanklich mit der „Idee des Eichbaums" (Urbild) und stellt z.B fest: es handelt sich noch um eine sehr junge oder um eine alte Eiche, eine große, kleine, verstümmelte, missgestaltete, besonders gut geratene Eiche usw. Damit stellt er im Vergleich zwischen Urbild und konkreter Gestalt der betrachteten Eiche fest, in welcher Weise und wieweit der Baum am Urbild (der Idee Eichbaum) teilhat. Platon spricht hier von der **Teilhabe** (*metexis*) des Gegenstandes an der Idee. Auf diese Weise kann der Betrachter auch einer anderen Person, die den Baum nicht gesehen hat, diesen beschreiben und ihr eine Vorstellung davon vermitteln.

Der Betrachter erkennt (oder erlernt) das Urbild meist aus der Betrachtung mehrerer Einzelgegenstände. Aus der Betrachtung mehrerer Schafe erkennt er die Idee Schaf, aus der Betrachtung von Schafen, Hunden und Katzen zusammengenommen die Idee Säugetier oder Pelztier usw. Diesen Erkenntnisvorgang nennt *Platon* Zusammenschau (*synopsis*). Auch für Gegenstände, die der Mensch hergestellt hat, wie zB einen Stuhl, lässt sich dieses Verfahren anwenden. Wer bei einer Ausstellung moderner Designmöbel die verschiedenen Gegenstände verstehen will, muss ihre Idee, zB die Idee Stuhl (= Möbel mit Sitzfunktion) erkennen und versteht dann den Gegenstand, indem er ihn mit dieser Idee vergleicht.

Betrachtet man die Ideenlehre nur im Zusammenhang einer Beschreibung des menschlichen Erkenntnisprozesses, so erscheinen die Ideen zunächst nur als Vorstellungen des jeweiligen Betrachters, also als Bewusstseinsinhalte. Die eigentlich entscheidende Frage ist aber, wieweit diese Bewusstseinsinhalte der Wirklichkeit entsprechen. Niemand wird sich nach seinen eigenen Bewusstseinsinhalten richten, wenn er befürchten muss oder aus Negativerfahrungen hat lernen müssen, dass sie mit der Wirklichkeit nichts zu tun haben. *Platon* geht in der Tat davon aus, dass die Ideen nicht nur Bewusstseinsinhalte sind, sondern vielmehr geistige Strukturen der umgebenden (objektiven) Wirklichkeit (Rn 235).

2. Psychologie und Tugendlehre

Die Tugendlehre, dh die Lehre vom richtigen Handeln und von der richtigen inneren Einstellung, ist seit *Platon* ein Kernstück der philosophischen Ethik. Unter Tugend versteht man die dem richtigen Handeln entsprechende seelische Haltung. *Platon* entwickelt seine Tugendlehre auf der Grundlage einer Lehre von der menschlichen Seele (Psychologie). Er unterscheidet dabei die drei Seelenteile Vernunft (*logistikon*), Trieb/Begierde (*epithymetikon*) und Willen (*thymoeides*).

Die Lehre von den drei Seelenteilen findet in manchem eine Entsprechung in der heute populären Tiefenpsychologie von *Sigmund Freud*. *Freud* unterscheidet zwischen dem Ich (ähnlich dem Seelenteil des Willens bei *Platon*), dem Überich (in manchem vergleichbar dem Seelenteil der Vernunft) und dem Es (Trieb/Begierde).

232 *Platon* ordnet diesen Seelenteilen je eine spezifische Tugend (*arete*) zu: die Weisheit (*sophia*) muss die Vernunft anleiten. Zum Willen als Seelenteil muss die Tapferkeit (*andreia*) hinzutreten, eine Entscheidung zu treffen und durchzuführen. Dem Seelenteil des Triebs und der Begierde entspricht die Tugend der Selbstbeherrschung. Schließlich gibt es eine allgemeine Tugend, welche die verschiedenen Elemente des Seelenlebens und des Handelns ordnet: die Gerechtigkeit. *Platon* nennt sie dementsprechend auch die „menschliche Tugend". Wegen ihres sehr ausgedehnten Bedeutungsumfangs entspricht sie eher dem heutigen Begriff der Sittlichkeit.

Diese Gleichsetzung von allgemeiner Sittlichkeit und Gerechtigkeit führt zu Schwierigkeiten in der Staatslehre (unten Rn 237 ff, 242). Denn zwischen Gerechtigkeit und Recht besteht eine enge Beziehung (auch im griechischen Begriff), und die Gerechtigkeit ist der Ausschnitt der Sittlichkeit, der in Gebote des Rechts umgesetzt werden kann. Setzt man aber Gerechtigkeit mit Sittlichkeit gleich, dann liegt die Versuchung nahe, den ganzen Bereich der Sittlichkeit zu verrechtlichen. Dieser Versuch führt zu einer totalitären Unterwerfung des Menschen unter Recht und Staat und muss in der Praxis scheitern.

3. Das Wertproblem

233 Mit dem Wertproblem ist die Frage gemeint, wie man handeln und wie man menschliche Handlungen bewerten soll. Dies geschieht dadurch, dass man die Handlungsziele betrachtet. *Platon* setzt bei der Analyse dieses Problems mit ganz nahe liegenden und praktischen Handlungszielen ein und lässt seinen Lehrer *Sokrates* Alltagsbeispiele nennen, die zunächst nur eine technische Zweckmäßigkeit beschreiben. Eine Angel ist gut, wenn sie zum Angeln der Fische tauglich ist, ein Werkzeug ist gut, wenn es für seinen Zweck taugt. Eine menschliche Handlung ist gut, wenn sie ihr Ziel erreicht und dieses Ziel wiederum einen Nutzen (*sympheron*) verspricht. *Sokrates* (*Platon*) führte den Gesprächspartner (Leser) aber durch immer weiter reichende und anspruchsvollere Fragen nach den menschlichen Handlungszielen und ihrem Wert von alltäglichen und banalen Nützlichkeiten zu immer allgemeineren und höheren Zielen und Werten. Dieses Hinaufführen (*epagoge*) führt schließlich zur Frage nach dem Wesen des Guten an sich.

Die Frage wird in vielen Schriften behandelt, so im Dialog „Lysis", in dem berühmten Dialog „Das Gasthmahl" (*Symposion*) und vor allem im „Staat". Die Wertproblematik ist ein Problem der Zeit *Platons*, weil damals die sophistische Schule alle bestehenden ethischen Wertmaßstäbe bezweifelte und auflöste und damit den Zustand der Gesellschaft dieser Zeit widerspiegelte. Ähnlich ist es ein Problem der modernen Gesellschaft, die sich mit Wertpluralismus und Wertindifferenz herumschlägt.

Platon zeichnet ein Bild des Menschen, der nach allen möglichen Werten strebt, aufsteigend zu immer höheren Werten bis zu einem obersten Wert, von dem letztlich alle anderen Werte abhängen.

234

Dies führt zum Problem, ob es einen letzten Wert gibt, der selbst von nichts mehr abhängt (*anypotheton*). Diese Frage wird auch in allen Religionen gestellt und in allen daraus entspringenden moralischen Systemen.

Es ist das Ziel umfangreicher Erörterungen in der Politeia, das Gute an sich herauszufinden. Im Ergebnis kommt *Platon* dazu, dass letztlich die Idee des Guten und der letzte Grund der Realität (das höchste Sein) das Gleiche sind; die Wirklichkeit und das Gute fallen in eins zusammen. Beides – die Wirklichkeit und das Gute – sind dem Menschen aber nur in Ausschnitten erkennbar.

4. Die Wirklichkeit und die Idee des Guten

Platon versteht die Welt als unvollkommene Verwirklichung der einzelnen Ideen und letztlich in ihrer Gesamtheit als ein Abbild einer Ideenwelt, die geistiger Natur ist. Die Welt existiert insoweit real, als sie an den Ideen teilhat. *Platon* nimmt demnach eine geistige Natur der gesamten Wirklichkeit, auch der materiellen Welt, an. Dies ist der Kern seiner Lehre vom Sein oder von der Wirklichkeit (Ontologie).

235

Die Vorstellung, dass letztlich die Welt geistiger Natur ist und diese geistige Realität hinter der physischen steht („Metaphysik") und ihr Wesen bestimmt, ist von *Platons* Schüler *Aristoteles* teils scharf kritisiert, teils aber letztlich doch übernommen worden. Materialistische Philosophien, die es seit der Antike gibt und die in der Neuzeit von Einfluss waren (zB *Hobbes*, Rn 313 ff, *Feuerbach*, Rn 347, *Marx*, Rn 345 ff), haben diese Position scharf abgelehnt. Die neuzeitliche Philosophie ist aber auch, soweit sie nicht materialistisch ist, weithin von der Überzeugung geprägt, dass man eine objektive geistige Natur der Welt nicht erkennen könne (Kritik der Metaphysik; dazu Rn 402 ff). In scharfem Kontrast zu dieser Skepsis steht die tatsächliche Arbeitsweise der modernen Naturwissenschaften, die in einem früher unvorstellbaren Ausmaß geistige Strukturen der materiellen Realität in präziser mathematischer Form erfassen. Die platonische Philosophie hat daher im 20. Jahrhundert auch wieder bei Naturwissenschaftlern Interesse gefunden. (Rn 241).

Die Ideen haben eine abgestufte Bedeutung und einen abgestuften Wert bis hin zur höchsten Idee, der **Idee des Guten**. *Platon* verdeutlicht dies im berühmten **Höhlengleichnis** im siebten Buch der *Politeia*[4]. Der Mensch erkennt die einzelnen Dinge der Realität wie Schattenbilder an der Wand einer Höhle. *Sokrates*, der in *Platons* Darstellung den Dialog führt, vergleicht dabei die Erkenntnisbedingungen der Menschen mit einer Situation, in der Menschen gefesselt in einer Höhle sitzen und, mit dem Gesicht vom Eingang der Höhle abgewendet, an die Rückwand der Höhle blicken. Hinter ihnen befindet sich ein Feuer, das die Höhle erleuchtet, das sie aber nicht sehen. Zwischen dieser Lichtquelle und den sitzenden Menschen werden Gegenstände vorbeigetragen, deren Schatten an der Wand der Höhle zu erkennen sind. Die Menschen sehen also nur die Schatten der Dinge, nicht die Dinge selbst. Sie sehen auch nicht die Licht-

---

4 VII. 514–517.

quelle, welche die Schattenrisse erzeugt. Noch weniger gelingt es ihnen, aus der Höhle zu gelangen und das Licht der Sonne zu erleben, von der alles Leben stammt. Die Gegenstände in der Höhle repräsentieren die Realität, in der die Menschen leben, die sie aber nur unvollkommen (schattenhaft) erkennen. Die Sonne versinnbildlicht die Idee des Guten.

Die Idee des Guten ist Grundlage und Ziel aller Erkenntnis und das, was aller Erkenntnis vorausgesetzt wird, selbst aber voraussetzungslos ist. Die Idee des Guten ist Grundlage des Seins, als solche jedoch eigenständig und von der Welt getrennt (transzendent). *Platon* lässt den *Sokrates* über sie sagen: Sie ist noch jenseits des Seins und übertrifft es an Würde und Kraft.

Platons Ideenlehre bietet in der Idee des Guten, die zugleich Urgrund der Realität sein soll, eine eindrucksvolle philosophische Theorie von der Existenz eines Schöpfergottes; dessen Personhaftigkeit bleibt freilich offen und wird erst im christlichen Neuplatonismus des Augustinus erkennbar (Rn 276 f). Die herkömmliche, von der Mythologie geformte Vorstellung einer Vielzahl von (olympischen) Göttern tritt demgegenüber als untergeordneter mythologischer Zierrat zurück.

236 Es bleibt das Erkenntnisproblem, wie die menschliche Seele die Ideen erkennen kann. *Platon* löst dies mit einem Rückgriff auf mythologische Vorstellungen der Schule des *Pythagoras* (um 530), in dem er eine Präexistenz der menschlichen Seele vor dem menschlichen Leben annimmt (Seelenwanderung). Der Mensch kann die Ideen erkennen und sich in der Welt zurechtfinden, weil sich die Seele aus ihrem früheren Leben an die Ideen erinnert.

Dies ist *Platons* Antwort auf das größte erkenntnistheoretische Rätsel der Philosophie. Wie kann der Mensch als kleines Kind allmählich die ihn umgebende Welt verstehen und darüber sprechen lernen? Woher nimmt der menschliche Geist die Fähigkeit, Erfahrungen (Sinneseindrücke) zu verarbeiten und die Welt zu verstehen? Sind solche Fähigkeiten vor aller Erfahrung („*a priori*") vorhanden? *Platon* bejaht dies und kleidet seine Antwort in den religiösen Mythos von der Seelenwanderung. *Aristoteles* verneint diese „Erinnerung" der Seele an die Ideen und meint, der menschliche Geist lerne die Ideen in der Erfahrung und gelange dann im Verstand über die Erfahrung hinaus. *Kants* Antwort wird lauten: der menschliche Geist bringt gewisse Fähigkeiten *a priori* mit, gelangt dann aber nicht über die Erfahrung hinaus (s. auch unten Rn 326 f).

III. Die platonische Staats- und Rechtslehre

1. Das Modell des Ständestaates

237 In der *Politeia* entwickelt *Platon* ein Modell eines in Stände gegliederten Gemeinwesens unter einer gerechten und sittlich guten Gesamtordnung. Am Anfang knüpft er an die gängigen Vorstellungen des sophistischen Zeitgeistes an; daher lässt er das Werk mit einem Lob der Ungerechtigkeit und ihrer praktischen Vorteile beginnen, das der sophistische Gesprächspartner des *Sokrates* namens *Thrasymachos* vorträgt (Thrasymachos-Dialog). Thrasymachos führt aus, dass sich in der Welt der Stärkere, der Rücksichtslose, der Clevere durchsetzt und alle Güter dieser Erde erntet. Er hat Erfolg, weil er alle Handlungen nach der vordergründigen Nützlichkeit (*sympheron*) ausrichtet. *Sokrates/Platon* bleibt aber beharrlich bei der Ausgangsfrage, ob nicht

letztlich doch das sittlich Gute das eigentlich Nützliche ist und nicht umgekehrt und dass alle vordergründigen Vorteile, die ein Mensch erstrebt, letztlich nur Bestand haben, wenn er das sittlich Gute anstrebt. Daran schließt sich die Frage an, wie man dieses Gute erkennen und im Staatswesen realisieren kann.

Platon entwirft den Ständestaat in Orientierung an seiner Psychologie von den drei Seelenteilen: der Staat soll ähnlich organisiert sein, wie der einzelne Mensch, der seine Seelenteile in einer harmonischen Ordnung zusammenfügen muss. *Platon* unterscheidet danach drei Stände im Staat: (1) Die Regierenden, die politische Macht mit Weisheit verbinden müssen und „Philosophenkönige" sind. Der Stand der Regierenden im Staat entspricht in der Seele des Einzelnen der Vernunft. Die den Regierenden notwendige Tugend ist die Tugend der Weisheit. (2) Der zweite Stand ist der der Verteidiger (Krieger, Wächter). Dieser Stand entspricht dem Seelenteil des Willens beim Einzelnen. Die bei ihnen erforderliche Tugend ist die Tapferkeit. (3) Der dritte Stand im Staat schließlich ist die große Masse der Erwerbstätigen, der Kaufleute, Handwerker und Bauern. Dieser Stand wird mit dem Seelenteil des Triebes verglichen. Die hier notwendige Tugend ist die Selbstbeherrschung und Disziplin.

238

Die Gerechtigkeit ist keinem Stand zugeordnet, sondern bedeutet die Gesamtordnung im Staat durch die Zusammenfügung der Stände und ihr harmonisches Zusammenwirken. Das allgemeine Gebot der Gerechtigkeit im Staat lautet: Jeder soll das Seinige tun, dh seine naturgemäße Aufgabe erfüllen. Die gerechte Ordnung wird durch das Streben nach Erkenntnis der Idee des Guten erkannt.

Die Begriffsbeziehungen in *Platons Politeia*:

Die Stände verkörpern Funktionen der Gesellschaft bzw des Staates, in dem sich die

Seelenteil	Tugend	Stand im Staat
Vernunft *(logistikon)*	Weisheit *(sophia)*	Philosophenkönige *(philosophoi basileis)*
Wille *(thymoeides)*	Mut (Tapferkeit) *(andreia)*	Verteidiger *(phylakes)*
Trieb (Begierde) *(epithymetikon)*	Selbstbeherrschung *(sophrosyne)*	Erwerbstätige *(banausoi)*

Gesellschaft arbeitsteilig organisiert. Die Aufgabenverteilung soll nach der natürlichen Veranlagung der Einzelnen erfolgen. Jeder Einzelne soll „das seine tun" und sich damit in dieser Ordnung, die zugleich eine sittliche Ordnung ist, **sittlich verwirklichen** können.

Dieses Modell wird von *Platon* in der *Politeia* mit rigorosen Forderungen verbunden. Die Verteidiger des Staates (Krieger, Wächter) müssen sorgfältig erzogen werden. *Platon* entwirft hier ein Erziehungsprogramm zur Auswahl und seelischen und körperlichen Ertüchtigung der Krieger. Schlechte geistige Einflüsse, zB schlechte Literatur, muss von ihnen fern gehalten werden. Tapferkeit, Selbstbeherrschung und Disziplin sind einzuüben. Die Krieger müssen ehelos leben und dürfen kein persönliches Eigentum besitzen. Aus der Klasse der Krieger sind die besten für die Klasse der Regierenden auszuwählen und zu Philosophen zu erziehen, die zugleich fähig sind, die

§ 10 *Platon (427–347 v. Chr.): Der ideale Staat*

politische Macht als Philosophenkönige verständig auszuüben. In späteren Schriften, insbesondere in den *nomoi*, wird von *Platon* die Forderung nach Ehelosigkeit und Verzicht auf Privatleben als undurchführbar aufgegeben.

2. Politische Psychologie

239 *Platon* gibt zu, dass auch sein Idealstaat nur ein Modell ist (*politeia* Buch 5).In diesem Modell soll die Herrschaft der Besten verwirklicht werden. *Platon* weist darauf hin, dass es andere Staatsformen in der Realität gibt, die mehr oder weniger vom Ideal abweichen. Diese Staatsformen beschreibt er als Typen. (1) In der *Timokratie* (wörtlich: Herrschaft der Ehrgeizigen) regieren nicht die sittlich Besten, sondern die Ehrgeizigen, die Geschickten und Geldgierigen. Den Staat nutzen sie für ihre Zwecke. (2) In der *Oligarchie* (wörtlich: Herrschaft weniger), teilen sich die Reichen die Macht im Staat und schließen die Armen aus. Mehr noch als in der Timokratie wird hier die Erwerbsgier zum Prinzip, es regiert der niedere Seelentrieb der Begehrlichkeit. (3) Noch weiter entfernt sich der Staat vom Ideal in der *Demokratie* (wörtlich: Herrschaft des Volkes). Hier herrscht zwar volle Freiheit und Gleichheit aller. Aber es fehlt an jeder Ordnung und jedem sittlichen Maßstab; stattdessen regieren Zügellosigkeit, Genusssucht und Schamlosigkeit. *Platon* verarbeitet hier die negativen Eindrücke seiner Zeit. (4) In der *Tyrannis* ergreift ein Einzelner die Macht und konzentriert sie auf sich. Die *Tyrannis* entsteht durch einen Umschlag der Demokratie, wenn deren chaotische Verhältnisse den Ruf nach dem starken Mann zur Folge haben. Dieser wird durch die Zustimmung der Massen, die er durch schöne Versprechungen gewinnt, zur Macht geführt. Ist er an der Spitze, so wird er seine Macht sichern, seine Feinde liquidieren, Kriege anzetteln und die Freiheit der Bürger vollständig unterjochen. Hier zeigen sich verblüffende Parallelen zum politischen Werdegang *Adolf Hitlers* und anderer Diktatoren.

IV. Auswirkungen und Bedeutung

1. Das Weltbild der Ideenlehre

240 *Platon* hat eine grundlegende und umfassende Bedeutung für die europäische (westliche) Philosophie und das europäische Rechtsdenken. Diese Bedeutung wird nur noch von seinem Schüler *Aristoteles* erreicht und zT übertroffen. Die Ideenlehre *Platons* ist grundlegend für die Erkenntnistheorie. Sie geht aus von einer Betonung der Vernunft (Rationalismus) und von einem Primat des Geistigen in der Realität. In der Idee des Guten fallen Wirklichkeit und ethisches Ziel des Menschen zusammen. Darin liegt ein Weg zur philosophischen Vorstellung von Gott als das Sein, das Gute und das Leben. *Platon* ist Begründer einer philosophischen Gottesvorstellung, welche die abendländische Philosophie bis zur Moderne beschäftigt hat.

Einwände gegen die platonische Ideenlehre sind schon von seinem Schüler *Aristoteles* (der diese Lehre grundsätzlich aufgreift) erhoben worden. Der Haupteinwand geht dahin, *Platon* habe die Welt gedanklich verdoppelt, nämlich als Welt der Ideen und als

„wirkliche" Welt. Dieser Einwand ist bis heute populär, aber sehr ungenau. Nach *Platons* Auffassung ist die von uns wahrgenommene Welt nur „wirklich", soweit sie Anteil an der Welt der Ideen hat (Teilhabe, *metexis*).

In der Ideenlehre liegt die Vorstellung einer geistigen Natur der Wirklichkeit und damit auch der Optimismus, dass der menschliche Geist die Wirklichkeit erkennen könne. Gegen diesen **Rationalismus** (von lat. *ratio* = Vernunft oder Verstand) gibt es seit jeher und bis heute zwei **Einwände**: (1) die menschlichen Erkenntnismöglichkeiten würden überschätzt und seien viel begrenzter (s. auch unten zum Empirismus bei *Hobbes* Rn 315). Das ist ein unendliches Thema der Philosophie bis heute. *Platon* ist, wie das Höhlengleichnis zeigt, durchaus vorsichtig in der Beurteilung der menschlichen Erkenntnismöglichkeiten. Die platonische Ideenlehre bietet andererseits nach Meinung vieler gerade im modernen naturwissenschaftlichen Weltbild der Physik eine Orientierung (*Whitehead, Heisenberg*). Denn die moderne Naturwissenschaft, insbesondere die Physik, muss und kann bei ihrer Erforschung der Materie ihre Ergebnisse in mathematischer Form beschreiben und abbilden und postuliert insoweit geistige Strukturen der materiellen Welt (s. auch oben Rn 78 und unten Rn 374).

241

(2) Der zweite Einwand gegen den Rationalismus (bei *Platon* und anderen) lautet, dass er einseitig die intellektuelle Erkenntnismöglichkeit betone und die Bedeutung der sprachlichen Begriffe überschätze; damit würden die übrigen seelischen Erkenntnismöglichkeiten vernachlässigt, die mit dem Gefühlsleben des Menschen zusammenhängen. Diese Gefahr besteht in der Tat beim Rationalismus. Bei *Platon* ist sie zu verneinen. Er lässt den *Sokrates* nachdrücklich darauf hinweisen, dass das Verstehen der Dinge (*episteme*) niemals vollständig in Worte (Begriffe) zu fassen sei.

2. Sittlichkeit und Staat

Platon geht vom Primat der sittlichen Verpflichtung für den einzelnen Menschen aus. Dieser Primat gilt auch in der Politik. Er ist fasziniert vom Gedanken eines auf sittliche Grundsätze gegründeten Gemeinwesens. Sein Konzept des Gemeinwesens baut auf seine Lehre vom Menschen (Anthropologie) als eines sittlichen Wesens auf.

242

Da der Staat nach den Grundsätzen der Gerechtigkeit eingerichtet werden muss, die Gerechtigkeit aber praktisch den gesamten Bereich der Sittlichkeit umfasst, bleibt das Problem der persönlichen **Freiheit** außer Betracht, und es besteht die Gefahr eines totalitären Staates. Im totalitären Staat beansprucht das Gemeinwesen den ganzen Menschen und lässt ihm keinen persönlichen Freiraum, wo er selbst sittlich handeln und entscheiden kann. In der Tat gingen auch moderne totalitäre Staaten von einem totalen sittlichen Anspruch des Staates an den Einzelnen aus, der in der praktischen Umsetzung aber zur Tyrannis führt, wie die politischen Systeme von *Hitler* und *Stalin* gezeigt haben. Dies ist einmal die Konsequenz dieses totalen (sittlichen) Anspruchs. Es hängt freilich auch jeweils von den richtigen oder falschen Inhalten der verkündeten Moral ab, und am Elend der genannten totalitären Systeme ist auch der falsche Inhalt ihrer Moral (Rassenlehre, Klassenkampf) maßgeblich beteiligt, den wir in der platonischen Philosophie natürlich nicht finden.

Platon hat selbst die Tyrannis in ihren Erscheinungsformen und ihrer Entstehung angeprangert und dabei sich als scharfsinniger Analytiker der politischen Psychologie gezeigt. Die Gefahr totalitärer Elemente in seinem idealen Staat sieht er in der politeia nicht voll. Er glaubt, dass die sittliche Freiheit in der platonischen Selbstverwirklichung („das seine tun") hinreichend gewahrt ist. Später (in der Spätschrift über die Gesetze – *nomoi*) erkennt er, dass die in der Politeia entwickelten rigorosen pädagogischen Anforderungen unrealistisch sind und der Natur des Menschen nicht entsprechen.

243 Als positiver Ertrag bleibt, dass er das Gemeinwesen auf der Natur des Menschen als einem sittlichen Wesen aufbauen will und dass er klar erkennt, dass dieses nicht ohne gemeinsam anerkannte sittliche Werte und Verpflichtungen auskommen kann. Auch im modernen Staat und in der modernen Gesellschaft stellt sich diese Frage nach dem gemeinsamen sittlichen (ethischen) Minimalkonsens in zunehmender Schärfe. Andererseits sehen wir heute deutlicher den Wert individueller Freiheitsrechte. Dies erfordert eine klare Unterscheidung solcher Gerechtigkeitsforderungen, die der Staat durch das Recht verwirklichen kann, von weitergehenden sittlichen Forderungen, die der Staat grundsätzlich nicht erzwingen kann. Es muss ein Raum persönlicher Freiheit bleiben, auch wenn dieser missbraucht werden mag. Jede Generation muss sich aber mit dem Problem auseinandersetzen, wie diese Freiheit durch Verantwortung und allgemein anerkannte Pflichten begrenzt werden kann, um dadurch das Gemeinwesen und letztlich auch die von ihm garantierte persönliche Freiheit zu stabilisieren.

§ 11 Aristoteles (384–322 v. Chr.): Ethik, Staat und Gerechtigkeit

Literatur: *I. Düring*, Aristoteles. Darstellung und Interpretation seines Denkens, 1966; *W. Jaeger*, Aristoteles. Grundlegung einer Geschichte seiner Entwicklung, 2. Aufl. 1955; *K.-H. Volkmann-Schluck*, Die Metaphysik des Aristoteles, 1979. **Quellentexte:** *Aristotelis Opera*, ed. Academia Regia Borussica, rec. I. *Bekker*, 2 Bde. 1831, Neudruck Darmstadt 1960; Werke in deutscher Übersetzung, begründet v. *E. Grumach*, hrsg. von *H. Flashar*, 19 Bde., ab 1956; Band 6: Nikomachische Ethik, übersetzt von *F. Dirlmeier*, 1956; Band 7: Eudemische Ethik, übersetzt von *F. Dirlmeier*, 1956; Band 9: Politik, 3 Bücher, übersetzt von *E. Schütrumpf*, 1991.

I. Leben und Werk

244 *Aristoteles* wurde in Stagira (Thrazien) als Sohn des Leibarztes des mazedonischen Königs *Amyntas* geboren. Mit 18 Jahren kommt er nach Athen und wird dort für zwanzig Jahre Schüler des *Platon* an der Akademie und zwar bis zu dessen Tod im Jahre 347. Für *Platon* zeigt er zeitlebens eine große Verehrung. Dies hat ihn nicht daran gehindert, in seinen Schriften in Abgrenzung der eigenen Auffassungen von denen *Platons* an seinem Lehrer bisweilen auch eine etwas kleinliche Kritik zu üben. Für drei Jahre geht *Aristoteles* nach Assos und gründet dort eine Zweigschule der Akade-

mie. Dann begibt er sich nach Mytilene und trifft dort den Philosophen *Theophrast*, der später sein Nachfolger wird. Von dort geht er 342 an den Hof des Königs *Philipp von Mazedonien* und übernimmt die Erziehung des damals dreizehnjährigen Sohns *Alexander*. Nach dessen Regierungsantritt kehrt er nach Athen zurück und gründet dort 335 eine Schule im Bezirk des Apollon Lykaios: das Lykaion (vgl „Lyzeum"). Diese Schule ist ähnlich wie die Akademie seines Lehrers *Platon* eine religiöse Kultgemeinschaft zu Ehren der Musen. Die Mitglieder der Schule werden später Peripatetiker genannt (von *peripatos* = Wandelhalle).

Nach dem Tod *Alexanders des Großen* muss *Aristoteles* 324 aus Athen fliehen, um Anfeindungen der antimazedonischen Partei zu entgehen. Er stirbt 322 in Chalkis auf Euböa. Sein Testament ist erhalten. Darin gibt *Aristoteles* viele praktische Anweisungen, ua in Sorge für seine Söhne *Pythias* und *Nikomachos*, dem die berühmte nikomachische Ethik gewidmet ist.

Die Schriften des *Aristoteles* sind in einem schlechten Überlieferungszustand. Viele seiner Schriften fallen in die Frühzeit seiner Tätigkeit. Nach der Gründung des Lykaion ist *Aristoteles* hauptsächlich als Lehrer und Organisator einer Gemeinschaft von Philosophen und Forschern mit sehr vielfältigen Interessen tätig. Diese Interessen betreffen die Philosophie ieS., die Philosophiegeschichte, die Naturwissenschaften, Medizin, Politik und Philologie. *Aristoteles* organisiert an seiner Schule das Zusammentragen umfangreicher Materialien. In seinen frühen Schriften ist *Aristoteles* ganz dem *Platon* verpflichtet. Später löst er sich schrittweise davon.

II. Wichtige philosophische Lehren

Da *Aristoteles* grundlegend für die ganze europäische und westliche Philosophie und Wissenschaftstradition ist, ist es schwer, in kurzer Zusammenfassung darüber zu berichten.

1. Logik

Aristoteles hat erstmals und grundlegend die Logik als systematische „Wissenschaft vom Wissen" entwickelt. Nach *Kants* Urteil hat die Logik seit *Aristoteles* keinen Schritt rückwärts tun dürfen, aber auch keinen Schritt vorwärts machen können. Das letztere Urteil trifft heute nicht mehr voll zu. Die moderne Logikforschung hat eine weitere Formalisierung und Fortentwicklung gebracht[5]. *Aristoteles* hat jedoch bis heute gültige Grundbegriffe der Logik als allgemeiner Methode des wissenschaftlichen Denkens entwickelt. Die wichtigsten Ausführungen dazu finden sich in den zwei Schriften „*Analytika*". Sie enthalten eine Analyse der Gesetzmäßigkeiten der menschlichen Geistestätigkeit.

Hauptelemente der Logik sind (1) der Begriff, (2) das Urteil und (3) der Schluss.

---
5   Dazu *Klug*, Juristische Logik, 4. Aufl. 1982.

247 (1) Der **Begriff** ist das letzte und einfachste Sinnelement einer Aussage (eines Satzes). Der Begriff ist also zB Satzgegenstand oder Satzaussage. Der Begriff ist selbst nicht Urteil (Rn 248) und daher weder wahr noch falsch. Aber letztlich schreibt ihm *Aristoteles* doch eine Aussage insofern zu, als der (richtige) Begriff das Wesen eines Dings, das er benennt, erfasst und aussagt. Eine kunstgerechte Bildung von Begriffen erfolgt durch die Definition. Die Definition verwendet den nächsthöheren Gattungsbegriff des zu definierenden Begriffs und fügt ihm die spezifische Differenz hinzu, die diese Sachen von anderen der Gattung unterscheidet.

So kann „Säugetier" definiert werden durch „Wirbeltier" und Zufügung der spezifischen Merkmale, die das Säugetier von anderen Wirbeltieren unterscheidet. Das Eigentumsrecht kann als privates subjektives Recht (höhere Gattung) definiert werden unter Zufügung der unterscheidenden Merkmale, nämlich dass es sich um ein sachenrechtliches Recht (nicht ein schuldrechtliches, familienrechtliches usw) handelt und hier wiederum um das umfassendste Recht in Bezug auf eine Sache. (Diese Beispiele sind nicht aristotelisch).

Die Begriffe können in allgemeiner Form nach Kategorien eingeteilt und damit klassifiziert werden. Die wichtigste Kategorie ist die der Wesenheit oder Substanz; ihr stehen andere gegenüber, die zur Substanz hinzutreten und etwas Bestimmtes über sie aussagen. Er unterscheidet dabei Angaben der Quantität und Qualität, der Relation, des Ortes, der Zeit, der Lage, des sich Verhaltens, des Tuns und des Leidens.

248 (2) Das **Urteil** ist eine Aussage, die zwei Begriffe verbindet. Die Aussage will die Wirklichkeit widerspiegeln; sie kann wahr oder falsch sein. Am Urteil entzündet sich die Frage der Wahrheit und die damit verbundene Grundfrage, ob Menschen zutreffende Aussagen über die Wirklichkeit machen können. Dies führt zur Frage, worüber überhaupt eine Aussage gemacht werden kann (Urteilssubjekt). Eine gewisse Unschärfe verbleibt bei der Frage, ob dieses Urteilssubjekt das Individuum ist, also der individuelle Gegenstand oder die individuelle Person in ihrer Einmaligkeit, was *Aristoteles* sonst als das Wesentliche bezeichnet (zB die Person *Platon*), oder die allgemeineren Eigenschaften, die dieser Person zukommen (das Menschsein des *Platon*). *Aristoteles* bezeichnet das Erstere als die erste Substanz, das andere als die zweite Substanz und hält letztlich Aussagen logisch-wissenschaftlicher Art nur über den Menschen im Hinblick auf die zweite Substanz für möglich. Dahinter steckt die Erkenntnis, dass das ganz Individuelle sich letztlich verallgemeinernden Aussagen nicht vollständig zugänglich zeigt (vgl auch iF Rn 253).

249 (3) Der **Schluss** (Syllogismus) ist die Kunst, eine neue Erkenntnis dadurch zu gewinnen, dass man sie aus bekannten Sätzen (Urteilen, Prämissen) ableitet. Man geht dabei von diesen Sätzen als feststehend („gesetzt") aus. *Aristoteles* nennt daher den Schluss eine Gedankenverbindung, in der, wenn etwas gesetzt ist, etwas anderes als das Gesetzte notwendig folgt, und zwar dadurch, dass das Gesetzte ist. Gemeint ist, dass damit zwei (oder mehr) Urteile (Prämissen) gesetzt sind und dass sich durch ihre logische Verknüpfung der Schluss ergibt.

Das Schema des Syllogismus wurde bei der Subsumption oben Rn 166 besprochen, wobei der Jurist als Obersatz immer eine Rechtsnorm verwendet. Es gibt aber natürlich Syllogismen in allen Wissensgebieten, wo sie hauptsächlich als nicht normative Schlussfolgerung auftreten. Das

Schulbeispiel bei *Aristoteles* lautet: (a) Alle Menschen sind sterblich (Obersatz); (b) *Sokrates* ist ein Mensch (Untersatz); (c) *Sokrates* ist sterblich (Schluss).

Der Syllogismus ist eine „Deduktion", dh eine Ableitung eines Besonderen aus einem Allgemeinen. Für den Juristen besteht er darin, die Rechtsfolge in einem besonderen Fall aus der allgemeinen Rechtsordnung und ihren allgemeinen Sätzen abzuleiten.

Formal betrachtet, funktioniert der Syllogismus nur, wenn der Begriff des Untersatzes schon im Begriff des Obersatzes enthalten ist. Eine echte Ableitung im Sinne einer Begründung (und nicht nur ein Spiel mit Begriffen, die ineinander geschachtelt sind) wird daraus aber nur, wenn man das Allgemeinere auch als Grund für das Besondere ansieht.

Eben diese Denkweise tritt in der Naturwissenschaft auf, wenn ein bestimmtes Phänomen von allgemeineren, erkannten Gesetzen der Natur abgeleitet wird. Die Möglichkeit der Formulierung von allgemeinen Naturgesetzen ist freilich umstritten. Diese Formulierung findet aber tatsächlich im Wissenschaftsbetrieb statt.

Die menschliche Erkenntnis vollzieht sich meist nicht als Deduktion, sondern als deren Umkehrung: Man erkennt ein Phänomen (*Sokrates* ist sterblich) und fragt dann nach den Obersätzen, aus denen es abgeleitet werden kann, also nach den Gründen des Phänomens. Auch für *Aristoteles* ist **Wissenschaft** ein **Erkennen aus Gründen**. Wenn man etwas aus Gründen ableitet, ergibt sich die Frage, ob diese Gründe nicht wieder von anderen Gründen abhängen. Das menschliche Denken sucht dann die Gründe der Gründe in einem Regress, in einem Zurückgehen auf **erste Gründe** (Prinzipien).

Es ist ein erkenntnistheoretisches Problem zu verstehen, wie Prinzipien, erste Gründe, erkannt werden. Nimmt man die Ideen als die Gründe der einzelnen Dinge, so läuft die Frage in der Denkweise von *Platon* wie *Aristoteles* darauf hinaus, wie der Mensch die Ideen erkennt. *Aristoteles* meint, dass der Mensch die Formen der Dinge erkennt und abstrahiert, wobei er Oberbegriffe bildet. Der tätige Verstand abstrahiert also aus den sinnlichen Formen die geistigen Formen und Oberbegriffe.

2. Metaphysik

Die Abhandlung „*metaphysika*" kommt in der spätantiken Reihenfolge der Gesammelten Werke des *Aristoteles* nach (griechisch: *meta*) den Büchern über die Physik, also die Naturerkenntnis, und wird daher seit *Boëtius* so genannt. Die Metaphysik ist nach *Aristoteles* eine allgemeine Wissenschaft im Gegensatz zu den Einzelwissenschaften. Sie will eine Lehre vom Sein und vom Seienden geben und „erste Weisheit" sein. Auch hier wird die Unterscheidung der Philosophie von den Einzelwissenschaften (die historisch aus der Philosophie hervorgegangen sind) deutlich.

Die allgemeine Metaphysik enthält Aussagen (Prinzipien) über das Sein. Von dieser Lehre seien hier nur die wichtigsten Begriffe hervorgehoben. Es sind dies:

(1) **Stoff-Form**: Jede Form schafft, indem sie einen Stoff (Materie) ergreift, etwas Reales, Individuelles. Eine Sache wird durch ihre Form geprägt. Aber die Form bleibt

§ 11 *Aristoteles (384–322 v. Chr.): Ethik, Staat und Gerechtigkeit*

leer, wenn sie nicht mit dem Stofflichen ausgefüllt ist. *Aristoteles* unterscheidet speziellere und allgemeinere Formen. Die Welt der Formen ist vergleichbar der platonischen Ideenwelt.

Anschauliche **Beispiele** für die Beziehung Stoff-Form finden sich vor allen Dingen in der belebten Natur: Eine Pflanze bildet ihre (modern gesprochen: durch den genetischen Code vorbestimmte) Form aus, indem sie wächst. Dabei nimmt sie Materie aus ihrer Umgebung auf (Wasser, Kohlenstoff, Nährstoffe, Sauerstoff) und fügt sie beim Wachstum zu einer Form zusammen, die erst das Typische und Wesentliche dieser Pflanze ausmacht.

253 (2) **Substanz-Form**. Die Frage nach der Substanz behandelt die Frage nach dem Wesen eines Dings. Diese Frage hat zwei Aspekte. Entweder man betont das Individuelle, wie *Aristoteles* es gerne (gegen *Platons* Ideenlehre, die das Allgemeine betont) tut. Bei der Betrachtung eines Menschen stellt man dann also seine unverwechselbare (und letztlich nicht voll analysierbare) Eigenart der Person in den Vordergrund. Oder man betont das, was ein Ding mit der allgemeinen Idee dieses Dings gemeinsam hat, also was die individuelle Person mit dem Menschsein gemeinsam hat. Diese allgemeine Betrachtungsweise, die auf die (physische und geistige) Form abstellt, kann ebenfalls Substanz genannt werden (zweite Substanz) (vgl auch oben Rn 248).

Wie bemerkt, entscheidet sich *Aristoteles* bei der Frage, was Subjekt eines (wissenschaftlichen) Urteils sein kann, für die zweite Substanz (Rn 248).

254 (3) **Bewegungsursache**: *Aristoteles* befasst sich mit der Frage des Entstehens von Dingen aus Ursachen. Er unterscheidet dabei vier Ursachen (Stoff, Form, Wirkung, Zweck). Ferner unterscheidet er bei seiner Theorie des Entstehens zwischen der in der Realität angelegten Möglichkeit (*potentia*) und ihrer Realisierung (*actus*). Bei der Bewegung unterscheidet er Gegenstände, die von außen bewegt werden (durch Anstoß) und solche, die ihre Bewegung aus sich selbst hervorbringen (zB Lebewesen). Aber auch Lebewesen sind zurückzuführen auf andere, von denen sie das Leben empfangen haben durch Zeugung, und dies führt wieder in einem Regress zurück zur Frage, wer als erster die Bewegung der Welt angestoßen hat. Damit zeichnet sich die Frage nach dem **ersten Beweger** ab, der in sich vollkommen ist und keiner weiteren Ursache bedarf. Die Theorie des ersten Bewegers ist wiederum ein Hinweis auf die Existenz Gottes und wichtiges Element einer philosophischen, natürlichen Theologie, die wir bereits bei *Platon* finden.

Dieser „Gottesbeweis" und andere haben die Philosophie viele Jahrhunderte bewegt und wurden in der Neuzeit später als nicht tragfähig verworfen. Dieser Beweis ist weder zwingend noch ist er widerlegt. Er zeigt aber, wie sich der menschliche Verstand bei seiner Orientierung in der Erfahrungswelt auch auf die letzte Frage nach dem ersten Beweger hingelenkt sieht. Damit wird deutlich, dass die Gottesvorstellung in enger Verbindung mit der verstandesmäßigen Erfassung der Welt steht und nicht eine davon zu trennende, ggf irrationale Vorstellung darstellt.

255 (4) **Zweck**: Der Zweck *(telos)* findet sich einmal in der planenden, zielgerichteten Tätigkeit des Menschen (*techne*; vgl „Technik"), aber auch in den Formen der lebenden Natur. Zweck ist hier das Formprinzip, nach dem Pflanzen und Tiere sich bilden. Dieses Formprinzip ist ihnen als Ziel *(telos)* eigen und steuert ihr Wachstum und ihre Entfaltung *(Entelechie)*.

(5) **Seele**: Das Formprinzip der Lebewesen ist ihre Seele (psyche). In der speziellen 256
Metaphysik entwirft *Aristoteles* das Bild der Seele als zielgerichtetes Lebensprinzip
(„erste *Entelechie*") eines organischen physischen Körpers. Die Seele bestimmt
und steuert zugleich die Form dieses Körpers. Der Körper ist der Seele wegen existent.

Dabei unterscheidet er verschiedene Seelentätigkeiten bzw Seelentypen: (a) die vegetative Seele der Pflanze, die deren Wachstum und Fortpflanzung bestimmt; (b) die sensitive Seele des Tieres, die neben den Eigenschaften der vegetativen Seele die Fähigkeit hat, Sinnesanreize aufzunehmen und zu verarbeiten und sich danach in der Umwelt zu bewegen; und (c) die Geistseele des Menschen. Diese Seele ist geistiger Natur. Sie hat zugleich die Eigenschaften der niederen Seelentätigkeiten, die sich in der vegetativen und der sensitiven Seele finden. Der körperliche Trieb der vegetativen und sensitiven Seelenkräfte und höheres, geistiges Streben sind also in der menschlichen Seele nebeneinander zu finden. Die Seele des Menschen muss aber einheitlich verstanden werden. Während die Pflanzenseele und die Tierseele durch Befruchtung bzw Zeugung übertragen werde, sei die Menschenseele göttlichen Ursprungs.

Aristoteles analysiert die Seelentätigkeit in ihren verschiedenen Bereichen. Er beschreibt die Tätigkeit der fünf Sinne und die Tätigkeit des Bewusstseins, die Sinneswahrnehmung festzuhalten und im Gedächtnis zu speichern. Der menschliche Geist ist fähig, die Sinneswahrnehmung weiterzuverarbeiten und zu einem höheren Erkennen zu gelangen. Der Geist *(logos)* betätigt sich im Denken und im Urteilen *(dianoia)* und im Schauen der Begriffe *(nous)*.

Das so entworfene Bild des Menschen, der eine Einheit aus Leib und Seele bildet, wobei die Seele zugleich das Formprinzip des Leibes ist und Träger aller geistigen Äußerungen des Menschen, hat bis heute die Philosophie und die Alltagsvorstellung über das Wesen des Menschen bestimmt. Die Vermittlung bis in das heutige Denken hinein erfolgte vor allem durch die Patristik und die scholastische Philosophie[6].

Die Beschreibung der Eigenschaften der vegetativen Seele entspricht in manchem dem, was die biologische Genforschung heute als genetischen Code bezeichnet. Die biologische Forschung arbeitet freilich streng mit rein naturwissenschaftlichen Methoden und sieht davon ab, die Vorstellung einer „Seele" der Pflanzen und Tiere zu verwenden. Sie gibt aber zu, damit nicht alle Phänomene erklären zu können. Die moderne Biologie hat aber Versuche, mit der aristotelischen Entelechie experimentell zu arbeiten (so zB von *Driesch*), im Ergebnis abgelehnt. Die Abstufung der vegetativen, sensitiven und geistigen Seele findet sich in der Philosophie des 20. Jahrhunderts wieder in der Stufenlehre von *Nicolai Hartmann* (Rn 372). Die moderne Genforschung versucht, das Formprinzip, nach dem sich der Bau der Pflanzen und die Ausbildung der Körper von Mensch und Tier bildet, durch Entschlüsselung der Erbinformationen in den Genen zu erklären, und erforscht dabei die molekulare Struktur der Gene und ihr Zusammenwirken. Dabei herrscht entsprechend den naturwissenschaftlichen Forschungsmethoden eine rein materialistische Betrachtungsweise vor, bei der für die Vorstellung einer geistigen Seele kein Platz zu sein scheint. Dabei tauchen aber ständig neue ungelöste Fragen auf. (Wie vollzieht sich die Ausdifferenzierung der embryonalen Stammzellen? Wie ist Klonen zu erklären, dh die Entstehung eines neuen Körpers aus einer entkernten Eizelle, in die man eine beliebige andere Köperzelle des Muttertieres einpflanzt?)

---

6 Siehe unten § 13 über *Augustinus* (insbes. Rn 278 f, 287) und § 14 über *Thomas v. Aquin* (Rn 292, 294 ff, 307 f).

3. Topik

257 In der Schrift *Topika* entwickelt *Aristoteles* seine Lehre vom richtigen Argumentieren. Sie ist durch das Interesse an der Argumentation im Dialog (Dialektik), das wir in den Schriften *Platons* und bei den Sophisten finden, geprägt und hängt im Übrigen mit den logischen Schriften des *Aristoteles* zusammen, nicht mit der Staatslehre und Ethik. Sie ist aber für die modernen Theorien der juristischen Argumentation und der politischen und rechtlichen Konsensbildung fruchtbar gemacht worden[7].

Im Dialog geht es um Konsensbildung durch den Austausch von Argumenten *(topoi)*. Der Dialog ist stets darauf gerichtet, im Ergebnis ein Urteil zu finden, das vom Konsens aller Teilnehmer getragen ist. Daher können nur solche Argumente *(topoi)* in den Dialog eingeführt werden, die allgemeine Anerkennung finden: „Was allen oder den meisten oder den Weisen als wahr erscheint, gilt als wahr". Dieser dialektische Wahrheitsbegriff unterscheidet sich von dem, was durch strenge logische Deduktion bewiesen wird[8], in der Art der methodischen Behandlung, nicht unbedingt in der Qualität. Ein Satz kann sowohl logisch streng beweisbar *(apodeiktisch)* als auch vom Konsens aller getragen *(dialektisch)* sein. Im Dialog kommt es aber auf die letztere Eigenschaft an.

Diese Hinweise sind in der modernen Diskussion um die Argumentationstheorien und ihre Bedeutung für das juristische Denken fruchtbar gemacht worden; vgl dazu oben Rn 194 ff und unten Rn 383 ff.

III. Ethik und Staatsphilosophie

1. Ethik

258 In den Frühwerken entwickelt *Aristoteles* seine ethischen Vorstellungen unter dem Einfluss von *Platon* aus den metaphysischen Annahmen und der Vorstellung Gottes und des göttlichen Willens. Später versucht er, seine Ethik, also die Lehre vom richtigen Handeln des Menschen, aus der Vernunft als „natürliche" Ethik zu begründen. Dies geschieht vor allem in der seinem Sohn *Nikomachos* gewidmeten nikomachischen Ethik, in der sich auch viele für den Juristen höchst wichtige Äußerungen finden.

Ausgangspunkt ist die Frage nach dem sittlich Guten. Menschliches Handeln strebt nach Glück *(Eudämonie)*. Zum Glück gehört auch Lust und Genuss; aber diese führen nicht allein zum Glück. Vielmehr wird das Glück erreicht durch die Entfaltung der natürlichen Möglichkeiten eines Menschen. Äußere Glücksgüter wie Gesundheit, ein gewisser Wohlstand und Ansehen müssen hinzutreten, reichen aber für sich genommen ebenfalls nicht aus. Zur Entfaltung der natürlichen Möglichkeiten des Menschen gehört es, dass er sein Handeln nach sittlichen Handlungszwecken ausrichtet. Erst die-

---

7 Th. *Viehweg*, Topik und Jurisprudenz, 1953, 5. Aufl. 1974.
8 *Aristoteles* nennt diese Sätze apodeiktisch; vgl das Wort „apodiktisch".

ses richtige Handeln kann, wenn die genannten äußeren Glücksgüter hinzutreten, höchste Lust und Glück für den Menschen bringen.

Entgegen *Platon* lehnt *Aristoteles* also keineswegs die Lust als Mittel zum Glück radikal ab. Er sagt aber, dass Genuss durch die sittlichen Zwecke überlagert werden muss und hinter ihnen zurückzutreten hat. Sittliches Handeln führt zu Lust und Glück auf einer höheren Ebene, als es der reine Genuss vermöchte. Dieses Glück stellt sich ein in der richtigen Entfaltung der geistigen und sittlichen Kräfte des Menschen. Dabei muss der Mensch sich nach bestimmten **Tugenden**, also sittlich guten Haltungen oder Eigenschaften, ausrichten und danach streben. Tugend ist naturgerechtes Handeln zur Vervollkommnung des Menschen. *Aristoteles* unterscheidet (1) Erkenntnistugenden, nämlich Weisheit, Vernunft[9] und Wissen und (2) ethische Tugenden, nämlich rechtes Handeln, Herrschaft der Seele über den Leib (Selbstbeherrschung), Tapferkeit, Freigebigkeit und andere gute Eigenschaften, ohne in seiner Aufzählung ein abschließendes Schema bieten zu wollen.

Bei den ethischen Tugenden betont *Aristoteles* in der nikomachischen Ethik den Willen als das Entscheidende. Tugenden sind hier nicht bloß ein Verstehen und eine vernünftige Einsicht, sondern, wie *Aristoteles* sagt, eine „von der Vernunft angeleitete Kraftanstrengung der Seele".

Seitdem ist die Betonung des Willensmoments in der philosophischen Ethik bis heute als entscheidend angesehen worden. Der Gegensatz dazu ist das wohlmeinende oder auch einsichtige unendliche Gerede über ein Problem, ohne sich zu einer Entscheidung aufzuraffen. Eine parallele Problembezeichnung findet sich in der Bibel in dem Jesus-Wort: Nicht, wer zu mir sagt „Herr", wird in das Himmelreich eingehen, sondern wer den Willen meines Vaters tut. Griffig reimt *Erich Kästner*: Es gibt nichts Gutes, außer man tut es.

Zu einem tugendhaften Handeln gehört das Einhalten der rechten Mitte: die „**goldene Mitte**" (*mesotes*) zwischen zwei Extremen. Damit ist nicht im negativen Sinne Mittelmäßigkeit gemeint, sondern ein ausgewogenes Verhältnis, also nicht ein fauler Kompromiss, sondern eine harmonische Ausgewogenheit.

Aristoteles gibt dazu **Beispiele**. Die Tapferkeit liegt nach ihm zwischen den Extremen der Waghalsigkeit und der Furcht; sie liegt aber etwas näher bei der Waghalsigkeit. Etwas anders ausgedrückt: der Waghalsige hat eher Ähnlichkeit mit dem Tapferen als der Furchtsame. Die Sparsamkeit liegt zwischen den Extremen des Geizes und der Verschwendung; sie liegt aber wohl etwas näher am Geiz, oder anders gesagt: der Verschwender ist dem Sparsamen viel unähnlicher als der Geizige.

2. Staatslehre

Ähnlich wie *Platon* beschäftigt sich *Aristoteles* mit der Einrichtung des Staates nach sittlichen Maßstäben. Er verzichtet aber auf den Entwurf eines Modells, wie es *Platon*

---

9 Der Begriff der „Vernunft" wird in der neuzeitlichen Philosophie (zB bei *Kant*) sehr weit gebraucht und einige Eigenschaften der Weisheit werden in ihm mitgedacht. Verstand ist dann der engere Begriff, der eher auf positives Wissen zielt. Anders die Hermeneutik (*Dilthey*) und die Phänomenologie, die im Begriff des Verstehens auch die emotionalen Elemente der Erkenntnis betonen (unten Rn 366 f, 370).

in der Politeia bietet, und sucht eine, wie er meint, realitätsnähere Beschreibung des Staates und der Anforderungen an den guten Staat, die gestellt werden müssen. *Aristoteles* soll 168 Verfassungen von existierenden Gemeinwesen gesammelt haben. Diese sind leider verloren. Es steht zu vermuten, dass er schon durch die Arbeit in der Akademie zu dieser Materialsammlung angeregt worden ist. *Aristoteles* sucht also eine Anschauung der politischen Wirklichkeit, um ethische Anforderungen an den Staat zu entwickeln.

Der **Zweck des Staates** *(polis* = Stadt oder Staat) ist (1) die natürliche Daseinsvorsorge und (2) die Ermöglichung eines sittlichen (und damit glücklichen) Lebens.

Genetisch ist der Staat aus der Familie und der Sippe entstanden. Metaphysisch gesehen, ist der Staat aus der Natur des Menschen entstanden. Denn dieser ist ein geselliges, auf das Gemeinwesen von seiner Natur aus angelegtes Wesen *(zoon politikon = animal sociale)*. Der Beweis für diese gesellige Natur ist die Sprache.

In der Innen- und Außenpolitik des Staates sollen ethische Grundsätze den Vorrang haben. Der Staat soll keine Machtpolitik treiben. Der Staat wird gebildet durch die Gemeinschaft der Bürger.

Bürger sind für *Aristoteles* aber nur die Freien, nicht die Sklaven. An der zu seiner Zeit üblichen Sklavenhaltung wird keine grundsätzliche Kritik geübt.

3. Gerechtigkeit und Recht

262 Indem *Aristoteles* den Staat aus der **geselligen Natur** des Menschen erklärt, begründet er die Existenz des Staates **naturrechtlich**. Der Begriff des Naturrechts iS des „von Natur aus Gerechten" *(physei dikaion)* wird von ihm mit der Unterscheidung von positivem Recht, das der Staat *(polis)* sich selber setzt *(nomos idios)* und dem ungeschriebenen, allgemeinen Recht *(nomos agraphos; nomos koinos)* erläutert[10]. Die Vorstellung vom ungeschriebenen Recht, das göttlichen Ursprungs ist und im Gewissen verpflichtet, war in der attischen Kultur schon vor *Aristoteles* geläufig[11]. Eine allgemeine Theorie des Naturrechts, die später die europäische Philosophie und das Rechtsdenken beschäftigt, hat *Aristoteles* nicht entwickelt.

263 Der Sache nach ist eine solche Lehre freilich in seiner Theorie der **Gerechtigkeit** entfaltet. Im staatlichen Gemeinwesen sind die ethischen Tugenden für das Zusammenleben der Menschen unabdingbar, und die Tugend der Gerechtigkeit hat hier die zentrale Rolle. Die Gerechtigkeit ordnet die Beziehung des Bürgers zum Mitbürger und zum Gemeinwesen; sie ist die Tugend der zwischenmenschlichen Beziehungen. Wer gerecht handelt, will selbst nicht mehr haben, als ihm selbst zukommt. Der Gerechte handelt nach einer allgemeinen Vorstellung der Gleichheit, indem er jedem das ihm Zukommende gewährt. Dabei trifft *Aristoteles* eine Unterscheidung der Erschei-

---

10 Eudemische Ethik, 1216a.
11 *Sophokles* (gest. 406) hat in seiner Tragödie Antigone den Konflikt zwischen dem ungeschriebenen Rechtsgebot, den toten Bruder zu bestatten, und dem staatlichen Verbot dieser Bestattung geschildert.

nungsformen der Gerechtigkeit, die ebenso wie die zuvor genannten Grundgedanken bis heute in der Diskussion um die Gerechtigkeit fortwirken. Er unterscheidet nämlich (1) Tauschgerechtigkeit und (2) die austeilende Gerechtigkeit.

(1) Die Tauschgerechtigkeit (*dikaion diorthotikon; lat.:* **iustitia commutativa**) oder ausgleichende Gerechtigkeit besteht zwischen den einzelnen Bürgern, etwa im Vertragsrecht oder Schadensrecht. Sie arbeitet „arithmetisch" und sucht den Ausgleich in einem Tauschverhältnis (zB Leistung – Gegenleistung; Schaden – Ersatz des Schadens).

(2) Die austeilende Gerechtigkeit (*dikaion dianemetikon; lat.:* **iustitia distributiva**) schaut auf das Ganze des Gemeinwesens. Sie gebietet, alle gleichmäßig zu behandeln, arbeitet aber „geometrisch"; sie weist dem Einzelnen nicht schematisch gleich Güter zu, sondern nach den Notwendigkeiten des Gemeinwesens.

Diese Unterscheidung hat bis in die moderne Staats- und Verfassungslehre, Rechts- und Sozialpolitik Bedeutung behalten. Tauschgerechtigkeit ist in den privatrechtlichen Beziehungen anzustreben. Ein Vertrag, der ein völliges Ungleichgewicht von Leistung und Gegenleistung vorsieht, ohne dass damit eine Schenkungsabsicht verbunden ist, ist sittenwidrig (§ 138 BGB) und damit nichtig. Im ganzen Schadensersatzrecht geht es um den richtigen Ausgleich eines Schadens zwischen Vertragspartnern oder zwischen Schädiger und Geschädigten im Deliktsrecht.

Der Bereich der austeilenden Gerechtigkeit ist eher in der Organisation des Staatswesens und damit im öffentlichen Recht zu finden. Durch das enorme Anwachsen der Leistungsverwaltung des modernen Sozialstaates hat der Begriff des „Austeilens" in diesem Sinn eine neue, von *Aristoteles* nicht voll vorausgesehene Bedeutung erlangt[12].

Aristoteles spricht in der nikomachischen Ethik auch von dem Problem, dass es bei der Anwendung der Gesetzes vorkommen kann, dass ein bestimmter Fall, der formal von einer Norm betroffen ist, nicht recht unter diese Norm passt, weil der Gesetzgeber die betreffende Fallgestaltung nicht vorhergesehen hat („innere Lücke" des Gesetzes). Hier müsse man das Gesetz an den Einzelfall anpassen und ggf nicht oder nicht strikt anwenden (Einzelfallgerechtigkeit = *epieikeia, lat. aequitas*). Dies entspricht in vieler Hinsicht unserer Auffassung einer Auslegung nach der ratio legis und nach Treu und Glauben (§§ 157, 242 BGB). Auch *Aristoteles* deutet diese **Korrektur bei der Gesetzesanwendung** nicht als Abweichung vom Gesetz, sondern als einen Weg, um das Recht sinngemäß zu verwirklichen.

IV. Allgemeine Bedeutung

Neben seinem Lehrer *Platon* und in manchem noch über ihn hinaus ist *Aristoteles* für die europäische und westliche Philosophie und Wissenschaftstradition von grundlegender und umfassender Bedeutung. Sein Einfluss ist nicht nur in der ganzen Antike spürbar, sondern auch im Mittelalter. Zunächst gab es im Mittelalter nur eine verengte und unvollständige Tradition. Ab dem 13. Jahrhundert gab es durch Vermittlung der

---

12 Deshalb spricht *Coing* ergänzend von der „*justizia protectiva*" als Ausdruck der Fürsorgeleistung des modernen Sozialstaates. Vgl *Coing*, Grundzüge der Rechtsphilosophie, 5. Aufl. 1993, S. 195 ff.

arabischen Philosophen eine neue Kenntnis seiner bis dahin verloren geglaubten Schriften. Diese neue *Aristoteles*-Rezeption wurde entscheidender Impuls für die Entfaltung der mittelalterlichen (scholastischen) Wissenschaft und wirkte im Schulbetrieb der Universitäten des Mittelalters und der Neuzeit weiter. Wie bereits bemerkt, sind bestimmte Lehren wie insbesondere seine Grundlegung der Logik, aber auch Grundlinien seiner Anthropologie, seiner Ethik und seiner Argumentationslehre, bis heute von Einfluss.

§ 12 Cicero (106–43 v. Chr.): Naturrecht und römisches Recht

Literatur: *O. Gigon*, Die antike Philosophie als Maßstab und Realität, 1977; *W. Görler*, Untersuchungen zu Ciceros Philosophie, 1974; *Pohlenz*, Die Stoa, 7. Aufl. 1992. **Quellentexte:** Sämtliche Reden. Eingel., übers. u. erl. v. *M. Fuhrmann*, 7 Bde., 1970 ff; Über den Staat. Übers. v. *W. Sontheimer*, 1956; Vom rechten Handeln (*De Officiis*). Eingel. u. neu übers. v. *K. Büchner*, 1953; Vom Gemeinwesen (*De re publica libri VI*). Lat. u. dt., eingel. u. neu übertr. v. *K. Büchner*, 2. Ausg. 1960.

I. Leben und Werke

266 *Cicero* wurde am 3. Januar 106 v. Chr. in Arpinum geboren. Seine Familie gehörte dem mittleren Adel an (Ritter; *equites*). Er durchlief die Laufbahn der hohen Ämter im römischen Staat der ausgehenden Republik und wurde im Jahre 63 Konsul. Durch seine berühmte Rede im Senat vereitelte er die Verschwörung des *Catilina* und wurde von seinen Anhängern als Retter des Vaterlandes (*pater patriae*) gefeiert. Nach seiner Amtszeit veränderte sich das politische Klima stark; die Macht des Senats wurde durch das im Jahre 60 gebildete erste Triumvirat von *Caesar, Pompejus* und *Crassus* und das Konsulat des *Caesar* im Jahre 59 immer mehr beschränkt. Unter dem Druck der veränderten Machtverhältnisse ging *Cicero* 58 ins Exil, wurde aber 57 zurückgerufen und blieb bedeutender Anhänger der Senatspartei. Als *Caesar* nach dem erfolgreichen Krieg in Gallien (58–51) und dem Tod des *Crassus* (53) den Rivalen *Pompejus* militärisch ausgeschaltet hatte (49–48) und 45 als Alleinherrscher anerkannt wurde, folgte die Ermordung *Caesars* durch Anhänger der Senatspartei (44). Das nach *Caesars* Tod gebildete zweite Triumvirat (*Antonius, Octavian, Lepidus*) ächtete den *Cicero* als Anhänger der Senatspartei. Daraufhin wurde *Cicero* am 7. Dezember 43 bei Gaeta auf der Flucht erschlagen.

Bevor *Cicero* seine politische Laufbahn begann, hatte er eine gründliche philosophische und allgemeine Ausbildung in Athen und auf Rhodos erfahren. Er hat bei dem Akademiker *Antiochos*, dem Epikureer *Zenon* und dem Stoiker *Poseidonios* studiert. In seinen „akademischen Abhandlungen", einem Spätwerk, hat *Cicero* sich der philosophischen Schule der neuen Akademie, also letztlich *Platon* zugerechnet. Sein eigenes philosophisches Werk ist nicht durch die Entwicklung einer eigenständigen neuen philosophischen Konzeption, sondern durch Auswahl (Eklektik) aus den vielfältigen philosophischen Schulen und Strömungen seiner Zeit gekennzeichnet und durch das Bestreben, das vorhandene philosophische Wissen in einem doppelten Sinn zu erschließen: einmal für die lateinische Sprache, nachdem bisher in der Fachliteratur und im Studienbetrieb die griechische Sprache maßgeblich gewesen war, und zum anderen zur Anwendung der Philosophie auf die großen Fragen der Politik und des Gemeinwesens. Für ihn selbst ist die intensive Beschäftigung mit der Philosophie zum guten Teil ein Trost („*consolatio philosophiae*"), weil er als Anhänger der Senatspartei durch den Machtaufstieg *Caesars* aus der praktischen Politik verdrängt war, und ein Ersatz für die Politik, indem er hoffte, durch die Philosophie zu einer Verbesserung und Läuterung des politischen Lebens beizutragen. Mit dem Interesse für die Politik verband sich das Interesse für den Staat und das Recht und die darin liegenden Vorstellungen unveränderlicher Werte und Maßstäbe.

Aus seinen zahlreichen Werken hervorzuheben ist das große Werk Vom Staat (*De re publica*) in sechs Büchern, das nur unvollständig erhalten ist. So ist seine Erörterung der Frage, ob der Staat stets die Gerechtigkeit beachten oder aber zu seinem Überleben auch ungerecht handeln muss (so *Thrasymachos* bei *Platon* und sehr viel später *Machiavelli*), nur in einem Bericht des *Augustinus* (Rn 273 ff) überliefert (De *civitate dei* II 21). Das Werk gipfelt in einer religiösen Vision über den Sinn des menschlichen Lebens, das durch Gerechtigkeit und Frömmigkeit bestimmt sein soll („*iustitiam cole et pietatem*"; De re publ. VI, 16); diese Vision ist in die Erzählung eines Traumes des *Scipio*, einer der redenden Personen des Werkes, eingekleidet (somnium Scipionis). Das Werk vom Staat wird von *Cicero* später ergänzt durch das Spätwerk über Die Gesetze (*De legibus*), in dem er platonisches Gedankengut fortführt. Hervorzuheben sind ferner seine Schriften über die Ethik, vor allem die fünf Bücher Über das höchste Gut und das größte Übel (*De finibus bonorum et malorum*) und theoretische Werke über die rhetorische Theorie (Vom Redner; *de oratore*, 55). *Cicero*, der selbst ein brillanter Redner und Stilist der lateinischen Sprache war, hat Latein als Fachsprache der Philosophie erst begründet.

II. Ewiges Weltgesetz und Naturrecht

1. Die stoische Lehre von der Weltvernunft (logos)

Wenngleich *Cicero* sich zur philosophischen Schule der späten Akademie bekennt, ist er gemäß seiner vielseitigen und auswählenden (eklektizistischen) Methode auch von anderen philosophischen Schulen sehr beeinflusst, am meisten von der Schule der *Stoa*, die von *Zenon* um 300 in Athen gegründet worden war und ihrerseits viel platonisches und aristotelisches Gedankengut aufgenommen und neu verarbeitet hat. Das Interesse der *Stoa* galt nicht so sehr dem Gesetz *(nomos)* des Stadtstaates *(polis)*, sondern den Gesetzen des Weltalls *(kosmopolis)*. Das Gesetz, das die ganze dem Menschen erkennbare Welt durchwaltet, ist das Gesetz der Vernunft *(logos)*. Dieser Begriff ist recht weit und unscharf gebraucht in der Überzeugung, dass man die damit bezeichnete Sache im menschlichen Verstand nicht voll erfassen, sondern nur bruch-

§ 12 *Cicero (106–43 v. Chr.): Naturrecht und römisches Recht*

stückhaft erkennen kann, ähnlich wie das schon *Platon* von der Idee des Guten gesagt hat. *Logos* bedeutet auch Gott oder Weltvernunft. Aus diesem ewigen logos gehen geistige Keimkräfte aus *(logoi spermatikoi)*. Diese geistigen Keimkräfte wirken im ganzen Kosmos und sind vor allem in der belebten Natur erkennbar.

Dahinter steht die Vorstellung einer beseelten Natur, die bis in die Neuzeit in Europa wirksam war.

Im Tier wirkt der logos spermatikos als Instinkt für naturgerechtes Verhalten, im Menschen als Vernunft. Der stoische logos ist für den Menschen Richtschnur für gerechtes und ungerechtes Handeln. Da der logos die ganze Welt durchwirkt, ist das Sittengesetz für alle Menschen im Grunde gleich. Daraus werden aber keine revolutionären politischen Forderungen abgeleitet. Vielmehr folgt daraus das Gebot, geduldig Ungleichheit und Ungerechtigkeit in der Welt zu ertragen, sich selbst aber als gütig zu erweisen (stoische Haltung).

Der weite und bedeutungsschwere Begriff des *logos* als Gott oder Weltvernunft klingt noch an im Anfang des Johannes-Evangeliums, wo der logos als Anfang der Welt bezeichnet und auf *Christus* bezogen wird („Im Anfang war das Wort (= *logos*) ...").

2. Ewiges Gesetz und Naturrecht

268 Aus dem weiten und unscharfen stoischen Begriff der Weltvernunft (logos) entwickelt *Cicero* in seinen Schriften über die Gesetze *(de legibus)* und über den Staat *(de re publica)* die Vorstellung, dass es für die Menschen ein ewiges Gesetz (**lex aeterna**) gibt, das „weder in den Köpfen der Menschen erdacht noch durch Volksbeschluss festgelegt worden, sondern ewig" ist. Von ihm sind alle anderen Gesetze geleitet, nämlich: (1) Die Naturgesetze, welche die unvernünftige Natur beherrschen und (2) das moralische Gesetz der Vernunft, welches das Gute und Gerechte gebietet und Schlechte und Unrechte verbietet.

Das moralische Vernunftgesetz wendet sich an die menschliche Vernunft, an die „*recta ratio*". Diesem Vernunftgesetz zu folgen, ist Tugend *(virtus)*. Wenn der Mensch sich entscheidet, dem moralischen Vernunftgesetz zu folgen, erkennt er ein natürliches Recht (**ius naturale**). Es ist aus dem ewigen Gesetz *(lex aeterna)* abgeleitet und der Mensch erkennt im *ius naturale* sozusagen bruchstückhaft die *lex aeterna*. Das Naturrecht ist Richtschnur auch für das geltende Recht und seine Anwendung. Es gebietet, alles zu unterlassen, was die menschliche Gemeinschaft stört und beeinträchtigt, und aktiv an ihrer guten Gestaltung mitzuwirken.

Das Naturrecht wendet sich damit an den Gesetzgeber und ist kritische Instanz bei der Beurteilung der positiven Gesetze. Im Extremfall gebietet es sogar, sich gegen die Staatsgewalt zu wenden, wenn diese in die Hände von Tyrannen gefallen ist. *Cicero* spricht hier aus seiner politischen Erfahrung der erbitterten Auseinandersetzung mit den Feinden der republikanischen Verfassung *(Catilina, Verres)* und mit ihrem allmählichen Zerfall durch den Aufstieg *Caesars*. Das *ius naturale* gebietet es, in bestimmten, besonderen Fällen auch Ausnahmen von der strengen Pflicht zur Vertragstreue anzuerkennen.

Auch gegenüber Ausländern (Nicht-Römern) bestehen moralische Pflichten, die sich aus dem ius naturale ableiten und auch im Rechtsleben zu beachten sind. Insoweit setzt sich die stoische Auffassung von der Solidarität aller Menschen durch. In der Tat sind im römischen Recht besondere Rechtssätze für Fremde ausgebildet worden, die solche Vorstellungen spiegeln *(ius gentium*; dazu iF Rn 269).

III. Römisches Recht, Rechtswissenschaft und Naturrecht

1. Römisches Recht

Cicero selbst war nicht Jurist, aber in seiner Ämterlaufbahn vielfach mit juristischen Fragen befasst worden. Das römische Recht ist die bedeutendste und dauerhafteste Kulturleistung der Römer und ein innerer Grund für die viele Jahrhunderte andauernde Stabilität des römischen Imperiums. Eine erste Aufzeichnung des römischen Zivilrechts (Recht der Bürger, **ius civile**) war im 5. Jahrhundert v. Chr. erfolgt (Zwölftafelgesetz). In den letzten drei Jahrhunderten vor Christus war die Fortentwicklung des römischen Zivilrechts nicht durch Gesetze, sondern durch die für die Gerichtsbarkeit zuständigen Amtsträger erfolgt (**ius honorarium**), die anhand konkreter Rechtsfälle allmählich den Rechtsschutz erweiterten und fortbildeten. Dieses allmählich fortgebildete Recht fand seinen Ausdruck in dem Edikt, das der oberste Amtsträger für die Gerichtsbarkeit, der Prätor, jährlich bei seinem Amtsantritt veröffentlichte. In seinem Edikt machte der Prätor bekannt, bei welchen Tatbeständen er Rechtsschutz gewähren werde. Dazu wurden im Edikt die vom Prätor anerkannten Klagformeln *(actiones)*, die dagegen zugelassenen Einreden *(exceptiones)*, Sicherheitsleistungen, Wiedereinsetzung in den vorigen Stand und vorläufige Gebote und Verbote aufgezählt. Für Rechtsstreitigkeiten mit Ausländern oder unter Ausländern ohne römisches Bürgerrecht *(peregrini)* war seit dem Jahre 242 v. Chr. ein besonderer Prätor eingesetzt *(praetor peregrinus)*. Er erließ für diese Fälle besondere Klagformeln, die sich nicht an die strengen Regeln des alten *ius civile* ausrichteten, sondern nach allgemeinen Rechtsgrundsätzen, von denen man annahm, dass sie bei allen Völkern anerkannt seien (**ius gentium**). Dies war wiederum von Einfluss auf die Entwicklung des vom Prätor für römische Bürger entwickelten Rechts *(ius honorarium)*.

269

2. Rechtswissenschaft

Cicero hat in einer Schrift, die uns nicht mehr überliefert ist, gefordert, die Rechtskunde zu einer Wissenschaft zu entwickeln *(De iure civili in artem redigendo)*. Diese Forderung fällt in die erste Blütezeit der römischen Rechtswissenschaft. Als besonderer Stand von Fachleuten hatten sich die Juristen bereits im 2. Jahrhundert v. Chr. herausgebildet. Sie berieten die Gerichtsbeamten, insbesondere den Prätor, die ihre Ämterlaufbahn als Politiker meist ohne Fachkenntnisse im Recht durchliefen, aber auch Privatpersonen in Rechtsangelegenheiten und verfassten Schriften über das Recht, indem sie Einzelfälle zu Regeln *(regulae)* zusammenfassten. Zur Zeit *Ciceros* war bereits der Einfluss der griechischen Philosophie auf die Juristen wirksam. Die Lehren

270

der Logik („Dialektik"), wie sie auch *Cicero* darstellt[13], werden übernommen; dazu gehört die Kunst der Definition *(definitio)*, die Unterscheidung von Gattung *(genus)* und Art *(species)* und die Kunst des Unterscheidens *(differentia)*. *Cicero* war mit einem bedeutenden Vertreter dieser ersten, „vorklassischen" Epoche der römischen Jurisprudenz, befreundet *(Servius Sulpicius Rufus)*.

Bei ihrer Beratung der Gerichtsmagistrate suchten die Juristen die Gerechtigkeit im Einzelfall *(aequitas)* zu verwirklichen und den Formalismus des alten ius civile zu überwinden, indem sie die rechtsethischen Prinzipien des ius gentium unter dem Einfluss der griechischen Philosophie herausarbeiteten. Die ursprünglich altrömische Tugend der Treue und Zuverlässigkeit *(fides)* wird in diesem Zusammenhang als allgemeines Prinzip des ius gentium dargestellt.

Ihre eigentliche Blütezeit erlebt die römische Jurisprudenz erst in der Zeit nach *Cicero*, als sich das römische Reich zum Einheitsstaat unter der Herrschaft der römischen Kaiser entwickelte (Zeit des Prinzipats). Die Schriften der Juristen dieser klassischen Epoche (1. bis Mitte des 3. Jahrhunderts n. Chr.) wurden im Jahre 530 in Auszügen in die Digesten *(digestae)* aufgenommen, die den ersten Teil der großen Zusammenfassung des römischen Rechts durch den Kaiser *Justinian (Corpus Iuris Civilis)* bilden. So wurden sie Gegenstand der mittelalterlichen Rechtswissenschaft, die sich ab dem 12. Jahrhundert an den Universitäten Europas (ausgehend von Bologna ca. um 1100) entwickelte. Diese wissenschaftliche Beschäftigung mit dem römischen Recht führte dazu, dass dieses die wichtigste Grundlage der Zivilrechte der Länder Kontinentaleuropas wurde.

3. Naturrecht und römisches Recht

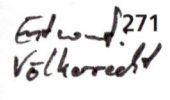

Die Bezeichnung des römischen Rechts (des *praetor peregrinus*) für Rechtsstreitigkeiten, an denen Ausländer beteiligt waren, als **ius gentium** (Rn 269), also als das bei allen Völkern anerkannte Recht[14], findet sich zuerst bei *Cicero*, der sagt: „Unsere Vorfahren haben zwischen dem Recht der Völker und dem Recht der römischen Bürger unterschieden"[15]. Die Geltung der Rechtssätze des *ius gentium* bei allen Völkern beruht darauf, dass es auf der natürlichen Vernunft *(naturalis ratio)* beruht. Dementsprechend sieht auch *Cicero* eine enge Beziehung zwischen *ius gentium* und Naturrecht (**ius naturale**). Der Begriff des Naturrechts findet sich (ebenso wie der Zusammenhang mit dem *ius gentium*) auch bei den späteren Schriften der römischen Juristen, wobei *ius naturale* in zwei Bedeutungen verwendet wird: (1) iS der animalischen Na-

---

13 Brut. 152 f; *De oratore* 113 ff. Zum Ganzen vgl *Coing*, Zum Einfluss der Philosophie des Aristoteles auf die Entwicklung des römischen Rechts, SZRom 69 (1952), 24 ff; *Wieacker*, Über das Verhältnis der römischen Fachjurisprudenz zur Griechisch-hellenistischen Theorie, Iura 20 (1969), 448–477; Überblick bei *Dulckeit/Schwarz/Waldstein*, Römische Rechtsgeschichte, 8. Aufl. 1989, § 24.
14 Gemeint ist dies iS allgemein anerkannter Grundsätze des Zivilrechts (*ius, quod per omnes populos peraeque custoditur*; Inst. 2.1). Der moderne Begriff des Völkerrechtes meint die Rechtsbeziehungen zwischen und mit souveränen Staaten. Ob diese Bedeutung ebenfalls im römischen Begriff des ius gentium steckt, ist möglich, aber zweifelhaft. Vgl auch Rn 269.
15 *De officiis* 3, 69.

tur, welche die Menschen mit den Tieren gemeinsam haben und (2) iS der Vernunftnatur des Menschen. Daher heißt es auch in den Digesten (D.1.1.1.2. u. 3.) in einem Auszug aus der Schrift des Juristen *Ulpianus*:

Das Privatrecht ist dreiteilig. Es besteht nämlich aus natürlichen Regeln oder aus solchen, die bei allen Völkern gelten, oder aus bürgerlichen. Das natürliche Recht ist das, was die Natur alle Lebewesen gelehrt hat *(ius naturale est, quod natura omnia animalia docuit)*. Denn dieses Recht ist nicht nur den Menschen eigen, sondern allen Lebewesen gemeinsam. Von daher kommt die Verbindung von Mann und Frau, die wir Ehe nennen, von daher auch die Erzeugung der Kinder und ihre Aufzucht.

Hier ist die erste Bedeutung des Naturrechts angesprochen. Die zweite findet sich ähnlich wie bei *Cicero* in der Charakterisierung des ius gentium, weil dies auf Grund der natürlichen Vernunft *(naturalis ratio)* bei allen Völkern gelte (Gaius D.1 1 9). Daher wird aber das *ius gentium* wiederum zum Naturrecht (in einem erweiterten Sinn) gezählt (Inst.1.2.11). Diese Aussagen des römischen Rechts haben die ganze mittelalterliche und neuzeitliche Diskussion des Naturrechts bei Juristen und Philosophen beeinflusst.

IV. Bedeutung Ciceros

Cicero ist nicht so sehr als der eigenständige Architekt eines neuen philosophischen Systems von Bedeutung. Er ist vielmehr der große Vermittler, und dies in einem doppelten Sinn. Er hat die griechische Schulphilosophie in großem Umfang für die römische Sprache und damit für das römische Imperium über den kleinen Kreis der griechisch Gebildeten hinaus erschlossen. Cicero wurde später Vermittler zwischen Antike und Mittelalter. Das frühe Mittelalter kannte ihn und schätze ihn hoch, weil es in seinem stoischen Gedankengut und insbesondere in der Lehre von der *lex aeterna* und dem *ius naturale* Vorläufer des christlichen Weltbildes sah. (Vgl auch iF § 13).

§ 13 Augustinus (354–430): Staat und Sittengesetz

Literatur: *K. Flasch*, Augustinus. Einführung in sein Denken, 1980.

Quellentexte: Des *hl. Aurelius Augustinus* ausgewählte Schriften (Bibliothek der Kirchenväter), 1914; darin: Bekenntnissse *(Confessiones)*, übers. v. Alfred Hoffmann; Über den Gottesstaat *(De Civitate Dei)*, 3 Bde., übers. v. Alfred Schröder.

I. Leben und Werk

Im Leben des *Aurelius Augustinus* spiegeln sich die dramatischen Umbrüche seiner Zeit: die Anerkennung des Christentums und der Untergang des Weströmischen Reiches. Kaiser *Konstantin* hatte 313 die Christenverfolgungen verboten und wenig spä-

§ 13 *Augustinus (354–430): Staat und Sittengesetz*

ter wurde das Christentum im Römischen Reich als Staatsreligion anerkannt. Christentum und nichtchristliche Weltanschauungen („Heidentum") bestanden aber noch lange nebeneinander und dies spiegelt sich auch in Familie und Lebenslauf des *Augustinus*. Zu seiner Zeit brach das Weströmische Reich, nachdem die Reichsregierung dauerhaft in die Osthälfte (Konstantinopel) verlegt worden war, unter den Anstürmen der Germanen der Völkerwanderungszeit allmählich zusammen. 410 erobert der Gotenkönig *Alarich* Rom, und 430 belagern die Vandalen ein Jahr lang die nordafrikanische Stadt Hippo, wo *Augustinus* Bischof war.

274 Geboren in Nordafrika (im heutigen Algerien) 354 bei Thagaste (Souk-Ahras) als Sohn des heidnischen römischen Beamten *Patrizius* und der Christin *Monnica*, verbringt *Augustinus* seine Kindheit und Jugend auf dem Lande. Vom Christentum seiner frommen Mutter will er in dieser Zeit nichts wissen. Er studiert Vierjahre Rhetorik in Karthago und wendet sich der damals einflussreichen Religion der Manichäer zu. Nach Abschluss seiner Studien lehrt er 7 Jahre Rhetorik in Karthago, geht dann als knapp Dreißigjähriger nach Italien und lehrt 383/84 in Rom. Er macht dann Karriere als kaiserlicher Redner in Mailand. Nachdem er bereits in Karthago mit den Lehren des *Cicero* in Berührung gekommen war, den er zeitlebens schätzte, kam er in Mailand in Kontakt mit christlichen Intellektuellen des Neuplatonismus und mit dem wissenschaftlich und politisch einflussreichen Bischof *Ambrosius*. Er wendet sich allmählich dem Christentum zu (386) und zieht sich mit einem engen Freundeskreis und seiner Mutter *Monnica* auf das Landgut Cassiciacum am Comer See zurück zur Kontemplation und Diskussion neuplatonisch-christlicher Gedanken. Nach Rückkehr in die Provinz Africa wird er Priester und später Bischof.

Aus der Zeit in Cassiciacum sind vier Dialoge des *Augustinus* erhalten. Eines seiner Hauptwerke sind die Bekenntnisse *(„Confessiones")*, die er in Africa nach seiner Umorientierung zum Christentum schreibt. Es handelt sich um eine in ein Gebet zu Gott gekleidete Autobiografie seines inneren persönlichen Lebenswegs zum Glauben. Mit dem Problem des Verhältnisses von sittlicher und politischer Ordnung beschäftigt sich *Augustinus* 15 Jahre lang in seinem Hauptwerk über den „Gottesstaat" *(De Civitate Dei)*. *Augustinus* stirbt als Bischof 430 in dem von den Vandalen belagerten Hippo.

II. Philosophische Lehren

1. Wahrheit und Erkennen

275 Die philosophische Grundfrage, was Wahrheit ist und wie die Menschen sie erkennen können, beschäftigt *Augustinus* sein Leben lang. Kann der menschliche Geist zu sicherer Erkenntnis vordringen oder müssen sich die Menschen damit begnügen, Meinungen zu bilden und auszutauschen? Trotz aller Zweifel und Gefahren des Irrtums findet *Augustinus* einen festen Halt in Tatsachen des menschlichen Bewusstseins. „Wird jemand darüber zweifeln, dass er lebt, sich erinnert, Einsichten hat, etwas will,

denkt, weiß und urteilt? Eben wenn er zweifelt, lebt er ..."[16], sagt er dazu, oder kürzer: „Wenn ich mich nämlich täusche, bin ich."[17]

Sehr viel später wird der neuzeitliche Philosoph *Descartes* (1596–1650) sagen: „Ich denke, also bin ich" *(cogito, ergo sum)*.

Im menschlichen Geist findet Augustinus auch ideale Wahrheiten. Paradebeispiel sind die Sätze der Mathematik, die – anders als bloße Sinneswahrnehmungen – für jedermann einsichtig und gültig sind. Allerdings kann der menschliche Geist auch in der Sinneserfahrung der ihn umgebenden Welt geistige Formen *(rationes, ideae, species aeternae)* entdecken, die bleibend sind, – anders als die wahrgenommenen veränderlichen materiellen Phänomene selbst.

Die geistigen Formen machen das Wesen der Wahrheit aus. Sie stammen vom Schöpfergott und der menschliche Geist hat die Begabung, sie zu erkennen *(illuminatio)*. Diese Vorstellungen sind in vielem von der platonischen Ideenlehre und Erkenntnistheorie (Rn 230–236) inspiriert.

Der große Ernst, mit dem *Augustinus* die philosophischen Grundfragen nach Wahrheit und Erkenntnis stellt, erklärt sich aus den geistigen und politischen Umbrüchen der Zeit des untergehenden Weströmischen Reiches und aus der bewegten persönlichen Entwicklung, die *Augustinus* durchläuft. Mit der Entscheidung für das Christentum sind für *Augustinus* die philosophischen Zweifel und Fragen nicht einfach durch den Glauben erledigt. Sie bestehen fort und erfordern auch philosophische Antworten. Glaubenswahrheit und Vernunfterkenntnis (Philosophie) bestehen nebeneinander und befruchten einander. Dies entspricht dem geistigen Programm der Patristik (unten Rn 285).

2. Die Welt als Schöpfung

Die räumlich-zeitliche Welt, in der wir leben, ist eine Schöpfung Gottes. Die Existenz Gottes steht für *Augustinus* philosophisch fest, weil Gott der Grundbegriff des menschlichen Denkens ist. Gott wird erkannt (oder erahnt) als das Vollkommene, ohne welches das Unvollkommene nicht gedacht werden kann. Er ist Grundlegung *(hypothesis)* aller Wahrheiten und Werte, die die Menschen erkennen können. Das ist platonisches Denken in christlicher Perspektive. Zu dieser christlichen Perspektive gehört auch die Vorstellung, dass Gott Person ist, nicht bloß ein unpersönliches höchstes geistiges Sein wie bei Platon (Rn 235). Dieser Gott ist freilich nicht voll erkennbar, weil sein Wesen den menschlichen Geist übersteigt.

276

Die materielle Welt, die wir erfahren, ist eine bunte Vielfalt von Formen der Materie. Diese Formen sind – wie bei *Platon* – Abbilder geistiger Urbilder, die Gott geschaffen hat. Anders als bei *Platon* ist die Materie nicht ewig, sondern hat einen von Gott gesetzten Anfang. Die Materie ist in unaufhörlicher Bewegung, indem sie bestimmte Formen annimmt und wieder verlässt, um in andere Formen überzuwechseln. Durch

---

16 *De Trinitate* (Über die Dreifaltigkeit) X, 10.
17 *De Civitate Dei* (Über den Gottesstaat) XI, 26.

diesen Wechsel entsteht **Zeit**. Vor der Erschaffung der materiellen Welt gab es weder Zeit noch Raum. Gott steht außerhalb der Zeit.

Die enge Verknüpfung der Zeit mit dem Raum der materiellen Welt bei Augustinus entspricht dem modernen naturwissenschaftlichen Weltbild des Raum-Zeit-Kontinuums. Nach *Augustinus* ist es sinnlos zu fragen, was „vor" der Erschaffung der Welt (modern: „vor" dem Urknall) war. Die Frage nach dem Entstehungsgrund der materiellen Welt ist bei *Augustinus* freilich damit nicht erledigt, wie heute manche meinen. Man möchte darin *Augustinus* zustimmen. Denn der menschliche Geist gibt sich nicht damit zufrieden, dass etwas (die ganze materielle Welt) aus Nichts entsteht. Die Frage nach einem Schöpfergott kann daher auch durch das moderne physikalische Weltbild nicht gelöst oder erledigt oder beseitigt werden (vgl auch Rn 78).

277 Eindrucksvoll und in einer dem modernen Denken sehr nahe stehenden Weise arbeitet *Augustinus* die Rätselhaftigkeit der Zeit heraus[18]. Der Mensch erlebt die Zeit im gegenwärtigen Augenblick. Dieser aber ist eingespannt zwischen Vergangenheit und Zukunft und hat selbst keine Ausdehnung (*praesens non habet spatium*). Denn hätte er eine Ausdehnung, dann wäre er wiederum einteilbar in früher und später, Vergangenes und Zukünftiges. Die Gegenwart schrumpft auf einen punktuellen Augenblick zusammen. Das menschliche Bewusstsein ist aber fähig, sich über diesen punktuellen Augenblick zu erheben, indem es Vergangenes im Gedächtnis speichert und sich zugleich Zukünftiges vorstellt. Die Zeitwahrnehmung ist demnach eine „geistige Ausdehnung".

Dieser psychologische Zeitbegriff findet Entsprechungen in der neuzeitlichen und modernen Philosophie. Kant fasst die Zeit als Anschauungsform des menschlichen Geistes auf. Es wäre aber unzutreffend, den Zeitbegriff bei Augustinus im Sinne Kants als rein subjektiv (dh vom erkennenden Subjekt abhängig und ohne Entsprechung in einer objektiven Außenwelt) zu verstehen. Das Entscheidende ist vielmehr sein Hinweis, dass sich der menschliche Geist über den Augenblick erhebt und ihm nicht voll unterworfen ist, sondern den Augenblick und sich selbst im Kontext von Vergangenheit und Zukunft begreift.

3. Die geistige Natur des Menschen

278 Der Mensch bildet für *Augustinus* eine Einheit aus Leib und Seele, wie wir dies als Grundvorstellung der antiken Philosophie kennen. Das Wesentliche und Ausschlaggebende ist aber die Seele. Augustinus sagt dazu: „Der Mensch ist eine vernünftige Seele, die einen sterblichen Leib in Gebrauch hat."[19] Das Kennzeichnende der Seele ist das konstante Ich-Bewusstsein des vernunftbegabten Menschen. Die Äußerungen der menschlichen Seele (Gedächtnisleistung, Denkkraft und Liebe) leiten das menschliche Handeln an. Diese seelischen Tätigkeiten stehen im Dienste des Ich. Die Akte der Seele sind geistiger Natur, ohne räumliche Ausdehnung und unabhängig von der räumlich-zeitlichen Welt. Aus der geistigen Natur der Seele schließt *Augustinus* auf ihre Unsterblichkeit, weil sie dadurch trotz aller Fehlhandlungen und Irrtümer, die die Menschen begehen, teilhat an der geistigen Welt ewiger Wahrheiten.

---

18 *Confessiones* XI, 15.
19 *De moribus ecclesiae cath. et de moribus Manichaeorum libri duo*, 1, 27.

4. Sittliches Handeln

Augustinus knüpft an die Tradition der antiken Philosophie an, dass sittliches Handeln mit dem menschlichen Streben nach Glück (Eudämonie) in Verbindung steht, wobei freilich niedere Glücksziele, die von Trieb und Begierde angesteuert werden, von höheren, geistigen Zielen zu unterscheiden sind. Für Augustinus ist Kern des Sittlichen die Liebe. In diesem Zusammenhang ist der erstaunliche Satz zu verstehen: „Liebe und tue, was du willst"[20]. Damit ist aber nicht ein willkürliches Jagen und Greifen nach jedem nahe liegenden Ziel einer augenblicklichen Begierde gemeint. Vielmehr muss die Liebe „geordnet" sein, dh angeleitet von sittlichen Werten, die der Mensch im Herzen (Gewissen) erkennen kann. Nur eine so geordnete Liebe führt zu einem glücklichen Leben.

Vollkommenes Glück kann der Mensch freilich nur jenseits dieses Lebens erlangen, in dem er zu Gott als dem Ursprung und dem Ziel seines Lebens und Liebens gelangt. In diesem Sinne sagt *Augustinus*: „Du hast uns für dich geschaffen, und unruhig ist unser Herz, bis es ruht in dir."[21]

Dem Menschen gelingt die sittliche Handlung oft nur in einem dramatischen Kampf gegen äußere Einflüsse und die eigenen Begierden, die ihn zu falschen Zielen verleiten. Entscheidend für die sittliche Handlung ist daher der Wille, das als richtig Erkannte auch zu tun.

Augustinus schätzt freilich die Fähigkeit der Menschen, sich mit eigener Willenskraft zum Guten und zu einem tugendhaften Leben durchzuringen, in seinen späten Äußerungen eher pessimistisch ein. Die optimistischen Lehren des irischen Mönchs *Pelagius*, der mit einem Appell an die guten Kräfte im Menschen eine moralische Erneuerung der Kirche zu erreichen sucht, zugleich aber die Schwäche der menschlichen Natur zum guten Handeln und seine Neigung zum Bösen (also die christliche Lehre von der „Erbsünde") als gering bewertete und deshalb 431 eine Verurteilung seiner Lehren durch die Kirche hinnehmen mußte, werden von *Augustinus* temperamentvoll und mit rhetorischer Schärfe bekämpft. Der Mensch ist nach ihm zwar ursprünglich mit moralischer Willensfreiheit begabt; diese ist aber durch die Neigung des Menschen zum Bösen eingeschränkt, und wenn der Mensch dem Bösen nachgibt, verliert er allmählich seine Freiheit. Einen Ausweg bietet hier nur die rettende Gnade Gottes. Diese pointierte Auffassung hat später *Luthers* Rechtfertigungslehre und seine Ablehnung der Möglichkeit des Menschen, sich durch gute Werke vor Gott zu rechtfertigen („Werkgerechtigkeit"), beeinflusst. Die Haltung der Kirche nach *Augustinus* ist durch eine mittlere Linie gekennzeichnet, wobei einerseits angesichts der menschlichen Schwächen die entscheidende Rolle der Gnade Gottes betont, andererseits auch die Bedeutung guter Werke bejaht wird. Die Reformation begründete dann eine Jahrhunderte währende Kontroverse zu diesem Fragenkreis zwischen katholischer und lutherischer Theologie; er wurde erst vor Ende des 20. Jahrhunderts im wesentlichen beigelegt.

---

[20] *Dilige, et quod vis fac*; De Civitate Dei XIV, 6.
[21] *Fecisti nos ad te, et inquietum est cor nostrum donec requiescat in te*; Confessiones XIII, 9.

III. Rechts- und Staatsphilosophie

1. Das ewige Sittengesetz (lex aeterna)

281 Die Vorstellung einer ewigen, vernünftigen Weltordnung finden wir schon unter dem Einfluss der platonischen und stoischen Philosophie bei Cicero (Rn 268). Für den christlichen Denker Augustinus ist die *lex aeterna* letztlich fundiert im Willen Gottes, der nicht nur die Gesetze der uns umgebenden Natur geschaffen hat, sondern auch die Gesetze der geistigen Natur des Menschen, und der die Einhaltung dieser Gesetze gebietet. Auch der Staat muss sich an dieser *lex aeterna* orientieren, wenn er handelt, Gesetze erlässt und durchsetzt.

2. Der Staat im Kampf zwischen Gut und Böse

282 In seinem Hauptwerk über den „Gottesstaat" (*De Civitate Dei*) deutet *Augustinus* die politische Weltgeschichte, das Entstehen, die Entfaltung und Tätigkeit der Staaten, auch ihre Kämpfe und ihre Vergehen, als einen Kampf zwischen Gut und Böse. Augustinus ist Zeitzeuge des allmählichen Verfalls des Weströmischen Reiches als der jahrhundertealten Ordnungsmacht der damals bekannten Welt und er zeichnet ein zwiespältiges Bild dieses Reiches. Einerseits kritisiert er anhand historischer Beispiele scharf den römischen Imperialismus.

Damit rückt er ab von der Propaganda, die nach der Hinwendung des Kaisers Konstantin zum Christentum und dessen offizieller Anerkennung als Staatsreligion das Römische Imperium als gottgewollte Ordnung ideologisch überhöht hatte.

283 Andererseits erkennt *Augustinus* die praktische Notwendigkeit einer solchen Ordnungsmacht an, um Frieden und damit Leben und Güter der Bürger zu schützen.

Zu dieser Deutung des politischen Prozesses als eines Kampfes zwischen Gut und Böse finden wir in der neuzeitlichen und modernen Philosophie teils scharfen Widerspruch, teils weithin übereinstimmende Positionen. In scharfem Kontrast zu Augustinus stehen die Meinungen, die die Politik „neutral" nur als Kräftespiel ohne sittliche Maßstäbe auffassen, das bestimmten psychologischen Gesetzen folgt, wie es etwa im Werk von *Niccolò Machiavelli* (1469–1527) herausgearbeitet ist und sich in vielen Strömungen der modernen Politologie findet. Sachliche Entsprechungen findet die Position des Augustinus dagegen zT in der phänomenologischen Philosophie des 20. Jahrhunderts (Rn 368–374) und in den modernen Menschenrechtsbewegungen der Gegenwart, die sich teils erfolglos, teils erfolgreich gegen Krieg und Unterdrückung wenden.

284 Grundlage des Staates ist der Wille des Volkes zur Einheit und zur Verfolgung gleicher Ziele. Der Staat muss auf Gerechtigkeit aufgebaut sein[22]. So wie Ziel jedes sittlichen Handelns des Menschen innerer Friede ist, so ist Ziel des gerechten Staates der äußere Friede zwischen den Menschen. In der Realität liegen freilich Gerechtigkeit und Ungerechtigkeit, Gut und Böse in einem ständigen Kampf.

---

22 *De Civitate Dei* IV, 4.

IV. Allgemeine Bedeutung

1. Patristik: Glaube und Wissen

Man hat *Augustinus* als „Lehrer des Abendlandes" bezeichnet, weil sein philosophisches und theologisches Werk das christliche Denken, das zur bestimmenden Kraft der europäischen Kultur wurde, wie kein anderer einzelner Mensch geprägt hat. *Augustinus* ist bedeutendster Vertreter der Patristik. Dieser Begriff bezeichnet eine geistige Entwicklung des frühen Christentums, in der christliche Autoren den intellektuellen Reichtum der antiken (nichtchristlichen) Philosophie zur Hilfe nahmen, um mit philosophischen Fragestellungen und Begriffen die christliche Botschaft verstandesmäßig zu erschließen. Diese Autoren wurden damit zu Begründern oder „Vätern" (*patres*; daher: Patristik) der Wissenschaft von der christlichen Religion, der Theologie.

285

Ursprünglich waren die ersten Christen zT der Meinung, die in der Botschaft Jesu offenbarte religiöse Wahrheit genüge sich selbst und mache weitere philosophische Bemühungen um Grundfragen des Menschen überflüssig. Dann aber erkannte man rasch die doppelte Chance, mithilfe der Philosophie die Glaubenswahrheiten vertieft zu verstehen und zugleich diese Wahrheiten in die Sprache der Gebildeten zu übersetzen, um so die geistige Führungsschicht für den Glauben zu gewinnen. Besonderen Einfluss auf die Autoren der Patristik gewinnen neuplatonische und stoische Ideen; unter den römischen Autoren wird *Cicero* hoch geschätzt.

Kennzeichnend für die Patristik ist die Überzeugung, dass der auf göttlicher Offenbarung beruhende religiöse Glaube (*fides*) und dasjenige Wissen, das sich auf Erfahrung und Vernunfterkenntnis (*ratio*) stützt, dh Philosophie und Wissenschaften, sich nicht widersprechen, sondern einander befruchten und trotz ihrer Verschiedenheit sich zu einem einheitlichen Bild der Wirklichkeit zusammenfügen.

286

Diese Überzeugung wurde zu einem festen Bestandteil des europäischen Geisteslebens, die auch in der Neuzeit fortdauerte (*Descartes, Galilei*). Sie geriet in der Philosophie des Empirismus (*Hobbes*, § 15) und dann in der Aufklärung (18. Jh.) und durch den Glauben an das naturwissenschaftliche Weltbild (19. Jh.) unter starke Kritik, behauptet aber bis heute einen beachtlichen Platz. Andererseits ist auch heute noch die Meinung verbreitet, das wissenschaftliche Weltbild könne das religiöse Weltbild widerlegen und ersetzen, ohne dass sich dafür überzeugende Gründe finden ließen (oben Rn 78 ff).

2. Das christliche Menschenbild

Im Werk des *Augustinus* finden wir wesentliche Züge des christlichen Menschenbildes der europäischen Kultur: Der Mensch ist Leib und Seele. Das Bestimmende ist die Seele. Sie ist geistiger Natur. Sie ist unsterblich und hat daher eine über das zeitlich begrenzte Leben hinausweisende Zielsetzung und Bedeutung, die von einem persönlichen Schöpfergott vorgegeben ist. In seinen Handlungen muss sich der Mensch an vorgegebenen sittlichen Werten und Maßstäben orientieren.

287

Dieses Menschenbild hat die ganze europäische Kultur geprägt und damit auch das Rechtsdenken entscheidend beeinflusst. Es ist in der Neuzeit und Moderne attackiert und in Frage gestellt worden. Materialistische Welt- und Menschenbilder, die wir kaschiert zB bei *Hobbes* (Rn 311 ff) und offen bei *Marx* (Rn 343 ff) finden, haben starken praktischen Einfluss gewonnen, ohne dass man ihnen allerdings geistige Führerschaft attestieren könnte. Gleiches gilt für mechanistische Vorstellungen vom menschlichen Seelenleben, wie sie um die Jahrtausendwende 2000 durch die reduktionistischen Irrtümer der modernen Hirnforschung in Mode gekommen sind (Rn 78) und wie sie 100 Jahre zuvor *Freud* in seiner Tiefenpsychologie mit großem Publikumserfolg propagiert hat. Die dort herausgearbeitete Wirkungsmacht des Trieblebens ist freilich ein Problem, das auch *Augustinus* deutlich gesehen und intensiv diskutiert hat.

§ 14 Thomas von Aquin (1224–1274): Christliches Naturrecht

Literatur: *J. Pieper*, Thomas von Aquin, Leben und Werk, 3. Aufl. 1986.

Quellentexte: Summa Theologica, deutsch-lateinische Ausgabe, hrsg. Philosophisch-Theologische Hochschule Walberberg, Bd. 13 Das Gesetz, 1977.

I. Leben und Werke

288 *Thomas von Aquin* stammt aus einer adeligen Familie im Gebiet von Neapel (Roccasicca). Seine erste Schulerziehung und geistliche Anleitung erhielt er in dem berühmten Kloster von Monte Cassino. Mit 14 Jahren begann er in Neapel das Studium der „*artes*", dh der Bildungsfächer der mittelalterlichen scholastischen Erziehung (iF Rn 291 f). Sein Lehrer in Monte Cassino war *Petrus von Hybernia*, der einen *Aristoteles*-Kommentar verfasst hat. Mit 19 Jahren trat *Thomas* in den Dominikaner-Orden ein. Es folgten Studien in Paris, dann 1248–1252 in Köln bei *Albert dem Großen*. 1256 wurde er Magister an der Universität Paris. Drei Jahre später übernahm er wieder in Italien Vorlesungen und zwar am päpstlichen Hof (in Orvieto bei *Urban IV.* und in Viterbo bei *Clemens IV.*), sowie für das Studium des Dominikaner-Ordens in Rom. Am päpstlichen Hof lernte er die neuen Übersetzungen der bis dahin unbekannten Teile der Schriften des *Aristoteles* kennen, die durch Vermittlung arabischer Autoren nach Europa gelangt waren. Diese neue *Aristoteles*-Rezeption im 13. Jahrhundert war von großem Einfluss auf das geistige Leben in Europa.

1269–72 hielt sich *Thomas* wieder in Paris auf. Er genoss hohes wissenschaftliches Ansehen, war aber auch in wissenschaftliche und persönliche Querelen an der Universität verstrickt. Gewisse Anfeindungen ergaben sich daraus, dass man die Lehren des arabischen Philosophen *Averroes*, die in lateinischer Übersetzung zugänglich waren, verurteilt hatte und *Thomas* eine zu große Nähe zu dessen Lehren vorwarf. Ab 1262 arbeitete *Thomas* wieder in Italien, um dem Studienbetrieb seines Ordens zu dienen. Er wurde zum Konzil von Lyon berufen, starb aber auf der Reise dorthin. Bereits zu seinen Lebzeiten war *Thomas von Aquin* zu höchstem Ansehen als Theologe und Philosoph gelangt.

289 Zu seinen **Werken** gehören Kommentare zu verschiedenen Schriften des *Aristoteles*, kleinere philosophische Abhandlungen, Schriften, in denen im Stil der akademischen Disputation (*quaestiones disputatae*) über philosophisch-theologische Grundbegriffe (*de veritate; de potentia; de anima; de malo*) diskutiert wurde. Seine philosophisch

wichtigsten theologischen Hauptwerke sind ein Kommentar über die Sentenzen des *Petrus Lombardus* und zwei systematische Werke (*Summen*), nämlich einmal die philosophische Summe (*summa philosophica oder summa contra gentes*, 1259–1264) und vor allem die **Summa Theologica** (1266–73). Das letztere Werk blieb unvollendet. Wenige Monate vor seinem Tod stellte er die Arbeit daran ein, vielleicht wegen der Überanstrengungen durch seine übergroße Arbeitslast und die Reisen sowie eine einsetzende Erkrankung. Zugleich war er aber in diesen letzten Monaten seines Lebens auch von der Überzeugung durchdrungen, alles bisher von ihm Geschriebene sei ganz unvollkommen. Er sagte dazu: „Alles was ich geschrieben habe, erscheint mir wie Spreu im Vergleich zu dem, was mir jetzt offenbart wurde." Über die damit gemeinte, tiefere persönliche Erkenntnis wissen wir nichts.

II. Die scholastische Wissenschaft

1. Glaube und Wissen

Das Werk des *Thomas von Aquin* ist Teil der „Hochscholastik", er selbst der bedeutendste Vertreter der scholastischen Wissenschaft. Mit Scholastik bezeichnet man allgemein den mittelalterlichen Wissenschaftsbetrieb und seine Methoden. Geistige Grundlage ist die aristotelische Logik und Wissenschaftstheorie (Rn 291 f); im 13. Jahrhundert kam es zu einer erweiterten Kenntnis der Schriften des Aristoteles (Rn 292). Dieser neue Aristotelismus wurde für eine vertiefte rationale Durchdringung der christlichen Glaubensinhalte genutzt. Thomas entwickelt in seinem Hauptwerk *Summa Theologiae* in Anlehnung an Aristoteles und Platon fünf philosophische Beweise für die Existenz Gottes („**Gottesbeweise**")[23]. (1) Die Erfahrung zeigt die Bewegungen in der raum-zeitlichen Welt. Diese können nur durch eine Bewegungsursache erklärt werden. Es muß einen „ersten Beweger" geben, wie schon *Aristoteles* gesagt hat. (2) Ähnlich ist jede Wirkung nur durch eine Wirkursache (*causa efficiens*) erklärbar; es muß eine erste Wirkursache (Schöpfer) geben. (3) Alles Sein, das wir kennen, könnte auch nicht sein; es ist nicht notwendig (Kontingenz). Um Sein überhaupt zu erklären, muß es ein notwendiges Sein geben. (4) Die Unvollkommenheiten verschiedenen Grades in der wahrgenommenen Wirklichkeit und das Vermögen des Verstandes, Stufen der Vollkommenheit zu denken, weisen auf ein Vollkommenes. (5) Es gibt Zweckmäßigkeit und Zielstrebigkeit in der Welt (schon in den Gesetzen der unbelebten Materie und des Kosmos, vor allem aber in der belebten Welt). Es muß eine höchste Intelligenz geben, die dies in die Welt hineingelegt hat. – Die ersten drei Beweise sind einander ähnlich; sie arbeiten mit verschiedenen Aspekten der Kausalität und der Unmöglichkeit eines *regressus ad infinitum* (vgl Rn 55, 68). Der vierte Beweis ist von Gedanken *Platons* und des *Augustinus* geprägt (vgl Rn 235 f, 276), der fünfte vom Gedankengut der Stoa und *Ciceros* (vgl Rn 267 f). Die Gottesbeweise wurden später in der neuzeitlichen Philosophie des Empirismus (Rn 313 ff) und in der

---

[23] S. th.I, 2, 3; dazu *J.Hirschberger*, Geschichte der Philosophie, Bd. 1 13. Aufl. 1981, II 2. Kap. II. 4. Ca).

Erkenntniskritik von *Kant* (Rn 325) als nicht mehr tragfähig beurteilt; sie verfielen der allgemeinen Ablehnung der Metaphysik. Ihr fortdauernder Wert liegt nicht in ihrer Eigenschaft als „zwingende" Beweise, sondern als von der Vernunft geforderte Fragen (Kant spricht vom Dasein Gottes als einem Postulat der Vernunft; Rn 325). Sie sind damit eindrucksvolle Hinweise auf die Vereinbarkeit von vernunftgeleiteter Erkenntnis der Welt und Glaubensinhalten. Es gehört in der Tat zu den christlichen Grundvorstellungen seit der Patristik, daß **Glaube und Vernunft** sich nicht widersprechen, sondern einander ergänzen und durchdringen müssen (Rn 286).

Diese Grundüberzeugung hat noch die ganz andere Konsequenz, dass auch der Geltungsanspruch des Glaubens gegenüber dem Einzelnen dessen Vernunft und Gewissensentscheidung respektieren muss. Die letztere, in der Geschichte tatsächlich oft missachtete Grundauffassung hat sogar Eingang in das im Hochmittelalter aufgezeichnete Kirchenrecht gefunden. Dort heißt es: Alles, was nicht aus Überzeugung geschieht, ist Sünde (Römer 14, 23), und was gegen das Gewissen geschieht, führt zur Hölle. Gegen Gott darf man nicht dem Richter gehorchen, sondern muss lieber die Exkommunikation hinnehmen[24]. Bei *Thomas von Aquin* heißt es in diesem Sinne, wenn man wegen Irrglaubens von einer kirchlichen Instanz verurteilt werde, dieses Urteil aber gegen die eigene Überzeugung und insofern falsch sei, müsse man lieber die Kirchenstrafe (Exkommunikation) auf sich nehmen, als nachzugeben, denn dies wäre gegen die persönliche Wahrhaftigkeit (*contra veritatem vitae*)[25].

2. Lehrgegenstände, Methoden und Literatur der Scholastik

291 Grundlage des mittelalterlichen Bildungssystems waren die sieben freien Künste (**artes liberales**), die an den mittelalterlichen Domschulen und Klöstern und später an den Artistenfakultäten der Universitäten gepflegt wurden. In diesen artes wurde das Bildungsgut der Antike im Mittelalter weitergegeben. Das Studium der drei ersten artes Grammatik, Rhetorik und Dialektik (Logik), das so genannte *Trivium* (vgl „trivial"), bildete auch nach der Entstehung der Universitäten im 12. Jahrhundert die Grundlage der allgemeinen Schulbildung und war auch Voraussetzung für das Studium des Rechts[26].

Im Fach Grammatik wurde die lateinische Sprache und Literatur gelehrt. Gegenstand der Rhetorik war die Gestaltung eines Vortrags durch Auffindung des Redestoffs *(topik)* und die Gliederung der Rede nach Fragen *(quaestiones)*. Im Rhetorikunterricht wurden ua die einschlägigen Schriften *Ciceros* studiert, insbesondere sein Jugendwerk *de inventione*, in dem Elemente der aristotelischen Topiklehre verarbeitet waren. Die Dialektik oder Logik vermittelte die Methoden der wissenschaftlichen Stoffordnung und Beweisführung auf der Grundlage der antiken Logik, die im frühen Mittelalter allerdings nur unvollkommen überliefert war. Im Grammatikunterricht wurde ua das im Mittelalter hoch angesehene Werk *De officiis* des *Cicero* studiert und damit ein

---

24 *Corpus iuris canonici* II, 286.
25 *In IV Sent. distinctio 38, expositio text in fine* (dh Kommentar zu *P. Lombardus*, Rn 274).
26 Dazu und zum Folgenden *Horn*, Philosophie in der Jurisprudenz der Kommentatoren: *Baldus philosophus*, Jus Commune I (1967), S. 105 ff, 125 f m. Nachw.

Stück antiker Ethiklehre. Auf dem Trivium baute das Studium der höheren *artes* auf: Geometrie, Arithmetik, Musik und Astronomie (Quatrivium).

Im 12. Jahrhundert entstanden in Europa die ersten Universitäten (Bologna, Paris, Oxford) und im 12. und 13. Jahrhundert wurde durch das Studium der Schriften arabischer Philosophen der ganze *Aristoteles* in lateinischer Fassung bekannt und führte zu einer Erneuerung und Bereicherung der scholastischen Wissenschaft. Zugleich bildeten sich mit Entstehung der Universität neue höhere Fächer heraus: neben der Theologie die Rechtswissenschaft, Medizin und Philosophie. Daneben gab es die Artistenfakultät, in der weiterhin die sieben freien Artes gelehrt wurden, nun aber auf der Grundlage einer breiteren Kenntnis der Schriften des *Aristoteles*.

Die höheren Wissenschaften Theologie, Medizin und Rechtswissenschaft sind dadurch gekennzeichnet, dass im Mittelpunkt das Studium angesehener, mit Autorität ausgestatteter Schriften stand. Auch in der naturwissenschaftlich ausgerichteten Medizin ging es um das Studium von Autoritäten, hauptsächlich der überlieferten Schriften des *Hippokrates* und *Galenus*. Diese Schriften wurden mit dem fortentwickelten methodischen Rüstzeug der Dialektik-Logik des Aristoteles methodisch erschlossen und gelehrt.

Die wissenschaftliche Literatur der Scholastik ist vom Lehrbetrieb beeinflusst. Der Vorlesung *(lectura)* entsprechen exegetische (auslegende) Schriften wie der Kommentar von *Thomas* zu den Sentenzen des *Petrus Lombardus*. Der Durchführung wissenschaftlicher Disputationen mit Rede und Gegenrede, Argument und Gegenargument *(disputatio)* entspricht die Literatur der „Fragendiskussionen" *(quaestiones disputatae)*, die wir ebenfalls bei *Thomas* finden. Systematisch gegliederte Zusammenfassungen des Wissensstoffes finden sich schließlich in der Summe *(summa)*. Die beiden größten Werke des *Thomas* sind, wie wir gesehen haben, solche Summen.

3. Exkurs: Die Entstehung der Rechtswissenschaft

Etwa um 1100 beginnt der Jurist *Irnerius* in Bologna mit einem ständigen Rechtsunterricht, und daraus entwickelt sich die erste Universität zum Studium des römischen Rechts, der bald andere folgten. Gegenstand ist der lange nur bruchstückhaft bekannte bzw wenig beachtete Text der großen Sammlung des römischen Rechts durch den Kaiser *Justinian* im 6. Jahrhundert, das *Corpus Juris Civilis*, insbesondere sein wichtigster Teil, die Digesten *(Digestae*, griechisch: *Pandektai)* mit den systematisch geordneten Auszügen aus den Schriften der klassischen römischen Juristen, und das zweite Buch, der Kodex, mit einer ebenfalls systematisierten Sammlung von kaiserlichen Rechtsetzungen (vgl Rn 140). Die schriftstellerische Arbeit der mittelalterlichen gelehrten Juristen findet Ausdruck in Erläuterungen dieses Textes *(glossae)*. Die Arbeitsweisen der Glossatoren entsprechen im großen und ganzen denen der scholastischen Wissenschaft. Mit dem Aufblühen des gelehrten römischen Rechts, dem eine parallele Entwicklung des kirchlichen (kanonischen) Rechts entspricht, und der Entstehung weiterer Universitäten in ganz Europa verbreitet sich allmählich die Kenntnis des römischen Rechts; dieses wird als subsidiäre Rechtsquelle anerkannt. Die Arbeiten der Glossatoren werden in dem großen Werk des *Accursius*, der **glossa ordinaria** (um 1230), zusammengefasst.

Dieses große Werk wurde zum Standardwerk schlechthin („die Glosse") und selbst Gegenstand der wissenschaftlichen Lehre in den folgenden Jahrhunderten durch die Schule der Kommentatoren, auch Postglossatoren genannt. Ihre literarische Hauptform ist der aus dem Betrieb der Vorlesung (*lectura*) entwickelte Kommentar zum Corpus Juris unter Berücksichtigung der Meinung der Glosse sowie Rechtsgutachten zu praktischen Fällen (*consilia*). Daneben waren sowohl bei den Glossatoren wie bei den Kommentatoren andere literarische Formen der scholastischen Wissenschaft üblich[27].

III. Philosophische Lehren des Thomas

294 Unter dem Eindruck der neuen *Aristoteles*-Rezeption knüpft *Thomas von Aquin* in seinen Werken stark an die Philosophie des *Aristoteles* an, mit der er sich ständig auseinandersetzt. *Thomas* betont daher die Selbstständigkeit und Eigenverantwortlichkeit des Menschen im Gebrauch seiner Vernunft und Erfahrung. Das in der Philosophie des *Aristoteles* liegende wissenschaftliche Instrumentarium zum Verständnis der Welt und der philosophischen Fragen wird übernommen und auf die Glaubenswahrheiten angewendet. Die Theologie wird bei *Thomas* und bei anderen bedeutenden Denkern seiner Zeit im Sinne einer rationalen Wissenschaft erneuert, wobei wir den scholastischen, aristotelischen Begriff der Rationalität zu Grunde legen müssen.

295 Aus den allgemeinen philosophischen Lehren des *Thomas* seien hier unter Verzicht auf eine Gesamtwürdigung zwei wichtige Überlegungen herausgehoben, welche für die Ethik von Bedeutung sind. (1) Das eine ist der Gedanke der **Finalität**. Er ist aus der Lehre von der Entelechie (der Zweckbestimmung der Lebewesen) des *Aristoteles* entnommen. Daraus entwickelt *Thomas* die Vorstellung, dass jedes Lebewesen sein eigenes Ziel habe und ebenso jeder Mensch. Dieses Ziel ist die sittliche Entfaltung auf Gott hin. Das Sittengebot enthält Regeln dieser sittlichen Selbstverwirklichung.

296 (2) Hinzu tritt der Gedanke der **Normativität**. Auch er steht in enger Beziehung zu der Vorstellung vom Sein (der Wirklichkeit). Alles Sein ist von Gott abgeleitet, dieser ist das höchste Gut *(Summum Bonum)*. In diesem Gedanken findet sich viel von der aristotelischen, aber zugleich auch von der platonischen Philosophie. Ganz an *Platon* erinnert der Gedanke, das Gute sei das eigentlich Wirkliche, das Böse Störung der Wirklichkeit oder Mangel an Wirklichkeit. Böse ist, was die Verwirklichung des natürlichen Ziels des Menschen verhindert oder entstellt. Diese Theorie des Guten als des Wirklichen und des Bösen als eines Mangels des Wirklichen beruht letztlich auf der auch bei *Platon* zu findenden Vorstellung, dass das **Gute** und das **Wirkliche** zusammenfallen *(ens et bonum convertuntur)*[28]. Dies erläutert er anhand der aus der Entelechie abgeleiteten Unterscheidung zwischen den in einem Lebewesen angelegten Möglichkeiten *(potentia)* und der Verwirklichung dieser Möglichkeiten *(actus)*. Das sittlich Schlechte ist nicht schlecht, soweit es ist, sondern soweit ihm etwas fehlt, was nach der angelegten Möglichkeit *(potentia)* auch sein müsste. Das Gute entsteht durch die volle Entfaltung der angelegten Möglichkeiten *(ex integra causa)*, das Böse aus einem Mangel an Verwirklichung *(ex aliquo defectu)*.

---

27 Vgl dazu die Beiträge von *Weimar* und *Horn*, in: *Coing*, Handbuch der Quellen und Literatur der neueren europäischen Privatrechtsgeschichte Bd. 1, 1973, S. 129 ff, 261 ff.
28 Vgl dazu *J. Pieper*, Die Wirklichkeit und das Gute, 5. Aufl. 1949.

Ein anschauliches **Beispiel** bietet die Geschlechtsmoral. Es ist ein modernes Missverständnis, dass die scholastische Moraltheologie generell „leibfeindlich" gewesen sei. Zwar gibt es eine christliche Tradition der Askese, des Verzichts auf die geschlechtliche Verbindung (Zölibat, Mönchtum). Im Grundsatz ist aber für *Thomas* wie für andere Denker die geschlechtliche Liebe Teil des *ius naturale* in eben dem Sinne, wie man dies im römischen Recht vorfand (oben Rn 271). Allerdings kann der Mensch seine sittlichen Möglichkeiten der geschlechtlichen Liebe nur voll entwickeln in einer personalen, auf Treue gegründeten Beziehung, eben der Ehe. Verstöße gegen die Geschlechtsmoral („Unzucht") sind nicht wegen des natürlichen Vorgangs sittlich zu verurteilen (Sexualität ist ein Gut!), sondern, soweit ihm diese Einbettung in die Ehe fehlt und damit die volle Realisierung der sittlichen Möglichkeiten (Entelechie) in der personalen Beziehung zwischen Mann und Frau.

IV. Rechts- und Staatsphilosophie

1. Naturrecht

Thomas knüpft an die Vorstellung eines ewigen Weltgesetzes *(lex aeterna)* an, die er von *Augustinus* übernimmt, der sie wiederum von *Cicero* übernommen hat; dieser hat sie der griechischen Philosophie, insbesondere der Stoa entnommen. Die *lex aeterna* ist die göttliche Weisheit und der von Gott entworfene Plan der Welt. Für den Menschen ist dieser Plan Gottes nicht direkt erkennbar. Der Mensch erkennt Teile oder Ausschnitte der *lex aeterna*, das natürliche Gesetz *(lex naturalis, ius naturale)*.

Thomas folgt bei der Erläuterung des Naturrechts der Einteilung, die wir schon bei *Cicero* und in den Quellen des römischen Rechts finden, nämlich der Unterscheidung zwischen der sensitiven und der geistigen Natur des Menschen. Zum Naturrecht gehören daher (1) die natürlichen Triebe, die auch andere Lebewesen haben. Dazu gehört der Selbsterhaltungstrieb, die Neigung zur Verbindung der Geschlechter und die Aufzucht der Nachkommenschaft. (2) Die vernünftige Natur des Menschen ermöglicht ihm eine (natürliche, schon vor der Glaubensoffenbarung mögliche) Erkenntnis Gottes. Seine gesellige Natur (entsprechend *Aristoteles*) wird vollkommen nur verwirklicht durch Einhaltung der sittlichen Gebote, deren oberstes Gebot die Gottesliebe und nächst ihr die Nächstenliebe und die Zehn Gebote des Alten Testaments sind. Das natürliche Recht ist nicht ausformuliert. Es ist uns aber in seinen allgemeinen Zielen (Finalität) vorgegeben und als ein Wertsystem erkennbar.

2. Naturrecht und positives Recht

Das positive Recht muss das Naturrecht verwirklichen. Dies geschieht dadurch, dass der Gesetzgeber die positiven Gesetzesnormen, die er vorschreibt, entweder aus den allgemeinen Regeln des Naturrechts direkt ableitet *(per modum conclusionis)* oder diese Regeln im positiven Recht näher konkretisiert *(per modum determinationis)*[29].

297

298

---

29 *Summa Theolog.* I, II, 95,2 (= 1. Teil des 2. Buches, Frage 95 Art 2), zit. nach Ausg. d. Phil.-theol. Hochschule Walberberg, 1977, Bd. 13, S. 97.

So lassen sich nach *Thomas* aus dem naturrechtlichen Gebot, niemanden zu verletzen *(„neminem laedere")*, die meisten Straftatbestände herleiten *(conclusio)*; das Naturrechtsgebot, Verbrechen zu bestrafen, muss allerdings hinsichtlich der Art und des Maßes der Strafe für die einzelnen Straftatbestände vom Gesetzgeber konkretisiert werden *(determinatio)*.

Thomas ist der Auffassung, dass das Naturrecht an Stelle des Privateigentums jedes Einzelnen die Gütergemeinschaft unter den Menschen gebiete. Diese kannte er aus seiner persönlichen Lebenserfahrung mit dem Leben im geistlichen Orden. Er räumt aber ein, dass es zulässig sei, im Recht das Privateigentum einzuführen, wenn man das Naturrecht dabei beachtet.

Die große Bedeutung des privaten Eigentums für die sittliche Entfaltung des Menschen und die Freiheit in der Gesellschaft wird von *Thomas* nicht voll erkannt bzw akzeptiert. Er sieht eher die mit dem Privateigentum einhergehenden Egoismen und Fehlentwicklungen, die *Thomas* in seinem persönlichen Leben durch freiwilligen Verzicht auf Eigentum (Gelübde der Armut als Ordensmann) vor Augen hat und zu überwinden sucht. Aus der zurückhaltenden Bewertung des Privateigentums bei *Thomas* hat man im 19. und 20. Jahrhundert sozialethische Forderungen der Eingrenzung und Beschneidung des Privateigentums abgeleitet. Dabei wurden Unterschiede zwischen christlichem Ideal und sozialistischen Programmen bisweilen übersehen.

Thomas räumt ferner ein, dass manche Konkretisierungen der *lex naturalis* nach den Umständen modifiziert werden müssen. Zum Beispiel nennt er das Gebot, jedem sein Eigentum zurückzugeben. Dies kann aber nicht dazu führen, dass man einem Wahnsinnigen seine Waffe wieder aushändigt. Als anderes Beispiel nennt er die Regel, dass Unzucht verboten ist. Er nimmt aber als Ausnahme das berühmte Beispiel aus der Bibel, dass sich *Judith* mit dem feindlichen Feldherrn *Holofernes* einlässt, um diesen anschließend zu töten und dadurch ihr Volk zu retten.

3. Die Tugend der Gerechtigkeit (iustitia)

299 In gründlicher Ausschöpfung der Nikomachischen Ethik des *Aristoteles* und der Anregungen, die ihre Vermittler *Cicero* und *Augustinus* gegeben haben, entwickelt *Thomas* seine Tugendlehre. Die Gerechtigkeit *(iustitia)* nimmt darin einen besonderen Platz ein. Die Beschreibung der Tugend enthält, modern gesprochen, zugleich eine Phänomenologie der sittlichen Werte. Tugend *(virtus)* ist schon in der antiken Ethik ebenso wie in der von ihr beeinflussten römischen Jurisprudenz nicht einfach ein Inbegriff von Regeln, sondern eine gefestigte Haltung einer Person (eine dauerhafte Willenshaltung; *constans et perpetua voluntas*). *Thomas* beschreibt diese innere Haltung *(habitus)*, die von *Cicero*, aber auch von den römischen Rechtsquellen her, überliefert und daher den Juristen zur Zeit des *Thomas* aus dem Anfangstext der Institutionen, dh des ersten Teils des Corpus Iuris Civilis, vertraut ist. Dort heißt es:

Iustitia est constans et perpetua voluntas ius suum cuique tribuens (Inst. I. 1. pr.).

Gerechtigkeit ist der unwandelbare und dauerhafte Wille, jedem sein Recht zu gewähren[30].

---

30 Zit. nach der Übersetzung von *Behrends, Knütel, Kupisch, Seiler,* Corpus iuris civilis, Bd. 1, 1990, S. 1.

Thomas definiert demnach die Tugend der Gerechtigkeit:

==Gerechtigkeit ist die Haltung, kraft derer einer standhaften und beständigen Willens einem jeden sein Recht zuerkennt[31].==

Was das „Seine" ist, wird durch das Recht bestimmt. Daher geht das Recht der Gerechtigkeit logisch voraus und ist Gegenstand der Gerechtigkeit. *Thomas* hat hier vor allem das **natürliche Recht** *(ius naturale)* vor Augen. Es gibt Dinge, die einem Menschen natürlicherweise zustehen als Person. In der christlichen Sichtweise des *Thomas* heißt dies: durch seine Erschaffung von Gott erhält der Mensch ein Seiniges, ein ihm Zustehendes. Und in anderem Zusammenhang heißt es, dass sich in den menschlichen Beziehungen bestimmte Rechte aus der **Natur der Sache** *(natura rei)* ergeben. Auch dieses Argument findet sich schon in den Quellen des römischen Rechts und wird auch in der mittelalterlichen Rechtswissenschaft gebraucht. „Natur" meint dabei das Wesen einer rechtlichen Regelung oder auch eines Lebenssachverhaltes, der eine bestimmte Regelung verlangt[32].

Mehr als andere Tugenden ordnet die Gerechtigkeit den Menschen in seinen Beziehungen zu Mitmenschen und damit das menschliche Zusammenleben. Die Gerechtigkeit bezieht sich auf den anderen *(iustitia est ad alterum)*. Sie befasst sich mit Regeln des sozialerheblichen äußeren Tuns; sie hat es mit den menschlichen Handlungen zu tun *(zirka actiones est iustitia)*.

==Die Gerechtigkeit gehört zu den vier moralischen Haupttugenden oder **Kardinaltugenden**== *(virtutes cardinales)*. In Anlehnung an *Aristoteles* und in deutlicher Beeinflussung durch *Platon* bzw. platonisches Gedankengut bei *Cicero* und *Augustinus* unterscheidet *Thomas* die folgenden (moralischen) Tugenden:

(1) Weisheit *(sapientia)* oder Klugheit *(prudentia)*;
(2) Gerechtigkeit *(iustitia)*;
(3) Mut oder Tapferkeit *(fortitudo)*;
(4) Selbstbeherrschung *(temperantia)*.

Zur Analyse der Tugenden bei *Thomas* gehört auch die Zuweisung der genannten Rangfolge. So steht die Klugheit oder Weisheit höher als die Gerechtigkeit, weil gerechtes Handeln zunächst den Akt der Erkenntnis der richtigen Ordnung und damit der Gebote der Gerechtigkeit voraussetzt. Die Tapferkeit und die Selbstbeherrschung sind aber nachgeordnet, weil diese Tugenden wertlos sind, wenn sie nicht im Dienst der Weisheit und Gerechtigkeit stehen.

Diesen natürlichen oder moralischen Tugenden stehen die durch die christliche Offenbarung vermittelten geistlichen Tugenden gegenüber: Glaube *(fides)*, Hoffnung *(spes)* und Liebe *(caritas)*.

==Die ganze Ethik beruht letztlich auf der grundlegenden Voraussetzung, dass der Mensch über **Willensfreiheit** verfügt.== Das ewige Gesetz *(lex aeterna)* oder der Schöp-

---

31 *Summa theologica* II, II, 57, 1. Dazu und zum Folgenden *J. Pieper*, Über die Gerechtigkeit, 5. Aufl. 1964.
32 Vgl *Horn*, Aequitas in den Lehren des Baldus, 1968, § 12.2, S. 120 ff.

fungsplan zwingt den Menschen nicht, bestimmten Regeln zu folgen, wie das Tier dem Instinkt folgt. Vielmehr kann sich der Mensch frei zwischen Gut und Böse entscheiden, wenngleich seine Freiheit durch viele äußere Umstände, aber auch durch seine eigenen Begierden oder seine Unkenntnis eingeschränkt sein mag. Menschliche Handlungen (*actus humani*) sind geradezu dadurch gekennzeichnet, dass sie durch Vernunft und freie Willensentschließung (*liberum arbitrium*) gesteuert sind.

4. Die drei Formen der Gerechtigkeit

302 Als Formen der Gerechtigkeit unterscheidet *Thomas* ebenso wie *Aristoteles* die ausgleichende und die zuteilende Gerechtigkeit; er fügt aber noch die wichtige dritte Kategorie der legalen Gerechtigkeit hinzu:

(1) Die Tauschgerechtigkeit (ausgleichende Gerechtigkeit; *iustitia commutativa*); sie regelt die Beziehungen der Einzelpersonen untereinander.
(2) Die zuteilende Gerechtigkeit (*iustitia distributiva*); sie regelt die Beziehungen des sozialen Ganzen (Staates) zum Einzelnen.
(3) Die legale Gerechtigkeit (*iustitia legalis vel generalis*); sie ordnet die Beziehungen des Einzelnen zum Ganzen in seiner Verpflichtung auf das Gemeinwohl und schließt die Beachtung der Gesetze ein.

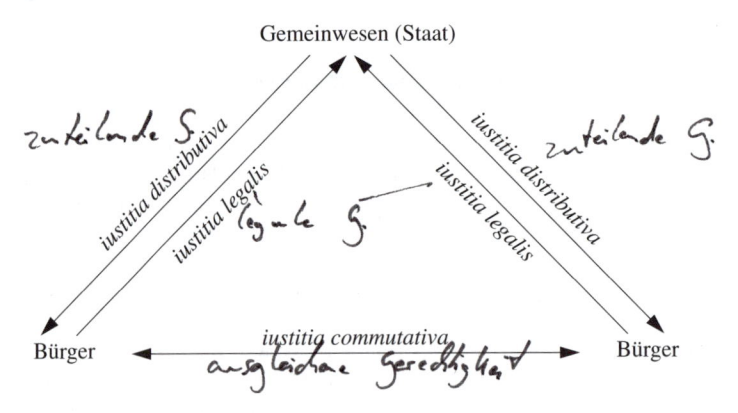

303 Diese aristotelisch-thomistische Typisierung hat das europäische-westliche Rechtsdenken nachhaltig und bis auf den heutigen Tag beeinflusst[33]. Bei der ausgleichenden Gerechtigkeit zwischen zwei Bürgern gilt strenge Gleichheit ohne Ansehen der Person, heißt es schon bei *Aristoteles*, dem *Thomas* gewissenhaft folgt. Dies bedeutet, dass jeder, der etwas aus Vertrag oder Delikt schuldet, die Leistung erbringen oder den Schaden ausgleichen muss, ohne dass es auf die Person des Schuldners oder des Gläubigers (ihre Verdienste, ihr Ansehen, Reichtum oder Bedürftigkeit) ankommt; entscheidend ist nur der Gesichtspunkt des („arithmetischen") Ausgleichs.

Anders bei der Beziehung zwischen Gemeinwesen (Staat) und Bürger. Der Staat kann in Ansehung der Person, ihrer Verdienste oder aber ihrer Bedürftigkeit, Unterschiede machen. Der moderne Sozialstaat tut dies in erheblichem Maß (Rentenversorgung, Sozialfürsorge usw), greift

---

33 *Gordley*, Equality in Exchange, 69 Cal. L. Rev. (1981) 1587.

dabei aber auch in einer bisweilen bedenklichen Weise in Privatrechtsverhältnisse ein (zB im Arbeitsrecht und im Wohnungsmietrecht), obwohl für diese Rechtsverhältnisse die *iustitia commutativa*, nicht die *iustitia distributiva* maßgeblich ist[34].

Besondere Bedeutung hat im modernen Gesetzgebungsstaat die *iustitia legalis*, die *Thomas* erstmals herausgearbeitet hat und die dem einzelnen Bürger die Beachtung des Gemeinwohls und der Gesetze gebietet. Man kann mit den Grundformen der Gerechtigkeit, die bei Thomas beschrieben werden, Grundprobleme auch der modernen Rechtsordnung beleuchten. Dazu ein Beispiel aus dem Steuerwesen: Die *iustitia distributiva* gebietet Steuergerechtigkeit des Staates, der gewisse Unterschiede wegen der unterschiedlichen Leistungsfähigkeit der Steuerpflichtigen machen kann, zB in den Steuersätzen (Progression) und ihnen das Existenzminimum belassen muss, aber im Übrigen auch das Gleichheitsgebot zu beachten hat. Die *iustitia legalis* gebietet dem Bürger Steuerehrlichkeit (s. auch Rn 446–449).

5. Gemeinwohl, Staat und Recht

Zu dem allgemeinen sittlichen Gebot, stets das Gute (bonum) anzustreben, gehört auch das Gebot, das Gemeinwohl (**bonum commune**) zu fördern. Dies ist ein Gerechtigkeitsgebot und kommt insbesondere in der Tugend der iustitia legalis zum Ausdruck. Die Förderung des Gemeinwohls ist zugleich Zweck der Rechtsordnung.

Der Staat wird aus der geselligen, auf gemeinschaftliches Leben abzielenden Natur des Menschen abgeleitet. *Thomas* folgt hier ganz dem *Aristoteles*. Der Zweck des Staates besteht darin, seinen Bürgern ein glückliches und sittlich gutes Leben zu ermöglichen. Eine der Hauptaufgaben dabei ist die Sicherung des äußeren und inneren Friedens. Als beste Staatsform betrachtet er entsprechend den Anschauungen seiner Zeit die Monarchie, meint dazu aber, ähnlich wie *Aristoteles*, eine Mischung mit anderen Formen, also mit aristokratischen oder demokratischen Elementen, sei ein Schutz gegen Einseitigkeiten. Die schlechteste Staatsform ist die Gewaltherrschaft einer Person, die *Tyrannis*.

Der Staat muss die **Gesetze** erlassen und durchsetzen, die zur Verwirklichung seiner Ziele, insbesondere zur Wahrung des Gemeinwohls erforderlich sind. Dabei muss sich der Gesetzgeber das Sittengesetz, wie es ihm bruchstückhaft im Naturrecht (*ius naturale*) erkennbar wird, zur Richtschnur nehmen. Das positive, vom Staat gesetzte Recht ist also, wie bereits (Rn 298) besprochen, eine **Umsetzung des Naturrechts**. Diese Umsetzung muss aber unter praktischen Gesichtspunkten erfolgen und die historischen, gesellschaftlichen und politischen Gegebenheiten beachten. Das positive Gesetz muss daher, wie *Thomas* im Anschluss an *Isidor von Sevilla* vorträgt, gerecht (dh in Übereinstimmung mit dem *ius naturale*) sein, physisch möglich, den Traditionen des Volkes treu, den räumlichen und zeitlichen Verhältnissen angepasst, notwendig, zweckmäßig und dem Gemeinwohl zuträglich. Es muss veröffentlicht (promulgiert) sein. Seine Definition des Gesetzes lautet: Gesetz ist eine bestimmte Vernunftordnung um des Gemeinwohles willen, die vom Sachwalter der Gemeinschaft bekannt gegeben ist[35]. Bei der Anwendung des Gesetzes muss der Richter darauf achten, dass im

---

34 *Canaris*, Die Bedeutung der *iustitia distributiva* im deutschen Vertragsrecht, 1997.
35 1. II, 90, 4.

Einzelfall das Ergebnis gerecht ist; notfalls muss er die Gesetzesanwendung durch Gesichtspunkte der Einzelfallgerechtigkeit (Billigkeit, *aequitas*, gleichbedeutend mit *epieikeia* bei *Aristoteles*) korrigieren.

306 *Thomas* befasst sich eingehend mit dem Problem des **ungerechten Gesetzes**. Nicht jede positive *lex* entspricht dem *ius naturale*. Das Gesetz kann dem Gemeinwohl zuwiderlaufen, in Dinge eingreifen, die den Gesetzgeber nichts angehen, oder Lasten ungerecht verteilen. Diese Gesetze sind dann eher „Gewaltakte". Sie sind naturrechtlich nicht verbindlich. Allerdings ist Widerstand gegen die Gesetze nur erlaubt, wenn dies ohne Störung des öffentlichen Friedens und der öffentlichen Ordnung und ohne größeres Unheil für das Gemeinwesen bewerkstelligt werden kann. Strikt unzulässig ist die Befolgung eines Gesetzes, das gegen das ewige Sittengesetz (*lex aeterna*) direkt verstößt. *Thomas* hat allerdings die Möglichkeit, einen Tyrannen durch Tötung zu beseitigen, abgelehnt.

V. Allgemeine Bedeutung

307 *Thomas von Aquin* ist der bedeutendste Philosoph der scholastischen Wissenschaft, die ihrerseits mit der Entstehung der Universitäten in Europa und damit mit dem historischen Beginn der modernen Wissenschaft verbunden ist. In der Zeit nach *Thomas* herrschte der scholastische Aristotelismus, dessen bedeutender Vertreter er war, im europäischen Wissenschaftsbetrieb der Universitäten, namentlich an der Artistenfakultät und in der Propädeutik der Theologen, für rund 300 Jahre, also bis in die Mitte des 16. Jahrhunderts. Diesem christlichen Aristotelismus liegt die optimistische Einstellung zu Grunde, dass der menschliche Verstand in den Begriffen, die er gedanklich und sprachlich verwendet, die Wirklichkeit adäquat abbilden könne (**Metaphysik**). Diese Position wurde bald attackiert durch den **Nominalismus**. Deren Begründer *Wilhelm von Ockham* (ca. 1285–1347) behauptete, die Begriffe seien nur Benennungen (*nomina*, Namen) oder Setzungen, die zum Wesen der Dinge keineswegs vordringen könnten. Darin liegt schon jene fundamentale Kritik an der antiken und mittelalterlichen Metaphysik, die dann viel später die neuzeitliche Philosophie beherrschte. Abgelöst wurde der Aristotelismus in der Mitte des 16. Jahrhunderts allmählich durch den **Rationalismus** des französischen Philosophen *Descartes*, der die menschliche Vernunft in einer anderen Akzentuierung als der Aristotelismus in den Mittelpunkt der Betrachtung stellt und die Autorität des Glaubens, die auch bei *Thomas* durchaus nicht absolut regiert, weiter in den Hintergrund rückt (vgl auch iF Rn 313).

308 Die Lehren des *Thomas* über das Naturrecht haben in der so genannten **Spätscholastik** weitergewirkt und die spanischen Autoren dieser Naturrechtsschule, namentlich *Francisco de Vitoria* (ca. 1483–1546) und *Francisco Suarez* (1548–1617), sind bedeutende Autoren des modernen **Völkerrechts** (*ius gentium*). Dabei knüpfen sie auch an die Ausführungen von *Thomas* zum *ius gentium* an, die wiederum von *Cicero* inspiriert sind. Das Völkerrecht gewinnt freilich in der frühen Neuzeit mit der Herausbildung der Vorstellung des souveränen Staates eine neue Bedeutung: es regelt Beziehungen der souveränen Staaten und nicht die Beziehungen unter privaten Bürgern verschiedener Staaten und Rechtsordnungen wie das antike *ius gentium*.

Die thomistische Philosophie wurde von der katholischen Kirche im 19. Jahrhundert in Abwehr moderner Strömungen erneut zur Grundlage der in den kirchlichen Universitäten und Lehranstalten gepflegten Schulphilosophie gemacht (**Neothomismus**) und hat auf diese Weise wiederum eine große, weltweite Bedeutung erfahren, die freilich mit manchen Verengungen einherging, die solche Institutionalisierungen mit sich bringen. Die Philosophie des *Thomas* hat heute nicht mehr diese Stellung, wirkt aber gerade darum in der freien philosophischen Forschung und Diskussion in bedeutendem Umfang weiter und bildet eine Art Gegenpol oder Gesprächspartner im unübersichtlichen Feld der modernen philosophischen Strömungen.

309/
310

Kapitel 4
Rechtsphilosophie der Neuzeit und Gegenwart

§ 15 Thomas Hobbes (1588–1670): Der souveräne Staat als Rechtsquelle

Literatur: *M. Kriele*, Einführung in die Staatslehre, 5. Aufl. 1994, §§ 24–30; *J. Schapp*, Freiheit, Moral und Recht, 1994; *L. Strauss*, Hobbes' politische Wissenschaft, 1965; *U. Weiß*, Das philosophische System von Thomas Hobbes, 1980. **Quellentexte:** *Th. Hobbes*, Vom Menschen – vom Bürger, hrsg. *G. Gawlick*, übersetzt von *M. Frischeisen-Köhler*, 2. Aufl. 1966; *ders.*, Leviathan, hrsg. *I. Fetscher*, übersetzt von *W. Euchner*, 4. Aufl. 1991.

I. Leben und Werke (Leviathan; de cive)

Thomas Hobbes, Sohn eines englischen Landgeistlichen, studierte in Oxford und lernte damit die scholastische Philosophie (Rn 275 ff) kennen. Er wurde Hauslehrer in adligen Familien. Mehrmals hielt er sich in Begleitung seines Zöglings in Frankreich auf. Dann wandte er sich in England Studien der antiken Literatur zu, insbesondere den Werken des griechischen Geschichtsschreibers *Thukydides*, den er auch übersetzte. Dieser Autor hat in eindrucksvoller und schonungsloser Weise Macht und Gewalt im politischen Leben seiner Zeit dargestellt. Unter dem Eindruck dieser Lektüre begeisterte sich *Hobbes* für das Naturrechtsdenken im Sinne der antiken Sophisten und ihrer Machtphilosophie. Dieses Naturrechtsdenken war dem des *Platon*, *Aristoteles*, *Cicero* und *Thomas* gerade entgegengesetzt und betont das „Recht des Stärkeren" als das naturgegebene, wie es schon *Platon* im Thrasymachos-Dialog in der Politeia (als Gegenposition) beschrieben hat (Rn 237) und wie es *Machiavelli* (1469–1527) in seinem Werk Il Principe (1513) als Prinzip einer erfolgreichen Machtpolitik zur Erhaltung des Staates beschrieb.

311

Bei seinem dritten Aufenthalt in Paris kam er in Berührung mit dem Kreis um den Philosophen *Mersenne*, wo der Philosoph *Descartes* als das neue Licht gefeiert wurde. Er setzte sich mit dessen Lehren, bei denen die menschliche Vernunft im Mittelpunkt steht (Rationalismus), auseinander und entwickelte in Ablehnung dieser Lehren seine eigene Auffassung. 1636 kehrte er nach London zurück; er wurde dort im Kampf zwischen König und Parlament Anhänger der königstreuen Partei (Royalisten) und legte seine Naturrechtsauffassungen in ihrem Sinne aus. Dies brachte ihn in persönliche Gefahr, und er wich daher 1640 nach Paris aus. Dort lief er zur demokratischen Partei über, galt aber nun als Verräter und war daher in Frankreich mehr gefährdet als in England. Nach einer 1651 in England erlassenen Amnestie kehrte er nach London zurück und fand wieder Zugang zum königlichen Hof, als *Karl II.* König wurde. Denn dieser war sein Zögling gewesen.

312 Seine wichtigsten **Werke** sind: *Elementa philosophiae,* wobei den Juristen insbesondere seine Abhandlung über den Bürger in diesem Werk interessiert *(de cive* 1642); *Leviathan, or The Matter, Form and Power of a Commonwealth, Ecclesiastical and Civil,* London 1651, seine Schrift über den Staat, die er nach einem in der Bibel (im Alten Testament) erwähnten Ungeheuer *(Leviathan)* benennt.

II. Allgemeine philosophische Lehren: Materialismus und Empirismus

313 Der scholastische Aristotelismus thomistischer Prägung, den *Hobbes* bei seinen Studien noch als regelmäßigen Lehrgegenstand der Universitäten kennen gelernt hatte, war zu seiner Zeit gewichtigen Einwänden ausgesetzt. Einer dieser Einwände war schon recht alt. Er stammt aus der von *Wilhelm von Ockham* (ca. 1285–1347) begründeten Denkschule des Nominalismus, der die alte Metaphysik kritisierte. Nach der antiken und mittelalterlichen Metaphysik entsprechen die Begriffe, die wir in unserem Denken und unserer Sprache verwenden, den realen Gegenständen. Die Begriffe (Ideen) sind danach adäquates Bild der Wirklichkeit. Dies wird vom Nominalismus geleugnet. Danach geben wir mit den Begriffen den Dingen nur willkürlich Namen *(nomina).* Die Verbindung zwischen dem Begriff und der bezeichneten Sache (der „Realität") ist ungewiss (oben Rn 307)[1].

Ein neuer Angriff auf die alte Metaphysik wurde vonseiten des Rationalismus geführt, den *Descartes* (1596–1650) begründet hat[2]. Nach der optimistischen Grundauffassung von *Descartes* kann die Welt durch Gebrauch der eigenen Vernunft *(ratio)* nach wissenschaftlichen Methoden erkannt und dieses Wissen systematisch geordnet werden. Tatsächlich wird die alte Metaphysiktradition auch unter dem Einfluss des Rationalismus im Lehrbetrieb der Universitäten weitergeführt und durch den Rationalismus nur um neue Akzente bereichert.

314 Vor diesem Hintergrund entwickelte *Hobbes* seine allgemeinen philosophischen Grundpositionen, die stichwortartig als (1) Materialismus, (2) Empirismus und (3) eine naturalistische Anthropologie (Sensualismus) gekennzeichnet werden können.

(1) *Hobbes* fasst die Welt als Materie auf. Die Wirklichkeit besteht nur in Materie (**Materialismus**). Seit 2000 Jahren hatten sich die Philosophen mit dem Problem des

---

1 Das darin liegende Problem wird ua in der modernen Sprachtheorie von *Wittgenstein* weiter behandelt.
2 Hauptwerk: Discours de la méthode, 1637.

Verhältnisses von Geist und Materie herumgeschlagen. Auch *Descartes* kennt diesen Dualismus und unterscheidet einerseits die Körperdinge in Raum und Zeit *(res extensa)* und andererseits den Begriff dieser Körperdinge oder überhaupt Denkinhalte *(res cogitans)*. Indem *Hobbes* nur noch die Materie als das Wirkliche anerkannte und nur die Körperdinge als Realität annahm *(res extensa)*, beseitigte er diesen Dualismus. Damit erreichte er eine radikale Vereinfachung des Weltbildes, dies aber wohl auf Kosten der tatsächlichen Probleme der Wirklichkeit. Er sagte dazu:

„Philosophie ist die rationale Erkenntnis der Wirkungen oder Erscheinungen aus ihren bekannten Ursachen oder erzeugenden Gründen und umgekehrt der möglichen erzeugenden Gründe aus den bekannten Wirkungen ... Wirkungen aber und Erscheinungen sind Fähigkeiten oder Vermögen der Körper."

Für *Hobbes* gibt es also nur die Körperwelt. Wo körperliche Gegebenheiten fehlen, gibt es keine Philosophie. Damit ist jede Theologie, aber auch jede philosophische Metaphysik, ausgeschlossen. In der von ihm entwickelten Logik werden nur Kategorien der Körperwelt untergebracht (Ort und Zeit, Körper und Akzidenz, Ursache und Wirkung, immerhin aber auch Möglichkeit (!) und Wirklichkeit). Auch *Hobbes* mathematisiert die Naturerkenntnis, wie dies *Galilei* und *Descartes* tun. Darin steckt eigentlich eine Voraussetzung, dass die materielle Welt mit geistigen Strukturen, wie sie die Mathematik hat, abbildbar ist. *Hobbes* hält aber streng an seinem Materialismus fest.

(2) Alle Erkenntnis kommt aus der Erfahrung und erschöpft sich in der Erfahrung (**Empirismus**). Diese Erfahrung besteht hauptsächlich in der Sinneswahrnehmung (Sensualismus). Dass die Verarbeitung der Sinneseindrücke und sinnlichen Erfahrungen ein geistiger Vorgang ist, lässt *Hobbes* nicht gelten. Während *Descartes* darauf hinweist, dass die körperliche Ausdehnung und das Denken ganz verschiedene Seinsweisen sind und nicht der selben Substanz zugeschrieben werden können, räumt *Hobbes* dem Denken nur eine ganz nachgeordnete oder untergeordnete Bedeutung bei. Da die Menschen bloß Erscheinungen der Dinge auf Grund der Sinneseindrücke wahrnehmen, meint er, können wir das Wesen der Dinge nicht erkennen und unsere Begriffe bleiben iS des Nominalismus äußerlich.

315

(3) Der Mensch ist nach *Hobbes* nur Körper. Verstand und Vernunft sind Sensualität (Tätigkeit der Sinnesorgane) und vom Tier nur graduell verschieden, insbesondere durch stärkere Fähigkeiten der Erinnerung und Voraussicht. Menschliches Handeln ist ein Spiel von Kräften der Sinnesreize und Sinnesreaktionen (**Sensualismus**). Der Mensch ist nicht frei. Er ist dem Mechanismus seiner Sinne untertan ähnlich wie das Tier. Was wir nach unseren Sinnen als angenehm empfinden, das bejahen wir, das Unangenehme verneinen wir. Stärkste Antriebskraft des Menschen ist aber nicht die Lust, sondern der Selbsterhaltungstrieb und das daraus folgende Streben nach Macht (Leviathan, Kap. 13). Macht ermöglicht den Menschen die Befriedigung der unaufhörlichen menschlichen Begierden *(continual progress of the desire)*. Maßstäbe der menschlichen Handlungen sind Nutzen *(utilitas,* utility) und Egoismus (**Utilitarismus**; vgl Rn 322). Auch nach Wissen strebt der Mensch seines Vorteils wegen, weil Wissen Macht bedeutet (ähnlich *Bacon*). *Hobbes* sieht sich durch dieses naturalisti-

316

§ 15 Thomas Hobbes (1588–1670): Der souveräne Staat als Rechtsquelle

sche Menschenbild (Anthropologie) nicht gehindert, in seinen Werken in konventioneller Weise von Religion und Moral zu sprechen und in seinem Hauptwerk „Leviathan" sein Bild vom Staat und seinen Aufgaben theologisch einzurahmen.

Im Menschenbild von *Hobbes* tauchen zwei Aspekte der natürlichen **Freiheit** des Menschen auf: das „freie" Ausleben der Triebe einerseits und zum anderen der Einsatz der menschlichen Vernunft zur Verfolgung des eigenen Vorteils. Dem entspricht ein doppelter Begriff des Naturzustandes, wie iF (Rn 317 f u. 320) zu zeigen ist[3].

III. Gesellschaft, Staat und Recht

1. Naturzustand

317 Seinem naturalistischen Menschenbild entsprechend verhalten sich die Menschen im Naturzustand nach *Hobbes* wie Tiere. Sie folgen der natürlichen Begierde *(cupiditas naturalis)*. Alles sei im Naturzustand erlaubt gewesen; denn die Natur habe jedem ein Recht auf alles gegeben. Dass die Menschen von Natur aus gleich sind, heißt nach *Hobbes* nur, dass sie von den gleichen Begierden und Gelüsten getrieben sind. Im Naturzustand war jeder sein eigener Richter. Der Einzelne verhielt sich zum Mitmenschen wie ein Tier (der Mensch ist für den anderen Menschen ein Wolf; *homo homini lupus*). Der Naturzustand bedeutete faktisch also einen **Krieg aller gegen alle** *(bellum omnium contra omnes)*. Im Naturzustand halten die Menschen irgendwelche Verhaltensregeln, etwa einen Vertrag, nur ein, wenn es ihnen nützt, und Nutzen *(utilitas*, utility) ist Maßstab des Rechts. *Hobbes* verarbeitet hier Gedanken der sophistischen Philosophie, wie er sie vor allem bei *Thukydides* fand. Sein Bild des Naturzustandes ist teils Modellannahme, teils historische Behauptung.

Man kann nicht leugnen, dass die kämpferische, egoistische Natur des Menschen auch das Gemeinwesen prägt und dass alle die Phänomene, die *Hobbes* beschreibt, tatsächlich auftreten und in Zeiten politischer und gesellschaftlicher Umbrüche besonders stark wirken. *Hobbes* fand sie sowohl in der schonungslosen Geschichtsschreibung des *Thukydides* als auch in den politischen Erfahrungen seiner eigenen Zeit bestätigt. Die Frage ist nur, ob die einseitige, ausschließliche Betonung dieser Seiten des Menschen (iS eines Monismus; dazu Rn 321) das zutreffende Bild liefert.

2. Staatsvertrag

318 Die untragbaren Verhältnisse des Naturzustandes müssen von den Menschen überwunden werden, indem sie sich durch einen grundlegenden Vertrag über das Zusammenleben, den Staatsvertrag, eine neue Ordnung geben, um die Nachteile des Naturzustandes zu beseitigen. Der Staatsvertrag bedeutet die Aufgabe der natürlichen Rechte, die im Naturzustand beschrieben sind, durch freie Übereinkunft, um gemeinsam **Frieden** und eine **Ordnung** durch Recht und Moral zu schaffen. Das Ergebnis dieses Vertrages ist der Staat.

---

3 Zum Freiheitsbegriff bei *Hobbes* s. *Schapp*, S. 83 ff.

Hobbes kennt zwei Arten der vertraglichen Begründung des Staates: die Einsetzung und die Aneignung (*Leviathan*, Kap. 17). Im Ersteren schließen die Menschen den Vertrag freiwillig zur gegenseitigen Beschränkung ihrer natürlichen Freiheit und setzen eine Staatsgewalt ein, die Frieden und Ordnung schafft. Im zweiten Fall sind Menschen von einem bereits bestehenden Staat unterworfen worden und schließen mit ihm einen Vertrag, um ihr Leben zu erhalten. Natürlich ist die erstere Art der Staatsbildung durch freiwilligen Vertrag aller Bürger vorzugswürdig. Ihr entspricht die Vorstellung von *Hobbes*, dass die Staatsgewalt letztlich auf dem Willen der Bürger beruhen müsse. Dadurch erhält die Lehre vom Staatsvertrag einen demokratischen Akzent, der durch die politischen Vorstellungen der Parlamentspartei angeregt war.

3. Staatssouveränität

Um den Naturzustand dauerhaft auszuschließen, muss der Staat allmächtig sein. Er ist Quelle der moralischen und sittlichen Maßstäbe. Darin liegt auch ein Seitenhieb gegen die Kirchen. Aus der historischen Erfahrung seiner Zeit urteilt er, dass der Staat in Glaubensdingen entscheiden müsse und **Glaubensfreiheit nicht** gelten lassen könne. In seiner früheren, royalistisch gefärbten Schrift (*de cive*) sagt er dazu: Deshalb erteile ich hier der höchsten Staatsgewalt das Recht zu entscheiden, ob gewisse Lehren unverträglich sind mit dem Gehorsam der Bürger oder nicht, und im bejahenden Fall ihre Verbreitung zu verbieten.

319

Darin liegt das Programm einer Staatsideologie und ideologischen Kontrolle durch den Staat, die dann in modernen totalitären Staaten, insbesondere im Sozialismus sowjetischer Prägung, auf eine von *Hobbes* wohl nicht voraussehbare Weise realisiert wurde. Erklärlich ist die für uns höchst bedenkliche Position von *Hobbes* durch die negative Erfahrung mit den verheerenden Glaubenskriegen seiner Zeit. Gemildert wird die Forderung der staatlichen Kontrolle der Religion bei *Hobbes* durch demokratische Gedanken.

Hintergrund für diese Auffassung ist die neuzeitliche Lehre von der **Staatssouveränität**, die der französische Staatsrechtler *Jean Bodin* (1530–1596) begründet hat. *Bodin* hat damit die Ideen des Machttheoretikers und Philosophen *Machiavelli* (1469–1527) fortgeführt. Während *Bodin* noch von einer Bindung der Staatsgewalt an Gott und von der Verantwortung gegenüber einem natürlichen Recht spricht, weist er andererseits darauf hin, dass es für die Staatsgewalt keinen Richter gibt. Die Staatsgewalt muss nach ihm notwendig die höchste Gewalt sein und kann keine übergeordnete Gewalt anerkennen. Diese Souveränitätstheorie ist kennzeichnend für die Theorie des neuzeitlichen Staates.

Hobbes knüpft an diese Ideen an. Er kennzeichnet den Staat als Machtballung des kollektiven Egoismus. Damit der Staat seine befriedende Wirkung ausüben und den Naturzustand überwinden könne, müsse er die oberste Quelle des Rechts und, wie bereits bemerkt, auch der Moral sein.

4. Natürliche und bürgerliche Gesetze

Indem der Mensch in seinem Streben nach eigener Lust, eigenem Nutzen und Selbsterhaltung seine **Vernunft** gebraucht, entdeckt er nicht nur den Vorteil des Staates, sondern auch weitere „**natürliche Gesetze**", die ihm helfen, den chaotischen „Natur-

320

zustand" zu überwinden und sozusagen einen vernünftigen Naturzustand auf höherer Ebene zu erlangen, der letztlich für alle von Vorteil ist (Nützlichkeitsethik; **Utilitarismus**). Die natürlichen Gesetze, die sich der Vernunft erschließen, werden von *Hobbes* durchaus in Einklang mit der bisherigen philosophischen und religiösen Tradition formuliert. Erstes Gebot ist es, sich um Frieden zu bemühen, solange eine Hoffnung dazu besteht. Das zweite Gebot lautet, sich mit soviel Freiheit zufrieden zu geben, die man auch anderen gegen sich selbst einräumen würde. Dies entspricht nach *Hobbes* der goldenen Regel der Bergpredigt: Was ihr wollt, dass es euch die Menschen tun, das sollt auch ihr ihnen tun (*Leviathan*, Kap. 14). Zu den weiteren natürlichen Gesetzen, die *Hobbes* formuliert, gehören die Gebote, abgeschlossene Verträge einzuhalten, andere Menschen zu achten, frühere Angriffe zu verzeihen, wenn Reue und eine Sicherheit gegen künftige Angriffe gegeben sind.

Die Vernunft gebietet es, zur Durchsetzung dieser natürlichen Gesetze eine staatliche Gewalt zu schaffen. Der Staat muss **bürgerliche Gesetze** schaffen, die den natürlichen Gesetzen entsprechen. Das Gesetz der Natur (das die menschliche Vernunft erkannt hat) und das bürgerliche Gesetz stimmen überein (*Leviathan*, Kap. 26).

Hobbes arbeitet also im Ergebnis mit einem doppelten Begriff des natürlichen Rechts: (1) Es gibt die „Rechte" im Naturzustand, der von egoistischen Trieben beherrscht ist (Rn 317) und daher überwunden werden muss (Rn 318). (2) Es gibt ferner die von der Vernunft diktierten natürlichen Rechte. Diese sollen Gegenstand der Gesetzgebung sein.

Der Gedanke, dass das staatliche Gesetz das Naturrecht verwirklichen soll, ist spätestens seit *Cicero* fester Bestandteil der europäischen Staats- und Rechtsphilosophie. Auch den doppelten Begriff der Natur des Menschen, der einerseits mit den animalischen Trieben, andererseits mit der Vernunft zusammenhängt, findet sich bereits in der antiken Philosophie und von da im römischen Recht. Neu ist, dass *Hobbes* seine Theorie der Moral (als die er seine „natürlichen Gesetze" kennzeichnet; *Leviathan*, Kap. 15) auf ein rein materialistisches und sensualistisches Welt- und Menschenbild gründet. Neu ist auch das Bild von der übermächtigen Bedeutung des Staates als eines von Menschen geschaffenen gewaltigen Gebildes, das er mit einem biblischen Ungeheuer vergleicht.

IV. Bedeutung und Nachwirkungen

321 Die Lehren von *Hobbes* sind ein besonders markantes Beispiel für die Emanzipation des neuzeitlichen Denkens über den Menschen, das Recht und den Staat von den mittelalterlichen Vorstellungen einer Einbindung in eine einheitliche Welt des Glaubens und der sittlichen Verantwortung. Zugleich sind die Lehren des *Hobbes* von den politischen Bedingungen seiner Zeit, von dem Eindruck der endlosen Glaubenskriege auf dem europäischen Kontinent und dem Ringen der königlichen und der parlamentarischen Kräfte in England geprägt, das zum gewaltsamen Zusammenstoß und zu einem Sieg der Parlamentspartei unter *Cromwell* führte und mit der Hinrichtung des Königs *Karl* endete (1649). Die philosophischen Grundhaltungen von Hobbes sind einseitig in dem Sinne, dass sie nur einen Aspekt der komplexen Wirklichkeit herausgreifen und dazu erklären, dies sei das allein Maßgebliche: es gibt nur Materie und nicht Geist, es gibt nur Erfahrung und kein darüberhinausgehendes Wissen, es gibt nur Begierden und Triebe und kein sittliches Streben. Eine solche philosophische Haltung,

bei der das Wort „nur" das kennzeichnende ist, nennt man Monismus (von griech. *monos*=allein, einzig). Seine philosophische Grundhaltung des Materialismus und Empirismus ist allen philosophischen Einwänden ausgesetzt, die bis heute für diese Positionen gelten. Andererseits haben diese Positionen auf das neuzeitliche Denken über Recht und Staat großen Einfluss gehabt und treten auch heute in Abwandlungen ständig wieder auf.

Die Lehre vom Staat zeigt wichtige Staatsfunktionen und Eigenschaften des Staates, vor allem seine Souveränität, und die befriedende Wirkung des Staates. Die Lehre vom Staatsvertrag findet sich später bei anderen neuzeitlichen Denkern, vor allem bei *Jean-Jacques Rousseau* (1712–1778), der den Staat auf den **contrat social** der Bürger zurückführt und daraus Grundprinzipien eines demokratischen Staates ableitet (*du contrat social ou principes du droit politique* 1762). 322

Hobbes hat in vieler Hinsicht das tatsächliche menschliche Verhalten scharfsinnig und zutreffend analysiert, freilich fast ausschließlich in seinen negativen Seiten. Dadurch, dass *Hobbes* alle sittlichen Maßstäbe vom Staat ableiten oder, anders gesagt, der Verfügung des Staates überlassen will, skizzierte er auch die Grundlagen für eine totalitäre Staatsauffassung, wie sie zu allen Zeiten zu finden ist, insbesondere aber in den totalitären Systemen des 20. Jahrhunderts einen schrecklichen Ausdruck fand. Bei *Hobbes* ist dieser Totalitätsanspruch des Staates stark gemildert durch seine demokratischen Auffassungen. Die Lehre vom Staatsvertrag wird eine geistige Grundlage für den späteren bürgerlichen Rechtsstaat.

In der Analyse und Kritik des **bürgerlichen Rechtsstaates** unserer Zeit hat man in starkem Maß auf *Hobbes* Bezug genommen. Dabei wird die Bedeutung von *Hobbes* bisweilen auch etwas überschätzt. Für die grundlegenden Ideen zum bürgerlichen Rechtsstaat sind auch andere Denker aus der Schule des englischen Empirismus von großer Bedeutung, vor allem *John Locke* (1632–1704), der in seinem Hauptwerk über die Einrichtung des bürgerlichen Rechtsstaates (*Two Treatises of Government*, 1690) dazu Grundlegendes geschrieben hat. Andere Philosophen dieser Schule wie *David Hume* (1711–1776) gehen ebenfalls vom Empirismus, Sensualismus und Materialismus aus wie *Hobbes*. Die daraus entwickelte Auffassung der Sittlichkeit als Verhaltensregeln, die vor allem vom Gedanken der Nützlichkeit gesteuert sind (**Utilitarismus**; Rn 320) wurde später vor allem von *Jeremy Bentham* (1748–1832) weiterentwickelt. Ausgangspunkt ist das (durchaus egoistische) Streben des Einzelnen nach Glück und die Nützlichkeit, die eine Handlung für den Einzelnen zur Erreichung dieses Ziels hat. Dieser Nutzen des Einzelnen lässt sich durchaus mit dem Nutzen der Allgemeinheit in Einklang bringen, wenn man nur die bürgerliche Freiheit und das demokratische Prinzip der Gleichheit stärkt. Auf diese Weise wird das größte Glück der größten Zahl der Bürger erreicht[4]. Darin sind Grundgedanken zum bürgerlichen Rechtsstaat enthalten, wie sie sich in der amerikanischen und französischen Revolution und dann in ganz West- und Mitteleuropa durchsetzten. Auch die Theorie der Marktwirtschaft, wie sie vor allem Adam Smith begründete (oben Rn 120), sind von diesen Vorstellungen geprägt. Der Utilitarismus ist eine bis heute in der westli-

---

4 *J. Bentham*, An Introduction to the Principles of Morals and Legislation, 1789; neuere Ausg. *J.H. Burns/H.L.A. Hart* 1970.

chen Welt, insbesondere im angelsächsischen Bereich, weiterwirkende Theorie der allgemeinen und politischen Ethik[5], die für die Einrichtung und Erhaltung einer freien Gesellschaft bis heute positive Wirkungen hat, freilich gegenüber den höheren, anspruchsvolleren Begründungen sittlicher Gebote blind ist und daher viele Probleme der Ethik nicht lösen kann[6].

323 *Hobbes* ist schließlich von Einfluss auf zwei bedeutende deutsche Juristen, nämlich das Denken und Werk von *Christian Thomasius* (1655–1727) und von *Christian Wolff* (1679–1754). Beide sind Vertreter des **Vernunftrechts**, dh einer wissenschaftlichen und philosophischen Richtung, die das Recht aus allgemeinen, von der menschlichen Vernunft erkannten Prinzipien ableiten will. In ihrer praktischen wissenschaftlichen Arbeit ging es vor allem um den Entwurf großer, systematisch gegliederter Systeme von Grundbegriffen und Regeln des Rechts und entsprechende rechtliche Systeme (oben Rn 142 f).

Die Grundauffassung vom Vernunftrecht bei *Thomasius* ist von *Hobbes* beeinflusst. Die Rechtsordnung ist eine Ordnung des Trieb- und Affektlebens der Menschen unter dem Gesichtspunkt der Nützlichkeit. Recht ist eine mit staatlichen Mitteln erzwungene nützliche Ordnung. Das Recht soll aber auch (insbes. im Privatrecht) zugleich einen Raum der Freiheit schaffen. *Thomasius* unterscheidet rein sittliche Normen, die das Recht nicht erzwingt (*Honestum*), Rechtsnormen (*Justum*) und Regeln des gesellschaftlichen Umgangs (*Decorum*). Man hat daraus auf eine strenge Trennung von Recht und Moral geschlossen, wie wir sie bei *Kant* finden (Rn 334). Das ist ungenau. Thomasius geht von einer umfassenden Pflichtenethik aus, die auch die Rechtspflichten umfasst. Diese Pflichtenethik enthält christliches Gedankengut vermischt mit utilitaristischen Gedanken.

Die gleiche Pflichtenethik finden wir auch bei *Christian Wolff*, der die rationalistische Philosophie von *Descartes* und *Leibniz* popularisiert. Bei den Pflichten, die der Einzelne im Bereich des Privatrechts sozusagen sich selber schuldet, nennt er auch die Regel, daß jeder beim Abschluß eines Vertrages sorgfältig seinen eigenen Nutzen abwägen soll. Hier erscheint im Gewande einer Pflichtenethik ein Stück ökonomische Theorie der Tauschvorgänge, wie sie für eine Marktwirtschaft typisch sind. *Wolff* entwickelte diesen Gedanken 25 Jahre vor *Adam Smith's* grundlegenden Werk zur Marktwirtschaft (Rn 120 ff, 127 ff) und 150 Jahre, bevor *Pareto* seine Theorie der ökonomischen Wahlakte vorlegte (Rn 128)[7]. – Insgesamt hat das Vernunftrecht bei *Wolff* eine optimistische Ausprägung. Es ist verbunden mit dem Glauben an Tugend, Glück und Fortschritt einer rechtlich geordneten Bürgergesellschaft; dieser Optimismus wird für die **Aufklärung** des 18. Jahrhunderts typisch (vgl auch Rn 143).

§ 16 Immanuel Kant (1724–1804): Freiheit und Sittengesetz

Literatur: *E. Cassirer*, Kants Leben und Lehre, 1921, 3. Aufl. 1977; *O. Höffe*, Immanuel Kant, 1983; *F. Kaulbach*, Immanuel Kant, 1969, 2. Aufl. 1982; *E.J. Mestmäcker*, Aufklärung durch Recht, in: *Fulda/Horstmann* (Hrsg.), Vernunftbegriffe der Moderne, 1994, S. 55. **Quellentexte:** Kants gesammelte Schriften, hrsg. Königliche preußische Akademie der Wissenschaften, ab 1902; I. Kant, Werkausgabe hrsg. *W. Weischedel*, 1968.

---

5 *P. Singer*, Practical Ethics, 2nd ed. 1993; übersetzt v. *O. Bischoff/J.C. Wolf/D. Klose*, 1994.
6 Krit. zu *Singer J. Hruschka*, Utilitarismus in der Variante von Peter Singer, JZ 2001, 261–271. Zur Krit. des Utilitarismus auch unten Rn 409 und 420.
7 Zum Ganzen *N. Horn*, Utilitarismus im aufgeklärten Naturrecht, FS *K. Luig*, 2006.

I. Leben und Werke

Kant wurde 1724 in Königsberg als Sohn eines Sattlermeisters geboren. 1740 nahm er Studien an der Universität in Königsberg auf und promovierte dort 1755 zum Doktor der Philosophie. Es schlossen sich 15 Jahren eines materiell bescheidenen Lebens als Privatdozent an. Als akademischer Lehrer war er schon in dieser Zeit sehr erfolgreich. 1770, also mit 45 Jahren, erhielt er eine ordentliche Professur für Logik und Metaphysik an der Universität in Königsberg, nachdem ihn auswärtige Rufe an die Universitäten von Erlangen und Jena erreicht hatten. *Kant* hat Königsberg selten verlassen und die Provinz Königsberg nie. Er ist in einer Umgebung des strenggläubigen Luthertums mit pietistischem Einschlag groß geworden. Durch umfangreiche Lektüre erwarb er sich umfassende Kenntnisse auch außerhalb der Philosophie. Durch seine strenge Arbeitsdisziplin hat er zwei Grundgedanken seiner Ethik, Pflichtbewusstsein und Selbstverantwortung (Autonomie), in die Wirklichkeit umgesetzt.

324

Bei seinen **Werken** ist eine vorkritische Periode von der späteren kritischen Periode zu unterscheiden. Zum ersten Abschnitt gehören Schriften, die von der Wissenschaft und Philosophie der Aufklärung vollständig geprägt sind. Seine „Allgemeine Naturgeschichte und Theorie des Himmels" von 1755 enthielt noch den teleologischen Gottesbeweis der aufklärerischen Schulphilosophie. 1763 schrieb er den Versuch eines vollkommen a priori geführten Beweises zu diesem Gegenstand: „Der einzig mögliche Beweisgrund zu einer Demonstration des Daseins Gottes". Hier meldet er bereits gewisse Zweifel an und meint, es sei zwar notwendig, dass man sich vom Dasein Gottes überzeuge, aber nicht notwendig, dass man dies in einem Beweis *(demonstratio)* nachweise. Er nannte später die Existenz Gottes eine Forderung (Postulat) der Vernunft.

325

Wohl unter dem Eindruck des englischen Empirismus ließ *Kant* in seiner kritischen Periode die Anschauungen über die Möglichkeiten der Metaphysik fallen. Die Hauptwerke der kritischen Periode sind: Kritik der reinen Vernunft 1781 (über Vernunft und Erkenntnis), Kritik der praktischen Vernunft 1788 (ethisches Hauptwerk *Kants*) und Kritik der Urteilskraft (Ästhetik, dh die philosophische Lehre von der Wahrnehmung). Hervorzuheben ist noch die „Grundlegung zur Metaphysik" von 1785, die *Kant* seiner Kritik der praktischen Vernunft vorausschickte.

II. Philosophie der menschlichen Erkenntnis

1. Das Metaphysikproblem

Zur Zeit von *Kant* war noch die geistige Auseinandersetzung zwischen dem Rationalismus, der eine durch Vernunft begründete Metaphysik betrieb, und dem Empirismus, der diese Möglichkeit leugnete, im Gange. Der Empirismus betonte die vollkommene Abhängigkeit der menschlichen Erkenntnis von der Sinneswahrnehmung und lehnte die philosophische Metaphysik ab, weil er allgemein gültige Aussagen über eine vorgegebene geistige Struktur der Welt (des „Seins") für unmöglich erklärte. Un-

326

ter dem Eindruck des Empirismus suchte *Kant* einen Weg, in der menschlichen Erkenntnis ohne die alte Metaphysik einen festen geistigen Halt zu finden, der über den Empirismus hinausführte. Er sagte zu diesem Problem: Hauptfrage bleibt immer: was und wie viel kann der Verstand und die Vernunft frei von aller Erfahrung (**a priori**) erkennen?[8] und: Die eigentliche Aufgabe der reinen Vernunft ist nun in der Frage enthalten: Wie sind synthetische Urteile a priori möglich?[9]

Synthetische Urteile sind solche (generelle) Aussagen (Urteile), die mehr enthalten als nur eine Wiedergabe dessen, was die im Urteil verwendeten Begriffe schon an Bedeutung mit sich bringen. Den Gegensatz dazu bilden rein analytische Urteile, die den verwendeten Begriff nur erläutern nach dem Muster: Alle Körper sind ausgedehnt. Darin liegt nur eine erläuternde Begriffsanalyse. Ein synthetisches Urteil dagegen wäre die Aussage: Alle Körper sind schwer. Die Frage ist nun, ob allgemeine Bedingungen für solche erweiternde, synthetische Urteile bestehen.

Der Rationalismus forderte, dass die Wissenschaft allgemein gültige und notwendige Sätze hervorbringen und mit solchen Sätzen arbeiten müsse. Der Empirismus hielt dagegen, dass der Mensch in seiner Wahrnehmung von der Sinneserfahrung abhänge, diese aber keine solche allgemein gültigen Sätze liefere. *David Hume* folgerte daraus: Die Erfahrung zeigt keine Notwendigkeit; der Kausalsatz stammt aus der Erfahrung; also ist der Kausalsatz nicht notwendig. *Kant* sagte dagegen: Die Erfahrung hat keine Notwendigkeit, der Kausalsatz aber ist notwendig; also stammt er nicht aus der Erfahrung.

327 *Kant* sah durch den Empirismus den Weg einer Metaphysik, welche allgemein gültige Aussagen über Objekte der Erkenntnis macht, versperrt. Er wandte sich also zurück zum erkennenden Subjekt. In den Gesetzmäßigkeiten der menschlichen Geistestätigkeit als der des erkennenden Subjektes fand er die gesuchte Möglichkeit allgemein gültiger Aussagen. Die genannten Gesetzmäßigkeiten sind nicht durch die Erfahrung veranlasst, sondern von vornherein im menschlichen Geist enthalten (*a priori*). Diese Hinwendung zum erkennenden Subjekt (**Subjektivismus**) sah *Kant* selbst als entscheidend an („kopernikanische Tat"). Er sagte dazu:

Bisher nahm man an, alle unsere Erkenntnis müsste sich nach den Gegenständen richten; aber alle Versuche, über sie a priori etwas durch Begriffe auszumachen, wodurch unsere Erkenntnis erweitert würde, gingen unter dieser Voraussetzung zunichte. Man versuche es daher einmal, ob wir nicht mit den Aufgaben der Metaphysik damit besser fortkommen, dass wir annehmen, **die Gegenstände müssten sich nach unserer Erkenntnis richten**, welches so schon besser mit der verlangten Möglichkeit einer Erkenntnis der selben *a priori* zusammen stimmt.

Bei seiner Betrachtung des Erkenntnisvorgangs und damit des Menschen als des erkennenden Subjektes geht *Kant* davon aus, dass alle menschliche Erkenntnis mit der Erfahrung anfängt. Damit akzeptiert er den Ausgangspunkt der englischen Empiristen, welche ebenfalls die Erfahrung (dh die Sinneseindrücke und ihre Verarbeitung) als Quelle der Erkenntnis ansehen. *Kant* akzeptiert sogar die pessimistische Einschätzung der Empiristen, dass unsere Erkenntnis nicht über die Erfahrung hinauskomme. Er sieht aber einen anderen Weg: Ist der menschliche Geist einmal durch die Erfahrung angeregt, so kommen auch andere geistige Erkenntnisformen hinzu, die der

---

8 *Prolegomena* vor einer jeden künftigen Metaphysik, 1783, Akademieausgabe Bd. IV, S. 255 ff.
9 Kritik der reinen Vernunft D XIX, 1788, Akademieausgabe Bd. IV, S. 15 ff; vgl Proleg. § 5.

menschliche Geist von Anfang an (*a priori*) mitbringt. Er sagt in diesem Sinn: Alle unsere Erkenntnis hebt an bei den Sinnen, geht von da zum Verstand und endet bei der Vernunft. Indem *Kant* die Möglichkeit verneint, dass der Mensch über die Sinneserfahrung hinausgelangt, verneint er die Möglichkeit, dass er das Wesen der wahrgenommenen Dinge erkennt und darüber allgemein gültige Aussagen machen kann. Er verneint damit also die Möglichkeit einer Metaphysik im herkömmlichen Sinn. Er will aber deren Aufgaben dadurch lösen, dass er allgemeine Gesetze des menschlichen Geistes entdeckt.

Es ist nützlich, sich in diesem Zusammenhang an einem einfachen Schema die Grundunterschiede der erkenntnistheoretischen Positionen klar zu machen:

Nach *Aristoteles* hebt die menschliche Erkenntnis mit der Erfahrung an (wie bei den Empiristen und bei *Kant*); der menschliche Geist kommt aber über die Erfahrung hinaus, indem er in den einzelnen Gegenständen die Idee sieht und allgemeine Aussagen über die Wirklichkeit machen kann.

Der Rationalismus *(Descartes)* nimmt an, dass der menschliche Geist Erkenntnismöglichkeiten schon vor der Erfahrung hat und mitbringt und andererseits in der Erkenntnis über die Erfahrung hinauskommt. Der erstere Ansatz ist ähnlich wie bei *Platon*, der ein Sich-Erinnern der menschlichen Seele annimmt, und hat auch Gemeinsamkeiten mit dem *a priori* bei *Kant*. Der zweite Teil des Konzepts bejaht mit *Aristoteles* und der ganzen klassischen Philosophie die Möglichkeit einer induktiven (über die Erfahrung hinausgehenden) Metaphysik.

Der englische Empirismus geht davon aus, dass die Erkenntnis mit der Erfahrung beginnt, aber auch nicht über sie hinausgelangt. Dies ist die skeptischste Einschätzung menschlicher Erkenntnismöglichkeiten.

2. Vernunft und Idee

Kant versucht, die Erkenntnismöglichkeiten des menschlichen Geistes, die dieser a priori hat und die *Kant* Formen nennt, aus den menschlichen Erkenntnissen, die immer eine Zusammensetzung von Sinneseindrücken und ihrer Verarbeitung durch solche Formen sind, analytisch herauszuheben. Diese Heraushebung der apriorischen Formen des menschlichen Geistes, die aller seiner Erkenntnis zu Grunde liegen, fasst er unter dem Begriff der **Transzendentalphilosophie** zusammen. Diese Formen sucht er (1) in seiner Wahrnehmungslehre (Ästhetik), (2) in der Analyse der Denkformen oder Kategorien (Analytik) und (3) in seiner Ideenlehre (Dialektik) zu erfassen.

328

(1) In seiner Wahrnehmungslehre (transzendentale Ästhetik) bezeichnet *Kant* Raum und Zeit als apriorische Anschauungsformen. Raum und Zeit seien keine Eigenschaft irgend eines Dings an sich, sondern nur Formen unserer Sinneswahrnehmung. Was es für eine Bewandtnis mit den Gegenständen an sich hat, bleibt den Menschen gänzlich unbekannt. Die Menschen können nur die Art, die Gegenstände wahrzunehmen, erkennen (erkenntnistheoretischer Subjektivismus).

(2) In der Analyse der Denkformen oder Kategorien (transzendentale Analytik) beschäftigt sich *Kant* mit der Fähigkeit des menschlichen Verstandes, sinnliche Anschauungen zu denken, indem der Verstand selbst Vorstellungen spontan hervorbringt.

(3) Nach der Analyse der Sinnestätigkeit und der Verstandestätigkeit befasst sich *Kant* mit der höchsten Instanz der menschlichen Geistestätigkeit, der **Vernunft** und ihrem eigentümlichen Tun, die Bedingungen für das Erkannte zu suchen. Diese Suche nach den Bedingungen oder Voraussetzungen von etwas Erkanntem ist ein unendlicher, freilich zielgerichteter Erkenntnisprozess. Er bezeichnet ihn mit dem **Begriff der Idee**. Die Idee richtet den Vernunftgebrauch auf Ziele hin aus. Die letzten großen Ideen der menschlichen Vernunfttätigkeit, nach denen sie sich ausrichtet, sind Seele, Welt und Gott. Aber diese Begriffe bezeichnen nicht Realitäten, sondern Leitvorstellungen (Ideen) eines unendlichen Erkenntnisprozesses.

3. Die Lehre von den Antinomien

329 In dem so verstandenen Idealismus liegt der schärfste Bruch mit der alten Metaphysik. Diese sucht *Kant* in seiner Lehre von den Antinomien ad absurdum zu führen. Antinomien sind Widersprüche aus zwei einander entgegengesetzten Sätzen, von denen *Kant* meint, dass jeder dieser Sätze nach der alten Metaphysik wahr ist, was letztlich deren Untauglichkeit beweise. Für den Juristen ist diese Antinomienlehre deshalb wichtig, weil *Kant* aus der dritten Antinomie bedeutende Folgerungen für seine Auffassung der Sittlichkeit und letztlich auch des Rechts ableitet. Diese Antinomien seien hier knapp (unter Herauslösung aus den anspruchsvollen Beweisführungen *Kants*) vorgestellt:

(1) Die erste Antinomie besteht in folgenden zwei Sätzen: Die Welt hat einen zeitlichen Anfang und ist im Raum endlich. Die Welt hat keinen Anfang und keine Grenzen im Raum. (2) Die zweite Antinomie wird von folgenden Sätzen gebildet: Jede zusammengesetzte Substanz besteht aus einfachen Teilen (Atomen); kein zusammengesetztes Ding besteht aus (gleichen) einfachen Teilen. (3) Die dritte Antinomie besagt, man kann alles aus Kausalität erklären und andererseits, man muss außer der Kausalität noch Freiheit annehmen. (4) Die vierte Antinomie wird gebildet aus den Sätzen, dass die Welt als Teil oder Ursache ein schlechthin Notwendiges voraussetze, andererseits aber, dass die Welt nichts innerhalb oder außerhalb ihrer selbst als notwendige Ursache voraussetze.

Kants Lösung geht dahin, dass bei der ersten, zweiten und vierten Antinomie beide Sätze, These und Antithese, gleichermaßen falsch seien. Es handele sich nur um Kategorien der Welterkenntnis, die wir im Erkenntnisvorgang in unserer Vorstellung erst allmählich konstituieren. Darin sieht *Kant* seine Annahme bestätigt, dass die menschliche Erkenntnis nicht bis zum Erkenntnisobjekt vordringen könne und die hier verwendeten Grundkategorien, insbesondere Raum und Zeit, nur Bedingungen unserer Erkenntnis sind, nicht aber objektiv gegeben.

Ohne einer Gesamtwürdigung *Kants* vorzugreifen (unten Rn 337 ff), sei hier folgendes vermerkt. Die von *Kant* zugrundegelegte Auffassung, dass die Erkenntnis der Welt eine unendliche Erkenntnisaufgabe ist, ist philosophisch überzeugend, findet sich aber auch in der klassischen Philosophie. Die Folgerung, dass wir wegen der Unendlichkeit des Erkenntnisvorganges keine (begrenzten) objektiv richtigen und verallgemeinerbaren Aussagen über die Natur (die Welt) machen können, ist aber kaum überzeugend. Im Übrigen hat das moderne physikalische Weltbild mit der

Relativitätstheorie *Einsteins* (Raum-Zeit-Kontinuum), der Erkenntnis des gekrümmten und expandierenden Weltraums und mit den Ergebnissen der Quantenphysik neue Einsichten gebracht, welche die 1., 2. und 4. Antinomie in gewisser Weise erledigen, freilich den unendlichen Erkenntnisprozess (und die Unvollkommenheit unserer Erkenntnis) nicht beenden.

Für eine rechtsphilosophische Betrachtung besonders wichtig ist die **dritte Antinomie** und ihre Lösung durch *Kant*. *Kant* sagt, dass beide Sätze der dritten Antinomie wahr sind. Die Lösung sieht *Kant* in der Unterscheidung zwischen der Natur, also der Erscheinungswelt unserer Erfahrungen, und der intelligiblen Welt der Geistestätigkeit. Die Natur ist der Bereich, in dem nur die kausale Notwendigkeit der Naturabläufe gilt. Die intelligible Welt der menschlichen Geistestätigkeit ist dagegen das Reich der Freiheit (Willensfreiheit). Dieses **Reich der Freiheit** ist zugleich der Bereich der Sittlichkeit.

III. Die Grundlagen der Sittlichkeit

1. Das sittliche Bewusstsein

In der Kritik der praktischen Vernunft und der Grundlegung zur Metaphysik der Sitten begründet *Kant* auf einer neuen theoretischen Grundlage die Lehre einer reinen, autonomen Sittlichkeit. Damit entwickelt er eine Gegenposition gegenüber dem Menschenbild des Naturalismus und Empirismus mit ihrer Herabstufung und Relativierung sittlicher Werte. Dieser Position setzt *Kant* eine Verabsolutierung des Sittlichen entgegen, die ähnlich der alten, von ihm abgelehnten Metaphysik objektive Gültigkeit verlangt.

330

Kant geht aus vom **sittlichen Bewusstsein** des Menschen als einem eigentümlichen Faktum, das der menschlichen Vernunft mitgegeben ist. Es enthält zwei aufeinander bezogene Elemente: das unbedingte Gesetz des Sollens einerseits und andererseits die sittliche Freiheit zur Wahl und Entscheidung als Gegebenheit der praktischen (dh auf das Handeln gerichteten) Vernunft. Beides, Sollen und Freiheit, sind nicht aus der Erfahrungswelt zu gewinnen, weil dort das Gesetz der Kausalität herrscht. Sollen und Freiheit erwirbt der Mensch nicht, sondern sie sind dem „Wesen des Menschen einverleibt". Sie sind mithin Elemente eines dem Menschen **a priori** gegebenen sittlichen Bewusstseins. *Kant* sagt dazu am Schluss der Kritik der praktischen Vernunft:

„Zwei Dinge erfüllen das Gemüth mit immer neuer und zunehmender Bewunderung und Ehrfurcht, je öfter und anhaltender sich das Nachdenken damit beschäftigt: der bestirnte Himmel über mir und das moralische Gesetz in mir."

Die reine praktische Vernunft gibt dem Menschen ein allgemeines Gesetz, das Sittengesetz. Kennzeichnend für dieses Sittengesetz sind drei Eigenschaften: (1) Formalismus (Rn 331), (2) Rigorismus (Rn 332) und (3) Autonomie (Rn 333).

2. Der kategorische Imperativ

331 Das Sollen bezeichnet *Kant* als eine Notwendigkeit, die sonst in der ganzen Natur nicht vorkommt; sie richtet sich an die menschliche Freiheit. *Kant* fasst dieses Sollen allgemein und abstrakt in einer obersten Regel zusammen, dem **kategorischen Imperativ**. Dieser ist das „Grundgesetz der reinen praktischen Vernunft" und muss deshalb formal und unbedingt (rigoros) formuliert sein. Dieses Grundgesetz besagt:

„Handele so, dass die Maxime deines Willens jederzeit zugleich als Prinzip einer allgemeinen Gesetzgebung gelten könne"[10].

Kant fasst also das Sittengesetz in einem rein formalen Sinn. Er verweist nicht auf inhaltliche (materiale) Werte, wie zB Treue, Wahrhaftigkeit, Gerechtigkeit, Nächstenliebe. Dies bedeutet freilich nicht, dass *Kant* diese Werte ablehnt. Er hält sie nur für ungeeignet, dem Sittengesetz eine allgemeine, wissenschaftlich präzise Form zu geben. Die von ihm gegebene formale Definition des Sittengesetzes bezeichnet ein Verfahren, konkrete Regeln aufzufinden, die materiale ethische Werte enthalten[11].

Die rein formale und abstrakte, in diesem Sinn inhaltsleere Definition des Sittengesetzes war zur Zeit von *Kant* umso weniger problematisch, als die inhaltliche (materiale) Wertethik des Christentums im öffentlichen Bewusstsein vollständig präsent war. In dem Maß, in dem das öffentliche Bewusstsein dieser inhaltlichen Werte verblasste, musste auch der kategorische Imperativ seine Qualität als Orientierung verlieren.

Entscheidend ist nach dem Sittengesetz allein der gute Wille, nicht die gute Tat, ihre Inhalte und Folgen. Denn entscheidend ist das sittliche Bewusstsein und die auf Grund dieses Bewusstseins getroffene Entscheidung. Entscheidend ist wiederum allein die Form des Willens.

3. Pflichtenethik; Autonomie der Sittlichkeit

332 Das Sittengesetz gilt unbedingt und überall, ohne Rücksicht auf Umstände. Die Sittlichkeit konkretisiert sich in der **Pflicht**. Die Pflicht erfasst nichts „Beliebiges, was Einschmeichelung mit sich führt". Sie verlangt Unterwerfung. Sie stellt das sittliche Gebot dar, das unter Selbstüberwindung zu erfüllen ist. Diese strikte **Pflichtenethik** entspricht dem strengen Protestantismus, in dem *Kant* lebte, und hat große Auswirkungen auf die Vorstellungen der Sittlichkeit für die folgenden Generationen im deutschen Kulturkreis.

Der Mensch gibt sich selbst das Sittengesetz auf Grund seiner reinen praktischen Vernunft. Mit ihrer Hilfe findet er selbst (autonom) das Sittengesetz, dem er folgen muss, um seine eigene Willkür (Freiheit) zu beschränken. Der Gegensatz dazu ist eine heteronome Moral, die auf Grund einer äußeren Autorität festgesetzt wird, wie sie etwa *Hobbes* postuliert hat. Das Sittengesetz soll auch nicht durch Nützlichkeitsgesichts-

---

10 Krit. der praktischen Vernunft, Akademieausgabe Bd. V, S. 30. Maxime bedeutet Handlungsgrundsatz.
11 A. *Kaufmann*, Grundprobleme der Rechtsphilosophie 1994, S. 207.

punkte wie das Gemeinwohl bestimmt werden (so aber der englische Utilitarismus, aber auch schon – in anderer Bedeutung – *Thomas von Aquin*).

Mit der Vorstellung der **Autonomie** der Sittlichkeit zusammen hängt die Vorstellung vom absoluten Wert des Menschen und seiner Würde. Der Zweckgedanke, den *Kant* entsprechend dem von ihm angewandten Formalismus und Rigorismus an sich ablehnt, taucht bei ihm in einem höheren Sinne wieder auf: Man soll so handeln, dass man zugleich die Menschheit nicht als Mittel, sondern als Zweck gebraucht. 333

Zur Sittlichkeit gehört auch das Postulat der Existenz Gottes. Der Nachweis Gottes auf erkenntnistheoretischer Ebene war dagegen von *Kant* in seiner Kritik der Gottesbeweise abgelehnt worden.

Der Begriff der Autonomie ist freilich problematisch, wenn man (mit *Kant*) Gott annimmt und das Sittengesetz mit ihm in Verbindung bringt. Dann ist dieses Gesetz insofern heteronom, als es von Gott stammt. Das gleiche Problem tritt auf, wenn man mit der Phänomenologie (unten Rn 370) vorgegebene sittliche Werte annimmt. Ferner kann die Autonomie in einem von *Kant* freilich nicht beabsichtigten Sinn missverstanden werden, so nämlich, als verfüge der Mensch über die Sittlichkeit und könne selbst die sittlichen Maßstäbe beliebig festsetzen. Dies ist schon deshalb nicht gemeint, weil *Kant* von der Allgemeingültigkeit des Sittengesetzes ausgeht. Dann aber ist seine Geltung in diesem Sinne nicht „autonom" = vom einzelnen Menschen gesetzt. Es wird von ihm nur autonom erkannt. Dies wiederum stimmt zusammen mit der Auffassung früherer Denker, zB des *Thomas*, von der Selbstständigkeit des eigenen Gewissens.

IV. Rechts- und Staatsphilosophie

Recht ist nach *Kant* der „Inbegriff der Bedingungen, unter denen die Willkür des einen mit der Willkür des anderen nach einem allgemeinen Gesetz der Freiheit zusammen vereinigt werden kann"[12]. Das einzige subjektive Naturrecht des einzelnen Menschen ist die Freiheit, dh die Unabhängigkeit von der Willkür eines anderen Menschen. 334

Das Wort „Willkür" hat zur Zeit *Kants* eine etwas andere Färbung und ist nicht negativ besetzt. Es bedeutet Entscheidungsfreiheit des Einzelnen oder auch die auf Grund der Freiheit getroffene Entscheidung (in der alten Philosophie: *liberum arbitrium indifferenziae*).

Kant nimmt eine strenge Trennung von Moral und Recht vor. Das Recht hat es mit einer äußeren Ordnung zur Abstimmung der Freiheitssphären des Einzelnen zu tun. Das Recht ist Zwangsordnung[13]. Was aber erzwungen wird, kann nicht mehr sittlich wertvoll genannt werden.

Der **Staat** ist nach *Kant* „die Vereinigung einer Menge von Menschen unter Rechtsgesetzen". Die Rechtsordnung ist ein Charakteristikum des Staates. Der Staat setzt das **positive Recht**. Dieses ist nur verbindlich, wenn man zumindest eine einzige naturrechtliche Norm voraussetzt, nämlich die, welche die **Autorität des Gesetzgebers** be- 335

---
12 Metaphysik der Sitten, 1797; Akademieausgabe Bd. VI, S. 230, 231.
13 Metaphysik der Sitten aaO, S. 231.

gründet. Diese sieht *Kant* darin, dass man die Staatsgewalt „auf den vereinigten Willen des Volkes" zurückführt, also die „*volonté générale*" im Sinne von *Rousseau*.

Aufgabe des Staates ist es, die Freiheitsräume der Einzelnen zu garantieren und gegeneinander abzugrenzen. Darin zeigt sich ein Einfluss der Lehre vom Staatsvertrag, wie wir ihn bei *Hobbes* und *Rousseau* finden. Inhaltliche Staatsziele stellt *Kant* nicht auf. Erst in seiner Spätschrift „Zum ewigen Frieden" bezeichnet *Kant* auch ein inhaltliches Ziel der Staatstätigkeit: **Friedenswahrung** und Friedenspolitik als praktische und moralische Aufgabe des Staates.

In *Kants* Staats- und Rechtslehre finden sich wichtige Gedanken zum **bürgerlichen Rechtsstaat**. Ganz im Sinne der neuzeitlichen Theorie vom Staatsvertrag *(Hobbes, Rousseau)* sagt er, dass der Staat aus dem gesetzgeberischen Willen der Bürger hervorgeht. *Hobbes* hat dem so begründeten Staat souveräne Machtfülle zuerkannt und ihn als souveräne Quelle allen Rechts bezeichnet. *Kant* hebt den umgekehrten Aspekt hervor: das Recht ist Ursprung und Rechtfertigung des Staates[14]. Im bürgerlich verfassten Staat sollen die Bürger als dem Gesetz Unterworfene zugleich vereinigt als Gesetzgeber wirken[15]. Aber auch wo eine solche Verfassung nicht gilt, also im Staat jeglicher Form, haben das Volk und die einzelnen Bürger unveräußerliche Rechte gegenüber dem Staatsoberhaupt[16]. Dazu gehören die Grundrechte Freiheit und Gleichheit; diese erfordern zumindest die Meinungsfreiheit („Freiheit der Feder") zur Kritik an Akten der Staatsgewalt[17], also das, was wir heute als demokratische Öffentlichkeit bezeichnen[18]. Darin und in der Möglichkeit, dass sich die Bürger in der Rechtsordnung nach ihrer eigenen Entscheidung (autonom) entfalten, sieht er die Chance der Verbesserung der Lebensverhältnisse der staatlich verfassten Gesellschaft.

Bürgerliche Verfassung, Bürgerrechte und Meinungsfreiheit sind Gedanken und Forderungen der fortschrittlichen **Aufklärung**. Diese geistige und politische Bewegung war im 17. Jahrhundert von Autoren wie *Hobbes* angestoßen worden und im 18. Jahrhundert zur Herrschaft gelangt. *Kant* selbst definierte die Aufklärung als den Ausgang des Menschen aus seiner selbst verschuldeten Unmündigkeit[19]. Gemeint ist damit ein Abstreifen aller geistigen und politischen Autoritäten, sofern sie den freien Gebrauch der menschlichen Vernunft einengen. *Kant* sah sich auf allen Gebieten der Philosophie, also auch in der Staatsphilosophie, als Vorkämpfer der Aufklärung.

---

14 „Der practische souveraine Grund des Rechts macht die Gesellschaft"; Kants handschriftlicher Nachlass, Bd. 6, Moralphilosophie, Rechtsphilosophie und Religionsphilosophie, in Kants gesammelte Schriften, hrsg. Königl.Preuß.Akademie der Wissenschaften Bd. XIX Berlin/Leipzig 1934, Reflexion 7847; zum Folgenden *E.-J. Mestmäcker*, Aufklärung durch Recht, in: *Fulda/Horstmann* (Hrsg.), Vernunftbegriffe in der Moderne, 1994, S. 55, 59 ff; s. auch *Brandt* (Hrsg.), Rechtsphilosophie der Aufklärung, 1982, S. 233 ff.
15 *Kant*, Der Streit der Facultäten, Streit der philosophischen Facultät mit der juristischen, Kants gesammelte Schriften, Akademieausgabe VII, Berlin 1917, S. 91.
16 *Kant,* Über den Gemeinspruch: Das mag in der Theorie richtig sein, taugt aber nicht für die Praxis, Ges. Schriften, Akademieausgabe Bd. VIII, S. 303.
17 *Kant*, Über den Gemeinspruch, Ges. Schriften, Akademieausgabe Bd. VIII, S. 304.
18 *E.-J. Mestmäcker*, Aufklärung durch Recht aaO, S. 62 f.
19 *Kant*, Beantwortung der Frage: Was ist Aufklärung?, Akademieausgabe Bd. VIII, 1923, S. 35–42.

V. Bedeutung und Wirkungen

1. Erkenntniskritik und Metaphysikproblem

Von dauerhaftem Wert in *Kants* Erkenntnistheorie ist das allgemeine Gebot zur äußersten methodischen Vorsicht im Ringen um die Erkenntnis der Wirklichkeit, die sich aus dem Bewusstsein der Bedingtheit und Begrenztheit unserer Erkenntnismöglichkeiten ergibt, und eine daraus folgende, in den Naturwissenschaften auch durchaus beobachtete Zurückhaltung bei der Formulierung allgemein gültiger Aussagen. Ferner gilt nach wie vor *Kants* Hinweis, dass der menschliche Erkenntnisprozess ein unendlicher ist. Darin stimmen die moderne Naturwissenschaft, *Kant* und die besten Philosphen vor und nach ihm überein.

337

Kant wurde der „Zermalmer" der alten Metaphysik genannt und ihres seit *Platon* erhobenen Anspruches, allgemein gültige Aussagen über die uns umgebende und wahrnehmbare Wirklichkeit (das „Sein") machen zu können (Ontologie). Unter dem Eindruck des englischen Empirismus sah er diesen Weg versperrt. Auf der Suche nach einem Ausweg, um doch zu allgemeinen Aussagen auf dem Gebiet der Erkenntnistheorie zu gelangen, vollzog *Kant* die „kopernikanische Wende" (Rn 327): zwar könne man über die erfahrbare Wirklichkeit keine allgemein gültigen Aussagen machen; möglich sei dies aber hinsichtlich der Bewusstseinsinhalte des erkennenden Menschen (Erkenntnissubjekt) und der hier (*a priori*) wirksamen Denkgesetze. Freilich hat dieser **erkenntnistheoretische Subjektivismus** seine eigenen Schwierigkeiten. Denn wenn *Kant* einerseits daran festhält, dass sich über das Erkenntnisobjekt („an sich") nichts sagen lässt, andererseits seiner Meinung nach aber alle Erkenntnis mit der Erfahrung, dh mit den Sinneseindrücken des Erkenntnisobjekts, beginnt, dann bleibt dunkel, was denn in der Erfahrung überhaupt erscheint. Und wenn *Kant* andererseits allgemeine Aussagen über die Bedingungen der Bewusstseinsinhalte der erkennenden Subjekte macht, so bleibt die Frage, ob in solchen Aussagen nicht doch ein Stück objektive Aussage über die Wirklichkeit (Ontologie) steckt.

Die vom englischen Empirismus vorgetragene Skepsis, dass der menschliche Geist zum Erkenntnisobjekt selbst nicht vordringen könne (oben Rn 315 f), ist in *Kants* Philosophie voll aufgenommen. Diese Skepsis ist freilich nicht neu; wir treffen sie schon im Mittelalter bei *Ockham* (Rn 307). Sie ist letztlich so alt wie die Metaphysik selbst. *Plato*, der die Metaphysik der Sache nach als philosophische Sichtweise (vor *Aristoteles*) entwickelt hat, war vorsichtig genug, im Höhlengleichnis zu sagen, dass die Menschen nur die „Schatten" der Dinge erkennen können (Rn 235, 241).

Die These des Erkenntnissubjektivismus, der menschliche Geist könne über die erfahrbaren Gegenstände überhaupt keine sicheren und allgemeinen Aussagen („an sich") machen, sondern nur über die eigenen Bewusstseinsinhalte des erkennenden Subjekts, hatte in Deutschland durch *Kant* eine umfassende und anhaltende Wirkung und ist bis heute eine verbreitete Grundannahme (Axiom). Sie gilt vielen geradezu als Prüfstein wissenschaftlicher Seriosität, obwohl ihre Plausibilität Schwierigkeiten macht.

Die Annahme steht in merkwürdigem Kontrast zum tatsächlichen Verhalten des erkennenden Menschen in der Wissenschaft wie in der Alltagserfahrung. Wenn der Bauingenieur dem Bauherrn seine statische Berechnung über den Neubau abliefert und die Berechnung zum Bewusstseinsinhalt bei beiden geworden ist, gehen beide davon aus, dass das Haus („an sich") später nicht zusammenfällt. Natürlich ist ein Irrtum (Berechnungsfehler) möglich; aber Irrtumsrisiko und Nicht-erkennen-können allgemeiner Regeln der Baustatik sind zwei verschiedene Dinge. Wenn *Kant* in dem berühmten und eindrucksvollen Schlusssatz seiner Kritik der praktischen Vernunft den gestirnten Himmel bewundert (Rn 330), so möchte man einwenden, dass *Kant* nach seiner eigenen Auffassung über den gestirnten Himmel nichts aussagen könne. Der Naturwissenschaftler und Philosoph *Whitehead* nennt daher *Kants* Staunen über den gestirnten Himmel den „Triumph des Offensichtlichen über den philosophischen Standpunkt"[20].

338 Zu Beginn des 20. Jahrhunderts wurde in der Philosophie die Forderung erhoben, den Erkenntnissubjektivismus zu überwinden und sich wieder den Gegenständen der Erkenntnis zuzuwenden („Zurück zu den Sachen"; unten Rn 370). Dies galt auch gerade hinsichtlich der Fragen der Ethik. Noch heute hält sich freilich ganz verbreitet der Erkenntnissubjektivismus des 18. Jahrhunderts. Verbreitet ist auch die Annahme, diese Position werde auch durch die moderne Naturwissenschaft bestätigt. Das ist unzutreffend.

Der Beobachter der modernen Naturwissenschaft stellt vielmehr neue Wege fest. Sie enthalten teils Ähnlichkeiten mit der alten Metaphysik, teils einen Subjektivismus neuer Qualität. Der Naturwissenschaft ist es in immer größerem Maße gelungen, ihr Verständnis und ihre Erkenntnisse über Raum-Zeit-Materie in mathematischer Form abzubilden. Sie kommt damit zu allgemeinen theoretischen Aussagen über die Wirklichkeit. Man gelangt mit Theorien und Berechnungen zu Erkenntnissen, die über die Erfahrung hinausgehen (iS *Kants*: synthetische Urteile *a priori*). So hat *Einstein* Phänomene vorausberechnet, die später durch astronomische Beobachtungen bestätigt wurden. Vor allem bringt die ständige Umsetzung naturwissenschaftlicher Erkenntnisse (der „Naturgesetze") in technischen Anwendungen Bestätigungen der theoretischen Erfassung der Wirklichkeit. Führende Naturwissenschaftler haben sich daher wieder der platonischen Philosophie zugewandt (*Whitehead, Heisenberg*).

Andererseits erlaubt die moderne Naturwissenschaft keineswegs die einfache Rückkehr zu alten Positionen. Dafür seien zwei wichtige Aspekte genannt. Erstens wird die Bedeutung des erkennenden Subjekts in seiner Beziehung zum Erkenntnisobjekt als entscheidend für das naturwissenschaftliche Weltbild angesehen (*Einstein, Heisenberg*)[21]. Zweitens wird die Offenheit auch naturwissenschaftlicher Abläufe für die Zukunft betont. Das Bild des 18. Jahrhunderts vom Reich der Naturgesetze als vollständiger kausaler Vorausbestimmung (Determinismus) – *Kant* spricht von der Natur als dem „Reich der Notwendigkeit" – wird dadurch zwar nicht beseitigt, aber stark modifiziert.

2. Sein und Sollen; Pflichtenethik

339 Nachdem durch die „Zermalmung" der alten Metaphysik der Weg versperrt schien, allgemeine Aussagen über die Wirklichkeit („an sich") zu machen, blieb für *Kant* die Frage, ob dies auch für den Bereich der Sittlichkeit (Ethik, Moral) gelte, wie dies *Hobbes* gemeint hatte. Den Ausweg fand *Kant* darin, dass er eine scharfe Unterscheidung

---

20 *Whitehead* hat seine Kritik am erkenntnistheoretischen Subjektivismus vor allem in seinem Buch „The Function of Reasoning" (1929) entfaltet.
21 Nach der Quantenphysik hat ein Teilchen keinen bestimmten Wert, bevor es gemessen wird. Die menschliche Intuition sagt dagegen, dass der Wert schon vor der Messung besteht, aber eben noch unbekannt ist. Diesen Einwand erhob auch *Einstein* (EPR-Argument). Er ist bis heute umstritten.

von Sein und Sollen vornahm. Den gesuchten festen Grund für allgemeine Aussagen über das Sollen (die Sittlichkeit) fand er im **sittlichen Bewusstsein** des einzelnen Menschen. Auf dieser Grundlage postuliert er ein allgemeines Sittengesetz, das der vernünftigen Erkenntnis jedes Menschen zugänglich ist. Man mag fragen, ob darin nicht doch letztlich eine ontologische Behauptung liegt. Im absoluten Idealismus *Hegels* wird in der Tat wenig später eine neue Ontologie entwickelt (Rn 345 f). Davon will *Kant* freilich nichts wissen. Die scharfe Unterscheidung von Sein und Sollen hängt ja mit seiner Überzeugung zusammen, dass man über das Sein (die uns umgebende raumzeitliche, sinnlich wahrnehmbare Wirklichkeit) keine allgemein gültige Aussage machen könne.

Zu den großen Verdiensten *Kants* gehört es, die Eigenständigkeit der Sittlichkeit und die Unabdingbarkeit ihrer Anforderungen wieder entgegen der Philosophie seiner Zeit betont und begründet zu haben. Seine **Pflichtenethik** ist im scharfen und bewussten – in manchem vielleicht überspitztem – Gegensatz zur Ethik des englischen **Utilitarismus** von allen Motiven der „Neigung", des Nutzens und der Lust, gereinigt. Der Utilitarismus hatte sittliches Handeln aus der vernünftigen Erkenntnis des persönlichen und des kollektiven Nutzens begründet, den die sittlichen Gebote und ihre Befolgung im menschlichen Zusammenleben mit sich bringen. Bei *Kant* dagegen ist die sittliche Pflicht, die der Einzelne im autonomen Gebrauch seiner Vernunft erkennt, der Kern der Sittlichkeit. Nur ein Handeln, das ausschließlich um der Pflicht willen geschieht, ist moralisch. Erfolgt die Handlung zugleich aus **Neigung**, also wegen irgend einer Nützlichkeit oder Lust, ist sie moralisch ohne Wert. Diese Zuspitzung fand schon den Spott berühmter Zeitgenossen, nämlich von *Schiller* und *Goethe* in ihren gemeinsam verfassten „Xenien":[22]

Nr 387: Gewissensskrupel

Gerne dien ich den Freunden, doch tu ich es leider mit Neigung.
Und so wurmt es mich oft, dass ich nicht tugendhaft bin.

Nr 388: *Decisum*

Da ist kein anderer Rat! Du musst suchen, sie zu verachten,
und mit Abscheu alsdann tun, wie die Pflicht dir gebeut.

Auch Gesetzestreue ist insofern ohne moralischen Wert, als das Recht äußere Zwangsordnung ist und jede Handlung, die nicht freiwillig erfolgt, keinen sittlichen Wert hat. Mit der Sittlichkeit (Moral) hat das Recht nur insofern zu tun, als es die Freiräume schafft, in denen der Einzelne sittlich handeln kann. Im Übrigen gilt eine strenge **Trennung von Recht und Moral**. Der wichtige Gedanke, dass die Tugend der Gerechtigkeit (die einen großen Bereich des Sittlichen ausmacht), auch das Recht und seine Befolgung zum Gegenstand hat (s. *Platon, Sokrates, Aristoteles, Thomas* und die Lehre von der *iustitia legalis*), wird damit verdeckt.

Die **Formalisierung** der Sittlichkeit, wie sie im kategorischen Imperativ hervortritt (Rn 331), und das damit verbundene Absehen von inhaltlichen Konkretisierungen in

---

22 Xenien, 1797.

Form einzelner Gebote und Werte, ist später häufig kritisiert worden, so von *Schopenhauer*. *Kant* hat diese Einzelgebote und Werte nicht abgelehnt. Sie waren ihm aus seinem christlich-protestantischen Milieu vertraut und in seinen Schriften nimmt er daraus viele Einzelbeispiele. Er sah in der Formalisierung nur die einzige Möglichkeit einer allgemein gültigen Formulierung und der Befreiung von Nützlichkeitserwägungen. Diese strenge Pflichtenethik ist historisch von großem Einfluss in Deutschland geworden und hat für Generationen insbesondere im protestantischen Teil Deutschlands die Vorstellung von den Pflichten des Staatsbürgers, insbesondere aber auch des Staatsdieners, des Beamten und des Soldaten, mitgeprägt. Sie hat zu jenen (preußischen) Beamtentugenden beigetragen, die sozusagen die menschliche Infrastruktur der effizienten Staatsbürokratie darstellt, die sich im 19. Jahrhundert allmählich herausbildete.

Die Pflichtenethik des Staatsdieners ist freilich im Obrigkeitsstaat des 18. und 19. Jahrhunderts stark im Sinn eines Befehlsgehorsams abgewandelt worden, wobei der kantianische Gedanke der sittlichen Autonomie kaum Platz haben konnte, und das christliche Umfeld der kantianischen Pflichtenethik ist im 20. Jahrhundert allmählich verblasst. Die Zeit 1933–1945 brachte dann in Deutschland eine Pervertierung der Pflichtenethik zu einem blinden Befehlsgehorsam („Befehl ist Befehl"). Die Voraussetzung von *Kant*, dass Pflichterfüllung die vernünftige Einsicht in die Pflicht voraussetzt, war hier natürlich verloren gegangen. Gleichwohl ging nach 1945 im Entsetzen über die Nazigreuel in Deutschland auch das Wort um, *Kants* formale Ethik habe diesen Befehlsgehorsam begünstigt.

3. Freiheit und bürgerlicher Rechtsstaat

341 Der Gedanke der sittlichen Autonomie, wie er in der Ethik *Kants* hervortritt, ist nicht ohne Einfluss auf die deutsche Zivilrechtswissenschaft geblieben[23]. Die freie Entscheidung des (geschäftsfähigen) Bürgers als Privatrechtssubjekt und damit die **Privatautonomie** steht im Mittelpunkt des Zivilrechtssystems bei *v. Savigny* (oben Rn 148). Freilich gilt ähnliches auch für die Zivilrechte anderer europäischer Länder, insbesondere Frankreichs, das mit dem Code Civil von 1804 an die Spitze der Zivilrechtsentwicklung des Kontinents trat. Die in diesem Gesetzbuch zum Ausdruck kommende Privatautonomie schöpft aus vielen Quellen aufklärerischer Philosophie, die den Willen des (geschäftsfähigen) Einzelnen zum zentralen Bezugspunkt der Privatrechtsverhältnisse machte.

342 Auch *Kants* Gedanken zum **bürgerlichen Rechtsstaat** sind von Einfluss auf die deutsche politische Entwicklung im 19. Jahrhundert, die sich allmählich und trotz des Scheiterns der Revolution von 1848/49 zum Rechtsstaat mit Bindung aller Staatsakte an das Recht und zu parlamentarischer Gesetzgebung hinbewegte. *Kants* Auffassung stimmt hier mit anderen Autoren der Aufklärungsphilosophie des 18. Jahrhunderts überein. Der Satz etwa, dass die Bürger nicht nur dem Recht Unterworfene, sondern im bürgerlichen Rechtsstaat zugleich an der Gesetzgebung beteiligt sein müssen, fin-

---

23 *Coing*, Kant und die Rechtswissenschaft, in: Frankfurter Universitätsreden, Heft 12, Frankfurt/M 1955, S. 34 ff.

det sich ziemlich genau so bei *Rousseau*[24]. Er findet ferner Entsprechungen in den Schriften der englischen Utilitaristen. Diese Quellen sind für die Entwicklung des demokratischen Rechtsstaates in Westeuropa (England, Frankreich) und in den USA von größerer Bedeutung.

§ 17 Karl Marx (1818–1883): Staat, Klassenkampf und Utopie

Literatur: *I. Fetscher*, Karl Marx und der Marxismus, 1969; *R. Friedenthal*, Karl Marx. Sein Leben und seine Zeit, 1981; *J. Schleifstein*, Einführung in das Studium von Marx, Engels und Lenin, 1972.
Quellentexte: *K. Marx/F. Engels*, Historisch-kritische Gesamtausgabe. Werke, Schriften, Briefe, hrsg. *D. Riazanow*, Berlin 1929; *K. Marx.* Werke, Studienausgabe in 6 Bänden, hrsg. *H.-J. Lieber*, 1971.

I. Leben und Werke

Karl Marx wurde 1818 in Trier als Sohn eines jüdischen Rechtsanwaltes geboren. Er studierte in Bonn und Berlin Philosophie und wurde hier vor allem mit der Philosophie von *Hegel* und *Feuerbach* vertraut. Anschließend war er in Köln bei der 1842 neu gegründeten „Rheinischen Zeitung für Politik, Handel und Gewerbe" als Journalist tätig; die Zeitung wurde im April 1843 verboten. Noch im gleichen Jahr übersiedelte *Marx* nach Paris und studierte dort die von *Claude Henri de Saintsimon* (gest. 1825) begründeten Lehren des französischen Sozialismus. In Paris traf er 1844 den wohlhabenden Fabrikantensohn *Friedrich Engels* und schloss mit ihm eine lebenslange Freundschaft, die *Marx* eine ständige geistige und finanzielle Unterstützung bescherte. *Engels* hatte in London die schwierige Lage des industriellen Proletariats kennen gelernt und die ersten Versuche ihrer politischen Organisation in der Chartistenbewegung (1842) beobachtet. 1845 verfasste *Engels* seine vielbeachtete Schrift ‚Die Lage der arbeitenden Klassen in England'. *Marx* ging nach seiner Ausweisung aus Paris 1845 nach Brüssel. Er begann mit *Engels* den Ausbau eines wissenschaftlichen Sozialismus nach kritischen Auseinandersetzungen mit *Feuerbach*, *Hegel* und den verschiedenen sozialistischen Strömungen seiner Zeit. 1847 trat er in den Bund der Kommunisten ein, für den er mit *Engels* 1848 das Kommunistische Manifest schrieb. Er wurde im gleichen Jahr aus Brüssel ausgewiesen und lebte für kurze Zeit wieder in Köln, wo er die Neue Rheinische Zeitung redigierte. 1849 siedelte er nach London über, und lebte dort bis zu seinem Tod. Während der ersten Londoner Jahre war er noch stark mit journalistischer Arbeit und politischer Agitation beschäftigt. Dann wandte er sich immer stärker der Entwicklung seines eigenen wissenschaftli-

---

24 „Le peuple, soumis aux lois, doit en être l'auteur"; *Rousseau*, du contrat social II.6.

chen Systems zu, das er vor allem in den Werken Zur Kritik der politischen Ökonomie (1859) und Das Kapital (Bd. I 1867) niederlegte.

344 In den **Werken** besteht eine enge Verbindung mit der Arbeit von *Engels* und der Anteil beider lässt sich im Einzelnen nicht scharf trennen. Es scheint aber so, dass *Engels* vor allem für die strikte Anwendung des so genannten dialektischen Materialismus im Lehrgebäude sorgte, *Marx* eher selbstständig die allgemeinen philosophischen Grundlagen und die Theorie des so genannten historischen Materialismus entwickelte.

Seine wichtigsten Werke sind: Die heilige Familie (1845), Die deutsche Ideologie (1846), Das Elend der Philosophie, eine Antwort auf *Proudhons* Philosophie des Elends (1847), die bereits erwähnte, weltberühmt gewordene politische Kampfschrift Kommunistisches Manifest, das die Zwangsläufigkeit der historischen Entwicklung zum Sieg des Sozialismus verkündet und mit den Worten schließt „Proletarier aller Länder vereinigt euch!" (1848); Zur Kritik der politischen Ökonomie (1859) und sein Hauptwerk Das Kapital (Bd. I 1867; Bände II und III hrsg. v. *Engels* 1885–94). Im unvollendeten Hauptwerk Das Kapital, das weltweite Verbreitung fand, sind vor allem die Lehren der englischen klassischen Nationalökonomie verarbeitet, wobei die Arbeitswertlehre von *Ricardo* besondere Bedeutung hat.

II. Philosophische Position im historischen Zusammenhang

345 Die philosophischen Grundpositionen von *Karl Marx* sind nur aus der geistigen Auseinandersetzung mit den zwei von ihm am meisten studierten Philosophen zu verstehen, nämlich *Hegel* und *Feuerbach*.

1. Friedrich Hegel (1770–1831): Die Dialektik der Idee

Georg Wilhelm Friedrich Hegel wurde 1770 in Stuttgart geboren, war nach dem Studium Hauslehrer, Dozent, Zeitungsredakteur, Gymnasialdirektor und 1816 Professor in Heidelberg, ab 1818 Professor in Berlin, wo er großes Ansehen und großen Einfluss gewann. In seiner philosophischen Grundauffassung geht er von der Ideenlehre *Kants* aus, verwirft aber den darin gefundenen erkenntnistheoretischen Subjektivismus. Er will nicht bei der Betrachtung des Erkenntnissubjektes stehen bleiben. Denn wenn es die Bestimmung des menschlichen Geistes sei, die Wahrheit zu wissen, so liegt darin weiter dieses, dass die Gegenstände, die äußere und die innere Natur, überhaupt das Objektive, was es an sich ist, so sei, wie es als Gedachtes ist, dass also das Denken die Wahrheit der Gegenstände sei. Daher sagt er auch: „Der Gedanke ist die Sache."[25] Darin liegt der Durchbruch zu einem objektiven Idealismus. Die Möglichkeit, dass der menschliche Geist zum Erkenntnisobjekt vordringt und es ergreift, begründet *Hegel* darin, dass er eine umfassende **geistige Natur** der Welt annimmt (**Weltgeist**). Die alte platonisch-aristotelisch-thomistische Vorstellung, dass das Gute und die Wirklichkeit zusammenfallen (ens et bonum convertuntur), wird bei *Hegel* zu der Annahme, dass das Vernünftige und die Wirklichkeit zusammenfallen: Daher „ist alles Vernünftige

---

25 Enzyklopädie der philosophischen Wissenschaften im Grundrisse, 1817, § 384, zit. nach Jubiläumsausgabe. 3. Aufl. 1956, S. 271.

wirklich und alles Wirkliche vernünftig". Der menschliche Geist hat, wenn er die Wahrheit trifft, Teil am Weltgeist.

Die Vorstellung einer umfassenden geistigen Natur alles Wirklichen ist stark von christlichen Vorstellungen geprägt. *Hegel* überträgt diese aber auf eine von ihm entwickelte Theorie, dass sich die Wirklichkeit in einem **dialektischen Prozess** historisch entfalte. Der Begriff der Dialektik hat hier nicht mehr die klassische Bedeutung der Diskussion in Rede und Gegenrede, Argument und Gegenargument. Vielmehr hatte der Philosoph *Johann Gottlieb Fichte* (1762–1814) damit eine allgemeine Theorie des menschlichen Denkens geben wollen: dieses vollziehe sich in einem Dreischritt (Triade): (1) durch Bildung eines Gedankens als These, (2) dessen Begrenzung durch einen gegenläufigen Gedanken (Antithese) und (3) durch die Vereinigung beider Gedanken (Synthese). Bei *Hegel* wird die Dialektik zu einer **Theorie der Wirklichkeit**, die durch zwei Merkmale bestimmt ist: die in der Wirklichkeit auftretenden Gegensätze und der ständige Fluss aller Dinge in der Zeit. Beide Anstöße sind schon bei dem antiken Philosophen *Heraklit* zu finden. Der Weltgeist entfaltet sich in einem dialektischen Prozess der Geschichte. Er ist gekennzeichnet durch die Herausbildung eines Begriffs oder einer Leitidee, die eine historische Entwicklung prägt (These), zugleich aber auch Gegenkräfte und Gegenideen hervorruft (Antithese), sodass im Konflikt beider ein Neues entsteht (Synthese). Dieses Neue wiederum ruft im historischen Prozess weitere Antithesen hervor und erzeugt neue Synthesen und sofort. Die ganze Weltgeschichte wird durch diesen Prozess des Kampfes der Ideen nach dem Dreierschema (Triade) These-Antithese-Synthese gedeutet, in dem sich der Weltgeist entfaltet.

346

Hegel hat umfassende historische Einzelkenntnisse zur Illustration seines Systems verarbeitet. Allerdings werden in den historischen Prozessen auch Unrechtshandlungen, Krieg und Rechtsbruch als Träger der historischen Entwicklung zur Entfaltung des Weltgeistes letztlich verklärt und gerechtfertigt: „Die Weltgeschichte ist das Weltgericht". Diese Rechtfertigung des historisch Gewordenen als des Wirklichen und damit des Vernünftigen strahlt auch auf seine Bejahung und Rechtfertigung des preußischen Staates seiner Zeit aus, obwohl dieser nach den napoleonischen Kriegen die Hoffnung auf politische Reformen und nationale Einheit enttäuscht hatte und in reaktionärer Weise demokratische Freiheitsbestrebungen verfolgte.

Hegels Philosophie stellt freilich in der Lehre von der Entfaltung des objektiven Geistes den **Freiheitsbegriff** in den Mittelpunkt. Dieser Freiheitsbegriff hat verschiedene Aspekte: die natürliche Wollensfähigkeit des Menschen, die willkürliche Entscheidung für dies oder jenes und schließlich jene Freiheit, in der natürliches Wollen und individuelle Willkür in einem Allgemeinen, ideell Richtigen aufgehoben sind. Ein erster Schritt auf dem Weg zur Freiheit ist das **Recht**: indem es die Willkür beschränkt, ermöglicht es die Freiheit. Sein grundlegendes Gebot lautet: „Sei eine Person und respektiere die anderen Personen". Recht wird ergänzt durch die „Moralität", dh die Kräfte der Ethik, die von der Gewissensentscheidung des Einzelnen getragen sind. Beides allerdings wird bei *Hegel* verbunden in einem übergreifenden Begriff der „Sittlichkeit", der Recht und Moral umfasst und die Grundlinien der Ordnung von Familie, bürgerlicher Gesellschaft und Staat festlegt. Der Staat ist selbst ein organisches Ganzes, das alle Individuen zusammenbindet und ihnen in dieser organischen Einheit erst ihre Freiheit und Entfaltung ermöglicht. Der Staat ist Ausdruck des objektiven Geistes und Träger des „Volksgeistes".

Marx hat von *Hegel* vor allem den Willen zu einer einheitlichen Deutung der Wirklichkeit übernommen, sowie den Gedanken der geschichtlichen Entwicklung nach

Gesetzen. Dabei faszinierte ihn vor allem das Erklärungschema für geschichtliche Prozesse im Dreischritt (Triade) von These, Antithese und Synthese. Diese wird zum Erklärungschema des historischen und dialektischen Materialismus (Rn 348 f).

2. Ludwig von Feuerbach (1804–1872): Atheistischer Materialismus

347 *Ludwig v. Feuerbach*, geboren in Landshut, war Sohn des berühmten Juristen *Anselm von Feuerbach*, der als Begründer der modernen deutschen Strafrechtslehre gilt[26]. Nach Studien der Philosophie 1828 Privatdozent in Erlangen, gab er zwei Jahre später die akademische Laufbahn auf, weil er wegen atheistischer Äußerungen angefeindet wurde. Er gehört zu der von *Hegel* stark beeinflussten Generation von Schriftstellern (Junghegelianer), die sich aus dem großen Lehrgebäude *Hegels* einzelne Aspekte heraussuchten und die sich in verschiedene Meinungslager spalteten, wobei *Feuerbach* zum atheistisch-materialistischen Zweig gehört (Linkshegelianer). Von seinen **Werken** hervorzuheben sind: Das Wesen des Christentums (1841); Grundsätze der Philosophie der Zukunft (1843); Das Wesen der Religion (1845).

Während bei *Hegel* im geschichtlichen Prozess der Weltgeist sich entfaltet und in seinem Fortschreiten zum Absoluten mit dem Göttlichen der christlichen Religion in eins fällt, spricht *Feuerbach* 1839 in einer Kritik der hegelschen Philosophie vom „Unsinn des Absoluten". Dies sei nichts anderes, als der abgeschiedene Geist der Theologie, der in *Hegels* Philosophie als Gespenst umgehe. In seinem Werk ‚Das Wesen des Christentums' von 1841 wird alle Religion abgelehnt, das Sinnlich-Materielle zur ausschließlichen Wirklichkeit erklärt. Dementsprechend ist das Menschenbild von *Feuerbach* ähnlich wie bei *Hobbes* durch Materialismus und Sensualismus bestimmt („Der Mensch ist, was er isst"). Das Höchste ist der Mensch: „Das Menschliche ist das Göttliche". Daher fordert er, die Religion abzustreifen und die Politik an ihre Stelle zu setzen.

III. Der historische und dialektische Materialismus von Marx und Engels

1. Grundpositionen des historischen Materialismus

348 *Marx* übernimmt von *Feuerbach* den Materialismus und den Atheismus, von *Hegel* den Gedanken der dialektischen Entwicklung der Geschichte, mit dem er die gesellschaftliche Wirklichkeit erklären will. Sein **Materialismus** hat daher wenig mit Naturerkenntnis und den daran anknüpfenden, abstrakten erkenntnistheoretischen Fragen zu tun. Materialismus ist vielmehr der Inbegriff der konkreten Lebensverhältnisse der Menschen, wie sie durch die vorhergehende historische Entwicklung der Gesell-

---

26 Theorie des Abschreckungszwecks der Strafe, Forderung strenger Rechtsstaatlichkeit des Strafrechts (keine Strafe ohne Gesetz – *nulla poena sine lege*); Schöpfer des Bayerischen Strafgesetzbuchs von 1813.

schaft geschaffen wurden, insbesondere die **Produktionsverhältnisse**. Von dieser ökonomisch-gesellschaftlichen **Basis** wird nach Marx das ganze menschliche Denken und Erkennen bestimmt. Alle geistigen Äußerungen des Menschen seien nur „Epiphänomene" des Materiellen (was immer dies bedeuten mag); alle kulturellen Hervorbringungen einschließlich der Bildung von Staaten und Rechtsordnungen seien der **Überbau**, der von dieser materiellen Basis abhänge. Der Mensch müsse sein Denken auf diese Zusammenhänge richten, sie durchschauen und auf Grund dieser Kenntnis seine Lebensverhältnisse verbessern; die Philosophie müsse zur Praxis werden. An diesem Erkenntnisprozess werde der Mensch durch die Religion nur gehindert („sie ist das Opium des Volkes").

Der historisch-gesellschaftliche Prozess wird wie bei *Hegel* dialektisch gedeutet, wobei *Marx* aber die ausschlaggebende Rolle der materiellen Basis (Produktionsverhältnisse) betont und damit *Hegels* Geschichtsphilosophie, die das Primat der Idee, des Geistigen betont, umdreht (nach *Marx*: vom Kopf auf die Füße stellt).

Die jeweiligen Produktionsverhältnisse bilden eine ihr gemäße gesellschaftliche Ordnung mit unterschiedlichen **Klassen** aus. Jede Klasse ist durch ihre gesellschaftliche Position, die auf den Produktionsverhältnissen beruht, in ihrem Denken bestimmt; sie folgt einer **Ideologie**. Die herrschende, privilegierte Klasse kann sich gegenüber den unterdrückten Klassen auf die Dauer nicht mehr halten, wenn die Produktionsverhältnisse sich ändern und Spannungen zwischen Basis und Überbau entstehen. Die Klassenunterschiede bilden These und Antithese. Für eine Weile verteidigt die herrschende Klasse, auch mithilfe des Rechts, ihre Stellung und Privilegien, bis die Spannung zwischen Basis und Überbau die Klassengegensätze immer mehr verschärft. In der Krise wird der Klassenkampf zur **Revolution** und bringt als historische Synthese eine neue Gesellschaftsordnung hervor. In ihr passt Basis und Überbau zusammen, bis wiederum neue Klassengegensätze entstehen. Nach diesem Schema unterscheidet *Marx* in der Menschheitsgeschichte die Epochen und Gesellschaftsformationen: Urgesellschaft, Sklavenhaltergesellschaft, Feudalismus und Kapitalismus. Diesem wird der Sozialismus folgen und dieser in den Kommunismus einmünden, in dem die Klassengegensätze verschwinden. 349

2. Der Kapitalismus und seine Überwindung

Als Kapitalismus charakterisierte *Marx* die Gesellschaftsformation seiner Zeit. Entstanden sei sie dadurch, dass sich im Schoß der alten Gesellschaftsformation, die durch die Herrschaft des landbesitzenden Adels geprägt war (Feudalismus), neue Produktivkräfte ausgebildet hätten, in der die Klasse des städtischen Bürgertums emporstieg, die sich dann klassenkämpferisch die ihr bisher vorenthaltenen politischen Rechte erkämpfte. *Marx* sah hier das große Vorbild der französischen Revolution. 350

Die Produktionsverhältnisse im Zeitalter der Herrschaft des Bürgertums sind nach *Marx* bestimmt durch industrielle Arbeitsteilung, Privateigentum an den Produktionsmitteln (= Kapital), Tauschwirtschaft (dh die Gesetze des Marktes) und die Befreiung der Leibeigenen und Hörigen des alten Systems, die dann als billige Arbeitskräfte für

§ 17 Karl Marx (1818–1883): Staat, Klassenkampf und Utopie

die Industrieproduktion zur Verfügung standen. Der Lohnarbeiter ist zwar frei, aber ohne Habe und seine einzige Sicherheit ist seine Nachkommenschaft (lat.: *proles*; daher „Proletarier"). Er muss sich von dem Kapitaleigentümer in dessen industriellen Produktionsprozess einspannen lassen, ohne Einfluss auf dessen Art oder Ziel zu haben (**Entfremdung**). Der Kapitalist, der über die Produktionsmittel verfügt, könne die Produktion ständig ausweiten, weil er den Lohnarbeiter ausbeute. Dies begründet *Marx* mit der von *Ricardo* entlehnten **Arbeitswertlehre**. Danach ist die Arbeit die alleinige Quelle des Wohlstandes; die anderen Produktionsfaktoren (Boden, Kapital) sind zu vernachlässigen. Dem Lohnarbeiter zahlt der Kapitalinhaber nur das notwendigste, um ihn überhaupt zu erhalten (die Reproduktionskosten); den **Mehrwert** dagegen eignet sich der Kapitalist an, obwohl der Lohnarbeiter auch diesen geschaffen habe.

Marx hatte das Elend der Lohnarbeiter in England vor Augen, die meist nur das kümmerliche Existenzminimum verdienten (Reproduktionskosten). Er will eine praktische Lösung für das verteilungstheoretische Problem finden, wie die Wertschöpfung des Produktionsprozesses auf die Produktionsfaktoren Boden, Kapital und Arbeit verteilt werden soll; dabei plädiert er aus nahe liegenden Gründen für die Bevorzugung der Arbeit.

Wirtschaftswissenschaftlich ist die Arbeitswertlehre und die daran anknüpfende Mehrwertlehre nicht haltbar. Das sozialethische Problem der Lohngerechtigkeit bzw der Verbesserung der Lage der Lohnarbeiter konnte auf diese Weise nicht gelöst werden. Die Lösung lag vielmehr im (langsamen) Fortschritt der Wirtschaft (steigendes Bruttosozialprodukt und Pro-Kopf-Einkommen), der Sozialpolitik (Gewerkschaftsbewegung, Sozialdemokratie, christliche Sozialpolitik) und des Rechts (zB Arbeitsschutzgesetze, Sozialversicherungsgesetze, im 20. Jahrhundert Ausbildung eines Arbeitsrechts).

351 Die Aneignung des Mehrwertes führt nach *Marx* bei erfolgreichen Kapitalisten zu Akkumulation von privatem Reichtum und zur Ausweitung der Produktion. Diese wird durch die Marktkräfte nur ungenügend koordiniert und es kommt zu ökonomischen Krisen. Sie werden gekennzeichnet einmal durch die ständige Verschlechterung der Lage der Lohnarbeiter (**Verelendungstheorie**), andererseits durch den mörderischen Wettbewerb der Kapitaleigentümer untereinander, wobei die Größeren die Kleinen verdrängen (Expropriation der Exproprateure). Es kommt zur wirtschaftlichen **Konzentration** und einer immer stärkeren Überproduktion. Die Produktionskräfte (Basis) werden für die bürgerlichen Verhältnisse (Überbau) zu eng, um den erzeugten Reichtum zu fassen und richtig zu verteilen. Zugleich wird die Arbeiterschaft in immer größeren Betrieben zu derjenigen Arbeitsdisziplin herangezogen, die in der späteren sozialistischen Wirtschaft gleichberechtigter Bürger notwendig und natürlich ist.

Die immer größeren Spannungen zwischen Basis und Überbau führen schließlich zur Krise und zum Zusammenbruch des Kapitalismus (**Zusammenbruchstheorie**). Die Macht übernimmt die Arbeiterklasse als die historisch nun führende Klasse. Sie setzt durch eine **Diktatur des Proletariats** eine neue gesellschaftliche Ordnung durch. Auf diese Weise schafft sie mit der Zeit eine klassenlose Gesellschaft, die genügend produziert, um jeden nach seinen Bedürfnissen zu versorgen. Zugleich kommt der dialektische historische Prozess der Klassengegensätze zu einem Ende und es kommt schließlich zu einem Absterben des Staates im **Kommunismus**.

In dieser Zukunftsperspektive von *Marx* leuchtet als Endziel ein irdisches Paradies als Gegenbild der christlichen Verheißung. In dieser Heilslehre sind religiöse Vorstellungen ins Diesseits verlegt. Nicht restlos geklärt ist es, ob der historische Prozess zwangsläufig in diese Richtung läuft oder durch aktives revolutionäres Tun in diese Richtung gestoßen werden muss. Das große Interesse von *Marx* an der politischen Praxis deutet eher in die letztere Richtung. *Marx* hat mit der Voraussage der Konzentration und der (konjunkturellen) Krisen teilweise das Richtige getroffen, was sich in der Entwicklung des frühen Industriekapitalismus bestätigte. Andererseits hat er die evolutionären Kräfte der westlichen Industriegesellschaften unterschätzt. Diese konnten sich veränderten Produktionsverhältnissen durch eine entsprechende Entwicklung der Einkommen, durch die Ausbildung sozialer Schutzsysteme (Sozialversicherung) und die Fortentwicklung des Rechts (Arbeitsrecht) so anpassen, dass Zusammenbruch und Revolution vermieden wurden. Die Oktoberrevolution in Russland 1917 entspricht aus zwei Gründen nicht dem marxistischen Deutungsschema: sie wurde nicht vom Industrieproletariat getragen, das es zu dieser Zeit in Russland kaum gab, und ist nicht ohne den ersten Weltkrieg zu erklären.

3. Dialektischer Materialismus

Insbesondere durch die Arbeiten von *Engels* wurde das dialektische Erklärungsschema des historischen Prozesses durch *Marx* erweitert zu der These, dass auch die Natur, die uns umgebende Wirklichkeit, sich in Widersprüchen bewege und sich dadurch fortentwickele (Negation der Negation). Quantitative Entwicklungen schlagen dabei von einem gewissen Entwicklungsstadium um in eine qualitative Veränderung. Dieser dialektische Materialismus erlangte später große Bedeutung für den Ideologiebetrieb der kommunistischen Parteien insbesondere innerhalb des Sowjetimperiums. Die These von der „dialektischen" Beschaffenheit der Natur im Sinne ihrer inneren Widersprüchlichkeit ist unsinnig und blieb ohne praktische Bedeutung.

352

IV. Folgerungen für die Rechtsauffassung

Recht ist nach *Marx* ein wichtiger Teil des gesellschaftlichen Überbaus. Es ist von den ökonomischen Bedingungen der jeweiligen Gesellschaft abhängig und wird als Instrument der herrschenden Klasse zur Befestigung ihrer Verhältnisse und Verteidigung ihrer Privilegien eingesetzt.

353

Marx hat dies ua anhand der Rechtssetzung der Waldbesitzer erläutert. Diese sind als Vertreter der herrschenden Klasse von maßgebendem Einfluss auf die Gesetzgebung. Sie erlassen Gesetze gegen Holzdiebstahl, auf den die ärmeren Bevölkerungsklassen angewiesen sind, und verteidigen so in der Rechtssetzung ihre eigenen Eigentümerinteressen.

Auch in der Diktatur des Proletariats ist das Recht natürlich von den Interessen der dann herrschenden Arbeiterklasse bestimmt. Der rechtliche Zwang dient dann aber angeblich einem historisch richtigen und auf lange Sicht heilsamen Zweck, nämlich der Schaffung der klassenlosen Gesellschaft, in der alle gesellschaftlichen Gegensätze aufgehoben sind.

Damit wird die Möglichkeit anerkannt, mithilfe des Rechts als Teil des Überbaus wiederum auf die Basis einzuwirken. Diese Einwirkungsmöglichkeit ist von *Marx* in der Tat in vieler Hinsicht eingeräumt worden und steht in einem Widerspruch zu seiner Grundauffassung, dass das Denken allein von den Produktionsverhältnissen und den dadurch gebildeten sozialen Klassen (Klassenbewusstsein) bestimmt werde.

V. Nachwirkungen und Bedeutung

1. Politische Resonanz

354 *Marx* hat die denkbar größte Resonanz gefunden, die ein Philosoph haben kann, und es gibt kaum eine größere Sprache, in die seine Werke nicht übersetzt, kaum ein Land, in dem seine Schriften nicht massenhaft verbreitet worden wären. Aber diese Bedeutung liegt kaum auf dem philosophischen Gebiet im engeren Sinn (vgl auch Rn 355 ff). Dazu ist seine Lehre zu ungenau und vieldeutig, was freilich ihren äußeren Erfolg eher erleichterte. Die Bedeutung und Resonanz liegt auf dem Gebiet der politischen Ideologie und Programmatik getreu dem Ausspruch von *Marx*: „Bisher haben die Philosophen die Welt nur verschieden interpretiert; es kommt aber darauf an, sie zu verändern." Der Schwerpunkt dieser Auswirkung und Resonanz liegt nicht in der Lebenszeit von *Marx*, sondern im 20. Jahrhundert.

Während das kommunistische Manifest von 1848 sofort große internationale Beachtung und Verbreitung fand, blieb der unmittelbare Einfluss von *Marx* auf die politische Organisation des Sozialismus begrenzt. Die Gründung des Allgemeinen Deutschen Arbeitervereins durch *Ferdinand Lasalle* 1863 erfolgte in teilweiser Distanzierung von *Marx*. Insbesondere setzte die deutsche Sozialdemokratie auf Evolution und nicht den revolutionären Zusammenstoß[27]. Die Revolutionserwartungen von *Marx* erfüllten sich zu seinen Lebzeiten nicht. Der Aufstand der Kommune in Paris 1871 wurde zerschlagen. Erst die Oktoberrevolution 1917 in dem vom ersten Weltkrieg erschütterten Russland unter der Führung von *Lenin* (1870–1924) gegen die kurzlebige bürgerliche Regierung *Kerenski* bedeutete den Anfang der politischen Weltgeltung des Marxismus. *Lenin* hat die Lehren von *Marx* und *Engels* als Einheit aufgefasst und zu einer politischen Ideologie des dialektischen Materialismus umgeformt. *Lenin* übernimmt die materialistisch-dialektische Grundauffassung des gesellschaftlichen Prozesses und modernisiert die Geschichtsdeutung von *Marx* für seine Zeit. Der Kapitalismus sei nun in das Zeitalter des **Imperialismus** eingetreten, wobei *Lenin* auf die Ausbildung der Kolonialreiche und den wirtschaftlichen Kampf auf den Weltmärkten Bezug nimmt. Auch die Betonung der politischen Praxis durch *Marx* wurde von *Lenin* übernommen, wobei die kommunistische Partei als Vorhut der Arbeiterschaft die Führung übernahm und die Diktatur des Proletariats ausübte. Die von *Lenin* vertretene Parteilinie wurde mithilfe eines manipulierten Abstimmungssiegs auf einem Parteikongress in London 1903 durchgesetzt und *Lenins* Anhänger nannten sich daher auch Mehrheitssozialisten (Bolschewiki). Mit *Marx* teilte *Lenin* schließlich die Ablehnung der Religion.

Der dialektische Materialismus von *Marx/Engels* in der Fassung von *Lenin* blieb offizielle Staatsideologie auch unter *Lenins* Nachfolger *Josef Stalin* (1879–1953). *Stalin* hat selbst ein seiner Zeit

---

27 Bezeichnend für diese Grundhaltung ist auch das – durchaus „bürgerliche" – juristische Hauptwerk von *Lasalle*: Das System der erworbenen Rechte. Eine Versöhnung des positiven Rechts und der Rechtsphilosophie, 2 Bände 1861, 2. Aufl. 1880; dazu *J.P. Meincke*, Ferdinand Lasalles Theorie des römischen Erbrechts, TRG XLVI (1978), 33–44. S. auch *R. Beyer*, Ferdinand Lasalles juristische Ader, NJW 1990, 1559.

höchst einflussreiches und offiziell mit absoluter Geltung ausgestattetes Resümee dieser Lehre unter dem Titel „Über historischen und dialektischen Materialismus" verfasst. Die weitere Ausbreitung des dialektischen Materialismus erfolgte dann mit der Ausbreitung des sowjetischen Imperiums infolge der Ergebnisse des Zweiten Weltkrieges in Osteuropa und dann nach dem Sieg *Mao Tse-Tungs* in China 1950 in den Ländern der Dritten Welt. Die von *Mao* vertretene Variante des Marxismus mit seiner Betonung des revolutionären Volkskrieges war in den Siebzigerjahren des 20. Jahrhunderts in der ganzen westlichen Welt bei der akademischen Jugend populär und in Millionen von (kostenlos verteilten) „Mao-Bibeln" verbreitet.

Damit einher ging bei vielen eine gewisse schwärmerische Verklärung des Staatssozialismus russischer und chinesischer Prägung, wobei man die bedeutenden Freiheits- und Wohlfahrtsverluste des „real vegetierenden Sozialismus", wie es der frühere Bundeskanzler Helmut Schmidt spöttisch umschrieb, nicht wahrhaben wollte. Bei der Jugend in den Ostblockstaaten selbst bestanden keine Illusionen dieser Art. In der DDR (bis 1990) und in allen Ostblockstaaten war für Jurastudenten ein einjähriges Pflichtstudium des Marxismus/Leninismus (ML) und damit des dialektischen Materialismus (Diamat) vor Aufnahme des eigentlichen Jurastudiums vorgeschrieben.

Die praktische Umsetzung der sozialistischen Planwirtschaft, die dienende Rolle des Rechts in diesem Wirtschaftssystem sowie das Scheitern dieses Systems und seine Ursachen sind oben (Rn 134 ff) kurz dargestellt.

2. Die Bewertung der philosophischen Grundpositionen des Marxismus

Es wurde schon erwähnt, dass die Lehren von *Karl Marx* und *Friedrich Engels* durch eine gewisse theoretische Unschärfe und ein Ausklammern wichtiger philosophischer Fragen gekennzeichnet sind und dass beides zum Erfolgsrezept dieser Lehren als vielseitig verwendbare und anpassungsfähige Ideologie gehört hat. Die Unschärfe und Mehrdeutigkeit vieler Aussagen erschwert die Kritik.

Marx hat den zweifellos wichtigen Hinweis gegeben, dass das menschliche Denken in einem großen Ausmaß von seinem gesellschaftlichen Sein, dh den tatsächlichen Lebensverhältnissen und den ihnen zu Grunde liegenden wirtschaftlichen Produktionsweisen, geprägt ist. Dieser Hinweis war seinerzeit neu und hat fruchtbare Denkanstöße vermittelt. Es ist bis heute fruchtbar, sowohl bei historischen Untersuchungen als auch bei der Orientierung in politischen Fragen die Frage zu prüfen, wie weit eine bestimmte Denkweise durch die tatsächlichen Lebensverhältnisse geprägt ist und sich bei deren Änderung selbst wieder verändern würde. Die Schwäche der Position liegt in ihrem absoluten Geltungsanspruch. Der zugrunde liegende **Materialismus**, der den Geist nur als „Epiphänomen" der Materie erklärt, also als vollständig von der materiellen Basis abhängig, ist unhaltbar. Er ist allen philosophischen Einwänden ausgesetzt, denen eine solche einseitige Lehre (Monismus) begegnen muss.

Was ein solches Epiphänomen ist, wird nicht erklärt; schon die einseitige Abhängigkeit des Geistes von der Materie ist unbewiesen und unbeweisbar. Es bleibt bei einer dogmatischen Setzung. Richtig ist lediglich die starke Beeinflussung des Denkens (Überbau) durch das gesellschaftliche Sein (Basis). *Marx* erkennt selbst Wechselwirkungen von Überbau und Basis an. Andernfalls könnte er überhaupt kein politisches Programm der Veränderung gesellschaftlicher Verhältnisse

§ 17   *Karl Marx (1818–1883): Staat, Klassenkampf und Utopie*

aufstellen, sondern müsste diese sich in einer Art Naturnotwendigkeit vollziehen lassen. Gerade das will er nicht, und sein Appell an die Praxis zur politischen Umsetzung seiner Forderungen ist ein Appell an freie Entscheidung und bewusste Gestaltung der Basis durch den menschlichen Geist.

Die Behauptung einseitiger Abhängigkeit des Denkens vom gesellschaftlichen Sein und insbesondere von der Zugehörigkeit zu einer bestimmten gesellschaftlichen Klasse hat dazu geführt, dass im Marxistischen Theoriebetrieb später jede Meinung, die nicht willkommen war, unter **Ideologieverdacht** gestellt wurde, dh als ein durch die Zugehörigkeit zu einer bestimmten Klasse (in Zweifel zur „Ausbeuterklasse") deformiertes Denken verworfen wurde, ohne dass man sich die Mühe einer fairen argumentativen Auseinandersetzung machte.

356   Die insbesondere von *Engels* vertiefte und später von *Lenin* und *Stalin* fortgeführte Lehre von der **Widersprüchlichkeit** der Natur (der Materie) als Seinsprinzip und Entwicklungsprinzip ist erkenntnistheoretisch nicht haltbar. Widersprüchlichkeit bedeutet, dass das logische Axiom von der Widerspruchsfreiheit des Denkens in der Natur aufgehoben sei, was zu einer völligen Unmöglichkeit, die Natur zu erkennen, führen würde. Die moderne Naturwissenschaft mit ihrer immer weiter fortschreitenden mathematischen Abbildung und Erklärung der materiellen Wirklichkeit wäre mit einer solchen Grundannahme nicht möglich. Jedes Reden über die Natur wäre letztlich sinnlos.

In manchen Passagen erscheint die Lehre von *Marx* und *Engels* aber nur auf die in der Natur ständig auftretenden Gegensätze (nicht: Widersprüche) Bezug zu nehmen, wie wir sie in den verschiedenen Enden eines räumlich ausgedehnten Körpers, den zwei Polen eines Magnetfeldes, oder dem biologischen Wechsel von Werden und Vergehen finden. Dies liefe dann auf eine Banalität hinaus. Demgegenüber bleibt festzuhalten, dass die Widersprüchlichkeit fester Bestandteil des Ideologiebetriebs des Marxismus war und beliebig zur **Mystifizierung** des eigenen Standpunktes und zur Abwehr von kritischen Einwänden ständig eingesetzt wurde.

Indem *Marx* nach dem Vorbild *Hegels* behauptet, auf Grund des historischen und dialektischen Materialismus den **historischen Entwicklungsprozess** der menschlichen Gesellschaft **zu durchschauen**, stellt er ein weiteres rein spekulatives, unbeweisbares und unbewiesenes Postulat auf. Brauchbar in der historischen oder zeitgenössisch-politischen Betrachtung kann der Marxismus allenfalls sein, wenn man den Hinweis auf die Bedeutung der Produktionsverhältnisse beachtet und ihn als eine (ggf. einseitige) Beleuchtung eines allerdings wichtigen Aspekts gesellschaftlicher Vorgänge ansieht. Irreführend und falsch wird er, wenn man ihn absolut setzt. Die These, den historischen Prozess durchschauen zu können, ist **irrational** und verlangt mehr Glauben als jede Religion.

Auf diesen Glauben wurde und wird in sozialistischen politischen Systemen der absolute Primat der Partei in allen Fragen der Politik und des ganzen staatlichen Lebens begründet. Die Partei leitet ihre Autorität daraus her, dass sie auf Grund des „wissenschaftlichen" Marxismus-Leninismus den Prozess der Geschichte angeblich durchschaut und auf Grund dieser Kenntnis die Interessen der arbeitenden Klasse und letztlich aller Menschen auf dem Weg zur klassenlosen Gesellschaft objektiv vertritt. Nur dem Außenstehenden mag es wunderlich vorgekommen sein, dass in der DDR bis zu ihrem Ende bei Feierlichkeiten der staatstragenden Sozialistischen Einheitspartei (SED) das Lied gesungen wurde: „Die Partei, die Partei, die hat immer recht".

In den Augen vieler Menschen hat die Lehre von *Marx* deshalb eine gewisse morali- **357** sche Überlegenheit, weil der Marxismus sich zum Anwalt der in elenden Verhältnissen lebenden, mit der Industrialisierung allmählich anwachsenden Masse der lohnabhängigen Arbeiter machte. Diesen sympathischen Zug teilt *Marx* und der Marxismus freilich mit vielen sozialistischen Schriftstellern und Politikern sowie mit Politikern und Autoren aus anderen Meinungslagern, welche auf die soziale Frage als die beherrschende Frage des Industriezeitalters hinwiesen und Abhilfe forderten und allmählich auch schufen. *Marx* steht hier nicht allein. Unrichtig ist seine Verelendungstheorie schon deshalb, weil in der Tat die Industrialisierung die Ernährung einer größeren Anzahl von Menschen ermöglichte (freilich unter erbärmlichen Bedingungen, die wir heute noch in Teilen der Dritten Welt finden) als die Wirtschaftsformen vorher und gerade deshalb ein Bevölkerungsanstieg zu verzeichnen ist. Nicht vorausgesehen hat *Marx*, dass die Gesellschaft in einem evolutionären Prozess allmählich schrittweise die Lage der arbeitenden Klassen verbesserte. Dass dies zum Teil in harten politischen Auseinandersetzungen erkämpft werden musste, lässt sich an der Geschichte der Gewerkschaften und der deutschen Sozialdemokratie und der christlichen sozialen Bewegungen in allen europäischen Ländern leicht ablesen. Unrichtig ist aber die These von *Marx*, dass die Verbesserung nur durch eine immer schärfere Krise und den dann folgenden gewaltsamen Akt der Revolution möglich sei.

Der Ruf nach Gewalt und revolutionärem Umsturz hat später im 20. Jahrhundert fürchterliche Realität angenommen; die Forderung nach der Diktatur des Proletariats wurde zur Rechtfertigung des Staatsterrors stalinistischer Prägung und des ganzen Sowjetsystems[28]. Man mag hier einwenden, dass ein Denker natürlich nicht für alle Untaten späterer Generationen verantwortlich gemacht werden kann, die sich auf seinen Namen berufen. Man sollte es aber auch nicht verschweigen, dass im Denken eines so wirkungsmächtigen Autors wie *Marx* bestimmte negative Ansätze, insbesondere die großzügige Rechtfertigung von Gewalt (Klassenkampf, Revolution, Diktatur des Proletariats) bereits angelegt sind und später tatsächlich argumentativ eingesetzt wurden.

Die Beschäftigung mit den marxistischen Grundpositionen und den nahe liegenden Einwänden gegen sie ist auch heute historisch keineswegs überholt. Denn ganze Generationen von Intellektuellen sind in der westlichen Welt von marxistischen Gedanken stark fasziniert gewesen. Die Nachwirkungen dieser Faszination sind noch allenthalben feststellbar und ein Fortleben dieses Ideenguts in der einen oder anderen Form ist zumindest mittelfristig einzurechnen.

---

28 *Stéphane Courtois*, Das Schwarzbuch des Kommunismus. Unterdrückung, Verbrechen und Terror, 5. Aufl. 1998.

§ 18 Das 20. und 21. Jahrhundert: Ethik und Recht als Erfahrung und Verständigung

I. Überblick. Philosophie und Rechtsphilosophie

1. Getrennte Wege

358 Während noch bei *Kant* und *Hegel* ebenso wie bei den früheren philosophischen Autoren die philosophischen Fragen des Rechts im Gesamtsystem der Philosophie mit behandelt werden, also als Teil der allgemeinen Philosophie erscheinen, spaltet sich im ausgehenden 19. und frühen 20. Jahrhundert die Rechtsphilosophie als eigenes, vorwiegend von den Juristen selbst betriebenes Fach ab. In der allgemeinen Philosophie finden Fragen des Rechts geringere Beachtung. Allerdings steht natürlich der Fachjurist, wenn er an die philosophischen oder allgemeintheoretischen Fragen des Rechts herangeht, weiterhin unter dem Eindruck und Einfluss der allgemeinen Philosophie und nimmt von dort her seine Ausgangspositionen.

2. Positivismus und Voluntarismus

359 Unter dem Eindruck der Erfolge der Naturwissenschaften gewinnt in den zweiten Hälfte des 19. Jahrhunderts der philosophische **Positivismus** großen Einfluss. Schon der französische Philosoph *Auguste Comte* (1798–1857) forderte, dass sich die Wissenschaft auf das „positiv Gegebene" beschränken müsse[29]. Der Begriff des Gegebenen bleibt dabei recht unscharf; gemeint ist die wahrnehmbare Erscheinung (Phänomenalismus). In die gleiche Richtung gehen Vorstellungen des englischen Philosophen *John Stuart Mill* (1806–1873), der in der Tradition des englischen Empirismus steht und in den augenblicklichen Wahrnehmungen das positiv Gegebene sieht. Die Grundanschauung des philosophischen Positivismus, der im 19. Jahrhundert großen Einfluss gewann, lässt sich wie folgt zusammenfassen: Wissenschaftliche Erkenntnis ist nur auf der Grundlage von Sinneswahrnehmungen möglich (Empirismus), die möglichst methodisch genau (durch Experiment und wissenschaftliche Beobachtung, insbes. Messungen) vorgenommen und erfasst werden; diese Erkenntnis besteht in der Verarbeitung dieser Sinneswahrnehmungen mithilfe der Logik und Mathematik. Alle darüberhinausgehenden wissenschaftlichen Erörterungen, insbesondere die Verfahren der so genannten Geisteswissenschaften, seien wissenschaftlich ungesichert, weil nicht exakt und daher letztlich nicht wissenschaftlich. Dieser Vorwurf trifft natürlich auch die Rechtswissenschaft, die bei ihren Interpretations- und Anwendungsmethoden geisteswissenschaftlich vorgeht. Verstärkt wurde dieser Angriff auf die Wissenschaftlichkeit der Geisteswissenschaften noch durch andere philosophische Strömungen, die im Bereich der Erkenntnis sittlicher Werte und im Hinblick auf Werturteile keine rationalen Erkenntnis- und Entscheidungsmethoden für möglich hielten.

---

29 Discours sur l'Esprit Positif; vgl die zweisprachige Ausgabe von I. *Fetscher*, 1956.

Auf dieser Grundlage entstand der **Rechtspositivismus**. Einer seiner prominentesten 360
Vertreter war *Bergbohm* (1849–1927)[30]. Danach ist Recht nur das positive Recht, das
vom Staat in einem Gesetzgebungsverfahren gesetzt ist. Dieses positive Recht beansprucht unbedingten Gehorsam; der rechtsanwendende Jurist hat über den Inhalt, Sinn
und Zweck der anzuwendenden Norm selbst kein Urteil. Bei der Anwendung des
Rechts ist daher auf die Absichten des Gesetzgebers und die Zwecke des Rechts sowie
seine soziale Funktion nicht zu achten; vielmehr muss die Anwendung sich auf die
grammatisch-logische Auslegung beschränken. Insgesamt wird die strenge Bindung
an den Gesetzestext gefordert (s. auch Rn 375 u. 452).

Die Zweifel an der Rationalität von Erkenntnisakten auf dem Gebiet der Geisteswissenschaften wie der Jurisprudenz haben aber auch zur entgegengesetzten Reaktion geführt. Es entstanden Rechtstheorien, welche bei der theoretischen Erfassung des
Rechts allein ihr Augenmerk auf den Vorgang der richterlichen Entscheidung und
Rechtsanwendung richten. Die ziemlich freie Entscheidung des Richters gebe den
Ausschlag (**Voluntarismus**). Dieser Standpunkt hat in den USA der Jurist *Oliver W.
Holmes* (1841–1935) und die sog. realistische Rechtstheorie eingenommen. In
Deutschland hat die sog. **Freirechtsschule** die Freiheit und Unabhängigkeit des Richters bei der Rechtsfindung betont[31]. Darin lag eine polemische Reaktion auf die neue
Kodifizierung des Privatrechts im BGB und auf den damit begründeten Primat des
Gesetzestextes. 361

3. Der Streit um die sozialen Zwecke des Rechts

Auch abgesehen von diesen Strömungen hat die Rechtswissenschaft unter dem Eindruck der These, dass Werturteile nicht rational und damit nicht wissenschaftlich begründbar seien, nach Wegen gesucht, in anderer Weise die Wissenschaftlichkeit der
Rechtswissenschaft neu zu begründen. Ein erster Schritt dazu war der Verzicht auf
jede philosophische Betrachtung der Grundfragen des Rechts, insbesondere die Gerechtigkeitsfrage, im Sinn der traditionellen Philosophie. Bei der Frage, wie man die
Rechtswissenschaft auf eine wissenschaftliche Basis stellen könnte, probierte man
zwei ganz verschiedene Wege aus. (1) Einige wollten sich darauf konzentrieren, das
Recht als soziales Phänomen zu betrachten und damit eine Rechtssoziologie zu entwickeln (Rn 61 f, 153–156). (2) Andere suchten eine „allgemeine Rechtslehre" zu entwickeln. Diese sollte die allgemeinen Denkkategorien und obersten Begriffe des
Rechts und ihre systematischen Verfahren möglichst exakt darstellen und dadurch den
Nachweis der Wissenschaftlichkeit der Rechtswissenschaft erbringen. 362

Die letztere Betrachtungsweise des Rechts findet sich lange vor dem hier betrachteten Zeitabschnitt bereits in der utilitaristischen Rechtstheorie (**Utilitarismus**; oben Rn 320, 322) des englischen Juristen *Bentham* und seines Schülers *Austin* (1790–1859). In Deutschland gehört auch die
von *Kelsen* begründete **Reine Rechtslehre** zur letzteren Betrachtungsweise (Rn 157 f).

---
30 Jurisprudenz und Rechtsphilosophie, 1892.
31 Zur Freirechtsschule vgl auch oben Rn 156.

4. Neukantianismus und richtiges Recht

363 Auch die Philosophie *Kants* gewann im 20. Jahrhundert wieder an Einfluss und auf der Grundlage des **Neukantianismus** entstanden neue rechtsphilosophische Ansätze. Dabei wurde zunächst die These hingenommen, dass Werturteile (und insoweit auch Rechtsnormen) nicht rationaler Begründung und damit nicht wissenschaftlicher Erkenntnis zugänglich seien. Man suchte aber, insofern über den Rechtspositivismus und die Reine Rechtslehre hinausgehend, eine feste philosophische Begründung für das Recht und die Rechtswissenschaft dadurch zu finden, dass man mit den Methoden *Kants* nach den apriorischen Vernunftstrukturen des Rechtsdenkens fragte. Diese wurden ganz im Sinne *Kants* als rein formal aufgefasst. Man versuchte auf dieser Basis, ausgehend von den rechtlichen Begriffen, die in den Normen verwendet werden, zu Oberbegriffen fortzuschreiten und schließlich die obersten Begriffe und Denkformen des Rechts als Ausdruck der Rechtsidee herauszuarbeiten.

Als **Beispiel** dieses Ansatzes kann die Marburger Schule und ihr bekanntester Vertreter, *Stammler* (1856–1938) genannt werden. *Stammler* sucht in ähnlicher Weise, wie wir das schon im kategorischen Imperativ *Kants* finden, oberste formale Sätze der **Richtigkeit des Rechts** aufzufinden und zu formulieren.

364 Einer der bedeutendsten Vertreter des neukantianischen Ansatzes wurde *Gustav Radbruch* (1878–1949), der der sog. „Südwestdeutschen Schule" angehört. Er befasste sich eindringlich mit der Frage des richtigen und gerechten Rechts, das sich nur anhand oberster Rechtswerte oder Rechtszwecke beurteilen lässt. *Radbruch* bleibt freilich bei der allgemein verbreiteten Auffassung stehen, dass sich darüber keine allgemein gültigen, wissenschaftlich beweisbaren Aussagen machen lassen. Er will aber zumindest mit wissenschaftlichen Methoden das Verhältnis der positiven Rechtsordnung zu diesen Werten und die Art und Weise, wie das Recht bestimmte Rechtszwecke verwirklicht, aufklären.

Dabei analysiert er mögliche Höchstwerte des Rechts (Freiheit, Macht, Kultur). Er bleibt aber dabei, dass man diese Werte zwar erkennen, aber nicht wissenschaftlich begründen könne (Wertrelativismus). Erst nach dem zweiten Weltkrieg hat sich *Radbruch* unter dem Eindruck der Unrechtstaten der Hitlerdiktatur deutlicher zur Allgemeingültigkeit und Unabdingbarkeit bestimmter Gerechtigkeitsprinzipien bekannt[32].

5. Neue Wege

365 In den vorgenannten Strömungen und Ansätzen wirken Denkweisen des 19. Jahrhunderts fort; sie spielen im Rechtsdenken bis heute eine gewisse Rolle. Aber sie sind nicht eigentlich charakteristisch für das Rechtsdenken im 20. Jahrhundert. Hier kommen andere Denk- und Sichtweisen ins Spiel. Diese knüpfen zwar – wie fast alle Philosophie und Rechtstheorie – an historisch ältere Gedanken an, geben ihnen aber eine neue Form und ein neues Programm. Es handelt sich um die Hermeneutik (Rn 366 f),

---

32 *Radbruch*, Vorschule der Rechtsphilosophie, 1948; 2. Aufl. 1959. S. auch Rn 413 f, 428.

die Phänomenologie und materiale Wertethik (Rn 368 ff) und die Kommunikations- und Argumentationstheorien (iF Rn 383 ff). Ferner ist hier die Fortführung der immer wieder auflebenden Naturrechtstheorie zu nennen (iF Rn 375 ff).

II. Hermeneutik als geisteswissenschaftliche Methode (Wilhelm Dilthey)

Wilhelm Dilthey (1833–1907) aus Biebrich am Rhein war nach umfassenden geisteswissenschaftlichen Studien (Theologie, Philosophie, Philologie, Geschichte) Professor in Basel, Kiel, Breslau und Berlin. Seine bedeutende Leistung liegt in der Erforschung und Herausarbeitung der Methoden der Geisteswissenschaften in Abgrenzung zu den Naturwissenschaften, die zu seiner Zeit den Begriff der Wissenschaft im allgemeinen Bewusstsein fast allein in Anspruch nahmen[33]. 366

Dilthey ist in seinem Ausgangspunkt von der so genannten Lebensphilosophie bestimmt, die von *Bergson* (1859–1941) und *Blondel* (1861–1949) begründet ist und das Leben als einmaligen, dynamischen Prozess in den Mittelpunkt ihrer Betrachtungen gestellt hat. Sowohl die Verengung der Erkenntnismöglichkeiten im Sinne eines Positivismus als auch andererseits der Rückgriff auf eine Metaphysik werden dabei abgelehnt. Dies sind auch die Ausgangspunkte für *Dilthey*, der das Leben aus dem Leben erklären will, also ohne Metaphysik, aber auch ohne Beschränkung auf naturwissenschaftlich-positivistische Methoden. Von dieser Grundlage aus wird er Begründer eines neuen und vertieften Methodenbewusstseins der Geisteswissenschaften als eines eigenständigen Bereichs menschlicher Erkenntnismöglichkeiten.

Sein zentraler Begriff ist dabei das **Verstehen**. Gegenstand der Geisteswissenschaften sind Äußerungen anderer Menschen (insbesondere Texte), also Äußerungen des menschlichen Geistes. Diese Tatbestände sind „uns von innen verständlich". Denn: „Nur was der Geist geschaffen hat, versteht er". Das Verstehen wird nicht nur von der rational arbeitenden Vernunft iS der Aufklärungsphilosophie (*Kants*) geleitet, sondern der ganze Mensch ist daran als „wollend, fühlend, vorstellendes Wesen" beteiligt. Auf dieser Grundlage entwickelt *Dilthey* eine Methodologie der **Hermeneutik** (aus dem Griechischen: Kunst des Auffindens; teilweise zu übersetzen mit Interpretationslehre) als einer **verstehenden Methode**, welche die geschichtliche Einmaligkeit des untersuchten Textes herausarbeitet und in kulturvergleichender und historisch vergleichender Methode Typen als Instrumente des Verstehens entwirft. 367

Die verstehende Methode in den Geisteswissenschaften, wie sie *Dilthey* entwickelt hat, ist hier bis heute von großer Nachwirkung und hat auch die Rechtsphilosophie beeinflusst. Das große Verdienst *Diltheys* liegt in der Herausarbeitung der Eigenständigkeit der Geistes- und Kulturwissenschaften im Unterschied zur Naturwissenschaft. Entsprechend seinem lebensphilosophischen Ausgangspunkt und seiner Betonung des Individuellen bleibt *Dilthey* allerdings bei einem Wertrelativismus stehen. Eine objektive Vorgegebenheit und Ordnung sittlicher Werte, die allgemeine

---

33 Einleitung in die Geisteswissenschaften, 1883; Ideen über eine beschreibende und zergliedernde Psychologie, 1894 (mit dem Eingangskapitel: Die Aufgabe einer psychologischen Grundlegung der Geisteswissenschaften); Die Entstehung der Hermeneutik, 1900; Der Aufbau der geschichtlichen Welt in den Geisteswissenschaften, 1910.

Gültigkeit beansprucht, gibt es bei ihm nicht. Ob man aber über Einmaligkeit sinnvoll reden kann, hat *Georg Simmel* (1858–1918) in Kritik an *Dilthey* mit Recht bezweifelt. Es ist denn auch nicht dieser Aspekt im Denken *Diltheys*, sondern die genannten methodologischen Überlegungen und die Typenbildung, die aus *Diltheys* Werk weiterleben.

III. Materiale Wertethik (Scheler, Hartmann)

1. Materiale Wertethik als philosophische Fragestellung

368 Als materiale Wertethik oder Güterethik versteht man eine Lehre vom ethisch (sittlich) richtigen Handeln, die sich an inhaltlichen (= „materialen" im Gegensatz zu rein formalen) ethischen Werten oder Gütern orientiert. Eine solche Güterethik findet sich bei *Platon*, in der berühmten nikomachischen Ethik des *Aristoteles* und in der ganzen klassischen Philosophie bis zur Neuzeit. Die philosophische Frage, ob man allgemein gültige und wissenschaftlich ernst zu nehmende Aussagen inhaltlicher Art auf dem Gebiet der Ethik machen könne, ist im 20. Jahrhundert erneut gestellt und von Philosophen verschiedener Strömungen bejaht worden.

Um die Bedeutung dieses Ansatzes zu verstehen, sei zunächst kurz auf die Schwierigkeiten für eine solche Position hingewiesen, die sich aus dem philosophiegeschichtlichen Diskussionsstand ergaben.

(1) Allgemeine Aussagen inhaltlicher („materialer") Art auf dem Gebiet der Ethik setzen deren Begründung in einer wissenschaftlich tragfähigen Lehre vom Sein (Ontologie) voraus. Seit dem englischen Empirismus hatte sich jedoch in Europa die Auffassung verbreitet, dass eine solche Ontologie (Metaphysik) wissenschaftlich nicht begründbar sei. Wir haben gesehen, dass auch *Kant* diese Auffassung übernommen hatte. Nur im absoluten Idealismus von *Hegel* finden wir eine neuartige ontologische Begründung des Sittlichen. *Hegels* Position hatte aber bereits um die Mitte des 19. Jahrhunderts ihre unmittelbare Wirkung vollständig verloren.

(2) *Kant* hatte den Verzicht auf eine ontologische Begründung der Ethik akzeptiert und damit den Verzicht auf jede inhaltliche Aussage allgemein gültiger Art auf diesem Gebiet. Dagegen hielt er allgemein gültige Aussagen formaler Art für möglich und begründete dies durch den eindrucksvollen Hinweis auf das sittliche Bewusstsein des Menschen als den Bereich der Freiheit und Pflicht mit seiner Eigengesetzlichkeit.

(3) In Westeuropa wurde der Weg *Kants* überwiegend nicht beschritten. Vielmehr herrschte unter dem Eindruck des Empirismus und Positivismus der Zweifel vor, auf dem Gebiet der Ethik überhaupt allgemeine Aussagen machen können. Gleichwohl blieb die aufklärerische Vorstellung vom Menschen als Vernunftwesen maßgebend. Vernunft ist hier reduziert auf die Fähigkeit, durch Übereinkunft (Konvention, Staatsvertrag) zum eigenen und allseitigen Nutzen generell anerkannte Maßstäbe der Ethik und des Rechts in der menschlichen Gesellschaft festzusetzen (Utilitarismus).

369 (4) Auch diese sehr enge und vorsichtige Auffassung von der Kraft der menschlichen Vernunft wurde in der zweiten Hälfte des 19. Jahrhunderts durch ein neues, psychologistisches Menschenbild weiter reduziert und in Frage gestellt. Die nähere Beschäftigung mit dem Menschen als dem erkennenden Subjekt, die in *Kants* großem Werk im Mittelpunkt steht, führte allmählich zu einer eindringlicheren Beschäftigung mit dem menschlichen Seelenleben und der Feststellung, dass dieses von Trieben beeinflusst oder gar beherrscht wird. Schon in der Philosophie *Schopenhauers* (1788–1860) wird die Bedeutung des Willens, zugleich aber dessen Abhängig-

keit vom Triebleben, insbesondere vom Sexualtrieb, betont[34]. Diese Hinweise fanden dann im ausgehenden 19. Jahrhundert stärkere Beachtung. *Sigmund Freud* (1856–1939), der in *Schopenhauer* ein Vorbild und einen Vorläufer sah, hat in der von ihm begründeten Psychoanalyse ein Bild vom menschlichen Seelenleben gezeichnet, das weitgehend von Trieben, insbesondere dem Sexualtrieb, gesteuert sei, sodass der Mensch nur noch sehr begrenzt „Herr im eigenen Haus" seines Seelenlebens sei. Dieses Menschenbild ist zusammen mit der Psychoanalyse dann in der ganzen westlichen Welt sehr populär geworden. Die damit einhergehenden psychologistischen Zweifel an der Leistungsfähigkeit der menschlichen Vernunft zur Erkenntnis der Wirklichkeit und zum richtigen Handeln wurden noch verstärkt durch den starken Eindruck, den die Abstammungslehre von *Charles Darwin* (1809–1882) machte, indem sie den Menschen abstammungsmäßig in die Nähe zum Tier rückte[35].

2. Max Scheler (1874–1928): Phänomenologie und materiale Wertethik

Die „radikale Überwindung des Psychologismus in der Theorie der Vernunft" wurde   370
um 1900 das Programm des von *Edmund Husserl* (1859–1938) begründeten Phänomenologie[36]. Dieses Programm verkündete die Abwendung von der Beschäftigung der Philosophie mit dem erkennenden Subjekt, das seit *Kant* im Mittelpunkt der Aufmerksamkeit gestanden hat, und die Hinwendung zu dem Erkenntnisobjekten, wie sie in ihren Erscheinungen (Phänomenen) dem Menschen entgegentreten. Dieses methodische Programm des „Zurück zu den Sachen" hat gerade wegen seiner Offenheit starken Einfluss auf die Philosophie des 20. Jahrhunderts genommen und Anhänger in verschiedenen philosophischen Schulen gefunden.

Max Scheler wandte die schauende und beschreibende Methode der Phänomenologie auf die Fragen der Ethik an. Die intuitive Erfassung des Wesentlichen („Wesensschau"), die *Husserl* im Erkenntnisakt beschreibt, wird von *Scheler* auf **ethische Werte** angewendet. Diese ethischen Werte sind weder identisch mit materiellen Gütern noch mit seelischen Vorgängen (psychischen Akten), sondern Qualitäten eigener Art und nicht vom einzelnen Individuum, seinem Erkennen und Wollen, abhängig. Der Mensch erlebt die Werte emotional (**Wertfühlen**). Aber dies bedeutet bei *Scheler* nicht die Abhängigkeit der Werte von psychologischen Vorgängen, sondern umgekehrt erkennt und fühlt der Mensch die Werte, weil sie objektiv vorgegeben sind und er von ihnen angezogen wird. Auf diese Weise entwirft *Scheler* eine materiale (dh durch Inhalte bestimmte, inhaltlich erkennbare) Wertethik, die er der formalen Ethik *Kants* entgegenstellt[37].

Scheler entwirft eine deskriptive und genetische Psychologie der Sympathieerscheinungen und der Formen der Liebe. Er zeichnet das Bild der ethischen Werte als eines

---
34 Die Welt als Wille und Vorstellung, 1818.
35 On the Origin of Species by Means of Natural Selection, or Preservation of Favoured Races in Their Struggle for Life, 1859; The Descent of Man, and Selection in Relation to Sex, 1871. Vgl auch oben Rn 80.
36 Logische Untersuchungen, 1900.
37 Der Formalismus in der Ethik und die materiale Wertethik, 1913–16, 4. Aufl. 1954; Wesen und Formen der Sympathie, 2. Aufl. 1923 (1. Aufl. 1913 unter dem Titel: Phänomenologie des Sympathiegefühle).

objektiv vorgegebenen Systems mit Rangstufen, das von den sinnlichen Werten (angenehm/unangenehm) über die vitalen (edel/gemein) und geistigen (gut/böse, schön/hässlich, wahr/falsch) bis zu den Werten des Heiligen und Profanen reicht. Die Lehre von den ethischen Werten steht in enger Beziehung zur Theorie der Person. Das Besondere der menschlichen Person im Unterschied zu anderen Lebewesen sieht er darin, dass der Mensch ständig im Hinblick auf ethische Werte (die er bejaht oder verneint) handelt und sich dadurch selbst gestaltet.

Scheler hat seine Position in zeitweilig sehr starker Nähe zum katholischen Christentum entwickelt, sich später davon aber wieder distanziert und in einer eher pessimistischen Wendung seiner Gedanken darauf hingewiesen, dass der menschliche Geist, der zu den höchsten ethischen Werten strebt, durch die Triebe und durch äußere Machtfaktoren seiner Lebensverhältnisse beschränkt und behindert werde (**Ohnmacht des Geistes**). Er unterscheidet dazu in der menschlichen Psyche vier Schichten entsprechend dem Stufenbau der organischen Natur: Gefühlsdrang, Instinkt, assoziatives Gedächtnis und praktische Intelligenz, und als vierte Stufe die eigentliche geistige Tätigkeit, zu der auch das Erkennen der ethischen Werte und das Streben danach gehört[38].

3. Paul Nicolai Hartmann (1882–1950): Realismus und materiale Wertethik

371 Den Entwurf einer materialen Wertethik finden wir auch bei *N. Hartmann*, der in Marburg, Köln, Berlin und Göttingen lehrte und in der ersten Hälfte des 20. Jahrhunderts großen Einfluss gewann. Bei ihm ist der Zusammenhang dieser Ethik mit einer allgemeinen Lehre vom Sein (Ontologie) noch deutlicher. Diese Ontologie wird ebenso wie bei *Husserl* und *Scheler* in Abkehr vom Neukantianismus so verstanden, dass die philosophische Beschäftigung mit der Erkenntnis es nicht mit Bewusstseinsinhalten allein, sondern mit einem Erfassen der Erkenntnisobjekte durch den menschlichen Geist zu tun habe[39]. *Hartmann* bezeichnet es als seine Grundauffassung,

dass Erkenntnis nicht ein Erschaffen, Erzeugen oder Hervorbringen des Gegenstandes ist, wie der Idealismus alten und neuen Fahrwassers uns belehren will, sondern ein Erfassen von etwas, das auch vor aller Erkenntnis und unabhängig von ihr vorhanden ist.

372 *Hartmann* betont die Ausrichtung des menschlichen Geistes auf die Außenwelt, auf die vorgegebenen Erkenntnisobjekte, lehnt freilich die Grundvorstellung der alten Metaphysik ab, dass das menschliche Denken der Wirklichkeit voll entspreche. Unser Denken sei vielmehr ein Denken in Problemen und nur zur Erkenntnis von Ausschnitten der Wirklichkeit befähigt. In seiner Lehre von der Wirklichkeit (**Ontologie**) entwirft er das Bild eines Stufenaufbaus der Außenwelt. Diese baue sich aus vier Seinsschichten auf, dem physischen, dem organischen, dem seelischen und schließlich dem geistigen Sein[40]. Die höheren Seinsstufen ruhen auf den niederen: der menschliche Geist auf dem seelischen Leben, die Seele auf dem Organismus, der Organismus wieder auf den physikalischen Stoffen, aus denen er sich zusammensetzt. Nach *Hartmann* sind die niederen Seinsstufen die stärkeren (sog. Gesetz der Stärke). Gleichwohl sind

---

38 Die Stellung des Menschen im Kosmos, 1928.
39 Grundzüge einer Metaphysik der Erkenntnis, 1921.
40 Der Aufbau der realen Welt, 1940; Die Philosophie der Natur, 1950.

die höheren Seinsstufen, die auf ihnen aufbauen, in gewisser Weise autonom. Auf diese Weise kann er das Phänomen der Menschlichkeit als Äußerung des Geistes erklären.

In diesem einfachen Erklärungsschema lässt sich ein Bild vom Menschen (**Anthropologie**) unterbringen, das sowohl das materielle wie das geistige Sein voll berücksichtigt und in dem aristotelisches Gedankengut (s. oben Rn 255 u. 256) wiederkehrt. Es ist leicht einzusehen, dass der Mensch in seiner Körperlichkeit natürlich den physikalischen Gesetzen ebenso unterliegt (zB den Fallgesetzen) wie denen der Biologie, wie sie insbesondere die Medizin erforscht, und dass darauf aufbauend ein eigengesetzliches seelisches Leben möglich ist, das wiederum Gegenstand der Psychologie ist, und dass ferner die menschliche Seele sich geistig äußert, was *Hartmann* dann als oberste Seinsschicht der geistigen Tätigkeit unterscheidet[41]. Die Autonomie der höheren Seinsschichten lässt sich veranschaulichen, wenn man die Überformung der physikalischen Gesetze durch die biologischen im Wachstum von Pflanzen und Tieren studiert, die **Autonomie des Geistigen** darin, dass der Mensch durch willkürliche Handlungen auf Grund geistiger Erkenntnis- und Entscheidungsakte die Umwelt gestalten kann. Das so genannte Gesetz der Stärke (der niederen Seinsschichten gegenüber den höheren, also auch des Körpers gegenüber dem Geist) wird in der Abhängigkeit jedes Menschen von seiner körperlichen Befindlichkeit deutlich. Gleichwohl bleiben Zweifel am letztgenannten Gesetz, wenn man die Selbstständigkeit von Handlungen, mit denen auch die Umwelt (und damit die niederen Seinsschichten) gestaltet und unterworfen werden, betrachtet. Dieses Gesetz der angeblichen Stärke der niederen Seinsschichten, das auch bei *Scheler* begegnet, ist daher Einwänden ausgesetzt, die zB bei *Alois Wenzl* mit Recht erhoben wurden.

In seiner materialen Wertethik entwirft *Hartmann* ein Bild **ethischer Werte**, das an die klassische Tugendlehre in der nikomachischen Ethik des *Aristoteles* anknüpft, christliche Werte wie Nächstenliebe, Wahrhaftigkeit, Demut, Leidensfähigkeit und andere aufgreift und als Phänomene schildert, die auf objektiv dem Menschen vorgegebene Werte hinweisen. Eine Relativität der ethischen Werte, dh einer Abhängigkeit vom subjektiven Fühlen des Einzelnen, wird abgelehnt. Zuzugeben sei lediglich eine Unterschiedlichkeit der Wahrnehmungen, was aber die Objektivität der Werte nicht aufhebe. Diese Objektivität der Werte ist von ihm freilich nur gemeint im Sinne einer Unabhängigkeit vom subjektiven Belieben. Die ethischen Werte realisieren sich in den Handlungen der Menschen[42].

373

4. Auswirkungen und Bedeutung

Die materiale Wertethik hat verständlicherweise in der Rechtsphilosophie Aufmerksamkeit gefunden; sie wurde in der Naturrechtsdiskussion (iF Rn 375 ff) in der zweiten Hälfte des 20. Jahrhunderts beachtet und verarbeitet. Unabhängig davon hat der methodische Ansatz der Phänomenologie in der Philosophie vielfältige Resonanz und Fortwirkung erfahren. Gemeint ist damit der Kerngedanke, dass man die ethischen Werte als etwas Eigenständiges, objektiv Vorgegebenes begreifen müsse, das unab-

374

---

41 Die von *Hartmann* getroffene Unterscheidung von Seele und Geist ist freilich problematisch und dunkel. Sie entspricht nicht der aristotelischen Anthropologie. Die Unterscheidung ist aber jedenfalls insofern möglich, als wir irrationale und vernünftige Äußerungen der menschlichen Seele unterscheiden können.
42 Ethik, 1925, 2. Aufl. 1935; Das Problem des geistigen Seins, 1933.

hängig vom sittlichen Bewusstsein des einzelnen Menschen besteht. Nur als Beispiel unter vielen für diese Fortwirkung seien die Arbeiten von *Paul Ricoeur* (geb. 1913) genannt, der psychoanalytische und hermeneutische[43] Ansätze verwendet, um ethische Grundphänomene (das Begehren, das Böse, die Schuld, die Liebe) sichtbar zu machen[44].

Die Frage einer Ontologie, wie wir sie bei *N. Hartmann* finden, ist eine allgemeine Fragestellung der Philosophie dieses Jahrhunderts geblieben. Zwar hat die recht vorsichtige Ontologie von *Hartmann* keine Schule begründet und ist im immer schneller sich entwickelnden Schulbetrieb der Philosophie sozusagen derzeit kaum noch aktuell. Andere Schulen traten in den Vordergrund, so die Existenzialphilosophie (*Martin Heidegger, Jean Paul Sartre* ua), die ein lebhaftes Interesse an der Metaphysik postuliert, aber keine Ontologie systematisch entwickelt hat, und andere Schulen, die kaum Interesse an dieser Frage zeigen, wie verschiedene Spielarten der Hermeneutik oder die eher soziologisch ausgerichtete Systemtheorie. Über die eher vorsichtige Ontologie von *Hartmann* hinaus gingen eine Reihe von Philosophen des sog. kritischen Realismus wie *Becher* (1882–1929) und *Aloys Wenzl* (1887–1970). Sie haben von naturwissenschaftlichen Überlegungen ausgehend eine induktive Metaphysik entwickelt, die bei *Wenzl* auch eine ausgebildete Ethiklehre (als Phänomenologie, Tugendlehre und Lehre von der menschlichen Freiheit) umschließt und in manchem eine Fortentwicklung der Positionen von *Hartmann* darstellt. Der amerikanische Philosoph *Alfred North Whitehead* (1861–1947) hat ebenfalls von der Mathematik und den Naturwissenschaften seinen Ausgang genommen und eine philosophische Ontologie entwickelt, die er bewusst an die platonische Philosophie angelehnt hat[45].

Die genannten Hinweise sind schon deshalb hier nicht zu vertiefen, weil sie keine unmittelbare Beziehung zur rechtsphilosophischen Diskussion aufweisen. Gleichwohl besteht eine grundsätzliche Beziehung. Sie liegt darin, dass die zeitgenössische Philosophie die Welt außerhalb des erkennenden Individuums wieder zum Gegenstand ihres Interesses gemacht hat und dass wenigstens bei wichtigen, keinesfalls bei allen, philosophischen Ansätzen die Eigenständigkeit der Ethik als objektive Wertordnung wieder in den Blick gerückt ist. Ein Ertrag all dieser Ansätze ist die Offenheit des menschlichen Erkennens für das objektiv Vorgegebene sittlicher Maßstäbe.

IV. Naturrechtsdenken und die Theorien unverfügbarer Rechtsgrundsätze

Literatur: *H. Rommen,* Die ewige Wiederkehr des Naturrechts, 2. Aufl. 1947; *H. Coing,* Die obersten Grundsätze des Rechts. Versuch zu einer Neubegründung des Naturrechts, 1947; *ders.,* Grundzüge der Rechtsphilosophie, 1. Aufl. 1950, 5. Aufl. 1993; *J. Messner,* Das Naturrecht, 1950; *K. Kühl,* Rückblick auf die Renaissance des Naturrechts nach dem 2. Weltkrieg, in: *Köbler/Heinze/Schapp,* Geschichtliche Rechtswissenschaft (Freundesgabe A. Söllner) 1990, S. 331–357; *A. Kaufmann,* Die Naturrechtsrenaissance der ersten Nachkriegsjahre – und was daraus geworden ist, in: FS St. Gagnér, 1991, S. 105 ff.

---

43 Zur Hermeneutik oben Rn 366 f und unten Rn 408.
44 Philosophie de la volonté, 1950–60.
45 The Function of Reason, 1929; Process and Reality. An Essay in Cosmology, 1929; Adventures of Ideas, 1933.

1. Totalitärer Rechtsmissbrauch und die Kritik des Rechtspositivismus

Das totalitäre Naziregime 1933–45 hat in Deutschland zu einer Perversion auch der Rechtsordnung in einem bis dahin unvorstellbaren Ausmaß geführt[46]. Dazu gehört der Erlass offensichtlich ungerechter Gesetze, wie den rassistisch diskriminierenden Nürnberger Gesetzen von 1935 gegen die Juden, diskriminierende Urteile gegen Juden und gegen Regimegegner in allen Bereichen der Justiz, eine große, sich im Krieg immer mehr steigernde Zahl von Todesurteilen unter missbräuchlicher Anwendung des harten Kriegsstrafrechts, und ein blinder Befehlsgehorsam vieler Amtsträger in allen Bereichen der Staatstätigkeit bei der Ausführung ungerechter und unmenschlicher Maßnahmen. Nach dem Krieg beriefen sich viele der Übeltäter nicht nur auf den tatsächlich bestehenden Befehlszwang und die Furcht vor eigener Bestrafung, sondern auf angeblich oder tatsächlich bestehendes Recht. Hier tauchte die Frage auf, ob dies als Rechtfertigung anerkannt werden könnte (dazu unten Rn 428 ff). Dies führte zu der weiteren Frage, ob es jenseits des damals geltenden Rechts unverfügbare, vorgegebene Maßstäbe der Gerechtigkeit gibt, denen auch der Gesetzgeber unterworfen ist, sodass ein Gesetz, das diese Grundsätze verletzt, keine Geltung beanspruchen kann.

375

Seit der Überwindung des sog. jüngeren Naturrechts im 18. Jahrhundert (Rn 142 f; 323) hatte man überwiegend die „wissenschaftliche" (philosophische) Feststellbarkeit solcher Maßstäbe verneint. Allenfalls eine formale Formulierung oberster Rechtsgrundsätze iS des kategorischen Imperativs hat man für wissenschaftlich zulässig und möglich gehalten (oben Rn 330 ff, 334 ff; Rn 363). Der Rechtspositivismus (Rn 360) hatte jeden Rückgriff auf übergeordnete Maßstäbe der Gerechtigkeit, die nicht im positiven Recht selbst beschlossen sind, bei der Rechtsanwendung ausgeschlossen. Danach hat der Richter oder Beamte oder der Staatsbürger auch das ungerechte Gesetz anzuwenden. Man hat nach 1945 die geistige Wehrlosigkeit des Justizsystems in Deutschland gegenüber dem Nationalsozialismus zum Teil mit der Erziehung der Juristen zu diesem rechtspositivistischen Denken erklärt. Diese Kritik fand ihre wichtigste theoretische Stütze in der Wiederbelebung des Naturrechtsdenkens (iF Rn 377).

Die Kritik am Rechtspositivismus ist in vielem berechtigt. Sie bedarf aber in verschiedener Hinsicht der Eingrenzung. (1) Erstens wäre es ganz unhistorisch zu glauben, der Rechtspositivismus sei sozusagen eine Hauptursache des moralischen Elends des Nationalsozialismus.

376

Dies hieße, die politische Dynamik und verbrecherische Energie dieser Bewegung in grotesker Weise zu unterschätzen. Wahr ist, dass blinder Gesetzesgehorsam viele Unrechtshandlungen der Nazizeit zu bemänteln half. Wahr ist aber auch, dass einzelne Richter und Beamte gerade durch das Festhalten am Buchstaben des Gesetzes einzelnes Unrecht verhindern konnten. Unrecht im Nazistaat geschah zwar auch durch positivistischen Gesetzesgehorsam, aber hauptsächlich auf zwei anderen Wegen: (a) Einmal ist der Einbruch der (freilich sehr verschwommenen) politischen Ideologie der Nazis zu berücksichtigen, der Richter und Beamte zu Unrecht und **Rechtsbeugung** verleitete[47]. Dabei handelte es sich um ein Denken, das (überwiegend)

---

46 F. v. Hippel, Die Perversion von Rechtsordnungen, 1955; I. Müller, Furchtbare Juristen, 1987; M. Stolleis, Recht im Unrecht. Studien zur Rechtsgeschichte des Nationalsozialismus, 1994.
47 Zur Bedeutung der Ideologie B. Rüthers, Die unbegrenzte Auslegung. Zum Wandel der Privatrechtsordnung im Nationalsozialismus, 1968, 4. Aufl. 1991.

nicht dem positiven Gesetz zu entnehmen war und mit den Feinheiten juristischer Methodenfragen nichts mehr zu tun hat[48]. (b) Häufig geschah aber Unrecht völlig **außerhalb der Rechtsordnung** überhaupt. Die Massenmorde an Juden und anderen Verfolgten sind nicht auf irgendeinen Paragraphen gestützt. Sie waren vielmehr staatlich organisierte Verbrechen, die (als „geheime Reichssache") zumindest in ihren mörderischen Konsequenzen vor der Bevölkerung geheim gehalten wurden.

(2) Ferner muss man sich darüber im Klaren sein, dass Naturrecht und positives Recht keine Gegensätze sind (s. auch Rn 454 ff). Es ging und geht in der älteren und neueren Naturrechtsdiskussion, wie sie sich seit der Antike entwickelt hat, nur darum, vorgegebene ethische Maßstäbe zu erkennen, um die Schaffung ungerechten Rechts oder die ungerechte Anwendung von Recht zu verhindern und das Recht in Einklang mit diesen Maßstäben zu halten.

2. Naturrechtsrenaissance: Die obersten Grundsätze des Rechts (H. Coing)

377 Die Wiederbelebung des Naturrechtsdenkens nach dem 2. Weltkrieg[49] entsprang nicht nur der Kritik am Rechtspositivismus iS eines blinden Gesetzesgehorsams, sondern ganz allgemein dem Bedürfnis nach einer Neuorientierung und sittlichen Letztbegründung des Rechts. Die Neuorientierung griff auf den traditionsreichen Begriff des Naturrechts zurück, wie er sich in der europäischen Philosophie von der Antike bis zur Neuzeit entwickelt hat[50]. Gemeint war das Naturrecht in seiner christlichen Ausprägung (Rn 142, 284 f).

Nur der Begriff des christlichen Naturrechts ist einigermaßen eindeutig. Ebenso wie der Begriff der „Natur" (des Menschen) kann nämlich auch der Begriff des Naturrechts, wie wir oben sahen, sehr verschieden aufgefasst werden. Schon *Platon* hat seiner eigenen Auffassung von der Gerechtigkeit und der Idee des Guten die Gegenposition der Sophisten gegenübergestellt: danach ist Naturrecht das Recht des Stärkeren (Rn 237). Das ist ein Gedanke, den wir so ähnlich auch in der Ideologie des Nationalsozialismus wieder finden. Auch der Marxismus enthält in der behaupteten historischen Gesetzlichkeit des Klassenkampfes und dem daraus abgeleiteten Programm der Revolution zur Schaffung des sozialistischen Paradieses eine Art unausgesprochenes Naturrecht zur Gewaltanwendung (Rn 357). Sehr eindrucksvoll hat *Hobbes* in ähnlicher Weise den Naturzustand als Kampf aller gegen alle beschrieben (Rn 317). Demgegenüber steht schon seit *Platon* ein Begriff des Naturrechts, der von der Vernunft des Menschen ausgeht und seine Fähigkeit bejaht, die Idee des Guten zu erkennen und sich an der sittlichen Natur des Menschen zu orientieren (Rn 237 ff). Diese Auffassung wurde in die Tradition des christlichen Naturrechts aufgenommen.

378 Für die Naturrechtsrenaissance nach 1945 ist zunächst *Gustav Radbruch* zu nennen. Bemerkenswert an seiner Position ist vor allem, dass er ursprünglich die Erkennbarkeit objektiver und inhaltlicher Grundsätze des Rechts verneinte und die hier erforderliche Werterkenntnis nicht für objektivierbar hielt („Wertrelativismus"; Rn 413 f). Nach dem Krieg dagegen postuliert er objektive oberste Gerechtigkeitsprinzipien

---

48 *K. Luig*, Macht und Ohnmacht der Methode, NJW 1992, 2536.
49 Überblicke dazu bei *K. Kühl*, in *Köbler/Heinze/Schapp*, Geschichtliche Rechtswissenschaft, 1990, S. 331 ff; *A. Kaufmann*, in: FS Gagnér, 1991, S. 105 ff.
50 Bezeichnend für diese Rückbesinnung ist der programmatische Titel des Buches von *H. Rommen* „Die ewige Wiederkehr des Naturrechts", 2. Aufl. 1947.

(Naturrecht), die er vor allem im Kernbereich der Menschenrechte annimmt[51]. Diese Position, die philosophisch nicht näher begründet wird und die nur eine vorsichtige Ausnahme von dem ansonsten vertretenen Wertrelativismus darstellt, ist vor allem deshalb bemerkenswert, weil sie langfristigen Einfluss bis heute entfaltet hat.

Eine philosophische Neubegründung des Naturrechts hat dagegen *Helmut Coing* (1912–2000) in seinem 1947 erschienenen Werk „Die obersten Grundsätze des Rechts" unternommen und dann in seinen „Grundzügen der Rechtsphilosophie" in fünf Auflagen (1950–1993) fortgeführt und ausgebaut. Er lehnt den Wertrelativismus ab und nimmt oberste Rechtsgrundsätze an. Sie beruhen auf sittlichen Werten, die allem richtigen Recht zugrundeliegen. Diese Werte sind objektiv gegeben und rational erkennbar[52]. Ihre Erkenntnis setzt mit dem Rechtsgefühl ein, das den Menschen auf die Gerechtigkeit als obersten sittlichen Grundwert verweist. Erster Maßstab der Gerechtigkeit ist die Achtung der Würde des Menschen als Person. Von diesem Ausgangspunkt aus lassen sich konkrete oberste Rechtsgrundsätze ableiten, wenn man im sozialen Leben bestimmte Grundsituationen erkennt, die bestimmte konstante Rechtsgrundsätze zu ihrer Regelung verlangen. *Coing* gelangt damit vor allem zu den Grundrechten der Person (Recht auf Leben, Freiheit, Meinungsfreiheit, Eigentum), wie sie in vielen Verfassungen der westlichen Welt anerkannt sind und dann auch in das Grundgesetz Eingang fanden.

379

Coing geht von der Eigenständigkeit der Geisteswissenschaften als rationalen Erkenntnisverfahren auf dem Gebiet der Ethik und des Rechts aus, wobei er für die Eigenständigkeit der Geisteswissenschaften auf *Dilthey* (Rn 366 f), für die angemessenen Erkenntnisverfahren ua auf *Perelman* (Rn 385) verweist[53]. Er weist darauf hin, dass Ethik ein universales Phänomen jeder Kultur und jeder menschlichen Gemeinschaft ist, das eigenständigen Gesetzen folgt und sich nicht allein aus bestimmten Einzelursachen ableiten lässt, zB einer klassengebundenen Ideologie *(Marx)*, einem Sklavenaufstand in der Moral *(Nietzsche)*, aus dem Prinzip der Lust oder des Vorteils *(Bentham;* Utilitarismus). Alle diese einseitigen Erklärungen (Reduktionen) werden dem Phänomen nicht gerecht. Im Prozess der Argumentation, die in jeder Kultur und jeder Gesellschaft stattfindet, werden Erfahrungen verarbeitet, die letztlich auf sittliche Werte hinweisen, die ihrerseits nicht allein von persönlichen Entscheidungen abhängen, sondern auf vorgegebene Werte hindeuten *(Scheler, Hartmann*; Rn 368–374). Dies lasse sich rational nachweisen. Allerdings stößt die rationale Begründung an eine Grenze; sie kann letztlich nicht die innerlich verpflichtende Kraft des ethischen Werts nachweisen, sondern muss dies postulieren, bzw metaphysisch begründen. *Coing* weist hier auf die Postulate der Existenz Gottes, der Unsterblichkeit der Seele und der Freiheit hin, die *Kant* in seiner Philosophie entgegen den Konsequenzen der theoretischen Vernunft eingeführt hatte[54].

3. Kritik und Nachwirkungen

Der grundsätzliche rechtsphilosophische Einwand gegen die Position *Coings* geht dahin, dass der Beweis für die Richtigkeit der Werturteile, für die Vorzugswürdigkeit

380

---

51 Vorschule der Rechtsphilosophie, 3. Aufl. 1965, S. 29. Vgl auch zur Beurteilung des Problems des ungerechten Gesetzes durch *Radbruch* unten Rn 428.
52 Die obersten Grundsätze, S. 28 f und S. 54 ff.
53 Grundzüge der Rechtsphilosophie, 5. Aufl. 1993, S. 95 ff, 102.
54 *Coing* aaO, Grundzüge Kap. 2, S. 95–130.

dieses oder jenes Wertes vor einem anderen, nicht erbracht werden könne[55]. Der in der Lehre von der materialen Wertethik vertretene Glaube, dass das empirisch feststellbare Wertempfinden der einzelnen Menschen zugleich eine an sich bestehende Wertordnung widerspiegele, könne nicht verifiziert werden. Denn dafür gebe es keine Kriterien[56]. Man könne deshalb nur fragen, meint *Zippelius*, ob die „Einsichten, die das Rechtsempfinden vermittelt, überhaupt konsensfähig sein könnten"[57]. Schon vorher war gegen *Coings* oberste Grundsätze des Rechts eingewendet worden, sie seien historisch bedingt und keineswegs überzeitlich, weil sie lediglich das moderne, europäische, christlich beeinflusste Wertbewusstsein widerspiegelten, wie es auch in den Grundrechten der neueren Verfassungen wiederkehre[58].

381 Immerhin wird zugegeben, dass *Coings* Versuch der Formulierung oberster Rechtsgrundsätze als Zusammenfassung der Grundgehalte des abendländischen Rechtskreises verdienstlich sei[59], und *Zippelius* gelangt durch die Überlegung, dass bestimmte Werterkenntnisse in modernen Gesellschaften konsensfähig sind, inhaltlich zu ähnlichen Rechtsgrundsätzen wie *Coing*, wobei die Freiheit der Selbstbestimmung und Persönlichkeitsentfaltung bei seinen Überlegungen im Mittelpunkt steht[60]. Die Kritik wendet sich im Ergebnis also kaum gegen die von *Coing* postulierten Inhalte, sondern allenfalls gegen seine methodische Annahme, dass diese Inhalte wissenschaftlich begründbar seien. Insofern hat sich heute demnach eher ein „gemäßigter Wertrelativismus" im Sinne von *Radbruch* durchgesetzt[61]. In der Kritik wird bisweilen übersehen, dass die Position von *Coing* in methodischer Hinsicht sehr vorsichtig ist und er eine wissenschaftliche Letztbegründung des sittlichen Bewusstseins, von dem er selbst ausgeht, nicht für möglich hält, sondern hinsichtlich dieser Letzterklärung nach dem Gebot der methodischen Ehrlichkeit, wie er ausdrücklich sagt, religiöse Postulate ins Spiel bringt, wie wir sie schon bei *Kant* finden[62].

Die Position von *Coing* und verwandte Positionen fanden in der ersten Nachkriegszeit starke Beachtung und waren wirkungsvoll.[63] Sie entsprachen dem Zeitgeist nach dem Zweiten Weltkrieg, der Neuorientierung durch sittliche Neubegründung suchte. Sie entsprachen der geistigen Atmosphäre, in der das Grundgesetz für die Bundesrepublik geschaffen wurde. Schon insofern hat diese Position eine praktische Fortwirkung in der außerordentlich großen Bedeutung der Grundrechte für das ganze Rechtsleben. Als rechtsphilosophische Position wurde *Coings* Auffassung bald von anderen Strömungen in den Hintergrund gedrängt, ohne je ihre Wirkung ganz zu verlieren. In gewisser Weise findet sie auch heute ihre Bestätigung in dem, was man den

---

55 *K. Engisch*, Auf der Suche nach der Gerechtigkeit, 1971, S. 261. Zu den Missverständnissen des Wertrelativismus unten Rn 413.
56 *R. Zippelius*, Rechtsphilosophie, 1982, S. 127 ff.
57 AaO, S. 131.
58 *E. Spranger*, in: *W. Maihofer* (Hrsg.), Naturrecht oder Rechtspositivismus?, 2. Aufl. 1972, S. 90 f; *H. Welzel* (1953), abgedruckt ebenfalls in *Maihofer* aaO, S. 324.
59 *K. Henkel*, in: *Maihofer* aaO, S. 261.
60 Rechtsphilosophie, 3. Aufl. 1994, § 20.
61 *K. Kühl*, in: *Köbler/Heinze/Schapp*, aaO, S. 345.
62 *Coing*, Grundzüge der Rechtsphilosophie, S. 301.
63 In BGHSt 2, 234, 237, hat der Bundesgerichtshof die Rechtswidrigkeit der staatlichen Befehle zur Judendeportation in der Nazi-Zeit unter Berufung auf überpositives Recht begründet. In späteren Urteilen wurde das Argument mit dem Naturrecht vom BGH freilich in sachfremder Weise in anderen Sachverhalten abgenutzt.

gemäßigten Wertrelativismus nennt, der sich auf Konsens über Werterkenntnisse stützt (Rn 382), dabei aber letztlich auch auf Begründungsversuche weiterführender Art angewiesen ist. Von den Inhalten her schließlich wird anerkannt, dass die weithin totgesagte Naturrechtsrenaissance der ersten Jahre nach 1945 ihre inhaltliche Bestätigung durch neuere Rechtsauffassungen findet[64].

4. Unverfügbare Rechtsgrundsätze in neueren Theorien

In der modernen rechtsphilosophischen Diskussion gibt es eine Vielzahl von Stimmen, die sich um die Formulierung inhaltlicher (materialer) unverfügbarer Rechtsgrundsätze bemühen, die dem Gesetzgeber vorgegeben sind und die er beachten muss. Meist werden diese Versuche zunächst mit einer Ablehnung des Naturrechts eingeleitet. Dabei ist man sich einig, dass man aus Prinzipien des Naturrechts eine positive Rechtsordnung nicht konstruieren kann. Dies hat aber seit dem so genannten jüngeren Naturrecht des 18. Jahrhunderts ohnehin niemand versucht, auch nicht die Vertreter der genannten Naturrechtsrenaissance. Ferner ist man heute weithin der Meinung, dass man höchste Werte nicht wissenschaftlich beweisen kann, hängt also dem so genannten Wertrelativismus an (Rn 413 f). Immerhin hält man es für möglich, nicht nur formal oberste Prinzipien oder Verfahren zu formulieren, die in der Rechtsordnung unbedingte Beachtung finden, sondern man ist sich auch einig, dass inhaltliche (materiale) oberste Rechtsgrundsätze zu beachten sind. Dieser Kernbestand umfasse die elementaren Menschenrechte der Freiheit und Gleichheit aller Menschen und die Würde des Menschen als Person. Sie erlaubten es zwar nicht, bestimmte positive Regeln streng logisch aus ihnen abzuleiten (was ohnehin heute niemand behauptet), sondern geben nur eine allgemeinere Anleitung. Ferner erlauben sie vor allem die Feststellung eindeutigen Unrechts, also auch eindeutig ungerechter Gesetze[65]. Unter diesen Stimmen sind *Zippelius*[66] und *A. Kaufmann* zu nennen, der ein „Naturrecht mit wechselndem Inhalt" annimmt, das die genannten Grundwerte in ihrer geschichtlichen Bedingtheit verstehen will, ferner die heute viel gelesenen amerikanischen Autoren *Rawls* und *Dworkin*[67].

382

V. Argumentations- und Diskurstheorien

1. Theodor Viehweg (1907–1988): Topik und Jurisprudenz

Der Jurist *Theodor Viehweg* hat eine Argumentationstheorie des juristischen Denkens entwickelt, indem er an die aristotelische Schrift Topika über die Kunst des Argumentierens und argumentationstheoretische Äußerungen bei *Cicero* anknüpft.[68] Viehweg

383

---
64 *Kühl* aaO, S. 355 ff.
65 Darauf hat insbes. *A. Kaufmann* hingewiesen.
66 Rechtsphilosophie, 3. Aufl. 1994, § 21.
67 *J. Rawls*, Eine Theorie der Gerechtigkeit (amerik. Originaltitel: A Theory of Justice), 5. (deutsche) Aufl. 1990; *R. Dworkin*, Law's Empire, 1986.
68 Topik und Jurisprudenz, 1953, 5. Aufl. 1974; Übersetzungen ins Italienische, Spanische, Französische und Englische. Zu *Aristoteles'* Topik oben Rn 257.

will die Struktur des juristischen Denkens charakterisieren, und zwar sowohl im Hinblick auf die Praxis des rechtsanwendenden Richters wie auch auf die Denk- und Arbeitsweise der Rechtswissenschaft. Er kennzeichnet dieses Denken als ein Abwägen von Argumenten in einem dialektischen Denkprozess des Für und Wider im Hinblick auf ein zu lösendes Rechtsproblem. *Topik* bedeutet danach ein problemorientiertes argumentatives Denken.

Eine zweite Kernthese von *Viehweg* geht dahin, dass die verwendeten Argumente ihrerseits ihre letzte Begründung nicht in einer streng logisch vorgehenden Ableitung (Deduktion) aus Axiomen innerhalb eines geschlossenen Begründungssystems (Rechtssystems) finden. Die Argumentation begnüge sich vielmehr mit Begründungen, die auf Sätze zurückgehen, die im Argumentationszusammenhang anerkannt sind. *Viehweg* greift dabei auf die Unterscheidung von logisch zwingenden Sätzen und andererseits solchen, die lediglich plausibel sind und in der Diskussion als wahr angenommen werden, in der aristotelischen *Topik* zurück. Es sind Sätze, die „allen oder den meisten oder den Weisen wahr erscheinen" (vgl Rn 198 f u. 257). *Viehweg* unternimmt den Nachweis, dass sich diese Denk- und Argumentationsstruktur in vielen Gebieten menschlichen Wissens findet und dass die juristische Argumentation die in der *Topik* beschriebenen Eigenschaften aufweist.

Die unmittelbare Auswirkung der Topiklehre auf die rechtstheoretische Diskussion bestand zunächst in einer Kritik überkommener Systemvorstellungen der Rechtswissenschaft als einer Wissenschaft, die ihre Ergebnisse in einem streng logischen Verfahren aus einem vorgegebenen Rechtssystem ableitet. Dieses methodische Selbstverständnis war sowohl im jüngeren Naturrecht (Rn 142 f) als auch in der so genannten Begriffsjurisprudenz des 19. Jahrhunderts, die in der Pandektistik ausgebildet worden war (Rn 149 ff), in der Tat anzutreffen. Diese Vorstellungen waren bereits von der sog. Interessenjurisprudenz angegriffen worden (Rn 152). Auch hatte die Rechtstheorie, ua durch die Arbeiten von *Engisch*, bereits seit längerem erkannt, dass der Anteil logischer Schlussverfahren an der juristischen Entscheidungsgewinnung relativ gering ist gegenüber der Aufgabe, zunächst die Prämissen als Entscheidungsgrundlage zu gewinnen. Alle diese bereits vorhandenen rechtstheoretischen Einsichten, die Bedeutung der Prämissensuche (Rn 169 ff), der relativ geringe Anteil logischer Schlussverfahren, die Wertgebundenheit juristischer Auslegung in Bezug auf bestimmte Ziele (teleologische Auslegung; Rn 182 f) und die Einsicht in die nachschöpferische Qualität der Rechtsanwendung, werden durch *Viehwegs* Topiklehre bestätigt und zu einem neuen Bild zusammengefügt.

384 Der Hinweis *Viehwegs* stieß auf verschiedenartige Kritik[69]. Die Einwände beruhen zT auf dem Missverständnis, dass der neuzeitliche, am Systembegriff orientierte Wissenschaftsbegriff zu verteidigen sei und die Topiklehre die Wissenschaftlichkeit der Jurisprudenz gänzlich bezweifle. Dies ist nicht der Fall. Sie ist im Übrigen mit einem Systembegriff vereinbar, den *Viehweg* selbst (im Anschluss an *Wilburg*) bewegliches System nennt und der in der Tat in seinem Konzept noch weiter klärungsbedürftig ist.

Die Topiklehre hat auf die Entwicklung der modernen Argumentationstheorie in der Rechtswissenschaft ausgestrahlt und sprachtheoretische Überlegungen angeregt. Es

---

69 *Diederichsen*, NJW 1966, 697 ff; *Horak*, Rationes decidendi, Bd. I 1969, S. 45 ff.

lassen sich ferner Verbindungen zur Politikwissenschaft und der Kommunikationstheorie und der dort auftretenden Kernfrage nach der Konsensbildung in einer Rechtsgemeinschaft und staatlichen Gemeinschaft (dazu auch Rn 388) herstellen[70].

2. Ethik und Rhetorik (Chaim Perelman)

Der belgische Philosoph *Perelman* hat in ähnlicher Weise die Struktur der Argumentation untersucht und diese als ein rationales Verfahren in den Geisteswissenschaften bei der Ermittlung ethischer und rechtlicher Maßstäbe oder der Festlegung anderer, rational begründbarer Werturteile beschrieben[71]. Die von ihm so genannte „Neue Rhetorik" bedeutet, dass zur Ermittlung von Werturteilen Argumente eingesetzt werden, die jedem vernünftigen Menschen einsehbar sind und die sich in diesem Sinne an alle, an ein „auditoire universel", wenden. Es sei möglich, durch die Sammlung und diskursive Verarbeitung solcher Argumente allgemeine, rational begründete Aussagen über ethische oder rechtliche Werturteile zu gewinnen. Auch hier erscheint die Argumentation als ein allgemein für alle Geisteswissenschaften anwendbares Verfahren, das aber insbesondere im Bereich ethischer und rechtlicher Werturteile von großer Bedeutung ist. Deutlicher noch als *Viehweg*, der die gleiche strukturelle Analyse vorgenommen hat, ist bei *Perelman* die Bedeutung des Konsenses, der Annehmbarkeit der Argumente, hervorgehoben.

385

3. Diskursive Ethik (Habermas, Apel)

Jürgen Habermas ist der ursprünglich neomarxistischen Frankfurter Schule *(Max Horkheimer, Theodor W. Adorno, Herbert Marcuse)* verbunden, die sich selbst „kritische Theorie" nannte und in der breiteren Öffentlichkeit als theoretischer Nährboden der Studentenrevolte Ende der Sechzigerjahre bekannt wurde. Beim Versuch einer neuen Begründung der kritischen Theorie der Gesellschaft entwickelte *Habermas* eine Theorie des kommunikativen Handelns[72]. Als normative Basis einer Sozialwissenschaft entwirft *Habermas* einen Begriff der Vernunft, der sich in der Kommunikation entfaltet. Aus einer Analyse der Sprechakte mit ihren Geltungsansprüchen der Wahrheit, Richtigkeit und Wahrhaftigkeit lassen sich die Aspekte dieses Vernunftbegriffes verdeutlichen. Über Wahrheit oder Richtigkeit einer Aussage entscheidet letztlich der Konsens der Diskursteilnehmer.

386

Der traditionelle Wahrheitsbegriff, nämlich das Korrespondieren einer Aussage mit der Wirklichkeit, ist damit aufgegeben. Dies geschieht natürlich in der Annahme, verlässlichere Wege als der Diskurs und der in ihm erzielte Konsens seien zur Wahrheitsfindung nicht verfügbar. Die Relativierung des Wahrheitsbegriffs wird aus mehreren Gesichtspunkten entwickelt. Erstens sei Erkenntnis und Diskurs nur in den Grenzen der Sprache und ihrer Regeln möglich; so eine

---

70 Überblick bei *Horn*, Topik in der rechtstheoretischen Diskussion, in: *Breuer/Schanze* (Hrsg.), Topik. Beiträge zur interdisziplinären Diskussion, 1981, S. 57 ff.; vgl auch *ders.*, NJW 1967, 601–608.
71 Justice et raison, 1963 (Aufsatzsammlung); Über die Gerechtigkeit, 1967; *C. Perelman/L. Olbrecht-Tytecka*, Traité de l'argumentation, Brüssel 3. Aufl. 1976; vgl auch *G. Struck*, Zur Theorie der juristischen Argumentation, Berlin 1977.
72 Theorie des kommunikativen Handels, 1981.

höchst populäre These von *Wittgenstein*[73], die in der Diskurstheorie aufgegriffen wird[74]. Zweitens sieht *Habermas* alle Erkenntnis von einem bestimmten praktischen Erkenntnisinteresse gesteuert, das sich aus der Lebenssituation des Betreffenden ergebe[75]. Gleichwohl sieht er im „Diskurs", in der vernünftigen Verständigung der Menschen den Weg, das Leben des Einzelnen und der Gesellschaft nach vernünftigen Grundsätzen zu gestalten. Diese diskursive Methode wendet *Habermas* auch auf die Frage nach den Grundlagen des demokratischen Rechtsstaates an[76]. Damit sucht er das Recht in seine Gesellschafts- und Demokratietheorie einzufügen.

4. Juristische Diskurstheorie (Robert Alexy)

387 *Alexy* wendet die Diskurstheorie auf die juristische Argumentation an und kommt damit im Wesentlichen zu Ergebnissen, wie sie bereits in anderer Form und mit anderem Blickwinkel oben (Rn 194–203) dargestellt wurden. Für die juristische Argumentation gelten zunächst die allgemeinen Grundregeln jeden Diskurses: Widerspruchsfreiheit, „Wahrhaftigkeit" iS einer Ernsthaftigkeit der Sprechenden, Verallgemeinerbarkeit, Konstanz der Wortbedeutungen. Der Diskurs muss frei und ohne Zwänge geführt werden; jede teilnehmende Person ist gleich zu behandeln; jeder Sprecher muss seine Behauptungen auf Verlangen begründen[77]. Auf dieser Grundlage werden die Sonderregeln des Diskurses entworfen, die für die juristische Argumentation gelten, indem *Alexy* die herkömmlichen methodischen Regeln der Auslegung, der dogmatischen Argumentation, der Präjudizienverwertung und der Argumentation mit Erfahrungssätzen analysiert[78]. Er weist dabei zutreffend darauf hin, dass die juristische Argumentation mit Sonderbedingungen arbeitet, die sich vor allem aus der Bindung an das Gesetz ergeben und die (in etwas anderer Sichtweise) bereits oben (Rn 197 ff) unter dem Gesichtspunkt der Stabilisierung der juristischen Argumentation erörtert wurden. Die Ausführungen *Alexys* sind von dem Optimismus getragen, bei genauer Anwendung der juristischen Argumentationsregeln („Kanones") sei die Gerechtigkeit des Ergebnisses gewährleistet.

Zu den Einwänden gegen *Alexys* Diskurstheorie gehört, dass er die Leistung des Diskurses und des darin zu findenden Konsenses für die Wahrheitsfindung überschätze, und ferner, dass er die herkömmlichen juristischen Argumentationsformen („Kanones") unkritisch übernehme[79]. Die deskriptiv-analytischen Leistungen der Diskurstheorie von Alexy sind freilich unbestreitbar. Sie müssen durch weiterführende Anstrengungen in der Werterkenntnis ergänzt werden (Rn 388).

---

73 *Ludwig Wittgenstein, Tractatus logicophilosophicus*, in: ders. Schriften, 1960, S. 7 ff; „Die Grenzen meiner Sprache bedeuten die Grenzen meiner Welt", aaO S. 64. Dies ist offensichtlich falsch und widerspricht sowohl der Beobachtung anderer Menschen (zB der Lernprozesse bei Kleinkindern) als auch jeder inneren Erfahrung. Der Satz hat freilich eine gewisse Bedeutung für den Diskurs und die sprachliche Kommunikation.
74 *Karl-Otto Apel*, Transformation der Philosophie, Bd. 2: Das Apriori der Kommunikationsgesellschaft, 1976, S. 311 ff.
75 Erkenntnis und Interesse, 1968. Insoweit bleibt *Habermas* in den Bahnen von *Marx* (Rn 348 f).
76 Faktizität und Geltung. Beiträge zur Diskurstheorie des Rechts und des demokratischen Rechtsstaats, 1992.
77 *Alexy*, Theorie der juristischen Argumentation, 2. Aufl. 1991, S. 234 f, 238 ff.
78 *Alexy*, aaO S. 285, 289 ff.
79 *Peter Raisch*, Juristische Methoden, 1995, S. 216 f mit Zusammenfassung der Diskussion.

5. Diskurs, Konsens und Richtigkeit

Die genannten Autoren repräsentieren verschiedene Aspekte einer breiten Strömung des Denkens am Ende des 20. Jahrhundert. Danach ist die sprachliche Verständigung (Kommunikation) und der Austausch der Argumente im „Diskurs" der Weg, um das menschliche Zusammenleben auf einen **Konsens** über rational gefundene Werte und Werturteile zu stützen[80]. In der Rechtstheorie hat die Argumentationstheorie, die ua durch die Arbeiten von *Theodor Viehweg* und *Chaim Perelman* angestoßen wurde, heute weite Verbreitung und Beachtung gefunden[81]. Man muss bei der Frage, was diese Theorie leisten kann, zwei Aufgaben unterscheiden: (1) die Beschreibung des juristischen Denkens und Arbeitens (deskriptiv-analytische Leistung) und (2) die Vergewisserung über die fundamentalen Grundsätze und Grundwerte des Rechts und der Ethik (philosophische Grundlegung). Beide Aufgaben stehen natürlich miteinander in Zusammenhang.

388-400

(1) Die Leistungen der Argumentationstheorie bei der Analyse der juristischen Arbeitsweise, insbesondere der Gewinnung und Begründung von rechtlichen Entscheidungen, sind unbestreitbar. Sie hat das methodische Bewusstsein geschärft (oben Rn 194 ff).

Der wissenschaftliche Charakter der Rechtswissenschaft wird nicht verneint, wenn man auf die argumentative Struktur des juristischen Denkens hinweist. Darin liegt nur ein Hinweis auf die relativ geringere Sicherheit der Methoden, nicht ihre Wertlosigkeit.

Außerdem ist das juristische Denken keineswegs ungebundenes Argumentieren, sondern eine Argumentation, bei der jeweils besondere Stabilisierungen, vor allem durch die Bindung an das Gesetz, die Bindung an Rechtsdogmatik, an systematische Gesichtspunkte, und die Verpflichtung zur Ermittlung des Sachverhalts im konkret zu entscheidenden Fall eingreifen (Rn 197–203).

(2) Ungewisser sind die Leistungen der Argumentations- oder Diskurstheorien, wenn es um die ethische Grundlegung des Rechts geht, also um die theoretische Vergewisserung der Grundwerte, die der staatlichen Rechtsgemeinschaft zugrundeliegen. Eine Beschreibung der formalen Bedingungen und Abläufe der Argumentation und des Diskurses hilft zwar, die Einsicht in die Notwendigkeit rechtsstaatlicher und demokratischer Verfahren in einem Gemeinwesen zu fördern[82]. Aber eine inhaltliche philosophische Begründung für solche Werte wie Menschenwürde, Vertrauensschutz, Vertragstreue, politische Grundrechte usw oder Wertungen, wie sie in Anschauungen über Sinn und Funktion der Bestrafung liegen, erhält man auf diese Weise noch

---

80 Vgl *Zippelius*, Rechtsphilosophie, 3. Aufl. 1994, § 20.
81 *Stone*, Legal System and Lawyer's Reasonings, 1964 (mit Bezugnahme auf Perelman); *Horn*, Rationalität und Autorität in der juristischen Argumentation, RTh 1975, 145–160; *ders.*, Argumentum ab auctoritate, FS Wieacker 1978, S. 261–272; *Schreckenberger*, Rhetorische Semiotik. Analyse von Texten des Grundgesetzes und von rhetorischen Grundstrukturen der Argumentation des Bundesverfassungsgerichts, 1978; *Alexy*, Die Idee einer prozeduralen Theorie der juristischen Argumentation, RTh Beihefte 2 (1981), S. 177; *ders.*, Theorie der juristischen Argumentation, 2. Aufl. 1991.
82 *R. Dreier*, Rth 18 (1987), 368, 383.

nicht[83]. Diese Theorien tragen auch nicht viel zu einer entsprechenden Überzeugungsbildung in der Gesellschaft bei. Das Recht aber ist auf inhaltliche Normen und Wertungen angewiesen. Demnach kommt es doch darauf an, die oben (Rn 375 u. 382) beschriebenen Versuche einer Werterkenntnis aufzunehmen. Denn nur dadurch gelangt man zu den inhaltlichen Wertungen, die Gegenstand eines Konsenses in Gesetzgebung und Rechtsfindung sein können (s. auch Rn 415 ff). Die Argumentationstheorie kann aber die Verfahren beschreiben, wie ein solcher Konsens erzielt werden kann.

Kapitel 5
Recht und Gerechtigkeit heute
§ 19 Unverfügbare, vorpositive Gerechtigkeitsgebote

I. Die Konstanz der Gerechtigkeitsfrage

401 Alles Nachdenken über das Recht ist von der Frage begleitet, ob wir uns an Gerechtigkeitsgeboten orientieren können, die bereits vor dem Gesetz und unabhängig von aller Gesetzgebung (vorpositiv) bestehen und die sowohl der Gesetzgeber als auch der rechtsanwendende Jurist beachten muss, weil diese Gebote „unverfügbar" sind. Es handelt sich um die Hauptfrage der Rechtsphilosophie, und sie hat die Geschichte der Rechtsphilosophie bis heute begleitet (oben Kap. 3 und 4). Daraus folgt die historische Erfahrung, dass die Frage nach der Gerechtigkeit eine **konstante Frage** ist. Sie taucht immer wieder auf und wird insbesondere in Zeiten krassen Unrechts besonders dringlich gestellt (oben Rn 2 u. 375 ff). Aber auch unter den Verhältnissen eines Rechtsstaates scheint die Gerechtigkeitsfrage das Rechtsdenken bei der Gesetzgebung und der Rechtsanwendung ständig wie ein Schatten zu begleiten.

Die Gerechtigkeitsfrage scheint sich auch einer Auflösung in rein formale Kategorien der Logik oder der verfahrensmäßigen Betrachtung zu widersetzen. Gefragt wird vielmehr immer auch nach inhaltlichen Wertungen und nach praktischen, inhaltlich bestimmten Handlungsanleitungen. Wir müssen davon ausgehen, dass die Gerechtigkeitsfrage zum sittlichen Bewusstsein des Menschen gehört und damit zu den Konstanten des menschlichen Denkens und Handelns[1].

Jede Zeit muss sich Rechenschaft darüber geben, wie sie mit dieser Frage umgeht und welchen Platz sie ihr innerhalb und außerhalb der Rechtsanwendung und Rechtswissenschaft einräumt. Zu allen Zeiten war die Gerechtigkeitsfrage von dem Zweifel begleitet, ob und in welcher Weise sich auf diesem Gebiet sichere Antworten finden lassen. Die skeptische oder auch nihilistische Haltung

---

83 Einwände in diesem Sinn gegen die Diskurstheorie bei V. *Hösle*, Die Krise der Gegenwart und die Verantwortung der Philosophie, 1993, 3. Aufl. 1997, S. 248; *Arthur Kaufmann*, in: *M. Herberger* ua (Hrsg), Generalisierung und Individualisierung im Rechtsdenken, ARSP-Beiheft 45, 1992, S. 77 ff; *O. Weinberger*, in: *P. Koller* ua (Hrsg), Institution und Recht (Grazer Symposium für O. Weinberger), 1994, S. 173 ff.

1 Zum „Gerechtigkeitssinn" vgl neuerdings nur *J. Rawls*, Eine Theorie der Gerechtigkeit, Kap. 8.

in diesen Fragen ist schon bei *Platon* als Gegenposition beschrieben (oben Rn 226 u. 237). Seit der Aufklärung und dem Ende des sog. jüngeren Naturrechts oder Vernunftrechts (oben Rn 142) wurden vielfältige Zweifel daran geäußert, dass auf diesem Gebiet außerhalb der positiven Gesetzgebung philosophisch begründbare Antworten möglich seien. Von vielen wurde die Unwissenschaftlichkeit der Fragestellung betont. Nun ist das, was man als wissenschaftlich zuverlässiges Erkenntnisverfahren betrachtet, ebenfalls dem Wandel der Auffassungen unterworfen.

Unsere Hauptfrage geht also dahin, ob nach dem heutigen Diskussionsstand von der Gerechtigkeitsfrage als einer wissenschaftlich zulässigen Frage und der Möglichkeit wissenschaftlich vertretbarer Antworten gesprochen werden kann.

II. Die wissenschaftliche Zulässigkeit der Gerechtigkeitsfrage

1. Denkverbote in der Metaphysikkritik

Bei dem Versuch, auf die Frage nach der Gerechtigkeit philosophisch begründete inhaltliche Antworten zu geben und in diesem Sinn einzelne Gerechtigkeitsgebote zu formulieren, stoßen wir auf das Metaphysikproblem. Seit *Platon* wird nämlich die Frage der Erkennbarkeit und Begründbarkeit allgemein gültiger ethischer Gebote mit der Frage verbunden, ob sich allgemein gültige Aussagen über die Wirklichkeit (das „Seiende") machen lassen. Diese Möglichkeit wird seit Aristoteles als **Metaphysik** bezeichnet. Die Möglichkeit metaphysischer Aussagen über Ethik und Recht wurde in der klassischen Philosophie (Kap. 3) bejaht. In der neuzeitlichen Philosophie wird sie seit dem englischen Empirismus und der kritischen Philosophie *Kants* überwiegend, aber keineswegs ausnahmslos verneint (oben Rn 326 u. 337). Dieses Nein richtet sich vor allem gegen die Versuche, die Gerechtigkeitsfrage durch ein „Naturrecht" zu beantworten. Allgemein verbindliche („wissenschaftliche") Aussagen auf dem Gebiet der Ethik und der Rechtsphilosophie werden seitdem von vielen allenfalls in der formalen Form der kantischen Ethik für möglich gehalten oder überhaupt abgelehnt. Diese kritisch-ablehnende Haltung ist ihrerseits heute wenig überzeugend. Sie scheint in vielem noch zu sehr der abgelehnten Gegenposition nach dem Diskussionsstand des 18. Jahrhunderts verhaftet. Eine solche Haltung ist unflexibel und neuen Fragestellungen zu wenig aufgeschlossen. 402

Die Frage heißt ja nicht, ob man zu den Naturrechtsentwürfen des 17. und 18. Jahrhunderts zurückkehren will, die nach strenger begrifflicher Ordnung (*more geometrico*) begrifflich-axiomatische Naturrechtssysteme entwerfen wollten, aus denen sich einzelne Rechtssätze logisch deduzieren ließen. Ebenso wenig geht es darum, die Metaphysik der Schulphilosophie der Antike oder des Mittelalters oder des 18. Jahrhunderts wieder für maßgeblich zu erklären. Man muss aber feststellen, dass die Ablehnung der Metaphysik ebenso wie die des Naturrechts sich praktisch wie eine **Erkenntnissperre** auswirkt. Diese Ablehnung wird ihrerseits ziemlich unkritisch übernommen. Es geht aber heute darum, die Möglichkeit von Antworten auf die unausweichliche **Gerechtigkeitsfrage** zu finden. Man hat heute bezeichnenderweise vielfach „unverfügbare" Rechtssätze postuliert (oben Rn 382). Dann aber muss man fragen, ob solche Sätze sich erkennen und begründen lassen, also ob es zumindest 403

wissenschaftlich sinnvoll ist, sie zu postulieren und diese Annahme bei philosophischen und wissenschaftlichen Überlegungen zu Grunde zu legen. Um diese Frage überhaupt zu stellen, muss die unkritische Erkenntnissperre der traditionellen Metaphysikkritik ihrerseits weggeräumt werden, um die Denkverbote zu beseitigen, die in ihr stecken.

Die Metaphysikkritik beherrscht und behindert noch weithin die Bewertung der wissenschaftlichen Zulässigkeit von Gerechtigkeitsfragen. Analytische Theorien beschränken sich im gegenwärtigen Theoriebetrieb darauf, durch eine Analyse der demokratischen Verfahren der Gesetzgebung und rechtsstaatlichen **Verfahren** der Rechtsanwendung die optimalen Bedingungen für den Diskurs herauszuarbeiten, der dann zu allgemein gebilligten **Inhalten** in Wertfragen (Wertkonsens) führen könnte. Ihnen gegenüber stehen Betrachtungsweisen, die sich mit den möglichen Inhalten von rechtlichen Grundwerten und Gerechtigkeitsgeboten auseinandersetzen und dazu auf umfassendere Verfahren des Verstehens als der eigentlich geisteswissenschaftlichen Methode vertrauen (hermeneutische Verfahren)[2]. Es besteht aber heute die unklare Haltung eines „gemäßigten Wertrelativismus"[3], die einerseits die wissenschaftliche Begründung ethischer Werturteile für nicht möglich hält, andererseits oberste Gerechtigkeitswerte und Rechtsgrundsätze postuliert (oben Rn 382).

Dies ist natürlich unbefriedigend, wenn man philosophische Begründungen sucht oder sich zumindest über die wissenschaftliche Zulässigkeit von Gerechtigsfragen vergewissern will.

2. Ethische Werte als Phänomen und Realität

404 (1) Als erstes ist die schlichte Tatsache zur Kenntnis zu nehmen, dass man sich um den skeptischen Einwand, Überlegungen und Erkenntnisse über ethische Werte seien rational („wissenschaftlich") nicht möglich, in der Praxis überall dort nicht kümmert, wo Grundsatzfragen des Rechts und der Gerechtigkeit wirklich entschieden werden müssen. Diese Aufgabe stellt sich beim politischen Aufbau eines entwickelten bürgerlichen Rechtsstaates, in dem wir heute ähnlich wie viele andere Länder der sog. westlichen Welt leben. In Deutschland war diese Aufgabe in der dramatischen Situation nach der Katastrophe der NS-Zeit und des Zweiten Weltkrieges durch den Wiederaufbau des Rechtsstaates und durch die Schaffung des Grundgesetzes erneut zu lösen. Hier sind umfangreiche inhaltliche Aussagen über die gerechte Einrichtung eines Gemeinwesens gemacht und in den Verfassungen und im einfachen Recht fixiert worden. Dies geschah aber durchweg in dem Bewusstsein, sich an vorgegebenen Werten und Maßstäben orientieren zu können und orientieren zu müssen. Es geschah keineswegs in der Überlegung, es gehe um reine Nützlichkeitserwägungen und freie Verhandlungsspielräume über den Inhalt stünden zur Verfügung. Natürlich sind diese Maßstäbe im politischen Meinungskampf und in oft schwierigen Verhandlungen formuliert. Aber das **Bewusstsein vorgegebener Werte und Maßstäbe** war bei den meisten Beteiligten vorherrschend und ist es bis heute, wenn in der Rechtsanwendung über Grundsatzfragen entschieden werden muss.

---

2 Zur Gegenüberstellung analytischer und hermeneutischer Verfahren in der Rechtsphilosophie (die sich nicht ausschließen) instruktiv A. *Kaufmann*, Grundprobleme der Rechtsphilosophie.
3 K. *Kühl*, in: *Köbler/Heinz/Schapp*, Geschichtliche Rechtswissenschaft (Freundesgabe A. Söllner) 1990, S. 331–357.

Man kann bei den Bemühungen um die Einrichtung eines demokratischen Rechtsstaates weltweit eine große Übereinstimmung in den Grundfragen feststellen. Natürlich arbeitet die Verfassungsrechtsvergleichung auch Unterschiede heraus. Diese sind zum Teil durch historische und kulturelle Unterschiede beeinflusst, also durchaus durch sachliche Gründe der Differenzierung. Zum Teil mögen sie durch die Zufälligkeiten des politischen Lebens bedingt sein. Mehr noch als diese teils sachlich gebotenen, teils zufälligen Unterschiede muss uns aber die Gleichheit oder Ähnlichkeit in den Grundlinien beeindrucken.

In den Grundrechten der westlichen Verfassungen finden wir weithin übereinstimmende inhaltliche (materiale) Aussagen über die Rechte, die eine Rechtsordnung jedem Menschen zubilligen muss, weil sie ihm vor aller Gesetzgebung zustehen. Die Idee der Menschenrechte (einschließlich der in ihr beschlossenen naturrechtlichen Überzeugungen) hat Eingang in diese Verfassungen gefunden[4]. Dieser Prozess setzt sich fort. Aber auch andere weit verbreitete und grundlegende Verfassungsprinzipien enthalten Gerechtigkeitsgebote, wenngleich solche mehr formaler Art. Dazu gehört das Gebot demokratischer (gleicher, freier und geheimer) Wahlen. Auch das Prinzip der Gewaltenteilung ist hier zu nennen. Danach ist die staatliche Gewalt auf Teilgewalten zu verteilen, die sich austarieren und gegenseitig kontrollieren („checks and balances"). Üblicherweise wird dabei das Modell einer Aufteilung in die drei Teilgewalten Exekutive (Regierung und Verwaltung), Legislative (Gesetzgebung) und Judikative (Rechtsprechung) angestrebt[5].

(2) Die Feststellung, dass tatsächlich inhaltliche Aussagen über Gerechtigkeit fixiert und zur Grundlage des Rechtsstaats gemacht werden, ist natürlich nur die Beschreibung eines Phänomens. Sie ist noch keine philosophische Begründung. Eine solche finden wir, wenn wir den Hinweisen der Phänomenologie folgen, dass ethische Werte nicht von der Person und dem Bewusstsein des Einzelnen abhängen, sondern vor seinem Bewusstsein und außerhalb seiner Person bereits vorgegeben sind und als solche erlebt werden (oben Rn 370). Damit lässt sich die verengte Betrachtungsweise beseitigen, dass sittliche Werte und Maßstäbe der Gerechtigkeit „nur" im Bewusstsein des Individuums, und zwar in beliebiger Vielfalt, auftreten, und es lässt sich die daraus folgende Skepsis überwinden, dass es keine objektiven (überindividuellen) Maßstäbe gäbe. Die Suche nach inhaltlichen (materialen) objektiven Maßstäben der Gerechtigkeit wird möglich.

In ähnlichem Sinn hat *Arthur Kaufmann* die moderne Diskursethik, die Maßstäbe für richtiges Verhalten allein durch entsprechende Diskursverfahren festlegen will, aber inhaltliche Aussagen scheut, kritisiert und darauf hingewiesen, dass jedenfalls im Rechtsleben ständig inhaltlich diskutiert und entschieden wird[6]. Man muss hinzufügen, dass dies im Bewusstsein solcher vorgegebener Werte geschieht, soweit nicht die genannte Skepsis das Bewusstsein beengt oder im Einzelfall jemand einem zynischen und nihilistischen Weltbild anhängen mag, das sich ohnehin jeder philosophischen Argumentation letztlich entzieht.

Der Hinweis der **Phänomenologie** auf das Phänomen des Sittlichen als eine Wirklichkeit, die der Einzelne in seiner Lebenserfahrung erkennen und wonach er sich richten

---

4 *H. Coing*, Der Rechtsbegriff der Person und die Theorie der Menschenrechte, in: Deutsche Landesreferate zum 3. Internationalen Kongress für Rechtsvergleichung in London, 1950, T. 1 S. 191 ff; *R. Schnur* (Hrsg.), Zur Geschichte der Erklärung der Menschenrechte, 1968, dort insbes. der Text von *G. Jellinek*, S. 38 ff; *E. Denninger*, Menschenrechte zwischen Universalitätsanspruch und staatlicher Souveränität, in: FS P. Schneider, 1990; *R. Zippelius*, Rechtsphilosophie, § 30 I.
5 Allg. *M. Kriele*, Einführung in die Staatslehre, 5. Aufl. 1994, S. 206 ff, 235 ff.
6 Grundprobleme der Rechtsphilosophie, S. 227.

kann, eröffnet einen philosophischen Weg zu inhaltlichen Werten und Maßstäben der Ethik. Außer der persönlichen Erfahrung ist hier die **geschichtliche Erfahrung** auszunutzen. In der Philosophiegeschichte, von der wir vorstehend (Kap. 3 und 4) einige wichtige Fixpunkte beleuchtet haben, gibt es eine **Konstanz der Probleme** und der versuchten Antworten. Dies ist ein Hinweis darauf, dass nicht nur die Gerechtigkeitsfrage konstant ist (Rn 401), sondern dass die Menschen zu verschiedenen Zeiten und in unterschiedlichen Lebenssituationen immer wieder zu **gleichen oder ähnlichen Antworten** gekommen sind.

Eine andere, für den Juristen ebenso fruchtbare Methode ist die rechtsgeschichtliche Betrachtung. Insbesondere die erstaunliche Lebensfähigkeit des römischen Rechts über mehr als zweitausend Jahre gibt uns wichtige Hinweise über konstante Probleme und konstante Antworten im Rechtsleben einschließlich anthropologischer Grundvorstellungen, die über die Jahrtausende konstant geblieben sind. Dazu gehört etwa im Zivilrecht die Vorstellung, dass nur der Geschäftsfähige, der seiner Sinne und seines Verstandes mächtig ist, sich selbstverantwortlich durch ein Rechtsgeschäft verpflichten kann, nicht aber Minderjährige oder geistig Behinderte. Es gilt weiter für den Satz, dass im Rechtsleben Treue und Zuverlässigkeit gefordert und notfalls vom Recht durchgesetzt werden müssen *(fides)* (Rn 422).

Dies sind natürlich keine logischen Ableitungen aus einem vorgegebenen System, wie dies vielleicht in verschiedenen Epochen des Rechtsdenkens, etwa im Vernunftrecht, in einer gewissen Selbsttäuschung angenommen wurde. Phänomenologisches Denken im Sinne der Annahme einer materialen Wertethik (oben Rn 368 ff) bedeutet nur, dass auch der Philosoph nicht durch angebliche methodische Zwänge, die in Wirklichkeit nicht bestehen, gehindert werden kann, die Realität zur Kenntnis zu nehmen. Zu dieser Realität gehört das Phänomen des Sittlichen (der Ethik, der Moral).

407 Zur Erkenntnis ethischer Werte im erörterten Sinn gehört auch die Anerkennung ihres Vorrangs vor anderen Handlungsmaßstäben („Pflicht"). Dieser **Vorrang** führt in zahllosen Fällen zu einem für jeden Menschen ganz typischen Konflikt zwischen ethischem Gebot (das sich aus der Erkenntnis des ethischen Werts ergibt) mit anderen, niederrangigen Handlungsmotiven.

Solche niederrangigen Handlungsmotive sind teils so weit verbreitet und sozusagen ein Teil der menschlichen Natur, dass sie alltäglich sind, wie Bequemlichkeit oder Streben nach dem eigenen Vorteil. Teils sind sie als allgemein verwerflich anerkannt und erscheinen als menschliche Fähigkeit zur Bosheit wie Habgier, Neid usw. Anschauliche Beispiele bieten die möglichen Konflikte zwischen ethischen und wirtschaftlichen Motiven, die bereits oben (Rn 122 ff) erörtert wurden. Dort wurde auch gezeigt, dass solche Konflikte bei vernünftiger Betrachtung weniger häufig sind als vielfach angenommen und in einer großen Zahl von Fällen ein ethisch wertvolles Verhalten und das wirtschaftlich sinnvolle Handeln in Einklang gebracht werden können.

3. Induktive Erkenntnis des Vorrangs ethischer Werte (epagoge)

408 Es gehört zu den unablässig diskutierten Fragen der Ethik, ob die Erkenntnis des Vorrangs ethischer Werte nur auf einem persönlichen Werterlebnis beruht oder ob sich rational mitteilbare und überprüfbare (und in diesem Sinn „wissenschaftliche") Erkenntnisverfahren auf diesem Gebiet finden lassen. Gewiss muss man die Unentbehrlichkeit der persönlichen Werterfahrung auf dem Gebiet der Ethik einräumen, und

dies wurde in der Philosophie seit *Platon* auch immer wieder betont. Aber dies schließt nicht aus, dass es die genannten rationalen Erkenntnis- und Verständigungsverfahren gibt und dass in allen Fragen, in denen eine Gesellschaft gemeinsame ethische Werte anerkennt und ihrer Rechtsordnung zugrundelegt, diese Verfahren von Bedeutung sind.

Im Grunde eignen sich dafür alle spezifisch geisteswissenschaftlichen Erkenntnisverfahren, die man als **Hermeneutik** bezeichnet und deren oberstes Arbeitsprinzip die Öffnung für die ganze geistige Welt, auch die der ethischen Werte, sein muss. Ein eindrucksvolles Beispiel für ein solches Erkenntnisverfahren findet sich bereits in der platonischen Philosophie. Es kann auch von denen übernommen oder erprobt werden, die der platonischen Ideenlehre reserviert gegenüberstehen. Es ist das dialektische Verfahren, im Austausch der Argumente durch vernünftige und folgerichtige Gedankenführung von einer niederen Betrachtungsebene zu einer höheren Betrachtungsebene und damit Werteebene vorzudringen.

Dieses „Hinaufführen" ist bei *Sokrates* ebenso wie wenig später bei *Aristoteles* das Verfahren, aus der Betrachtung einzelner Erscheinungen zum Allgemeinbegriff vorzudringen. Wir kennen es als Induktion. In der Tradition der aristotelischen Logik ist es nichts anderes als der Schluss von Einzelbeobachtungen auf eine gemeinsame Ursache oder Gesetzlichkeit, wie wir es heute zB in der experimentellen Physik oder anderen Naturwissenschaften, aber auch in den Geisteswissenschaften kennen. Bei *Sokrates/Platon* wird es aber auch und vor allem eingesetzt, um zu den höchsten Werten der Ethik vorzudringen und damit einen Vorrang vor anderen, „niederen" Handlungsmotiven (Lust, Nutzen) aufzuzeigen. Das ist mehr als Induktion nur im Sinn einer logischen Operation. Bleiben wir daher bei dem ursprünglichen griechischen Wort des „Hinaufführens" (**epagoge**).

So lässt *Platon* in seinem Hauptwerk ‚Der Staat' im ersten Buch (*Thrasymachos*-Dialog) den *Sokrates* von der Position seines Gesprächsgegners, die er anschließend widerlegen will, ausgehen (Rn 237). Er lässt den *Thrasymachos* zunächst die niedere Betrachtungsebene eines egoistischen reinen Vorteilsdenkens darlegen und preisen. Nach dieser (sophistischen) Position ist auch das Recht nur der Vorteil oder Nutzen des Stärkeren. *Sokrates* knüpft dann an den Begriff des Vorteils oder Nutzens an. Er fragt konsequent weiter, was unter Vorteil zu verstehen sei, und gelangt in weiteren Erkenntnisschritten zu einer höheren Betrachtungsebene, wo der primitive Vorteil und Nutzen als wertlos entlarvt und durch denjenigen Nutzen in den Schatten gestellt wird, der in einem höheren Sinn aus der Befolgung sittlicher Werte erwächst.

Das **epagogische Verfahren**, also das Hinaufführen zu einer höheren Betrachtungsebene und damit der Erkenntnis höherrangiger ethischer Werte, die niederen Handlungsmotiven an Wert überlegen sind, lässt sich als **kritisches Verfahren** gegenüber allen philosophischen Lehren anwenden, die das Verhalten der Menschen und die Regeln des menschlichen Zusammenlebens allein (monokausal) auf primitive Motive wie Selbsterhaltungstrieb, Nutzen, Lust, Vorteil zurückführen wollen (reduktionistische Theorien). Diese primitiven Motive sind zwar in der Realität des Lebens von großer Bedeutung; der Denkfehler liegt darin, aus ihnen allein alles erklären zu wollen und damit das Bild der Realität zu verkürzen.

Betrachten wir unter diesem Blickwinkel das materialistische und sensualistische Menschenbild bei *Hobbes* (Rn 316) und sein Bild des „chaotischen Naturzustandes" mit dem Kampf aller gegen alle, wobei jeder seinen primitiven persönlichen Vorteil sucht. Auf dieser Primitivebene von Naturrecht zu sprechen und die Willkür des Stärkeren als sein „Recht" zu bezeichnen (wie auch Thrasymachos es tut; vgl Rn 237), ist sehr ungenau. Denn diesem „Recht" fehlt ein innerer Geltungsgrund und damit die Normativität (Normeigenschaft). Es gilt nur auf Grund der Furcht der Schwächeren. Nach *Hobbes* wird dieser chaotische Naturzustand durch ein vernünftiges Nützlichkeitsdenken überwunden, das zur Staatsbildung und Rechtssetzung führt. Dieses Nützlichkeitsdenken erkennt „natürliche Gesetze" zur Ordnung des menschlichen Zusammenlebens, die bereits einer neuen höheren Wertebene und Betrachtungsebene angehören. Hier findet bereits eine Epagoge, ein Aufstieg zu einer höheren Wertebene statt. *Hobbes* bleibt freilich dabei stehen und erklärt das vernünftige Nützlichkeitsdenken für die ganze Moral (Utilitarismus). Er füllt diesen Begriff freilich mit einzelnen Werten und Geboten, wie zB der goldenen Regel der Bergpredigt (Rn 72), die nicht mehr mit reinem Nützlichkeitsdenken zu erklären sind, sondern einer höheren Wertebene der christlichen Moral (Gottesliebe und Nächstenliebe) angehören. Die christliche Gedankenwelt dient *Hobbes* teils zur inhaltlichen Ausfüllung, teils aber auch zur seinerzeit zeitgemäßen christlichen Verbrämung seiner eigenen (nicht christlichen) philosophischen Auffassung.

Auch das von *Hobbes* entworfene Bild der Entstehung des Staates zur Überwindung des „Kampfes aller gegen alle" enthält eine wichtige Erkenntnis, ist aber ganz unvollständig. Aristoteles hat überzeugend die Bildung von Staaten aus der geselligen Natur der Menschen hergeleitet. Auch hier tut eine epagogische Betrachtung gut: der ganze „Nutzen" des Staates entfaltet sich erst nach Bewältigung der elementaren Aufgabe der Friedenssicherung in den Entfaltungsmöglichkeiten, die jeder Mensch in dieser friedlichen Gesellschaft findet und die seiner moralischen (nicht nur sensualistischen) Natur entsprechen.

4. Empirische Aspekte der Ethik; die Psychologie der Moralentwicklung

410 Die beschriebenen philosophischen Verfahren zur Erkenntnis des Wesens und des Inhalts der Ethik finden gewisse Bestätigungen in empirischen (erfahrungswissenschaftlichen) Beiträgen zu einer Theorie des Menschen (Anthropologie). Auf die Erfahrung verweist ja schon der philosophische Ansatz der Phänomenologie, wenngleich damit eher die innere Erfahrung (das Werterlebnis) gemeint ist. Erfahrungswissenschaftliche Erkenntnisse, dass zumindest ein „Minimalgehalt sozialer Ethik empirisch zu bestimmen" sei, fanden auch in der Rechtstheorie Beachtung[7]. Ethik erscheint danach für den Menschen, der nur in Gemeinschaft mit anderen Menschen und nicht als Einzelner überleben kann, als unabdingbare Voraussetzung dieses Zusammenlebens und damit der Existenzsicherung. Freilich kommen derartige Überlegungen kaum über das hinaus, was wir schon bei *Hobbes* finden.

411 Die weiterführenden hermeneutischen Verfahren zur Erkenntnis materialer ethischer Maßstäbe und Werte finden jedoch eine bemerkenswerte Bestätigung in modernen Untersuchungen zur **Psychologie der Moralentwicklung**, insbesondere von *Lawrence Kohlberg*, die weltweit große Beachtung gefunden haben[8]. Bemerkenswert ist, dass diese Untersuchungen auf gleichmäßigen Befragungen zu typischen Standardsituationen ethischer Konflikte beruhen, wobei die Antworten und Resultate in den unterschiedlichen Ländern, Kulturkreisen und Lebensverhältnissen eine auffällige Konstanz aufweisen. Folgt man *Kohlberg*, so durchläuft jeder Mensch, und zwar un-

---

[7] *I. Mittenzwei*, Teleologisches Rechtsverständnis (Schriften zur Rechtstheorie 13), 1988, S. 158 m. Nachw.
[8] Die Psychologie der Moralentwicklung, 1995.

abhängig davon, in welchem Kulturkreis er lebt, typische Stufen der Entwicklung seines eigenen moralischen Bewusstseins vom Kind zum Erwachsenen, wobei freilich nicht jeder die letzten und höchsten Stufen erreicht und manche einer frühen und primitiveren Stufe verhaftet bleiben. Bemerkenswert ist, dass diese Entwicklung von primitiveren Handlungsmotiven zu höheren, moralisch wertvolleren Stufen läuft. Am Anfang werden Regeln nur befolgt aus Furcht vor Strafe; die Interessen anderer werden nicht berücksichtigt; es herrscht ein rein egozentrisches Denken vor. Allmählich wächst die Fähigkeit, die Interessen anderer zu verstehen und zu beachten. Zugleich weitet sich der Bezugsrahmen der Regeln, die befolgt werden: es sind die Erwartungen anderer, nahe stehender Menschen, schließlich die der ganzen Gesellschaft. Am Ende steht eine selbstverantwortliche, nicht voll von den gesellschaftlichen Maßstäben abhängige Sichtweise (und Praxis) moralischer Prinzipien.

Kohlberg unterscheidet 3 Entwicklungsniveaus mit jeweils 2 Entwicklungsstufen. Im 1. Niveau (praekonventionelle Moral) sind maßgeblich die Regeln, welche die Bezugspersonen (zB Eltern) gesetzt haben. Gehorsam hat Selbstwert; Handlungsmotiv ist die Vermeidung von Strafe. Allmählich kommt in dieser Stufe ein personaler Bezug hinzu: Regeln werden befolgt, wenn es dem Interesse einer anderen Person dient; der Gedanke eines Ausgleichs mit den eigenen Interessen setzt ein. Im 2. Niveau („konventionelle Stufe") werden die Verhaltensregeln nicht mehr nur den Erwartungen weniger Bezugspersonen, sondern den Erwartungen eines größeren Kreises nahe stehender Menschen entnommen, dann allgemeiner denen der Gesellschaft; das eigene Gewissen bildet sich nach den konventionellen Wertvorstellungen und Regeln. Im 3. Niveau einer postkonventionellen Moral entsteht ein selbstständiger moralischer Standpunkt. Dieser Standpunkt kann durchaus mit den konventionellen Wertvorstellungen in Einklang stehen; der Unterschied liegt in der Selbstständigkeit, diese Werte zu überdenken und zu bejahen.

Die beiden hier skizzierten Erkenntniswege der Philosophie wie der Psychologie, um höhere und niedere Erkenntnisstufen und Wertebenen zu erkennen, sind seit jeher und auch heute dem grundsätzlichen Einwand ausgesetzt, dass man die Bewertung nach der Kategorie „höher/niedriger" oä wissenschaftlich nicht beweisen könne[9]. Diese Abstufung ist aber Teil der Werterkenntnis selbst. Als unwissenschaftlich kann sie nur dann abgetan werden, wenn man auf einer methodischen Position beharrt, die derartige Werturteile von vornherein ausschließt. Diese Position ist ihrerseits nicht beweisbar, sondern bekenntnishaft. Der Vorwurf der Unwissenschaftlichkeit wird an andere selbstherrlich verteilt. Die vorstehenden Erkenntniswege sind Angebote, ethische (moralische) Werte und ihren Vorrang als Gegenstand vernünftiger und rational nachvollziehbarer Erkenntnisverfahren anzuerkennen. 412

5. Der Wertrelativismus und seine Missverständnisse

Der Begriff des Wertrelativismus hat unterschiedliche Bedeutungen. Man bezeichnet damit eine Auffassung, dass ethische Wertvorstellungen und Gerechtigkeitsvorstel- 413

---

[9] So in Kritik an *Kohlberg J. Habermas*, Moralbewusstsein und kommunikatives Handeln, 3. Aufl. 1988, S. 42 ff. Dagegen *Kohlberg* (mit *Ch. Levine/A. Hewer*) in: *Kohlberg* aaO, S. 226 ff. Dabei wird auch das Missverständnis zurückgewiesen, dass die gestufte Bewertung der Niveaus des Moralbewusstseins auch eine Abwertung der Menschen einschließe, die in niedrigeren Niveaus denken und handeln. Dies ist nicht der Fall.

lungen von den kulturellen Bedingungen, in denen die betreffenden Menschen leben, abhängig sind und damit auch von der historischen Entwicklung. Diese Frage ist noch unten unter dem Stichwort „Naturrecht und Geschichtlichkeit" zu betrachten (Rn 419 f). In einem engeren Sinne bedeutet Wertrelativismus, dass man keine feste Rangordnung der ethischen Werte anerkennt und es leugnet, dass eine solche Rangfolge sich objektiv festlegen lasse.

Die Vorstellung solcher Rangfolgen findet sich behutsam in der Lehre von den Kardinaltugenden bei *Thomas von Aquin* (oben Rn 301). Die Vertreter des sog. jüngeren Naturrechts (Rn 142 f) haben an logisch geschlossenen Systemen naturrechtlicher Prinzipien gearbeitet. Letzterer Versuch ist bis heute Zielscheibe der Kritik und wird als abschreckendes Beispiel eines wissenschaftlichen Irrwegs zitiert.

Vor allem wird mit Wertrelativismus die Unmöglichkeit bezeichnet, einen obersten Gerechtigkeitswert eindeutig festzulegen. *Gustav Radbruch*, der sich eingehend mit den Werten beschäftigt hat, die eine Kultur und ein staatliches System und Rechtssystem prägen, sprach von der Wahlmöglichkeit zwischen bestimmten obersten Werten. *Radbruch* hat nach der politischen und moralischen Katastrophe der Nazizeit erkannt, dass eine solche Auffassung dazu führen kann, jegliche Existenz und Verbindlichkeit von ethischen Werten, die dem Gesetzgeber unverfügbar aufgegeben sind, zu leugnen, und hat seinen Standpunkt revidiert.

Es folgte nach 1945 eine (von *Radbruch* nicht eindeutig mitgetragene) „Naturrechtsrenaissance", die ihrerseits wiederum Kritik fand und den heutigen Diskurs der Rechtsphilosophie zwar beeinflusst, aber nicht bestimmt (Rn 377–382).

414 Dabei sind zwei Missverständnisse auszuräumen. Erstens muss immer dann, wenn der Begriff des Wertrelativismus verwendet wird, geprüft werden, ob damit die rationale **Erkennbarkeit**, Mitteilbarkeit und (objektive) Konsensfähigkeit **moralischer Werte** geleugnet werden soll oder nicht. Auf eine Leugnung läuft es auch hinaus, wenn man oberste Werte allein der freien Wahl oder gesellschaftlichen Übereinkunft (Konvention) zuordnet. Heute ist immerhin die Auffassung von der Vorgegebenheit und Unverfügbarkeit solcher Werte verbreitet (oben Rn 377–382).

Im Übrigen ist daran zu erinnern, dass die abstrakte Frage nach der Rangordnung bestimmter ethischer Werte untereinander häufig nicht sinnvoll ist. Es gibt zahlreiche Gerechtigkeitsfragen, bei denen zwei oder mehr unterschiedliche ethische Gesichtspunkte, die einander widerstreiten, beachtet und gegeneinander abgewogen werden müssen (s. auch Rn 420 u. 427). Diese **Abwägung** muss freilich mit Sachargumenten geschehen und darf nicht von Willkür bestimmt werden. Der Begriff des Wertrelativismus kann jedenfalls keine Rechtfertigung für solche Willkür sein. Vielmehr muss entschieden werden, welcher Gerechtigkeitsgesichtspunkt sich im konkreten Problem vor anderen letztlich durchsetzen muss.

Solche Abwägungen und Entscheidungen sind dem Juristen bei der Anwendung des positiven Rechts in seiner Alltagsarbeit vertraut. Sie finden sich in besonderer Anschaulichkeit bei den Grundrechten und Grundwerten unseres Verfassungsrechts. Man denke nur an das Spannungsverhältnis zwischen dem allgemeinen Freiheitsrecht (Art. 2 GG) und dem Gleichheitsgebot (Art. 3 GG). Die Gerechtigkeit erfordert Gleichheit in den politischen Grundrechten (zB Wahlrecht) und in vielen anderen Fällen. Eine umfassende Durchführung des Gleichheitsprinzips in allen Rechtsbereichen würde aber die Freiheit des Einzelnen beseitigen. Hier muss in zahlreichen Einzelfragen immer wieder ein Ausgleich gefunden werden[10].

III. Die wissenschaftliche Notwendigkeit der Gerechtigkeitsfrage

1. Als heuristisches Prinzip

Gerechtigkeit ist die in jeder Rechtsfrage mitgedachte **Sinnfrage des Rechts**. Nur die Sinnfrage entscheidet aber letztlich über die Begründung. Die philosophische Letztbegründung eines rechtlichen Ergebnisses ist gegeben, wenn sich dieses Ergebnis (dh die aus Rechtsnormen im konkreten Fall hergeleitete Rechtsfolge; oben Rn 165 ff) unter dem philosophischen Gesichtspunkt der Gerechtigkeitsfrage als sinnvoll erweist. Dazu sind Aussagen über die Gerechtigkeit im Hinblick auf das betreffende Rechtsproblem erforderlich, die sich ihrerseits als nicht verfügbar erweisen, also nicht weiter in Frage gestellt werden[11]. 415

Wenn die Gerechtigkeitsfrage in diesem Sinn die nicht eliminierbare Grundfrage des juristischen Denkens ist, dann ist es ein Gebot der methodengerechten geisteswissenschaftlichen Arbeit, diese Frage zuzulassen und das rechtswissenschaftliche Denken dieser Frage zu öffnen. Es ist ein allgemeines Kennzeichen geisteswissenchaftlicher Methoden, dass sie sich allen Chancen der Sinnermittlung öffnen; sie werden sowohl als philosophische Haltung wie auch als Arbeitsmethode mit dem Begriff der **Hermeneutik** umschrieben. Für unseren Problembereich bedeutet die Gerechtigkeitsfrage dann ein Prinzip zur Auffindung vorgegebener Maßstäbe und Werte, die dem Anspruch an Gerechtigkeit entsprechen (**heuristisches Prinzip**). Gesucht werden inhaltliche Sätze und Wertungen zur Entscheidung inhaltlicher rechtlicher Konflikte, nicht abstrakte und formale Prinzipien.

2. Als Diskursbedingung

In den modernen theoretischen Ansätzen der Diskursethik und der juristischen Argumentationslehre wird von einem Teil der Autoren zu sehr nur auf die formalen Verfahren, die günstigen Bedingungen für einen Dialog oder Diskurs, geachtet. Zu wenig wird über **Inhalte** gesprochen, meist deshalb, weil man unter dem Eindruck des Verdikts der Metaphysik steht und inhaltliche Begründungen auf diesem Gebiet letztlich nicht für möglich hält (Rn 402). Dabei wird völlig übersehen, dass auch unter optimalen Bedingungen ein Diskurs nur zu einem endlosen Palaver und Streit führt, wenn nicht zugleich inhaltliche Orientierungspunkte vorhanden sind. Diese sind in der Tat 416

---

10 Zum Problem im Verfassungsrecht *M. Kriele*, Einführung in die Staatslehre, 5. Aufl. § 52, S. 206 ff.
11 Auf diese Unverfügbarkeit als Bedingung der Letztbegründung hat *Hassemer* hingewiesen (In: Hassemer/A. Kaufmann). Ich habe in ähnlichem Sinn dies als das Moment der Autorität in der juristischen Argumentation bezeichnet (Rth 1975, 145–160). Autorität in diesem Sinne darf nicht als Ausschluss der Rationalität missverstanden werden. Es muss sich im hier erörterten Zusammenhang um die einsehbare Autorität nicht verfügbarer Gerechtigkeitsgrundsätze handeln. Auf der Ebene des positiven Rechts ist der Begriff der Autorität eine Beschreibung des Geltungsanspruchs des Gesetzes in seiner Auswirkung auf die juristische Argumentation (oben Rn 101 und Rn 199).

vorhanden in dem Bewusstsein, dass es vorgegebene ethische Werte gibt, die von allen erkannt und akzeptiert werden können, etwa in dem Sinne, wie sie die materiale Wertethik skizziert hat (oben Rn 370 ff). Dieses Bewusstsein wird in jedem Argument und Gegenargument immer mitgedacht und ein Konsens kann überhaupt nur unter diesen Bedingungen zustandekommen. Es ist dann der **Konsens** über eine vorgegebene sittliche Wirklichkeit, die die Menschen bei der Ordnung ihres Zusammenlebens realisieren müssen, nicht aber ein Konsens über etwas, was man beliebig aushandeln könne. Die Gerechtigkeitsfrage und die in ihr gesuchte vorgegebene sittliche Wirklichkeit erweist sich unter diesem Gesichtspunkt als **Bedingung der Möglichkeit eines sinnvollen Diskurses**.

IV. Unverfügbare Gerechtigkeitsgebote

1. Die inhaltliche Argumentation

417 Die Auffindung inhaltlicher Aussagen über die Gerechtigkeit erfolgt in der Argumentation. Hier werden die bereits (oben Rn 194 ff und Rn 383–387) betrachteten argumentationstheoretischen Überlegungen fruchtbar. Sie bezeichnen einen **Weg zur Auffindung dieser Inhalte**.

Die sehr ähnlichen Ansätze der Diskursethik beschreiben die optimalen Bedingungen der Verständigung über richtiges Verhalten. Die Schwäche der Diskursethik besteht freilich darin, dass sie bei einer formalen Betrachtung stehen bleibt und ihre Vertreter zugleich die Existenz vorgegebener Gerechtigkeitsmaßstäbe verneinen. Damit aber wird der Diskurs inhaltsleer und kann nicht geführt werden.

Akzeptiert man die Möglichkeit der inhaltlichen Diskussion über die Gerechtigkeit, so eröffnet sich eine Fülle möglicher inhaltlicher (materialer) Aussagen. Sie finden sich in der über zweitausendjährigen uns bekannten Geschichte des europäischen Rechtsdenkens, teils als konstante Prinzipien und Gesichtspunkte, teils als deren Ableitung und Modifizierung in Anwendung auf die wechselnden historischen Situationen. Der heutige Jurist im entwickelten bürgerlichen Rechtsstaat braucht hier nicht lange außerhalb des positiven Rechtssystems zu suchen. Er findet **bereits in der positiv gegebenen Rechtsordnung** eine Fülle inhaltlicher Aussagen über die Gerechtigkeit, und zwar in den grundlegenden Prinzipien und Wertungen der positiven Rechtsordnung. Den Kern dieser Prinzipien und Wertungen kann er als dem Gesetzgeber vorgegeben (**vorpositiv**) bewerten. Diese grundlegenden Prinzipien und Wertungen finden sich in allen Rechtsordnungen der so genannten westlichen Welt und darüber hinaus, sind also nicht auf eine bestimmte nationale Rechtsordnung beschränkt.

Betrachten wir unsere Rechtsordnung, so lassen sich die gesuchten Gerechtigkeitsprinzipien etwa in den Kerngedanken der Grundrechte unserer Verfassung, ferner im Demokratie-, Rechtsstaats- und Sozialstaatsprinzip finden (Rn 404). Auch die grundlegenden Wertungen unseres Zivilrechts sind hier zu nennen, wie etwa der Grundsatz der Privatautonomie, der Vertragstreue, des Vertrauensschutzes, der Schutz Minderjähriger, der Schutz wichtiger Rechtsgüter gegen Schädigung durch andere. Es wurde bereits (Rn 116 ff) ausgeführt, dass auch zumindest die Kerntatbestände des Strafrechts so zu bewerten sind, insofern sie zB die Achtung vor dem Leben, der Gesundheit, der Ehre, dem Eigentum und dem Vermögen anderer Menschen durchsetzen oder wichtige Güter des Gemeinwohls gegen Landesverrat, Korruption usw schützen. Auch das Verfahrensrecht folgt grundlegenden Grundsätzen der Gerechtigkeit, wenn es etwa das Prinzip des rechtlichen Gehörs verwirklicht.

Dabei handelt es sich nicht nur um zeitgebundene und historisch zufällige Wertungen. Dies bestätigt schon ein Blick in die Rechtsgeschichte. Diese zeigt uns, dass manche dieser Werte sehr alt sind, so der Gedanke der Menschenwürde als Teil des antiken philosophischen und des christlichen Menschenbildes, der Gedanke von Treue und Vertrauen (*fides*), den schon das römische Recht in vielfältiger Weise zum Ausdruck bringt[12]. Andere Prinzipien und Wertungen können wir als Errungenschaften eines mühsamen Lernprozesses der Neuzeit oder Gegenwart erkennen. Nicht alle positiven Ausformungen dieser Grundsätze und Grundwertungen können dem gesuchten Bestand vorpositiver Gerechtigkeitsgebote zugerechnet werden. Ihre Ausgestaltung im Einzelnen berücksichtigt technische Erfordernisse, die wechselnden gesellschaftlichen Lebensbedingungen und das vielfältige und wechselnde politische Meinungsspektrum. 418

Die Tatsache, dass wir die gesuchten ethischen Wertungen heute weitgehend **innerhalb der positiven Rechtsordnung** finden, ist Ergebnis der vielfältigen historischen Bemühungen um eine Ethisierung des Rechts, dh seine Ausrichtung auf ethische Grundprinzipien. Diese Bemühungen sind in der deutschen Rechtsentwicklung insbesondere nach der Katastrophe der Nazi-Herrschaft und des zweiten Weltkrieges sehr stark gewesen und haben dazu geführt, möglichst die wichtigsten Gerechtigkeitsgebote in der Verfassung zum Ausdruck zu bringen oder in den einzelnen Rechtsgebieten stärker (iS einer Wertungsjurisprudenz; dazu oben Rn 160 ff) herauszuarbeiten. Durch diese erfolgreiche Positivierung wird freilich die vorpositive Natur dieser Grundsätze inzwischen verdeckt oder verdunkelt.

Eine ähnliche Wirkung hat die ständig anwachsende Masse der Verfassungsrechtsprechung. Sie zeigt das Bemühen, Verfassungsgrundsätze, die ihrerseits positivierte allgemeine Gerechtigkeitsprinzipien darstellen, auf konkrete Einzelprobleme anzuwenden.

Der vorpositive Charakter der Grundwerte und Grundprinzipien wird aber immer dann deutlich, wenn es um eine Kritik und Fortentwicklung der geltenden Verfassung und Rechtsordnung und nicht zuletzt um eine Kritik auch der Verfassungsrechtsprechung geht.

2. Der unendliche Erkenntnisprozess: Naturrecht und Geschichtlichkeit

Die Annäherung an die Gerechtigkeit ist ein unendlicher Erkenntnisprozess. Schon die klassische Philosophie hat betont, dass wir kein perfektes Wissen auf diesem Gebiet haben und haben können. Die klassische Rechtsphilosophie hat dies so ausgedrückt, dass wir das Naturrecht (*ius naturale*) nur als unvollkommene und bruchstückhafte Erkenntnis des sittlichen Weltgesetzes (*lex aeterna*) zur Verfügung haben (*Cicero, Augustinus, Thomas von Aquin*). Immer lag aber dabei die Überzeugung zu Grunde, dass es in dieser Suche einen **Fixpunkt** gibt, der in der **sittlichen Natur des Menschen** liegt und in der geistigen Wirklichkeit, in die der Mensch gestellt ist. Diese 419

---
12 *N. Horn*, Person und Kontinuität, Versprechen und Vertrauen. Die Perspektive des Zivilrechts, in: Person und Kontinuität. Versprechen und Vertrauen, hrsg. v. *R. Schenk*, 1996, S. 51–89.

Annahme eines solchen Fixpunktes ist nichts anderes als das, was wir vorstehend (Rn 415) als heuristisches Prinzip bezeichnet haben. Bei der Umsetzung der Erkenntnis vorpositiver Werte und Prinzipien in konkrete Gesetze müssen wir annehmen, dass es einen sozusagen konstanten Kern einerseits und andererseits konkrete Ausprägungen im Recht gibt, die sich im historischen Prozess verändern.

Betrachten wir zum **Beispiel** den Grundwert „Menschenwürde", so ist klar, dass es bestimmte Formen menschenunwürdiger Unterdrückung, Verfolgung und Misshandlung gibt, die zu allen Zeiten von einem sittlichen Bewusstsein aus missbilligt und als der Menschenwürde zuwider beurteilt wurden und werden. Andererseits gibt es sehr verfeinerte Anforderungen an die Achtung der Menschenwürde, die wir heute in unserer Verfassungsrechtspraxis anerkennen, die aber in früheren Zeiten bei anderen Lebensverhältnissen und Anschauungen nicht zu finden sind[13]. Auch diese verfeinerten Forderungen sind immer noch auf den Fixpunkt der Menschenwürde bezogen. Man kann daher, soweit es um einzelne historische Ausprägungen eines konstanten Grundwertes geht, auch von einem Naturrecht mit wechselndem Inhalt sprechen *(Arthur Kaufmann)*. Allerdings ist diese Formulierung insofern missverständlich, als sie vielleicht die Vorstellung fördert, es gehe beim Naturrecht doch nur um zeitgebundene, wechselnde Maßstäbe, während doch die grundlegenden Werte, um deren Verwirklichung es geht, im Kern den historischen Wechsel überdauern.

Die Unvollkommenheit unserer Erkenntnis und die Unendlichkeit des Erkenntnisprozesses bedeutet, dass jede inhaltliche Aussage über ein vorgegebenes Gerechtigkeitsgebot oder einen Gerechtigkeitswert sich dem **Einwand der besseren Erkenntnis** stellen muss. Diese bessere Erkenntnis muss inhaltlich begründet sein. Sie muss Tatsachen und Wertungen argumentativ anführen, die den kritisierten Satz durch die bessere Erkenntnis ersetzen. Es genügt hier also keineswegs das abgedroschene Argument der pauschalen Metaphysikkritik, das etwa lautet, man könne auf diesem Gebiet überhaupt nichts erkennen und aussagen, sondern allenfalls etwas aushandeln. Vielmehr muss inhaltlich argumentiert werden, um eine vorgegebenene inhaltliche Aussage über Gerechtigkeitsgebote entweder zu entkräften oder jedenfalls durch eine bessere Erkenntnis zu ersetzen. Dieser argumentative Prozess vollzieht sich tatsächlich ständig im Rechtsleben und ebenso in der Rechtspolitik und in der Rechtsphilosophie. Freilich darf man nicht die optimistische Vorstellung hegen, dass es hier nur Erkenntnisfortschritte gäbe.

3. Absolute Gerechtigkeitsgebote und Güterabwägung

420 Der Erkenntnisprozess der Suche nach Gerechtigkeit zB bei der Schaffung neuer Gesetze oder bei der gerichtlichen Entscheidung problematischer Einzelfälle vollzieht sich typischerweise im Wege der Abwägung gegenläufiger Gerechtigkeitsgrundsätze, die jeweils den Schutz bestimmter Rechtsgüter (zB Vertragsfreiheit einerseits, Schutz von Verbrauchern und Anlegern andererseits) fordern. Bei dieser **Güterabwägung** ist der Gesetzgeber im Rahmen der Verfassung frei zu entscheiden, welches Gewicht er

---

13 Aus der reichen Rechtsprechung des Bundesverfassungsgerichts zum Persönlichkeitsrecht (Art. 2) sei nur die Neuschöpfung der „informationellen Selbstbestimmung" genannt; BVerfGE 65, 1 (43); 78, 77 (84); 84, 192 (194).

den einzelnen, zT einander widerstreitenden Gerechtigkeitsgeboten (und den dadurch geschützten „Gütern") zuweisen will. Dabei wird er durch den politischen Meinungsprozess gesteuert, in den wiederum die moralischen Überzeugungen der Gesellschaft und darin enthaltene philosophische Erwägungen einfließen. Der Richter, der einen konkreten Einzelfall auf der Grundlage des bestehenden Rechts entscheiden muss, kann die genannte Abwägung regelmäßig nur im Rahmen der Auslegung des geltenden Rechts vornehmen. Bleibt die danach mögliche Entscheidung wegen schwerwiegender Gerechtigkeitsbedenken ganz unbefriedigend, wird er die Möglichkeit gesetzlich begründeter Ausnahmen prüfen und notfalls die Verfassungsmäßigkeit des Gesetzes (durch das BVerfG) überprüfen lassen.

Auch auf der Ebene der rein rechtsphilosophischen und ethischen Betrachtung (welche die Erwägungen des Gesetzgebers und des Richters in der beschriebenen Weise beeinflusst) findet eine solche Güterabwägung statt, wenn man bestimmte Gerechtigkeitsprobleme lösen will. Wir finden solche Abwägungen ständig in der rechtsphilosophischen Diskussion, zB im Hinblick auf die neuen Regelungsprobleme, die durch die biologischen und medizinischen Fortschritte (zB in der Gentechnik) hervorgerufen werden (unten Rn 437 ff). Dabei gewinnt man oft den bedenklichen Eindruck, dass bei der Abwägung aller möglichen Gründe und Gegengründe kaum noch fest umrissene Gerechtigkeitsgebote und zu schützende Güter übrig bleiben und alles seine Konturen verliert. **420a**

Diese Gefahren treten besonders hervor, wenn man sich bei dieser Abwägung philosophisch in den Bahnen der auch heute weit verbreiteten Philosophie des Utilitarismus (Rn 320, 322, 409) bewegt. Gegenstand der Abwägung (Rechtsgüter) sind dann nur die Interessen der einzelnen jeweils betroffenen Individuen und deren Nutzen, Maßstab ist das größte Glück der größten Zahl[14]. Der Schutz derjenigen Menschen, die nicht zu der so definierten (glücklichen) Mehrheit gehören, gerät damit aus dem Blick, zB der Schutz sozial Schwacher oder solcher Personen, die ihre Interessen nicht artikulieren oder auch nicht reflektieren können (ungeborene Menschen, Behinderte). Der Grund liegt darin, dass anspruchsvollere ethische Betrachtungen unterbleiben und die Güter- oder Interessenabwägung nach einem gewissen Schematismus erfolgt. Dieser Schematismus hat gewisse Vorzüge, etwa um die Effizienz einer freien Wirtschaftsordnung zu verstehen und auch bewusst zu fördern. Zur Bewältigung aller Gerechtigkeitsprobleme in einer Gesellschaft ist er untauglich und führt zu einer unmenschlichen Gesellschaft.

Ein Beispiel zur Illustration dieser Schwäche des Utilitarismus ist der Sheriff-Fall. Der Sheriff hat einen Gefangenen, der zum Tod verurteilt ist und dem der Hass der Menge gilt. Der Sheriff weiß auf Grund neuer Beweismittel, dass der Verurteilte unschuldig ist. Lässt er ihn frei, so ist abzusehen, dass dies zu schweren Unruhen führen wird, bei denen viele Unschuldige sterben werden. Nach utilitaristischer Ethik (jedenfalls wenn man sie wörtlich nimmt) muss der Sheriff den Einzelnen opfern, um viele zu retten und damit „das größte Glück der größten Zahl" zu sichern[15]. Na- **420b**

---

14 Oben Rn 322. Zum Folgenden auch *J. Hruschka*, JZ 2001, 261 ff.
15 Zum Sheriffbeispiel *J. Hruschka* aaO S. 262 unter Bezugnahme auf *J.J.C. Smart/B. Williams*, Utilitarianism for and against, 1973, S. 69 f.

türlich ist auch schon nach richtig verstandener utilitaristischer Ethik die Lösung falsch, weil langfristig die dadurch eintretende Rechtsunsicherheit allen schadet (Lynchjustiz). Immerhin zeigt aber das Beispiel die Schwächen rein utilitaristischer Argumentation und vor allem das Unvermögen, höherrangige ethische Werte zu berücksichtigen. Das heißt im Beispielsfall: das Gerechtigkeitsgebot, Unschuldige zu schützen und freizulassen, hat eindeutigen Vorrang und das Staatsorgan darf dem offenen Unrecht (Lynchjustiz) nicht nachgeben.

420c Um diesen Gefahren eines utilitaristischen Wertrelativismus zu begegnen, wird immer wieder (zB in der Debatte um Bioethik und Medizinethik; vgl Rn 439, 444) die Forderung erhoben, absolute ethische Gebote und Verbote anzuerkennen. Damit will man der Gefahr des „Dammbruchs" begegnen, dh der völligen Aushöhlung bestimmter Gerechtigkeitsgebote durch allerhand Ausnahmen und Gegengründe. Einen solchen Dammbruch haben wir bereits beim Verbot der Abtreibung, wo Ausnahmen und Einschränkungen den Schutz Ungeborener aushöhlen und diesen Schutz auch im ethischen Bewusstsein der Gesellschaft ständig weiter abschwächen (Rn 435 f). Ein Dammbruch könnte bevorstehen beim Thema Sterbehilfe; von der Zulassung der medizinischen Sterbehilfe bei Einzelfällen Mitleid erregender Not von Schwerkranken ist nur ein kleiner Schritt zur schrittweisen Ausbreitung einer Todesmedizin zur „Entsorgung" alter und schwer kranker Menschen nach Art der Nazi-Ideologie (Rn 444 f). Auch beim Klonverbot (Rn 438 ff) geht es um die Verteidigung einer absoluten ethischen Grenze.

Die Postulierung solcher absoluter ethischer (und ggf auch rechtlicher) Gebote hat also durchaus gute Gründe für sich. Solche Gebote können mit derjenigen Werterkenntnis begründet werden, die uns überhaupt das Erkennen von ethischen Geboten und damit Gerechtigkeitsgeboten ermöglicht (Rn 421 f). Teil dieser Werterkenntnis ist demnach auch die Erkenntnis der **Höherrangigkeit bestimmter Werte** vor anderen Werten.

420d Allerdings darf man sich von der Aufstellung „absoluter" Gerechtigkeitsgebote kein Allheilmittel gegen die Gefahren und Nöte der Abwägung verschiedener gegenläufiger Gerechtigkeitsargumente versprechen. Es gibt immer wieder Situationen, in denen auch ein sehr hochrangiges ethisches Gebot auf den Prüfstand zu stellen ist, ob es immanente Begrenzungen aufweist oder Ausnahmen wegen zwingender anderer Gerechtigkeitsgebote erleiden muss. Ein eindrucksvolles Beispiel bietet das Gebot der **Achtung der Menschenwürde** (Art. 1 Abs. 1 GG) und als Ausdruck dieses Gebots das **Folterverbot**, das international als Teil der Menschenrechte, ferner in unserer Verfassung und in unserem Strafrecht anerkannt ist[16]. Gerade angesichts der üblen Erfahrungen mit totalitären Staaten sollen Verhaftete davor geschützt werden, dass von ihnen ein Geständnis durch Folter oder deren Androhung erpresst wird. Das Verbot soll absolut gelten, also keine Abwägung mit anderen Gesichtspunkten zulassen. Ein schwieriger Test für die Absolutheit dieses Verbots bildete ein Verbrechen im Oktober 2002. Ein Bankierssohn wurde in Frankfurt von einem ihm bekannten Jurastudenten entführt und ermordet. Danach suchte der Täter Geld von den Eltern zu erpressen. Die Polizei fasste ihn und er gestand die Entführung, wollte aber das Versteck nicht preisgeben. Die Polizei konnte annehmen, dass das Opfer noch lebe, aber in großer Gefahr sei, wenn es nicht alsbald gefunden werde. Sie veranlasste den Täter durch die Androhung von Schmerzzufügung zur Preisgabe des Ortes. Die Strafbarkeit der ver-

---

16 Art. 3 EMRK; Art. 104 Abs. 1 S. 2 GG; § 343 StGB (Verbot der Aussageerpressung); § 136a StPO (Verwertungsverbot für erpresste Aussagen).

antwortlichen Polizeibeamten war Gegenstand einer heftigen öffentlichen Diskussion und führte zur Anklage durch die Staatsanwaltschaft. Konnte hier das Folterverbot absolut gelten? War nicht aus der Sicht der Polizei, die das Opfer am Leben glaubte und retten wollte, die Rettung eines Kindes höherrangig als der Schutz des teilgeständigen Täters (jedenfalls in diesem extremen Fall)? Die Rechtfertigung des Handelns der Polizei wurde auch auf der Ebene des positiven Rechts versucht, indem man in einem solchen Fall eine immanente Einschränkung des Folterverbots annahm und ferner Grundsätze des strafrechtlichen Notstands und des polizeirechtlichen Gebots zur Abwehr einer unmittelbar drohenden schweren Gefahr heranzog[17]. Rechtsphilosophisch (und wohl auch rechtlich) ist mE von Bedeutung, dass das Folterverbot den Schutz der Menschenwürde (von Verhafteten) bezweckt, im Fall aber der Schutz der Menschenwürde des Opfers (durch aktive polizeiliche Gefahrenabwehr) Vorrang haben musste. Das Gericht konnte sich zu einer solchen Ausnahme von Folterverbot nicht entschließen, hat aber von einer Strafe abgesehen (§ 59 StGB) und sich mit einem Schuldspruch begnügt; dem Angeklagten wurde eine „ehrenwerte, verantwortungsbewusste Gesinnung" zugebilligt[18].

Im Gesamtergebnis ist festzuhalten, dass bei der notwendigen Abwägung gegenläufiger Gerechtigkeitsgebote entgegen der utilitaristischen Denkweise die Höherrangigkeit bestimmter Gebote und Rechtsgüter vor anderen zu beachten ist. Auch höherrangige oder höchstrangige („absolute") Gebote sind freilich einer Abwägung nicht gänzlich entzogen.

V. Geltungsbedingungen vorpositiver Gerechtigkeitsgebote

1. Erkenntnismöglichkeiten. Fortschritt und Rückschritt

Die Geltung vorpositiver Gerechtigkeitsgebote in einer Gesellschaft iS ihrer tatsächlichen Anerkennung und Wirksamkeit hängt davon ab, wie in dieser Gesellschaft der Dialog über diese Fragen geführt wird oder nicht geführt wird. In einem **totalitären Staat** verhindern die Machtverhältnisse und die Absichten der Machthaber diesen Dialog oder sie manipulieren ihn zu Gunsten ihrer Ideologie. Statt Erkenntnisfortschritt tritt ein Stillstand oder Rückschritt ein. Unsere jüngste deutsche Geschichte hat uns darüber belehrt, dass es ein verhängnisvoller Fehler wäre, zu glauben, dass ein einmal erreichter Erkenntnisstand der Gesellschaft an sittlicher Einsicht nicht mehr in Zukunft unterschritten werden könnte. Selbst in einer freien Gesellschaft mit einem freiheitlich-demokratisch gesicherten, **ungehinderten** („herrschaftsfreien") **Dialog** können wertvolle frühere Erkenntnisse verloren gehen. Dies kann einerseits durch eine gedankenlose oder anmaßende Ablehnung tradierter Wertvorstellungen geschehen, andererseits aber auch dadurch, dass man starr an alten Formen und Formulierungen

---

17 Schon vor dem Frankfurter Fall zu diesen Argumenten grundsätzlich *W. Brugger*, Vom unbedingten Verbot der Folter zum bedingten Recht auf Folter, JZ 2000, 165 ff; Diskussion des Falles bei *R. Hamm*, NJW 2003, 946; *H.C. Schaefer*, NJW 2003, 947; *O. Miehe*, NJW 2003, 1219 f; *E. Hilgendorf*, JZ 2004, 331–339.
18 LG Frankfurt/M NJW 2005, 692, 696; krit. *H. Götz* NJW 2005, 953 ff. Die Weigerung, eine Ausnahme vom Folterverbot im vorliegenden Fall anzunehmen; entspricht der überwiegenden Meinung; zur umfangreichen Diskussion s. LG Frankfurt und *Götz* aaO m.Nachw., der selbst (wie hier schon seit der 3. Aufl.) die Ausnahme befürwortet und eine Vertiefung des Problems der Güterabwägung fordert.

festhält und gerade dadurch verhindert, dass wichtige, historisch gewachsene Grundeinsichten über die gerechte Einrichtung einer Gesellschaft auf neue Herausforderungen und Situationen übertragen und neu formuliert werden.

2. Die verpflichtende Kraft von Gerechtigkeitsgeboten

422 Zu den Geltungsbedingungen von Gerechtigkeitsgeboten gehören nicht nur die genannten Erkenntnismöglichkeiten und Lernprozesse. Die Suche nach der Gerechtigkeit, die den Menschen in jeder historischen Situation aufgegeben ist, ist nicht nur ein Erkenntnisakt. Sie ist auch eine Frage der sittlichen Einstellung. Nicht ohne Grund wurde in der klassischen Philosophie von der **Tugend** der Gerechtigkeit gesprochen, und die römischen Rechtsquellen verwenden eben dieses Bild der inneren Haltung eines Menschen, um die Gerechtigkeit zu definieren (*constans et perpetua voluntas*). Eine sittliche Haltung entsteht dadurch, dass ein Mensch selbst die vorgegebenen Gerechtigkeitsgebote als für sich verbindlich anerkennt.

Wir haben bereits bei der Betrachtung der Rechtsgeltung (Rn 101 ff) festgestellt, dass das Recht nicht gelten und damit praktischen Bestand haben kann, wenn nicht zumindest ein Teil der Mitglieder der Rechtsgemeinschaft das Recht als innerlich verpflichtend anerkennt und dadurch erst die Voraussetzungen schafft, unter denen seine generelle Anerkennung einsetzt.

Die Frage ist nun, wie dieses Bewusstsein der inneren Verpflichtung zu Stande kommt und wie es zu dem Willensakt kommt, diese Verpflichtung, dauerhaft für sich selbst anzuerkennen. Worin hat diese verpflichtende Kraft ihren letzten Grund? Wir können hier philosophisch nur bei der Feststellung stehen bleiben, dass das sittliche Bewusstsein ein Phänomen ist, eine Tatsache, von der wir ausgehen müssen (Rn 404) und von der auch die empirische Psychologie neuerdings wieder ernsthaft ausgeht (Rn 410). Wer mehr an Erklärung will, muss auf das Menschenbild der Religion zurückgreifen (oben Rn 73). Bleiben wir dagegen bei der Philosophie, so erreichen wir an diesem Punkt eine Grenze der Erkenntnis.

§ 20 Gesetzesgerechtigkeit und ungerechte Gesetze

I. Gerechtigkeit im Gesetz

1. Gerechtigkeitsgebote an den Gesetzgeber

423 Zu den konstanten Gedanken der klassischen Rechtsphilosophie, die bis heute fortwirken, gehört die Vorstellung, dass das vom staatlichen Gesetzgeber geschaffene positive Recht ein konkreter Ausdruck vorgegebener Gerechtigkeitsgebote sein müsse. *Cicero, Augustinus* und *Thomas von Aquin* sagten dies so, dass das positive staatliche Gesetz *(lex)* das Naturrecht *(ius naturale)* verwirklichen könne und müsse; dieses Naturrecht ist wiederum Teil einer vorgegebenen Weltordnung *(lex aeterna)* (oben

Rn 268, 281, 297). In der neuzeitlichen Philosophie lebt dieser Gedanke in Abwandlungen fort, schwächt sich aber deutlich ab.

Auch nach *Hobbes* sind die bürgerlichen Gesetze entsprechend den „natürlichen Gesetzen" (= Moral) zu gestalten. Grundlage dieser Moral ist aber nun ein reines Nützlichkeitsdenken (Utilitarismus). Die menschliche Vernunft erkennt die natürlichen Gesetze, wenn sie konsequent diesem Nützlichkeitsdenken folgt (Rn 320, 322). *Kant* lehnt den Utilitarismus in der Moral konsequent ab. Dies hat zur Folge, dass er staatliches Recht (als Zwangsordnung) und Moral (als Freiheitsordnung) scharf trennt (Rn 332 f u. 339). *Kant* sieht freilich im Recht die Voraussetzung für die Freiheit der Bürger und damit für ihre Möglichkeit zum sittlichen Handeln.

Während sich die Philosophie im 19. und frühen 20. Jahrhundert immer weniger mit der Frage befasst, ob es vorgegebene Gerechtigkeitsgebote an den Gesetzgeber gibt, ist in der politischen Geschichte und in der Rechtsgeschichte dieser Zeit das Gegenteil zu beobachten. Die Ausbreitung der politischen Idee der Menschenrechte seit dem späten 18. Jahrhundert[19] und die Ausbildung des bürgerlichen Rechtsstaates im 19. Jahrhundert[20] sind verbunden mit der politischen Forderung an den Gesetzgeber, die Rechtsordnung an den Gerechtigkeitsgeboten zu orientieren, die in den Menschenrechten ausgedrückt sind. Neue Gebote des Sozialstaatsgedankens kommen im späten 19. und im 20. Jahrhundert hinzu. Der alte und grundlegende Gedanke, dass Gesetze die Gebote der Gerechtigkeit beachten und ausführen müssen, erhält dadurch neue Inhalte. Dieser Gedanke ist auch heute Teil der allgemeinen politischen Überzeugung in den demokratischen Rechtsstaaten.

Auch der Rechtspositivismus des 19. und frühen 20. Jahrhunderts (oben Rn 360 u. 375) war insoweit kein Hindernis. Gerechtigkeitserwägungen waren danach dem rechtsanwendenden Richter nur verschlossen, soweit sie über den Gesetzestext und damit das positive Recht hinausgingen[21]. Der Gesetzgeber hatte dagegen Gerechtigkeitsgebote in vollem Umfang zu beachten (vgl zu *Windscheid* oben Rn 151).

2. Gerechtigkeit und Zweckmäßigkeit. Natur der Sache

Wenn der Gesetzgeber zur Verwirklichung bestimmter Gerechtigkeitsgebote (zB Schutz der Teilnehmer im Straßenverkehr; Schutz des Verbrauchers bei Verbraucherkrediten) Gesetze formuliert, so muss er sich mit einer Fülle technischer Regelungsprobleme befassen. Deren Lösung ist nicht ohne weiteres aus den allgemeinen Gerechtigkeitsgeboten ableitbar. Es geht hier vielmehr um die **Zweckmäßigkeit** der zu treffenden Regelung, um die gesetzgeberischen Ziele möglichst effizient und zugleich schonend (mit Rücksicht auf andere Rechtsgüter) zu verwirklichen. 424

Ein **Standardbeispiel** ist das **Straßenverkehrsrecht**. Es ist ein Gerechtigkeitsgebot, dass zum Schutz von Menschenleben, Gesundheit und Eigentum („**Verkehrssicherheit**") Verkehrsregeln rechtlich gelten müssen. Aus diesem Gebot ist auch ableitbar, dass die Verkehrsteilnehmer einheitlich eine bestimmte Fahrbahnseite benutzen müssen. Ob man nun vorschreibt, dass die Auto-

---
19 Virginia Bill of Rights 1776; Déclaration des droits de l'homme et du citoyen 1789.
20 Zu beiden Entwicklungen *M. Kriele*, Einführung in die Staatslehre, 5. Aufl. 1994, § 33 und § 83.
21 Diese Auffassung ist in der heutigen Theorie und Praxis der Rechtsanwendungsmethoden überwunden; vgl oben Rn 160 f, 182 f, 195 u. iF Rn 452 ff.

fahrer rechts fahren und links überholen sollen oder umgekehrt, ist natürlich nicht ableitbar. Fest steht nur die Notwendigkeit einer einheitlichen Regelung. Die leichte Erkennbarkeit und Verständlichkeit von Verkehrszeichen und Ampelsignalen ist ebenfalls ein Gerechtigkeitsgebot der Verkehrssicherheit. In den Einzelheiten der Ausgestaltung gibt es natürlich oft mehrere Lösungsmöglichkeiten, und der Gesetzgeber hat insoweit einen Gestaltungsspielraum. **Zweckmäßigkeit**serwägungen bei den Verkehrsregelungen dienen auch dem Ziel, den Verkehr möglichst flüssig zu halten („grüne Welle" ua) und Staus zu vermeiden, den Verkehr in bestimmten Zonen zu „beruhigen" oder aus Fußgängerzonen fern zu halten.

425 Wenn es um die Zweckmäßigkeit einer bestimmten gesetzlichen Regelung geht, taucht häufig auch das Argument auf, die **Natur der Sache** verlange eine bestimmte Regelung und verbiete eine andere, weil der gesetzgeberische Zweck (das Gerechtigkeitsgebot) sich nur auf eine bestimmte Weise verwirklichen lasse. Der Begriff der Natur der Sache ist mehrdeutig. Ausgangspunkt ist die Vorstellung, dass in einer bestimmten Materie, die der Gesetzgeber rechtlich regeln will, schon bestimmte „Gesetzmäßigkeiten" anzutreffen sind, die der Gesetzgeber berücksichtigen muss. Diese Gesetzmäßigkeiten sind aber ganz unterschiedlicher Art und Herkunft. (1) Einige sind naturgesetzliche oder technische Notwendigkeiten. (2) Die meisten sind aber Regelhaftigkeiten **zwischenmenschlicher Beziehungen**, die der Gesetzgeber vorfindet. Hier treten entsprechend der Natur der Menschen immer wieder gleiche oder ähnliche Konflikte und typische Möglichkeiten ihrer Vermeidung oder Schlichtung durch Recht auf.

(Zu 1:) **Beispiele der ersteren Art:** Aus den technischen Bedingungen des Straßenverkehrs folgt die Notwendigkeit von Geschwindigkeitsbegrenzungen im innerstädtischen Verkehr und auf gefährlichen Straßenabschnitten, zB bei starkem Gefälle. Oder nehmen wir ein anderes Regelungsgebiet: Aus der Gefährlichkeit bestimmter technischer Produktionsverfahren und aus der arbeitsmedizinischen Erkenntnis von Grenzen der Belastbarkeit des menschlichen Körpers (Ermüdung, Augenschäden usw) folgt die Notwendigkeit bestimmter Arbeitsschutzvorschriften.

(Zu 2:) **Beispiele der zweiten Art** lassen sich vor allem im Bereich der Regelung wirtschaftlicher Vorgänge finden, wo auf die „Gesetzmäßigkeiten" der Wirtschaft, dh die psychologischen Regelhaftigkeiten des menschlichen Verhaltens in wirtschaftlicher Hinsicht, Rücksicht zu nehmen ist. Dies wurde bereits (oben Rn 109 ff, 120 f) erörtert. Weitere Beispiele aus diesem Gebiet: Werden die Preise für Lebensmittel vom Staat (aus sozialen oder anderen Erwägungen) niedrig festgesetzt, so schwindet der Anreiz der selbstständigen Bauern, ihre Produktion zu steigern. Weite Gebiete der sog. Dritten Welt verdanken nachweislich ihre großen Ernährungsprobleme einer solchen falschen Preisrechtspolitik. Andere Länder haben durch Änderung ihres Preisrechts ihre Ernährungsprobleme lösen oder stark abmildern können (Rn 124).

Noch ein **Beispiel:** Es ist faszinierend zu sehen, dass sich im Vertragsrecht der internationalen Wirtschaft, das (im Rahmen der jeweils anwendbaren nationalen Rechte) weitgehend von den Vertragsparteien gestaltet wird, bestimmte rechtliche Gestaltungsformen einheitlich durchgesetzt haben, weil sie die typischen Risiken beider Parteien am besten minimieren. Ein Beispiel bildet das weltweit anerkannte Rechtsinstitut des Dokumentenakkreditivs, in dem eine Bank im Auftrag des Käufers Zahlung an den Verkäufer gegen Vorlage bestimmter Papiere verspricht. Diese Papiere bekunden die ordnungsgemäße Verladung der gekauften Ware und verbriefen einen Herausgabeanspruch bezüglich der Ware (wichtigstes Beispiel: Bordkonnossement)[22]. Das

---

22 Zum Dokumentenakkreditiv vgl *Heymann/Horn*, HGB Bd. 4, 2. Aufl 2005, § 363 Anh.; zum Bordkonnossement *ders.*, § 363 Rn 18.

Akkreditiv gibt beiden Parteien eine größere Sicherheit, Zug um Zug (dh im „funktionellen Synallagma") jeweils die Gegenleistung zu erhalten.

Der Gedanke der Natur der Sache ist alt. Schon im römischen Recht findet sich der Gedanke, dass bestimmte rechtliche Regelungen sich ohne weiteres aus einer Betrachtung des Regelungsproblems ergeben *(res, natura, oder: natura rei)*[23]. Auch heute gehört es zur beruflichen Erfahrung jeden Richters, Rechtsanwalts oder Notars, dass bei bestimmten Regelungsproblemen, die im Gesetz nicht ausdrücklich geregelt sind, nur ein bestimmter Lösungsweg in Betracht kommt, weil das Problem diese Lösung „verlangt", dh weil diese am besten der Klarheit, Billigkeit (dh der Befriedigung des Rechtsgefühls) und der Vermeidung weiteren Streits dient.

426

Ebenso wie der Gedanke der Zweckmäßigkeit verbindet sich der Gedanke der Natur der Sache also mehr oder weniger stark mit Gerechtigkeitsgeboten, wie schon die oa Beispiele gezeigt haben. Es ist möglich, mithilfe dieser Gedanken Folgerungen aus allgemeinen Gerechtigkeitsgeboten zu ziehen und diese Gebote zu konkretisieren. Es gibt in der Rechtstheorie auch immer wieder Versuche, den Begriff der Natur der Sache zu einem rechtsphilosophischen Zentralbegriff zu machen[24]. Man kann im Begriff der Natur der Sache ein heuristisches Prinzip (oben Rn 415) sehen. Es verweist in der oben beschriebenen Weise auf die Beschaffenheit des vom Gesetzgeber zu regelnden Problems. Wegen der Vielgestaltigkeit des Begriffs lässt sich aber wohl schwerlich eine allgemeine Theorie daraus entwickeln.

3. Konflikte zwischen Gerechtigkeitsgeboten

Häufig steht der Gesetzgeber bei der Schaffung eines neuen Gesetzes vor der Situation, dass er verschiedene Gerechtigkeitsgebote verwirklichen soll, die miteinander im Widerstreit stehen. Die gesetzliche Regelung ist dann oft nur ein mühsamer Kompromiss, bei dem die „reine" Verwirklichung eines bestimmten Prinzips gerade nicht möglich ist.

427

Als **Beispiel** widerstreitender politischer Forderungen, hinter denen zugleich unterschiedliche Gerechtigkeitsgebote (und verfassungsmäßig gewährte Grundrechte!) stehen, wurde bereits das Mitbestimmungsgesetz kurz skizziert (oben Rn 182).

Ein weiteres **Beispiel** für das mühsame Ringen um Gerechtigkeit in der Gesetzgebung, begleitet von lebhaftem politischen Streit, ist das „Entschädigungs- und Ausgleichsleistungsgesetz" (EALG) von 1994. Es bildet den Abschluss einer komplizierten gesetzgeberischen Aufgabe im Zusammenhang mit der Wiedervereinigung Deutschlands. Der Gesetzgeber musste 1990 die Rückgabe von Eigentum, das früher in der DDR in ungerechter Weise enteignet worden war, an die Alteigentümer oder ihre Erben regeln (im Einigungsvertrag und im Vermögensgesetz) und ferner die Zahlung einer Entschädigung oder einer Ausgleichsleistung in den Fällen, in denen eine Rückgabe nicht stattfindet. Im Einigungsvertrag und im Vermögensgesetz wird unterschieden zwischen den Enteignungen 1945–1949 in der sowjetischen Besatzungszone und den Enteignungen 1949–1990 in der ehemaligen DDR. Dem Gerechtigkeitsgebot, zu Unrecht weggenommes Eigentum zurückzugewähren, standen hinsichtlich der Enteignungsfälle 1945–1949 außenpolitische Rücksichten im Wiedervereinigungsprozess (von höchst umstrittenem Gewicht!) entgegen

---

23 Dazu *Horn, Aequitas* in den Lehren des Baldus, 1968, § 12.2.
24 *W. Maihofer,* Die Natur der Sache, ARSP 44 (1958), 174 ff; krit. referierend dazu *Kühl* in: *Köbler/ Heinze/Schapp,* Geschichtliche Rechtswissenschaft (FS Söllner), 1990, S. 331 ff, 348 ff.

und fanden Eingang in den Einigungsvertrag. Teils wurden diese Enteignungen auch mit dem Gedanken der „Bodenreform" zu Gunsten der „Siedlungsbauern" gerechtfertigt, obwohl diese in Wirklichkeit 1945–1949 kein Eigentum erhielten; erst 1990/93 hat der Gesetzgeber dies nachgeholt. Der Rückgabe von Eigentum, das 1949–90 enteignet worden war, standen teilweise die Bestandsschutzinteressen redlicher Erwerber gegenüber, die auf den enteigneten Grundstücken die bestehenden Häuser erworben oder Eigenheime neu erbaut hatten. Eine einigermaßen ausgewogene Rückgaberegelung, die zwischen den widerstreitenden Interessen vermitteln will, findet sich im Vermögensgesetz.

Bei der **Entschädigung** der Enteignungsopfer waren die Grenzen der Leistungsfähigkeit des Staates zu berücksichtigen. Eine alternative Finanzierung durch eine Vermögensabgabe, die man denen auferlegen wollte, die entweder ihr Eigentum nach Vermögensgesetz zurückerhalten hatten oder die umgekehrt als redliche Erwerber vor Rückgabe geschützt waren, erwies sich als politisch undurchführbar. Ferner wollte man den Enteignungsopfern 1945–49 (oder ihren Erben) durch Rückerwerbsrechte wenigstens eine begrenzte Möglichkeit verschaffen, enteignete Grundstücke zurückzuerwerben, um fortwirkendes Unrecht hinsichtlich noch rückgebbarer Grundstücke abzumildern. Diesen Rückerwerbsinteressen standen wiederum die Interessen derer gegenüber, die inzwischen (zT seit langem) die betreffenden landwirtschaftlichen Flächen bewirtschafteten. Das Resultat war das Entschädigungs- und Ausgleichsleistungsgesetz (1994) mit sehr begrenzten gestaffelten Entschädigungen und begrenzten Rückerwerbsrechten von Enteignungsopfern. Das Gesetz fand bei fast allen Betroffenen gleich welchen Lagers Kritik. Diese **Gesetzeskritik** ist ein Studienobjekt für die Schwierigkeiten, altes, länger zurückliegendes Unrecht wieder gutzumachen und grundlegende Gerechtigkeitsgebote nach langen historischen Entwicklungen in der politischen Realität mit ihren widerstreitenden Interessen und Bedürfnissen zu verwirklichen[25].

II. Die Geltung ungerechter Gesetze

1. Gesetzesgehorsam und Rechtssicherheit

428 Es gehört zu den alten Einsichten des Rechtsdenkens, dass man ein Gesetz auch dann befolgen muss, wenn es die verfolgten Gerechtigkeitsgedanken nur unvollkommen verwirklicht und deshalb mit Recht kritisiert werden kann. Denn der Rechtsfrieden und die **Rechtssicherheit** gebieten es, dass der Bürger auch solche Gesetze befolgt, die er selbst für ungerecht hält.

Thomas hat dazu den Gedanken der **iustitia legalis** entwickelt: Es gehört zu den Geboten der (Tugend der) Gerechtigkeit, die Gesetze zu achten, falls sie nicht manifest ungerecht sind (Rn 302 u. 306).

Entscheidend ist dabei freilich immer, dass der Gesetzgeber zumindest versucht, eine gerechte Ordnung zu verwirklichen. In einem demokratischen Rechtsstaat mit entsprechenden Gesetzgebungsverfahren muss grundsätzlich eine Vermutung für diese Absicht gelten. Ist es aber ganz offensichtlich, dass ein Gesetz den Anspruch einer gerechten Regelung nicht einmal zu erheben sucht, – was in der Realität nur im totalitären Unrechtsstaat vorkommt – dann wird auch der Rechtsfriede und die Rechtssicherheit ins Wanken gebracht. Dann entfallen die schwerwiegenden Gründe, die das

---

25 Zum Ganzen *Horn*, Das Zivil- und Wirtschaftsrecht im neuen Bundesgebiet, 2. Aufl. 1993, § 15.

Gebot des grundsätzlichen Gesetzesgehorsam als Gerechtigkeitsgebot ausweisen. Wir haben dann das vielschichtige Problem des Ungehorsams gegenüber dem ungerechten Gesetz vor uns.

Unter dem Eindruck der Unrechtsherrschaft 1933–1945 hat *Gustav Radbruch* erklärt, dass zwar das positive Gesetz regelmäßig um der Rechtssicherheit willen respektiert werden müsse. Das gelte aber dann nicht mehr, wenn „der Widerspruch des positiven Gesetzes zur Gerechtigkeit ein so unerträgliches Maß erreicht, dass das Gesetz als unrichtiges Recht der Gerechtigkeit zu weichen hat" (**Radbruch'sche Formel**)[26]. Diese Formel unterstreicht den Ausnahmecharakter, den der Gesetzesungehorsam haben muss. Er bezeichnet ein Problem, dessen wichtigste Aspekte das Widerstandsrecht (Rn 429 f) und die schuldhafte Befolgung ungerechter Gesetze (Rn 431 f) sind.

2. Widerstandsrecht

Wer in einem Unrechtsstaat lebt, kann in die dramatische Situation geraten, dass er nicht nur selbst von einem ungerechten Handeln der Staatsgewalt (mit oder ohne Gesetzesgrundlage) betroffen wird, sondern auch veranlasst werden soll, selbst ungerechte Gesetze oder – häufiger – ungerechte Befehle von Trägern der Staatsgewalt ausführen zu sollen. Diese Frage wurde nach dem Zusammenbruch der Nazi-Herrschaft häufig unter dem Gesichtspunkt des Widerstandsrechts behandelt[27]. 429

Der Begriff ist etwas missverständlich. Wer in einem Unrechtsstaat lebt, kann nicht erwarten, dass ihm die Rechtsordnung ein Recht auf Widerstand zubilligt, und selbst wenn dies der Fall ist, kann er nicht erwarten, dass ihm dieses Recht viel hilft. Sein Widerstand gegen ungerechte Staatsakte oder ungerechte Gesetze wird ihm nicht mehr einbringen als Verfolgung, Kerker und äußerstenfalls den Tod.

Widerstandsrecht in einem Unrechtsstaat ist vielmehr eine sittliche Frage. Sie geht dahin, ob und unter welchen Bedingungen es **sittlich geboten** ist, die oben genannten Gerechtigkeitsgebote des Gesetzesgehorsams, der Rechtssicherheit und des Rechtsfriedens hintanzustellen, um Unrecht zu verhindern. Dies ist vom moralischen und vom rechtsstaatlichen Standpunkt aus zu bejahen, wenn der Staat in ganz grober Weise seine Aufgabe verletzt, gerechtes Recht zu schaffen und durchzusetzen, wobei die Grenze generell durch die vorgenannte Radbruch'sche Formel (Rn 428) bezeichnet ist.

Aus dieser sittlichen Rechtfertigung folgt auch, dass nach Zeiten des Unrechtsstaates in einer nachfolgenden rechtsstaatlichen Zeit das Widerstandsrecht auch rechtlich anzuerkennen und die betreffende Handlung keinesfalls mit rechtlichen Sanktionen zu belegen ist. Im fortbestehenden Unrechtsstaat aber kann der, der Widerstand leistet, natürlich keine rechtliche Anerkennung seines Handelns erwarten.

Das Widerstandsrecht ist in der Rechtsphilosophie immer wieder diskutiert worden. *Thomas von Aquin* hat das Gerechtigkeitsgebot formuliert, krass ungerechte Gesetze nicht zu befolgen

---

26 Gesetzliches Unrecht und übergesetzliches Recht, 1946; abgedr. in: *Radbruch*, Rechtsphilosophie, 5. Aufl. 1956, S. 347 ff, 353.
27 Vgl *Coing*, Grundzüge der Rechtsphilosophie, 5. Aufl. 1993, S. 205.

(Rn 306). Er ging allerdings nicht soweit, Gewaltanwendung gegen die Machthaber zu empfehlen. Damit ist das in der Philosophiegeschichte viel diskutierte Problem des „**Tyrannenmordes**" angesprochen. Seine Zulässigkeit wurde von den Männern bejaht, die am 20. Juli 1944 *Hitler* zu beseitigen suchten und dabei ihr eigenes Leben riskierten. Nach dem Urteil der späteren Zeit wäre die Beseitigung (Tötung) *Hitlers* nicht rechtswidrig, sondern moralisch und rechtlich gerechtfertigt gewesen, und zwar schon aus dem Gedanken der Notwehr, um weiteres Unheil abzuwenden.

430 Wer in einem demokratischen Rechtsstaat ein Gesetz als ungerecht empfindet (dh es als Verstoß gegen vorpositive Gerechtigkeitsgebote betrachtet), hat die Möglichkeit, die öffentliche Meinung für seine Sache zu mobilisieren und sich an die politischen Kräfte und letztlich an den Gesetzgeber zu wenden. Im Einzelfall wird ihm auch ein Gericht helfen können. Setzt sich der Bürger gegen ein Handeln von Behörden oder anderen Mitbürgern zur Wehr, das sich auf ein Gesetz stützt, dann kann er unter Umständen erreichen, dass das Bundesverfassungsgericht die betreffende gesetzliche Bestimmung für verfassungswidrig erklärt und damit ihre Anwendung verhindert. Wer auf allen genannten Wegen nicht weiterkommt, muss sich immer fragen lassen, ob er nicht selbst irrt, dh sich in eine vermeintliche Gerechtigkeitsforderung verrannt hat, die von den meisten anderen Mitgliedern der Rechtsgemeinschaft nicht geteilt wird und die sich letztlich nur als Interessenstandpunkt darstellt. Nicht auszuschließen ist natürlich, dass im Einzelfall auch im Rechtsstaat einem Bürger schweres Unrecht geschehen kann, und dies ist Anlass für die Aufmerksamkeit aller, die in der Rechtspflege tätig sind. Ein **Widerstandsrecht** in solchen Fällen kann der **demokratische Rechtsstaat nicht** geben. Der Staat muss sich darauf beschränken, die genannten Möglichkeiten der Abhilfe zu schaffen. Geht er weiter, so gefährdet er die Rechtssicherheit und den Rechtsfrieden.

Es gehört zu den bedenklichen Meinungsströmungen in den westlichen Demokratien, dass man zeitweilig den „zivilen Ungehorsam" gegenüber Gesetzen, mit denen bestimmte Meinungsgruppen nicht einverstanden waren, propagiert hat. Dies ist ein Angriff auf Rechtssicherheit und Rechtsfrieden. Davon zu unterscheiden ist die Möglichkeit, unter Inanspruchnahme der eigenen Meinungsfreiheit und der Versammlungsfreiheit die öffentliche Meinung auf das eigene Anliegen aufmerksam zu machen und den Gesetzgeber zu beeinflussen.

III. Schuldhafte Anwendung ungerechter Gesetze und Rechtsbeugung

431 Nach § 339 StGB ist die Rechtsbeugung durch einen Richter, einen anderen Amtsträger oder einen Schiedsrichter strafbar. Die Vorschrift will die Rechtspflege in ihrer Aufgabe, **richtiges Recht** zu sprechen, schützen. Rechtsbeugung ist dabei nicht nur die Verletzung positiven staatlichen Rechts und Gewohnheitsrechts, sondern auch die Verletzung von „**überpositivem Recht**"[28]. Rechtsbeugung ist auch die Anwendung offensichtlich ungültiger Rechtsnormen. Staatliches Recht kann offensichtlich ungül-

---

28 *Schönke/Schröder/Cramer*, Strafgesetzbuch. Kommentar. 26. Aufl. 2001, § 339 Rn 5; *Lackner/Kühl*, StGB, 24. Aufl. 2001, § 339 Rn 5; *Tröndle/Fischer*, StGB, 51. Aufl. 2003, § 339 Rn 5. Vgl auch oben Rn 192.

Schuldhafte Anwendung ungerechter Gesetze und Rechtsbeugung § 20 III

tig sein, wenn es gegen elementare Gerechtigkeitsgebote verstößt, wie dies im Unrechtsstaat häufig der Fall war.

Der von *Hitler* geschaffene Volksgerichtshof und die vor allem für politische Delikte zuständigen Sondergerichte, aber auch manche ordentliche Gerichte der NS-Zeit, haben Rechtsbeugung sowohl dadurch begangen, dass sie gültige staatliche Gesetze bewusst falsch anwendeten, als auch durch die Anwendung von staatlichen Gesetzen, die wegen offensichtlicher Ungerechtigkeit nichtig waren[29]. Der Bundestag hat daher die Entscheidungen des Volksgerichtshofs während der NS-Zeit für null und nichtig erklärt[30]. Allerdings ist die Verurteilung des Volksrichters *Rehse* durch die bundesdeutsche Justiz im Ergebnis gescheitert[31].

Die Tatsache, dass die rechtsstaatliche Justiz der Bundesrepublik im Ergebnis mit einer gerichtlichen Bewältigung der Rechtsbeugung in der NS-Zeit nicht fertig wurde, hat viel Kritik ausgelöst. Es ist oft beklagt worden, dass – abgesehen von den durch die Alliierten selbst veranstalteten Nürnberger Prozessen gegen repräsentativ ausgewählte Hauptverantwortliche („Hauptkriegsverbrecher") – die Verfolgung und Ahndung der Untaten der Nazis nach dem Krieg nur sehr zögerlich in Gang kam und unvollständig durchgeführt wurde, und dass das Spezialproblem der Rechtsbeugung praktisch unerledigt blieb.

432 Das Problem der Verfolgung von so genannter Regierungskriminalität (Unrechtsakten von staatlicher Seite) ist erneut nach dem Zusammenbruch der DDR und der deutschen Wiedervereinigung aufgetreten. Auch wenn man zwischen dem DDR-Regime und der NS-Zeit die gebotenen historischen Unterscheidungen trifft, ist das Problem in der Struktur ähnlich. Es geht darum, ob man Menschen zur Verantwortung ziehen kann, die eindeutiges Unrecht begangen haben, zB Menschen beim Versuch der Überwindung der innerdeutschen Grenze erschossen haben, die sich aber dabei entweder auf geltendes Recht oder geltende tatsächliche Umstände berufen. Die möglichen Zwangssituationen, in denen Täter vor allem in untergeordneten Positionen (zB als Grenzsoldaten) standen, können dabei strafrechtlich bei der Schuld und damit beim Strafmaß berücksichtigt werden. Die Grundsatzfrage ist aber zuvor, ob wir heute vom Standpunkt des demokratischen Rechtsstaates aus überhaupt solche Täter verurteilen dürfen und ggf verurteilen müssen, die in Ausübung von ungerechten Gesetzen Unrecht begangen haben[32].

Die bundesdeutschen Gerichte können eine in der DDR begangene Tat nur bestrafen, wenn sie auch schon zur Zeit der Begehung in der DDR mit Strafe bedroht war. Dies

---

29 Zum Volksgerichtshof vgl *G. Gribbohm*, JuS 1969, 55 ff, 109 ff; *W. Wagner*, Der Volksgerichtshof im nationalsozialistischen Staat, 1974; *G. Spendel*, Rechtsbeugung durch Rechtsprechung, 1974.
30 BT-Drucksache 10/2368; Plenarprotokoll 10/118; zu dieser Beurteilung zuvor schon *Radbruch*, SJZ 1946 Sp. 105; *Coing*, SJZ 1947 Sp. 61; OGH 2, 271.
31 BGH NJW 1968, 1339; *Rasehorn*, NJW 1969, 457. Rückblickende Kritik in BGHSt 41, 317 = NJW 1996, 857, 859.
32 Zu diesem Problem allg. *J. Weber/M. Piazolo* (Hrsg.), Eine Diktatur vor Gericht. Die Aufarbeitung des DDR-Unrechts durch die Justiz, 1995. Vgl auch *Horn*, Das Zivil- und Wirtschaftsrecht im neuen Bundesgebiet, 2. Aufl. 1993, § 3 Rn 30–33; *A. Kaufmann*, NJW 1995, 81. Speziell zur politischen Instrumentalisierung der Strafjustiz in der ehemaligen DDR *K.W. Fricke*, Politik und Justiz in der DDR. Zur Geschichte der politischen Verfolgung 1945–1968, 2. Aufl. 1990; *ders.*, Opposition und Widerstand in der DDR, ROW 1987, 291–294.

ist eine geltende Norm unseres Strafrechts (§ 1 StGB) und zugleich ein grundlegendes Gerechtigkeitsgebot (*nulla poena sine lege*). Ist an die Stelle einer in der DDR geltenden Strafnorm eine entsprechende bundesdeutsche Strafnorm getreten, so bleibt die Strafbarkeit erhalten („Unrechtskontinuität")[33].

Bei der Frage der **Rechtsbeugung** durch einen DDR-Richter, die sowohl nach DDR-Recht strafbar war (§ 244 StGB-DDR) als auch nach Bundesrecht strafbar ist (§ 336 StGB), kann Maßstab für die Rechtsbeugung nur das zur Tatzeit in der DDR geltende Recht sein. Allerdings ist dieses geschriebene Recht der DDR in seiner damaligen Auslegung nicht ausschließlicher Maßstab. „Das richterliche Handeln war auch dann gesetzeswidrig, wenn die Rechtsprechung in einem offensichtlichen und unerträglichen **Widerspruch zu elementaren Geboten der Gerechtigkeit und zu völkerrechtlich geschützten Menschenrechten** stand."[34] Die bundesdeutsche Justiz hat die Möglichkeit, dass sich DDR-Richter und DDR-Staatsanwälte wegen Rechtsbeugung strafbar gemacht haben können, (natürlich) grundsätzlich bejaht;[35] jedoch kam es in einigen, von der Öffentlichkeit beachteten Fällen zu Freisprüchen[36]. Auch die Rehabilitierung der Opfer der DDR-Justiz, die völlig ungerechtfertigte oder maßlos harte Strafurteile erleiden mussten (die DDR-Gefängnisse waren gefürchtet), durch die Gerichte erwies sich als schwierig[37].

Besondere Aufmerksamkeit fanden auch die sog. **Mauerschützenprozesse.** Hier ging es um Fälle, in denen Personen bei dem Versuch, die Mauer in Berlin oder die ebenso schwer befestigte und bewachte innerdeutsche Grenze zu überwinden, von Grenzsoldaten getötet wurden. Dazu bestand der sog. „Schießbefehl". Eine Rechtfertigung für das Schießen auf Grenzverletzer und ihre Tötung konnte aus dem Grenzgesetz der DDR (§ 27) nicht abgeleitet werden. Denn das Grenzgesetz in seiner Anwendung durch die DDR-Staatspraxis bewertete den Schutz der Grenze höher als Menschenleben und muss „wegen eines extremen Verstoßes gegen das Verhältnismäßigkeitsprinzip" außer Betracht bleiben[38]. Der BGH sah hier einen unerträglichen Widerspruch des positiven Gesetzes zur Gerechtigkeit iS der Radbruch'schen Formel (Rn 428)[39]. Diese Bewertung durch den BGH entspricht nach Ansicht des BVerfG dem Grundgesetz[40]. Ferner hatte sich die DDR an völkerrechtlichen Verträgen zur Achtung der Menschenrechte beteiligt; diese Verpflichtung war Teil ihres eigenen Rechts geworden, sodass sich auch auf diese Weise das Unrecht der Tötungshandlungen an der Mauer und Grenze positiv-rechtlich aus dem DDR-Recht selbst begründen ließ. Beim Strafmaß musste die Jugend der Täter und ihre ständige Indoktrination strafmildernd berücksichtigt werden[41].

433 Die Tatsache, dass die bundesdeutsche Justiz überhaupt eine strafrechtliche Verurteilung von DDR-Regierungsunrecht bei den genannten Tatbeständen (Rechtsbeugung, Todesschüsse an der Grenze) vornahm, obwohl diese Handlungen teils durch DDR-Gesetze, teils durch interne Instruktionen und jedenfalls durch die Rechtspraxis der

---

33 BGHSt 41, 247, 253 ff = NStZ 1995, 544, 545: BGHSt 41, 317, 321. NStZ 1995, 544, 545. Bei Unterschieden zwischen DDR-Norm und bundesdeutscher Norm ist das im Einzelfall mildeste Gesetz anzuwenden (Art. 315 Abs. 1 EGStGB iVm § 2 Abs. 2 StGB).
34 BGHSt 41, 157, 164 = NStZ 1995, 545; BGHSt 41, 317 = NJW 1996, 857.
35 BGHSt 40, 30; NStZ 1994, 437.
36 BGH aaO und BGH NStZ 1995, 31 und NStZ 1995, 544.
37 Überblick bei *M. Heinatz*, NJW 2000, 3022 ff.
38 BGHSt 39, 1, 15 ff = BGH NJW 1993, 141, 144 (1. Mauerschützenurteil).
39 BGH NJW 1993, 144. Krit. dazu *A. Kaufmann*, Die Radbruch'sche Formel vom gesetzlichen Unrecht und vom übergesetzlichen Recht in der Diskussion um das im Namen der DDR begangene Unrecht, NJW 1995, 81.
40 BVerfGE 95, 96, 135 = NJW 1997, 929, 931.
41 BGH aaO. Vgl weitere Mauerschützenurteile des BGH: BGHSt 39, 168, 183 f = BGH NJW 1993, 1932 ff; DtZ 1993, 255; NJW 1995, 1437; NStZ 1995, 497 f.

DDR gedeckt waren, ist häufig kritisiert worden, obwohl sich die Justiz auf gravierende Fälle beschränkte und durchweg zu maßvollen Strafen kam. Die verbreitete Kritik lautete, die Gerichte der Bundesrepublik verstießen gegen das strafrechtliche Rückwirkungsverbot des Art. 103 Abs. 2 GG, wenn sie eine Handlung verurteilten, die entweder nach DDR-Gesetz oder jedenfalls nach der DDR-Rechtswirklichkeit gerechtfertigt gewesen sei[42]. Demgegenüber hat die Rechtssprechung in mE überzeugender Weise betont, dass bei schweren Menschenrechtsverletzungen die nach der DDR-Praxis bestehenden Rechtfertigungsgründe als extremes staatliches Unrecht unbeachtet bleiben müssen. Die Erwartung des Täters, eine menschenrechtswidriger Rechtfertigungsgrund werde auch in Zukunft angewendet, sei nicht geschützt. Auch in der Literatur wird zT betont, die Justiz habe – bedauerlicherweise ohne wesentliche Hilfe durch den Gesetzgeber – ein insgesamt schlüssiges Konzept der Behandlung von DDR-Unrecht entwickelt. Die Bestrafung schwerer Menschenrechtsverletzungen rechtfertige die Einschränkung des Art. 103 Abs. 2 GG und entspreche einer verbreiteten völkerstrafrechtlichen Grundposition, wie sie sich auch in der Einsetzung der Internationalen Gerichtshöfe für das ehemalige Jugoslawien und für Ruanda sowie in den Bemühungen um einen ständigen Internationalen Strafgerichtshof zeige[43]. Der europäische Gerichtshof für Menschenrechte hat die deutsche Rechtsprechung im Wesentlichen bestätigt[44].

§ 21 Die Suche nach der Gerechtigkeit in Gesetzgebung und Rechtsanwendung

I. Aufgaben des Gesetzgebers an Beispielen

In der rechtspolitischen Debatte, die in einem demokratischen Rechtsstaat jeder neuen Gesetzgebung vorausgeht, werden auch grundlegende Gerechtigkeitsvorstellungen, die in der Gesellschaft vorhanden sind, thematisiert. Da wir die Frage der Gerechtigkeit als Gegenstand eines unendlichen (freilich nicht beliebigen!) Erkenntnisprozesses kennzeichnen müssen (oben Rn 419), kann es kaum abschließende Antworten geben. Wohl aber können wir mit einer Konstanz der Gerechtigkeitsfragen rechnen und mit vorgegebenen, nicht verfügbaren Maßstäben, die als Orientierungspunkte beim Ringen um gerechte Gesetze und eine gerechte Rechtsanwendung dienen. Dies lässt sich an einigen Beispielen zeigen[45].

434

---

42 Statt vieler *Pieroth*, in: *Jarass/Pieroth*, GG, 5. Aufl. 2000, Art. 103 Rn 54.
43 *Klaus Marxen/Gerhard Werle* (Hrsg), Die strafrechtliche Aufarbeitung von DDR-Unrecht. Eine Bilanz, 1999; *F.-Chr. Schroeder*, Zehn Jahre strafrechtliche Aufarbeitung des DDR-Unrechts, NJW 2000, 3017 ff.
44 EGMR, Urteile v. 22.3.2001, NJW 2001, 3035 ff u. 3042 ff; dazu *Werle*, NJW 2001, 3001; *Rau*, NJW 2001, 3008.
45 Außer den iF 1–7 genannten Beispielen sind zahlreiche weitere Beispiele zum Generalthema an anderer Stelle behandelt, so die Strafzwecke im Strafrecht Rn 116–119, das Verhältnis Recht/Wirtschaft Rn 124, 125, das Mitbestimmungsgesetz Rn 182, das Folterverbot Rn 420d, das Straßenverkehrsrecht Rn 424, 425, das Wiedervereinigungsrecht Rn 427.

1. Der Schutz ungeborener Menschen

435 Der **Schutz ungeborener Menschen** durch den Gesetzgeber vor Abtreibung wird vom Bundesverfassungsgericht als hohes Rechtsgut angesehen. Das Gericht sagt dazu: „Der Lebensschutz der Leibesfrucht genießt grundsätzlich für die gesamte Dauer der Schwangerschaft Vorrang vor dem Selbstbestimmungsrecht der Schwangeren und darf nicht für eine bestimmte Frist infrage gestellt werden"[46]. Mit dieser Begründung hat das Gericht die ursprüngliche Fristenlösung des Bundesgesetzgebers (generelle Straffreiheit der Abtreibung während einer bestimmten Frist nach Eintritt der Schwangerschaft) abgelehnt. Dieser Grundsatz ist auch in der Entscheidung des Bundesverfassungsgerichts von 1993 über die Neuregelung des Schwangerschaftsabbruchs aufrechterhalten[47]. Selbst wenn das Gesetz die **Tötung Ungeborener** während bestimmter Fristen straflos lässt, bleibt eine solche Tötung nach diesem Urteil grundsätzlich **rechtswidrig**.

Die Entscheidung von 1993 betont zunächst das Lebensrecht des Ungeborenen und bestätigt demnach den Grundsatz: „Der Schwangerschaftsabbruch muss für die ganze Dauer der Schwangerschaft grundsätzlich als Unrecht angesehen werden und demgemäß rechtlich verboten sein" (Leitsatz 4). Gleichwohl erlaubte die neue Entscheidung (im Wege vieler wenig klarer Einschränkungen und Differenzierungen) eine Gesetzesregelung, mit der indirekt doch eine „Fristenlösung" und damit eine Einschränkung des Lebensrechts des Ungeborenen zugelassen wurde, die nur wenig durch eine Pflicht der Schwangeren, sich („ergebnisoffen") beraten zu lassen, abgemildert ist. Auch die Abrechnung der Arzt- und Krankenhauskosten der Abtreibung über die Krankenkassen wurde durch Gesetz von 1995 geregelt (Schwangerschaft als „Krankheit"?)[48]. Die Entscheidung von 1993 und insbesondere das Gesetz von 1995 sind ein äußerst problematischer Kompromiss verschiedener Meinungsströmungen, wobei unter dem Grundsatz des Schutzes des Ungeborenen so zahlreiche Ausnahmen und Einschränkungen erlaubt wurden, dass (während der gesetzlichen Frist für straflose Eingriffe nach Beratung) der Grundsatz fast ins Gegenteil verkehrt wurde.

Das Urteil spiegelt den tiefgreifenden Konflikt des Gerichts wider, das einerseits am Grundsatz des unbeschränkten Schutzes ungeborenen Lebens festhält, andererseits aber vor den gesellschaftlich vorherrschenden Anschauungen, die sich in der Bundestagsmehrheit spiegelten und denen eine verbreitete Abtreibungspraxis entspricht, zurückweicht[49]. Selbst eine landesgesetzliche Eindämmung von Abtreibungskliniken, deren Beratungspraxis zur Formalität verkümmert und der Idee des Beratungskonzepts zuwiderläuft, wurde 1998 von BVerfGE 98, 265 ff verworfen (mit abweichender Meinung dreier Richter aaO S. 329 ff).

435a Das Problem der rechtlichen Behandlung der Abtreibung ist mit der geltenden Gesetzeslage und ihrer Absegnung durch das BVerfG in rechtsphilosophischer (ethischer) und rechtspolitischer Hinsicht keineswegs abschließend geklärt[50]. Die philosophische

---

46 BVerfGE 39, 1, 44 = NJW 1975, 573.
47 BVerfGE 88, 203 = NJW 1993, 1751.
48 Schwangeren- und FamilienhilfeänderungsG v. 21.8.1995, BGBl. I, 1050.
49 Auf die Inkonsistenz der Argumentation des Gerichts verweist *Hoerster*, der aber daraus den abwegigen Schluss zieht, die Abtreibung gänzlich freizugeben; *Hoerster*, Abtreibung im säkularen Staat, 1995; Krit. zum „Alternativradikalismus" von *Hoerster* etwa *Hilgendorf*, in: *P. Straßer/E. Starz* (Hrsg.), Person sein aus bioethischer Sicht, ARSP Beiheft 73 (1997), 137 ff.
50 Zur Diskussion vgl *R. Beckmann* ua, Abtreibung in der Diskussion. Fünfzig Behauptungen und ihre Widerlegung, 1991; *R. Jütte*, Geschichte der Abtreibung. Von der Antike bis zur Gegenwart, 1993.

Grundfrage ist einfach und im Leitsatz der Entscheidung von 1975 genannt: Es entspricht einer Tradition sittlicher Überzeugungen in Europa seit der griechischen Antike, dass das ungeborene Leben zu schützen ist (hippokratischer Eid).

Die geltende Rechtslage lässt die Abtreibung durch einen Arzt einmal innerhalb einer Frist von 12 Wochen nach Empfängnis (als nicht tatbestandlich) zu, wenn die Schwangere sich nach gesetzlich vorgeschriebener Beratung dafür entscheidet (§§ 218a Abs. 1, 219 StGB), ferner auch jenseits dieser Frist auf Grund medizinischer Indikation (schwere Gefahr für die Schwangere) (nicht rechtswidrige Tatbestandserfüllung); schließlich bleibt die vom Arzt nach Beratung der Schwangeren vorgenommene Abtreibung, wenn sie in einer Frist von 22 Wochen seit Empfängnis erfolgt, für die Schwangere und ggf auch für den Arzt straflos gem. § 218a Abs. 4 StGB (rechtswidrige straflose Tatbestandserfüllung). Die gesamtgesellschaftliche Problematik der großzügigen Zulassung der Abtreibung durch den Arzt nach Beratung innerhalb der Fristen (12 bzw 22 Wochen) wird deutlich an der Tatsache, dass Deutschland weltweit eine Spitzenposition in der niedrigen Geburtenrate bei hoher Abtreibungsrate[51] einnimmt, was mittelfristig die Sozialsysteme, die auf dem sog. Generationenvertrag beruhen, zum Einsturz bringt (vgl Rn 450 f).

Die ethische Problematik der Abtreibungspraxis und Abtreibungsrechtslage wird verschärft durch die Fortentwicklung der Abtreibungstechnik inbes. durch die sog. Abtreibungspille, die 1999 durch das Bundesinstitut für Arzneimittel und Medizinprodukte zugelassen wurde. Die Zulassung der Anwendung ist aus medizinischen Gründen zeitlich eng begrenzt, weil die Wirkung des Mittels mit dem Alter der Schwangerschaft abnimmt. Andererseits verlangt das Bundesinstitut für die Anwendung den Nachweis einer „intakten Schwangerschaft". Durch den mit diesen Einschränkungen verbundenen Zeitdruck wird die Durchführung einer sinnvollen Schwangerenberatung sehr erschwert und deren gesetzlicher Zweck eines Schutzes des ungeborenen Lebens nicht mehr erreicht[52]. Die Abtreibungspille verändert ferner die Rolle der Schwangeren bei der Abtreibung. Diese nimmt selbst die Tötung des Embryos vor, indem sie mit Einnahme der Pille den Prozess des Absterbens unwiderruflich einleitet. Daraus können sich erhebliche psychische Belastungen und dauerhafte psychische Schäden ergeben[53].

Damit ist freilich ein generelles Problem der Abtreibung berührt. Jede Abtreibung kann zu starken psychischen Belastungen der Frau mit Dauerwirkung (Schuldgefühl gegenüber dem ungeborenen Kind) führen. Dieses Problem, das jährlich hunderttausende junger Frauen trifft, ist in der Öffentlichkeit völlig tabuisiert. Es wird nur hie und da durch die zahlreichen Selbsthilfegruppen betroffener Frauen auch in der Öffentlichkeit artikuliert.

Von indirekter, aber praktisch großer Bedeutung für die Abtreibungspraxis ist die **Pränataldiagnostik**, dh die Untersuchung des ungeborenen Kindes auf Erbkrankheiten oder Behinderungen. Sie ist heute Bestandteil der medizinischen Schwangerschaftsvorsorge. Seit ca. 1975 ist zB die ieS genetische Diagnostik auf Chromosomenanomalien (etwa Trisomie 21 = Mongolismus) Bestandteil des Leistungskatalogs der gesetz-   **436**

---
51 2001 wurden in Deutschland 135 000 Abtreibungen legal vorgenommen, davon 97% nach der Beratungsregelung; daneben besteht eine hohe Dunkelziffer; FAZ 9.4.2002; *Chr. Wagner* NJW 2002, 3379, 3380.
52 *Starck*, NJW 2000, 2714 ff.
53 *Starck*, aaO, S. 2715.

lichen Krankenkassen. In vielen Fällen bedeuten positive Testergebnisse den Abbruch der Schwangerschaft[54], was nach § 218a Abs. 2 StGB ohne Fristgrenze „nicht rechtswidrig" ist. Die werdenden Eltern werden durch eine solche Diagnose (die bei manchen Befunden durchaus unsicher ist) mit einem schweren Gewissenskonflikt belastet, ob sie ein möglicherweise behindertes Kind annehmen (aus Ehrfurcht vor der Menschenwürde auch eines behinderten Menschen) oder ob sie es ablehnen. Die Pränataldiagnostik läuft also auf einen **Selektionsmechanismus** hinaus, der Behinderten ein Lebensrecht abspricht, was fatal an die Wahnideen der Nazis von der Eliminierung „lebensunwerten Lebens" erinnert (s. auch zur PID Rn 440).

436a Soziale Folge dieser Rechtslage und Praxis ist, dass Behinderte in der Gesellschaft zunehmend als vermeidbare Last angesehen werden. Den Eltern behinderter Kinder wird ihre (schwere, aber innerlich durchaus auch bereichernde) Aufgabe, ein solches Kind großzuziehen, weiter erschwert. Der Gedanke der vermeidbaren Last hat auch in der Rechtsprechung einen Platz gefunden. Den Eltern eines behindert geborenen Kindes kann Schadensersatzanspruch auf Ersatz des Unterhaltes für dieses Kind gegen den behandelnden Arzt zugesprochen werden, wenn diesem ein Behandlungs- bzw Beratungsfehler bei der pränatalen Diagnose unterlaufen ist, sodass die Unterrichtung der Eltern über die schwere Behinderung des ungeborenen Kindes und damit die mögliche Entscheidung für eine zulässige Abtreibung unterblieb[55]. Diese Rechtsprechung stößt in der Öffentlichkeit auf die verständliche Kritik, dass hier ein **Kind als Schaden** behandelt wird. Zur Verteidigung wird vorgebracht, die Rechtsprechung beschränke sich ausschließlich auf den vermögensrechtlichen Aspekt des Problems und enthalte sich jeder Bewertung des Lebens des Kindes. Das ist nicht ganz überzeugend. Ein treibendes Motiv der Rechtsprechung mag freilich in vielen Fällen der Gedanke sein, dass die Eltern eines behinderten Kindes zusätzlich zur erschwerten Personensorge auch einen erheblichen zusätzlichen finanziellen Aufwand schultern müssen. Daher sollten ihnen wenigstens die finanziellen Lasten durch den Arzt bzw dessen Berufshaftpflichtversicherung abgenommen werden. Dies mag auch letztlich das Motiv der betreffenden Eltern sein, wenn sie gegen den Arzt klagen. Die Klage sollte menschlich nicht als fortgesetzte Ablehnung des geborenen Kindes betrachtet werden[56]. Tatsächlich gehört es zu den Fakten (oder Geheimnissen) des Lebens, dass Eltern zu einem behinderten Kind zumindest eine gleich intensive Liebesbeziehung aufbauen können wie zu einem normalen Kind. Gleichwohl bleibt die Rechtsprechung, die den Makel „Kind als Schaden" in der Öffentlichkeit kaum abstreifen kann, unbefriedigend. Besser wäre eine Versicherungslösung, die ohne Schadensersatzanspruch auskommt[57].

---

54 *W. Höfling*, Reprogenetik und Verfassungsrecht, 2001, S. 25 mwN. Die Rspr sucht zT die einschränkenden Voraussetzungen hervorzuheben; vgl OLG Hamm, NJW 2002, 2649: „Es obliegt dem Arzt nicht, die Schwangere auf die Möglichkeit des Schwangerschaftsabbruchs hinzuweisen. Die Pränataldiagnostik ist nicht darauf gerichtet, jeden denkbaren kindlichen Schaden auszuschließen, sondern beschränkt sich auf das Erkennen kindlicher Schwerstschäden" (LS 2).
55 BGH, Urt. v. 18.6.2002, NJW 2002, 2636; stRspr.
56 Vgl *O. Tolmein*, Wir tun das alles nur für den Sebastian, FAZ 20.6.2002, S. 54.
57 In diesem Sinne *de lege ferenda* auch *Chr. Wagner*, NJW 2002, 3379, 3380.

2. Genforschung und Genmanipulation

Zahlreiche Beispiele für **neue und bisher unbekannte Regelungsprobleme** bietet die **Genforschung** und die durch sie ermöglichte **Gentechnik**. Zu unterscheiden ist hier zwischen einerseits der Erforschung und Beeinflussung des Erbgutes von Pflanzen und Tieren, die heute schon weltweit praktiziert wird und in Deutschland relativ strengen Grenzen unterliegt[58], und andererseits dem Bereich des menschlichen Erbgutes und allgemein des menschlichen Lebens. Damit befassen sich das Embryonenschutzgesetz von 1990[59], das aber wegen der raschen Fortentwicklung der Gentechnik noch nicht alle aktuellen Fragen anspricht, und eine vom Europarat ausgearbeitete Bioethik-Konvention[60]. 437

Bei der Gentechnik im Bereich der Pflanzen und Tiere geht es um Gefahren für die natürliche Umwelt durch die Erzeugung von Lebewesen, die auf das in Jahrmillionen entstandene Gleichgewicht des Öko-Biosystems nicht abgestimmt sind, und um gesundheitliche Gefahren für den Menschen beim Verzehr gentechnisch manipulierter Nahrung. Ein prominenter Sonderfall der Genmanipulation ist die Herstellung geklonter Nachkommen eines Tieres iS der Herstellung genetisch identischer Nachkommen (reproduktives Klonen). 1996 wurde (nach 277 Versuchen) der erste Klon eines erwachsenen Schafs geboren und fand als Klonschaf „Dolly" weltweite Beachtung. Dolly, das nur die Gene seiner Mutter besaß (es war aus einer entkernten Eizelle und einer darin eingepflanzten Euterzelle entstanden) starb Anfang 2003 vor der Zeit, weil Klontiere an vorzeitiger Alterung leiden (was selbst für Laien vorhersehbar war; vgl 2. Aufl. Rn 437).

Bei Eingriffen ins menschliche Erbgut geht es um hauptsächlich drei Fragenkreise bzw (noch nicht erreichte) Ziele: (1) die Möglichkeit und Zulässigkeit des reproduktiven Klonens von Menschen; (2) die Verwendung von Zellen, die aus (zu zerstörenden) Embryonen gewonnen werden, für Zwecke der Forschung und Therapie, und (3) die pränatale Frühdiagnose zur Selektion erbkranker Embryonen und später ggf zur gezielten Ausschaltung krankheitserzeugender, fehlerhafter Gene (Genmanipulation ieS). Alle genannten Ziele liegen noch in der Zukunft und ihre Realisierbarkeit ist ungewiss. 438

(1) **Reproduktives Klonen** eines Menschen bedeutet also die Herbeiführung der Entstehung eines Menschen, der genetisch mit einem anderen Menschen, aus dessen Zellen er entstanden ist (entkernte Eizelle + implantierter Kern einer sonstigen Zelle), identisch ist. Die Erzeugung eines geklonten Menschen, der lebend geboren wurde, ist bis jetzt (2006) nach dem Urteil der Fachleute trotz anders lautender Sensationsmeldungen noch nicht gelungen[61], und die Erreichung dieses Ziels ist ungewiss. Gleichwohl ist der Gesetzgeber präventiv zum Handeln aufgerufen und hat weltweit überwiegend mit einer strikten Ablehnung reagiert[62], Reproduktives Klonen stellt eine eklatante Verletzung der Menschenwürde dar. Argumente zur Verharmlosung des Problems sind zurückzuweisen. So wird darauf hingewiesen, dass genetische Identität auch

---

58 Gentechnikgesetz v. 20.6.1990, BGBl. I S. 1080 idF Bek.v. 16.12.1993, BGBl. I S. 2066.
59 Gesetz zum Schutz von Embryonen (EschG) v. 13.12.1990, BGBl. I S. 2746.
60 Convention on Human Rights and Biomedicine, 4 April 1997, Council of Europe, ETS no 164. Sie hat wegen der großzügigen Zulassung der Genforschung Kritik erfahren; *Emmrich*, Der vermessene Mensch, 1997.
61 FAZ 28.12.2002, S. 1.
62 Vgl das generelle Verbot reproduktiven Klonens in der Charta der Grundrechte der Europäischen Union (2000/C 364/01 v. 18.12.2000), Art. 3 (2).

bei eineiigen Zwillingen vorliegt. Der Vergleich liegt völlig neben der Sache. Eineiige Zwillinge stammen nicht voneinander ab, sondern haben genetisch Vater und Mutter. Das Grundrecht eines jeden Menschen, (genetisch) Vater und Mutter zu haben, ist beim Klonen verletzt. Dieses Grundrecht ist noch wenig diskutiert, weil das Problem früher nicht auftauchte[63]. Es hat viele Aspekte: das Recht auf natürliche Entstehung, das Recht auf emotionale Gesundheit und das Recht, auch nicht den biologischen Risiken des Klonens (zB unerforschten Verlusten an Vitalität) ausgesetzt zu sein. In der Diskussion wird ferner gegen das Klonen der Einwand erhoben, es verletze das Recht auf Individualität, auf natürliche und damit auch nicht vom Menschen manipulierte Entstehung. Die Verteidiger der ethischen Zulässigkeit des Klonens lassen diese Wertungsargumente nicht gelten; zT beruft man sich auch auf das Argument, ein Individuum könne nicht Rechte gegen die Umstände seiner Entstehung haben, weil es ohne diese Umstände überhaupt nicht existierte. Dieses Argument ist juristisch nicht schlüssig und taugt auch philosophisch nicht; es gibt durchaus Rechte des Individuums gegen Schädigungen, deren Ursachen seiner biologischen Entstehung vorausliegen[64].

439 (2) Ferner wird die Forschung an **embryonalen Stammzellen** (ES-Zellen) zu späteren Heilzwecken befürwortet und zT praktiziert. Stammzellen haben die Fähigkeit, sich selbst durch Zellteilung zu vermehren, wobei diese Zellen je nach dem Organ, in das sie verpflanzt werden, sich zu organspezifischen Zellen dieses Organs entwickeln (pluripotente Stammzellen). Davon verspricht man sich später große therapeutische Erfolge zum Ersatz zerstörter Zellen auch in so sensiblen und wichtigen Organen wie Gehirn und Nerven und letztlich die Heilung von Krankheiten (zB Alzheimer). Ob dieses Ziel je erreicht werden kann, ist derzeit ganz ungewiss[65]. Stammzellen mit den genannten Eigenschaften, sich in organspezifische Zellen zu verwandeln, finden sich auch im Knochenmark von Erwachsenen (adulte Stammzellen) sowie im Nabelschnurblut von Neugeborenen. Gleichwohl will man auf die Forschung mit embryonalen Stammzellen nicht verzichten, weil man sich von ihr einen größeren Erfolg verspricht. Dazu will man vor allem Zellen aus Embryonen entnehmen, die im Rahmen einer künstlichen Befruchtung außerhalb des Mutterleibes (in vitro) erzeugt wurden, zumal wegen der unsicheren Erfolgsquote dieser In-vitro-Fertilisation meist mehrere Eizellen befruchtet werden, von denen nur eine wieder im Mutterleib eingepflanzt werden kann. Embryonale Stammzellen werden als undifferenzierte Zellen eines Embryos im frühen Entwicklungsstadium (Blastozyste) gewonnen, was nach den bisher angewandten Methoden die Zerstörung des Embryos zur Folge hat[66].

Diese „verbrauchende" Embryonenforschung (irreführend „therapeutisches Klonen" genannt) führt zu dem bedenklichen Konflikt, dass die Vernichtung entstehenden Lebens mit der (ggf später möglichen, noch ganz ungewissen) Therapie alter Menschen

---

63 Dieses (nicht im GG ausdrücklich genannte) Grundrecht ist mE aus dem Schutz der Menschenwürde (Art. 1 GG) und der Familie (Art. 6 GG) ableitbar. Skeptisch zur Berufung auf die Menschenwürde bei genetischen Manipulationen *Hilgendorf*, Jahrbuch für Recht und Ethik Bd 7, 1999, S. 137 ff.
64 Vgl etwa BGHZ 8, 243 ff (Lues-Fall).
65 Weltweites Aufsehen erregte im März 2004 der koreanische Forscher *Hwang* mit Erfolgsmeldungen, er habe menschliche Stammzellen hergestellt und damit die Machbarkeit des therapeutischen Klonens beim Menschen nachgewiesen. Es war ein Betrug im Kampf um Ruhm und Forschungsgelder, der Anfang 2006 aufflog; FAZ 11.1.2006, S. 3.
66 *J.A. Thomson* ua, Embryonic Stem Cell Lines derived from Human Blastocysts, Science 282 (1998), 1145 ff; Deutsche Forschungsgemeinschaft, Empfehlungen vom 3.5.2001, S. 3; *W. Höfling*, Reprogenetik und Verfassungsrecht, 2001, S. 39.

gerechtfertigt werden soll. Demgegenüber ist am Verbot festzuhalten, dass Embryonen nicht zu einem anderen Zweck als dem ihrer Erhaltung erzeugt werden dürfen[67]. Der deutsche Gesetzgeber hat diesen Grundsatz im Stammzellengesetz (StZG) von 2002 (zur Regelung der Einfuhr von ES-Zellen) bekräftigt und zugleich modifiziert[68]. Die Einfuhr und Verwendung von ES-Zellen ist danach grundsätzlich verboten (§ 4 Abs. 1 StZG). Sie kann aber zu Forschungszwecken genehmigt werden, wenn die Zellen im Herkunftsland legal vor dem 1.1.2002 gewonnen wurden und die Embryonen, aus denen sie stammen, nicht zuvor zu Forschungszwecken erzeugt wurden und wenn kein Entgelt gewährt wird (§ 4 Abs. 2 StZG). Der Kompromisscharakter des Gesetzes, dem eine Empfehlung der Deutschen Forschungsgemeinschaft (DFG) vorausging[69], ergibt sich aus dem Konflikt der Forschungsinteressen mit den ethischen Anforderungen des Embryonenschutzes. Die Problematik wird dadurch verschärft, dass tatsächlich bei IVF (dazu Rn 440) überzählige Embryonen entstehen, deren weiteres Schicksal ungewiss ist. Ferner ist das öffentliche Bewusstsein gegenüber der ethischen Anforderung des Schutzes ungeborenen Lebens durch die wenig grundsatzfeste Abtreibungsrechtslage und -praxis orientierungslos geworden[70].

(3) In Zusammenhang mit der künstlichen Befruchtung von Eizellen außerhalb des Mutterleibes (In-vitro-Fertilisation, IVF), die bei Frauen vorgenommen wird, die sich anders einen Kinderwunsch nicht erfüllen können, wird vor dem Transfer des Embryos in die Gebärmutter häufig eine Untersuchung der (meist mehreren!) befruchteten Eizellen zur Feststellung von genetischen Abweichungen vorgenommen (Präimplantations-Diagnostik, **PID**). Vom Ergebnis dieser Diagnose wird die Entscheidung über die Einpflanzung der befruchteten Eizelle und ggf die Auswahl unter mehreren solcher Zellen vorgenommen. Die Zulässigkeit der PID ist schon nach der einfach gesetzlichen Rechtslage in Deutschland (EschG) sehr umstritten (*Höfling*, aaO, S. 26 ff). Vom ethischen Standpunkt ergeben sich die Bedenken aus dem Vorgang der **Selektion** nach genetischen Gesichtspunkten[71], was an die eugenischen Wahnideen der Nazis erinnert, aber von manchen prominenten Genforschern postuliert wird[72]. **440**

Die PID-Problematik ist ein Ausschnitt aus dem allgemeinen Problem, wie weit künftig Eingriffe in menschliche Gene oder die Selektion von Embryonen nach ihrem Erb-

---

67 § 1 Abs. 1 Nr 2 ESchG; *Höfling* aaO, S. 26, 28.
68 Gesetz zur Sicherstellung des Embryonenschutzes im Zusammenhang mit Einfuhr und Verwendung menschlicher embryonaler Stammzellen v. 28.6.2002, BGBl I, 2277.
69 DFG, Empfehlung vom 3.5.2001; zu deren Kompromisscharakter vgl Interview mit *E.-L. Winnacker*, FAZ 5.5.2001, S. 43 („Wir wollen keine Menschen züchten").
70 Zu letzterem Gesichtspunkt vgl auch *H. Sendler*, NJW 2001, 2148.
71 Literatur (knappe Auswahl): *B. Böckenförde-Wunderlich*, Präimplantationsdiagnostik als Rechtsproblem, 2002; *W. Höfling*, Reprogenetik und Verfassungsrecht, 2001; *ders.*, Von Menschen und Personen. Verfassungsrechtliche Überlegungen zu einer bioethischen Schlüsselkategorie, FS H. Schiedermair, 2001, S. 363–376; *R. Kollek*, Präimplantationsdiagnostik – Embryonenselektion, weibliche Autonomie und Recht, 2000; *R. Röger*, Verfassungsrechtliche Probleme medizinischer Einflussnahme auf das ungeborene menschliche Leben im Lichte des technischen Fortschritts, Habilitationsschrift Köln 1999.
72 Befürwortend *J. Watson* (Nobelpreisträger für die Entdeckung der Doppelhelixstruktur des Erbgutes), FAZ 26.9.2000, S. 26, der eine „Ethik des Genoms" von einem strikt atheistischen Standpunkt aus entwickeln will.

gut möglich und erlaubt sein sollen. Noch beschwören Wissenschaftler und Politiker den Grundsatz, das menschliche Leben von der Idee des gezüchteten und genmanipulierten Menschen freizuhalten. Hinsichtlich der weiteren wissenschaftlichen Entwicklung der **Genmanipulation** ist Wachsamkeit geboten.

441 Umstritten ist die **Patentierbarkeit** von **Gentechniken** im Hinblick auf den menschlichen Körper. Sie wird von der industriellen biogenetischen Forschung nachdrücklich gefordert. Dazu wird das allgemeine Argument angeführt, nur der Schutz von Erfindungen durch Patente biete den notwendigen wirtschaftlichen Anreiz für entsprechende Forschungen. Man muss gleichwohl bezweifeln, dass die mögliche Entdeckung neuer Heilverfahren eine grenzenlose Forschung auf diesem Gebiet rechtfertigt. Die dringende Frage bleibt, ob nicht ethische Schranken der Forschung, insbesondere die Achtung vor der Menschenwürde, den Vorrang haben müssen.

Diese Fragen werden dadurch verschärft, dass inzwischen auch Gentechniken unter Kombination tierischer und menschlicher Zellen durchgeführt wurden. So wurden zB Zellkerne menschlicher Föten in Eizellen von Schweinen implantiert. Man ließ diese Zellkombination eine Woche lang wachsen[73]. Man rechtfertigt dies mit der Absicht, später menschliche Organe für die Implantation züchten zu können. Ähnliche Versuche gab es zuvor mit der Eizelle einer Kuh und menschlichen Zellen. Man will in den USA solche Verfahren und die Rechte an solchen Embryonen patentieren lassen. Das deutsche Embryonenschutzgesetz erfasst den Fall nicht.

Art. 5 der Europäischen Biopatent-Richtlinie erklärt, dass der menschliche Körper oder die Entdeckung eines seiner Bestandteile nicht patentfähig seien. Dies entspricht dem herkömmlichen Grundsatz des Patentrechts, dass bloße Entdeckungen nicht patentfähig sind. Die Frage läuft also darauf hinaus, ob Verfahren zur Gewinnung isolierter genetischer Informationen aus dem Körper (Nukleotidabfolgen) patentierbar sind. Hält man dies nach geltendem Patentrecht für möglich[74], so stellt sich umso dringlicher die Frage nach der Bestimmung der ethischen Schranken solcher Verfahren, also nicht nur ihres Schutzes, sondern umgekehrt ihrer Verbote.

442 Im Bereich der Genforschung und Gentechnik stoßen rasanter naturwissenschaftlicher Erkenntnisfortschritt und drängende rechtspolitische Fragen nach der richtigen gesetzlichen Regelung zusammen: wo soll der Forschung, wo soll der Technik der Eingriffe eine gesetzliche Grenze durch Verbote gezogen werden? Dahinter stehen grundsätzliche philosophische und religiöse Fragen nach dem Wert und dem Schutz des menschlichen Lebens. Manche wollen hier abwägen zwischen dem Wert eines menschlichen Embryos und den Heilungshoffnungen von älteren Patienten, die an Alzheimer erkranken und auf Forschung oder Therapie der aus Embryonen gewonnenen Zellen ihre Hoffnung setzen. Kann man aber überhaupt hier Zwecke abwägen oder muss man nicht vielmehr absolute Verbote anerkennen?

Der Satz von *Kant*, dass der Mensch nie ein Mittel zu einem anderen Zweck, sondern nur Endzweck menschlichen Handelns sein darf, gewinnt bei der Genmanipulation und beim Schutz menschlicher Embryonen eine neue und aktuelle Bedeutung. Es ist

---

73 Pressemitteilung zB in Die Welt vom 6.10.2000, S. 1, 4, 5 und 8.
74 Dazu *A. Schrell/N. Heide*, Frankfurter Allgemeine v. 10.10.2000, S. 53; *Haedicke*, JuS 2002, 113.

eine Herausforderung an die Philosophie und hier insbesondere die Ethik, aber auch an die religiös angeleitete Ethik, die sittlichen Grenzen der Forschungstätigkeit zu bestimmen[75].

Dahinter stehen Grundfragen einer philosophischen und religiösen Anthropologie: Was ist der Mensch und ab wann ist er? Denn das Problem bleibt bei der Frage, ob abgestorbene oder durch Abtreibung getötete Föten für Forschung und Technik verfügbar seien, nicht stehen. Vielmehr wird offen diskutiert, wieweit ein (lebender und lebensfähiger) Embryo noch nicht als menschliches Leben anzusehen sei und daher vom Gesetz schutzlos gestellt werden könne, eine Frage, die sich ähnlich bei der Duldung der Abtreibung stellt. Was bedeutet es, dass der Mensch Leib und Seele ist? Ist die Seele nur ein „*Epiphänomen*", das mit dem Körper entsteht und ähnlich mechanistisch funktioniert wie der Körper selbst (materialistische Auffassung). Oder besteht ein Dualismus von Leib und Seele im Sinne einer Trennung, wobei man in der Philosophie zT angenommen hat, zuerst entstehe der Leib und erst später allmählich die Seele, wobei manche heute so weit gehen, erst mit dem erwachenden Bewusstsein entwickle sich die Seele oder sei jedenfalls schützenswertes Leben vorhanden? (ab welchem Alter? ab Geburt oder noch später?). Der traditionellen Position des christlichen Humanismus entspricht die Vorstellung einer Einheit von Leib und Seele: Beides ist ab der Entwicklung des menschlichen Körpers aus den ersten Anfängen der befruchteten Eizelle vorhanden. Von diesem Standpunkt aus ist auch keine Unterscheidung der Begriffe „Mensch" und „Person" zu treffen: Jeder Mensch ist Person und hat Anspruch auf Achtung seiner Menschenwürde[76]. Andere wollen Menschen erst ab einer gewissen Bewusstseins- und Willensfähigkeit die Qualität „Person" zuerkennen, sodass Kleinstkinder, geistig Behinderte oder Koma-Patienten (zu diesen auch Rn 445) den Schutz ihrer Menschenwürde als Person weder rechtlich noch philosophisch beanspruchen können[77]. Die letztere Auffassung ist weder mit dem weiten und offenen Menschenbegriff des Grundgesetzes zu vereinbaren noch mit dem philosophischen Standpunkt eines christlichen Humanismus[78].

3. Anonyme Elternschaft („Babyklappe")

a) Wege der Anonymisierung

Für die in unserer Gesellschaft leider sehr häufigen Fälle, dass ein Kind unerwünscht ist (vgl auch Rn 435 f), besteht seit jeher die Möglichkeit, das Kind zur Adoption freizugeben. Dabei kann in gewissen Grenzen (Rn 444) sichergestellt werden, dass die Identität der Adoptiveltern der Mutter verborgen bleibt (§ 1747 Abs. 2 S. 2 BGB; Inkognitoadoption). Die Einwilligung der Mutter in die Adoption kann frühestens erteilt werden, wenn das Kind 8 Wochen alt ist (§ 1747 Abs. 2 S. 1 BGB). Bei der Adoption entspricht es nach heutiger Auffassung des Gesetzgebers dem Wohl des Kindes, dass die Adoptiveltern allein die Elternrolle übernehmen (Volladoption; vgl § 1754 BGB)

---

[75] Zum Problemfeld *K. Steigleder/D. Mieth* (Hrsg.), Ethik in den Wissenschaften. Ariadne-Faden im technischen Labyrinth?, 2. Aufl. 1991; s. auch *V. Braun/D. Mieth/K. Steigleder* (Hrsg.), Ethische und rechtliche Fragen der Gentechnologie und der Reproduktionsmedizin, 1987.
[76] *W. Höfling*, Von Menschen und Personen. Verfassungsrechtliche Überlegungen zu einer bioethischen Schlüsselkategorie, FS Schiedermair, 2001, S. 363–376. Zum Problemkreis auch *A. Lohner*, Personalität und Menschenwürde, 2000.
[77] Vgl zB *N. Hoerster*, Neugeborene und das Recht auf Leben, 1995; ders., Sterbehilfe im säkularen Staat, 1998.
[78] Zur verfassungsrechtlichen Seite *W. Höfling* aaO, S. 364 f; zur philosophischen Perspektive *R. Spaemann*, Person ist der Mensch selbst, nicht ein bestimmter Zustand des Menschen, in *H. Thomas* (Hrsg.), Menschlichkeit der Medizin, 1993, S. 261 ff, 275.

und daß die leiblichen Eltern in diese neue Eltern-Kind-Beziehung nicht eingreifen. Dritte dürfen die Umstände der Adoption nicht ausforschen oder aufdecken (§ 1758 BGB), es sei denn die Adoptiveltern und das Kind stimmen zu. In neuerer Zeit hat man versucht, der werdenden (oft alleinstehenden) Mutter über das Adoptionsrecht hinaus Möglichkeiten zu eröffnen, ihr Kind und die Verantwortung dafür sofort nach der Geburt loszuwerden und zugleich ihre Anonymität als Mutter absolut zu sichern.

Diese Wege sind unter den Stichworten „Babyklappe" und „anonyme Geburt" bekannt. Die Babyklappe ist ein Behältnis in einem Krankenhaus oder Hospiz, das von außen geöffnet und in dem ein neugeborenes Kind so abgelegt werden kann, das das Kind alsbald versorgt wird und die Mutter sich unerkannt von ihrer Mutterrolle befreien kann. Daneben bieten bestimmte Krankenhäuser eine medizinisch assistierte anonyme Geburt an. Die Schwangere kann hier ihr Kind gebären und es zurücklassen, ohne ihre Identität zu offenbaren. Man verspricht sich von beiden Wegen Hilfe für schwangere Frauen in Bedrängnis. Man erhofft auch eine Verminderung der Zahl der Kindestötungen und -aussetzungen unmittelbar nach der Geburt (insgesamt in Deutschland jährlich 35–55) und der Zahl der Abtreibungen (in Deutschland jährlich ca 140 000).

An der hohen Zahl der Abtreibungen können die Babyklappen (in Deutschland ca 70) nichts ändern; das zeigen schon die Zahlen. Außerdem setzt die Babyklappe voraus, dass die Frau die volle Schwangerschaft auf sich nimmt und das Kind austrägt; daran fehlt es bei Abtreibungswilligen. Auch die Zahl der Kindestötungen und -aussetzungen ist seit Einführung der Klappe nicht zurückgegangen. Fachleute bezweifeln, dass die Angebote die Frauen überhaupt erreichen, die in einer psychischen Ausnahmesituation ihre Kinder töten oder aussetzen. Beim Gebrauch der Babyklappe und der anonymen Geburt ist auch nicht auszuschließen, dass die Frau nur aufgrund Zwangs oder Drohung eines Dritten (Kindesvater, Zuhälter) handelt. Bedenklich ist schließlich das falsche Signal an die Gesellschaft und ihre jungen Menschen, sich von natürlicher Verantwortung zu befreien.

b) Recht auf Kenntnis der leiblichen Eltern

443a Das Recht eines jeden Menschen auf Information über seine Abstammung folgt rechtsphilosophisch und verfassungsrechtlich aus dem Schutz der Menschenwürde, der im Grundgesetz (Art. 1)[79] und in der Europäischen Menschenrechtskonvention (Art. 8 EMRK)[80] normiert ist. Dementsprechend hat das Kind einen Anspruch gegen seine Mutter auf Benennung des leiblichen Vaters[81]. Gegebenenfalls muß das Interesse der Mutter an der Wahrung ihrer Intimsphäre zurücktreten. Die Rechte des Kin-

---

79 BVerfGE 79, 256 (1989).
80 „Zur Entwicklung der Person gehört das Recht, notwendige Informationen über wesentliche Aspekte ihrer eigenen Identität oder die ihrer Eltern zu erhalten. Die Geburt und die Umstände, unter denen sie stattgefunden hat, sind ein Teil des Privatlebens des Kindes und später des Erwachsenen, das von Art. 8 EMRK geschützt wird"; EGMR, Urt. v. 13.2.2003, NJW 2003, 2145, Leitsatz 4; dazu auch *M. Wittinger*, NJW 2003, 2138 ff.
81 § 1618a BGB analog; BVerfG NJW 1997, 1769.

des auf Kenntnis seiner leiblichen Eltern werden durch die derzeitige Praxis der Babyklappe und der anonymen Geburt zunichte gemacht. Das Kind kennt hier weder Vater noch Mutter und kann sie auch später kaum ermitteln.

Babyklappe und anonyme Geburt sind auch in anderer Hinsicht nach derzeit (2006) geltendem Recht eindeutig rechtswidrig[82]. Sie verstoßen gegen die Meldepflichten über die Geburt nach dem Personenstandsrecht. Die Mutter, die ihr Kind anonym abgibt, wird dadurch ihre rechtliche Stellung als Mutter nicht los (vgl§ 1591 BGB) und macht sich wegen Verletzung ihrer Unterhaltspflicht strafbar (§ 170 Abs. 1 StGB). Die anhaltende rechtspolitische Diskussion um eine rechtliche Regelung von Babyklappe und anonymer Geburt, die in den Schutz der Familie nach Art. 6 GG eingreifen würde, hat bisher die genannten Probleme nicht lösen können.

Ein rechtsvergleichender Blick nach Frankreich bietet auch keinen befriedigenden Ausweg. Der französische Gesetzgeber hat mit Wirkung vom 1.1.2002 eine gesetzliche Regelung der anonymen Mutterschaft geschaffen; es gab allerdings in Frankreich auch zuvor schon gesetzliche Regelungen zu dieser Frage. Nach dem neuen Gesetz hinterlässt die Mutter mit ihrer Verzichtserklärung ihre Identität in einem verschlossenen Umschlag. Das Kind kann später vor einer besonderen staatlichen Kommission die Offenlegung der Identität der Mutter verlangen. Lehnt die Mutter dies aber ab, so bleibt es bei der Anonymität. Der Europäische Gerichtshof hat einen Verstoß dieser gesetzlichen Regelung gegen Art. 8 und 14 ERMK verneint[83]. Die Lösung des französischen Gesetzes ist insofern bedenklich, als sie das Informationsrecht des Kindes bei entgegenstehendem Willen der Mutter für immer ausschließt.

c) Recht auf Klärung der Vaterschaft

Die heutigen genetischen Diagnoseverfahren (DNA-Test) lassen die Feststellung der biologischen Abstammung eines Menschen von einem anderen Menschen mit großer Sicherheit zu. Für einen Mann, der unzutreffend seine Vaterschaft anerkannt hat (Scheinvater), eröffnet sich damit die Möglichkeit, später seine Nichtvaterschaft zu ermitteln und damit auch unberechtigte Unterhaltsansprüche abzuwehren. Diese Möglichkeit besteht rechtlich freilich nur, wenn das Kind bzw sein gesetzlicher Vertreter dem Test zustimmen. Andernfalls soll das Interesse des Vaters an der Befreiung von der Scheinvaterschaft hinter dem Recht des Kindes auf informationelle Selbstbestimmung zurücktreten. Das Ergebnis einer heimlichen DNA-Analyse, die ohne diese Zustimmung vom Scheinvater veranlasst wurde, darf im Prozeß als Beweismittel nicht zugelassen werden[84]. ME ist die Abwägung zwischen dem genannten Recht des Kindes und den Interessen des Vaters noch nicht ausgereift[85]. Die Scheinvaterschaft greift tief in die Persönlichkeitsrechte des Scheinvaters ein; umgekehrt ist die „Scheinkindschaft" keine schützenswerte Rechtsposition, und die Interessen seiner Mutter, einen

443b

---

82 Zutr.*Katzenmeier*, FamRZ 2005, 1134, 1136.
83 NJW 2003, 2145.
84 BGH, Urt. v. 12.1.2005, BGHZ 162, 1.
85 Vgl auch BGH, Urt.v 1.3.2006: Zulässigkeit der Verwertung eines prozessordnungswidrig gerichtlich angeordneten DNA-Gutachtens.Überblick bei *Spickhoff*, NHW 2006, 1630, 1637 f.

ihr genehmen „Zahlvater" zu haben, sind es auch nicht. Das Scheinkind mag gegen heimliche Tests verfassungsrechtlich geschützt sein, hat aber bei berechtigten Zweifeln an der Vaterschaft mE kein Recht, den Test abzulehnen.

4. Sterbehilfe

444 Sterbehilfe, also die Herbeiführung oder Förderung des Todes eines anderen Menschen, der ernstlich zu sterben wünscht, verstößt gegen das sittliche Gebot, dass der Mensch nicht seinem Leben selbst ein Ende setzen darf (Selbstmord) und auch nicht andere dazu veranlassen darf, ihm dabei zu helfen oder die Tötungshandlung an ihm vorzunehmen. Dabei ist zwischen aktiver und passiver Sterbehilfe zu unterscheiden. Bei der aktiven Sterbehilfe nimmt der andere die Tötung selbst vor (er verabreicht die tödliche Spritze). Bei der passiven Sterbehilfe werden mögliche lebensverlängernde Maßnahmen unterlassen.

Die **aktive Sterbehilfe** wird in unserer Rechtsgemeinschaft überwiegend noch immer als ethisch verwerflich beurteilt. Die Tötung auf Verlangen ist strafbar (§ 216 StGB). Mit dem teilweisen Rückgang christlich geprägter Wertvorstellungen, dass das menschliche Leben (als Geschenk Gottes) ein Gut ist, über das der Mensch nicht frei verfügen kann, kommt die rechtliche Zulassung der aktiven Sterbehilfe durch medizinischen Eingriff immer stärker in die Diskussion. In manchen Ländern (Schweiz, Niederlande, Belgien[86]) ist sie heute bereits gesetzlich zugelassen. Damit etabliert sich in den westlichen Gesellschaften eine Todesmedizin, die der zweieinhalbtausend Jahre alten europäischen ethischen Tradition von der Verpflichtung des Arztes zum Schutz des Lebens (hippokratischer Eid) direkt widerspricht und deren tatbestandliche Grenzen und sozialethische Folgen noch nicht abzusehen sind. Die Diskussion um gesetzlich zuzulassende Ausnahmen von der unbedingten Pflicht zum Schutz des Lebens beginnt üblicherweise mit der Bezugnahme auf Extremfälle hoffnungslos erkrankter Patienten mit starken Schmerzen, die es zu erlösen gelte. Erfahrungen zeigen, dass meist weniger die Schmerzen, welche die heutige Schmerzmedizin überwiegend beherrschen kann, zum Todeswunsch führen als vielmehr menschliche Vereinsamung und Depressionen. Ist einmal eine Tötungspraxis gesetzlich zugelassen und etabliert, wirkt dies als „Dammbruch". Rasch kommt es von seltenen Extremfällen zur Massenpraxis der medizinischen Tötung auf bloßes Verlangen, sodass die Grenze zum beliebigen Selbstmord mit ärztlicher Hilfe verschwimmt. Gleichzeitig entsteht damit in vielen Fällen ein Druck der Umgebung auf alte und kranke Menschen, die der Hilfe und lästigen und kostspieligen Pflege bedürfen, selbst einen entsprechenden Todeswunsch zu äußern. Parallel dazu schleicht sich eine Praxis ein, auch ohne einen solchen Wunsch lebensbeendende Maßnahmen durchzuführen[87].

Die Achtung vor dem menschlichen Leben im letzten Lebensabschnitt wird hier in menschenunwürdiger Weise aufgelöst, die medizinische „Entsorgung" von Menschen

---

86 Für die Niederlande S. *Sahm*, FAZ 10.4.2001, S. 49; für Belgien L. *Fittkau*, FAZ 31.3.2004, S. 42.
87 S. *Sahm*, Wann werden wir getötet?, FAZ 10.4.2001, S, 49

als „Pflegefällen" zum Normalfall. Ebenso wie zu Beginn des Lebens in der Schwangerschaft (Abtreibungsrecht und -praxis; Rn 435 f) breitet sich dann auch in der Endphase des menschlichen Lebens eine Todeszone der von Menschenhand gesteuerten, beliebigen Lebensbeendigung aus. Es entspricht der ethischen Tradition und Grundüberzeugung unserer Kultur noch immer, das menschliche Leben als unverfügbares Gut anzusehen. Der Wunsch nach der eigenen Tötung wird daher rechtlich nicht anerkannt (arg. § 216 StGB). Der Europäische Gerichtshof für Menschenrechte hat dementsprechend entschieden, dass aus Art. 2 EMRK (Recht auf Leben) nicht das Recht abgeleitet werden kann, mithilfe anderer Menschen zu sterben[88]. Nicht als aktive Sterbehilfe ist es anzusehen, wenn einem unheilbaren Kranken schmerzlindernde Mittel auch dann verabreicht werden, wenn sie sich lebensverkürzend auswirken (BGHSt 42, 301 = NJW 1997, 807); anders, wenn dies dem wirklichen oder mutmaßlichen Willen des Patienten widerspricht. Denn die Verabreichung der Schmerzmittel ist nicht auf das Ziel der Tötung gerichtet, sondern auf Schmerzbekämpfung.

Die **passive Sterbehilfe** ist von der aktiven im Grundsatz streng zu unterscheiden. Es ist ein fundamentaler Unterschied, ob eine menschliche Tötungshandlung dem Leben eines Menschen ein Ende setzt, das ohne diese Handlung noch längere oder kürzere Zeit bestanden hätte (aktive Sterbehilfe), oder ob man das sich abzeichnende Ende eines Lebens, das auf schicksalhaften Vorgängen (Alter, Krankheit, Unfall) beruht, lediglich geschehen lässt und in diesen schicksalhaften Ablauf nicht eingreift (passive Sterbehilfe). Der **Wille des Patienten** muss im ersteren Fall aus den genannten Gründen unbeachtlich bleiben, im Fall der passiven Sterbehilfe ist er dagegen ausschlaggebend. Sein Wille ist im letzteren Fall nicht auf eine aktive Tötungshandlung gerichtet, die ethisch verwerflich ist, sondern auf die Abwehr lebensverlängernder Eingriffe in den Körper und auf die Hinnahme des schicksalhaften Verlaufs der Lebensbeendigung, die durch Alter, Krankheit oder Unfall begründet ist. Die moderne Apparatemedizin kennt eine Vielfalt lebensverlängernder Techniken (Magensonde, Beatmungsgerät, Infusionsgerät mit Kanüle im Blutgefäß). Erfahrungsgemäß empfinden viele Todkranke solche apparativen Eingriffe in ihren Körper als Last und als Hindernis für ein menschenwürdiges Sterben. 445

Im Strafrecht ebenso wie in der philosophischen Ethik gilt freilich der Satz, dass ein Unterlassen (hier: ärztlicher Hilfe) einem aktiven Tun gleichsteht, sofern eine Rechtspflicht zum Handeln besteht. Ferner scheint die Unterscheidung von Tun und Unterlassen dann besonders schwierig, wenn es um den Abbruch einer bereits laufenden Behandlung, also künftiges Unterlassen, geht. Ist nicht die Abschaltung eines Beatmungsgerätes aktives Tun? Die Unterscheidung ist gleichwohl klar zu treffen. Ausgangspunkt ist die Frage, ob ein **Recht und** eine **Pflicht zu** lebensverlängernden **ärztlichen Maßnahmen** besteht. Beides ergibt sich grundsätzlich aus dem Behandlungsvertrag, den der Patient oder sein Vertreter mit Arzt und Krankenhaus schließt, nur ausnahmsweise aus dem Gesichtspunkt der Nothilfe (GoA iS §§ 677, 680 BGB).

---

88 EGMR, Urt. v. 29.4.2002, NJW 2002, 2851 (Pretty v. Vereinigtes Königreich). Die gelähmte Patientin verlangte Straflosigkeit für ihren Ehemann, der sie töten sollte. Die Ablehnung dieser Straflosigkeit durch den Staat stellte keine Verletzung der EMRK dar.

Von letzterem Ausnahmefall abgesehen, sind lebensverlängernde Eingriffe überhaupt rechtlich nur zulässig bei entsprechender **Einwilligung** des Patienten, auch bei früher (insbes. in einer **Patientenverfügung**) geäußertem Willen oder nach dem mutmaßlichen Willen des Patienten, den auch der Vertreter (Betreuer) des Patienten beachten und zum Ausdruck bringen muss. Wer dem Willen des Patienten gemäß lebensverlängernde Maßnahmen unterlässt oder abbricht (Abschalten von Geräten), handelt rechtmäßig, weil ihm die Berechtigung zu solchen Maßnahmen fehlt. Er ist nicht nach § 216 StGB strafbar. Zudem gebietet die Achtung der Menschenwürde des Patienten das Unterlassen weiterer lebensverlängernder Maßnahmen. Wer einen Menschen entgegen seinem – ggf früher geäußerten – Willen in hilfs- und aussichtsloser Lage am Leben festhält, verletzt seine Menschenwürde[89].

445a Die Rechtsprechung des Bundesgerichtshofs ist diesen Grundsätzen im Großen und Ganzen gefolgt und hat die Fortsetzung einer medizinischen Behandlung von der Einwilligung des Patienten oder der für ihn handelnden Personen (zB Betreuer) abhängig gemacht. Auf dieser Grundlage ist also die passive Sterbehilfe rechtens[90]. Die Rechtsprechung hat aber bei der Anerkennung des (wirklich geäußerten oder mutmaßlichen) Willens des Patienten wenig überzeugende Einschränkungen gemacht: Der Wille soll nur bei unmittelbar bevorstehendem Tod (im Sterbevorgang) beachtlich sein (was Patientenverfügungen entwertet!)[91], und er soll in bestimmten Fällen der vormundschaftsgerichtlichen Genehmigung bedürfen, was aber allenfalls zur sicheren Ermittlung des (mutmaßlichen oder wirklich geäußerten) Willens des Patienten geboten sein kann. Der Abbruch der künstlichen Ernährung einer über drei Jahre im Koma liegenden Patientin wurde vom BGH nicht als versuchter Totschlag bewertet, weil man das frühere Gesamtverhalten der Patientin als mutmaßliche Einwilligung in den späteren Abbruch der künstlichen Ernährung würdigte[92]. Es ist umstritten, ob hier der Wille der Angehörigen oder einer Betreuungsperson oder aber die Genehmigung des Vormundschaftsgerichts die Willensbekundung des Patienten ersetzen[93]. Der BGH hat für den Fall, dass ein Patient einwilligungsunfähig ist und auch nicht früher einen Willen zur Bejahung lebenserhaltender bzw lebensverlängernder Behandlungsmaßnahmen geäußert hat (zB durch Patientenverfügung), dem ggf für den Patienten bestellten Betreuer das Recht zugesprochen, für den Patienten zu entscheiden und (ohne Genehmigung durch das Vormundschaftsgericht) lebensverlängernde Maßnahmen verbindlich abzulehnen. Wenn aber der Arzt solche Maßnahmen anbietet, dann bedarf deren Ablehnung durch den Betreuer der Genehmigung des Vormundschaftsgerichts[94].

5. Gleichgeschlechtliche Paare und Familienrecht

446 Der Bundesgesetzgeber hat 2001 ein Gesetz „zur Beendigung der Diskriminierung gleichgeschlechtlicher Gemeinschaften" geschaffen. Es bietet gleichgeschlechtlichen

---

89 Zutr. *H. Holzhauer*, ZRP 2004, 41, 43 f; *G. Bertram*, NJW 2004, 988.
90 BGHZ 154, 205 = NJW 2003, 1588; BGH NJW 2005, 2385.
91 Krit. auch *H. Holzhauer*, aaO.
92 BGHSt 40, 257 ff = NJW 1995, 204 ff, 208; ihm folgend das LG Kempten in einer unveröffentlichten Entscheidung vom 17.5.1995; dazu *Müller-Freienfels*, JZ 1998, 1122, 1123.
93 Bejahend OLG Frankfurt NJW 1998, 2747: Genehmigung des Vormundschaftsgerichts analog § 1904 BGB; zust. Anm. *Knieper*, NJW 1998, 2720; aA *Müller-Freienfels*, aaO, S. 1127: Einwilligung der Betreuungsperson genügt; wiederum anders *Seitz*, ZRP 1998, 417 ff: Abbruch nur mit ausdrücklichem Willen des Patienten.
94 BGHZ 154, 205. Die Diskussion ist weiter im Fluß; vgl *T. Verrel*, Patientenautonomie und Strafrecht bei der Sterbebegleitung, Gutachten C zum 66 Deutschen Juristentag Stuttgart 2006.

Paaren die Möglichkeit, eine eingetragene Lebenspartnerschaft einzugehen, die eine Reihe dem Familienrecht nachempfundener Rechtsfolgen begründet[95]. In einer für das Bundesministerium der Justiz erstellten Studie, die zur Begründung des Gesetzes herangezogen wurde, wird ausgeführt, dass etwa die Hälfte der in Deutschland lebenden gleichgeschlechtlichen Paare den Wunsch nach einer rechtsverbindlichen Partnerschaft hätte[96]. Das Gesetz hat einige Vorbilder in anderen europäischen Staaten[97]. In den USA ist die Frage heftig umstritten; der dortige Bundesgesetzgeber hat aus Anlass dieses Streites die Ehe als rechtliche Einheit von Mann und Frau definiert und den Einzelstaaten erlaubt, die rechtliche Gleichstellung der Verbindung gleichgeschlechtlicher Paare zu verneinen[98]. Das neue deutsche Gesetz wurde vor allem unter dem Gesichtspunkt kritisiert, dass es den besonderen Schutz von Ehe und Familie in Art. 6 Abs. 1 GG verletze, indem es ihn verwässere und eine andere Institution mit Rechten und Pflichten ausstatte, die denen der Ehe nahe kommen. Das Bundesverfassungsgericht hat diese Kritik verworfen und (mit einer Mehrheit von 5 : 3 Stimmen) entschieden, dass der besondere Schutz der Ehe durch die Verfassung den Gesetzgeber nicht hindere, eheähnliche Rechtsinstitutionen zu schaffen. Dem Institut der Ehe drohten keine Beeinträchtigungen durch die Schaffung eines ähnlichen Instituts für Personen, die miteinander keine Ehe eingehen können[99]. Der deutsche Gesetzgeber sah sich durch diese Entscheidung ermutigt, durch ein zweites Gesetz die Angleichung der gleichgeschlechtlichen Partnerschaft an den Rechtsstatus der Ehe weiterzutreiben (Verlobungsrecht, volle Übernahme des ehelichen Güterrechts, weitgehende Angleichung des Unterhaltsrechts). Ein Adoptionsrecht ist für den Sonderfall der sog. Stiefkindadoption gesetzlich anerkannt. Dabei geht es um ein Kind, das von dem einen Partner abstammt; dieser Partner hat also einen bisexuellen Lebenslauf[100].

447 Es handelt sich um eine grundsätzliche Frage der kulturellen Werte und Rechtvorstellungen unserer Gesellschaft. Zu ihrer Beurteilung ist zunächst das Verfassungsrecht (GG) als die Positivierung und Konkretisierung dieser Werte und Rechtsvorstellungen heranzuziehen. In einem zweiten Schritt ist die Tauglichkeit und rechtspolitische Wünschbarkeit des Ergebnisses unter staats- und rechtsphilosophischen Gesichtspunkten zu überprüfen. – Dem Bundesverfassungsgericht ist es mE in der einschlägigen Entscheidung nicht gelungen, sein Ergebnis aus dem bestehenden Verfassungsrecht schlüssig abzuleiten[101]. Das Verbot der Diskriminierung, das aus dem Gleichheitsgebot des Art. 3 GG folgt, kann nicht als Argument für die Einführung einer eheähnlichen Einrichtung für Gleichgeschlechtliche herangezogen werden. Denn der Gleichheitssatz gebietet nur, Gleiches gleich zu behandeln. Die Verbindung von zwei Personen des gleichen Geschlechts ist aber nicht dem gleich, was seit jeher und

---

95 Gesetz v. 16.2.2001, BGBl I S. 266.
96 *H.P. Buba/L.A. Vaskovics*, Benachteiligung gleichgeschlechtlich orientierter Personen und Paare, 2001, S. 75 ff, 117 ff.
97 *J. Basedow ua (Hrsg.)*, Die Rechtsstellung gleichgeschlechtlicher Lebensgemeinschaften, 2000.
98 Defense of Marriage Act (DOMA), 28 U.S.C. § 1738 (1996); Überblick *P. Hay*, US-Amerikanisches Recht, 2000, Rn 440.
99 BVerfGE 105, 313 = NJW 2002, 2543.
100 BGBl I 2004, 3396.
101 Vgl auch die Kritik des Urteils durch *P.J. Tettinger*, JZ 2002, 1146–1151.

ohne jeden Zweifel unter einer Ehe verstanden wird. Die Ehe ist auch nach dem Grundgesetz die Vereinigung eines Mannes und einer Frau zu einer (grundsätzlich unauflöslichen) Lebensgemeinschaft, wie auch das Bundesverfassungsgericht in der genannten Entscheidung hervorhebt[102]. Die Ehe in diesem und keinem anderen Sinn ist durch Art. 6 Abs. 1 GG geschützt. Gleiches gilt für die Familie als umfassende Lebensgemeinschaft der Eltern und ihrer Kinder[103]. Art. 6 begründet einen „besonderen" Schutz durch die Verfassung. Dieser besondere, hervorgehobene Schutz durch die Verfassung, der mit der großen gesellschaftlichen Bedeutung von Ehe und Familie zusammenhängt, verbietet seine Verwässerung durch die neue gesetzliche Regelung[104].

Auch allgemeine Erwägungen führen nicht zu einem anderen Ergebnis. Die Familie mit Vater und Mutter hat sich seit jeher als natürlicher Lebensraum für Entstehen und Heranwachsen der nächsten Generation erwiesen, die die Zukunft einer Gesellschaft sichert. Eine gleichgeschlechtliche Verbindung ist für diese Aufgabe untauglich. Ehe und Familie sind insofern im Zusammenhang zu sehen. Dieser Zusammenhang spiegelt sich in der Tradition naturrechtlicher Vorstellungen unserer Kultur (vgl zB Rn 271).

Dies schließt nicht aus, dass eine Ehe auch dann durch Art. 6 GG geschützt ist, wenn sie kinderlos bleibt. Die Bedeutung der Ehe als Basis der Familie und des gedeihlichen Heranwachsens junger Menschen wird auch durch die tatsächliche Instabilität vieler Ehen (hohe Scheidungsrate) nicht widerlegt. Die Probleme, die Ehegatten und Kinder bei Scheitern einer Ehe zu bewältigen haben, bestätigen vielmehr den hohen Wert intakter Ehen und die große Bedeutung ihrer Förderung (zB durch Verbesserung ihrer gesellschaftlichen und finanziellen Rahmenbedingungen). Auch die häufig erhobene Forderung, homosexuellen Paaren die Aufzucht von Kindern anzuvertrauen (Adoptionsrecht), überzeugt nicht. Das Argument, dass auch gleichgeschlechtliche Paare Kinder sorgsam aufziehen könnten, trägt nicht weit. Es wird dabei übersehen, dass diesen Kindern dann das Aufwachsen mit Vater und Mutter vorenthalten und ihr Recht auf ungestörte heterosexuelle Entwicklung beeinträchtigt wird. Will man naturrechtliche Überlegungen und die damit verbundene kulturelle Tradition nicht gelten lassen, übersieht man, dass sich darin die Lebenserfahrungen unzähliger Generationen von einer vernünftigen Lebensplanung und Lebensbewältigung spiegeln; wer dies ablehnt, hat die Beweislast für die Überlegenheit seiner neuen Konzepte.

6. Steuergerechtigkeit

448 Die Ansprüche an den Staat wachsen ständig und dementsprechend ist der Umfang der Staatsaufgaben im Vergleich mit früheren Zeiten gewaltig und zT übermäßig gewachsen. Parallel wuchs der Bedarf des Staates an Finanzmitteln und damit die Steuerlast der einzelnen Bürger und Unternehmen. Hier stellt sich einmal die Frage nach Sinn und Grenzen der Staatsaufgaben und einer wirtschaftlich sinnvollen Besteuerung, zugleich auch die Frage der Steuergerechtigkeit. Sie kann und muss in der Fülle und Unübersichtlichkeit, zT auch Unverständlichkeit des modernen Steuerrechts als die

---

102 BVerfGE 105, 313 = NJW 2002, 2543. Vgl auch BVerfGE 10, 59, 66; 49, 286, 300; 76, 1, 51; *Schmidt-Bleibtreu/Klein*, GG, 9. Aufl. 1999, Art. 6 Rn 6.
103 BVerfGE 48, 327, 339; 57, 170; 76, 1, 51; *Schmidt-Bleibtreu/Klein* aaO Rn 1b. Zur Familie gehören auch Stief-, Adoptiv- und Pflegekinder; aaO Rn 6. Geschützt ist auch die „Restfamilie", wenn ein Elternteil weggefallen oder nicht sorgeberechtigt ist; BayObLG NJW 1969, 1767.
104 *P.J. Tettinger*, JZ 2002, 1146 ff.

Grundfrage verstanden werden; nur von hier aus lässt sich der riesige Rechtsstoff ordnen und notfalls reformieren[105]. Die seit vielen Jahren geführte Debatte um eine grundlegende Steuerreform hat das doppelte Ziel der Vereinfachung (Transparenz) des Steuersystems und der Entlastung durch Reduzierung der Steuerlast, auch im Interesse einer Ankurbelung der Wirtschaft. Bei der Vereinfachung sind Haupthinderni die vielen Steuervorteile, mit denen der Staat ganz verschiedene Förderungs- und Gestaltungsziele verfolgt (die dem Gedanken der Steuer an sich fremd sind), und die Proteste der bisher Begünstigten, die ihren Besitzstand wahren wollen. Haupthindernis der Entlastung sind die unaufhörlich steigenden finanziellen Anforderungen an den Staat.

Bei der Steuergerechtigkeit geht es (1) um die **Verteilungsgerechtigkeit** (*iustitia distributiva*) im Verhältnis des Staates zum Einzelnen: wie viel Steuerlast darf der Staat dem Einzelnen zuteilen? Zugleich handelt es sich (2) umgekehrt um die Pflichten des Einzelnen gegenüber dem Staat: in welchem Umfang muss der Einzelne seinen finanziellen Beitrag zur Durchführung der Aufgaben des Gemeinwesens im Rahmen der Rechtsordnung leisten (*iustitia generalis*; oder: *iustitia legalis*).

(1) Grundprinzip der steuerlichen Verteilungsgerechtigkeit muss der Gedanke der wirtschaftlichen **Leistungsfähigkeit** des Einzelnen bei der Zumessung der Steuerlast sein[106]. Daher muss dem Bürger von seinem Einkommen ein steuerfreier Betrag in Höhe seines **Existenzminimums** verbleiben[107]. Erst jenseits dieses Betrags darf die Steuerlast einsetzen.

Daraus folgt auch, dass die zumutbare Steuerlast umso höher sein darf, je höher das Einkommen ist. Aber die Frage ist, ob diese Last progressiv steigen darf, sodass mit höherem Einkommen für die zusätzlichen Einkommensteile der Steuersatz zB von 20% auf 53% oder 56% steigt. Oder gebietet es nicht die proportionale Gerechtigkeit, dass der Einkommensstärkere nur linear stärker belastet wird, dh dass der Steuersatz für alle seine Einkommensteile gleich bleibt und der Betrag der zu zahlenden Steuer nur nach diesem gleichen Satz linear steigt? Man bejaht in unserem Steuerrecht die Berechtigung steigender Steuersätze (Steuerprogression) mit dem Gedanken, dass das höhere Einkommen nicht allein auf der individuellen Leistung des Steuerzahlers beruht, sondern auch auf dem Gemeinwesen, das erst die Erzielung des höheren Einkommens ermöglicht. ermöglicht. Das Bundesverfassungsgericht hat 1995 eine absolute Grenze der steuerlichen Gesamtbelastung der Einkünfte formuliert: diese müsse in der Nähe einer hälftigen Teilung zwischen privater und öffentlicher Hand bleiben (Halbteilungsgrundsatz)[108]. Von diesem Grundsatz ist das Gericht aber 2006 wieder abgerückt. Allerdings müsse der Grundsatz der Verhältnismäßigkeit der Steuerbelastung beachtet werden. Dafür genüge es, dass bei der Besteuerung auch hoher Einkommen „ein hohes, frei verfügbares Einkommen bleibt, das die Privatnützigkeit des Einkommens sichtbar macht"[109].

Das **Ehegattensplitting** begünstigt die Ehe in den Fällen, in denen ein Ehegatte kein oder nur ein geringes Einkommen hat, indem das Gesamteinkommen auf beide Ehe- **448a**

---

105 Grundlegend *K. Tipke*, Steuerrechtsordnung, Bde. 1–3, 1993.
106 *Tipke* aaO, insbes. Band I S. 478 ff. S. auch die iF zit. Rechtsprechung.
107 BVerfGE 82, 60, 85 ff = NJW 1990, 2869, 2871; BVerfGE 82, 198, 206 = NJW 1990, 2876. Beide Entscheidungen nehmen auf den verfassungsrechtlichen Schutz der Menschenwürde Bezug. Zum gleichen Ergebnis unter Bezugnahme auf den Schutz der Berufsfreiheit (Art. 12 GG) und des Eigentums (Art. 14 GG) gelangt BVerfGE 87, 157, 169.
108 BVerfGE 93, 123, 138 = ZIP 1995, 1337, 1342 f betr. Das Zusammentreffen von Spitzensteuersatz der Einkommensteuer mit der (seitdem nicht mehr erhobenen) Vermögenssteuer.
109 BVerfG NJW 2006, 1191, 1194; *Wernsmann* NJW 2006, 1169 ff.

gatten hälftig verteilt (gesplittet) wird. Statt eines hohen Einkommens werden zwei niedrigere Einkommen besteuert. Dadurch wird die Steuerprogression (ansteigende Steuersätze bei höheren Einkommen) vermieden und die Steuerlast ist geringer. Diese „Begünstigung" der Ehe wurde verschiedentlich kritisiert[110]. Sie wirke auch gegen die Bereitschaft der verheirateten Frau zur Erwerbstätigkeit und verstoße insofern gegen den Gleichberechtigungssatz des Art. 3 II 1 GG[111]. Sei ein Ehegatte nicht berufstätig, so dürfe allenfalls dessen Unterhaltsanspruch steuerlich abgezogen werden (an Stelle eines Splitting)[112]. Diese Kritik unterschätzt den besonderen Schutz von Ehe und Familie durch Art. 6 GG. Diese „Familienfreiheit" steht gleichberechtigt neben der Berufsfreiheit gem. Art. 12 GG. Die Ehe ist als umfassende Lebensgemeinschaft nicht nur Unterhalts-, sondern auch Erwerbsgemeinschaft und ferner im Hinblick auf vorhandene Kinder auch Erziehungsgemeinschaft. In allen diesen Funktionen entlastet sie den Staat. Der Staat fördert auch im Steuerrecht die Familie, weil er sowohl ihre wirtschaftliche wie ihre kulturelle Wertschöpfung würdigt. Dem trägt das Ehegattensplitting Rechnung[113].

Umstritten unter dem Gesichtspunkt der Lastenverteilungsgerechtigkeit sind auch Vermögensteuer und Erbschaftsteuer. Bei diesen Steuerarten wird nicht ein bestimmtes Einkommen steuerlich belastet, sondern ein Vermögen ohne Rücksicht darauf, ob und welches Einkommen es erbringt. Sie werden heute mit Recht kritisiert, weil sie durch das Leistungsprinzip nicht gedeckt sind und die Vermögensbildung der Privaten und der mittelständischen Unternehmen erschweren. Will man mit diesen Steuern aber eine Vermögensumverteilung erzielen, so stößt man wohl an die Grenzen der verfassungsrechtlichen Zulässigkeit und Steuergerechtigkeit[114].

449 (2) Die Steuergerechtigkeit ist umgekehrt natürlich auch verletzt, wenn der Einzelne sich seinen steuerrechtlich festgelegten bürgerlichen Pflichten gegenüber dem Gemeinwohl entziehen will. **Steuerehrlichkeit** ist ein Prinzip der iustitia legalis. Das Steuerstrafrecht und die Rechtsgrundlagen der Steuerfahndung gehen von diesem Grundsatz der *iustitia legalis* aus. Bei der Ausgestaltung dieser Normen muss freilich das Prinzip der Verhältnismäßigkeit der Mittel beachtet werden; danach verbietet sich zB eine totale Überwachung der Bürger zur Erzwingung der Steuerehrlichkeit. Außerdem muss eine Abwägung mit anderen, ggf grundrechtlich geschützten Rechtsgütern stattfinden. Die Steuerfahndung etwa darf nur bei einem konkreten Verdacht strafbarer Handlungen in Grundrechte der Bürger (Schutz der Privatsphäre, Bankgeheimnis usw) eingreifen. Das Bundesverfassungsgericht hat allerdings das Bankgeheimnis zu Gunsten erweiterter Möglichkeiten der Steuerfahndung fühlbar eingeschränkt (BVerfGE 84, 239, 279 ff).

7. Sozialstaat und die Zukunft der sozialen Sicherungssysteme

450 Der moderne Sozialstaat hat in Deutschland und in anderen westlichen Ländern umfangreiche soziale Sicherungssysteme aufgebaut; wichtige Rechtsgrundlagen dazu sind heute im Sozialgesetzbuch (SGB) kodifiziert. Aufgabe der Sozialsysteme ist einmal die Hilfe für die sozial Schwachen und Hilfebedürftigen durch Sozialhilfe (als

---

110 *Mennel*, Teilgutachten SterR zum 50. DJT I, D, S. 165, 170 ff.
111 *Sacksofsky*, NJW 2000, 1896, 1900.
112 *Vorwold*, Finanzrecht 1992, 789.
113 *Kirchhof*, NJW 2000, 2792 ff; zur Bestätigung der Ehe als Erwerbsgemeinschaft und zur Sachgerechtigkeit des Ehegattensplitting im Lichte des Schutzgebots des Art. 6 GG s. BVerfGE 61, 319, 345 ff = NJW 1983, 271, 272.
114 Offengelassen von BVerfG ZIP 1995, 1337, 1341.

subsidiäre, letztrangige Hilfe), Kinder- und Jugendhilfe und soziale Förderung. Vor allem aber bieten sie für die Masse der Erwerbstätigen eine Existenzsicherung durch finanzielle Absicherung bei Krankheit, Pflegebedürftigkeit und Unfall, ferner ein Einkommen (Rente) im Alter, bei Pflegebedürftigkeit und im Todesfall für Hinterbliebene; schließlich gewähren sie Arbeitslosengeld und Förderung der Beschäftigung bei Verlust des Arbeitsplatzes[115]. Diese Sicherungssysteme werden ergänzt und zT erst dadurch durchführbar, dass Krankenhäuser, Heime für Waisen, Alte und Pflegebedürftige und andere Einrichtungen vom Staat (Kommunen) und durch die Kirchen und Wohlfahrtsverbände unterhalten werden. Die wirtschaftliche und gesellschaftliche Bedeutung der Sozialsysteme ist außerordentlich groß; sie strahlt in alle Bevölkerungskreise und Lebensbereiche aus, insbes. in Gestalt der gesetzlichen Kranken- und Rentenversicherung. Sie prägen auch die Mentalität der Gesellschaft, die sich an den Gedanken gewöhnt hat, dass der Staat für alle Existenzfragen zuständig und verantwortlich ist, und die in langen Jahrzehnten des Wohlstands den ständigen weiteren Ausbau dieser Systeme vor dem Hintergrund einer leistungsfähigen Wirtschaft erfahren hat. Die Aufwendungen für soziale Sicherung beliefen sich 2001 auf 650 Mrd Euro.

Der in diesen Systemen ausgedrückte Gedanke der **sozialen Gerechtigkeit** ist eine moderne Ausformung des alten Gedankens der austeilenden Gerechtigkeit oder **Verteilungsgerechtigkeit** (iustitia distributiva), die dem Staat gebietet, seinen Bürgern bestimmte Güter oder Ehrungen je nach Verdienst und Angemessenheit zu gewähren (Rn 263, 302). Die christliche Tradition der kirchlichen Fürsorge für Witwen und Waisen, Kranke und Alte schon in Antike und Mittelalter hat die Vorstellung von der Verteilungsgerechtigkeit durch den Fürsorgegedanken angereichert. Die neuen Probleme der Massenarmut durch Ansteigen der Bevölkerung seit dem 18. Jahrhundert und durch die Entstehung des Industrieproletariats im 19. Jahrhundert haben neue umfassende staatliche Maßnahmen hervorgerufen. Sie erfolgten in Deutschland durch die bismarcksche Sozialgesetzgebung (1883 Gesetz betr. die Krankenversicherung der Arbeiter, 1884 über Unfallversicherung, 1889 über Invaliditäts- und Altersversicherung). Kennzeichen des Systems wurden die gesetzlich vorgeschriebene Pflichtmitgliedschaft (Pflichtversicherung) mit Beitragspflichten, die öffentlich-rechtliche Organisation der Versicherungen (mit Selbstverwaltung unter staatlicher Aufsicht) und ein Leistungsanspruch der Berechtigten (Waltermann Rn 46). Die Systeme entsprechen in ihrer heutigen Gestalt dem **Sozialstaatsprinzip** (Art. 20 Abs. 1, 28 Abs. 1 S. 1 GG), aus dem ein Gebot zur **sozialen Gerechtigkeit** und **sozialen Sicherheit** folgt[116]. Danach hat der Staat für ein menschenwürdiges Existenzminimum für alle zu sorgen; ferner muss der Gesetzgeber die Lebensverhältnisse iS sozialer Gerechtigkeit und sozialer Sicherheit gestalten. Dabei muss er freilich die ebenfalls verfassungsmäßig garantierten Freiheitsrechte und das Eigentum der Bürger (Art. 2, 12, 14 GG) respektieren; Zwangssysteme sozialistischer Machart (Rn 134) sind ausgeschlossen.

---

115 Zum Ganzen *R. Waltermann*, Sozialrecht, 4. Aufl. 2004.
116 BVerfGE 5, 85, 198; 45, 376, 387; *R. Waltermann* Rn 13.

451 Die sozialen Sicherungssysteme stoßen heute in allen westlichen Ländern an ihre Leistungsgrenzen, vor allem wenn sie so weit ausgebaut sind wie in Deutschland. Das Thema **Umbau des Sozialstaats** beherrscht heute und langfristig die innenpolitische Szene vieler europäischer Länder; es ist das Kernthema moderner Verteilungsgerechtigkeit. Versuche der Abänderung (Leistungskürzung) stoßen auf erbitterten Widerstand der Inhaber der entsprechenden sozialen Besitzstände. Jede Regierung, die daran tastet, riskiert abgewählt zu werden. Verteilen heißt Umverteilen und damit die Belastung der einen und Einkommenstransfers an die anderen. Diese Belastungen stoßen heute an harte wirtschaftliche Grenzen und Gerechtigkeitsbedenken. So wird die Altersrente nach dem sog. **Generationenvertrag** finanziert durch die Sozialversicherungsbeiträge der jüngeren Einkommensempfänger; von diesen findet also eine Umverteilung an die Rentner statt. Deren Sozialabgaben wurden früher ebenso an die damals lebende Rentnergeneration übertragen. Durch immer weiteren Ausbau des Rentensystems (ua durch Frühverrentung auch voll Arbeitsfähiger, ständige Rentenanpassung nach oben usw) wird die Last für die Jungen immer schwerer. Zugleich wird die Arbeit für Unternehmen, die sich an den Sozialabgaben beteiligen, immer teurer. Die Wirtschaft kann dem Wettbewerb mit Niedriglohnländern immer schwerer standhalten; sie baut Arbeitsplätze ab und verlagert sie ins Ausland. Die Lasten des Sozialsystems dürfen aber nicht dazu führen, dass die Erwerbsquote sinkt und immer weniger Erwerbstätige die Soziallasten aufbringen müssen. Ein anderer sozial ungerechter Umverteilungseffekt ergibt sich daraus, dass Menschen, die Kinder aufziehen und deswegen vorübergehend oder dauernd aus dem Erwerbsleben ausscheiden, entsprechend keine oder geringere Rentenanwartschaften erwerben, obwohl ihre Kinder später die sozialen Lasten auch für die Kinderlosen aufbringen müssen. Es ist daher auch eine erstrangige sozialpolitische Aufgabe, die wirtschaftliche Stellung von Eltern zu stärken und zu verbessern, weil von der nachwachsenden Generation die Zukunft nicht nur der Sozialsysteme, sondern der ganzen Gesellschaft abhängt.

II. Gerechtigkeit in der Rechtsanwendung

1. Die richterliche Aufgabe; Gesetzesgehorsam und Gerechtigkeit

452 Der Richter darf weder sein ganz persönliches Gerechtigkeitsgefühl noch das Rechtsgefühl einer rechtsuchenden Partei vor Gericht allein zur Grundlage seiner Entscheidung machen. Denn er trifft die Entscheidung im Namen des Rechts und der Rechtsgemeinschaft. Diese erwartet Rechtssicherheit und den Ausschluss jeder richterlicher Willkür, soweit dies menschenmöglich ist. Rechtssicherheit erfordert den **Gesetzesgehorsam** des Richters. Nun ist freilich bei jeder Rechtsanwendung die Gerechtigkeitsfrage als die eigentliche Sinnfrage stets präsent (oben Rn 415 f). Ist der Richter im Einzelfall mit dem Ergebnis der Rechtsanwendung nicht zufrieden, weil sein Gerechtigkeitsgefühl ihm anderes rät, so kann er zwar versuchen, durch die Ausschöpfung von Auslegungsspielräumen und den Rückgriff auf allgemeine Rechtsgrundsätze (Rn 454) zu einem gerechten Einzelergebnis zu kommen. Wenn dieser Weg aber methodisch versperrt ist, muss er das Gesetz gleichwohl anwenden. Denn der Rechtsstaat bemüht sich um gerechte Gesetze. Der Richter im Rechtsstaat bemüht sich um ihre gerechte Anwendung, die auch im Einzelfall zu einer Rechtsfortbildung führen kann (oben Rn 188–192). Der Richter darf aber nicht sein persönliches Wertempfinden an die Stelle der Bewertung durch die Rechtsgemeinschaft setzen.

Richter werden bisweilen wegen eines Urteils von enttäuschten Rechtssuchenden oder der Medienöffentlichkeit mit dem empörten Vorwurf konfrontiert, dass dieses Urteil der Gerechtigkeit Hohn spreche (**Urteilsschelte**). Im neuen Bundesgebiet gehörten in der ersten Zeit nach der Wiedervereinigung solche Vorwürfe zum Berufsalltag. Denn teils konnte man verwickelte Fragen der Wiedergutmachung alten Unrechts und des Übergangs zum neuen Recht im Gesetz nicht befriedigend lösen, oder die Rechtssuchenden hatten einfach zu hohe Erwartungen. Hier war von Richtern häufig die Antwort zu hören: „Von mir bekommen Sie keine Gerechtigkeit, sondern ein Urteil." Die Verärgerung des Richters über seine Überforderung mag eine solche Äußerung erklären. Sie bleibt gleichwohl unbefriedigend und als Selbstverständnis richterlicher Arbeit dürftig.

2. Die Trennung von positivem Recht und Gerechtigkeitsfrage

Im 18. und 19. Jahrhundert sah man die Lösung des Problems, richterliche Willkür auszuschließen, in einer strikten Bindung des Richters an möglichst präzise Gesetze, die der Richter sozusagen ohne eigenes Zutun auf den Fall anwenden konnte. „Der Richter ist nur der Mund des Gesetzes", sagt in diesem Sinn *Montesquieu* in seinem klassischen Werk über den ‚Geist der Gesetze'[117]. Eine solche Situation ist in der Tat sowohl dem Richter wie den Rechtssuchenden hochwillkommen. Die persönliche Verantwortung des Richters ist in einem solchen Fall minimal; die mögliche Enttäuschung des Rechtssuchenden trifft nicht ihn, sondern den Gesetzgeber. Aber auch die Rechtssuchenden sind insgesamt mit diesem Zustand sehr zufrieden. Als Unternehmer, Arbeitnehmer, Verbraucher, Verkehrsteilnehmer, Steuerzahler usw können sie sich auf klare und eindeutige Gesetze am besten einstellen.

453

Es sei angemerkt, dass dieser Fall der Eindeutigkeit des Gesetzes und seiner sozusagen automatischen Anwendung gar nicht so selten in der Rechtspraxis vorkommt. Der Richter erledigt mit Erleichterung solche eindeutigen Routinefälle und wundert sich vielleicht nur, dass in einem solchen Fall überhaupt die Gerichte angerufen wurden. Im Extremfall trifft der Vorwurf den Anwalt, der sehenden Auges seine Partei in einen Prozess hineinführte, der wegen eindeutiger Rechtslage aussichtslos war.

Sowohl zur Zeit *Montesquieus* im 18. Jahrhundert (als schlecht ausgebildete und ggf korrupte Richter ein Problem waren) als auch im 19. Jahrhundert unter der Herrschaft des sog. **Rechtspositivismus** und der Begriffsjurisprudenz (Rn 149–152 und Rn 360 u. 375) hielt man es für möglich, durch eindeutige Gesetze durchweg eindeutige Rechtsanwendung zu garantieren. Man glaubte, die Rechtsnormen erlaubten bei zweckmäßiger, begrifflich präziser Formulierung in praktisch allen Fällen ganz **eindeutige Rechtsfolgenbestimmungen**. Der Richter brauche nur die logische Denkoperation der Subsumption durchzuführen und könne auf Wertungen, die dann möglicherweise persönlich gefärbt sind, verzichten. Damit sei die Rechtsanwendung

---

117 Le juge n'est que la bouche qui prononce les paroles de la loi; *Montesquieu*, De l'esprit des loix, 1.XI (ed. Truc Bd. I, S. 171).

berechenbar, richterliche Willkür ausgeschlossen und die Rechtssicherheit gewahrt. Gerechtigkeitserwägungen des Richters waren bei dieser Vorstellung ausgeschlossen. Solche Überlegungen hatte der Gesetzgeber anzustellen, wenn er Gesetze schuf. War ein Gesetz erst einmal erlassen, hatte sich der Richter auf die Subsumption (oben Rn 166) zu beschränken. Dieser Grundsatz ist natürlich bis heute wegen der grundsätzlichen Pflicht des Richters zum Gesetzesgehorsam von Bedeutung. Aber er muss methodisch modifiziert werden.

3. Die Öffnung des positiven Rechts für Gerechtigkeitsgebote

454 Unser heutiges Rechtssystem weist zahlreiche **Verbindungslinien zwischen positivem Recht und** allgemeinen **Gerechtigkeitserwägungen** auf, und dies entspricht im Grunde der älteren Tradition des kontinentaleuropäischen Rechts[118]. Diese Verbindungslinien ergeben sich teils aus dem Inhalt unseres positiven Rechts, teils aus dem heute vorhandenen methodischen Bewusstsein. Ohne Anspruch auf Vollständigkeit sind folgende Merkmale unseres Rechtssystems hervorzuheben:

(1) Im Grundrechtsteil unserer **Verfassung** und in den Verfassungsnormen über den demokratischen Rechtsstaat sind in großem Umfang rechtliche Grundwerte und Gerechtigkeitsvorstellungen aus der christlichen, aufklärerischen und modernen Tradition der europäischen Rechts- und Staatsphilosophie und politischen Ideengeschichte enthalten. Sie sind damit zu konkreten, unmittelbar anwendbaren positiven Rechtsnormen geworden. Man kann verkürzend davon sprechen, dass Grundsätze und Forderungen des jüngeren (christlichen und aufklärerischen) und jüngsten (nach 1945 erneut formulierten) Naturrechts in unserer Verfassung positiviert sind[119].

Es ist bezeichnend, dass den Vertretern der jüngsten Naturrechtsrenaissance wie *H. Coing* vorgeworfen wurde, dass der postulierte Inhalt der Naturrechtssätze nicht anders sei als eine Summe der christlichen und aufklärerischen, neuzeitlichen Grundwerte des bürgerlichen Rechtsstaates und insoweit zeitlich bedingt (Rn 380); – ein nicht gerade schwerer Vorwurf. Es ist ferner bezeichnend, dass unsere Verfassung, das Grundgesetz, in eben der Zeit entstand, in der dieses Naturrechtsdenken eine starke, bald danach abnehmende Wirkung hatte.

Die **Positivierung** umfangreicher allgemeiner **Gerechtigkeitsgrundsätze** und Wertvorstellungen im Verfassungsrecht bedeutet: Wer heute im Bereich des deutschen Rechtssystems über Menschenwürde, Freiheit und Persönlichkeitsrecht, über Eigentum, Privatsphäre, Toleranz, Vereinigungsfreiheit oder rechtliches Gehör, Demokratie und Rechtsstaatlichkeit spricht, spricht zuerst und vor allem im Hinblick auf geltendes und unmittelbar anwendbares Verfassungsrecht und im Rahmen der zu diesem Verfassungsrecht entwickelten Verfassungsrechtsdogmatik, die von der Rechtsprechung und Wissenschaft entwickelt wurde.

---

118   Vgl zur Lebensfähigkeit des römischen Rechts auf Grund seiner Elastizität, die auf der Durchdringung mit rechtsethischen Grundsätzen beruht, *N. Horn*, Aequitas in den Lehren des Baldus, 1968, S. 221–223.
119   *N. Horn*, Vom jüngeren und jüngsten Naturrecht, FS Kriele (1997), S. 889 f.

Daneben bleibt wenig Raum und wenig Bedarf für davon abgehobene, **rein philosophische Betrachtungen** über Gerechtigkeit. Allerdings sollte die Bedeutung solcher Betrachtungen auch nicht unterschätzt werden. Denn bei jeder positiven Norm, auch einer Verfassungsnorm, besteht die Möglichkeit von Fehlentwicklungen der Verfassungsrechtsprechung; dabei entsteht ein Bedarf nach Kritik, die sich nicht nur innerhalb der verfassungsrechtlichen (dogmatischen) Diskussion äußern muss, sondern auch außerhalb, nämlich philosophisch und rechtspolitisch. 455

Die Anzeichen für einen Kritikbedarf in dieser Hinsicht mehren sich. Das ist auch nicht überraschend, da die Anwendung des Verfassungsrechts, insbesondere der Grundrechte, heute in einer höchst umfangreichen Rechtsprechung in alle Rechtsgebiete und ihre konkrete Einzelfragen eindringt. Im Zivilrecht ist diese Einwirkung der Grundrechte durch die Lehre von der sog. Drittwirkung dogmatisch abgestützt. Diese Lehre besagt, dass die Grundrechte zwar für das Verhältnis von Staat und Bürger entwickelt sind, ihre Wertungen aber auch indirekt in den (zivilrechtlichen) Beziehungen der Bürger untereinander zu berücksichtigen seien.

(2) Die zweite Verbindung zwischen positivem Recht und allgemeinen Rechtsgrundsätzen besteht in den sog. **Generalklauseln** des Zivilrechts. Diese verwenden rechtsethische Begriffe von sehr weit reichender Bedeutung, bei der sich rechtliche und die in der Rechtsgemeinschaft allgemein anerkannten ethischen Vorstellungen verbinden. Die wichtigsten dieser Begriffe sind: Treu und Glauben (§ 157 und § 242 BGB), Billigkeit (§ 315, § 317 BGB) und gute Sitten (§ 138 und § 826 BGB, § 1 UWG). 456

Die Generalklauseln haben für die Praxis eine vom Gesetzgeber des BGB nicht im entferntesten geahnte Bedeutung erlangt; ein Blick in die umfangreichen Kommentierungen zu den genannten Vorschriften mit den zahlreichen Nachweisen der Rechtsprechung zeigt dies. Die Entwicklung erscheint zunächst als eine (durch Auslegung nur dürftig gedeckte) Ausdehnung oder Überformung des Regelungssystems, das dem Gesetzgeber vorschwebte. Die Gefahr der Konturlosigkeit des Gesetzes durch die reiche Rechtsprechung zu den Generalklauseln wurde in der Frühzeit des BGB als „Verweichlichung des BGB" beschimpft[120]. In der Tat besteht hier eine Gefahr für die Rechtssicherheit. Sie wird in der Praxis dadurch bekämpft, dass die Rechtsprechung versucht, feste Regeln in den Urteilsgründen (und zT in den zu den Urteilen gebildeten amtlichen Leitsätzen) zu bilden und Fallgruppen zu schaffen, die sich dann in der Literatur und Rechtsprechung zu regelrechten Normtatbeständen verdichten. Auch dazu geben die systematischen Übersichten zu den Kommentierungen der Generalklauseln Auskunft.

(3) Ähnlich wie die Generalklauseln sind (sonstige) **allgemeine Rechtsgrundsätze**, die für jedes Rechtsgebiet herausgearbeitet wurden, zu beachten. Sie ergeben sich teils aus den Gesetzesmaterialien, teils aus der Rechtsprechung und der Fachliteratur. Sie sind nicht unmittelbar anwendbares Recht, aber Interpretationshilfen bei der Anwendung des Gesetzes. 457

So sind etwa die Vorschriften des BGB über Allgemeine Geschäftsbedingungen (§§ 305–310) oder über Verbraucherkredite (§§ 489, 491–507) nur zu verstehen, wenn man den Gedanken des Kundenschutzes und Verbraucherschutzes mit seinen einzelnen Anforderungen versteht. Ein solcher Rechtsgrundsatz kann freilich nur im Rahmen der Auslegungsspielräume der positiv gegebenen Gesetzesnormen zur Rechtsfindung eingesetzt werden. Denn er ist keine unmittelbar anwendbare Norm.

---

120 *Hedemann*, Die Flucht in die Generalklauseln. Eine Gefahr für Recht und Staat, 1933, S. 66; Überblick bei *Horn*, NJW 2000, 40, 44.

4. Die Öffnung der Rechtsmethodik für Gerechtigkeitsgebote

458 Die heutige Methode in der Rechtsanwendung lässt sich als „Wertungsjurisprudenz" umschreiben: in allen Zweifelsfragen der Auslegung wird der Normzweck ermittelt und dadurch präzisiert, dass man den geregelten Interessenkonflikt betrachtet und die Bewertung dieses Konfliktes durch den Gesetzgeber (oben Rn 160 und Rn 176 ff; 182 f). Dabei greift der anwendende Jurist auch auf die vorerwähnten **allgemeinen Rechtsgrundsätze** zurück, die für ein bestimmtes Rechtsgebiet charakteristisch sind.

Beispiele: Aus Treu und Glauben folgt das Verbot eines widersprüchlichen Verhaltens; im Verbraucherrecht des BGB ist in bestimmter Weise der Gedanke des Verbraucherschutzes (vor allem durch ausreichende Verbraucherinformation) ausgedrückt; im Kündigungsschutzgesetz wird ein bestimmter sozialer Schutz des Arbeitnehmers angestrebt.

Solche allgemeinen Rechtsgrundsätze spielen bei der Auslegung und Anwendung der Rechtsnormen eine große Rolle. Sie vermitteln ebenfalls allgemeine Gerechtigkeitsgedanken, die aber im Hinblick auf ein bestimmtes rechtliches Regelungsproblem konkretisiert sind, ohne selbst schon eine fertige und ohne weiteres anwendbare Norm zu sein. Sie bilden ebenfalls eine Brücke zwischen positivem Recht und Gerechtigkeit.

Auf die Bedeutung allgemeiner Rechtsgrundsätze bei der Rechtsanwendung hat vor allem *Josef Esser* hingewiesen[121]. Im Bereich des anglo-amerikanischen Rechts, wo die Bindung des Richters an früher ergangene Urteile (*precedents*) sehr strikt aufgefasst wird, hat *H.L.A. Hart* auf die Bedeutung allgemeiner Grundsätze (*rules*) bei der Auslegung des Rechts hingewiesen; sie geben dem Richter in Zweifelsfällen einen gewissen Ermessensspielraum. Weitergehend betont *R. Dworkin* die Bedeutung allgemeiner Gerechtigkeits- und Fairness-Gebote (*general principles of law*) bei der Rechtsfindung[122].

III. Probleme der Rechtssicherheit; die Bindung an das Gesetz

459 Bei der Rechtsanwendung ergibt sich das Problem, dass die **Bindung des Richters** und der sonstigen rechtsanwendenden Staatsorgane **an das Gesetz** durch das Anwachsen der Anwendungsfälle, der dazu ergangenen Rechtsprechung und der damit sich vermehrenden Auslegungsgrundsätze abgeschwächt wird; es kommt zur Bildung von Richterrecht. Wie bereits oben erörtert, bedeutet Richterrecht nicht, dass der Richter selbstherrlich neues Recht setzen kann. Dies würde die verfassungsmäßige Gewaltenteilung zwischen Gesetzgebung und Rechtsprechung verletzen (Rn 192).

Eine solche Sichtweise entspricht auch nicht dem Selbstverständnis der Richter, auch nicht der Angehörigen der oberen Bundesgerichte, bei ihrer Rechtsanwendungsarbeit. Gleichwohl ist es ein ständiges Problem, dass die Grenzlinie zwischen bloßer Rechtsanwendung und schöpferischer Neubildung von Recht nicht immer klar gezogen werden kann. Dies liegt an der Fülle der neuen Rechtsprobleme und der Notwendigkeit für den Richter, diese auch ohne Anrufung des Gesetzgebers (der damit oft überfordert wäre) zu entscheiden. Bei der Lösung dieses Problems kann die Herausarbeitung und wissenschaftliche Analyse der allgemeinen Grundsätze der Rechtspre-

---

121 Grundsatz und Norm in der richterlichen Fortbildung des Privatrechts, 1956, 4. Aufl. 1990.
122 *R. Dworkin,* A Matter of Principle, 1985; *ders.,* Law's Empire, 1986, insbes. S. 211 ff.

chung, wie sie vor allem in der Aufsatz- und Kommentarliteratur erfolgt, eine Stabilisierung der Rechtsanwendung fördern (Rn 454–459).

Eine zweite Gefahr droht der Rechtssicherheit durch **ideologische Einflüsse**, denen die Richter und anderen Rechtsanwender wie alle anderen Bürger ausgesetzt sind. Zwar sind sie in einem demokratischen Rechtsstaat in ihrer Amtsausübung frei und in der Regel auch ehrlich um Gerechtigkeit und gewissenhafte Rechtsanwendung bemüht. Sie können aber nicht ausschließen, dass sie bestimmte Wertungen, die nicht der Rechtsordnung entsprechen, aus Einflüssen vorherrschender Meinungsströmungen entnehmen und dadurch in ihrer unparteiischen Rechtsfindung beeinflusst werden.

Dieses Problem hat vor allem *Bernd Rüthers* betont[123]. Es ist nicht zu leugnen, dass es Beispiele für ideologisch gefärbte Urteile auch im Rechtsstaat gibt. Die philosophische und anthropologische Grundfrage ist nur, ob sich nicht doch die Richter selbst von diesen Einflüssen freihalten können. Der demokratische Meinungskampf führt jedenfalls dazu, dass extreme ideologische Standpunkte immer wieder aufgelöst werden können.

IV. Universalität und Internationalität des Rechts

1. Das Vordringen der Rechtsidee

Weltweit breiten sich die Wirtschafts- und Lebensformen der westlichen Industriegesellschaften aus. Man kann dies als Modernisierungsprozess bezeichnen und mag dabei durchaus bedauern, dass eindrucksvolle kulturelle Traditionen durch westliche Stadtarchitektur und Produktionsformen, moderne Verkehrswege und Informationsmedien und entsprechende Lebensformen und Konsumgewohnheiten verdrängt werden. Dieser Modernisierungsprozess verläuft höchst ungleichmäßig und lückenhaft. Es gibt aber nur wenige Länder, die von ihm gänzlich unberührt bleiben. Dieser Prozess ist von einer Zunahme der Bedeutung des modernen Rechts begleitet. Die Vorstellung verbreitet sich, dass das Zusammenleben der Menschen in modernen Wirtschafts- und Lebensformen nur dadurch organisiert werden kann, dass ein technisch gut ausgebildetes Recht geschaffen und seine staatliche Durchsetzung garantiert wird. 460

Das Recht, wie es in den fortgeschrittenen Ländern Europas und Nordamerikas und in Japan ausgebildet ist, wird in den ehemals sozialistischen Staaten in Mittelosteuropa und Osteuropa, aber auch in vielen Entwicklungsländern, als unentbehrliches Instrument des notwendigen Modernisierungsprozesses betrachtet[124]. Das moderne Recht soll traditionelle Verhaltensmuster ersetzen oder überlagern und rechtsstaatliche Verhältnisse und Marktprozesse ermöglichen. Der Modernisierungsprozess findet sowohl auf der Ebene des Verfassungsrechts als auch in der allgemeinen Gesetzgebung statt.

Man kann dies als ein Vordringen der „Rechtsidee" bezeichnen. Darunter kann man den Leitgedanken verstehen, dass eine Gesellschaft umso mehr Recht braucht – in Ablösung traditioneller Verhaltensregeln (traditionelles Recht oder Sitte) –, je mehr 461

---

123 Vgl *B. Rüthers*, Ideologie und Recht im Systemwechsel: ein Beitrag zur Ideologieanfälligkeit geistiger Berufe, 1992.
124 *N. Horn* ua, Die Neugestaltung des Privatrechts in Mittelosteuropa und Osteuropa, 2002.

sie die modernen Wirtschafts- und Lebensformen übernimmt. Dieser Leitgedanke bezieht sich dann auf den Bedarf an Recht als technischen Normen (als Kaufrecht, Arbeitsrecht, Wirtschaftsstrafrecht, Umweltrecht usw). Aber die modernen Lebensformen und vor allem die weltweiten Informationsvermittlungen fördern auch das Vordringen der Vorstellung von den Grundwerten einer solchen Rechtsordnung, die auf dem Gedanken der Menschenwürde, der Freiheit von Unterdrückung und Ausbeutung, der Demokratie, der Meinungsfreiheit, Freizügigkeit, dem Recht auf Eigentum usw aufbaut. Dann ist mit Rechtsidee ein Inbegriff von grundlegenden Gerechtigkeitsvorstellungen gemeint.

Das Vordringen der Rechtsidee – in beiden Bedeutungen – lässt sich im Vergleich der einzelnen Staaten und Völker feststellen und zwar als eine Zunahme der Rolle des Rechts und eine gewisse Übereinstimmung der Norminhalte; man kann insoweit von der Universalität des Rechts sprechen (Rn 462). Man kann aber auch die zunehmend intensiveren Beziehungen zwischen den Völkern und Staaten betrachten und auch hier eine wachsende Bedeutung des Rechts erkennen (Internationalität des Rechts; Rn 465 f).

Jede derartige Betrachtung muss freilich die außerordentlich großen Unterschiede in den tatsächlichen Lebensverhältnissen der Länder und Kontinente sowie die tiefgreifenden Unterschiede der kulturellen Traditionen in Rechnung stellen. Bedeutende und um Modernisierung und wirtschaftliche Fortschritte bemühte Staaten wie Russland, China, Pakistan, Indonesien und viele andere sind weit von den Verhältnissen eines bürgerlichen Rechtsstaates entfernt und werden es auf unabsehbare Zeit bleiben. Hinzu kommt, dass im Bereich der islamischen Länder sich zunehmend eine militante Bewegung der radikalen Ablehnung aller westlichen Werte formiert (Rn 86).

2. Die Universalität des Rechts

462 Das geschilderte Vordringen der Rechtsidee hängt mit einer besonderen Eigenschaft des Rechts zusammen: seiner Universalität. Damit kann man die Eigenschaft bestimmter grundlegender Rechtssätze bezeichnen, nach ihrem Inhalt allgemeine Geltung zu beanspruchen, weil sie jedem vernünftigen Menschen einleuchten müssen.

Man denke nur an den Grundsatz, dass staatliches Handeln gegenüber dem Bürger an Gesetz und Recht gebunden sein und Willkür ausgeschlossen bleiben muss (Grundsatz der Rechtsstaatlichkeit), dass in einem gerichtlichen Verfahren jedem Betroffenen rechtliches Gehör zu gewähren ist, dass man Verträge halten muss, bei ihrer Auslegung und Durchführung aber an die Grundsätze von Treu und Glauben gebunden ist, dass Mord und Totschlag, Körperverletzung, Diebstahl, Erpressung, Raub, Betrug, Verleumdung usw durch Gesetz verboten sein muss.

463 Andererseits gibt es natürlich auch eine große Anzahl von Normen, die sich in den einzelnen Rechtsordnungen entsprechend der **kulturellen Entwicklung** des einzelnen Landes oder der Region oder Weltgegend in individueller Weise entwickelt haben. Auch lassen sich bestimmte Einzelfragen im Recht unterschiedlich regeln.

Von unterschiedlichen kulturellen Entwicklungen geprägt waren und sind bis heute vor allem die Materien des Familienrechts und zT des Erbrechts. Noch das ursprüngliche BGB ging vom Sozialmodell der patriarchalischen Familie mit dem Ehemann und Vater als deren Oberhaupt aus. Dieses Regelungsmodell ist im heutigen BGB wie auch in dem anderer westlicher Länder vollständig beseitigt. Beispiele für Unterschiede in den technischen Details von Regelungen lassen sich zahlreich finden und gehören sozusagen zum Alltag in der Rechtsvergleichung. Man kann etwa ein Vertragsangebot mit Absendung des Briefes, der das Angebot enthält, für wirksam abgegeben erklären (mail box-Theorie) oder mit Zugang des Briefes. Man kann die Abtretung einer Forderung von der Benachrichtigung des Schuldners abhängig machen oder nicht. Man kann im Straßenverkehrsrecht Rechtsverkehr oder Linksverkehr anordnen.

Man kann demnach solche Rechtsnormen unterscheiden, die verallgemeinerbar sind und daher geeignet, auch in fremden Rechtsordnungen nachgeahmt zu werden, und andere, für die dies weniger gilt. Dies ist bereits eine Vorstellung, die wir im römischen Recht finden. Man unterschied dort das Recht der römischen Bürger (*ius civile*) und das Recht, das auf Fremde anzuwenden war (*ius gentium*). Auch das *ius gentium* war römisches Recht; aber es enthielt nur solche Regeln, von denen die Römer annahmen, dass sie bei allen Völkern Geltung und Anerkennung finden können[125].

Die verallgemeinerbaren Rechtsnormen, die sich in den modernen Rechten der wirtschaftlich am weitesten entwickelten Staaten finden, werden in der Tat heute in vielen anderen Ländern in ihrem Bemühen um Modernisierung nachgeahmt und übernommen. Wichtigstes Beispiel sind die Normen und Grundsätze des modernen Rechts- und Verfassungsstaates. Der moderne demokratische Rechtsstaat wird weltweit heute als Modell einer guten Organisation des Staates angesehen und angestrebt[126]. Sowohl auf der Ebene des Verfassungsrechts als auch bei der einfachen Gesetzgebung findet eine Übernahme (**Rezeption**) der rechtlichen Erfahrungen statt, welche die modernsten Industriestaaten auf dem Gebiet der Rechtsbildung bereits gemacht haben. In großem Umfang werden im Zug des Modernisierungsprozesses Gesetze der westlichen Länder nachgeahmt und dabei soweit wie möglich an die wirtschaftlichen und kulturellen Bedürfnisse des aufnehmenden Landes angepasst[127].

464

Historisch ist uns der Prozess der Rezeption des römischen Rechts in Europa vertraut, das ab zirka 1100 an den Universitäten studiert wurde und mit der Ausbreitung des Bildungswesens und der gelehrten Juristen als Berufsgruppe zu einer Grundlage des europäischen Rechtslebens wurde (oben Rn 140 und Rn 293). Im 19. Jahrhundert wurde das europäische Recht zT mit der Kolonialisierung, teils unabhängig davon, in der Welt verbreitet. Mit der Entkolonialisierung haben die unabhängig gewordenen sog. Entwicklungsländer („Dritte Welt") im Ringen um ihre Modernisierung selbst in großem Umfang modernes Recht eingeführt[128]. Nach dem Zusammenbruch des Sowjetimperiums haben die bisher davon beherrschten Länder („Zweite Welt") in großem Umfang mit dem Transfer westlichen Rechts (durch westlich beratene eigene Gesetzgebung) begonnen, weil modernes Recht unentbehrlich zum Aufbau einer modernen Marktwirtschaft ist.

---

125 „*Ius gentium*" heißt wörtlich „Völkerrecht", und in der Tat wird das in der Neuzeit entwickelte moderne Völkerrecht auch mit diesem lateinischen Terminus bezeichnet. Das moderne Völkerrecht bezeichnet aber die Rechtsbeziehungen der souveränen Staaten als der primären Völkerrechtssubjekte sowie das Recht der abgeleiteten Völkerrechtssubjekte (zB UN) und nur punktuell auch die Rechte einzelner Bürger gegenüber fremden Staaten. Das antike *ius gentium* regelte die Rechtsbeziehung der Ausländer untereinander und mit römischen Bürgern.
126 *M. Kriele*, Die demokratische Weltrevolution. Warum die Freiheit sich durchsetzen wird, 1987, 2. Aufl. 1988; *Häberle*, Europäische Rechtskultur, 1994, S. 279 ff u. passim. Allg. oben § 1.1.
127 Zur weltweiten Rezeption des modernen Verfassungsrechts *Häberle* aaO., S. 101 ff, 149 ff.
128 Vgl zB *C. Staudenmeyer*, Das Wirtschafts- und Vertragsrecht transnationaler Gemeinschaftsunternehmen in Entwicklungsländern, 1990; speziell für die moderne Rezeption westlichen Rechts in der VR China: *N. Horn/R. Schütze*, Wirtschaftsrecht und Außenwirtschaftsverkehr der Volksrepublik China, 1987; *N. Horn*, Das chinesische Außenwirtschaftsvertragsgesetz von 1985, RIW 1985, 688–693.

Solche Rezeptionen hat es in der Geschichte des Rechts immer wieder gegeben. Trotz der Unterschiede in Kultur, Mentalität, Wirtschaft und sonstigen Lebensverhältnissen wurden und werden fremde Gesetze und Regelungsmuster nachgeahmt; der nationale Gesetzgeber studiert fremdes Recht und zieht ggf fremde Ratgeber hinzu. Der Grund liegt in der Ähnlichkeit der Regelungsbedürfnisse, die sich letztlich aus der menschlichen Natur und damit der Natur des Regelungsgegenstandes („**Natur der Sache**") ergeben. Dies gilt auch insgesamt für den eingangs erwähnten Bedarf an modernem Recht, der mit dem Modernisierungsprozess einhergeht.

Man darf sich bei einer realistischen Betrachtung der Verhältnisse in den einzelnen Ländern freilich nicht über die Grenzen täuschen, die einer tatsächlichen Geltung und Durchsetzung des Rechts gezogen sind (allg. oben Rn 101 ff; vgl auch Rn 461 aE).

3. Die Internationalität des Rechts

465 Schon *Kant* hat auf die wichtige Aufgabe eines jeden Staates hingewiesen, die **Friedenssicherung** nach außen zu betreiben und daran mitzuwirken, dass im Völkerrecht eine alle Staaten umfassende Friedensordnung entsteht[129]. Die Pflicht des Staates zur Friedenssicherung ist kein neuer Gedanke. Andererseits ist erst unter den bitteren Erfahrungen des 20. Jahrhunderts die Vorstellung geschwunden, der Krieg sei ein sozusagen normales Mittel der Politik. Heute ist die von *Kant* eindrucksvoll formulierte Pflicht zur Friedenssicherung als Prinzip weithin anerkannt. Gegenüber den Realitäten der Politik kann es sich aber nur sehr unvollkommen durchsetzen.

Die Gründung des Völkerbundes 1920 hatte vor allem die Friedenssicherung zum Ziel. Der 1928 abgeschlossene Kellogpakt ächtete den Angriffskrieg als Mittel der nationalen Politik. Der Ausbruch des Zweiten Weltkrieges zerstörte die damit verbundenen Hoffnungen. Der Völkerbund wurde 1946 aufgelöst. Die Gründung der Vereinten Nationen (UN) 1945 war ebenfalls mit der Hoffnung verbunden, vor allem über das Organ des Sicherheitsrates eine weltweite Friedenssicherung zu erreichen. Ein Beispiel erfolgreicher Friedenssicherung trotz politischer Spannung bietet die Geschichte Mittel- und Westeuropas nach 1945.

Das **Völkerrecht** als das Recht, das die Beziehungen der souveränen Staaten und der von ihnen gegründeten internationalen Organisationen (zB UN) regelt, hat auf dem Gebiet der Friedenssicherung noch keinen durchgreifenden Erfolg gehabt. Zwei andere Gebiete des Völkerrechts nehmen aber an Bedeutung und Wirkung ständig zu: die internationale Anerkennung der **Menschenrechte** als neuer Zweig des Völkerrechts[130] und das **Wirtschaftsvölkerrecht** als Rahmen des immer intensiveren internationalen Wirtschaftsverkehrs. Ferner haben die Erfahrungen mit Kriegen und Bürgerkriegen, insbes. in Ruanda und im ehemaligen Jugoslawien, der Forderung nach internationaler Strafverfolgung von Völkermord, Verbrechen gegen die Menschlichkeit und Kriegsverbrechen zum Durchbruch verholfen. Am 10.3.2003 wurde der **In-**

---

129 *Kant*, Zum ewigen Frieden, 1795.
130 Zur Positivierung der Menschenrechte in den neuzeitlichen Verfassungen s. oben Rn 404. Zur völkerrechtlichen Anerkennung der Menschenrechte vgl *A.* Bleckmann, Staatsrecht II – Die Grundrechte, 3. Aufl. 1989, S. 29 ff; *K.* Stern, Staatsrecht III.1, 1988, S. 209 ff.

ternationale **Strafgerichtshof** in Den Haag eingeweiht, der für diese Verbrechen zuständig sein wird. 89 Staaten hatten das Statut ratifiziert (nicht: USA, China).

Die Entwicklung des Wirtschaftsvölkerrechts findet Ausdruck in einer unüberschaubaren Vielzahl bilateraler Wirtschaftsabkommen und in wichtigen multilateralen Abkommen und internationalen Organisationen. Die wichtigsten internationalen Organisationen auf diesem Gebiet sind der Internationale Währungsfonds (IWF) als Unterorganisation der UN und die Welthandelsorganisation (WTO), die seit 1994 Aufgaben des GATT fortführt.

Außerdem ist auf der Ebene des privatwirtschaftlichen internationalen Wirtschaftsverkehrs, der privatrechtlich organisiert ist, eine Tendenz zur Ausbildung einheitlicher Regelungen und Gestaltungsformen festzustellen, die unter dem Begriff der **lex mercatoria** zusammengefasst wird[131]. **466**

Der rechtstheoretische und rechtsphilosophische Ertrag einer Betrachtung der Internationalität des Rechts liegt einmal darin, dass sich übereinstimmende, grundlegende Gerechtigkeitsforderungen vordringende Anerkennung verschaffen. Dies gilt insbesondere im Hinblick auf die fortschreitende Anerkennung der Menschenrechte. Ein weiterer rechtstheoretischer Ertrag ist darin zu sehen, dass sich in der Ausbildung einheitlicher rechtlicher Regelungen im Weltwirtschaftsverkehr (*lex mercatoria*) die „Natur der Sache" (Rn 425 f) auszuwirken scheint, dh es treten immer wiederkehrende, ähnliche Regelungsprobleme auf und erhalten ähnliche oder einheitliche Antworten. Dabei bilden sich allgemein anerkannte Grundsätze des Handelsvertragsrechts heraus[132].

---

131 Knapper Überblick bei *N. Horn*, in Heymann, HGB, Bd. 1, 2. Aufl. 1995, Einl. III.S. auch *N. Horn*, Das Recht der internationalen Anleihen, 1972, insbes. S. 510 ff; *N. Horn*, The Use of Transnational Law in the Contract Law of International Trade and Finance, in: *K.P. Berger*, The Practice of Transnational Law, 2001, S. 67 ff; *Horn*, Entgrenzung des Rechts durch wirtschaftliche Globalisierung, in: *W. Brugger/G. Haverkate* (Hrsg.), Grenzen als Thema der Rechts- und Sozialphilosophie (ARSP Beiheft 1984), 2002, S. 179 ff; ferner *U. Stein*, Lex mercatoria. Realität und Theorie, 1995, sowie *K.P. Berger*, Formalisierte oder schleichende Kodifizierung des transnationalen Wirtschaftsrechts. Zu den methodischen und praktischen Grundlagen der lex mercatoria, 1996.
132 Allgemeine Zustimmung und praktische Verwendung in vielen Verträgen des internationalen Wirtschaftsverkehrs (durch ausdrückliche Bezugnahme) finden die von Unidroit erarbeiteten Grundsätze für internationale Handelsverträge; Unidroit, Principles of International Commercial Contracts, 1995; Neufassung 2004.

Namensregister

Die Zahlen beziehen sich auf die Randnummern des Buches.

Accursius 293
Adorno 386
Aischylos 226
Alarich 273
Albert 55
Albert der Große 288
Alexander der Große 244
Alexy 194, 206, 387, 388
Alfons der Weise 28
Altmeier 3
Ambrosius 274
Amipur 86
Amman 86
Amyntas 244
Antiochos 266
Antonius 266
Apel 386
Archythas 228
Aristophanes 226
Aristoteles 56, 79, 221, 224, 236, 244 ff, 288, 292, 299 f, 302 ff, 311, 327, 339, 368, 383, 408
Augustinus 78, 221, 256, 266, 273 ff, 297, 299 f, 419, 423
Austin 102 ff, 362

Basedow 446
Becher 374
Becker 20
Beckmann 435
Behrends 153, 299
Bekker 244
Bentham 153, 322, 362, 379
Bergbohm 360
Berger 466
Bergson 366
Beyer 354
Bleckmann 465
Blondel 366
Blumenberg 89
Böckenförde 65
Böckenförde-Wunderlich 440
Bodin 319
Boötius 251
Brandt 335

Braun 442
Breuer 384
Brugger 420d
Brunner 3
Buba 446
Büchner 266
Bydlinski 161, 163

Canaris 161, 163, 184 f, 303
Cäsar 268, 266
Cassirer 324
Catilina 266, 268
Chiotellis 61, 62
Christus 73, 122, 267; s. auch Jesus
Cicero 39, 141, 221, 266 ff, 273 f, 291, 297, 299, 311, 419, 423
Clemens IV. (Papst) 288
Coase 131
Coing 1, 29, 30 46, 48, 63, 101, 109, 176, 177, 190, 263, 270, 341, 375, 377 ff, 381, 404, 429, 431
Colli 77
Comte 359
Courtois 2, 357
Cramer 431
Crassus 266
Crombie 78

Darwin 80, 369
Denninger 404
Descartes 275, 286, 307, 311, 313 ff, 327
Diederichsen 384
di Fabio 92, 93
Dilcher, G. 65
Dilthey 258, 366 f, 379
Dionysos 228
Dirlmeier 244
Dreier 388
Driesch 256
Dubischar 154
Dulckeit 270
Düring 244
Dworkin 382, 458

Eccles 78
Ehrlich 61

Einstein 79, 329, 338
Elias 61
Emmrich 437
Engels 343 ff
Engisch 163, 168, 380
Erler, A. 142
Erler, G. 136
Esser 163, 169, 185, 188, 458
Euchner 311
Eucken 120
Euripides 226

Falk 149
Fest 65
Fetscher 311, 343, 359
Feuerbach 75, 118, 235, 343, 347
Fichte 196, 346
Fikentscher 61, 62
Fischer 431
Fittkau 444
Flasch 273
Flashar 244
Francisco de Vitoria 308, 328
Frank 178
Franzisco Suarez 308
Freud 73, 231, 287, 369
Fricke 432
Friedenthal 343
Friedländer 226
Frischeisen-Köhler 311
Fuhrmann 266
Fulda 324, 335
Fürstenberg 61

Gabriel 67
Gadamer 46, 48
Galenus 79
Galilei 78, 78a, 80, 286, 314
Gast 194
Gawlick 311
Gigon 266
Glanvill 28
Goethe 339
Gordan 65, 88
Gordley 303
Görler 266
Götz 420d
Grassi 226
Gribbohm 431
Grotius 143
Grumach 244

Häberle 109, 464
Habermas 386, 412
Haddenbruck 77
Haferkamp 150
Hägele 75
Hagen 61
Hahn 75
Hamm 420d
Hart 458
Hartmann 70, 256, 368 ff, 379
Hassemer, W. 60, 159, 160, 194, 415
Hattenhauer 63
Hay 446
Heck 153 f, 156
Hedemann 456
Hegel 57, 119, 196, 343, 345 ff, 356, 358, 368
Heide 441
Heidegger 374
Heinartz 432
Heinze 375, 377, 381, 403, 426
Heisenberg 79, 241, 338
Helmons 59
Henkel 381
Heraklit 346
Herdegen 388
Herodot 226
Herzog 88
Hewer 412
Hilgenberg 438
Hilgendorf 420d, 435
Hilterhaus 65
Hippokrates 79
Hirschberger 290
Hitler 20, 239, 242, 429, 431
Hobbes 68, 73, 102, 223, 224, 235, 241, 286, 287, 332, 335 f, 339, 377, 409, 423
Hoerster 1, 435, 443
Höffe 324
Höfling 436, 439, 440, 442
Hohmann-Dennhardt 89
Holl 78
Holmes 361
Holofernes 298
Holzhauer 445
Horak 384
Horkheimer 386
Horn 3, 24 f, 27, 28, 29, 40, 45, 53, 61, 63, 85, 92, 120, 129, 136, 161, 175, 182, 194, 199, 208, 293, 300, 323, 384, 388, 415, 418, 425, 426, 427, 432, 454, 456, 460, 464, 466
Horstmann 324, 335
Hösle 388

Namensregister

Hruschka 322, 420a, b
Hume 326
Huntington 86
Huxley 80, 81
Hwang 439

Im Hof 89
Ipsen 88
Irnerius 293
Isay 156
Isensee 88
Isidor von Sevilla 305

Jaeger 244
Jammer 78
Jarass 433
Jaspers 77
Jellinek 404
Jesus 74, 83; s. auch Christus
Jhering 6, 10, 112, 152 f, 156
Judith 298
Jung 1
Justinian 86, 140, 270, 293
Jütte 435

Kant 19, 68, 119, 148, 236, 246, 258, 277, 324 ff, 358, 363, 368, 379, 402, 423
Kantorowicz 156
Karl II. von England 311
Karpen 120, 129
Kästner, E. 259
Kästner, K.-H. 89
Katzenmeier 443a
Kaufmann, A. 1, 60, 159, 176, 331, 375, 377, 382, 388, 403, 405, 415, 419, 432
Kaufmann, E. 142
Kaufmann, F.X. 65, 74, 89
Kaulbach 324
Kelsen 60, 101, 102–104, 157 f, 362
Kerenski 354
Keynes 130a
Kirchhoff 447
Klein 450, 451
Klug 159, 163, 187, 246
Knieper 445
Knütel 299
Köbler 63, 375, 377, 403, 426
Koch 163
Köcher 11, 66, 67, 74
Kocka 63
Kohlberg 8, 10, 73, 411 ff
Köhler 179b

Koller 388
Konstantin 83, 273
Koslowski 78
Kriele 3, 163, 223, 311, 404, 414, 423
Kröger 226
Kühl 375, 377, 381, 403, 426, 431
Kuhn 56
Kupisch 299
Küpper 101

Lackner 431
Larenz 101, 163, 185
Lassalle 354
Leibniz 323
Lemaître 78
Lenin 2, 354
Lepidus 266
Levine 412
Lieber 343
Link 88
Lippold 101
Locke 224, 322
Lohner 442
Lombardi-Vallauri 65
Looschelders 163
Lorenz 73
Löw 78
Löwith 89
Luig 142, 376
Luther 280

Machiavelli 266, 283, 311, 319
Maier 3
Maihofer 109, 380, 426
Mao-Tse-Tung 354
Marcuse, H. 93, 386
Marquardt 70
Marx 11, 68, 73, 196, 223, 235, 287, 343 ff, 379
Marxen 433
Maus 61
Meincke 354
Mennel 448
Mersenne 311
Messner 375
Mestmäcker 120, 129, 324, 335
Miehe 420d
Mieth 442
Mill 359
Mittenzwei 159, 410
Monnica 274
Montesquieu 18, 109, 453

289

Namensregister

Montinari 77
Müller, F. 163, 176, 178
Müller, H. 226
Müller, I 375
Müller, K.E. 71
Müller-Dietz 1
Müller-Freienfels 445
Müller-Graff 11

Naucke 2, 61
Neumann 1, 159
Nietzsche 69, 77, 379,
Nikomachos 244
Noelle-Neumann 11, 67, 74
Noll 109
Nußbaum 61

Ober 149
Oertmann 161
Olbrechts-Tytecka 206, 385
Ott 131
Otto 226

Pareto 128, 131
Patrizius 274
Pawlowski 163, 185
Pelagius 280
Pera 86, 92
Perelman 206, 379, 385, 388
Perikles 226
Petrus Lombardus 289, 292
Petrus von Hybernia 288
Philipp von Makedonien 244
Philippe de Beaumanoir 28
Piazolo 432
Pieroth 433
Piper 89, 296, 299
Plamböck 226
Platon 18, 79, 224, 226 ff, 244, 245, 248, 250, 254, 257, 261, 265, 276, 311, 327, 339, 368, 377, 401 f, 408
Pohlenz 266
Pollack 65
Pompejus 266
Poseidonios 266
Posner 131
Protagoras 226
Proudhon 344
Puchta 150
Pufendorf 143
Pythagoras 227, 236
Pythias 244

Radbruch 2, 103, 364, 378, 413, 428
Raddatz 86
Raisch 163, 176 f, 387
Raiser, T. 61, 62
Rasehorn 431
Ratzinger 88, 92
Rawls 382, 401
Rehbinder, M. 61, 109
Ricardo 136, 344, 350
Ricoeur 73
Rifkin 137
Röhl 60
Rommen 375, 377
Rose 136
Roth, W. 163
Rousseau 322, 342, 335
Rückert 149
Rüßmann 163
Rüthers 163, 375, 376, 459

Sacksofsky 448
Sahm 444
Saintsimon 343
Sartre 70, 374
Schaefer 420d
Schäfer 131
Schanze 384
Schapp 1, 92, 311, 316, 375, 377, 381, 403, 426
Scheler 70, 370 ff, 379
Scherle 418
Schilcher 109
Schiller, Friedrich 339
Schiller, Karl 115
Schirrmacher 86
Schleiermacher 178, 226
Schleifstein 343
Schlosser 63
Schmid 89
Schmidt-Bleibtreu 447
Schmidt-Preuß 115
Schneider, H. 11, 65
Schnur 404
Schönke 431
Schopenhauer 73, 369
Schreckenberger 46, 388
Schrell 441
Schröder, Adolf 431
Schröder, Alfred 273
Schroeder 433
Schütrumpf 244
Schütze 464

Schwarz 270
Scipio 266
Seiler 299
Seitz 445
Sendler 439
Servis Sculpius Rufus 270
Simmel 367
Singer, P. 322
Singer, W. 78
Singh 78
Sloterdijk 77
Smith, A. 120, 122, 128
Sokrates 224, 227, 229, 232 ff, 249, 339, 408
Sontheimer 266
Sophokles 226, 262
Spaemann 78, 443
Spendel 431
Spickhoff 443b
Spranger 380
Stalin 2, 20, 242, 354
Stammler 363
Starck 4, 436
Starz 435
Staudenmeyer 464
Stegmüller 56
Steigleder 442
Stein 466
Stern 3, 146, 465
Stolleis 4, 375
Stone 388
Strasser 435
Strauss 311
Struck 385

Taheri 85
Tettinger 447
Theophrast 244
Theunissen 70
Thibaut 39, 144 ff
Thomas von Aquin 224, 239, 256, 288 ff, 311, 332, 413, 419, 423, 428, 429
Thomas, H. 443
Thomasius 143, 323
Thomson 439
Thrasymachos 226, 237, 266, 311, 408, 409
Thukydides 226, 317
Tipke 448
Tolmein 436a
Tröndle 431
Truc 109

Ulpianus 271
Urban IV. (Papst) 288

Vascovics 446
Verrel 445
Verres 268
Viehweg 162, 163, 194 f, 257, 383 f, 388
Vogel 163
Volkmann-Schluck 244
von Hippel 375
von Liszt 118
von Repgow, Eike 28
von Savigny 39, 109, 144 ff, 150, 223
von Weizsäcker, C.F. 78
Vorwold 448

Wagner, Chr. 435, 436a
Wagner, W. 431
Waldstein 270
Wank 163, 188
Waltermann 450
Watson 440
Weber, J. 432
Weber, Max 13, 61
Wegmann 3
Weimar 293
Weinberger 388
Weischedel 324
Weiss 311
Welzel 380
Wenzl 372, 374
Werle 433
Wernsmann 443
Wesel 63
Whitehead 78, 78a, 241, 337, 374
Wieacker 63, 270
Wiethölter 65
Wilburg 161, 384
Wilhelm 150, 163
Wilhelm von Ockham 307, 313, 337
Windscheid 149 ff, 423
Winkler 109
Winnacker 439
Wittgenstein 386
Wittinger 443a
Wolff 143, 323

Zenon 266, 267
Zimmermann 70
Zippelius 61, 163, 167, 178, 180, 380, 382, 388, 404
Zöller, M. 65
Zuck 115

Sachregister

Die Angaben beziehen sich auf die Randnummern des Buches.

a priori 326
Abtreibung 435 f, 443 f
Adoption 443
aequitas 264, 270
Akademie 228, 244, 266
Allokation von Ressourcen 131
ALR 40, 146
Analogie 184 ff
Analogieverbot 186
anonyme Mutterschaft 443
Anspruchsgrundlage 175
Anthropologie 73, 278, 372
Antinomien 329
Arbeitswertlehre 350
ARGE 37
Argumentation 47
– Definition 196
– juristische 194 ff, 197 ff
Argumentationstheorien 383, 384
Argumente 51
– juristische 198 f
argumentum e contrario 187
Aristoteles
– Rezeption 265, 288
artes liberales 291 f
Ästhetik 56
Atheismus 65, 347
Aufklärung 65, 89, 323, 325, 336, 342
Aufwertungsrechtsprechung 190
Ausbildung
– juristische 54
Auslegung 176 ff
– Definition 177
– historische 179, 179a
– sprachlich-grammatische 178
– systematische 180
– teleologische 180, 182
– Wortlaut 278, 183
Autonomie der Sittlichkeit 333
Autorität und Argumentation 199

Babyklappe 443, 443a
Basis 348
Bedürfnisse 120
Begriff 247

Begrifflichkeit
– des Rechts 161
Begriffsjurisprudenz 150, 152
Begründung 205 f
Besitzlehre 201
Bewegungsursache 254
Bewusstseinsinhalte 230
Bindung an das Gesetz 459
bonum commune 304
Bundesrecht 45
bürgerlicher Rechtsstaat 223

Christentum 71
– und Philosophie 79
Christenverfolgungen 82, 273
christliche Ethik 72 f
christliches Menschenbild 287
Code civil 146
Codex 140
Common Law 27
Contrat social 322
Corpus Iuris Canonici 87
Corpus Iuris Civilis 63, 140, 270
culpa in contrahendo 190

Darwinismus 80
DDR
– Unrecht 432 f
deficit spending 130a
Definition 120
– juristische 163 ff
Demokratie
– bei Platon 239
– und Rechtsstaat 3, 16, 318, 322, 335, 461
Dialektik
– bei Hegel 345
– bei Marx 349, 352, 356
Dialog 229
Diebstahl 176
Digesten 140
Diktatur des Proletariats 351, 353
Diskurs
– und Konsens 388
Diskurstheorien 386 f

DNA-Analyse 443b
Dogmatik 51, 52, 172, 180; s. auch Rechtsdogmatik
Dokumentenakkreditiv 425

Edikt 269
EG-Gemeinschaftsrecht, s. Europäisches Gemeinschaftsrecht
Ehe
- Begriff 447
- Schutz 446
Ehegattensplitting 448
Ehrenmord 89
Eigentum 59
- und Marktwirtschaft 128, 131 ff
- bei Marx 350 f
- und Sozialismus 134 f
- bei Thomas von Aquin 298
Eigentumsherausgabeanspruch 200
Einzelfallgerechtigkeit 264
Eklektik 266
elektronischer Handel 137
Eltern, Kenntnis der – 443a
Emanzipation 65
empirische Methoden 61
Empirismus 315, 321, 327
Entelechie 255
Entfremdung 350
Entschädigung für Enteignung 427
Entscheidung
- juristische 165 f
Entscheidungsdruck 197
epagoge 408
epieikeia 264
Epikureer 266
Epiphänomen 355
Erkenntnistheorie 230
- bei Augustinus 275 f
Ermächtigungsnorm 5
erster Beweger 254, 290
Ethik 8, 56, 72, 338
- empirische Aspekte 410 f
- materiale Wertethik 368 f, 372
- nikomachische 264
- philosophische 231 f
- religiöse 72 f
- und Rhetorik 385
- und Staatsphilosophie 258 f
- und Wirtschaft 122 ff, 125
Europäische Zentralbank 115
europäisches Gemeinschaftsrecht 4, 6, 45
Existenzfragen 70

Fachbegriffe 141, 178
Fahrlässigkeitsbegriff 180
Familie
- Begriff 447
- Funktion 447
- Schutz 446
fides 270, 286
Finalität 295
Folterverbot 420d
Form 253
- und Stoff 252
Formalismus
- in der Ethik 331, 340
Freiheit 148, 242
- des Glaubens und Gewissens 88, 290
- und bürgerlicher Rechtsstaat 341 f
- und sittliche Normen 15
Freiheitsbegriff 91, 93
- bei Hegel 346
Freiheitsordnung 34
Freirechtsschule 155 f, 361
Frieden 318
Friedensordnung 33
Friedenswahrung 335

GATT 136
Geisteswissenschaft 48, 63, 367
Gemeinwohl 304
Generalklauseln 16, 456 f
Generalprävention 118
Generationenvertrag 451
Genforschung 256, 437 ff
Genmanipulation 437, 440
Gentechnik 437 f, 441 f
Gerechtigkeit 232, 301
- als Grundfrage 1
- austeilende 263
- bei Aristoteles 263
- Formen 302
- im Einzelfall 264
- im Gesetz 423
- iustitia commutativa 263, 302
- iustitia distributiva 263, 302, 446 ff
- iustitia legalis 263, 302, 428, 448 f
- soziale 450 f
- Tauschgerechtigkeit 263, 302
- Tugend 299, 422 ff
- und Gesetzesgehorsam 452
- und Recht 2, 262 f
- und Staat 2
- zuteilende 302

Gerechtigkeitsfrage 401, 403
– als Diskursbedingung 416
– als heuristisches Prinzip 415
– und positives Recht 453 ff
Gerechtigkeitsgebote 401 f
– absolute 420
– Erkenntnis 421
– und Verfassung 454
– und Zivilrecht 456
– unverfügbare 417 ff
– verpflichtende Kraft 422
Gerechtigkeitsprinzipien 417 f
Gerichtsentscheidungen 26
Geschichtlichkeit
– und Naturrecht 419
Gesellschaft 61
– Begriff 61
– Steuerung 112 ff
– und Recht 109 ff
Gesetz 23 f
– Regelungszweck 183
– ungerechtes 2, 306
Gesetze
– bürgerliche 320
– der Wirtschaft 425
– natürliche 320
– und Naturrecht 305
– ungerechte 428 ff, 431
Gesetzesanalogie 186, 189
Gesetzesanwendung
– Korrektur durch Billigkeit 264
Gesetzesgehorsam 452
Gesetzeskonkurrenz 170
Gesetzeslücke 184
Gesetzespositivismus 150
Gesetzgebung
– und Rechtspolitik 110
Gesinnungsethik 13
Gewaltbegriff 178
Gewissen 8, 9
Gewohnheitsrecht 7, 28
Glaube und Vernunft 290
Glaube und Wissen 285 f, 290
Glaube
– christlicher 71 ff
Glaubensfreiheit 88, 319
gleichgeschlechtliche Paare 446 f
Globalisierung 136 f
Globalsteuerung 115
glossa ordinaria 293
Gnade Gottes 280
goldene Mitte 260

goldene Regel 72
Gott 65, 68
Gottesbeweis 254, 290, 325
Gottesstaat 274, 282 f
Gründe 250
Grundkonsens 66
Grundnorm
– hypothetische 102
Grundrechte 16
Gut und Böse 73, 282 f
Gut
– Begriff 296
Güter 120 f
Güterabwägung 420

Halbteilungsgrundsatz 448
Hermeneutik 46, 366 f, 379, 408 f, 415
herrschende Meinung 29, 30
Hexenwahn 76
Hirnforschung 78
Historische Rechtsschule 109, 144 f
– Methoden 148
Höhlengleichnis 235
Homosexualität 450

Idealismus
– bei Hegel 345 f
– bei Kant 328
Idee 230, 328
Idee des Guten 235 f
Ideengeschichte 223
Ideenlehre 240, 250, 275
Ideologie 349, 459
Ideologieverdacht 355
Imperativtheorie 102
Imperialismus 354
induktive Erkenntnis 408
Industrialisierung 63
Inflation 190
Institutionen 140
Integration 38
Interesse
– im Recht 153
Interessendurchsetzung 153
Interessenjurisprudenz 153 f
Interessenkonflikt 182, 183
Internationalität des Rechts 465
Internet 137
Interpretation 46
Islam 83, 86, 89
ius civile 141, 269
ius gentium 141, 268, 269, 271
ius honorarium 269

Sachregister

ius naturale 268, 300
ius privatum 141
ius publicum 141
iustitia commutativa 263
iustitia distributiva 263, 448
iustitia legalis 428, 448 f
IWF 136

Jurisprudenz 50

Kanonisches Recht 87
Kapitalismus 350, 354
Kardinaltugenden 301
Kategorischer Imperativ 331
Kind als Schaden 436a
Kirche und Staat 84 f, 88
Kirchenrecht 4, 87
Klassenbegriff 349
Klassenlose Gesellschaft 352
Klonen 437 ff
– therapeutisches 439
– reproduktives 438
Kodifikation 145 f, 155
Kommunismus 351
Konsens
– der Rechtsgemeinschaft 208
– und Entscheidung 204
Konsensbindung 257
Konstruktionsjurisprudenz 152
Kooperation 37
Kopftuchstreit 87
Korruption 33
kosmopolis 267
Krieg aller gegen alle 317
Kultur 48, 76
Kultur
– und Recht 109, 144
Kulturelle Entwicklung 463
kulturelle Identität 87
Kulturwissenschaft 48

Landesrecht 45
Laizismus 85
Lebenssachverhalt 167 f
Legaldefinition 178
Leitsätze 26
lex aeterna 221, 268, 281
lex mercatoria 4, 45, 466
lex specialis 180 f
Logik 56
– bei Aristoteles 246
– juristische 159

logos 267
Lücke im Gesetz 184
Luthertum 324

Macht
– staatliche 21
Machtphilosophie 311
Marktspiel 18
Marktwirtschaft
– und Recht 127 f, 129
Marxismus 124, 354 f
materiale Wertethik 368 f
Materialismus 313 f, 347, 348, 355
– dialektischer 352
– historischer 348, 356
Mathematik 228, 275
Mauerschützenprozesse 432
Mehrwert 350
Menschenrechte 143, 465
Menschenwürde 87, 419, 420d
Mensch und Person 442
Metaphysik 56, 235, 251 f, 307, 368
Metaphysikkritik 402
Metaphysikproblem 326, 337
Methodenlehre 163 ff
– als Rechtsanwendungslehre 164
Mitbestimmungsgesetz 182
Moral 6
– Begriff 8
– öffentliche 10, 12
– und Recht 6, 14, 271, 339, 423 ff, 454 ff
Moralentwicklung als Gegenstand
 der Psychologie 410 f
Mutterschaft, anonyme 443

Nationalsozialismus 77
Natur der Sache 300, 424 ff, 464, 466
Naturrecht 143, 150, 268, 300, 323, 379, 403, 423
– bei Thomas von Aquin 297 f
– und Geschichtlichkeit 419
– und Gesetzgebung 305
– und positives Recht 298, 376
– und römisches Recht 271
Naturrechtsdenken 375 ff
Naturrechtsrenaissance 377 ff, 382
Naturwissenschaft 49, 78–82
– und Religion 78–82
Naturzustand 317
Neothomismus 309
Neue Ökonomie 137
Neukantianismus 363
Nihilismus 77

Nominalismus 307
Normativität 296
Normen
– gesellschaftliche 17
Normensuche 169, 171
Nötigung 178
nulla poena sine lege 29, 174
Nützlichkeit 237

Obersatz 166
Ohnmacht des Geistes 370
ökonomische Analyse des Rechts 131 ff
Ökonomisches Prinzip 120, 121
Oligarchie 239
Ontologie 235, 368, 371 f, 374
opinio iuris 28, 29
Ordnungsbegriffe 140, 141

Pandekten 149
Pandektistik 149
Pareto-Optimum 128
Patientenverfügung 445, 445a
Patristik 256, 285
Peripatetiker 244
Person und Mensch 442
Persönlichkeitsrecht 189
Pflichtenethik 323, 332 f, 339 f
Phänomenologie 370 f, 406
Philosophenkönige 238
Philosophie 55
– und Christentum 79
– und Einzelwissenschaften 56
– und Rechtsgeschichte 64
– und Religion 68, 72
Planwirtschaft
– sozialistische 134
polis 226, 261, 267
politeia 229
positive Vertragsverletzung 190
Positivismus 359
Postulat 290, 325
Präimplantationsdiagnostik 440
Prämisse 166
Prämissensuche 164, 169
Pränataldiagnostik 436
Privatautonomie 32, 34, 148, 161, 341
Privatrecht 43
problemorientiertes Denken 195
Produktionsverhältnisse 348, 350
Psychoanalyse 369
Psychologie 231, 238
– der Moralentwicklung 410 f
– politische 239

Radbruch'sche Formel 432
Rassendiskriminierung 11
ratio legis 183, 185
Rationalismus 241, 307, 311, 327
Rationalität der Argumentation 202
Realismus 371 f
Recht
– Anerkennung 105
– Begrifflichkeit 161
– Definition 4
– Funktionen 33 ff
– Geltung 101 ff
– Geltungsanspruch 102, 163
– internationales 45
– materielles 44
– nicht staatliches 4
– öffentliches Recht 43
– ökonomische Analyse 131 ff
– Quellen 19 ff
– soziale Zwecke 362
– Steuerung 112
– subjektives 31
– Theorien 138 ff
– ungerechtes 5
– überpositives 431
– und Gerechtigkeit 262 f
– und Gesamtkultur 109, 144
– und Gesellschaft 109 ff
– und Marktwirtschaft 127, 129 f
– und Marxismus 353
– und Moral 6, 14, 271, 339, 423 ff, 454 ff
– und Religion 82 f, 87, 88 ff
– und sittliche Normen 16
– und Sprache 139
– und Staat 19
– und System 173
– und Wirtschaft 120 ff
– Wirkungen 112
– Wirkungsweisen 101 ff
– Zwangsordnung 104
Rechtliches Gehör 203
Rechtsanalogie 186, 189
Rechtsanwendung 26, 163
Rechtsanwendungslehre 164
Rechtsbegriffe
– allgemeine 142 f
Rechtsbeugung 376, 431 f
Rechtsbücher 28
Rechtsdogmatik 52, 143, 163, 178, 180
Rechtsfortbildung 30, 188–192
Rechtsgefühl 426

296

Rechtsgeschäft 32
Rechtsgeschichte
– und Philosophie 64
Rechtsgeschichte 41, 63 ff, 147
Rechtsgrundsätze 382
– allgemeine 457 f
– oberste 379, 381
Rechtsgutachten 210
Rechtsidee
– Vordringen 460 ff
Rechtslogik 159
Rechtsnormen 6
– und sittliche Normen 14
Rechtsphilosophie 41, 55 ff, 57 f
– bei Aristoteles 262 ff
– bei Cicero 271
– bei Hegel 346
– bei Hobbes 317 ff
– bei Kant 334 f
– bei Thomas 297 ff
– im 20. Jahrhundert 358 ff
– und allgemeine Philosophie 225
– und Philosophiegeschichte 221 f
– und Religion 73, 90
Rechtspolitik
– und Gesetzgebung 110
– und Religion 91 ff
– Ziele 111
Rechtspositivismus 150, 360
– Kritik 375 f
Rechtssicherheit 22, 35, 428, 459
Rechtssoziologie 41, 61 f
Rechtsstaat 3
– bürgerlicher 3, 89, 322, 335, 341
– demokratischer 3, 430
Rechtssystem 142, 162, 383
Rechtstatsachen 62
Rechtstheorie 60
Rechtstreue 106
Rechtsverordnungen 5, 25
Rechtswissenschaft 39 ff
– bei Cicero 270
– Definition 40
– Entstehung 140, 293
– Ergebnisse 51 f
– Fächer 42 ff
– Rechtsgebiete 43 ff
– Theorie 139
– Theorien 138 ff
– Methoden 46 f
Regeln
– im römischen Recht 141

Regelungslücke
– planwidrige 185
Regierungskriminalität 432
Reine Rechtslehre 157 f, 362
Relevanz 201, 209
Religion
– Begriff 69
– christliche 65 ff, 67
– Einwände 75
– Funktionen 69
– gesellschaftliche Bedeutung 65 ff
– Inhalte 71–74
– und Einzelwissenschaft 81
– und modernes Recht 87 f
– und Naturwissenschaft 78, 80
– und Philosophie 55, 68, 72
– und Recht 83, 88 ff
– und Rechtsphilosophie 73, 90
– und Rechtspolitik 91 ff
– und Staat 88
– Weltbild 78
Religionsgemeinschaft 85, 88
Rente, gesetzliche 450
Revolution 349, 357
Rezeption 63, 140, 464
richterliche Rechtsfortbildung 188 f
Richterrecht 8, 28 f, 30, 190, 192
römisches Recht 140, 269
– und Naturrecht 271

Sachbegriffe 140
Sachsenspiegel 28, 63
Satzungen 32
Säkularisation 85
Schadensersatzrecht 133, 179a
Schächtungsverbot 87
Scheinvater 443b
Schiedsklausel 179
Schluss 166, 249
Schlusssatz 210
Scholastik 290 ff
– Methoden 291
Schöpfung 276
Schriftkultur 84
Seele 255, 278
– vegetative 256
Seelenteile 231
Seelenwanderung 236
Selbstbeherrschung 232, 238, 258, 301
Sensualismus 316
Siete Partidas 28
Sinneswahrnehmung 256

297

Sinnfrage 415
Sitte 6, 17
Sittliche Normen
– und Rechtsnormen 14
Sittlichkeit 330 ff
– bei Augustinus 279 f
– und Staat 242
Sitzblockade 176
Sollenssätze 6
Sophistik 226
Souveränität 319, 322
soziale Gerechtigkeit 450
soziale Idee 89
soziale Sicherheit 450
soziale Sicherung 36
soziale Sicherungssysteme 450 f
Sozialisierung 191
sozialistische Planwirtschaft 134 f
Sozialismus 351, 354
Sozialstaat 113, 450 f
Sozialstaatsprinzip 450
Sozialwissenschaft 48
Spätscholastik 308
Spezialgesetz 180
Spezialprävention 118
Staat
– Aufgaben 335
– und Kirche 84
– und Recht 19, 20 f, 304 f
– und Sittlichkeit 242
– Zwangsordnung 104
Staatsaufgaben 20
Staatshaushalt 130
Staatslehre s. Staatsphilosophie
Staatsphilosophie 57 f
– bei Aristoteles 261 f
– bei Augustinus 282 ff
– bei Cicero 266
– bei Hegel 346
– bei Hobbes 318 ff
– bei Kant 334 f
– bei Platon 237 ff
– bei Thomas 304 ff
– und Ethik 258 f
Staatstheorie
– bei Augustinus 282 f
Staatsvertrag 318, 322
Stadtstaat 226
Stalinismus 354, 357
Stammesrecht 4
Ständestaat 237 f
Stammzellen 439f

Sterbehilfe
– aktive 444
– passive 445, 445a
Steuerehrlichkeit 106, 449
Steuergerechtigkeit 448 f
Steuerung
– durch Gesetze 114
Stoff
– und Form 252
Stoffordnung 53
Stoiker 266
Strafe 59
Strafrecht
– und Strafzwecke 116, 118 f
Strafrechtspolitik 117
Straftheorie
– absolute 119
Strafzwecke 116, 118 f
Straßenverkehrsrecht 424
subjektives Recht 31
Subjektivismus
– erkenntnistheoretischer 327, 337, 370
Substanz 253
Subsumption 47, 166 ff, 210, 249
Subsumptionsschluss 166, 176
Sühnegedanke 119
Summa theologiae 289
Syllogismus 249
System 162
– rechtliches 173
Systematik 53

Tapferkeit 232, 238, 258, 301
Teilhabe 230
teleologische Wertungsjurisprudenz 160 f
Testierfreiheit 32
Theorie
– Begriff 138
Timokratie 239
Toleranz 66, 88
Toleranzgebot 88
Topik 198 f, 257, 383
totalitärer Staat 12, 421
Transaktionskosten 132
Transzendentalphilosophie 328
Trieb 231, 369
Triumvirat 266
Tugend 422
– bei Aristoteles 258 f
– bei Platon 231 f
– und Ethik 259

Tugenden
- Kardinaltugenden 301
Tugendlehre 232
Tyrannenmord 429

Überbau 348
Umverteilungsprozesse 130
Umweltrecht 133
Universalität des Rechts 462
Universitäten
- Entstehung 292
Unrecht
- staatliches 2
Untersatz 166
Urknall 78
Ursachen 250, 254
Urteil 209, 248
Urteile
- synthetische 326
Urteilsgründe 204 f
Utilitarismus 153, 316, 320, 322, 329, 362, 368, 409, 420a-c
UWG 179a, 179b

Verantwortungsethik 13
Verbraucherschutz 133, 179
- Gesetzgebung 113
Verbraucherschutzrecht 9
Verelendungstheorie 351
Verfahrensrecht 44
Verfahrensrecht und Argumentation 203
Verfassung 24
Verfassungsstaat 3
Verhaltensgesetze
- nicht normative 18
Vernunft 231, 258
- und Idee 328
Vernunft und Glaube 290
Vernunftrecht 142 f, 150, 322
Verstehen 367
Verteidiger 238
Verteilungsgerechtigkeit 448, 450 f
Vertragsfreiheit 32
Virtualisierung von Unternehmensfunktionen 137
Völkerrecht 4, 45, 143, 465
- und Spätscholastik 308
Volksgeist 147
Volksrechte 63
Voluntarismus 359, 361

Wahrheit 275
Warenterminoptionen 174
Weisheit 232, 238, 258, 301
Weltbild
- religiöses 67 ff
- wissenschaftliches 67
- wissenschaftliches und religiöses 78 ff
Weltwirtschaftskrise 130a
Werte
- ethische 370, 373 f, 404 ff, 408
Werte
Wertfühlen 370
Wertkonsens 65
Wertpluralismus 66, 92
Wertproblem 233
Wertrelativismus
- Kritik 413 f
Wertungen 207
Wertungsfragen 195
Wertungsjurisprudenz
- teleologische 160 f
Wertvorstellungen 192
Wettbewerb 113
Wettbewerbsrecht 125, 136
Widersprüchlichkeit 356
Widerstandsrecht 429, 430
Wiedervereinigung Deutschlands 3, 38, 40, 427
Wille 231
Willensfreiheit 73, 301, 316, 330 ff, 379
Willkürverbot 207
Wirtschaft
- und Ethik 122 ff, 125
- und Recht 120 ff
Wirtschaftsförderung 130
Wirtschaftsförderungsgesetze 124
Wirtschaftsvölkerrecht 465
Wissen 258
Wissen und Glaube 285 f
Wissenschaft
- Begriff 39, 250
- System 48 ff
- und Religion 78–82
WTO 136

Zeitbegriff bei Augustinus 277
Zusammenbruchtheorie 351
Zwang, staatlicher 104
Zwangsbewirtschaftung 124
Zweck 255
- im Recht 153

Glossar griechischer Fachausdrücke

agathón	ἀγαθόν	gut, das Gute
Akademía	Ἀκαδήμεια	Akademie (Schule des Platon)
andréia	ἀνδρεία	Mut, Tapferkeit
anhypótheton	ἀνυπόθετον	voraussetzungslos, keiner Voraussetzung bedürfend
areté	ἀρετή	Tugend
asébia	ἀσέβεια	Gottlosigkeit
bánausos	βάναυσος	Erwerbstätiger
diánoia	διάνοια	Urteil, Urteilsfähigkeit
díkaion	δίκαιον	gerecht, Gerechtigkeit
– phýsei	– φύσει	das natürliche Gerechte
– diorthotikón	– διορθοτικόν	ausgleichende Gerechtigkeit, Tauschgerechtigkeit
– dianemetikón	– διανεμητικόν	zuteilende Gerechtigkeit, Verteilungsgerechtigkeit
dikaiosýne	δικαιοσύνη	Gerechtigkeit
entelechie	ἐντελεχία	Zielsteuerung, zielgerichtetes Lebensprinzip
epagogé	ἐπαγωγή	(Herbeiführung), Hinaufführung, Induktion
epistéme	ἐπιστήμη	Verstehen
epithymetikón	ἐπιθυμητικόν	triebhaft, begierig, Trieb, Begierde
hýle	ὕλη	Stoff, Materie
idéa	ἰδέα	Idee
kosmopólis	κοσμοπόλις	Weltall
kósmos	κόσμος	Weltall, Weltordnung
logistikón	λογιστικόν	Vernunft, vernünftig
lógos	λόγος	Wort, Sinn, Vernunft, Geist
– spermatikós	– σπερματικός	geistige Keimkraft
métexis	μέτεξις	Teilhabe
morphé	μορφή	Form, Gestalt
nómos	νόμος	Gesetz
– koinós	– κοινός	allgemeines Gesetz, Weltgesetz
– ídios	– ἴδιος	eigenes Gesetz (positives Gesetz eines Gemeinwesens)
nous	νοῦς = νόος	Verstand
ousía	οὐσία	Wesen
Perípatos	Περίπατος	Wandelhalle (Schule des Aristoteles)
philósophos	φιλόσοφος	Philosoph
– basileús	– βασιλεύς	Philosophenkönig
phýlax	φύλαξ	Verteidiger
pólis	πόλις	Stadt, Staat
psyché	ψυχή	Seele
sophía	σοφία	Weisheit
sophrosýne	σωφροσύνη	Selbstbeherrschung
syllogismós	συλλογισμός	Schluss, Schlussfolgerung
sýnopsis	σύνοψις	Zusammenschau, Synopse
symphéron	συμφέρον	Vorteil, Nutzen

téchne	τέχνη	Kunst (-fertigkeit), Technik
télos	τέλος	Ziel, Zweck
thymoeidés	θυμοειδής	mutig, zornig, leidenschaftlich (Wille)
tópos	τόπος	Ort, Platz, Gesichtspunkt, Argument
zóon politikón	ζῶον πολιτικόν	politisches (Lebe-) Wesen

Rhetorik

Eine interdisziplinäre Einführung in die rhetorische Praxis

Herausgegeben von Rouven Soudry
2., neu bearbeitete und erweiterte Auflage
2006. VI, 205 Seiten. Kartoniert. € 19,-
ISBN 3-8114-3256-7
(Jurathek Praxis)

Immer wieder beklagen Wirtschaftsunternehmen öffentlich, dass den deutschen Hochschulabgängern wichtige Schlüsselqualifikationen fehlen. Im Bereich der Juristenausbildung wurde diesem gesteigerten Bedürfnis jetzt mit den neuen Ausbildungs- und Prüfungsordnungen Rechnung getragen. Studenten müssen nun verpflichtend eine Lehrveranstaltung zur Vermittlung interdisziplinärer Schlüsselqualifikationen besuchen. So können etwa im Fach „Rhetorik" rhetorisches Geschick, Überzeugungskraft und sicheres Auftreten erlernt werden.

Das Buch von Soudry bietet für eine möglichst praxistaugliche rhetorische Ausbildung ein Hilfsmittel mit einem interdisziplinären Ansatz: Namhafte Autoren aus Wissenschaft, Wirtschaft und Kultur diskutieren die Bedeutung einer guten Rhetorik im beruflichen Umfeld und im öffentlichen Leben. Den Leser erwarten keine trockenen wissenschaftlichen Abhandlungen, sondern scharfsinnige Texte, die das Thema gesprochene Sprache unterhaltsam und bildend gleichermaßen behandeln.

Mit Beiträgen von: Tim P. Clorius, Christoph Dyckerhoff, Christoph Fey, Wolfgang Gast, Ulrich Goll, Rainer Hamm, Bernd Hirtz, Wolfgang Hoffmann-Riem, Michael Hopp-mann, Uwe Hornung, Helmut Krauch, Bert Kruska, Manfred Lautenschläger, Dieter Nohlen, Dieter Roth, Katharina von Schliefen, Albrecht Schmücker, Christof Schürmann, Theo Sommer, Tom Sommer-latte, Rouven Soudry, Thilo von Trotha, Gert Ueding, Henning Wüst.

C.F. Müller, Verlagsgruppe Hüthig Jehle Rehm GmbH, Im Weiher 10, 69121 Heidelberg
Kundenbetreuung München: Bestell-Tel. 089/54852-8178, Bestell-Fax 089/54852-8137
E-Mail: kundenbetreuung@hjr-verlag.de. Internet: www.cfmueller-campus.de

C.F. Müller
www.cfmueller-verlag.de